第十辑

唯识研究

Vijñapti-mātra Studies

宗教文化出版社
2023年 · 北京

图书在版编目（CIP）数据

唯识研究．第十辑 / 释光泉主编．-- 北京：宗教文化出版社，2022.12

ISBN 978-7-5188-1356-8

Ⅰ．①唯… Ⅱ．①释… Ⅲ．①唯识宗—研究 Ⅳ．① B946.3

中国国家版本馆 CIP 数据核字 (2023) 第 025942 号

唯识研究（第十辑）

释光泉　主编

出版发行：宗教文化出版社

地　　址：北京市西城区后海北沿 44 号（100009）

电　　话：64095215（发行部）　64095200（编辑部）

责任编辑：余　葶

版式设计：张尹君

印　　刷：中国电影出版社印刷厂

版本记录：787 毫米 ×1092 毫米　16 开　35.75 印张　400 千字

2023 年 9 月第 1 版　2023 年 9 月第 1 次印刷

书　　号：ISBN　978-7-5188-1356-8

定　　价：220.00 元

目 录

唯识学的思想、人物与文献

唯识古学相关问题

唯识学与部派思想及其他

唯识学的思想、人物与文献

《解深密经》思想研究的展望

［日］高桥晃一[①]

【摘要】20世纪以来，在对《解深密经》的研究中，学者一般认为，《解深密经》是由不同时代、思想各异的多部小经集合而成，在教理上每章内容之间不连贯，思想体系并不统一。本文通过对《解深密经》进行文献学及思想上的检视和考察后认为：一、上述观点的文献学依据并不充分；二、《解深密经》中各部分的思想具有一致性。时至今日，我们也许应该从这种思路来开展对《解深密经》的研究。

【关键词】《解深密经》；文献学；经典成立；经典思想

在大乘经典研究中，有这样一种发展史观已成为研究者的“常识”，即大乘经典是在一个编纂的过程当中逐步成形的。即使是那些被归为初期大乘经典，如《般若经》《法华经》《华严经》等，也是在原初形态的基础上施以调整，随着时代逐渐变化发展的。这种发展史观，也同样适用被定位为中期大乘经典的《解深密经》的研究中。

《解深密经》原名 *Saṃdhinirmocana-sūtra*，与印度大乘佛教的重要学派——瑜伽行派的教理有十分密切的关系。基于汉译的年代等推测，此经至迟4世纪左右已成立。至7世纪，玄奘（602？–664）翻译此经时，经名作“解深密经”。现在一般用玄奘的这个译名来泛指这部不特定语言和译者的经典。本经的梵文原典仅存片断，只能通过全本的两种汉译，即菩提流支（？–527）译《深密解脱经》和玄奘译《解深密经》，以及藏译（译者不明）来把握其整体内容。此外，还有求那跋陀罗（约394–468）译《相续解脱经》和真谛（约499–569）译《佛说解节经》两种节译本流传于世。如下图所示，《解深密经》由包括序品在内的11章构成，求那跋陀罗译《相续解脱经》对应玄奘译本的最后两章，真谛译《佛说解节经》则对应1至4章。

① 作者单位：东京大学。

表 1：

<table>
<tr><th></th><th>《深密解脱经》
（菩提流支）</th><th>《解深密经》
（玄奘）</th><th>《佛说解节经》
（真谛）</th><th>《相续解脱经》
（求那跋陀罗）</th></tr>
<tr><td>1</td><td>序品</td><td>序品</td><td>（序）</td><td></td></tr>
<tr><td>2</td><td>圣者善问菩萨问品</td><td rowspan="4">胜义谛相品</td><td>不可言无二品</td><td rowspan="8">第一义五相略</td></tr>
<tr><td>3</td><td>圣者昙无竭菩萨问品</td><td>过觉观境品</td></tr>
<tr><td>4</td><td>圣者清净慧菩萨问品</td><td>过一异品</td></tr>
<tr><td>5</td><td>慧命须菩提问品</td><td>一品味</td></tr>
<tr><td>6</td><td>圣者广慧菩萨问品</td><td>心意识相品</td><td rowspan="4"></td></tr>
<tr><td>7</td><td>圣者功德林菩萨问品</td><td>一切法相品</td></tr>
<tr><td>8</td><td>圣者成就第一义菩萨问品</td><td>无自性相品</td></tr>
<tr><td>9</td><td>圣者弥勒菩萨问品</td><td>分别瑜伽品</td></tr>
<tr><td>10</td><td>圣者观自在菩萨问品</td><td>地波罗蜜多品</td><td>（结文）</td><td>相续解脱地波罗蜜了义经</td></tr>
<tr><td>11</td><td>圣者文殊师利法王子菩萨问品</td><td>如来成所作事品</td><td></td><td>相续解脱如来所作随顺处了义经</td></tr>
</table>

一、对《解深密经》是小经集合的判定及其“文献学上的证据”

研究一般认为，《解深密经》是由不同时代、思想各异的多部经典编纂而成。这些研究的依据有：教理内容上各章内容不连贯、存在部分翻译，一些章节形似独立经典，等等。这种主张早在 1930 年出版的宇井伯寿著《印度哲学研究》（第六卷）中已经出现。特别是宇井认为，《相续解脱经》“本来是独立的经典，后来被收进了《解深密经》第九章和第十章”［宇井（1930: 83–84）］。1935 年，比利时学者拉莫特（Lamotte）刊发了藏译《解深密经》的校订研究。在“序言”中说：“稍览诸译之对照表，便可知此经乃由起源、时代各异之片断拼接而成。”而在展示了种种文献学上的证据之后，他总结道：“诸此考察结果一致，即，充分证显了《解深密经》的合本特征。”［Lamotte（1935: 17）］这种认识一直延续到了现在。平川彰著《印度佛教史》（下）中说：“《解深密经》似乎是先存在各部分，之后再汇总起来的。”［平川（1979: 79–80）］近年，松田和信根据梵文断片的研究，指出每章偈文的语言各不相同，这也被视为上述观点的辅证［Matsuda（2013: 943）］。不仅如此，他还对以往研究中的定论做了如下总结：

（1）《解深密经》中，阿赖耶识、三性、唯识等教理只分别在各章中有说明，不像无著、世亲的著作中有系统的理论体系。

（2）第 7 至 10 章中出现了常见于经文末尾的结句或结文。

（3）汉译中，第 9、10 章作为单本经典译出，第 1 至 4 章也以单本经典的形式存在。

［Matsuda（2013: 943）］

这种认为《解深密经》是小经典的复合体的见解，虽然是现在学界中的主流，但其中也存在不同意见。如，胜吕信静（1976）认为：“虽然汉译中有对《解深密经》的一部分的翻译，但这些译本并不是《解深密经》增广之前的原始形态，而是从完整的《解深密经》中抽出来的一部分。”［胜吕（1976: 32）］胜吕在注中举出求那跋陀罗译《相续解脱经》说：“从其体裁来看，可以认为是抽出的一部分。”［胜吕（1976: n.20）］高崎直道（1988）也指出，《相续解脱经》“起首不合常规，肯定不是独立的经典，从形式上看，与《瑜伽师地论·摄抉择分》中引用（的《解深密经》的内容）很相似”［高崎（1988: 33）］。印顺（1988）也认为：“求那跋陀罗所译的《相续解脱经》，经前都有‘如相续解脱经中说’一句，可见这不是依经译出，而是从《瑜伽论·摄抉择分》所引的《解深密经》译出的。”［印顺（1988: 214）］印顺（1988）还提到“《第一义五相略》，据嘉祥吉藏所引，说三转法轮，可见这是《解深密经》的‘胜义谛相品’到‘无自性相品’的略译”［印顺（1988: 214）］。印顺（1988）没有提及吉藏著作的出处，演培（1977）则指出是出自吉藏的《法华玄论》［演培（1977: 1–2）］。另外，印顺（1971: 17）还简要地说明了他将《第一义五相略》与《相续解脱经》一起视作《解深密经》的最早译本。然而，这些意见几乎未得到重视。

对于《解深密经》，当今学界一般认为是先有了经文的各个章节，再汇总编纂成整部经典。但是，这种观点是有问题的。其实，印顺（1988）提到的《第一义五相略》这一典籍非常重要，虽已遗失不存，但如其之前研究所说，吉藏在《法华玄论》中曾有引用，内容是讲三转法轮，相当于玄奘译《解深密经·无自性相品》中的一节。据《出三藏记集》记载，《第一义五相略》由求那跋陀罗译出。据此可知，求那跋陀罗不仅翻译了相当于《解深密经》的最后两章，也曾译出之前的章节。又如高崎（1988: 33）所说，《相续解脱经》是直接抽取《瑜伽师地论·摄抉择分》中《解深密经》的引用部分进行的翻译。众所周知，《瑜伽师地论·摄抉择分》几乎全文引用了《解深密经》。由此可知，早在求那跋陀罗的时代（5 世纪），《解深密经》就已经具备了现有的 11 章的结构，从而为《瑜伽师地论》所引用。［详见高桥（2014a）］

二、“文献学上的证据”的再检视

多数学者将《相续解脱经》视为《解深密经》的编纂素材。然而，事实正相反，如果我们不承认《解深密经》在求那跋陀罗时代就已经有了完整的全本，那么《相续解脱经》的存在就说不通。当然，这并不会直接否定“《解深密经》先成立了各个部分，然后才被整理成一部完整的经典”的主张。由此可见，这些未经审视却广为接受的所谓“文献学上的证据”有必要进行重新检视，因为结论会直接影响到今后《解深密经》的思想研究方向与范畴。

现有的《解深密经》研究，完全无视贯穿于其中的思想性，只就各章所述的唯识概念作单独的考察。这种研究方法之所以能够得到容许，正是因为《解深密经》被认为是集部分而成的经典。也就是说，因为《解深密经》是将本来没有联系的经典汇集编纂而成，所以各章之间自然没有思想上的联系。Lamotte（1935）认为《解深密经》是时代、起源各异的断片的拼凑，就很明显地反映了这种看法。如前所述，拉蒙特列出的依据，由松田作了简要的总结，成为现在的定论，可概括为以下三点：

（1）《解深密经》没有思想上的一贯性。

（2）“无自性相品”以下的各章通常都有放在经典结尾处的“结文”。

（3）存在部分翻译。

其中，（2）和（3）是文献中实际有的内容，从这一点上可以说是“客观的证据”。不过，这并不是正确有效的论据。至于（1）能不能说是客观的证据本身就值得怀疑。“思想上的一贯性”需要通过说明才能成立。说“没有一贯性”，是说明者的印象或判断，是主观认识，需要通过仔细调查取证来证明，所以只能作为论证对象，不能作为论据。然而，这种主观认识在《解深密经》近现代研究的原点就被认定为“客观事实”，成为《解深密经》是集部分拼凑而成的这一观点的“文献学上的证据”，导致“《解深密经》是小品经典的复合体”被当作毋庸置疑的“事实”，而之后对其思想的研究也都是立足“这样的事实”来进行的。

再来看证据（3）“即存在部分翻译”这一点，事实上，如前所述，最早的部分翻译《相续解脱经》反而证实了我们现在所见的《解深密经》的十一章的结构在求那跋陀罗时代已有之。

不仅如此，真谛译《佛说解节经》也不是独立的单本经典。此经相当于玄奘译《解深密经·胜义谛相品》（第1–4章），而结尾处却附有“地波罗蜜多品”（第9章）的节文。又，圆测在他的《解深密经疏》中提及“真谛解节记”，根据他的说法，可知真谛对前四章以外的部分也作了注解（欧阳渐（1924）卷末“解深密经圆测疏引存真谛说录余”）。宇井（1930）、拉莫特（1935）说《解节经》为抄译，也就是说，他们原本就没有把现存的《解节经》视作构成11章全本《解深密经》素材的小品经典。其中，拉莫特（1935）的想法有些复杂，他对《解节经》的理解是：“本来是独立的经典，硬塞进了《解深密经》的开头，所以真谛后来只抽取这一部分翻译也并不奇怪”［拉莫特（1935: 21）］。总之，宇井、拉莫特都不认为真谛译《解节经》是独立的经典，而现代学者却完全忽略了这一点。

证据（2）的“结文”，也需要重新检视。以玄奘译《解深密经·无自性相品》末尾为例：

> 尔时，胜义生菩萨复白佛言：“世尊，于是解深密法门中，当何名此教？我当云何奉持？”
>
> 佛告胜义生菩萨曰：“善男子，此名胜义了义之教。于此胜义了义之教，汝当奉持。”
>
> 说此胜义了义教时，于大会中有六百千众生发阿耨多罗三藐三菩提心，三百千声闻远尘离垢，于诸法中得法眼净，一百五十千声闻永尽诸漏心得解脱，七十五千菩萨得无生法忍。（《解深密经》T16n676,P.697b27–28）

这一章是胜义生菩萨在最后向世尊询问这部分教法应如何总结命名，世尊作了回答之后，在场听法的众生、声闻和菩萨都各自得果。《解深密经》中，这种表述在“无自性相品”（相当于第7章）首次出现，之后的第8、9、10章的末尾也反复出现类似的语句。宇井（1930）将这种表述看做是经典的结尾，认为《解深密经》原本在第7章“无自性相品”就已经结束。他还认为，具有类似结尾的8、9、10章也是独立的、单本经典的逐次追加［宇井（1930: 84）］。拉莫特也作类似的解释［Lamotte（1935: 17）］。

对于这种观点，胜吕则指出，这些结尾只是表示章的结束，但作为一部经典的结尾部分的“流通分”还不够分量［胜吕（1989: 291–293）］。按理说，经典的末尾一般会以“众生听闻说法满心欢喜”（“欢喜奉行”“闻佛所说莫不欢喜”等）这些内容来结束，而《解深密经·无自性相品》等章的末尾并没有这样的内容，所以，很难令人认为是经典的结尾。其次，“当何名此教，我当云何奉持”（* ko nāmāyaṃ bhagavan dharmaparyāyaḥ kathaṃ cainaṃ dhārayāmi）这一问句，也见于《金刚般若经》。在《金刚般若经》中，这句话是在经典的中途登场，并不是表示结尾。再者，“菩萨得无生法忍”也见于《维摩经·不二法门品》，只是表示一章的结束。所以说，这些章节末尾的语句是经典的流通分，而将其视作证明单个经典的证据是存在很大困难的［详见高桥（2014b）］。

由此可见，这些被作为《解深密经》是短篇经典的拼凑——这一理论的“客观的证据”，终究只是诠解经典时的主观看法，作为论据并不充分。究其原因，不过是在通读《解深密经》时，觉得有些章节的内容缺乏一致性，为了解释这一点，假设了“原来是集合单本经典拼凑而成的”，又为证明这个假说，对结文和部分翻译的曲解而已。所以，对于《解深密经》，真正需要思考的问题是：这部看上去在思想上缺乏一贯性的经典，是在怎样的意向背景之下编纂而成的？

三、比舍尔探讨《解深密经》思想一致性的尝试

众所周知，《解深密经》是与瑜伽行唯识思想密切关联的经典。“心意识相品”说阿陀那识（阿赖耶识）、“一切法相品”说三相说（三性说）、“无自性相品”说三无自性说、“分别瑜伽品”说唯识无境。其中，因三性说和三无自性说是表和里的两面，所以“一切法相品”和“无自性相品”自然是有联系的。但是，这两个部分与阐释阿赖耶识的“心意识相品”以及据说是最早阐述唯识思想的“分别瑜伽品”之间未见明显关联。基于这一点，拉莫特（1935）等先行研究认为《解深密经》的教说各章隔断，关联度不高。这种印象在与《摄大乘论》的对比中尤为显著。《摄大乘论》的结构（依玄奘译）如表 2 所示：

表 2：

章名	内容	章名	内容
1. 总摽纲要分第一		7. 增上戒学分	戒
2. 所知依分	阿赖耶识	8. 增上心学分	定
3. 所知相分	三性说	9. 增上慧学分	慧
4. 入所知相分	悟入唯识	10. 果断分	不住涅槃
5. 本彼入因果分	六波罗蜜	11. 彼果知分	佛之三身
6. 彼修差别分	十地		

《摄大乘论》各章的主题虽然有一定差异，但如上表所示，阿赖耶识是三性的基础，而理解了三性就悟入了唯识，像这样阿赖耶识、三性、唯识是联系在一起的。六波罗蜜

被视为悟入唯识的因和果，菩萨的利他实践乃至十地的修行，都与唯识思想有关联。[①]

在《解深密经》的研究中，如果思维里习惯了《摄大乘论》等教理概念高度相关的文献，《解深密经》各章之间的关系看上去确实会显得非常薄弱。因为这个缘故，以往的研究对《解深密经》整体思想的理解和考查几无涉及。直到奥地利学者比舍尔（2008: 158–200），他认为《解深密经》在思想上具有一致性并尝试作了分析讨论。比舍尔（2008）试图将《解深密经》中的阿赖耶识说置于瑜伽行派的最早教说的位置上，在具体的讨论中，联系“心意识相品”“一切法相品”“无自性相品”“分别瑜伽品”诸品的内容进行理解。比舍尔（2008）写道（下文中的“VIII.27”等为拉莫特（1935）中的章节号）：

> 三自相作为三无自性的相关概念，与唯识（性）这个概念一起，组成了一个复合的理论结构。如：圆成实相（pariniṣpannalakṣaṇa）＝真如（tathatā）(VIII.27)、真如＝唯识性（vijñaptimātratā）(VIII.20.2.3)。在这个语境中，唯识性作为“了别真如”（vijñaptitathatā），又与阿陀那识（ānādavijñāna）相关联 (VIII.37.1.1)。从这些结构上的相互关系来看，我们也许可以认为，从共时性来说，《解深密经》的各章虽然因由这些新颖的概念而各具特色，其实有着相互补足的作用，缺一不可。[②]

众所周知，“无自性相品”中的“三无自性”与“一切法相品”中的“三相”有着紧密的联系。加之“分别瑜伽品”中说明“圆成实相＝真如”，在别处又说“真如＝唯识性”。比舍尔（2008）据此推导出“圆成实性＝唯识性”的关系，并进而阐明唯识性作为“了别真如”，与阿陀那识相关。而“心意识相品”中有对阿陀那识的详细解说又是周知的事实。基于以上几点，比舍尔（2008）主张说，“分别瑜伽品”中的“唯识性”这个概念，与“心意识相品”“一切法相品”及“无自性相品”之间是互相补全的关系。

而Schumithausen（2014）则指出他的论证有牵强之处，甚至有的地方很明显是误解。Schumithausen（2014）写道：

> 《解深密经》VI.6 中的圆成实相的定义是这个“圆成实相”等于“真如”的等式得以成立的依据。但是，Buescher 将“真如”特定为“了别真如”，这个论断是建立在他那可疑的假设，即认为《解深密经》（至少其中的第 5

① 长尾（1982: 14–16）参照。

② Buescher（2008: 162）: As the positive correlate of the threefold *niḥsvabhāvatā*, the three intrinsic natures (*lakṣaṇa/svabhāva*) form an integral theoretical structure with the notion of *vijñaptimātra(tā)*: e.g., *pariniṣpannalakṣaṇa* = *tathatā* (V Ⅲ .27) and *tathatā* = *vijñaptimātratā* (V Ⅲ .20.2.3). *Vijñapatimātratā* as *vijñaptitathatā* (V Ⅲ .37.2) has been contexually related to *ānādavijñāna* (V Ⅲ .37.1.1). In view of these structural interrelationships, we may assume that, synchronically speaking, the *Saṃdhinirmocanasūtra's* individual chapters, inasmuch as these are featured by those novel concepts, necessitate each other complementarily.

章至第 8 章）是一次性成立的这点之上的。然而，单从 VI、VII 的语境来看，他的这个理解是武断的。事实上，VII.6（后半部分）和 VII.7（69, 17f）之中，“胜义无自性性”等同于“圆成实相”，也进而等同于“真如”，很明显是被视为“法无我”。而这个“胜义无自性性”在 VIII.20.2 所述的七种真如之中，理所应当，对应的是“相真如（的一个侧面）”，而不是“了别真如”。①

《解深密经》在〈分别瑜伽品〉中列举了七种真如：流转真如、相真如、了别真如、安立真如、邪行真如、清净真如、正行真如。其中，相真如相当于人、法的二种无我。施密特豪森（2014）提及的“相真如（的一个侧面）”可以理解为是意指法无我，所以说“相真如＝法无我”。另一方面，《解深密经·无自性相品》中，将胜义无自性性（＝圆成实相）等同于真如，又换言为法无我。也就是说，当这里说的“真如”意指“胜义无自性（＝圆成实相）”时，可以用“法无我”来替换，所对应的是七种真如之中的“相真如”。因此，比舍尔（2008）将“圆成实相”说为“了别真如”的这个理解是不能成立的。

可以说，比舍尔（2008）对《解深密经》研究所作的尝试，在各章间有补全关系这一推定上颇具独创性，但论证却欠缺说服力。究其原因，在《解深密经》整体思想性的讨论中，〈胜义谛相品〉的定位问题是一个关键，也是解释《解深密经》思想一致性中最困难的一个部分，而在比舍尔（2008）中，这个问题并没有得到重视。

四、“胜义谛相品”中的重要概念所显示的与其他章节的关系

众所周知，玄奘译《解深密经》的“胜义谛相品”相当于真谛译《解节经》。这一品中，并没有出现唯识的相关术语，在起始部分提及了 vastu（事物）这个概念，给人一种思想上异于后续章节的印象。“胜义谛相品”讨论了不二、不可说、超越寻伺、不一不异、一味这五个胜义的特征。其中，对不二、不可说这两个特征是这样说明的：

> 语言表达并非不伴随事物（dngos po；*vastu）。此事物是什么？就是诸圣者依圣智与圣见觉悟“无法用语言表达”。因为无法用语言表达的法性应

① Schmithausen（2014: 360, #306.1）: While the equation of the *parinişpannalakşaṇa* with *tathatā* is justified by its very definition in Saṃdh VI.6, the specification of *tathatā* as *vijñaptitathatā* presupposes Buescher's doubtful assumption of a composition of Saṃdh (at least V–VⅢ) in one casting, but is arbitrary within the context of the block VI/VII if taken by itself. Actually, in VII.6 (second part) and VII. 7 (69, 17f) the *paramārthaniḥsvabhāvatā*, identified with the *parinişpannalakşaṇa* and hence with *tathatā*, is expressly equated with *dharmanairātmya*, which corresponds, in the pattern of the seven *tathatā* of Saṃdh VⅢ.20.2, not to the *vijñaptitathatā* but, reasonably, to (one aspect of) *lakşaṇatathatā*.

得到正确理解，所以假借“有为”这一名词来说明。①

玄奘译文里的“事”，相当于藏译里的dngos po，梵语原文可推定为vastu，意思是“实在物”。对这一事物（vastu），从本质来说圣者无法用语言来表达（“离言”）。为了使他人理解这种语言无法表达的本质（“离言法性”），使用了“有为”等语言。这里有两个重点：一是明确指出存在具有无法用语言来表达其本质的事物；二是为了使他人了解这一本质，使用了“有为”等语言来表达。这种语言无法表达的事物的概念，在《瑜伽师地论·菩萨地》里就有说明，意思是“胜义意义上的实在”。但这个事物（vastu）的概念，看起来似乎与唯识思想相矛盾。要理解《解深密经》的思想，真正的课题在于如何理解这个事物的概念。如果一直抱持《解深密经》各章隔断的观点，就会忽视这个问题，自然就无法理解《解深密经》的思想本质。

表示“胜义意义上的实在”的事物（vastu）这个概念，虽然在整部《解深密经》中只有这一处，不过上述引文之后紧接着有以下的详细说明：

> 这里，那些不具有凡夫性，见到真实，获得出世间圣智，理解了诸法无法用语言表达的法性的有情们，当他们见、闻这些有为、无为时，会这样思维："作为有为或无为被看到的东西是不存在的，但在对于某物产生了有为或无为的观念，或产生了与有为或无为同义的观念时，这种由分别（⋆vikalpa）而生的、如幻的行相（‘du byad kyi mtshan ma；⋆saṃskāranimitta）却存在，惑乱此智的东西存在。"对这些〔所见所闻〕，他们不会如其所见所闻热切地执著、固执进而顺着日常的语言习惯假以表象说“这才是真实，别的都是虚假”，但为了这样显示对象（境），他们仍会按照日常的语言习惯假以表象。之后他们（圣者）没有必要再考察这〔些所见所闻〕。②

---

① brjod pa ni dngos po med pa can yang ma yin te/ dngos po de yang gang zhe na/ ‘phags pa rnams kyis ‘phags pa’i shes pa dang/ ‘phags pa’i mthong bas brjod tu med par mngon par rdzogs par sangs rgyas pa gang yin pa ste/ brjod du med pa’i chos nyid de nyid mngon par rdzogs par rtogs par bya ba’i phyir ‘dus byas shes ming du btags so// (P 3b3–5).

玄奘译：

然非无事而有所说。何等为事？谓诸圣者以圣智、圣见，离名言故，现等正觉。即于如是离言法性，为欲令他现等觉故，假立名相谓之有为。（P689a5–8）

② de la sems can gang dag byis pa’i rang bzhin can ma yin pa bden pa mthong ba/ shes rab 'phags pa 'jig rten las 'das pa thob pa/ chos thams cad kyi brjod du med pa'i chos nyid mngon par shes pa de dag ni 'dus byas dang 'dus ma byas de mthong ngam thos na 'di snyam du sems te/ 'dus byas dang 'dus ma byas snang ba gang yin pa 'di ni med kyi/ gang la 'dus byas dang 'dus ma byas kyi 'du shes dang/ 'dus byas dang/ 'dus ma byas kyi rnam grangs kyi 'du shes 'byung ba/ rnam par rtog pa las byung ba/ ‘du byad kyi mtshan ma sgyu ma lta bu ‘di ni yod/ blo rnam par rmongs par byed pa 'di ni yod do snyam du sems shing de dag ji ltar mthong ba dang/ ji ltar thos pa bzhin du de na nan gyis mchog tu bzung zhing mngon par zhen nas 'di ni bden gyi gzhan ni brdzun pa'o zhes rjes su tha snyad mi 'dogs kyi 'di ltar don rnam par rig par bya ba'i phyir rjes su tha snyad 'dogs par byed de/ de ni de dag gis phyis nye bar

也就是说，理解了语言无法表达的本质的人，使用“有为”等表达的时候，对这些看上去是“有为”等的东西，知道它们并不是实际存在的。不仅如此，他们还知道存在因分别而生的行相（*saṃskāranimitta），这是产生“有为”等观念的原因。这不是“胜义意义上的实在”本身，是由认知而被理解的存在。这个“行相”的概念，在〈无自性相品〉中说为依他起性：

> 什么是分别的对象领域，是遍计所执相的基体——行相（*saṃskāranimitta），什么就是依他起相，基于这一点，世尊也假借语言宣说了诸法是生起无自性，及胜义无自性的一部分。①

这个行相的概念，相当于三相说（三性说）的依他起相，是分别的对象。由上可知，“胜义谛相品”和“无自性相品”共用了同一个概念。在解读《解深密经》的思想时，一般倾向于关注阿赖耶识、三性说等有代表性的唯识术语，但这些只是表面。这些术语背后有一些重要概念，可以说，如果对这些概念没有关注与分析，就不能系统性地理解《解深密经》的思想。此外，“五事说”的相关内容也散见于《解深密经》之中，《解深密经》的思想与五事之间的关系也应得到重视和考量［高桥（2002）、（2006）］。

五、结论

综上所述，《解深密经》一直被视为由小品经典拼凑而成，在教理上每章内容不连贯，没有讲述成体系的思想。但这极可能是由于对唯识思想只作表面理解而导致的错误。仔细地研读文本，会有一种直觉告诉我们：这部经典与《摄大乘论》等经论一样，具有一致的思想性。时至今日，我们也许应该从这种思路来开展对《解深密经》的研究。

---

brtag par bya mi dgos pa yin no// (P 5a2-6).

玄奘译：

若有众生非愚夫类已见圣谛，已得诸圣出世间慧，于一切法离言法性如实了知，彼于一切有为无为，见已、闻已，作如是念：此所得者，决定无实有为无为，然有分别所起行相犹如幻事，迷惑觉慧。于中发起为无为想，或为无为差别之想。不如所见，不如所闻坚固执著随起言说“唯此谛实，余皆痴妄”。为欲表知如是义故，亦于此中随起言说，彼于后时不须观察。（689b20–28）

① rnam par rtog pa'spyod yul kun brtags pa'i mtshan nyid kyi gnas 'du byed kyi mtshan ma gang lags pa de ni gzhan gyi dbang gi mtshan nyid lags te/ de la brten nas bcom ldan 'das chos rnams kyi skye ba ngo bo nyid ma mchis pa nyid dang/ don dam pa ngo bo nyid ma mchis pa de nyid las gcig kyang 'dogs par mdzad lags so// (P24b5–6).

奘译：

即分别所行，遍计所执相所依行相，是名依他起相。世尊依此施设诸法生无自性性，及一分胜无义自性性。（P696b20–22）

参考文献：

Lamotte, Étienne（1935） *Saṃdhinirmocana sūtra, L'explication des Mystutra, L'explication des Mystères, Texte Tibétain Édité et Traduit*, Louvain/ Paris.

Matsuda, Kazunobu（2013） Sanskrit Fragment of the Saṃdhinirmocanasūtra, *The Foundation for Yoga Practitioners, the Buddhist Yogācārabhūmi Treatise and its Adaptation in India, East Asia, and Tibet*, ed. By U.T. Kragh, Cambridge, Massachusetts, and London, pp. 938–945.

Takahashi, Koichi（2006） "A Premise of the *Trilakṣaṇa* Theory in the *Saṃdhinirmocana-sutra*", *Journal of Indian and Buddhist Studies* 54–3, (85)–(92).

印顺：《印度佛教思想史》，《印顺法师佛学著作全集》第 13 卷，中华书局，出版年不明，序文作于"一九八八年"。

演培：《解深密经语体释》，《谛观全集》E07，台北：天华出版，1977 年第 1 次印刷，1988 第 6 次印刷，序文作于 1953 年。

欧阳渐：《解节经真谛义》，支那内学院，1924 年。

［日］宇井伯寿：《印度学仏教学研究》（第六卷），甲子社，1965 年于岩波书店再版。

［日］胜吕信静：《瑜伽論の成立に関する私見》，《大崎学報》129, 1–50。

［日］高崎直道:《瑜伽行派の形成》,《講座大乗仏教 8・唯識思想》, 春秋社, 1988 年, pp. 1–42。

［日］高桥晃一:《〈解深密経〉と五事説の関連について》,《佛教学》44, 2002 年, (71)–(85)。

［日］高桥晃一：《求那跋陀羅訳〈相続解脱経〉と"第一義五相略"—〈解深密経〉の部分訳に関する疑問—》，《東方学》127，2014 年，18–34。

［日］高桥晃一:《〈解深密経〉の結文に関する考察—大乗経典編纂の痕跡という観点から—》,《インド哲学仏教学研究》21，2014，65–80。

［日］平川彰：《インド仏教史》（下卷），东京：春秋社，1979 年。

《玄奘唯识学的基本问题》结语：时间与认识[①]

——兼论佛学研究的“世界3”

傅新毅[②]

或许是受到德国学者弗雷格（G.Frege，1848–1925）等的启发，英国学者波普尔（K.Popper，1902–1994）提出了著名的“三个世界”的理论：“第一世界是物理世界或物理状态的世界；第二世界是精神世界或精神状态的世界；第三世界是概念东西的世界，即客观意义上的观念的世界——它是可能的思想客体的世界：自在的理论及其逻辑关系、自在的论据、自在的问题境况等的世界。”[③]波普尔后来更倾向于将其称之为“世界1”“世界2”“世界3”，我们这里也采用这一表述。在波普尔看来，无论是洛克还是笛卡尔，他们所提供的知识论体系其实都是主观主义的。因为与物理世界相对，知识在他们那里被完全视作人类精神的产物，所以他们不承认有“世界3”，而总是从认识主体方面来探究知识的起源和基础。“有趣的是：人文科学的多数学者”就属于这一派。[④]波普尔则强调，要将“世界3”从“世界2”中区分出来，即将思想的客观内容从思想的心理过程中区分出来，由此而确立了“世界3”的实在性与自主性，这是波普尔所谓多元论哲学中最为关键的一环。

我们这里无意去评说波普尔哲学本身，而只是想以此为引子，来探讨一下，一种不同于佛教思想史研究的佛教哲学如何可能？

---

① 此文为作者《玄奘唯识学的基本问题》（即将出版）一书的“结语”部分。

② 作者单位：复旦大学哲学学院。

③ ［英］波普尔著，舒炜光等译：《客观知识——一个进化论的研究》，上海：上海译文出版社，1987年，页164–165。

④ 《客观知识——一个进化论的研究》，第169页。

一、一种不同于佛教思想史的佛教哲学如何可能？

佛陀（Buddha）是觉悟者的意思。也就是说，在信仰者看来，佛陀不是世界的创造者，而是世界真理的发现者。佛典中经常说："若佛出世，若未出世，此法常住，法住法界。彼如来自所觉知，成等正觉；为人演说，开示显发。"[①]可见，缘起的教义实际上与是否有佛陀出现无关，它不仅超越于人类、超越于有情，甚至超越于佛陀本身。在这一意义上，它就是一种客观性的真理。

显然，这种信仰主义的指认多少会让人感到不适。因此，我们毋宁采纳类似波普尔对柏拉图的批评，佛法并非神圣的和不变的，而是"人造的和可变的"。[②]这里"人造的"是指从其来源来说，这是人类精神活动的产物，并且始终都有人类精神活动的介入。但从其被造之日起，它就反过来创造了自己自主性的领域，这表现为问题的出现，为解决问题而提出的新的思想构造物，以及由此所引发的新的意料不到的事实和问题，逻辑性的推演和反驳，等等。事实上，这跟由哪个具体的人作出的并无太大关联，无论他是印度的龙树、世亲，还是中国的智顗、法藏；无论他是遗世独行的隐修者，还是深度介入宫闱争斗的政治和尚，唯一能造成差别的恐怕只有语言。语言决定了问题的提出方式和解决方式，借用波普尔的话来说，"客观意义上的知识是没有认识者的知识，它是没有认识主体的知识"[③]。推动思想自身运动的是问题和逻辑的力量，而不在于思想者具体的社会学或心理学背景。这就是作为佛教哲学研究对象的"世界 3"。

对于不承认"世界 3"的人来说，思想和知识作为人类精神的产物，只能被归属于"世界 2"，而"世界 2"最终又被归属于"世界 1"。在佛教思想史研究中，这种双重还原主义的操作策略，在今天以所谓后现代史学的名义而回归。"世界 3"如同密电码，其自身并没有意义，其意义仅在于通过对它的破译，可以打开千姿百态的"世界 2"与"世界 1"。遗憾的是，这种打开方式在方法论上是可疑的。

"世界 3"之所以是客观的，是因为它具有主体间可交流的公共性，而"世界 2"则是隐秘的私人世界。那么，我们以一个在手状态的公共性的"世界 3"，又如何来打开已落入历史尘埃中的私人性的"世界 2"呢？两千多年前，孟子就已提供了一个方法，叫作"以意逆志"，今天一般被通俗地表述为"同情的理解"。之所以能"逆"，能"同情"，其方法论前提是人类精神的可通约性，所谓"人同此心，心同此理"。在后现代语境下，这种可通约性已从根本上被颠覆了。人类的精神世界是被建构的。与其说它是连续的，

---

① 《杂阿含经》卷 12，T2，p.84b。

② 《客观知识——一个进化论的研究》，第 131 页。

③ 《客观知识——一个进化论的研究》，第 117 页。

毋宁说是断裂的；与其说是进化论的，毋宁说是考古学的。那么，处于现代话语地层中的我们，又如何能实现这致命的一跃，去“逆”、去“同情”处于另一个地层中的他们呢？

“世界1”的打开方式同样是可疑的。传统的史学研究是试图通过“世界3”来还原“世界1”，即历史文本被视作“历史之镜”，通过历史文本的连续性与互补性可以再现历史的真实。后现代正确地揭示出了文本书写中隐蔽的权力关系，但通过解构策略，从能指（signifier）中延异、释放出来的还是能指，而从未触及所指（signified）。所以它是叙事学的而非“实证论”的，通俗地说，这就是讲故事，而不是历史再现。它始终只属于“世界3”，而从未达致“世界1”。更为重要的是，后现代从根本上拒斥任何“元叙述”（metanarratives），从未奢望以一种新的“元叙述”来取代以往的“元叙述”。某些以后现代相标榜的佛教思想史研究却拥有比这大得多的抱负，他们站在历史的制高点上，声称以往的历史叙述都是权力话语的建构，只有他们才从历史文本的间隙中，解密了那些为不断改写的文本所重重遮蔽的历史真实。有趣的是，这种被揭示出来的历史真实大都属于和福柯所谓的权力话语相反的宏观权力，一部佛教思想史于是被还原为一部政治斗争史。这种从能指向所指的落地，这种重建“元叙述”的抱负恰恰是反后现代精神的。横扫一切的解构，首先需要的就是自我解构：谁在说话？我们是谁？

笔者并非后现代的拥趸。后现代以一种颇富刺激性的方式，为我们清除了思想上的诸多虚假客体，却并不足以将哲学还原为修辞学。自柏拉图以来，哲学就自觉地区别于修辞学，而这正是由哲学所指向的“世界3”所具有的客观性和自主性来保证的。佛教哲学亦应作如是观。

二、业果与时间

笔者原初给本书设定的任务有三个：其一，在从印度佛教到中国佛教兼及日韩佛教的背景下来梳理唯识思想，得以提出的问题意识和学理开展。其二，在从唯识古今学的对比中，来确立玄奘唯识学的理论定位和基本特色。其三，在综合窥基和圆测等诸家不同学说的基础上，来展示玄奘唯识学的全体学理规模。而作为一项以哲学为底色的佛学研究，本书聚焦在两个哲学问题上，一是时间，二是认识。

可以说，历史上所有伟大的哲学与宗教，都有他们对时间的自觉意识。比如，基督教的时间是一种启示的时间，是通过先知预言所传达的、在历史中朝着一个终极目标而行动的时间；而佛教的时间意识则与轮回的意象紧密相关，这是业果的时间。

佛教将世界称之为“行”，无非指认了世界只是一种关系性的流变。时间正是流变的事件的表征，而不是事物的流变发生于其间的场所。在流变之外或之上，并没有它所依托的基体。大而无当的所谓本体论诠释，恰恰是陷入了梵我论的窠臼，与缘起的语义背道而驰。而业（karman），就是推动世界流变的力量，它与“行”（saṃskāra）出自同一个动词词根√kṛ。因此业果的时间，也就是业出离为果的动力学的时间。它不具有犹太—基督末世论的线性时间所具有的救赎意义，却是任何有情都不得不面临的现实处境。

在佛教看来，正是基于业果的关系先在，而有相似相续的五蕴之流，才有有情的安立；而不是如流俗的见解，基于造业的有情和受报的有情的实体先在，然后认为在其间发生了一些偶然的、外在的关系，而将其称作业果关系。易言之，业果首先就是无主体的业果，所谓“主体”其实只不过是在业果的关系中五蕴相似相续的呈现。认为业果和无我自相矛盾的看法，就在于其无法进入缘起的语境。

部派时代的时间困惑源自其对时间的空间化想象，即将时间切割为刹那，以刹那的集合来构造时间的连续。这种“分析—构造”的时间观确立了刹那作为时间始基的意义，业和果则被分别定位在前后不同的刹那点上。这其实与“飞矢不动”的芝诺悖论（Zeno's paradoxes）是类似的，因而需要架构新的理论体系来诠释业果的关联。有部的“三世实有”和经量部基于“过未无体”的种习学说分别提供了两种可能的取径，后者为唯识大乘批判性地继承。

“过未无体”确立了在场之现在相对于不在场之过去、未来的中心地位。因为实存性是被奠基于在场性之上，而不在场的过去与未来纯粹只是无。“过未无体”的全幅展开必然是同时因果，亦即因果只有共存于实有的现在刹那，因才能发挥因的作用，而果也才能现实性地被给予。具体到种习学说上，这是说，过去是以一种潜势力的方式进入到了现在，所以才有因的作用，不在场的过去由此而被“在场化”了。既然过去对于现在的全部意义，都是通过它的“在场化”来实现的，也就是说，在每一个现在刹那，都已实质性地具足了过去，因果关系可以在每一个刹那达成；如此，从过去出离到现在的时间的绵延性，及由其所表征的因果关系的动力学意涵，也就从根本上被遮蔽了。

有趣的是，最早基于过未无体的时间预设而提出种习学说的经量部，恰恰是反对任何同时因果。所谓“无间（anantara）生果”，实际上是以“分析—构造”的时间观为前提，而认可了前一刹那的因具有向现在刹那出离的作用力。或者毋宁说，正是这种作用力的出离，才使得前刹那成其为因，后刹那成其为果，前后刹那的因果关联得以可能。正如有部的批评，无间生果和严格贯彻的过未无体说是有冲突的；但也正因为此，经量部依然保留了每一刹那作为纯粹效能的意义。

基于上述背景，唯识古今学的时间意识，就能得到合理的澄清。唯识古学如安慧，就是循沿经量部的思路，而以唯识大乘的“识转变”（vijñāna-pariṇāma）说来重新架构了种现缘起，所以“识转变”必然是异时因果。据汉传唯识学的传说，难陀乃至最胜子、胜军也都是持类似的见解。唯识今学则从严格贯彻的“过未无体”观出发，强调种现因果的同时性，为此又不得不以种子的自类相生来展开时间的维度。

佛陀说，“任何集法，皆是灭法”（Yaṃ kiñci samudaya-dhammaṃ,sabban taṃ nirodha-dhamman ti.）[①]。因此，业果的时间，反过来也是走向解脱的时间。解脱的最终目的是要超越业果的束缚，由此也就超越了时间，但走向解脱的过程却是在时间中逐步推展的。终点不能取代过程，离开了闻、思、修的所谓境界只不过是玩弄光景的泥鳅哲学。因此多闻熏习才是由凡入圣的转折点，它是成道之因。如世亲就曾指出：“以远离所说法不能得大菩提，以是义故，此法能为菩提因。”[②]摒弃一切经教的反智主义传统并不是佛法所固有的。

佛教讲缘起，所以原则上不会决定性地允诺一切众生都能成佛，也不会决定性地弃绝一类众生，认为他们永远不能解脱。即便是在《大般涅槃经》的后分，也还是明确说：“一切众生定有佛性，是名为着；若无佛性，是名虚妄。”[③]没有先天决定的有佛性者，也没有先天决定的无佛性者，解脱的可能性是基于闻、思、修的过程而向未来开放的。

所有的本有说，无论是种姓本有说还是佛性本有说，其目的都是要为有情未来获得解脱的可能性予以先天潜能上的奠基。两者的区别仅在于，这种可能性是一还是多，是无为还是有为。而究其实质，它们都是将“缘起”的关系决定论转换成了“缘生法”的实体决定论，这就不得不设定因性乃是果性具体而微的存在，果性本质上只是因性的显现，这种对因果关系的理解无疑是基础主义与实体主义的。

三、认识与自身认识

佛陀说，一切存有就是认识得以发生的十二处，这预示了佛教哲学中认识论向度的开出。部派学者一般都是在心物二元论的前提下，来讨论认识的可能性问题。有部以一种类似于巴门尼德的方式，提出了“认识与存在的同一性原则”，认为“识必有境”，凡所认知的对象都是实有的，并以此来证成“三世实有”说。分别说系与譬喻——经部师则认为“识可缘无”，对过去与未来的认知都属于“缘无之识”，由此反对“三世实有”而成立“过未无体”。经部又进一步提出了“带相”说，认为不仅“缘无之识”根本就不需要有外部对象，而且“缘有之识”的生起虽然是以外界极微的作用力为前提，然而被认知物的形成乃在于心识的主动统合，外界极微本身不能被认知。从这种类似“批判实在论”的立场进一步发展，就有可能引发佛教哲学中的唯心论转向。

从有部分化出来的瑜伽师，通过其禅修实践，特别是诸如不净观的修行，正式提

---

① Dīgha-Nikāya Vol.II，p.41.

② 《金刚般若波罗蜜经论》卷下，T25，p.794a。

③ 《大般涅槃经》卷 35，T12，p.572c。

出了“所缘唯识所现”的认识论原则。“唯识”（vijñapti-mātra），在古学那里指认的是超越主客对立的“识”（vijñapti）一元论。此即，心识并非首先是作为主体独存，而后与一个外在的客体偶然遭遇；恰恰相反，它总是显现为各种境相，从而为客体化的认识提供对象。易言之，境相之所以能向我们呈现，从而可以被认知为对象性的客体，乃是因为心识即境相显现的场域，境相原本就已在心识的照亮中被给予。

心识之所以能显现境相，是因为它是虚妄分别（abhūta-parikalpa）。因此，显现的境相就已经是被计执为客体的境相。与之同时，心识的计执作用又自反性地指向自身，将自身显现为与客体相对的主体。如此，心识通过再现自身的方式而实现了“世界化”，即作为主体，与客体一起，各自成了世界的一部分。

概言之，唯识古学的基本立场就是识有境无。凡显现的境相，无论它是所取的客体，还是能取的主体，都是实无而被计执为有。因此这是与唯识学者对空有关系的理解，即“三性”“三无性”的学说紧密相关的。“三性”“三无性”与中观“一切唯假”的空有观念不同，实质上还是延续了有部“假必依实”的思路。而它之所以能从发端于《菩萨地·真实义品》的存在论定位，开展出“弥勒论”中的认识论定位，其关节点在于“空之所余（梵 avaśiṣṭa，巴 avasiṭṭha）”观念的演化。即“空之所余”的内涵由缘起之事（vastu）而转换成了显境之识（vijñapti），由此“唯事”（vastu-mātra）也就成了“唯识”（vijñapti-mātra）。

唯识古今学的实质性差别在于无相（nirākāra）与有相（sākāra）。这一范式性的变革是始自陈那的“知识论转向”的结果，即，通过成立依他起性的相分，而为世间知识厘定其确实性与可靠性的根基。得益于陈那对所缘缘的创造性解读，唯识今学建立了依他之内境与遍计之外境，即纯粹表象与观念构造物的两重世界。汉传唯识学则以“三类境”的分判，对内境的假实作了精致的刻画与详尽的分析，这标志着在有相唯识的框架内识转变学说的最终完成，并由此而成为东亚唯识学的理论特色。

从大众部的心识能知自性之说，发展出了后期经量部的自证理论，这也被陈那引入了唯识今学的体系。护法又进而建立了第四证自证分。自证确立了自身意识对于对象意识的奠基性，实际上是将唯识学导入到了唯心主义与基础主义的框架之内。至于证自证分的成立，无非就是自身认识与对象认识同质化的结果，即自身认识被认为亦需基于能所二分的对象性架构，与对象认识的差别仅在于内向与外向的不同。

这里关键在于，心识能否以再现自身的方式来如实地认知自身？从唯识古学的角度来看，心识再现自身，恰恰是心识将自身置入了能所的架构，而实现了“世界化”，因此这已不再是显现世界的心识本身。事实上，唯有如实地认知境相，才能如实地认知自身，因为被给予我们的总已是境相。如实地认知它意味着，于境相在场处，我们真切地领会到，其实只是不在场的心识在显现，而这也就是如实地认知了心识自身。即，心识并非可以对象性地把捉的主体，它永远不在场，却正运作于境相的在场之中。借用禅宗大德的话来说，“凡所见色，皆是见心；心不自心，因色故有”。世界上的万事万物，都是我们领悟自心的场所；离开了万事万物，也就没有一个“昭昭灵灵”的心识可以玩弄光景。

心所分类体系中“遍行”概念之考察

——以《瑜伽师地论》为中心

杨洁[①]

【摘要】瑜伽行派的心所分类体系中，将作意、触、受、想、思这五个心所归为一类，称为“五遍行”。显然，“遍行”是对这五个心所的特征的描述。“遍行”的梵文是sarvatraga，本身是一个形容词，意思是“于一切存在”，而这个“一切”的具体所指却不甚清晰。以往的研究主要根据《唯识三十颂》及其注释书，将“一切”解释为“八个识”，即这五法“遍行”是指它们于八个识都存在，也就是与八个识都相应。这是一种可能的解释。不过，最早的瑜伽行派文献《瑜伽师地论》在划分心所法时使用的是另一种标准，并未明确提及心所与八识的相应关系。本文将以《瑜伽师地论》为中心，分析探讨瑜伽行派论书中“遍行”这一概念的意涵。

【关键词】《瑜伽师地论》；五遍行；心所；瑜伽行派

一、前言

佛教的教理中，对法的分析和观察自古就占有重要的位置。在瑜伽行派的教理中，将一切法分为有为法与无为法，进而将有为法分为心法、心所法、色法和心不相应行法这四类。心所法中，作意（manaskāra）、触（sparśa）、受（vedanā）、想（saṃjñā）、思（cetanā）这五法被视作普遍存在的心所法，被归为一类，称为五“遍行”（sarvatraga）。

“遍行”这个分类概念是瑜伽行派所特有。不过，说一切有部、上座部的教说中也有类似的概念。这两个部派在心所的划分上虽与瑜伽行派存在或多或少的差别，但也都主张具有“普遍存在”性质的心所法，说一切有部说“十大地法”，上座部说“共一切心心所”。其中，说一切有部将受、思、想、欲、触、慧、念、作意、胜解、三摩

① 作者单位：日本东京大学人文社会系研究科。

地总称为“十大地法”（mahābhūmika）；上座部[①]将触、受、想、思、心一境性、命根、作意这七法称作“共一切心心所”（sabbacittasādhāraṇa，意为共通于所有八十九心的心所）[②]。

作意、触、受、想、思这五个在瑜伽行派划分为“遍行”的心所，在说一切有部被归为十大地法。加之，瑜伽行派的心所体系中，紧接着五遍行，有欲（chanda）、胜解（adhimokṣa）、念（smṛti）、三摩地（samādhi）、慧（prajñā）五法，这被称为五“别境”（pratiniyataviṣaya），意指各自有不同对象的心所法。遍行五法与别境五法相合，就跟说一切有部所说的十大地法（受、思、想、欲、触、慧、念、作意、胜解、三摩地）完全一样。这样看来，似乎瑜伽行派的五遍行与五别境，与说一切有部的十大地法有着密切的关系。说一切有部的论书中，言及受等十法的最早有《界身足论》和《品类足论》，这些一般认为是成立于公元前2世纪至公元前后；而瑜伽行派最早的论书《瑜伽师地论》一般认为大约成立于4世纪，晚于前述的说一切有部论书。因此，以往的研究普遍认为，五遍行和五别境是瑜伽行派继承自说一切有部的十大地法，并基于自派的考虑将其一分为二的结果[③]。

在这个认识的基础上，对瑜伽行派“遍行心所”的研究［胜又俊教（1961），水野弘元（1964），吉元信行（1985）等］探讨了瑜伽行派将十大地法一分为二的原因。水野（1964：331—332）和吉元（1982：202）将主要原因归为对识的理解的差异，即，瑜伽行派法体系中的“心”包括了八个识，所以讲心所时也要考虑到与阿赖耶识、末那识的关系，这不同于说一切有部或上座部。欲、胜解、念、定、慧五法因不与阿赖耶识相应，所以被别立为“别境”。而作意、触、受、想、思五法因为与所有八个识都相应，于是作为遍行心所，被置于了心所法的首位。简言之，作意等五法与八个识都相应，所以是遍行；欲等五法不与阿赖耶识相应，所以不是遍行。这被列为瑜伽行派将后者从遍

---

① 上座部的分类体系成立时间较晚，一般认为，其发端于Abhidhammāvatāra（《入阿毗达磨论》）及Rūpārūpavibhāga（《色非色分别论》），作者是据传与觉音（约5世纪）同时代的佛授（Buddhadatta），并在阿那律（Anuruddha，约12世纪）所著的Abhidhammatthasaṅgaha（《摄阿毗达磨义论》）中得到最终的体系化。佛授将一切法分为心、心所、色、涅槃四类。在论及心所时，列举了五十二法，并将其分类为共一切心心所、善心所和不善心所三类。阿那律在继承其说的基础上，将这五十二心所分为了共一切心心所、杂心所、不善心所、共善净心所、离心所、无量心所和慧根七类。［参见水野（1964：262–264），吉元（1982：197）。］

② 水野（1964：57）这样解释“一切心”：“另一方面，巴利佛教在阿毗达磨时代确立了心识分类的标准，在注释时代以后，一切心总是被分类为八十九或一百二十一种。八十九心的说法成为心识分类的定说。”［笔者译自水野（1964），下同。］

③ 如，水野（1964：331）写道：“有部的十大地法在瑜伽行派中被分为了五遍行、五别境两类。”又如，胜又（1961：437）写道：“《瑜伽论》中批判十大地法的说法，立四种一切的原理，将十大地法区分为遍行和别境，而其后《成唯识论》中明确指出了欲、胜解、念、定、慧之所以不是遍行的理由。”［译自胜又（1961），下同。］

行法中划分出去，立为别境的主要原因之一[①]。

值得注意的是，“五遍行”这个分类概念最早出现于瑜伽行派的根本论书《瑜伽师地论》，之后的瑜伽行派论书中的法体系，在法的数目上或有些微不同，但在分类上基本继承自《瑜伽师地论》。所以，在考察瑜伽行派是出于何种考虑将作意等五法划分为遍行心所时，《瑜伽师地论》中的记述可以说是最为重要的依据。然而，上述研究在讨论五遍行时，倾向于使用《大乘阿毗达磨集论》《唯识三十颂》《五蕴论》《成唯识论》等集中论述五遍行的文献，对《瑜伽师地论》的考察并不充分。

有鉴于此，本文将基于瑜伽行派论书，尤以《瑜伽师地论》为中心，对瑜伽行派的“遍行”这一概念进行分析讨论。

总的来说，瑜伽行派论书之中，对于“遍行”这一特征，大致有两种理解：一种是，“于一切状态的心中，于居一切地的有情中，于一切时中，诸心所一切俱起”；另一种是，“存在于一切识（＝八个识）中”。前者见于《瑜伽师地论》。

二、“四一切”之遍行

（一）简析“遍行”（sarvatraga）一词

“五遍行”是中国法相宗自古使用的名称。因现存资料不足，现在还不能确定“五遍行”是否直接译自梵文的术语。其中，“遍行”的梵文是 sarvatraga。这个复合词中，sarvatra 意为“在一切”，ga 在这里意为“有、存在”。这个词常作形容词修饰名词，当修饰心所时，意为“于一切中存在的心所”，指作意、触、受、想、思，而其他语境下并非一定指这五个心所[②]。也许是意识到这一点，在心所相关的语境中，汉文文献常用“五遍行”来表明这是指作意等五法。藏语文献中，sarvatraga 的译语大致有 thams cad du ‘gro ba（于一切中存在的）和 kun tu ‘gro ba（普遍存在的）两种，但在表示五心

① 除了这一点之外，有研究也指出，有部的大地法意指遍在于各种状态的心的心所，而瑜伽行派对遍在这一性质作了更加细密的分析，这一点也有别于有部的主张。胜又［1961：378］、吉元［1985：157］谈道，《瑜伽师地论》说遍在的性质，列出了“一切性、一切地、一切时、一切俱”，这种说法不见于有部文献；作意等五心所这四者皆具，而欲等五心所不具一切时、一切俱。本文同意这种见解。本文的目的，一在于辨析这四个一切的具体含义，二在于讨论上述第一种观点，厘清不同文献中对“遍行”的不同理解。

② 如《瑜伽师地论·本地分中声闻地》在解说“遍满的是所缘的事物”（vyāpyālambanavastu）时，有如下表述。ŚrBh 48, 13-14：tāny etāni bhavanti catvāry ālambanavastūni sarvatragāni sarveṣv ālambaneṣv anugatāni |（【笔者译，下同】正是〔以上〕这些。〔这〕四个是所缘的事物于一切中存在，随于一切所缘。）汉译（T30, 427c19-20）译为“如是四种所缘境事，遍行一切，随入一切所缘境中”，藏译（D dzi 76b4; P wi 92a7-8）译为 dmigs pa’i dngos po bzhi po de dag ni thams cad du ‘gro zhing| dmigs pa thams cad kyi rjes su song ba dang。这里解说的是作为所缘，也就是作为认识对象的事物，很明显不是在讲心所。

所时，基本上使用的是后者 kun tu 'gro ba（普遍存在的）或 kun 'gro lnga（五个普遍存在的）。本文中，为了行文方便，也用“五遍行”来总称这五个心所。

“遍行”意为“于一切中存在的心所”，那么可以说，“一切”具体指的是什么，是理解“遍行”的关键。

（二）《瑜伽师地论》中“遍行”的意思

1. “本地分”中区分心所的方法

《瑜伽师地论》由“本地分”“摄抉择分”“摄释分”“摄异门分”“摄事分”五部分组成，其中“本地分”与“摄抉择分”的关系最为紧密，后者是对前者的整理与解说。《瑜伽师地论》中对五遍行的论述，主要集中在“本地分”的“五识身相应地”和“意地”，以及“摄抉择分”的相关部分。其中，“摄抉择分”中出现了“遍行”一词，而“本地分”中未见用例（详情后述）。

在“本地分”的“意地”中，对数量众多的心所法进行了整理和归类，分类的方法和标准也展现其中。虽然“本地分”中没有使用“遍行”一词，但从这些记述中也可以窥见《瑜伽师地论》是如何理解作意等五法的共通特征，亦即如何理解“遍行”：

（译自梵本《瑜伽师地论》，编号为笔者添加）

又，心、心所的束集中，心可被认识到。以及，五十三个心所可被认识到。即，如前〔说意地随伴时〕所述，作意为始，寻、伺为终。

①这些心所法中，哪些是于一切状态的心中生（sarvatra citta utpadyante），于居一切地者中（sarvabhūmike）〔生〕，于一切时（sarvadā）〔生〕，一切（sarve）〔都生〕？答：有五，作意为始，思为终。

②哪些是于一切状态〔的心〕中生，于居一切地者中〔生〕，却非于一切时〔生〕，非一切〔都生〕？亦有五，欲为始，慧为终。

③哪些是仅于善〔心〕中〔生〕，不于一切状态〔的心中生〕（kuśala eva na sarvatra），虽于居一切地者中〔生〕，却非于一切时〔生〕，非一切〔都生〕？信为始，不害为终。

④哪些是仅于染污〔心〕中〔生〕，不于一切状态〔的心中生〕（kliṣṭa eva na sarvatra），非于居一切地者中〔生〕，非于一切时〔生〕，非一切〔都生〕？贪为始，不正知为终。

⑤哪些是于一切状态〔的心中生〕，却非于居一切地者中〔生〕，非于

一切时〔生〕，非一切〔都生〕？恶作为始，伺为终。①

“本地分中意地”的这段论述中，从 sarvatra citte、sarvabhūmike、sarvadā、sarve 四个角度，将稍前处说意地的“随伴”时列出的心所［请参见三（一）1 节］划分为五类。不过，对这四个角度并没有做进一步说明，使得这部分的文意并不十分清晰。汉译的译文“依一切处心，一切地，一切时，一切”也是类似的情况。水野（1964）和吉元（1985）在讨论“遍行”时论及了此处，但两人的理解不尽相同。这里有必要对这四个 sarva 再作检视。

（1）关于 sarvatra citte，从稍后的第（3）（4）类心所的说明可推知其意。对第③类的“信”等心所，文中说其“仅于善〔心〕中〔生〕，不于一切状态〔的心中生〕”（kuśala eva na sarvatra），对第（4）类的贪等心所，说其“仅于染污〔心〕中〔生〕，不于一切状态〔的心中生〕”（kliṣṭa eva na sarvatra）。《瑜伽师地论》的注释书《瑜伽师地论释》

---

① YBh 57, 8–57, 17（笔者依写本重校，附校注，下同）：tatra cittacaitasikakalāpe(1) cittaṃ copalabhyate |(2) caitasāś ca tripañcāśad upalabhyante |(3) tadyathā manaskārādayo vitarkavicāraparyavasānā(4) yathā nirdiṣṭāḥ ||(5) .

eṣāṃ caitasānāṃ dharmāṇāṃ kati sarvatra citta utpadyante sarvabhūmike sarvadā sarve ca |(6) āha |(7) pañca manaskārādayaś(8) cetanāparyavasānāḥ |(9) .

kati sarvatrotpadyante(10) sarvabhūmike na ca sarvadā na sarve |(11) pañcaiva chandādayaḥ(12) prajñāparyavasānāḥ |(13).

kati kuśala eva na sarvatra |(14) api tu sarvabhūmike na sarvadā na sarve |(15) śraddhādayo 'hiṃsāparyavasānāḥ(16) | .

kati kliṣṭa eva na sarvatra na sarvabhūmike na sarvadā na sarve |(17) (18rāgādayo 'saṃprajanyaparyavasānāḥ |18) .

kati sarvatra no tu sarvabhūmike(19) na sarvadā na sarve |(20) kaukṛtyādayo vicāraparyavasānāḥ ||(21).

(1) °caitasikakalāpe MS; °caitasakalāpe Bh–ed. (2) °te | MS; °te Bh–ed. (3) °nte MS; °nte | Bh–ed, em. (4) 'vitarkavicāra° MS; vitarkavicāra° Bh–ed, em. (5) nirdṛṣṭā || MS; nirdiṣṭāḥ | Bh–ed; nirdiṣṭāḥ || em. (6) ca MS; ca | Bh–ed, em. (7) aha MS; āha | Bh–ed, em. (8) manaskārādyāś MS; manaskārādyāś Bh–ed; manaskārādayaś em. (9) cetanā(pa)ryavasānānāḥ MS; cetanāparyavasānāḥ | Bh–ed, em. (10) °te | MS; °te Bh–ed, em. (11) °rve MS; °rve | Bh–ed, em. (12) chandādayaḥ | MS; śraddhādayaḥ Bh–ed; chandādayaḥ em. (13) prajñāparyavasā〈na〉ḥ || MS; prajñāvasānāḥ | Bh–ed; prajñāparyavasānāḥ | em. (14) °tra MS; °tra | Bh–ed, em. (15) °rve MS; °rve || Bh–ed; °rve | em. (16) °paryavasānā MS; °paryavasānāḥ Bh–ed, em. (17) °rve MS; °rve | Bh–ed, em. (18) rāgādayo' saṃprajanyaparyavasānāḥ | MS; rāgādayaḥ saṃprajanyaparyavasānāḥ || Bh–ed. (19) sarvabhūmike MS; sarvebhūmike Bh–ed. (20) °rve MS; °rve | Bh–ed, em. (21) | MS; || Bh–ed, em.

玄奘译《瑜伽师地论》（T30, 291a1 - 12）以作参考：

复次，于心、心所品中，有心可得，及五十三心所可得。谓作意等，乃至寻、伺为后边，如前说。

“如是诸心所（1），几依一切处心生，一切地，一切时，一切耶（2）？答：五。谓作意等，思为后边。

依一切处心生，一切地，非一切时，非一切耶（3）？答：亦五。谓欲等，慧为后边。

唯依善，非一切处心生，然一切地，非一切时，非一切耶（4）？答：谓信等，不害为后边。

唯依染污，非一切处心生，非一切地，非一切时，非一切耶（5）？答：谓贪等，不正知为后边。

依一切处心生，非一切地，非一切时，非一切耶（6）？答：谓恶作等，伺为后边。”

（1）“所”金，丽，T；“法”房，碛，（T）资普径崇。（2）（3）“耶”丽，碛，T；“俱”金，房。（4）（5）（6）“耶”金，丽，碛，T；“俱”房。金：赵城金藏；碛：碛砂藏；丽：高丽藏；T：大正藏；（T）资：大正藏校示资福藏；（T）普：大正藏校示普宁藏；（T）径：大正藏校示径山藏；（T）崇：大正藏校示崇宁藏。下同。

（*Yogācārabhūmivyākhyā）中解说道："'一切的心'指善、不善、无记的〔心〕[①]。"道伦在《瑜伽论记》中依《成唯识论》解释为"三性处"[②]。《瑜伽师地论》文中虽然只论及善与染污，没有明确说无记，但从理论上讲，《瑜伽师地论释》所示一切心包含无记心这一点也符合教理。善、染污、无记是心的状态，由此可知，sarvatra citte 的意思是"在一切状态的心中，无论善心、染污心、无记心"。

对于 sarvatra citte，水野（1964：319）解释为"遍于善、不善、无记一切三性"（"善・不善・无记の一切三性にわたり"），吉元（1985：156）解释为"共通于善、恶等三性心"（"善、恶等三性の心に共通して"），二者的理解相近。

（2）对于 sarvabhūmike，二者的理解存在分歧。水野（1964：319）理解为"欲界、色界、无色界的三界一切地"（"欲，色，无色の三界一切地"），而吉元（1985：156）则解释为"所有的心理状态中"（"あらゆる心理状态において"）。[③]

看《瑜伽师地论》中 bhūmi 的用例，其多指修行的阶位或禅定的阶段境界，有时亦指依禅定的阶段而划分的生存领域（欲界、色界的诸禅天等）。如"本地分"的"有寻有伺地"中细述有情的乐的差别，依乐与"圣财"（信、戒等七）的关系，将乐区分为圣财所生乐和非圣财所生乐两种。在解释后者时，说"正因为是以欲〔界〕为范围，不是'居一切地者〔皆〕有'（na sārvabhūmikaṃ）"[④]。又，"摄抉择分"的"有寻有伺等三地"中，说有定地的随烦恼中，一部分是属于初静虑地，其余的属于一切地[⑤]。由此可知，sārvabhūmika 应是一个与三界、禅定阶段相关的修饰语。

---

① YBhVy (D 'i 105b6; P yi 129a7–8): sems thams cad du zhes bya ba ni dge ba dang| mi dge ba dang| lung du ma bstan pa'i'o (pa'i'o D; pa'o P) ||.

② 《瑜伽论记》（T42, 333a27–28）："唯识第五解云谓三性处。"

③ 吉元（1985：157）基于说一切有部论书《阿毗达磨灯论》《俱舍论》中 bhūmika 的说明［参见吉元（1982：207–208）］，对《瑜伽师地论》〈本地分中意地〉的这个 sarvabhūmika 作了如下阐述："地（bhūmika）是指，心的所趣之处（gati），也就是行境（gati–viṣaya），是心的生起领域。所以，一切地就是指，心所普遍运转、生起之处的所有领域。"［译自吉元（1985）。］

④ YBh 96, 16–17: punar anāryadhanajaṃ na sārvabhūmikaṃ kāmāvacaratvād eva |（【译】又，正因为是以欲〔界〕为范围，非圣财所生的〔乐〕不是居一切地者〔皆〕有。）

附玄奘译《瑜伽师地论》（T30, 299b10）以作参考："又非圣财所生乐非一切地有，唯欲界故。"

⑤ 汉译（T30, 622c8–11）："又有定地诸随烦恼，谓寻、伺、诳、谄、惛沉、掉举、憍、放逸、懈怠等，初静虑地有初四种，余通一切地。"

藏译（D zhi 112a1–2; P zi 117a1–3）：de la mnyam par gzhag pa'i sa pa'i nye ba'i nyon mongs pa rnams ni 'di lta ste| rtog pa dang dpyod pa dang sgyu dang| g.yo dang| rmugs pa dang rgod pa dang rgyags pa dang bag med pa dang (dang D; dang| P) le lo rnams te| de la dang po bzhi ni bsam gtan dang po'i sa pa dag yin no|| lhag ma rnams ni sa thams cad pa (pa P; dang dus thams cad pa D) dag yin par rig par bya'o||.（【译】又，应知，有〔禅〕定的地的诸随烦恼，谓寻、伺、诳、谄、惛沉、掉举、憍、放逸、懈怠，其中，前四个是属于初静虑地，其余的是属于一切地。）

外，"摄抉择分"中心所的分类与上述"本地分"的分类稍有不同。水野（1964：321）指出："后半部分（笔者注：

《瑜伽师地论释》对此处解说道：“说‘属于一切地’，是因为〔这五法〕是属于欲〔界〕、色〔界〕、无色〔界〕、无漏〔界〕的地。（中略）说‘不是属于一切地’，贪等不存在于无漏地，所以不是属于一切地。”①

窥基所著《瑜伽师地论略纂》中，对“一切地”有两种解释。一种是“有寻等三地”，即有寻有伺，无寻有伺，无寻无伺三地；另一种是，色界四天、无色界四天、欲界，合计九地②。无论哪一种解释，都与禅定及相关的生存领域有关。

由上可知，这个语境中的 sarvabhūmike 基本上是与禅定或生存领域相关的概念，如水野（1964）所示，理解为与三界有关的词应该比较妥当。另，上述《瑜伽师地论释》中，除了欲界等，还提及了“无漏界”，从修道论的视点看也有其合理之处。

（3）sarvadā 按字面可理解为“于一切时间中”。这个词在《瑜伽师地论释》中没有特别解释。《瑜伽师地论略纂》说：“一切时者，心生必有。”③水野（1964：319）作“一切时中”（“一切时に”），没有特别解释。吉元（1985：156）解释为“只要是心存在的情况下，无始以来任何时候都”（“心ある限り，无始以来いつの时にも”）。都是将 sarvadā 理解为：只要心识运转，就常时存在。本文亦取此意。

（4）sarve 依前后文可以理解为“〔五心所〕一切”。这个词的理解前人研究中也有分歧。吉元（1985：156）释为“（这五个心所）互相俱起，同时”〔“（これら五心所が）互いに俱起し合って同时に”〕，水野（1964：319）则释为“于一切心中相应俱起”（“一切心に相応俱起する”）。

这里的 sarve 玄奘译为“一切”。《瑜伽师地论略纂》对这个“一切”解说道：“一切耶者，随其自位，起一必俱”④。《瑜伽师地论释》中，对从“欲”到“慧”的五心所，即五别境，有这样的解说：

> 对说“不是一切〔都生〕（na sarve〔utpadyante〕）”，此处其意为：应该这样观察，〔“欲”〕只对所希望的事物生起，这时，别的〔心所〕不会生起；时或两个，时或三个〔心所〕生起，但不是所有的〔欲等五心所〕

‘摄抉择分’）的卷五十五中，将贪以下的心所二分为烦恼、随烦恼。前半部分（笔者注：‘本地分’）中被区分开的恶作、睡眠、寻、伺这一类没有别立，而是被归入了随烦恼。”

① YBhVy (D 105b7–106a2; P 129b1–3): sa thams cad pa yin te zhes bya ba ni ‘dod pa dang| gzugs dang| gzugs med pa dang| zag pa med pa’i sa pa yin pa’i phyir ro|| ... sa thams cad pa yang ma yin zhes bya ba ni ‘dod chags la sogs pa ni zag (zag P; gang zag D) pa med pa’i sa la med pa’i phyir sa thams cad pa ma yin no||.

② 《瑜伽师地论略纂》（T43, 20c2–3）：“一切地者有二义。一云有寻等三地。二云色四，无色四，并欲界一，合为九地。”

③ 《瑜伽师地论略纂》（T43, 20c3–4）。

④ 《瑜伽师地论略纂》（T43, 20c4–5）。

一定生起。①

综上可知，sarve 意指，被称为“遍行”的这所有五个心所一同存在，也就是俱起。这样看来，sarve 表示的不是“所有心”，而是“所有五个心所”。因此，水野［1964］的“于一切心中相应俱起”这个解释是值得商榷的。

基于以上的考察，上述“本地分”的内容可以整理如下：

表 1：

心所（分类名称②）	sarvatra citte（于善、染污、无记一切心）	sarvabhūmike（于居三界、无漏界一切地者）	sarvadā（恒时）	sarve（五心所俱起）
作意～思（遍行）	○	○	○	○
欲～慧（别境）	○	○	×	×
信～不害（善）	×	○	×	×
贪～不正知（烦恼，随烦恼）	×	×	×	×
心作～伺（不定）	○	×	×	×

2.“本地分”所示作意等五法与欲等五法的区别

由上述“本地分”中四个 sarva 的记述可知，不同于作意等五法，欲等五法不具备 sarvadā（恒时生起）与 sarve（五心所俱共生起）这两个特征。可以说，作意等五法和欲等五法的区别就在于是否满足 sarvadā 和 sarve 这两点。“本地分”中，四个 sarva 的稍后部分有一些说明，有助于我们理解 sarvadā 和 sarve 的具体意思。

首先，“本地分”阐述了认识过程中作意等五法所起的作用。在认识事物时，作意等五法各司其职，使心识得以认识同一事物的各种方面的“相”（lakṣaṇaṃ）：

> 又，事物（vastu）的相整体上由识令得认识（vijñāpayati）。此同一〔事物的相〕尚未令得认识者，称为应被认识的相，这由作意令得认识。此同一〔事物的相〕中，可爱的〔相〕、不可爱的〔相〕、二者皆非的相由触领受。

① YBhVy (D 105b6–b7; P 129a8–b1): thams cad ma yin pa zhes bya ba la| ‘dir de’i don ni gang gi tshe ‘dod pa tsam la ‘byung ba de’i tshe gzhan dag mi ‘byung la| (la| D; gi (ill.) P) res ‘ga’ ni gnyis| res ‘ga’ ni gsum ‘byung gi| (gi| D; gi P) thams cad nges par ‘byung ba ni ma yin par blta bar bya’o||.

② （ ）中是五位百法中使用的分类名称。［参见吉元（1985：157）。］

> 此同一〔事物的相〕中，有益的〔相〕、有害的〔相〕、二者皆非的相由受领受。此同一〔事物的相〕中，语言表达的原因（nimitta）的相由想领受。此同一〔事物的相〕中，正〔行〕、邪〔行〕、二者皆非行（pratipatti）的原因的相由思领受。
>
> 所以，作意为始、思为终的这些心所于一切状态的心中〔生〕，于居一切地者中〔生〕，于一切时〔生〕，一切〔都〕生。[①]

此处说道，在认识某一个事物（vastu）时，这个事物的整体的相是由识令得认识，而具体的相，或由作意令得认识，或由触等四心所领受。这段表述中，对每个法都使用了“此同一〔事物的相〕”（tad eva）或“此同一〔事物的相〕中”（tatraiva）这一表达来作限定，这是在强调五心所是各自作用于同一个事物中的不同方面的相。而之所以要强调五心所是以同一个事物为对象，是因为这与心、心所运转时间的安立问题紧密相关。“本地分”的稍前位置有如下表述：

> 如何而有“一心”的设立？〔答〕依由遵循语言习惯（vyāvahārika）的心刹那〔而有“一心”的设立〕，而不是依由〔心的实际〕运转的刹那〔而有“一心”的设立〕。
>
> 何为依由遵循语言习惯〔的心刹那〕而〔设立的〕“一心”？作为言语的同一依处，针对同一事物（ekasmin vastuni），在多长时间内有认识（vijñaptir）生起，这段时间就〔设立为〕“一心”。且，当某个〔心刹那〕与这〔个心刹那〕属于相同的流续（tatsamānapravāha）时，那个〔心刹那〕也同样称为“一〔心〕”。而不相同的，则〔称为〕这〔个心刹那〕之后的第二〔个心刹那〕。[②]

---

① YBh 59, 16–22: tatra sakalaṃ vastulakṣaṇaṃ vijñānena vijñāpayati | tad evāvijñaptaṃ vijñeyalakṣaṇam ity ucyate | yan manaskāreṇa vijñāpayati | tatraiva śubhāśubhobhayaviparītalakṣaṇaṃ yat(1) sparśena pratipadyate | tatraivānugrahopaghātobhayaviparītalakṣaṇaṃ(2) yad(3) vedanayā(4) pratipadyate | tatraiva vyavahāranimittalakṣaṇaṃ yat saṃjñayā pratipadyate | tatraiva samyaṅmithyobhayaviparītapratipattinimittalakṣaṇaṃ(5) yac(6) cetanayā pratipadyate |.

tasmād ete manaskārādayaś cetanāparyavasānāś caitasāḥ sarvatra sarvabhūmike sarvadā sarve cotpadyante ||(7).

(1) yat MS; yat [tat] Bh–ed. (2) °ṇaṃ | MS; °ṇaṃ Bh–ed, em. (3) yad MS; yat [tad] Bh–ed. (4) vedanā MS; vedanayā Bh–ed, em. (5) °ttinimittalakṣaṇaṃ MS; °ttilakṣaṇaṃ Bh–ed. (6) tac MS; [yat] tac Bh–ed; yac em. (7) | MS; || Bh–ed, em.

玄奘译《瑜伽师地论》（T30, 291b21－27）以作参考：

又识能了别事之总相。即此所未了别所了境相，能了别者，说名作意。即此可意、不可意、俱相违相，由触了别。即此摄受损、益[①]、俱相违相，由受了别。即此言说因相，由想了别。即此邪、正、俱相违行因相，由思了别。

故，说彼作意等，思为后边，名心所有法遍一切处、一切地、一切时、一切生。

注①：“益”金，房；“害”丽，碛，T。

② YBh 59, 7–10: katham ekasya cittasya vyavasthānaṃ bhavati | vyāvahārikeṇa cittakṣaṇena (1no tu pravr̥ttikṣaṇena |1) vyāvahārikenaikacittaṃ(2) katamat | ekena padasaṃniśrayeṇaikasmin vastuni yāvatā kālena vijñaptir utpadyate(3) tāvad (4ekaṃ

这里说的“一心”，指的是“一个心刹那”。就如何设立“一心”，这段文字这样解释：如果心、心所在一定时间内共同运转于同一个事物（vastu），生起了认识结果，那么，依由语言习惯，将这段时间立为“一个心刹那”。也就是说，即使心、心所实际运转的刹那不同，只要对象是同一个事物，就视其为在一个心刹那中同时运转。所以，从严格意义上来说，作意等五法在实际运转中也许存在些许时间差，但只要运转的对象是同一个事物，就被视为，在心（＝识）运转期间的一切时中（sarvadā），这五法都（sarve）同时生起。

相对的，欲等五法在“本地分”中是这样定义的：

何为欲？〔此是〕于所希望的各个事物，与那〔事物〕相应的（tadanugā）去做的意欲。

何为胜解？〔此是〕于所确定的各个事物，与那〔事物〕相应的基于确认而有的信顺。

何为念？〔此是〕于所熟习的各个事物，与那〔事物〕相应的言及（abhilapanā）。

何为三摩地？〔此是〕于应被观察的各个事物，与那〔事物〕相应的依存于审思（upanidhyāna）的心之专注。

何为慧？〔此是〕于同是应被观察的各个事物，或为由如理而生，或为由不如理而生，或为由非如理非不如理而生的与那〔事物〕相应的对诸法的辨别（pravicaya）。①

---

cittaṃ |4) yac cāpi tatsamānapravāhaṃ tad apy ekam evocyate(5) | visadr̥śaṃ(6) tu (7tasmād dvitīyam7) iti ||(8)

(1) no tu pravr̥tti | lakṣaṇena MS; no tu pravr̥ttikṣaṇena | Bh–ed, em. (2) vyavahārikenaikacittaṃ MS; vvavahārikam ekacittaṃ Bh–ed; vyāvahārikenaikacittaṃ em. (3) utpadyate | MS; upadyate Bh–ed; utpadyate em. (4) ekaṃ cittaṃ MS; ekacittaṃ | Bh–ed; ekaṃ cittaṃ | em. (5) evocyete MS; evocyate Bh–ed, em. (6) visadyaśaṃ MS; visadr̥śaṃ Bh–ed, em. (7) tasmādvitīyam MS; tasmād dvitīyam Bh–ed, em. (8) iti MS; iti || Bh–ed, em.

玄奘译《瑜伽师地论》（T30, 291b21－27）以作参考：

云何安①立此一心耶？谓世俗言说一心刹那，非生起刹那。

何世俗言说一心刹那？谓一处为依止，于一境界事，有尔所了别生。总尔所时，名一心刹那。又相似相续，亦说名一。与第二念极相似故。”

注①：“安”金，房，丽，T；“缘”碛。

值得注意的是，visadr̥śaṃ tu tasmād dvitīyam iti（而不相同的，则〔称为〕这〔个心刹那〕之后的第二〔个心刹那〕）这句话，藏译（D 30a2–3; P 33b3）作 mi ‘dra ba ni de las gnyis pa zhes bya’o（不相似的称为其之后的第二个），与梵文文本一致。而汉译（291b17）作「与第二念极相似故」，与梵文文本、藏译有很大差异。此处《瑜伽师地论略纂》等书中未见解说。

① YBh 60, 3–9: chandaḥ katamaḥ |(1) yad īpsite vastuni tatra tatra tadanugā kartukāmatā ||(2)

adhimokṣaḥ katamaḥ | yan niścite(3) vastuni tatra tatra tadanugāvadhāraṇabhaktiḥ ||(4)

smr̥tiḥ katamā |(5) yat saṃstute vastuni tatra tatra tadanugābhilapanā ||(6)

按照这里的定义，欲、胜解、念、三摩地、慧的运转对象依次是，所希望的事物、所确定的事物、所熟习的事物和应被观察的事物，不是同一个事物。也就是说，这五个心所只在特定的场合，对特定的对象生起，不是一切时（sarvadā）存在。再者，正因为运转对象不是同一个事物，不说欲等五法同时运转于一个心刹那，所以，不是五法都（sarve）同时生起。

3.“摄抉择分”中“遍行”心所的用例

前面提到，“遍行”（sarvatraga）一词的用例不见于“本地分”。至“摄抉择分”，在解释心所的遍行和非遍行的区别时，有这样的表述：

（汉译）：

问：诸识生时，与几遍行心法(1)俱起？答：五。一作意，二触，三受，四想，五思。

问：复与几不遍行心法俱起？答：不遍行法乃有多种，胜者唯五。一欲，二胜解，三念，四三摩地，五慧。①

注（1）：“法”金，房，丽，T；“所”（T）知。［（T）知：大正藏校示知恩院本。下同］

（藏译）：

若问：识生时有多少遍行心所法（sems las byung ba'i chos kun tu 'gro ba）生起？答：五个，作意、触、受、想、思。

---

samādhiḥ katamaḥ |(7) yat parīkṣye vastuni (8tatra tatra8) tadanugam upanidhyānasaṃniśritaṃ cittaikāgryaṃ ||(9)

prajñā katamā |(10) yat parīkṣya(11) eva vastuni(12) tatra tatra tadanugo(13) dharmāṇāṃ(14) pravicayaḥ |(15) yogavihitato vāyogavihitato vā naiva yogavihitato nāyogavihitataḥ ||(16)

(1) °maḥ MS; °maḥ | Bh-ed, em. (2) | MS; || Bh-ed, em. (3) yaniścite MS; yan niścite Bh-ed, em. (4) °āvadhāraṇābhaktiḥ MS; °āvadhāraṇaśaktiḥ || Bh-ed; °āvadhāraṇabhaktiḥ || em. (5) °mā MS; °mā | Bh-ed, em. (6) °nā MS; °nā || Bh-ed, em. (7) °maḥ MS; °maḥ | Bh-ed, em. (8) °ni MS; °ni [tatra tatra] Bh-ed; °ni tatra tatra em. (9) °gryaṃ MS; °gryaṃ || Bh-ed, em. (10) °mā MS; °mā | Bh-ed, em. (11) aparīkṣya MS; parīkṣya Bh-ed, em. (12) °ni | MS; °ni Bh-ed, em. (13) °anuyo MS; °anugo Bh-ed, em. (14) dharmāṇāṃ MS; dharmāṇā Bh-ed. (15) pravicayaḥ | MS; pravicayo Bh-ed. (16) °taḥ MS; °taḥ || Bh-ed, em.

玄奘译《瑜伽师地论》（T30, 291b29 - c7）以作参考：

欲云何？谓于可①乐事，随彼彼行，欲有所作性。

解云何？谓于决定事，随彼彼行，印②可随顺性。

云何？谓于串习事，随彼彼行，明了记忆性。

摩地云何？谓于所观察事，随彼彼行，审虑所依心一境性。

云何？谓即于所观察事，随彼彼行，简择诸法性。或由如理所引，或由不如理所引，或由非如理非不如理所引。

注①：“可”金，丽，碛，T；“云”房；注②：“印”金，房，丽，碛，T；“即”（T）径崇。

① T30, 601c10-13。

若问：有多少非遍行的〔心所法〕生起？答：非遍行的〔心所法〕虽多，主要的有五个，即，欲、胜解、念、三摩地、慧。①

这段引文中的“遍行”和 kun tu ‘gro ba 可以认为是 sarvatraga 的译词。另外，如后文所示，“摄抉择分”说明阿赖耶识与五遍行的相应关系的段落中，也可以看到“五遍行心相应法”和 sems dang mtshungs par ldan pa kun tu ‘gro ba lnga po（五个遍在的心相应〔法〕）这样的表达。

这里先是讲到心识与五个遍行心所相应，接着说道心识亦与非遍行的心所相应。对非遍行的心所，文中列举出欲等五法，说其为众多非遍行心所中的“胜者”，即处于优势地位者。之所以说欲等五法为“胜者”，如前文图表所示，欲等五法是于善、染污等一切状态的心中（sarvatra citte），于居三界等一切地者（sarvabhūmike）生起的法，也就是说，四个 sarva 中满足了两条；而其他的非遍行心所，或只符合一条（如善心所、不定心所），或全都不符合（如烦恼及随烦恼心所）。这个意义上，说欲等五法为“胜者”。

“摄抉择分”对欲等五法还有如下说明，与前述“本地分”中的定义完全一致②。

（汉译）：

问：此不遍行五种心法①于何各别境事生耶？答：如其次第，于所爱，决定，串习，观察四境事生。三摩地、慧于最后境，余随次第于前三境。③

注①：“法”金，房，丽，T；“所”碛，（T）资普径崇知。

（藏译）：

若问，这些非遍行的〔心所法〕生起，所相对的各个事物是如何限定的，答：四种，〔欲等五法〕依次对希望的〔事物〕、确定的〔事物〕、熟习的〔事物〕、详观的〔事物生起〕。其中，三摩地和慧对最后的〔事物生起〕。其余的（欲，

---

① 藏译（D zhi 58b5–7; P zi 61b7–8）：rnam par shes pa ‘byung ba na sems las byung ba’i chos kun tu ‘gro ba du ‘byung zhe na| smras pa lnga ste| (smras pa lnga ste| P; smras pa| lnga ste D) yid la byed pa dang| reg (reg D; rig P) pa dang| tshor ba dang| ‘du shes dang| sems pa’o||.

kun tu ‘gro ba ma yin pa du ‘byung zhe na| smras pa| kun tu ‘gro ba ma yin pa ni mang mod kyi gtso bo ni lnga ste| ‘di lta (lnga ste| ‘di lta D; ill. P) ste| ‘dun pa dang| mos pa dang| dran pa dang| ting nge ‘dzin dang| shes rab bo||.

② 胜又（1961：379）依据本节所示“摄抉择分”的这两处段落，说“在这里别境心所的思想得到了最初的确立”。然而，对比前面的第一（二）2 节所示“本地分”的内容可知，“摄抉择分”的表述只是对“本地分”相关内容的归纳总结，并不是新提出的思想。

③ T30, 602a8–11。

胜解，念）依次对前三个〔事物生起〕。[①]

（三）小结

综上所述，《瑜伽师地论》“本地分”中的相关内容表明：唯有作意等五法满足了“（1）于一切状态的心中，无论善心、染污心，（2）于居三界一切地者中，（3）心识运转期间的一切时中，（4）俱共生起”这四个要项。这四点是这五个心所共通的性质。而欲等五法只对特定的事物各自作用，不是于一切时中俱共生起。“摄抉择分”中，说作意等五法为遍行心所，欲等五法为非遍行心所中的胜者，这与“本地分”表述的旨趣完全一致。

汉译“遍行”和藏译 kun tu ‘gro ba 应是梵文 sarvatraga 的译词。通过对比“本地分”的相关内容，可以认为，“摄抉择分”中出现的这个词很有可能是用来总括“本地分”所述的四个 sarva，并进而成为术语，在后来的《显扬圣教论》《五蕴论》《唯识三十颂》等论书中得到继承和沿用。

由上可知，《瑜伽师地论》中心所“遍行”（*sarvatraga）的意思是，这些心所于居一切地者的所有状态的心中常时俱起。前文提到，水野（1964：331–332）、吉元（1982：202）等研究中认为瑜伽行派所说的“遍行”是指“遍在于所有八识”，然而，基于以上的讨论，不得不说，《瑜伽师地论》中未见有与“遍在八识”相关的明确表述。

三、识与五心所的具有关系

“遍在于所有八识”所表示的，是心识与心所的相应具有关系。对于这个关系，《瑜伽师地论》也有讨论，但不是在上述心所分类的语境中，而是在论说识的随伴时提及了这些心所。

（一）《瑜伽师地论》的理解

1. “本地分”说五识身与意地的随伴

“本地分”在论述识的随伴（sahāya，玄奘译为“助伴”）时，说作意等五法与识同时存在，是相应法。其中，先是在“本地分”的“五识身相应地”，以眼识为例，对眼识的随伴作了如下说明：

---

① 藏译（D zhi 59b2–4; P zi 62b4–5）: kun tu ‘gro ba ma yin pa gang dag yin pa de (de D; om. P) dag dngos po so sor nges pa gang la skye bar ‘gyur zhe na| smras pa| rnam pa bzhi po ‘dod pa dang| nges pa dang| ‘dris pa dang| nye bar brtags pa la go rims bzhin du ste| de la ting nge ‘dzin dang shes rab ni tha ma la’o|| lhag ma rnams ni go rims bzhin du gong ma gsum la’o||.

〔眼识〕何为随伴？〔随伴〕是与其同时存在、相应（tatsahabhūsamprayuktāś）的心所法，谓作意、触、受、想、思。也有其他的与眼识同时存在、相应的心所法。又，这些〔心所法与眼识〕同一所缘，不同行相（ākāra），〔即是与眼识〕“同时存在”（sahabhū）；一一〔各〕有活动（vṛtti），皆从自种子而生，〔即是与眼识〕“相应”（samprayukta）；〔这些心所法〕有行相，有所缘，有所依。①

对耳识、鼻识、舌识、身识也作了同样的表述②。也就是说，与眼、耳、鼻、舌、身识这五识同时存在、相应的心所法中，作意等五法是为代表。

紧接着“本地分”“五识身相应地”和“本地分”中“意地”也说以作意等五法为始的五十一法③是随伴：

〔意地〕何为随伴？谓，作意、触、受、想、思，欲、胜解、念、三摩地、慧，信、惭、愧、无贪、无瞋、无痴、精进、轻安、不放逸、舍、不害，贪、恚、无明、慢、见、疑，忿、恨、覆、恼、嫉、悭、诳、谄、憍、害、无惭、无愧、惛沈、掉举、不信、懈怠、放逸、邪欲、邪胜解、忘念、散乱、不正知，恶作、

---

① YBh 5, 12–15: sahāyaḥ katamaḥ |(1) tatsahabhūsamprayuktāś caitasā dharmāḥ |(2) tadyathā(3) manaskāraḥ(4) sparśo vedanā saṃjñā cetaneti |(5) ye (6'py anye6) cakṣurvijñānena sahabhūsamprayuktāś(7) caitasā dharmās te punar ekālambanā anekākārāḥ sahabhuvaś caikaikavṛttayaś ca(8) sarve ca svabījān nirjātāḥ samprayuktāḥ sākārāḥ sālambanāḥ sāśrayāḥ ||(9)

(1) | MS; | Bh–ed, em. (2) °māḥ MS; °māḥ | Bh–ed, em. (3) °thā MS; °thā | Bh–ed. (4) manaskāraḥ MS; manaskāraṃḥ Bh–ed. (5) °ti MS; °ti | Bh–ed, em. (6) pyenye MS;'py anye Bh–ed, em. (7) sahabhūmi° MS; sahabhū° Bh–ed, em. (8) ca MS; ca | Bh–ed. (9) | MS; || Bh–ed, em.

玄奘译《瑜伽师地论》（T30, 279b19 - 23）以作参考：

彼助伴者，谓彼俱有相应诸心所有法。所谓作意、触、受、想、思，及余眼识俱有相应诸心所有法。又彼诸法，同一所(1)缘，非(2)一行相，俱有相应，一一而转。又彼一切，各各从自种子而生。

(1)“所”金，房，丽，碛，T；“切”（T）崇。(2)“非”金，房，丽，碛，T；“不同”（T）天。

② YBh 7, 3: sahāyaḥ karma ca(1) cakṣurvijñānavad veditavyaṃ ||(2)

(1) (ca) MS; ca Bh–ed, em. (2) °tad veditavyaṃ | MS; °vad veditavyaṃ || Bh–ed, em.

【译】〔耳识的〕随伴与作用应知同眼识。

玄奘译《瑜伽师地论》（T30, 279c14）以作参考：“助伴及业如眼识应知。”

YBh 7, 19: sahāyaḥ karma ca pūrvavad veditavyaṃ ||(1).

(1) | MS; || Bh–ed, em.

【译】〔鼻识的〕随伴与作用应知同前。

玄奘译《瑜伽师地论》（T30, 279c24）以作参考：“助伴及业如前应知。”

舌识和身识的表述同鼻识。（参见 YBh 8, 11，YBh 9, 8；T30, 280a5，280a17 - 18。）

③ 梵本“意地”列举了五十一个心所。但据水野（1964：319–322），“本地分”本来讲的是五十三心所。

睡眠、寻、伺。如上之类，是〔与意地〕同时存在、相应的心所法，说为“随伴”。〔与意地〕同一所缘，不同行相，〔即是与意地〕“同时存在”；一一〔各〕有活动，从自种子而生，〔即是与意地〕“相应”；〔这些心所法〕有行相，有所缘，有所依。①

如上所示，“本地分”阐明：作意、触、受、想、思这五法是“五识身“和“意地”的随伴，与各个识同时存在，与识同所缘，对其所缘各自发挥作用。

2. “摄抉择分”说阿赖耶识与五心所相应

“摄抉择分”的开头对阿赖耶识进行了详细的论证和说明，其中也论述了阿赖耶识与作意等五个心所相应：

（汉译）：

谓阿赖耶识与五遍行心相应法 (1) 恒共相应，谓作意、触、受、想、思。如是五法亦唯异熟所摄。最极微细，世聪慧者亦难了故。亦常一类缘境而转。②

(1)“法”房，碛，（T）资普径崇仓；“所”金，丽，T。［（T）仓：大正藏校示正仓院圣语藏本］

---

① YBh 11, 14–21: sahāyaḥ katamaḥ |(1) tadyathā(2) manaskāraḥ sparśo vedanā saṃjñā cetanā chando ’dhimokṣaḥ smṛtiḥ samādhiḥ prajñā śraddhā hrīr apatrāpyam(3) alobho ’dveṣo ’moho vīryaṃ prasrabdhir apramāda upekṣāhiṃsā rāgaḥ pratigho ’vidyā(4) māno dṛṣṭir vicikitsā krodha upanāho mrakṣaḥ pradāśa īrṣyā mātsaryaṃ māyā śāṭhyaṃ mado vihiṃsāhrīkyam(5) anapatrāpyaṃ styānam auddhatyam āśraddhyaṃ kausīdyaṃ pramādo muṣitasmṛtitā vikṣepo(6) ’samprajanyaṃ (7kaukṛtyaṃ middhaṃ7) vitarko vicāraś cety evaṃbhāgīyāḥ sahabhūsamprayuktāś(8) caitasā dharmāḥ sahāya ity ucyante ||(9) ekālambanā anekākārāḥ sahabhuva ekaikavṛttayaḥ svabījanirjātāḥ(10) samprayuktāḥ sākārāḥ sālambanāḥ sāśrayāḥ ||

(1) °maḥ MS; °maḥ | Bh–ed, em. (2) °thā MS; °thā | Bh–ed. (3) apratrāpyam MS; apatrāpyam Bh–ed, em. (4) ’vidya MS; ’vidyā Bh–ed, em. (5) vihiṃsā ahrīkyām MS; vihiṃsāhrīkyam Bh–ed, em. (6) °smṛtitā vikṣepa MS; °smṛtitādhikṣepo Bh–ed; °smṛtitā vikṣepo em. (7) kaukṛtyaṃ middhaṃ MS; kaukṛtyamiddhaṃ Bh–ed. (8) °samprayuktāś MS; °sampreyuktāś Bh–ed. (9) °te || MS; °te Bh–ed. (10) °nirjātāḥ MS; °niyatāḥ Bh–ed.

玄奘译《瑜伽师地论》（T30, 280b13－21）以作参考：

彼助伴者，谓作意、触、受、想、思，欲、胜解、念、三摩地、慧，信、惭、愧、无贪、无瞋、无痴、精进、轻安、不放逸、舍、不害，贪、恚、无明、慢、见、疑，忿、恨、覆、恼、嫉、悭、诳、谄、憍、害、无惭、无愧、惛沉、掉举、不信、懈怠、放逸、邪欲、邪胜解、忘念、散乱、不正知，恶作、睡眠、寻、伺。如是等辈俱有相应心所有 (1) 法，是名助伴。同一所缘，不同一 (2) 行相，一时俱有，一一而转，各自种子所生，更互相应，有行相，有所缘，有所依。

(1)“所有”房，丽，碛，T；“所”金。(2)“不同一”房，碛，（T）资普径崇；“不同”金；“非同一”丽，T。

② T30, 580a29–b3。

（藏译）：

此处，关于阿赖耶识相应，与五个遍行的心相应〔法〕作意、触、受、想、思相应。

这些法也为异熟所摄；世间的有智者也难以了知，故而微细；恒常对〔阿赖耶识的〕相同所缘〔与阿赖耶识〕共同运转。[①]

这里说，作意等五法与阿赖耶识有着相同的所缘，恒常与阿赖耶识共同运转，这与前述的五识身等的心所类似，亦即是相应的意思。

如上所示，《瑜伽师地论》中，“本地分”明言作意等五法与眼识等五识身同时存在，是相应法；也与意地同时存在，是相应法；“摄抉择分”明言这五法常与阿赖耶识共同运转、是相应法。不过，五法与末那识的关系在《瑜伽师地论》未见明确论及，之后的《显扬圣教论》《大乘阿毗达磨集论》中也同样未见。

（二）《唯识三十颂》所说的“遍在”：遍于八识存在

瑜伽行派的八识体系，至世亲的《唯识三十颂》得到了系统性地论述。《唯识三十颂》中明言，阿赖耶识“常伴有触、作意、受、想、思”[②]，以及六识与触等遍行心所相应[③]。这与《瑜伽师地论》的论述相同。对于末那，《唯识三十颂》说其“常伴有四个

---

① 藏译（D zhi 4b2–4; P zi 5a5–7）: ‘di la kun gzhi rnam par shes pa mtshungs (mtshungs D; tshungs P) par ldan pa (pa P; pas D) na sems dang mtshungs par ldan pa kun tu ‘gro ba lnga po yid la byed pa dang| reg pa dang| tshor ba dang| ‘du shes dang| sems pa rnams dang mtshungs par ldan no||.

chos de dag kyang rnam par smin par bsdus pa dang| ‘jig rten gyi mkhas pa rnams kyis kyang rtogs par dka’ ba’i phyir phra ba dang| gtan du (du D; tu P) dmigs pa gcig la mtshungs par (par D; pa P) ‘jug pa yin no||.

② Triṃśikākārikā 13: tatrālayākhyaṃ vijñānaṃ vipākaḥ sarvabījakam || 2 (cd) || ... sadā sparśamanaskāravitsaṃjñācetanānvitam || 3 (cd) ||.

（【译】此〔三个转变〕中，名为阿赖耶的识是异熟，有一切种子。（中略）常伴有触、作意、受、想、思。）

玄奘译《唯识三十论颂》（T31, 60b4–6）以作参考：

“初阿赖耶识，异熟一切种。（中略）常与触、作意、受、想、思相应。”

③ Triṃśikākārikā 13: tṛtīyaḥ ṣaḍvidhasya yā | viṣayasyopalabdhiḥ sā kuśalākuśalādvayā || 8 (bcd) ||.

sarvatragair viniyataiḥ kuśalaiś caitasair asau | saṃprayuktā tathā kleśair upakleśais trivedanā || 9 || ādyāḥ sparśādayaś chandādhimokṣasmṛtayaḥ saha | samādhidhībhyāṃ niyatāḥ (10abc).

【译】第三〔的转变〕是对六种对象的了别，此〔了别〕为善、不善、二者皆非。此（了别）有三受，与遍行〔心所〕·有所限的〔心所〕·善心所相应，同样与烦恼·随烦恼〔心所相应〕。最初（遍行心所）有触等。有所限的〔心所〕是欲、胜解、念和三摩地、慧。

玄奘译《唯识三十论颂》（T31, 60b18–23）以作参考：

次第三能变，差别有六种，了境为性相，善不善俱非。此心所遍行、别境、善、烦恼、随烦恼、不定，皆三受相应。初遍行触等，次别境谓欲、胜解、念、定、慧，所缘事不同。

有覆无记烦恼，谓我见、我痴、我慢、我爱”①，接着说“〔亦伴有〕其他的触等〔心所〕”②，明言末那也与遍行心所相应。

如上所示，《唯识三十颂》表明了所有八个识都与五个遍行心所相应。从心所的角度来看，所有的心所中，唯有这五法与八识都相应。从这个意义上讲，说“遍行”是指遍于八识存在也是可能的。

比如，安慧所著《唯识三十颂释》对颂中说触等五法与末那识相应，是这样说明的：“这五法与所有的识相应，因为是遍行③。”《成唯识论》中，对颂中说阿赖耶识与触等五法相应，护法这样解释：“此五既是遍行所摄，故与藏识决定相应”④。二者都将“遍行”理解为遍于一切识存在。⑤

四、结论

总结以上讨论，《瑜伽师地论》“本地分”对心所法进行了分类，其基准是四个“一切”（sarva），即，于善、染污等一切状态的心中，于居三界一切地者中，于心识运转期间的一切时中，心所一切俱共生起。只有作意等五法满足所有这四点。换言之，这四点即是作意、触、受、想、思这五法的共同特征。也因此，“摄抉择分”用“遍行”（*sarvatraga）一词来总称这一类法。而其他的心所，或符合四点中的一部分，或全都不符合，“摄抉择分”总称为“非遍行”，欲等五法为其代表。

上述《瑜伽师地论》的“本地分”“摄抉择分”中涉及心所分类的表述中，未见有心所与阿赖耶识关系的相关讨论。

另一方面，《唯识三十颂》继承了《瑜伽师地论》所说六识、阿赖耶识与五心所相应的教理，并进而论述了末那识与五心所的相应关系，明示所有八个识都与这五法相应。在《唯识三十颂》的影响下，之后的瑜伽行派文献，特别是《唯识三十颂》的注释

---

① Triṃśikākārikā 13: tadālambaṃ manonāma vijñānaṃ mananātmakam || 5(cd) ||.

kleśaiś caturbhiḥ sahitaṃ nivṛtāvyākṛtaiḥ sadā | ātmadṛṣṭyātmamohātmamānātmasnehasaṃjñitaiḥ || 6 ||.

【译】以此（阿赖耶识）为所缘，以思考为本质，有识名末那，常伴有四个有覆无记烦恼，谓我见、我痴、我慢、我爱。玄奘译《唯识三十论颂》（T31, 60b10–13）以作参考：

次第二能变，是识名末那，依彼转缘彼，思量为性相。四烦恼常俱，谓我痴、我见、并我慢、我爱。

② Triṃśikākārikā 13: anyaiḥ sparśādyaiś (7ab).

玄奘译《唯识三十论颂》（T31, 60b13）以作参考：“及余触等俱”。

③ TrBh 66, 16–17: ete hi pañca dharmāḥ sarvatragatvāt sarvavijñānaiḥ saṃprayujyante |.

④ 《成唯识论》（T31, 11c26–27）。

⑤ 胜又［1961：385］在论及安慧对“遍行”的理解时已经指出：“说八识中都生起所以是遍行，这种理解是基于《唯识三十颂》以八识说为中心的思想而有的。”

书中呈现了“遍行”是遍在于八识的这种理解。

如本文第一节所示，以往的研究认为，瑜伽行派将十大地法二分为五遍行与五别境的主要原因是，欲等五法不与阿赖耶识相应，所以被别立为了“别境”［水野（1964：331—332）、吉元（1982：202）等］。然而，经过本文的考察，可知《瑜伽师地论》心所相关的论述中并未见到这种说法。可见，瑜伽行派，或至少在该派最早的文献《瑜伽师地论》的阶段，并不是以八识的相应关系为出发点来划分五遍行与五别境的。

由以上的考察，可以说，《瑜伽师地论》在区分遍行心所与别境心所时的着眼点，并非在于心、心所的相应关系，而是在于心识认识事物（vastu）的过程中心所的状态与作用，这也非常符合瑜伽行派探究心识的性格。①

表 2：缩略语与原典文本

D	藏文《大藏经》德格版
MS	《瑜伽师地论》（见 YBh）的写本
P	藏文《大藏经》北京版
ŚrBh	《瑜伽论 声闻地 第二瑜伽处》，大正大学综合佛教研究所声闻地研究会编，东京：山喜房佛书林，2007。
T	大正新修《大藏经》
Triṃśikākārikā	Triṃśikāvijñaptimātratā, by Vasubandhu, Skt. ed. by Sylvain Lévi, Paris: Honoré Champion, 1925.
TrBh	Triṃśikā Vijñaptimātratāsiddhi, by Vasubandhu. Triṃśikāvijñaptibhāṣya, by Sthiramati, Skt. ed. by Hartmut Buescher, Wien: Verlag der Österreichischen Akademie der Wissenachaften, 2007.
YBh or Bh-ed	The Yogācārabhūmi of Ācārya Asaṅga, Part 1, Skt. ed. by Vidhushekhara Bhattacharya, Calcutta: University of Calcutta, 1957.
YBhVy	*Yogācārabhūmivyākhyā. D: No. 4043 ‘i; P: No. 5544 yi.
《唯识三十颂》	《唯识三十论颂》，世亲造，玄奘译，《大正藏》第 31 册，No. 1586。 见 Triṃśikākārikā, TrBh。
《唯识三十颂释》	见 TrBh。
《成唯识论》	护法等造，玄奘译，《大正藏》第 31 册，No. 1585。
《瑜伽师地论》“本地分中五识身相应地、意地、有寻有伺地”	见 YBh。 《瑜伽师地论》，弥勒造，玄奘译，《大正藏》第 30 册，No. 1579。 D: No. 4035 tshi; P: No. 5536 dzi.
《瑜伽师地论》表续“本地分中声闻地”	见 ŚrBh，《瑜伽师地论》。 D: No. 4036 dzi; P: No. 5537 wi.

① 感谢赖贤宗教授在 2021 年第五届东方唯识学年会会议上对本文的评论和建议。

《瑜伽师地论》“摄抉择分”	《瑜伽师地论》，弥勒造，玄奘译，《大正藏》第 30 册，No. 1579。D: No. 4038 zhi; P: No. 5539 zi.
《瑜伽师地论释》	见 YBhVy。
《瑜伽论记》	遁伦集撰，《大正藏》第 42 册 , No. 1828。
《瑜伽师地论略纂》	窥基撰，《大正藏》第 43 册，No. 1829。

参考文献：

Schmithausen, Lambert	(1987)	ālayavijñāna: on the Origin and the Early Development of a Central Concept of Yogācāra Philosophy, Tokyo: International Institute for Buddhist Studies.
胜又俊教	(1961)	《仏教における心識説の研究》，东京：山喜房佛书林。
平川彰	(1974)	《インド仏教史》，东京：春秋社。
水野弘元	(1964)	《パーリ仏教を中心とした仏教の心識論》，东京：山喜房佛书林。
吉元信行	(1982)	《アビダルマ思想》，京都：法藏館。
	(1985)	〈心理的諸概念の大乗アビダルマ的分析〉，《仏教学論集：中村瑞隆博士古稀記念論集》，东京：春秋社，pp. 153—170。

《大乘庄严经论》的三性说

樊铮炎[①]

【摘要】《大乘庄严经论》(*Mahāyānasutrālaṃkāra*: MSA) 对三性的说明总体上基于"弥勒论"的立场，以虚妄分别为中心而展开对诸法存在性的说明。在《大乘庄严经论》中，遍计所执性主要指被计执为实有的能、所二取，依他起性指显现为种种能、所取相的虚妄分别，圆成实性指远离二取分别的空性，或者说真如。《大乘庄严经论》颂文直接论及三性的内容见于"求法品"第38–41颂，第38、39颂从妄执名言安立自性实有的角度说明遍计所执性，似于《解深密经》《瑜伽师地论》等；第40颂将依他起性说明为显现为六种能、所取相的虚妄分别，即以虚妄分别统摄三界一切诸法，由一切所取、能取相皆是虚妄分别心识的显现而在唯识古学的框架下成立了唯识的教义。"求法品"的"幻喻"部分以幻术说明二取显现是有，而并无二取的实体，或者说二取显现的有是一种"唯错乱有"，即能取、所取的显现实际上指认了依他起性的虚妄分别是有，且有体的虚妄分别必然以遍计所执性的、无体的二取的形式被认识——识总是显现为境；正因如此，对于《大乘庄严经论》，在离于遍计所执的二取执之后，还需要进一步遣除依他起性的识，才能证入清净的圆成实性，使真如离垢显现，这被落实于从顺抉择分观照能、所取空，至见道位亲证真如，经过修道位的数数修习，彻底断除虚妄分别及其种子，最终在佛果位完成转依的过程。

【关键词】《大乘庄严经论》；三性；唯识古学；虚妄分别

一、《大乘庄严经论》本颂中所见的三性说

《大乘庄严经论》的颂文论及三性的见于"求法品"(*Dharmaparyeṣṭyadhikāra* XI)"求诸相"一节，其中以色、心等五法为所相法（lakṣya），而以遍计所执相（汉译为"分别相"）、依他起相、圆成实相为能相法（lakṣaṇa）。

---

① 作者单位：南京大学硕士研究生。

梵本中第38、39颂说遍计所执相，大致可对应于汉译“意言与习光”一颂：

yathājalpārthasaṃjñāyā nimittaṃ tasya vāsanā /

tasmādapyarthavikhyānaṃ parikalpitalakṣaṇaṃ // MSA.XI.38

yathā nāmārthamarthasya nāmnaḥ prakhyānatā ca yā /

asaṃkalpa-nimittaṃ hi parikalpitalakṣaṇam // MSA.XI.39 ①

“意言与习光，名义互光起，非真分别故，是名分别相”。（约相当于梵本第38、39颂）②

根据现有的注释，一般认为第38颂所说遍计所执相有三种：（1）如言说的对象之想的相（nimitta）：世亲将此处的nimitta解释为“所缘（ālambana）”，此之“能缘”就是对如言说的对象之想（saṃjñā），指能够于所缘境取相的想心所，众生在所取的种种差别相的基础上进一步安立名言概念，予以分别。此处的想心所虽然不一定如后来所说特指与第六识相应的、具有安立名言作用想心所，然而这里所说的“如言说的对象之想”已经是与语言活动发生关系的一种概念化地对外境的循名责实的认识；或者说，虽然在认识的逻辑上，取相要先于施设名言，但是对于无始以来流转的众生来说，名言成为取相计执的依据③；如安慧将jalpa解释为像瓶、布这样的言说，颂文中所说的想即“此是瓶，而不是布”（‘di ni bum pa yin gyi snam bu ma yin no）这样的分别④。此想心所所取之境即颂文所说第一种遍计所执相，亦即依于名言的概念化、实体化的分别计执的对象。由于这是对于善言说者，或者说能“起意言解”的众生而说的，所以汉译称为“有觉分别相”。（2）言说的习气：习气（vāsanā），根据注释，指言说习气；一般将习气视为依他起的存在，此处是在习气作为生起境相显现的原因的意义上而言的，是《大乘庄严经论》特出的说法。（3）对象从习气显现（vāsanād…arthaḥ khyāti），根据世亲的注释，即对于婴儿等不善言说者，即便缺少前述对如言说的对象之想，对象直接从习气中生起显现。安慧复注云，此时不善言说者生起“此是何物（‘di ci zhig yin no）”

---

① S.Lévi, Mahāyāna-Sūtrālaṃkāra: Exposé de la Doctrine du Grand Véhicule selon le Sytème Yogācāra, p.64–65.

② 《大乘庄严经论》，T31, no. 1604, p. 613c14–15；汉译“意言与习光”的长行释中区分了三种分别相：（a）“意言”，是有觉分别相，（b）“习光”，是无觉分别相，以及（c）“名义互光起”，是相因分别相。其中相因分别相可对应于梵本第39颂，而有觉、无觉两种分别相则大致可以对应于梵本第38颂所说三种遍计所执相。

③ 如《瑜伽论》说“施设名（nāma-vyavasthāna）为先故想（saṃjñā）转，想为先故语（vāk）转”，又《杂集论》中作为能作因之一种的“随说能作（vyavahāra-kāraṇa）”，“谓名（nāman）、想（saṃjñā）、见（dṛṣṭi），由如名字取相执著，随起说故”。《瑜伽师地论》卷5，T30，p.301b；Vidhushekhara Bhattacharya：*The Yogācārabhūmi of Ācārya Asaṅga*，part I，p.107；《大乘阿毗达磨杂集论》卷4，T31，p.713b；早岛理：梵藏漢对校《大乘阿毗達磨集論》·《大乘阿毗達磨雜集論》，Volume I，pp246–247.

④ Sūtrāṃkāravṛttibhāṣya, Pek. No. 5531, Mi, 206a7–206b1.

这样的分别——应是一种未与语言活动相关联的想心所的取著作用①，如此将诸法不如实地计执为某种有自性的存在物，同样可以构成遍计所执相②。因此，汉译《大乘庄严经论》将（2）（3）两种称为"无觉分别相"。③最后，世亲将第38颂所说遍计所执相归结为：那被遍分别的（yac ca parikalpyate）——即遍分别之所缘与作为原因的习气（yataś ca kāraṇād vāsanātas）二种。安慧同样归结为两种：那遍分别（gang kun du rtog pa）与遍分别所从生起的原因（rgyu gang las kun du rtog pa）。

第39颂被认为是对遍计所执相的异门说，世亲将"yathā nāmārthamarthasya nāmnaḥ prakhyānatā"解释为"yathā nāma ca arthaś ca arthasya nāmnaś ca prakhyānatā（对象和名称[分别]如同名称与对象那样显现）"，或者说"yathā nāmārthaḥ khyāti yathārthaṃ vā nāma（对象如同名称那样显现，名称如同对象那样显现）"④，又将颂文中"yā"释读为"yadi"；因而颂文意为：对象如同名称那样显现，名称如同对象那样显现；在这种情况下（yadi），名称、对象被遍分别，是为虚妄分别的所缘（abhuta-parikalpa-ālambanam），因此是遍计所执相——世亲同样将颂文中的nimitta解释为"所缘"，因此对此颂的解释与前颂相似⑤。名、义之间本应是"二互为客"的关系，没有必然的关联，而众生将名、义相互系属，妄执有如名言安立的自性、差别等，对于流转的众生而言，或缘于名，或缘于义都可以成为这种计执产生的原因，汉译《大乘庄严经论》将这种名、义间的相因的显现称为"相因分别相"。

概括地说，此处所说遍计所执相主要指在语言活动干预下的、实体化的对象显现，

---

① 如《瑜伽师地论》所说不善言说的婴儿与禽兽的"言说随眠想"，《杂集论》所说"不善言说想（avyavahāra kuśalasya...saṃjñāḥ）"——"谓未学语言故，虽于色起想，而不能了此名为色，故名无相想（a-nimitta-saṃjñā）"；《大乘阿毗达磨杂集论》卷1，T31，p.696c；Li Xuezhu（李学竹）：Diplomatic Transcription of the Sanskrit Manuscript of the Abhidharmasamuccayavyākhyā——Folios 8v4-18r1，《創価大学国際仏教学高等研究所年報（平成27年度）》，p.218。

② 从种子生起的法，本应当说是依他起性的，而这里径直将对象的显现称为遍计所执，正是因为此处所说的对象已经是不可避免地被错误计执为实有的境，因此是遍计所执性的。

③ 另外，这种不善言说者的遍计所执，亦见于《摄抉择分》《显扬圣教论》《摄大乘论》等，如《摄抉择分》区分"文字所做"与"非文字所做"两种遍计所执，"文字所作"即依于所施设的名言计执诸法自性、差别等，而"非文字所作"即"执此为何物？云何此物？此物是何？此物云何？"（《瑜伽师地论》，T30, no. 1579, p. 704a12-13）《显扬圣教论》所说"随眠遍计"与"非文字所起"遍计所执与此相似。又《摄抉择分》《显扬圣教论》等中有"一依名遍计义自性，二依义遍计名自性，三依名遍计名自性，四依义遍计义自性，五依二遍计二自性"五种遍计所执性，其中除"依义遍计义"之外的四种都可认为是有名言参与的"文字所作"的遍计所执，而"依义遍计义"是"不了色名，由不了名分别色事而起遍计；不了受、想、行、识名，由不了名分别受、想、行、识事而起遍计"（《瑜伽师地论》，T30, no. 1579, p. 704a1-3），似乎与这里的"无觉分别相"相近。

④ S.Lévi, Mahāyāna-Sūtrālaṃkāra: Exposé de la Doctrine du Grand Véhicule selon le Sytème Yogācāra, p.65.

⑤ 安慧释中将nimitta解作"原因"，即"如名有而分别义有"之"名"与"如义有而分别名有"之"义"是分别之因，又将"yā"直接解作"'di"，所以这两种对名、义的分别（rtog pa）是遍计所执相。（Sūtrāṃkāravṛttibhāṣya, Pek. No. 5531, Mi, 207b2。）

以及作为原因的习气。此处从安立名言妄执自性的角度说明遍计所执性，基调还是近于《解深密经》与《摄抉择分》的“云何遍计所执自性？随言说依假名言建立自性”[①]的说法。如《解深密经》说“问遍计所执自性缘何应知？答缘于相、名相属应知”[②]，通过名言与相的相互系属考察遍计所执性；这里的与“名”相属的“相”应是依他起性的，是假说所依，即对应于相、名、分别、正智、如如五法中的“相（nimitta）”。“nimitta”一般用于说明依他起，而在《大乘庄严经论》此处用以说明遍计所执，先前诸多研究已关注到这一点[③]。《大乘庄严经论》的三性说以“虚妄分别”为核心概念融合了“唯识无境”的唯识说，与先行的瑜伽行派的作品相比，也许 nimitta 所指示的为分别所行的、外部的依他起性的缘起之物成为在语言的干预下，虚妄分别所显现的被错误地计执为实有的所取，已失去实在性的基础，而只是作为在语言的干预下遍计所执的存在。

梵本中第 40 颂说依他起相，对应于汉译“能取及所取”一颂：

trividhatrividhābhāso grāhyagrāhakalakṣaṇaḥ /

abhūtaparikalpo hi paratantrasya lakṣaṇam //（MSA.XI.40）[④]

“所取及能取，二相各三光，不真分别故，是说依他相”。[⑤]

颂文意即能取、所取相各以三种方式显现，世亲将所取相三种显现标示为句（pada）显现、义（artha）显现与身（deha）显现。根据安慧的注释，分别可以对应为器世间、六境与六根。能取相三种显现即意、受、分别显现（mana-udgraha-vikalpābhāsa），分别指一切时染污意，五识身与意识。概言之，依他起性即显现种种能取、所取相的虚妄分别。种种被计执为实有的境相是无体的遍计所执的存在，而其显现、可得是因为有体的心识不如实地将自身呈现为虚妄的种种能、所取相；虚妄分别的心识，连同显现的能、所取相是依他起的，而显现的种种能、所取相必然同时被计执为实有，即遍计所执的存在。

此处以虚妄分别为核心概念统摄三界一切诸法，将三性与唯识相统合，在唯识古学的框架下成立了唯识的教义，即由一切所取、能取相皆是虚妄分别心识的显现成立唯识，在《辩中边论》《摄大乘论》等中可见相近的说法。如《辩中边论・相品》说义等四境是识的显现：

---

① 《瑜伽师地论》，T30, no. 1579, p. 703a29–b1。

② 《瑜伽师地论》，T30, no. 1579, p. 703b5–7。

③ 参见兵藤一夫：《三性説における唯識無境の意義(2)》，《大谷學報》，1991 年，第 268 期；松田训典：*On the Place of Nimitta in the Mahayanasutralamkara*，In the Context of the Parikalpitalaksana Mahayanasutralamkara における nimitta の位置づけ》，《印度学仏教学研究》，2007 年，第 55 卷第 3 号等；

④ S.Lévi, *Mahāyāna-Sūtrālaṃkāra: Exposé de la Doctrine du Grand Véhicule selon le Sytème Yogācāra*, p.65.

⑤ 《大乘庄严经论》，T31, no. 1604, p. 613c27–28.

arthasatvātmavijñaptipratibhāsam prajāyate /

vijñānaṃ nāsti cāsyārthas tadabhāvāt tad apy asat //（MAV.I.3）①

玄奘译："识生变似义，有情我及了，此境实非有，境无故识无。"②

其中，义显现（artha–pratibhāsa）即色等六境，有情显现（satva–pratibhāsa）即自他相续眼等五根，我显现（ātma–pratibhāsa）即染污意，了别显现（vijñapti–pratibhāsa）即六识。可知，其中我、了别显现即对应于《大乘庄严经论》所说三种能取相显现，而义、有情显现则对应于三种所取相显现。又《辩中边论·真实品》说：

...saprajñaptisahetukāt //

nimittāt praśamāt sārthāt paścimaṃ samudāhṛtaṃ //（MAV.III.3）③

玄奘译："有为无为义，谓若假若因，若相若寂静，若彼所观义。"④

其中假（prajñapti）、因（hetu）、相（nimitta）总名有为法，寂静（praśama）、彼所观（sārtha）是无为法。假，指"名等"，即名、句、文的假施设，因指"种子所摄藏识"，即作为种子总体的阿赖耶识，以之为因能生起能、所取的显现，相指"器（pratiṣṭhā）、身（deha）并受用具（bhoga）及转识摄意（manas）、取（udgraha）、思惟（vikalpa）"，其中意指"恒时思量性识"，取指五识，分别指意识。⑤其中，意、取、思惟三种与《大乘庄严经论》所说的三种能取显现无论在名称还是定义上都完全一致，而器、身、受用三种则可对应于《大乘庄严经论》所说的三种所取显现。

又《摄大乘论》以显现为境的"十一识"说明依他起性："此中何者依他起相？谓阿赖耶识为种子、虚妄分别所摄诸识。此复云何？谓身、身者、受者识，彼所受识，彼能受识，世识，数识，处识，言说识，自他差别识，善趣恶趣死生识……一切界、趣杂染所摄依他起相虚妄分别，皆得显现，如此诸识，皆是虚妄分别所摄，唯识为性，是无所有非真实义显现所依，如是名为依他起相。"⑥作为诸法因性的阿赖耶识，能生起显现为境的"十一识"，此即依他起性。对十一种识的定义，论中说"此中身、身者、受者识，应知即是眼等六内界；彼所受识，应知即是色等六外界；彼能受识，应知即是眼等六识界；其余诸识，应知是此诸识差别"⑦，又根据世亲释，身识（*deha–vijñapti）指眼等五界，受者识（*bhoktṛ–vijñapti）指意界，对应于《大乘庄严经论》所说"身光"；

① *Madhyāntavibhāga-bhāṣya*, p.18.

②《辩中边论》，T31, no. 1600, p. 464c9–10。

③ *Madhyāntavibhāga-bhāṣya*, p.38.

④《辩中边论》，T31, no. 1600, p. 471a16–17。

⑤ *Madhyāntavibhāga-bhāṣya*, p.38.

⑥《摄大乘论本》，T31, no. 1594, pp. 137c29–138a11。

⑦《摄大乘论本》，T31, no. 1597, p. 338b14–17。

身者识（*dehin-vijñapti）指染污意，对应于《大乘庄严经论》所说“意光”，彼所受识（*tad-upabhogya-vijñapti）指色等六外界，对应于庄严经论所说“义光”，彼能受识（*tad-upabhoga-vijñapti）指六识界，对应于《大乘庄严经论》所说受光与分别光。而世识、处识、言说识、自他差别识、善趣恶趣死生识则是在以上五识上安立的“差别”，其中处识（*deśa-vijñapti）指“器世间”，对应于《大乘庄严经论》所说“句光”。[①]根据《大乘庄严经论》《辩中边论》与《摄大乘论》所说，可得如下对应关系：

表 1：

<table>
<tr><td rowspan="5">所取</td><td>《庄严经论》</td><td>《中边·相品》</td><td>《中边· 真实品》</td><td>《摄大乘论》</td><td></td></tr>
<tr><td>句
pada</td><td rowspan="2">义
artha</td><td>器
pratiṣṭhā</td><td>处识
deśa</td><td>器世间</td></tr>
<tr><td>义
artha</td><td>受用
bhoga</td><td>彼所受识
tad-upabhogya</td><td>六境</td></tr>
<tr><td rowspan="2">身
deha</td><td>有情
satva</td><td>身
deha</td><td>身识
deha</td><td>五根</td></tr>
<tr><td></td><td></td><td>受者识
bhoktṛ</td><td>无间灭意</td></tr>
<tr><td rowspan="3">能取</td><td>意
manas</td><td>我
ātman</td><td>意
manas</td><td>身者识
dehin</td><td>染污意</td></tr>
<tr><td>受
udgraha</td><td rowspan="2">了别
vijñapti</td><td>取
udgraha</td><td rowspan="2">彼能受识
tad-upabhoga</td><td>前五识</td></tr>
<tr><td>分别
vikalpa</td><td>思惟
vikalpa</td><td>第六识</td></tr>
</table>

梵本中第 41 颂说圆成实相，对应于汉译“无体体无二”一颂：

abhāvabhāvatā yā ca bhāvābhāvasamānatā /

aśāntaśāntā ‘kalpā ca pariniṣpannalakṣaṇam //（MSA.XI.41）[②]

波颇译：“无体体无二，非寂静寂静，以无分别故，是说真实相。”[③]

概言之，圆成实相即实有的远离二取分别之空性，注释中区分了圆成实之自相、染净相、无分别相。自相即真如，可从无性、有性、有无平等性三方面理解。无性（abhāvatā），即二取性无；有性（bhāvatā）即“无之有”，亦即离二取之空性非无。无分别相，则指圆成实非分别所行的境界，因而无戏论分别。染净相，即由有客尘烦恼覆蔽说“非寂静”（aśānta），由自性本来清净说“寂静”（śanta）。另外，《大乘庄

① 长尾雅人：《摂大乗論：和訳と注解（上）》，附录第 58-60 页。

② S.Lévi, Mahāyāna-Sūtrālaṃkāra: Exposé de la Doctrine du Grand Véhicule selon le Sytème Yogācāra, p.65.

③ 《大乘庄严经论》，T31, no. 1604, p. 614a6-7。

严经论》还区分了圆成实性的“自性净”(prakṛtyā [viśuddhaṃ])与“离垢净”(agantukamalād viśuddhaṃ)，前者即圆成实性常远离于遍计所执性的二取，遍计所执性的二取本来就是空，然而因为有虚妄分别的心识覆敝，这种本有的空性不能为凡夫认知，即有垢位真如；离垢净即则指由于依他起性的心识也是杂染的，除遣了依他起性后所证悟的空性，即无垢位真如。《大乘庄严经论》正是侧重于真如的离垢来说明转依的（见下文）。

二、“幻喻”与三性

以“幻喻”（māya-upama）说明三性常见于瑜伽行派的著作中，“求法品”第15–29 颂使用了“幻喻”说明三种自性间的关系以及各自的存在性。

第 15 颂分别用幻术、幻所作譬喻虚妄分别与二迷乱：

yathā mayā tathā ’bhūtaparikalpo nirucyate /

yathā māyākṛtaṃ tadvat dvayabhrāntir nirucyate //（MSA.XI.15）①

波颇译：“如彼起幻师，譬说虚分别，如彼诸幻师，譬说二种迷。”②

根据世亲的注释，幻术（māyā，汉译为“幻师”）指为咒术所摄的作为迷乱因（bhrānti-nimitta）的木、石等，譬喻依他起性的虚妄分别；而幻所作（māyākṛta）指由于幻术，象、马、金等形象（ākṛti）以象等实体的方式（tad-bhāvena）显现，譬喻由于虚妄分别，二迷乱（dvaya-bhrānti）以所取、能取 [实有] 的方式显现（grāhya-grāhakatvena pratibhāsitā）。③“求法品”第 19、21 颂对其存在性做出了说明：

tadākṛtiśca tatrāsti tadbhāvaśca na vidyate /

tasmādastitvanāstitvaṃ māyādiṣu vidhīyate //（MSA.XI.19）

波颇译：“是事彼处有，彼有体亦无，有体无有故，是故说是幻。”

tathā dvayābhāsatātrāsti tadbhāvaśca na vidyate /

tasmādastitvanāstitvaṃ rūpādiṣu vidhīyate //（MSA.XI.21）

波颇译：“说有二种光，而无二光体，是故说色等，有体即无体。”④

结合注释来看，第 19 颂是说象等形象（tad-ākṛtiś）存在而象等实体（tad-bhāva）不存在，因此既有又无；相似地，第 21 颂说虚妄分别中，二种显现（dvaya-ābhāsa）存在，

① S.Lévi, *Mahāyāna-Sūtrālaṃkāra: Exposé de la Doctrine du Grand Véhicule selon le Sytème Yogācāra*, Paris: Librairie Honoré Champion, Éditeur, 1907, p.59；《大乘庄严经论》，T31, no. 1604, p. 611c20–612a6。

② 《大乘庄严经论》，T31, no. 1604, p. 611b20–21。

③ S.Lévi, *Mahāyāna-Sūtrālaṃkāra: Exposé de la Doctrine du Grand Véhicule selon le Sytème Yogācāra*, p.60.

④ S.Lévi, *Mahāyāna-Sūtrālaṃkāra: Exposé de la Doctrine du Grand Véhicule selon le Sytème Yogācāra*, p.60–61；《大乘庄严经论》，T31, no. 1604, pp. 611c20–612a6。

而二种实体（dvaya-bhāva）不存在，因此既有又无。这里所说的二种显现之存在（asti, yod pa），根据安慧的注释，是指虚妄分别中，色等诸所取、能取显现是唯错乱有、世俗有，安慧在此引证了《辩中边论》的“虚妄分别有”；意即能取、所取的显现实际上指认了虚妄分别是有，或者说正是因为有依他起性的虚妄分别的心识，二取境相才能显现。世亲在《三自性论》（*Trisvabhavanirdesa: TSN*）使用了相似的“幻喻”，被执为实有的象譬喻二（dvaya），其实是无，是遍计所执性；象相（hastyākāra）即譬喻呈现为二的妄分别，是有，作为二取“唯形象有（ākṛtimātraka）”之基底，是依他起性。[①] 又“求法品”第23颂说：

samāropāpavādābhapratiṣedhārthamiṣyate /

hīnayānena yānasya pratiṣedhārthameva ca //（MSA.XI.23）[②]

波颇译：“有边为遮立，无边为遮谤，退大趣小灭，遮彼亦如是。”[③]

“有边（samāropa）”，即增益边，为遮起增益执认为二取是有，说色等诸法无体，即遍计所执性的二取无；“无边（apāvāda）”即损减边，为遮起损减执认为实有的虚妄分别也是无，说色等有体，即依他起性的虚妄分别有。这与《辩中边论》说虚妄分别“非实有全无”，以及“有、无及有故，是则契中道”[④]，“若于此非有，由彼观为空；所余非无故，如实知为有”[⑤] 等说法相近，代表了瑜伽大乘的中道观，在瑜伽行派中，这种思路可回溯到《菩萨地 · 真实义品》“恶取空者”“善取空者”的说法。

从二谛的角度来说，诸法以其显现的形式可被认识，具体来说，如同在幻术中，幻所作的形象必然是被认为有实体的象、马等的形式出现，虚妄分别错乱显现为种种能、所取相即已被加以主客对立的计执，因而有体的虚妄分别以无体的二取的形式被认识[⑥]，是世俗谛；而显现的能、所取诸法并无如其所显现的自性，是胜义谛；此即诸法“可得”与“无体”的两面性：

yathā tasminna tad-bhāvaḥ paramārthastatheṣyate /

yathā tasyopalabdhistu tathā saṃvṛtisatyatā //（MSA.XI.16）[⑦]

波颇译：“如彼无体故，得入第一义；如彼可得故，通达世谛实。”[⑧]

---

① Stephen Anacker, *Trisvabhavanirdesha*, Delhi: Motilal Banarsidass, 1986, pp5–6.

② S.Lévi, Mahāyāna–Sūtrālaṃkāra: Exposé de la Doctrine du Grand Véhicule selon le Sytème Yogācāra, p.61.

③ 《大乘庄严经论》, T31, no. 1604, p. 612a20–21。

④ 《辩中边论》, T31, no. 1600, p. 464b25–26。

⑤ 《辩中边论》, T31, no. 1600, p. 464b22–23。

⑥ Matsuoka Hiroko（2008）认为“dvayabhrānti” 是一种分别，其中存在二种形象；由于这种分别，二取被错误地在形象的基础上被认知为有，大体与此理解相似。

⑦ S.Lévi, *Mahāyāna-Sūtrālaṃkāra: Exposé de la Doctrine du Grand Véhicule selon le Sytème Yogācāra*, p.60.

⑧ 《大乘庄严经论》, no. 1604, p. 611b28–29。

根据世亲的注释，此颂意为在幻所作中无象等实体存在（hastitvādy-abhāva），譬喻依他起性中无遍计所执的二取，则能通达胜义谛[①]。又幻所作以象等实体的方式（hastyādi-bhāvena）可得，譬喻虚妄分别以能、所二取的方式可得，可以通达世俗谛。值得注意的是汉译《大乘庄严经论》对此颂的注释说“幻者、幻事无有实体，此譬依他、分别二相亦无实体”[②]，意即在胜义谛而言，依他起、遍计所执都是无体的，与梵本所谓于依他起无遍计所执颇有出入。那么，梵本所谓于依他起性的能、所取显现上无遍计所执性的二取执，则能通达胜义谛，是否意味着依他起终极上是清净的呢？成立依他起性的能所、取显现并不蕴涵着依他起是终极清净的，事实上，由于识总是显现为境的识，或者说显现总已是被计执的显现，遍计所执性与依他起性总是一体的。如《三自性论》说到，当象体不可得时，象的形象也随之消失，木、石（譬喻真如）成为可得，以此譬喻当遍计所执性的二不可得时，依他起性的二取行相消失，可证入圆成实性。因此，只有断除遍计所执、与依他起两种自性，才能证入清净的圆成实性，或者说无垢真如。

三、三性与转依

只有在离于遍计所执的所取、能取执之后，进一步遣除依他起性的识，才能证入清净的圆成实性，或者说使真如离垢显现。在《大乘庄严经论》中，此过程被落实于五种瑜伽地（yoga-bhūmi，汉译为“学境”）的修行次第之中，即能持（ādhāra）、所持（ādhāna）、镜像（ādarśa）、明悟（āloka）、转依（āśraya），分别对应于后来所说的资粮、加行、见道、修道、究竟五位。简言之，菩萨首先在资粮位集聚福德、智慧，在加行位观照能、

① 自从兵藤一夫（1991）以来，许多研究关注世亲、安慧对第16颂中“tasmin”解读的差异，世亲将“tasmin”注释为“在幻所作中（māyā-kṛte）”，而安慧注释为“在石、木中（rdo dang shing de la）”，则此句意为在依他起性的石、木中，没有马、象的自性（rta dang glang po'i rang bzhin med pa）。兵藤认为对显现的形象的真实性的不同理解是世亲、安慧间的一个关键不同，世亲在对第15颂中“māyākṛta”的定义中区分了象等形象（ākṛti）与象等实体（bhāva），分别对应于依他起与遍计所执，而在安慧的注释中，māyākṛta指马、象等种种幻象显现（sgyu ma'i dbyibs sna tsogs snang ba），譬喻能取、所取二迷乱显现（nor pa gnyis su snang ba），是遍计所执性，与世亲释相比，缺少“以彼实体的方式（tad-bhāvena）”的限定，更加接近颂文原意。这牵涉到在唯识古学的三性说中，被认识的东西——或者用后来的术语来说——“相分”，是依他起，还是遍计所执的问题。出于相似的问题意识，印顺法师、北野新太郎等又为诸论书中所见的三性说提供了不同的结构。然而由于上述虚妄分别“唯错乱有”的性质，很难在依他、遍计，有、无之间做出截然的分判，如将二取、虚妄分别严格对应于遍计所执的无、依他起性的有，或者将同一作品中前后有异的说法对应于不同的结构。参见兵藤一夫：《三性説における唯識無境の意義(2)》，《大谷學報》，1991年，第268期；北野新太郎：《三性説の変遷における世親の位置：上田・長尾論争をめぐって》，《国際仏教学大学院大学研究紀要》，1999年，第2卷；北野新太郎：《唯識三性説に関する上田・長尾論争の問題点—〈単純構造〉と〈二重構造〉》，《佛教大学大学院紀要》，2005年，第33期；耿晴：《〈大乘庄严经论〉的两种唯识三性说模型》，《台大佛学研究》，2015年，第30期；印顺著：《印顺法师佛学著作全集・第三卷》，北京：中华书局，2007. p.122；

② 《大乘庄严经论》，T31, no. 1604, p. 611c1-3。

所取空而入于见道位生起初念无分别智亲证真如，经过修道位的数数修习，彻底断除虚妄分别及其种子，最终在佛果位完成转依。

"真实品"第 6–10 颂对应于五位的修行，其中第 7、8 对应于顺决择分与见道位的修行：

arthān sa vijñāya ca jalpamātran saṃtiṣṭhate tannibhacittamātre /

pratyakṣatāmeti ca dharmadhātus tasmād viyukto dvayalakṣaṇena //（MSA.VI.7）

波颇译："已知义类性，善住唯心光，现见法界故，解脱于二相。"

nāstīti cittāt param etya buddhyā cittasya nāstitvam upaiti tasmāt /

dvayasya nāstitvam upetya dhīmān saṃtiṣṭhate 'tadgatidharmadhātau //（MSA.VI.8）[①]

波颇译："心外无有物，物无心亦无，以解二无故，善住真法界。"[②]

菩萨在加行位悟入一切义唯是意言（mano–jalpa–mātrān arthān），即认识到心外无所取的境相，因而"住于有彼[对象]显现的唯心中（tad–ābhāse citta–mātre 'vasthānam）"，进而由于所取的境相是无，能取的心识也成为无（grāhyābhāve grāhakābhāva），即唯心（citta–mātra）也成为无，由此现见法界（dharma–dhātoḥ pratyakṣata）。此处所说的因为所取境相是无而成为无的"能取"，应当是指依他起性的虚妄分别而言，因为它是指有境相显现的"唯心（citta–mātra）"，不是遍计所执性的与所取执相对立的能取执。因此在摄抉择分所遣除的二相不仅是遍计所执性的二取执，也包括依他起性的二取显现。如果说"真实品"所说还不足以明确支持这一点，"求法品"第 47、48 颂则从两个方面明确地说明了这一点：

viditvā nairātmyaṃ dvividhamiha dhīmānbhavagataṃ

samaṃ tacca jñātvā praviśati sa tattvaṃ grahaṇataḥ /

tatastatra sthānānmanasa iha na khyāti tadapi

tadakhyānaṃ muktiḥ parama upalambhasya vigamaḥ //（MSA.XI.47）

波颇译："三有二无我，了入真唯识，亦无唯识光，得离名解脱。"

ādhāre saṃbhārādādhāne sati hi nāmamātraṃpaśyan /

paśyati hi nāmamātraṃ tatpaśyaṃstacca naiva paśyati bhūyaḥ //（MSA.XI.48）

波颇译："能持所持聚，观故唯有名，观名不见名，无名得解脱。"[③]

第 47 颂中，菩萨首先认识到两种无我，即遍计所执的补特伽罗非有与遍计所执的

---

① S.Lévi, *Mahāyāna-Sūtrālaṃkāra: Exposé de la Doctrine du Grand Véhicule selon le Sytème Yogācāra*, p.33.

② 《大乘庄严经论》，T31, no. 1604, p. 599a19–20。

③ S.Lévi, *Mahāyāna-Sūtrālaṃkāra: Exposé de la Doctrine du Grand Véhicule selon le Sytème Yogācāra*, p.66–67；《大乘庄严经论》，T31, no. 1604, p. 614c4–14。

法非有，因而悟入真实（tattvaṃ praviśati），也就是唯能取（grahaṇa-mātra），或者说唯了别性（vijñapti-mātratā）；进而由于补特伽罗、法无所得故，唯了别亦不显现。这里明确地区分了遍计所执性的依他起性的与两种能取，其间的关系是：菩萨首先一并认知到前一种能取与遍计所执性的所取是无，同时因为它们是唯错乱显现，所以亦非全无，由此悟入唯识性，即后一种能取，即唯识性，进而由于所取境无所得，这种依他起性的能取也成为无所得。第 48 颂是前一颂的异门，大意相近，菩萨首先悟入唯名（nāmamātraṃpaśyan），也就是唯言说（abhilāpa-mātram）或者说唯了别（vijñapti-mātra），离于遍计所执性的义境（artha-rahita），尔后"由于义境非有，[亦]不见彼了别（…arthābhāve tat-vijñapty-adarśanād）"。

这与《辩中边论》的"入无相方便（asal-lakṣaṇa-anupraveśa-upāya）"近似，《辩中边论·相品》第 3 颂说："境无故识无（tad-abhāvāt tad apy asat）"。这里的"境无"是就义、有情、我、了别四境而言的，因此"识无"应指依他起性的虚妄分别而言。而对于流转的众生来说，现实的情形是"虚妄分别有"，而并非"境无故识无"，因此需要"入无相方便（asal-lakṣaṇa-anupraveśa-upāya）"才能证入：

upalabdhiṃ samāśritya nopalabdhiḥ prajāyate /

nopalabdhiṃ samāśritya nopalabdhiḥ prajāyate //（MAV.I.6）

玄奘译："依识有所得，境无所得生，依境无所得，识无所得生。"

upalabdhes tataḥ siddhā nopalabdhi-svabhāvatā /

tasmāc ca samatā jñeyā nopalambhopalambhayoḥ //（MAV.I.7）

玄奘译："由识有得性，亦成无所得，故知二有得，无得性平等。"①

根据世亲释，颂文的前两句意即"依于唯识有所得，境无所得生（vijñapti-mātropalabdhiṃ niśrityārthānupalabdhir jāyate）"，即菩萨认识到一切境相都是唯识显现，因而是"依于唯识有所得"，所以境相并无其自体，因而是"境无所得生"，即是在顺抉择分观所取空；后两句即"依于境无所得，唯识亦无所得生（arthānupalabdhiṃ niśritya vijñapti-mātrasyāpy anupalabdhir jāyate）"，即在世第一法位观能取空，因为四境无所得，唯识（vijñapti-mātra）亦无所得生，"由能得识无所得故，所取能取二有所得，平等俱成无所得性"，因而此处"无所得"的识是指依他起性的识。

又"教授品"第 23–28 颂对此过程有详述，根据世亲的注释，第 23–27 颂对应于加行位暖、定、忍、世第一法四位，第 28 颂则对应于见道位。菩萨于暖位得定心，不见所取诸法自相、共相等，唯见意言（manojalpa-mātra），此位叫做"明（āloka）"，即了知所取无自体的智慧，或者说"见法忍"。继而在顶位起坚固精进，增长法明

---

① *Madhyāntavibhāga-bhāṣya*, p.20；《辩中边论颂》，T31, no. 1601, p. 477c19–23。

（dharmālokasya vivṛdhdy），进一步确知所取无体，从而能住于唯心（citta-mātra）。在忍位见一切对象显现只是心（citta eva sarvārtha-pratibhāsatvaṃ），心外没有别的对象，因此断除所执迷乱，此只有能执迷乱。在尔后的世第一法位，菩萨触证无间三摩地断除能执迷乱，此刹那便生起初念无漏智现证能、所二空真如，入于见道位，远离于两种分别，即所取分别与能取分别（grāhya-grāhaka-vikalpa），断见所断烦恼，得离垢无分别智。可知于见道位所遣除的是分别能、所取的错乱显现的虚妄分别，即依他起性的心识。

此处的说法与《摄大乘论》所说近似，如《摄大乘论》说摄抉择分有四种三摩地，菩萨在暖位起"明得三摩地"，以名、事、自性、差别假立四寻思观所取唯是假立，在顶位起"明增三摩地"进一步确证所取是无，继而在忍位起"入真义一分三摩地"，此时由四如是智"于无义中已得决定"，即认识到境相无体，由此悟入遍计所执性，唯是意言，由此悟入唯识，即悟入依他起性；在世第一法位起"无间三摩地"，进一步认识到依他起性的能取识不可得，即"一切似义无容得生，故似唯识亦不得生"；从而伏唯识想，观能所二取空，于次刹那入见道位，生起初念无漏智现证真如，悟入圆成实性。[①]

如前所说，菩萨在见道位只是初证真如，此时杂染种子尚未断除，并且出观后仍然有虚妄分别的现起。就此而言，此时的真如仍然是有垢的，需要通过修道位二阿僧祇劫中数修习才能彻底断除杂染的虚妄分别及其种子。如"真实品"第9颂说菩萨在修道位，以无分别智力平等行于一切处，坏除"依止依他性熏习稠林过聚相"，如同以大阿伽陀药除毒[②]。具体来说，菩萨在七地以前出观后仍然有虚妄分别现起，至第七地有功用住于无相，进而在第八地无功用住于无相，不再有虚妄分别现起，但虚妄分别的种子依然未断，直到金刚喻定，断尽分别习气，才得到究竟转依而成佛，此时真如彻底脱离有垢位的覆敝而究竟清净，达到"境识俱泯"的状态。

---

① 《摄大乘论本》，T31，p.143b；长尾雅人：《摂大乗論：和訳と注解（下）》，第69页，附录第65-66页。

② S.Lévi, *Mahāyāna-Sūtrālaṃkāra: Exposé de la Doctrine du Grand Véhicule selon le Sytème Yogācāra*, p.26.

唯识宗对“无作用”的界定

释则生[①]

【摘要】应结合无作用思想理解唯识典籍中宣说的“作用”。从对治我执可以理解为何宣说无作用，这个角度虽是重要角度，但较为狭隘。从待种子及他缘而生，也可理解无作用。也可从遍依二性及其无自性与无生等角度理解无作用。唯识宗以种子来成立非无因生，这点可用于解释缘起甚深。结合唯识无境缘起，从有为法的刹那性，不能生他及灭他等及对治我执等角度理解无作用，方才能全面理解。而胜义谛中不可安立因果，“作用”是依世俗中识转变缘起中法的关系而施设。“无作用”否定的作用主要是作用用乃至自灭用等七种。虽然安立无作用，但在识转变中有功能，可基于此来理解缘起甚深。

【关键词】无作用；对治我执；缘起；识转变；缘起甚深

引言

佛教部派通常于世俗谛中承许有作用，唯识学中固然也于世俗谛中安立作用，然而于世俗谛中又宣说无作用，概况说来是假立作用。理清唯识学对“无作用”的看法，有助于理解唯识宗缘起思想及对世俗谛的安立。无作用思想很重要，然而当前探讨唯识学无作用思想的论文较少，唯识学人之间也很少探讨这类问题，本文抛砖引玉。

一、从对治我执理解无作用

世亲论师所着《大乘五蕴论》界定十八界的“界”义时，字面上并没有选择“种族”义，而是选择了“能任持无作用性自相义”。[②] 此论后文对于为什么宣说界这一问题，

---

① 作者单位：温州佛学院。

② 《大乘五蕴论》，《大正藏》册 31，第 850 页中。

回答是破除作者我执。[①] 这样，可以解释为通过显示所谓作者实际没有作用而证明无作者，这样的观择用于对治作者我执。笔者认为仅仅以此来理解唯识宗的“无作用”思想较为狭隘。谈到无作用，应该和缘起联系在一起。如若干唯识典籍中提到，无作者义、无作用义等是缘起义。[②]

缘起当然非常重要，然而非是此文所重点论述。本文主要探讨唯识学中“无作用”思想，限于这个主题，本文从无作用来探讨缘起。接下来，本节从对治我执来说明唯识宗为什么宣说无作用。固然可以从这个角度理解无作用，如前文所说，笔者认为狭隘，原因是这并不是唯一的角度，而且是一个较为保守的角度。当然不可否认，这是一个重要角度。

首先，我们谈“无作者”。我们在理智上知道，“我”是依于五蕴假立，这样的一个“我”并没有实际内容，仅仅是心识的构建。不应说“我”是五蕴组成的，否则就没有理解何谓于五蕴上假立。对于补特伽罗我，不少典籍中提到常一自主之义。笔者倾向于结合我们的实际感知来切实地认知这个“我”，简单说认为有一个生存的主体。我们觉得真真切切地有“我”活着，在这个感觉的瞬间觉得这种生命体的存在是永恒的。我们又把此我与他我区分开来，这样一个“我”像是不依赖于任何条件而独立存在着。而联系到日常生活，认定“我”能见（是见者）、能听（是听者），能作事（是作者）及感受苦乐（是受者）等。若是联系到过往，又觉得“我”在长大或是衰老，等等。

联系眼根或眼识能见，易知除了眼根或眼识之外并无能见者，这样所谓的“我能见”（我是见者）其实不成立。类似的，我能听（我是听者），我能闻（我是闻者）等都不成立。又鉴于，仅仅是受心所感受苦乐、思心所造作，所谓“我是受者”“我是作者”等同样不成立。所以，观择五蕴或十二处或十八界，能够对治我执。若是慧心所的力量强盛到断烦恼的程度，也就能转凡成圣。普通人一方面慧心所的力量不够强，另一方面定心所及念心所的力量也不够强，这两个方面造成于所观境无法持续和清晰地观择，而不能断除烦恼。当然，证果是有条件的。需要过去世及今生，具足了顺解脱分和顺抉择分善根，才能见道。

---

① 宣说五蕴为对治一性我执，宣说十二处为对治受者我执，宣说十八界是为对治作者我执。此如《大乘五蕴论》：“问：‘以何义故宣说蕴等？’答：‘为欲对治三种我执。如其次第三种我执者，谓一性我执、受者我执、作者我执。’”（同1）此处或许需要说明：唯依五蕴建立补特伽罗，除此五蕴外别无一体；依于眼见，立为见者；依于鼻闻，立为闻者；听者等，雷同安立。这样，由于多事为体，以五蕴破除一性我执。以受心所的领纳，安立受者；更无其他是受者，也就是说并非是“我”在受用业感的可爱与非可爱果。业果等的受用者，除了眼等、受等外，并无其他。这样，以十二处破除受者我执。除了因果事体，并无作者及作用，非自作及他作亦非共作，“我”并非作者。这样，以十八界破除作者我执。

② 《大乘阿毗达磨集论》卷2：“何等义故？谓无作者义、有因义、离有情义、依他起义、无作用义、无常义、有刹那义、因果相续不断义、因果相似摄受义、因果差别义、因果决定义，是缘起义。”（《大正藏》册31，第671页上。）

从破除我执的角度理解无作用，这是典型的角度。

> 若杂染法、若清净法，我说一切皆无作用，亦都无有补特伽罗，以一切种离所为故。非杂染法先染后净，非清净法后净先染。凡夫异生于粗重身，执著诸法、补特伽罗自性差别，随眠妄见以为缘故，计我我所；由此妄见，谓我见、我闻、我嗅、我尝、我触、我知、我食、我作、我染、我净，如是等类邪加行转。①

世间及佛教假名安立（假施设）了种种的我（补特伽罗）和种种的法，这种安立都是基于识转变中出现的"唯相"。"云何假施设？谓于唯法，假立补特伽罗；及于唯相，假立诸法。"② 这样，《唯识三十颂》第一颂的核心思想就是依（假托）三能变识的识转变中出现的种种相（唯相），〔由世间及圣教以名言增上之力〕假名施设种种的我（补特伽罗）和法。然而，凡夫于"唯五蕴"执著有我和法种种差别，计执有我及我所，认为有见者、作者及我染或净等等。此中，染净诸法由于"离所为"，所以没有作用，所以并不会出现染法转变为清净或者净法变成染污或者我是见者等情况。当知，染净诸法之所以"离所为"，是因为缘起具有无作用义等。

二、作用到底应如何理解？

我们接下来探讨"无所用"，必然需要弄清楚一个问题，所无的"作用"是什么意思。既然是所不具有的作用，估计不是所许的"作用道理"中的"作用"。③ 我们可以从第八识或其种子理解作用，然而这点不是本文所重点探讨的。我们当然也可以从直观的层面，也就是从现象界来理解作用。前文提到眼根或眼识见，因为有根见和识见两种不同的观点，所以使用"或"来说。出于解决问题的方便，我们此处姑且采取眼根见的说法。之所以采取这种说法，是因为眼根是生因及依处等。④ 然而，仅仅是假立眼根见色。当然，我们也可以假立眼识见色。实际上，无论眼根还是眼识都不能"见"色。

> 问：为眼见色？为识等耶？答：非眼见色，亦非识等；以一切法无作用故，

---

① 《解深密经》卷5，《大正藏》册16，第710页中。

② 《瑜伽师地论》卷13，《大正藏》册30，第346页上。

③ 《解深密经》卷5："作用道理者，谓若因若缘，能得诸法，或能成办，或复生已作诸业用，如是名为作用道理。"（《大正藏》册16，第709页中。）这样的"作用"，通常是应该承认的。

④ 《大乘阿毗达磨杂集论》卷2："又由六相，眼于见色中最胜，非识等，是故说眼能见诸色。何等为六？一由生因，眼能生彼故。二由依处，见依眼故。三由无动转，眼常一类故。四由自在转，不待缘合念念生故。五由端严，转由此庄严所依身故。六由圣教，如经中说'眼能见色故'。"（《大正藏》册31，第703页中。）

由有和合假立为“见”。[①]

眼没有见色的作用，眼识也没有见色的作用。只是就根境识三和这点，而假立见色。分析起来，见色的话，是眼根抵达了色还是色抵达了眼根？两个体性异的色法，如何一者显明（明晰）另一者？类似地，仅仅是依于眼识生起来的时候就带着色的影像，而宣说眼识见色。实际上，被眼识显明（明晰）的境，完全是眼识内的影像而已。这样说起来，眼根与眼识都不能见色。基于和合中识带境而说眼根或眼识见色，所以眼根或眼识

见色的作用完全是施设假立为有。或有说眼识的见分应能见，然而分析起来发觉，见分不是见者，也没有见相分的作用。在《解深密经》中很清晰地作出说明，对于心如何能见自心的问题，经文作出的回答是“无有少法能见少法”。[②]对于无作用，理实应该结合“唯有诸法，唯有因果，都无作用”来理解。那么，因和果之间没有“因果作用”充当媒介？此处所谓“因果作用”简单说，是指在果出现之前，因就具有的一种引生果的力量。[③]以本文对唯识学理解，唯识学不会承认这种“因果作用”，也就是说没有种

---

① 《大乘阿毗达磨杂集论》卷 2，《大正藏》册 31，第 703 页中。

② 《解深密经》卷 3：“‘世尊！若彼所行影像，即与此心无有异者，云何此心还见此心？’‘善男子！此中无有少法能见少法；然即此心如是生时，即有如是影像显现。善男子！如依善莹清净镜面，以质为缘还见本质，而谓我今见于影像，及谓离质别有所行影像显现。如是此心生时，相似有异三摩地所行影像显现。’”（《大正藏》册 16，第 698 页中）圆测法师的解释，见《解深密经疏》卷 6：“无性释云：‘无有少法能取少法’者，此释前难。无作用故，谓一切法作用作者皆不成故。解云：‘无有少法’者，显无作者。‘能见少法’者，显无作用。魏世本云：‘无有法而能取法’。梁朝本云：‘无有法能取余法’。《大业论》云：‘无有一法能取余法’。《深密经》云：‘无有一法能观一法’。如是等说，文异义同。又解：‘无有少法能取少法’者，即于依他心上，无实心体，亦无实用，离于彼心。次有伏难：‘既无实用，如何得有能所取耶？’故作此言，然依他起，似心生时，‘即有如是影像显现’，故说此心能取于境。无性论云：‘然即此心如是生时’者，缘起诸法威力大故。即一体上有二影生，更互相望，不即不离。诸心心法，由缘起力，其性法尔，如是而生。如是诸心缘境道理，如《成唯识》第七卷说。彼云：‘外色实无。可非内识境。他心实有，宁非自所缘？谁言他心非自识境，但不说彼是亲所缘。谓识生时无实作用，非如手等亲执外物，日等叙光亲照外境。但如镜等似外境现，名“了他心”。非释能了。亲所缘者，谓自所变故。契经言无有少法能取余法，但识生时，似彼相现，名取彼物。如缘他心，色等亦尔。’广作问答，具如彼论。”（《卍新纂续藏》册 21，第 305 页中）此中，“非释能了”中“释”，对比《成唯识论》卷 7 知易应为“亲”。圆测法师这段对《成唯识论》引文中还有个别字与原论卷 7 对不上，句读原因也放入引号内。

③ 范文丽《寂护的因果论》介绍：“一些印度婆罗门教哲学家提出了‘因果作用’（vyāpāra,causal active）说。根据这一说法，因果作用充当着因与果之间的媒介，被认为是因果关系的本质所在。……‘引生’这一动作，也就是本文所说的‘因果作用’。”［《唯识研究》（第七辑），北京：商务印书馆，2021，第 184 页。］《寂护的因果论》提出寂护“拒斥‘因果作用’的观念，认为因果关系并不蕴含着某种形而上的存在，而只是指涉事物的规律性出现现象。这种事物呈规律性产生的现象被寂护描述为‘无间决定’（ānantaryaniyama, restriction on the immediate succession），意思是特定的因总是产生特定的果，特定的果总是伴随着特定的因而出现。”（第 184 页）“因之‘生果力’限定其［引生］特定果……行为和果报之间的因果关系之所以可能是因为事物有产生另一些事物的‘生果力’（《摄》503）……寂护似乎在拒斥形上学意义的‘因果作用’之后另立了一个具有形上学意味的‘生果力’。”（第 188 页）对此“无间决定”“生果力”，笔者觉得类似“性决定”。至于“因果作用”“生果力”，都是某类“取果”。

引生果的力量，并不导致因果关系不存在，缘起法则不依靠此种“因果作用”成立。

本节也许应该提及区分功能与作用，唯识典籍中很难找到对功能与作用的具体定义，虽然有些地方出现这两个词，但是没有给出明确定义。那么，我们就从部派佛教阿毗达摩论典中寻找定义。鉴于许眼根或眼识均不能见色，我们可以猜测所无的作用，应该至少蕴含有部所许的某些作用。这样，本文尽管参考部派佛教阿毗达磨论典中界定，对于是否可以套用到唯识学语境中持谨慎态度。

《俱舍论》中有说：“何谓功能？谓法作用或谓士用。”[①] 这种定义之下，功能与作用是同义词。《顺正理论》《显宗论》区分了功能与作用，如说：“谓有为法，若能为因，引摄自果，名为作用；若能为缘，摄助异类，是谓功能。”[②] 有作用法就有两类，或具有功能或不具功能。[③] 一些情况下近缘功能是作用，而真正的作用就是取果功能，其他作用都是假立。[④] 大体是作用不能涵盖功能，所有作用都可以称为功能，却不是功能都能称为作用。有为法作为因引果（牵果）的功能说为作用，有为法作为缘资助及引摄相异法的就是功能。功能与作用的差异，举例来说，在黑暗之中，眼根功能被暗损害（可大致理解成不具功能），这样对于眼识就不能作为缘，无法摄助让异类眼识生起，

然而眼根的引果（牵果）作用并不是被暗损害，所以能够作为因引摄同类眼根生起，功能和作用的差别大抵如此。由于“摄助异类”的限定，有为法对于同类果生起，“摄引势力”既是功能也是作用，对于异类果生起，是功能不是作用。[⑤] 不过，这主要是针对于等流果建立。[⑥] 而《顺正理论》也否定了有为法具有能把果造作出来的作用（“真作用”）。[⑦]

---

① 《阿毗达磨俱舍论》卷5，《大正藏》册29，第27页中。

② 《阿毗达磨顺正理论》卷13，《大正藏》册29，第409页中。《阿毗达磨顺正理论》卷14、《阿毗达磨藏显宗论》卷8等也出现相同的文字，不再列出。曹彦老师就有部思想，提出“实际上，性类差别是由功能的差别造成的，所以类异说与位异说的差别就好比是功能（sāmarthya）与作用（kāritra）的差别。”（曹彦：《〈阿毗达摩顺正理论〉实有观念研究》，武昌：武汉大学出版社，2014，第53页。）

③ 《阿毗达磨藏显宗论》卷26：“有作用法复有二种，一有功能、二功能阙。”（《大正藏》册29，第900页下。）

④ 《阿毗达磨藏显宗论》卷11：“自果生时作用虽无，而于自果与功能上立作用名，唯取果功能乃名真作用，余名作用皆是假说。”（《大正藏》册29，第824页下。）

⑤ 参《阿毗达磨顺正理论》卷14：“谓闇中眼或有功能被损害者，便于眼识不能为缘摄助令起，然其作用非闇所损，定能为因引当眼故。由斯作用、功能有别。然于同类相续果生有定不定，摄引势力名为作用亦名功能。若于异类相续果生，但能为缘摄助令起，此非作用，但是功能。”（第410页上）《阿毗达磨顺正理论》卷52：“且闇中眼见色功能为闇所违，非违作用。谓有闇障违见功能，故眼闇中不能见色。引果作用非闇所违，故眼闇中亦能引果。”（第631页下。）

⑥ 参《阿毗达磨大毗婆沙论》卷76：“问：‘现在眼等若彼同分无见等用应非现在。’答：‘彼虽无有见等作用，而决定有取果作用，是未来法同类因故。诸有为法在现在时皆能为因，取等流果。’”（《大正藏》册27，第393页下–394页上。）

⑦ 《阿毗达磨顺正理论》卷15：“又我不许诸未生因及已生因是真作者，诸法无有真作用故。真作用者，谓诸因

唯识宗把功能安立在第八识（本识）上，第八识（本识）具有生起某果（现行）的功能，即说第八识（本识）具有相应的种子。所以，千差万别的种子都可以这样定义：“此中何法名为种子？谓本识中亲生自果功能差别。”① 我们清楚正是由于功能安立在种子上，唯识宗阐述缘起甚深的时候，依此建立非是无因生。② 本文倾向于从对于识转变中诸依他起法的显现（唯识所现）的直接贡献来理解这种功能，以便区分等无间缘等具有的功能。鉴于种子是有为法，刹那灭，依于此无常义也能成立无作用。

> 依无常义者，谓从自种子生，亦待他缘；又从他缘生，亦待自种子。又，从自种子又从他缘生，而种及缘于此生事，无作、无用，亦无运转。又复，此二因性功能，非不是有。③

此处从种子与他缘，强调缘起的无作用义。缘生法唯是识之显现，当缘聚的时候识就如是转变。从诸缘生法虽有差别相，但其相刹那迁变；虽刹那不住，仍能在某段时间保持大致的样子（任持自相）。这几点综合起来非常完整地说明了缘起诸法的无常义。这就可以理解，何以说“众缘和合相似有”“妄现似有而不坚实”。

应该注意，第八识是无常法，不是常法，《瑜伽师地论》《显扬圣教论》《成唯识论》等对此有阐述。④ 一个常法具有功能，依缘显示作用，这样的观点实不成立，护法论师对此有很漂亮驳斥。

> 有执“时”体亦常亦遍，摄藏无量差别功能，外缘击发起诸作用，芽、茎等果随用生成。此亦不然，所依“时”体若无迁变，能依功能岂可击发？不见所依种等无变，而有生长芽等功能。即此击发功能因缘，足有生成芽等作用，何须妄计无用“时”耶？⑤

时论师认为：“时”体性是常法且周遍，含藏种种不同的功能，遇到“时”之外的

缘，于所生果常能造作。此真作用非佛所许。”（第 419 页下。）

① 《成唯识论》卷 2，《大正藏》册 31，第 8 页上。

② 《大乘阿毗达磨杂集论》卷 4：“又诸法不从自生、不从他生、不从共生、非不自作他作因生，是故甚深。不从自生者，谓一切法非自所作，彼未生时无自性故。不从他生者，谓彼诸缘，非作者故。不从共生者，谓即由此二种因故。非不自作他作因生者，缘望果生有功能故。又有差别，谓待众缘生故非自作。虽有众缘，无种子不生，故非他作。彼俱无作用，故非共作。种子及众缘皆有功能，故非无因生。是故如是说：自种有故不从他，待众缘故非自作，无作用故非共生，有功能故非无因。”（《大正藏》册 31，第 712 页下。）

③ 《瑜伽师地论》卷 10，《大正藏》册 30，第 327 页下。

④ 《瑜伽师地论》卷 51：“又阿赖耶识体是无常，有取受性。”（《大正藏》册 30，第 581 页下）《显扬圣教论》中有类似文句。《成唯识论》中提出的所熏四义等限定阿赖耶识是有为法，是无常法。

⑤ 《大乘广百论释论》卷 1，《大正藏》册 30，第 189 页中。

缘的触发，“时”就会出现各种作用，种子生芽等等依据这作用就能成立。护法论师认为这样的观点不成立，提出：那些功能所依的“时”体如果不会发生变化，依于这样常法的功能就不能被触发。在这个世界上，根本不存在种子没有变化，却生出芽的事情，也就不应认为常法种子有生芽功能。这样的话，你方何必计执根本不具有功能的“时”显发作用，不如宣说触发所谓功能的外缘就具有生成芽的作用。

不难发现，把“自性”“如来藏”“法体”“梵”等替换“时”也受破，可知我们对于如来藏、阿赖耶识等要有正确认识。

三、从无生的角度理解无作用

唯识典籍明确承许缘起的无作用，无作用就无所承办。从遍计所执性及其无自性能成立无作用，因为分别心显现的诸法不如现而有，诸法远离能取性和所取性。胜义谛中不可安立因果，作用是就因果依世俗假立。也可从依他起性及其无自性成立无作用，因为一切种离所为。[①]譬如唯是识显现为水沸腾等，依如是显现安立火有热性，然非是自作等。不过，一般于缘起中安立有作用。

> 此中善建立诸缘生法无作用故者，谓从后际苦，逆观现法前际苦、集，名色缘识，识缘名色，譬如束芦展转相依而得住立。于其中间，诸缘生法皆非自作，亦非他作，非自他作，非无因生。如是施设，名善建立诸缘生法无作用故。[②]

识与名色等相待，皆非四边生，于胜义谛中考察发觉不可得，依世俗施设缘生，此为缘生法无作用义。这样的缘生法是唯识学上所安立的依他起性。唯识宗对于依他起性多用梦等譬喻。

缘生决定依他起性非四边生，远离遍计所执性。四边生的体性及遍计所执的体性，

---

① 可能需要对本文中的胜义谛需要说明，本文采取的胜义谛就是根本智所亲证的空性。《解深密经》卷 2：“依他起相非是清净所缘境界，是故亦说名为胜义无自性性。”（《大正藏》册 16，第 694 页上）简单说，依他起性（有为法）不在胜义谛中有，无胜义自性，是这样安立的。《大般若波罗蜜多经》卷 383：“依世俗谛，安立如是因果差别，不依胜义，胜义谛中不可说有因果差别。所以者何？善现！胜义谛中一切法性不可分别、无说无示，云何当有因果差别？”（《大正藏》册 6，第 980 页上）胜义谛中有为法和无为法俱无所有，这是无相所行的清净所缘，所以没有什么法可以作为因或果。如果采用其他的胜义谛的定义，就可能去讲“胜义谛中有法、有因果，但无作用”。

② 《瑜伽师地论》卷 93，《大正藏》册 30，页 829 下。比如：识不是自作、他作、自他共作、无因作，名色也不是自作、他作、自他共作、无因作。那么，识缘名色或名色缘识什么意思？《杂阿含经》卷 12 对这个问题的说明是：“今当说譬，如智者因譬得解。譬如三芦立于空地，展转相依，而得竖立，若去其一，二亦不立，若去其二，一亦不立，展转相依，而得竖立，识缘名色亦复如是。展转相依，而得生长。”（《大正藏》册 2，第 81 页中。）

本就不在依他起性上存在。遍计所执是二取性，定然远离，般若经中也有宣说相关的教理：

> 一切法性无能行者，无能见者，无能知者，无能证者，无动、无作。所以者何？以一切法皆如虚空，无有作用，能取、所取性远离故。以一切法不可思议，能、所思议性远离故。以一切法皆如幻等，众缘和合相似有故。以一切法无作、受者，妄现似有，无坚实故。①

诸法实性不是言说自性，所以远离二取性，远离能思议性和所思议性。依胜义谛能成立“诸法无作用”，依世俗谛也能成立“诸法无作用”。譬如眼识假说能见色，实非眼识见，“由有和合假立为见”。众缘作用空是“无作用义”，这也能成立众缘及缘生法如幻而有，“虽无作用缘而有功能缘可得”。②

既然诸法并无作用，理应没有能生所生，为什么经中说“此有故彼有”？

> 又一切法都无作用，无有少法能生少法，是故说言“此有故彼有，此生故彼生”。但唯于彼因果法中，依世俗谛假立作用，宣说“此法能生彼法”。③

“此有故彼有，此生故彼生”强调是缘生性（此缘性），这样的经文只是于世俗谛因果中，相关因缘相依观待安立而宣说。比如观待 A 有 B，施设 A 为因，B 为果，而宣说“B 从 A 生（A 能生 B）”。所谓假立生之作用，是指依于唯识显现彼而施设为生。

根据若干经文，如“大慧！我了诸法唯心所现，无能取所取，说此有故彼有，非是无因及因缘过失。”④由于心将诸法显现出来，在无二取的情况下，“此有故彼有”的道理也没有否定缘起的过失。这样的话，尽管唯识学中也有提及生起，从唯识所现来理解为宜。这点在唯识典籍中也能找到，“经但说言众像影‘现’，不言‘生起’。如是应知一切境相皆是自识变异显现，非别实有。”⑤

对于无生，依《中论颂》第一品也可以理解。自生、自他共生及无因生，容易理解，此处从略。他宗认为他生成立，主张缘生就是他生，而所谓缘就是因缘、增上缘等四缘，这些缘就是“他”。然而分析下来，却是发现：缘既非具有作用，也不是不具作用；果不是具缘，也不是不具缘。⑥总之，所谓缘生不能证伪无生。论主的理路是，除了已生

---

① 《大般若波罗蜜多经》卷 458，《大正藏》册 7，第 313 页下 –314 页上。

② 《大乘阿毗达磨集论》卷 2，《大正藏》册 31，第 671 页上。

③ 《瑜伽师地论》卷 92，《大正藏》册 30，第 826 页下。

④ 《大乘入楞伽经》卷 3：“大慧！我了诸法唯心所现，无能取所取，说此有故彼有，非是无因及因缘过失。大慧！若不了诸法唯心所现，计有能取及以所取，执著外境若有若无，彼有是过，非我所说。”（《大正藏》册 16，第 603 页上。）

⑤ 《佛地经论》卷 4，《大正藏》册 26，第 310 页上。

⑥ 笔者就此文征求香港中文大学姚治华教授意见，姚教授一开始提出“《中论》此处没涉及作用”。笔者觉得《中论颂》

和未生，就根本没有正生。如果果法已生，就不需要缘。如果果法未生，也就是说不存在，那么缘属于谁？不属于谁的话，就不能安立成谁的缘。缘如何协助不存在法的生起？既然不能协助，也就是说对于彼没有作用，也就不是缘。如果不是缘，说为从缘生合理的话，那么说为从非缘生也合理。如果说具作用的缘或者缘的作用是指向正生的法，也就是说某个阶段作为非缘的法变成了缘，又不包含一切都变成缘的过失，之所以变成缘就要观待于其他，然而如此观待就成无穷，就有无穷过。对于基于未生致力于成立生及缘的辩护者，佛护以幽默的口吻讽谏说，你是想以未出生的孩子的财富娶媳妇（孩子的妈）[①]、你现在没有儿子却想认领儿媳。总之，于那些先致力于合理化“生”，次致力于合理化“缘”的观点，佛护认定是错误的。[②] 这一切的原因，简言之就是所谓缘、生等是假名安立；[③] 名与事（义）并不相称，如所显现非有。

论证非四边生来证成无生的时候，应该也包含没有生的作用的意思。佛护认为《中论颂》非四边生论证表明“生”仅仅是言说，意思是仅仅是分别心建构，也就不会认为有生等作用。佛护就“缘能协助（资助）果才能安立为缘”进行论证的时候，就可视为就缘具有作用来进行论证。《中论佛护释》中有说：“对此[对方]说：对于我们还用说什么‘诸事物从自他等生起’？因为，眼等就是识生起之事（janikrivā）的缘。这又怎么讲呢？这里的生起之事，是[包含]能生、所生以及生起，主要在识上转起。识即是所生。因为，眼等是识生起之事的能成就者（vijñāna–janikriyā–niṣpādaka）。是能成就者就是缘。正如，烹煮之事（pacikriyā）即[包含]能煮、所煮，主要在米饭上转起，米饭即是所煮。各显其用的人、器、水、火、灶等，可视作能成就烹煮之事的众缘。”（叶少勇：《〈中论佛护释〉译注》，上海：中西书局，2021，页11）其中“是能成就者就是缘”“各显其用的”完全可以理解出“作用”。以唯识学尤其无相唯识来说，凡夫所认为的有为法及缘生缘灭与作用等，不超乎意识的建构，所得的是遍计所执性（言说自性）。如同众色盲以亲眼所见为由，坚持认为有灰色树叶观待阳光、水缘生，而他们的观点并不成立；色盲们所许的灰色树叶及缘有作用，当然也不合理；诸法都不被凡夫如实显现和认知，凡夫认为如所认知的法存在且有生灭，无论其如何强调这样法的缘生及有作用，其观点是不成立的。笔者与姚教授交流中，他认为：“作用 kāritra 要在有部专门的意义上理解，它的出现可能晚于龙树，最多也只是与龙树同时（取决于世有的年代）。当然，龙树破了比作用更根本的因和缘，从而可以推论他也会否定因果之间的作用。但他没有明确讨论或破斥作用。佛护这里说作用 བྱ་བ，可以对应 kāritra。在他的时代，这个概念应该是广为人知了。”姚老师补充说：“关于生的作用，似乎可以如此推论，但生灭作用与因果作用之间的关系很不清楚。”此处是通过微信与姚老师交流的文字，不是严格论证，可以不视为姚老师正式观点，特此说明。

① 这里就女方未怀孕而言，理解成没有男女关系妥当，总之强调现在这孩子根本不存在。也有译本是说，想用未出生孩子养护孩子的母亲。

② 具体可参阅中论佛护释，此处是笔者概述相关内容，文繁不引。笔者参考了叶少勇、蒋扬仁钦译本。

③ 佛护：“只有观待果才会有[非缘与缘]这两者，而这个果是没有的。既然没有果，怎么还会有非缘与缘？因此，果是不可能有的，缘与非缘也是没有的。因为果以及缘、非缘都是没有的，所以就成立了‘生’一词唯是言说（vyavahāra–mātra）。”（叶少勇：《〈中论佛护释〉译注》，第22–23页。）

四、如何完整理解无作用

唯识宗所安立的“诸法无作用”可以分为七种。概括起来，无非是由于缘起的缘故，诸法无作用，但依世俗谛假立作用。

> 如前所说诸法无用，此显无用，略有七种：一、无作用用，谓眼不能见色等。二、无随转用，谓于此亦无能任持驱役者。如其次第，宰主、作者俱无所有故，无有能随转作用。三、无生他用，谓法不能生他。四、无自生用，谓亦不能自生。五、无移转用，谓众缘有故生，非故新新有。六、无灭他用，谓法不能灭他。七、无自灭用，谓亦不能自灭。①

前文已经探讨了无作用用、无随转用等。从识转变或无生的角度探讨，阐明了无生他用及无自生用。至于无灭他用及无自灭用，是因为有为法生起后任运自然灭。其实，第五及第六与第七，乃至全部七种无作用，都可以从“诸行皆刹那，住尚无，况用”来理解。因为诸行生已，刹那不住，尚且没有“住”，遑论作用。这大体是讲，有为法过未无体，有为法的存在仅是一刹那，但也是无法安住于现在刹那的，或说不能安住于“住”，这样的存在情况之下，有为法可以说没有活动（kriyā），谈不上有其他法承受其施加作用，也就是没有能力有所所为（“离所为”）。②

有必要强调导致有为法灭的原因并不是生因，也没有住因令有为法住。“非彼生因能灭诸行，生灭两种互相违故。又无住因令诸行住，若必有者，应成常住。行既不住，何用灭因？又余灭因性不可得。若行生已自然住者，彼应常住则成大过。如是有住灭因及自然住并有过故，当知诸行任运坏灭。”③生因对于缘生法的意义是“生”而不是“灭”，由于有为法本身的原因而任运灭，无法常住。所以，作用仅仅是从缘起中因与果的观待而建立。比如识转变中眼识种子起现行，眼识依于眼等生，这建立为种子的“用”，

---

① 《瑜伽师地论》卷16，《大正藏》册30，第364页中－下。Zhihua Yao（姚治华）：Effective Action（arthakriyā），Activity（kāritra）and Non-activity（nirvyāpāra）一文有探讨自性作用、因果作用、无作用等。

② 戒幢佛学研究所净智法师指出：唯识宗这样的安立难以破斥有部观点，因为一切有部也承认有为法唯一刹那住，但有引自果的作用。笔者觉得双方宗见不同，有时候辩论无法说服对方，这样在这个问题上此处主要从缘起观不同来说明。唯识宗受许唯识无境缘起，有部受许外境有缘起，这是两种相互矛盾的缘起观。自宗的安立与所许的缘起自洽，所破的是与缘起相违者，也就是所立的法（“自性”等）不被缘起支撑为有（存在）。唯识无境所承认的方式：境以体性不异于识的方式而有，或者境以与识同体的方式成立为有；简单说就是境以识为体（以识为性）。外境有所承认的方式：境以与任何识都是异体的方式存在，以体性异于识的缘起而有。此中，境与一个识同体就能成立唯识无境，境与所有的识异体才能成立外境有。从缘起来说，一切有部安立的有为法过于实有化，这样的法尚且不能成立，其所许的引自果作用从根本上就不会存在。如果有部的缘起论不合理，可以不在细节上探究有部安立的取果思想，从根基上就否定有部取果思想等。

③ 《显扬圣教论》卷14，《大正藏》册31，第549页上。

种子为“作者”。

诸缘生法（依他起性）在缘起中获得各自的体性，由于造作而成必定无常，这点无需特别解释，而理解了这点就不难理解为什么依于此就能说无作用。本节主要探讨第五点，无移转用这一点涉及“续流”。一个法从a状态（或瞬间）移转为b状态（或瞬间），这样的说法严格地讲并不成立，因为a状态的法（旧）不是b状态的法（新），没有一个法从a移转到b。基于缘生法的刹那性及任持自性，建立一个续流的话，这个续流中法时刻都是新的，而新的状态又会出现，并不是“故新新有”。[①]反过来也可以讲，时刻法都是旧的，所以也不是“新故故有”。

结合唯识无境缘起论理解这七个方面，才是唯识学对无作用的全面理解。现在说回作用，作用肯定是在世俗谛中安立。胜义谛中尚且无法，遑论存在法的作用。“无常诸行，前际无故，后际无故，中际虽有，唯刹那故；作用动转，约第一义都无所有，但依世俗暂假施设。如是施设，如实无倒，是故说此名善建立。”[②]由于唯识宗许过未无体，有为法安立上自然是前际与后际不存在，现在（中际）仅一刹那，其任运而灭，又无生他用或灭他用，就无法建立作用、动转。

如前所说，胜义谛中无法安立作用。世俗谛中也无法建立，所以是“依世俗暂假施设”。换言之，依于识转变中出现的种种相（唯相），假施设了法，又依于这样的“唯法”，假施设补特伽罗。于这样的施设之中，安立了因与果等，依于这样的依存关系（此缘性）而安立作用。于唯识宗，实有的法不是假施设的，假施设的法都是假有。既然是假有，即使是世俗中也可以说无作用或者作用非实有。

五、无作用模式下的种现关系

《解深密经》的无作用思想主要是基于“离所为”，《瑜伽师地论》明确说种子对于果法“无作、无用、无运转”，那么种子在识转变中缘起中应该是什么情状？首先，应该是种子不可能直接作用到现行果法上，果法也不能直接作用于种子，种子与现行之间需要能变识转为媒介，最根本的媒介当然是根本识。对此，必须结合唯识宗过未无体的时空观和同时因果理解。

有部等宗派缘起观多是认定因果异时，确立了一个单链条的因果关系。这种异时因果关系典型的例子就是种子发芽——种子在前，芽在后。唯识无境缘起确立了多链条的因果关系，就是基于阿赖耶识和转识可以同时存在。阿赖耶识和转识之间有着互为因果

---

① 可参韩清净《瑜伽师地论科句披寻记》、妙境法师《瑜伽师地论讲记》等。

② 《瑜伽师地论》卷93，《大正藏》册30，第829页下。

的关系，这突出表现在阿赖耶识的因相和果相上。基于八识的种现生熏思想，确立了并行的因果关系。当然，唯识宗也承认一些情况的确是前后因果关系。比如就阿赖耶识本身相续来说，阿赖耶识功能在阿赖耶识恒随转及刹那灭的情况下也需要保持，对此描述为诸种子自类相生。任一种子，只要未因感果或圣道对治等损害，前种子灭后种子生，时间上前后相违，这两种子不可能是同时因果关系。有一些种子和现行法是同时存在，能够确立同时因果关系。譬如眼根种子起现行和眼识种子起现行，物理学上的作用力与反作用力等，这些可以认为是同时因果。

本文认为种现生熏是理解这种因果关系的突破口，而种子的“果俱有”义是此中焦点。《成唯识论》这样定义“果俱有”：“与所生现行果法俱现和合，方成种子。”① 果俱有限制在种子和现行之间，“果俱有”并不意味着因一定有果俱，因为若干果出现与种子出现有时间间隔，典型的就是异时而熟。这种情况需要种子以自类相续的方式延传功能，直至缘聚出现现行果法。简言之，“虽因与果有俱不俱，而现在时可有因用”②。

“果俱有”定义中“俱现和合”需要说明，窥基法师解释为“俱时现有”，就是同一时刻种现二者都存在。对此，他用“显现”“现在”“现有”三义来解释“现”，按他对这三个词的说明，“显现”要放到非假法的现行果法上来说，“现有”要放到因（种子）来说，现在这一瞬间因果都有，所以现在就通因果二者。③ 由于八识之间并行存在，阿赖耶识依于种子变现现行果法，种子虽然安立为因性功能，虽然也是刹那灭，但可以和现行果法并行存在。这就好比，电脑显示器出现图像的时候，图像的数据仍在电脑中存在。此中，数据譬喻种子，图像譬喻现行，这个譬喻大致说明如何果俱有。以眼识的种子与现行来说明，眼识出现的时候，阿赖耶识中仍然有眼识的种子，此种子和彼眼识“俱现和合”。眼识生起来之前，眼识种子存在，眼识生起之后眼识的种子也存在。当然，这种描述较为粗糙。④ 此处无意花太多篇幅探讨此问题。简略总结说，我们没有技术手

① 《成唯识论》卷2，《大正藏》册31，第9页中。

② 《成唯识论》卷2，《大正藏》册31，第9页中。

③ 《成唯识论述记》卷3：“谓此种子要望所生现行果法俱时现有。‘现’者，显现、现在、现有三义名‘现’。由此无性人第七识不名种子，果不显现故。即‘显现’言简彼第七。‘现在’简前后。‘现有’简假法。体是实有，成种子故。‘显现’唯在果。‘现有’唯在因。‘现在’通因、果。‘和合’简相离，即简前法为后法种。”（《大正藏》册43，页309下）此中，把毕竟无性阐提排除在“显现”之外，正文中这个细节从略。不过，惠沼法师说：“此言‘俱有’，为因为果俱是现有。”（《成唯识论了义灯》卷3，《大正藏》册43，第720页中。）

④ 如果细化的话，就是这个问题：某一刹那的眼识记作x，生起此现行的种子记作y，当x出现的时候，y是否存在？应该说已经不存在。因为种子和现行之间有严格的函数关系，这是说如果y还存在，以自类相生方式生x的功能，在未来总有具缘的时候，就会有另一个x或者说x的克隆体出现，二者见分和相分都是严格相同的，这当然不可能。有为法限制，没有任何眼识是某一眼识的克隆体。这样的话，种子和现行貌似是异时因果关系。如果非要说种现同时，那么就要采取“因正灭，果正生”取名为“俱有”。对于这样的“俱有”，窥基法师评：“若因在灭果在生相仍名‘俱有’，即有二趣并生之妨。”（《成唯识论述记》卷3，第309页下）窥基法师的观点是“种生现时定必同世，种生于种世不必同”。（《成唯识论述记》

段测量种子和现行出现的时间，所以仅仅是逻辑分析。在逻辑分析中，种子不要实体化，逻辑分析不需要到一个个实体种子的程度，因为种子就是阿赖耶识的功能，诸功能实际并非像一颗颗豆种那般存在。我们甚至可以把整个阿赖耶识视为种子，阿赖耶识与其变现的现行果法同时存在，就是果俱有。

基于唯识无境缘起，诸法都能在识转变中成立，又由于种子与阿赖耶识的关系，就导致种子（因）对于现行（果）不需要有取果或与果的作用，仍然可以有现行果法出现。取果作用和与果作用是在单链条的因果中考察，经由逻辑分析而提出的，从根本讲是意识建构，并非实有，绝非现量所见。由于种子和现行之间以阿赖耶作为媒介，阿赖耶识是执行者和实现者，阿赖耶识不需要抓取果令生，识转变缘起就注定了这点。唯识宗时空观也决定，不需要先预设一个果存在，然后去建立抓取（能引）令生。对于前后因果关系，仔细考察就可发现不能建立取果和与果。因为果与因并不俱有，因时无果，就没有什么从因生，好比望于兔角而无法作为因；果时无因，依不存在的因生，好比从兔角生果般不合理。① 这样的话，因及缘是他者的话，这样以缘生维护的“他生”也不合理。②

然而，基于种子思想，“与果”还是能够建立。种子根据果是否出现，区分为已受果（与

卷 3，第 309 页下 –310 页上）笔者认为这句话是顺着二趣并生的妨难来说，譬如某人轮回天界，总不能同时出现其处于人天两道的情况，同时是人和天人是不合理的。这样就不能说，人正在死，天人正在生，不能以这样的方式说为“俱有”。种子生现行在同世不是问题，问题任何一期生命都有种子生种子的事情，这种事情每时每刻都在发生，当然死亡之时种子生下一种子，下一种子也就不在这一世出现。

① 《大乘广百论释论》卷 5：“又未来世无实有体，云何望彼为同类因？过去未来非现在世及无为摄，同兔角等，非实有性。是故因时果未有故，如望兔角非彼实因。果现前时因已无故，如从龟毛非彼实果。”（《大正藏》册 30，第 213 页中）可对照《中论佛护释》：所谓无间隔紧临的另一个事物的灭就是这个事物生起的缘，这一说法是不合理的。为什么呢？因为：诸法未生起之时，则不可能容有灭，又已灭则谁是缘？（1.9abd）“已灭”（niruddha）即是无有。这里，如果在芽生之前种子就已灭去，那么谁是那个种子灭而成无时所生之芽的缘？再者，谁是种子的灭的缘？种子灭而成无，怎么又能作芽生的缘？对于未生的芽，种子的灭怎么能是它的缘？因此，如果构想种灭之后芽生，就会导致 [种灭与芽生] 两者皆为无因（ahetuka）的过失，而无因是不被允许的。

有人说：如果在芽生起 [之后] 无间隔而有种子之灭，这样无间 [缘] 就是成立的。因为，芽的生起可以无间隔而作种子灭去的缘。

回答：这也是不可能的。为什么呢？即使芽已生，怎么能是 [种灭之] 缘？如果芽已生起，芽生之事即已结束，此时若种子灭，则谁为此灭之缘？谁又是芽生之缘？因此，这就与上述相同，也导致两者皆为无因的过失。

而如果认为，种子正灭之时有芽生起，由此则不堕于无因的过失，这也是不合理的。为什么呢？[如果这样，] 灭者与生者两个都存在，因为 [这时种子] 未灭而 [芽] 已生起完毕。如果两个事物并存，怎么能是无间缘？即使构想生灭在于一时，也不可能有无间 [缘]，因为同时的缘故。故无间 [缘] 不合理。（1.9c）

这样，以各种方式考察都不可能有无间缘，所以，说有无间缘是不合理的。（叶少勇：《〈中论佛护释〉译注》，第 19 页。）

② 《大乘广百论释论》卷 9：“又慧观果说因为他，果之与因必不俱有。因时无果，谁藉他生？果时无因，从谁他起？”（《大正藏》册 30，第 238 页。）

果）的种子和未受果（与果）的种子。[①] 这样，即使说种子有与果作用，也是在阿赖耶识于识转变中变现出现行的功能而言。在实际表述中，基于便于理解及与其他宗派对话，也有用到“取果”这样的词，当然出现的次数不多。[②] 基于此，本文倾向于唯识典籍使用“取果”这个词更多是语言上的方便，也就是方便读者理解。唯识学建立“与果”就足够了，不需要建立“取果”。[③] 对于“与果”，更多地应该放到基于识转变的唯识无境缘起中理解，这样即使说种子无作用，现行出现也是合理的。

六、无作用是对缘起的甚深义的重要诠释

“缘起甚深”最早于阿含典籍中出现，以十二缘起支阐述“此有故彼有，此无故彼无”的缘起，略说是依无明而有流转，依无明灭建立还灭。阿含经对于“甚深义”并无明确论述，笔者推测是着眼于四谛尤其灭谛而说。[④] 唯识典籍对于“缘起甚深”有较多论述，

---

① 可能有必要附些文句，以说明这点。《瑜伽师地论》卷2：“又诸种子未与果者，或顺生受，或顺后受。虽经百千劫，从自种子，一切自体复圆满生。虽余果生要由自种，若至寿量尽边，尔时此种名已受果。所余自体种子未与果故，不名已受果。”（《大正藏》册30，第284页中）《瑜伽师地论》卷3：“云何建立三世，谓诸种子不离法故如法建立，又由与果未与果故。若诸果法，若已灭相是过去，有因未生相是未来，已生未灭相是现在。”（第291页下）《瑜伽师地论》卷14：“复有三种种子，当知能生一切诸行。一已与果，二未与果，三果正现前。”（第349页上。）

② “与果”在《瑜伽师地论》中出现二十多次，“取果”出现四次。《瑜伽师地论》卷12：“彼复数数自策自励，思择安立，方能取果。”（《大正藏》册30，第337页中）这处“取果”中“取”不是很明显，可能是获得果的意思。

东京大学人文社会系研究科研究员杨洁老师查阅梵本告知：这里“取果”的梵文是 phalaṃ pratigṛhṇāti（Samāhitā Bhūmiḥ, Skt. ed. by Martin Delhey, Wien, 2009：第186页第11行），从前后文看，我也觉得理解为“获得果”的可能性比较高。

《瑜伽师地论》卷73：“世俗名言熏习取果，是有相取，世所共成能令杂染。胜义智见熏习取果是无相取，非所共成能令清净。”（第701页上）这个“取果”出现，容易造成误解，因为这句话是在探讨分别、正智等五事中能取所取的背景下出现的。由于分别心带相，以这样的行相进行认知，所以是“相取”，胜义智并非如此。后文探讨胜义智虽然取真如（无相界）却不能称之为“相取”，而称为“无相取”。73卷有说：“云何名无相取？答：言说随眠已远离故，此取虽复取无相界，不取相故，成无相取。”（第701页上）至于“取”，就是缘取（执取、执持）的意思，这个语境下，“世俗名言熏习取”的果是“有相取”，“胜义智见熏习取”的果是“无相取”。后文“问：先说所取是能取果，即此能取当言何果？答：此二展转更互为果。”（第701页中）也是对此的证明。这里的“取果”，我很是怀疑不是“与果”“取果”这因果构建中的“取果”。由于《瑜伽师地论》卷73貌似没有找到梵本，需要参考藏译本中的用词。杨洁老师查阅藏本告知：“世俗名言熏习取果是有相取”的藏译是“tha snyad kyis yongs su bsgos pa’i ‘dzin pa’i ‘bras bu ni mtshan ma dang bcas pa la ‘dzin par grags pa yin te/”（YBh, CT74, no. 3268, p. 775 / D248, no. 5539, p. 13b / P248, no. 5539, p. 14b） 其中，与“取果”对应的是“dzin pa’i ‘bras bu”，跟汉译一致。杨洁老师总结：这两处“取果”，从前后文看，我不确定是不是因果构建中与“与果”对应的“取果”，前者像是“获得果”；后者这一部分的内容不是很容易理解，粗读之下，觉得像是“能取”“所取”语境中的“取”。

③ 取果、与果与种现生熏的细致比较，曹彦《有部取果与果与瑜伽行派种现熏思想比较》有探讨，此文刊于《西南民族大学学报》（人文社会科学版）2015年第10期。

④ 笔者参照《四分律》等有此推测。《四分律》卷31：“我今已获此法，甚深难解难知，永寂休息微妙最上智者，能知非愚者所习，众生异见、异忍、异欲、异命，依于异见乐于橥窟，众生以是乐橥窟故，于缘起法甚深难解。复有甚深难解处，

从而读者对“甚深”可以有较为深入的理解。《瑜伽师地论》从六种无常义、苦义、空、无我义及胜义谛等十种相论述缘起甚深，主张以法住智及如实智才能通达这样的甚深缘起。①《大乘阿毗达磨集论》从因甚深、相甚深、生甚深、住甚深、转甚深等五个方面阐释缘起的甚深义。②本节主要从这两部论典来探讨“缘起”上的无作用与甚深的关系。

一般来说，功能与作用有共通的内涵。有时候，作用与功能不同。然而，如果无作用，又无功能，就根本没有有为法出现，十二缘起支无法成立。所以，安立缘起的时候，虽然安立无作用，但是又安立有功能。

一方面，承许“从自种子及从他缘生，而种及缘于此生事，无作，无用，亦无运转”③。

灭诸欲爱尽涅槃，是处亦难见故。我今欲说法，余人不知，则于我唐劳疲苦耳”（《大正藏》册22，第786页上－下。）

① 《瑜伽师地论》卷10：“问：如世尊说缘起甚深，此甚深义，云何应知？答：由十种相，应知缘起甚深义，谓依1.无常义。2.苦义。3.空义。4.无我义说。依无常义者，谓从自种子生，亦待他缘（1）；又从他缘生，亦待自种子（2）。又从自种子及从他缘生，而种及缘于此生事，无作无用，亦无运转（3）。又复此二因性功能，非不是有（4）。又诸有支，虽无始来其相成就，然刹那刹那新新相转（5）。又缘起支虽刹那速灭，然似停住运动相现（6）。依苦义者，谓缘起支，一味苦相，而似三种相现。（7）依空义者，谓缘起支，虽离有情、作者、受者，然似不离，显现而说（8）。依无我义者，谓缘起支，虽不自在，实无有我相，然似我相显现（9）。5.依胜义谛，诸法自性虽不可说，而言诸法自性可说（10）。问：应以几智知缘起耶？答二：谓以法住智及真实智。云何以法住智，谓如佛施设开示，无倒而知。云何以真实智？谓如学见迹观甚深义。”（《大正藏》册30，第327页下）此中数字编号为笔者参照《瑜伽师地论略纂》等添加。

可对比《分别缘起初胜法门经》卷2：“复言：‘世尊！先为略说缘起句义，其缘起义犹未为说，云：何应知？’世尊告曰：‘诸缘起义，略有十一，如是应知：谓无作者义是缘起义，有因生义是缘起义，离有情义是缘起义，依他起义是缘起义，无动作义是缘起义，性无常义是缘起义，刹那灭义是缘起义，因果相续无间绝义是缘起义，种种因果品类别义是缘起义，因果更互相符顺义是缘起义，因果决定无杂乱义是缘起义。如是应知缘起略义。’复言：‘世尊！如余经说，缘起甚深。云：何应知如是缘起甚深之相？世尊告曰：‘即依十一缘起略义，应知缘起五甚深相。何等为五？一因甚深、二相甚深、三生甚深、四差别甚深、五流转甚深。应知缘起甚深之相，复有五种。何等为五？谓相甚深、引发因果诸分甚深、生起因果诸分甚深、差别甚深、对治甚深。应知缘起复有五种甚深之相。何等为五？谓摄甚深、顺次甚深、逆次甚深、执取甚深、所行甚深。是名无明等起殊胜。’’”（《大正藏》册16，第841页中－下。）

② 《大乘阿毗达磨集论》卷2：“何等甚深故？谓因甚深故、相甚深故、生甚深故、住甚深故、转甚深故，是甚深义。又诸缘起法虽刹那灭而住可得，虽无作用缘而有功能缘可得，虽离有情而有情可得，虽无作者而诸业果不坏可得，是故甚深。又诸缘起法，不从自生、不从他生、不从共生，非不自作他作因生，是故甚深。”（《大正藏》册31，第671页上－中。）

③ 《瑜伽师地论》卷10，《大正藏》册30，第327页下。虽然汉语用的词，“作”“用”“运转”是不同的，梵语用词也是不同的，然而意思相近，很难描述具体的差异。

梵文 na ca bīja-pratyayayos taj jananaṃ prati kācid īhā vā ceṣṭā vā vyāpāro vā vidyate | na ca bīja-pratyayayor īhā vā ceṣṭā vā vyāpāro vā vidyate。香港中文大学姚治华教授直译：“对于这生起（指上文的‘生’），在种子和［他］缘那里，没有任何运转、作为或作用。在种子和［他］缘那里，没有运转、作为或作用。”姚治华说明：vidyate字面义为“现见”，常引申为“有”“存在”。玄奘在此处与否定词 na 一起译为“无”，而下文则译为“有”，亦可。玄奘的“运转”译的是 īhā，而非 vidyate。

杨洁老师说明：梵文对应的地方，严格来说，“从自种子及从他缘生，而种及缘于此生事，无作，无用，亦无运转。”对应的梵文是：svabījāt parapratyayataś ca jāyante | na ca bījapratyayayos tajjananaṃ prati kācid īhā vā ceṣṭā vā vyāpāro vā vidyate |（《瑜伽师地论》梵本，228页，12–13行，梵本具体信息是：The Yogācārabhūmi of Ācārya Asaṅga, Part 1, Skt. ed. by Vidhushekhara Bhattacharya, Calcutta, 1957）。如果是专门针对“而种及缘于此生事，无作，无用，亦无运转”这一句话，则梵文是后半的 na ca bījapratyayayos tajjananaṃ prati kācid īhā vā ceṣṭā vā vyāpāro vā vidyate。姚老师的直译中，“对于这生

虽然果在识转变中出现，需要观待种子及缘，但是种子和缘对于果不存在任何的作用（vyāpāro）或作业（ceṣṭā）或功用（īhā），大抵种子和缘不能把果造作出来，种子和缘不是果的施予者，所以种子和缘造就果的作用是没有的。① 既然种子及缘对于果是无作用的，但是作为因性的功能仍然存在的，所以说“又复此二因性功能，非不是有”。② 对此，窥基法师解释成“有功能生，非是无因”③。大意是由于有功能，虽无作用，也可成立有缘生，否定了无因生。这个地方，笔者觉得从前文顺下来，需要参照“无常义”，这里阐述的道理还是属于“生甚深”。这个理解能得到《杂集论》的支持，其具体行文是“由二种义显生甚深，虽从众缘果法得生，然非彼所作故。”④ 建立无作用主要是诠释基于无常义的“生甚深”，众缘不能造作出果法，成立无作用之生。结合无常义，来说明果的出现（生起）：既然种子与缘说成无作用，那么为什么有果出现？只能用唯识所现来解释，就是当种子与缘具时，识转变而有果出现。

无作用也可以与非自生等联系起来。唯识宗典籍中有的地方，用非四边生解释缘起甚深，如“又诸缘起法，不从自生、不从他生、不从共生，非不自作他作因生，是故甚

起（指上文的‘生’），在种子和［他］缘那里，没有任何运转、作为或作用。”这句是对上面这句的翻译。后面的“在种子和［他］缘那里，没有运转、作为或作用”是对再后面的一句话的翻译，而这一句话不见于玄奘译之中。所以也许这后半部分可以不用引。按照语顺来看，īhā vā ceṣṭā vā vyāpāro vā “无作，无用，亦无运转”，玄奘翻译中的作、用、运转，按顺序一一对应 īhā、ceṣṭā、vyāpāro 应该也是有可能的。比如《瑜伽师地论》“五识身相应地”中，有这样一句话：vijñaptiḥ karma kriyā ceṣṭehā parispanda iti paryāyāḥ ||（《瑜伽师地论》梵本，第 5 页，第 7 行）。玄奘译：“表色者，谓业、用、为、作、转动差别。”“差别”（paryāyāḥ）是同义词的意思。也就是说，“表色（vijñaptiḥ），业（karma）、用（kriyā）、为（ceṣṭā）、作（īhā）、转动（parispanda）是同义词”。这里出现的各种同义词，玄奘的翻译应也是按照顺序，使用汉语中的近义词来翻的。在这里，īhā 也是翻为“作”。所以，我的浅见，“无作，无用，亦无运转”中的“运转”对应 vyāpāro 是很有可能的。这三个词是同义词的列举，不需要太在意意思上的区别。

① 对此，《瑜伽师地论略纂》《瑜伽论记》都解释为：“非如胜论我能造作，以德句中法及非法，并业句义，助有实用，令果法运转；亦非如萨婆多，有实作用，令果法转。今无能作，亦无业用。果虽后生，而无实运转，故双非之。”这个点上，可以探讨“与果”“取果”等，限于主题从略。

② 《瑜伽师地论》卷 10，《大正藏》册 30，第 327 页下。此处笔者觉得汉译本中，“因性”“功能”的关系不是很确定，是因性的功能，还是其他？姚治华老师对此看法是：作用与功能不等同，“无作用，但有功能，因性功能非不是有”等于“因性功能是有”。

梵：na ca punas tayor hetutva-sāmarthyaṃ na vidyate |。（《瑜伽师地论》梵本，228 页 14 行）姚治华直译：“再者，在这两者（指种子和他缘）那里，因性的功能并非不是有（= 并非不存在）。”姚老师指出：注意 hetutva-sāmarthyaṃ 是个复合词，所以引文中不可断开为两个词。当然，即使它是复合词，hetutva 因性和 sāmarthya 功能也可以是并列关系，当然也可能是别的关系。梵文和汉文在这一点上都不明确，但藏文译为 རྒྱུ་ཉིད་ཀྱི་ནུས་པ，即“因性的功能”。再强调，这里要否定的是作用，而不是因果，而且功能不等于作用。因而无作用，但可以有因果、有因性的功能，所以窥基注释说“有功能生，非是无因”。另外，也不用“种子套因性，他缘（诸缘）套功能”，种子和他缘都有因性的功能。

③ 《瑜伽师地论略纂》卷 4，《大正藏》册 43，第 65 页中。《瑜伽论记》沿用此说。

④ 《大乘阿毗达磨杂集论》卷 4，《大正藏》册 31，第 712 页中－下。

深。”[①] 安慧论师的解释是：果法未生起来的时候没有自性，果法不是自所成（自作），因为要观待他缘，所以不是自生。诸缘不能造作出果法，也就是不是果法的作者；虽然有他缘，但没有种子，也还是不能生，所以不是他生。自所成就不需要缘，如果需要缘，那么缘为作者，这二者作为因而有果生是不能成立的，因为这二者是没有作用的，而自生的过失与他生的过失都被包含在共生的过失中，所以不是共生；然而，能够安立说种子及缘有功能，所以不能无因生。此中，所谓功能只能是促成识转变，在唯识无境缘起中果法出现。[②]

由于缘及种子都无作用，而可以说无作者，又安立缘及种子有功能，而可以说非无因生，这样也就成立非四边生，可以否定不平等因及无因等。缘起中显现似有作用，或者说从某个角度，可以安立作用，进一步也可以说有“似作者”“似我”等，这样就可以理解缘起的空义、无我义及胜义谛义等，从而无作用就和缘起甚深义密切关联起来。

结论

佛教徒强调“作用”可以理解，但可能包含不符合佛教缘起思想的观点，或者说某些佛教徒在这个问题上所持有的一些观点与外道不谋而合。理解无作用有助于理解缘起，纠正在相关问题上的错误看法。

佛教内部有不同派别，对缘起的解说不尽相同。有些宗派基于前后因果关系，建立了单链条的缘起，其时空观又限定必须建立取果、与果作用。唯识宗基于识转变，建立了多链条缘起，其时空观限定无须建立取果、与果作用。鉴于种子与现行通过能转变识作为媒介，勉强可以建立与果。

有时候“功能”和“作用”同义，有时不是同义词，这样就可以认为虽无作用，但有功能。对于因与缘无作用，为何又有果生起（出现），本文的解释是当种子与缘具备时，

---

① 《大乘阿毗达磨集论》卷 2，《大正藏》册 31，第 671 页上 – 中。

② 参《大乘阿毗达磨杂集论》卷 4：“甚深者，因甚深故、相甚深故、生甚深故、住甚深故、转甚深故，是甚深义。谓即由此无作者等义，显缘起法五种甚深。由二种义显因甚深，对治不平等因、无因论故。由一种义显相甚深，是无我相故。由二种义显生甚深，虽从众缘果法得生，然非彼所作故。由二种义显住甚深，实无安立显现似住故。由四种义显转甚深，因果流转难了知故。又诸缘起法虽刹那灭而住可得，虽无作用缘而有功能缘可得，虽离有情而有情可得，虽无作者而诸业果不坏可得，是故甚深。业果不坏者，虽内无作者，而有作业、受彼果报。又诸法不从自生、不从他生、不从共生、非不自作他作因生，是故甚深。不从自生者，谓一切法非自所作，彼未生时无自性故。不从他生者，谓彼诸缘，非作者故。不从共生者，谓即由此二种因故。非不自作他作因生者，缘望果生有功能故。又有差别，谓待众缘生故非自作。虽有众缘，无种子不生，故非他作。彼俱无作用，故非共作。种子及众缘皆有功能，故非无因生。是故如是说：自种有故不从他，待众缘故非自作，无作用故非共生，有功能故非无因。若缘起理，非自非他遣双句者尤为甚深，况总忘四句，是故缘起最极甚深。”（《大正藏》第 31 册，第 712 页中 – 下。）

识转变而有果出现；简单说就是这种识转变而有果。对此，仍然可以追问，识对于果是否有作用。某个角度上，可以说有作用，就是依于能变识的动作（运转）安立因与果，可以说有变现果这样一种作用。如果讲无作用，只能用识有功能来解释。

缘及种子虽然可以说无作用，但是又安立了功能，从而成立非四边生。无作用也与空义、无我义等密切关联，是理解缘起甚深的一个重要的点。无法在胜义谛中安立作用，只能在世俗中安立作用。然而，于世俗谛中安立的作用，也只是假施设，是假有之法。

唯识学认为，依于识转变中出现的种种相（“唯相”），假施设了法，又依于这样的“唯法”，假施设补特伽罗。于这样的施设之中，安立了因与果等，依于如是因有如是果的理则（此缘性）而假安立作用，宣说此能生彼（缘生）。简单说，于缘起中安立了因果，因果对应关系就能决定所谓缘生成立。以唯识宗来说，此“生”应从唯识所现来理解，避免建构婆罗门教、有部等建立的“作用”；许有种子的功能性，现行果法没有彼等“作用”也能出现。

结合唯识无境缘起，从对治我执及无生等角度，就可以完整地理解诸法无作用。当然，唯识典籍中若干地方也宣说有作用，宜结合无作用思想理解；或者说，应区分“有作用”中所许的作用及“无作用”中所不许的作用。

凡夫心识没有正确显示法，法的显现方式不正确，造成得遍计所执性，没有如实认知依他起性。凡夫概念化创造建构的一切都是遍计所执，所谓一切自然也包含意识构建的依他起性、缘生、作用。这样，我们很多时候是在以维护依他起性、缘生、作用等的名义，捍卫遍计所执。也就是我等凡夫想维护依他起性、缘生、作用，其实就是维护我们构建的依他起性、缘生、作用，终究还是维护遍计所执性，而遍计所执性终究是应破除的。

结合无作用，对比六因、五果、取果、与果等思想在认知中能量无作用、非活动等，这些很值得探讨，然而本文无意过多探讨这些；最后感谢姚治华老师、张晓亮老师、杨洁老师、曹彦老师、汤铭钧老师提供梵语语言上的帮助，特别感谢姚治华老师、净智法师、法光法师（按时间顺序）提供审阅意见。

试论《大乘庄严经论释》之汉译

——与佛教中国化相关[①][②]

［日］堀内俊郎[③]

一、导言

我们有很多种方法来处理那些最初以梵文写成而后被译成古汉语或藏文的佛教文献。其中一种方法是在翻译语言的语境下阅读这些文本。例如，我们可以站在与不懂梵文的古代亚洲佛教法师相似的视角来阅读中文文献。另一种方法是将阅读这些文本作为研究印度原文的一种手段，以理解印度法师的思想。这两种方法在佛教研究中都应该被考虑，但在阅读翻译文本时，我们应该知道自己所选方法的特点。

在本文中，我提出了一个应该用第一种方法来分析翻译文本的例子，即波罗颇迦罗蜜多罗（Prabhākaramitra，565–633）译《大乘庄严经论释》（*Mahāyānasūtrālaṃkārabhāṣya*，以下简称《论释》）。《大乘庄严经论释》由《大乘庄严经论》（*Mahāyānasūtrālaṃkāra*）本颂及其注释长行（bhāṣya）两部分组成。尽管汉译本[④]并不一定是梵文本的逐字翻译，但有迹象表明它是经过深思熟虑的译著。宇井伯寿先生对汉译本的总体评价为：“梵文本很简洁，偈颂是按照梵文韵律的精确规则写成的，所以有时会省略一些词。由于汉译本也必须符合‘五言四句’的要求，因此，有时梵文本的一句偈颂在汉译本中会被译成

---

① 本文是堀内 2021（发表）的一个稍加修改和扩大的版本。感谢王思佳（浙江大学人文学院 16 级博士研究生）对笔者论文中汉语的修订。

② 这项研究得到了 JSPS KAKENHI 的支持（拨款号 17KK0031）。

③ 堀内俊郎（Horiuchi Toshio），浙江大学副教授、浙江大学佛教资源与研究中心副主任、东洋大学东洋学研究所和国际哲学研究中心的客座研究员。

④ 参见释惠敏（2012: 5）：“印度大乘佛教瑜伽行派之《大乘庄严经论》（*Mahāyānasūtrālaṁkāra*），曾在印度名重一时，所谓‘凡大小乘学，悉以此论为本，若于此不通，未可弘法’，于唐朝贞观年间（630–632），由波罗颇迦罗蜜多罗（Prabhākaramitra，565–633）汉译之后，虽然有慧净法师讲述与注疏（已佚），但流传不久。原因可能是汉译质量不如玄奘（602–664）之其他各种瑜伽行派汉译典籍，例如《摄大乘论》《成唯识论》等，以及这些后期的论典的思想体系比较成熟，在汉传佛教都有形成‘摄论宗’‘唯识宗’等宗派。”

两句，长行注释中的词语有时也会被添加到偈颂的翻译中。并且，在某些情况下，汉译本会加入梵文本中不存在的词。”[①] 关于其中一段经文的翻译，宇井先生认为：“偈颂的翻译很了不起，它努力将极其复杂和精心设计的梵文韵律结构简化为‘五言四句’。这是一个很好的翻译，有时省略字来暗示意思，有时又把暗示的意思清楚地表达和翻译出来。”[②]

《大乘庄严经论释》存有梵文本以及藏译本。由于藏译本基本忠实于梵文原文，我将忽略梵藏比较，只比较梵文本和汉译本。在本文中，我将从《论释》第一品第二十一节中选择一个段落来阐释为什么应把这个汉译本视为具有自身价值的独立文本，而不是作为研究印度原文的一种手段。

二、《论释》第一品第二十一节部分文本对勘

下文引自《论释》第一品的最后一节（即第 21 节），其主题是证明大乘是佛说的。梵文和古汉语翻译如下：

表 1：

	长尾 2007: 44.	T31, no. 1604, p. 592c25–593a2
1.《论释》的对偈颂导言	ayathārutañ cārtham avijānato ’pi pratighāto na yukta iti pratighātāyoge ślokaḥ	次遮恶意。偈曰：
2.《大乘庄严经论》的偈颂	a. manaḥ pradoṣaḥ prakṛtipraduṣṭo hy ayuktarūpe ’pi na yuktarūpaḥ | b. prāg eva saṃdehagatasya dharme tasmād upekṣaiva varaṃ hy adoṣā || 21 ||	a. 恶意自性恶，不善不应起， b. 况移于善处，应舍大过故。
3.《论释》的长行	<u>prakṛtipraduṣṭa</u> iti prakṛtisāvadyaḥ | <u>tasmād</u> <u>upekṣaiva varaṃ</u> | kasmāt | sā <u>hy adoṣā</u> | pratighātas tu sadoṣaḥ |	释曰：“恶意”者，是憎嫉心。 “自性恶”者，此心是自性罪。尚不可于过失法中起，何况于非过法中起。 是故急应须舍大过患故。

其中，1 和 3 分别是导言和注释，而 2 是《大乘庄严经论》的偈颂。长行梵文的下划线部分是偈颂中的词句。

① 宇井（1961: 7–8）。

② 宇井（1961: 591）。

三、《论释》梵文本和汉译本之间的差异

将前文所引梵文原文译成现代汉语，内容如下（引号中的内容是偈颂中的内容）：

1. 此外，即使对一个不知道非字面意思的人来说，愤怒也是不适当的。[①]因此，事实上，有一节偈颂是关于愤怒的不正当性的。

2. a. 恶劣的心是有罪的自性，即使对错误的事物也是不正当的。[②]

b. 对处于怀疑状态中的佛法更是如此。[③]因此，平等心（舍，upekṣā）是更合适的，因为它没有过错。[④]

3. “罪恶的本性”[指的是]本性有罪的东西。[⑤]“因此，准确地说，平等心（舍，upekṣā）是更合适的。”为什么？“因为”它（即舍）是“没有过错”的。另一方面，愤怒是错误的。

---

① 这句话的背景如下：根据瑜伽行派的观点，大乘法中空性的学说并非虚无主义，不应从字面上理解。众所周知，瑜伽行派在解释“空性”和“无自性”时，提出了“三性”理论和“三无性”理论。然而，反对者声闻乘（Śrāvakayāna）对大乘法持有批评和愤怒的态度，他们不知道这一点，指责大乘法是虚无主义。因此，有一节诗来抗议对大乘的愤怒。

② 这意味着人不应该生气，即使是对那些对你有害的人，比如你的敌人。见无性（Asva-bhāva）和安慧（Sthiramati）的注释，即藤田 1993: 87–89 的藏文文本。

③ 对这句话已有翻译的分析如下：

言而喻，对佛法的怀疑已经消失了。（況んや疑いの去つた法に於てをや。）（宇井 1961: 59）

言而喻，有疑问的人对佛法的[恶意心态]。（まして疑問を抱く者の法に関しての（悪意）は、言うまでもない。）（长尾 2007: 45）

不用说佛法了，即使是在有疑问的时候。（Not to mention the teaching, even when in doubt.）(Thurman et al, 2004: 15.)

言而喻，怀疑[大乘]的人对佛法的[瞋心]（まして況んや[大乗に対して]疑惑を抱く者が教法に関して[瞋恚することは]言うまでもない。）。(能仁等 2009: 83)

井伯寿将 gata 理解为“消失了”，这种理解虽然在内容上很有意思，但我并没有采用。因为根据 Apte，gata 意为“在，位于，坐在……，休息在……，包含在……”“通常在复合词中”。从梵文的角度来看，像长尾和能仁等这两个日译本那样阅读这句话似乎很自然。然而，这并不符合上下文。因此，我想将它翻译为“不提被质疑的法”（瑟曼的翻译在这里可能很合适）。它的意思是：“我们甚至不应该对我们的敌人生气，即使是那些对我们有害的人，那些我们应该对他们生气的人。另一方面，大乘法还处于被质疑是否是佛说的阶段，还没有确定它对那些质疑它的人有害。因此，不言而喻，我们不应该对大乘法感到愤怒。”事实上，安慧似乎也是这样理解的。参见安慧的注释：mi rigs pa'i gzugs la yang zhe sdang bskyed par mi rigs na sems shes pa rnams kyis theg pa chen po ‘di sangs rgyas kyi tshig yin nam ma yin gtol med de/ the tshom du gyur pa'i gnas la zhe sdang bskyed par mi rigs pa lta smos kyang ci dgos te/ mi rigs ches so zhes bya ba'i don to//（藤田 1993: 89）。由于安慧注释的藏译很难读懂，下文不是逐字翻译，但大致意为：“愤怒是不适宜的，即使是对不合适的事物也是如此。此大乘法还没有被智者证实是否是佛说的，[即]位于怀疑之中。因此，不言而喻，对它生气是不适宜的。也就是说，[对大乘的愤怒]是非常不适宜的。”

④ 这节偈颂背后的背景是：那些声闻乘的人批评大乘法，说它不是佛陀的说法。然而，这种批评全然是愤怒，是有罪的。因此，应保持沉默或不关心。

⑤ 这是一个专业术语，与“遮罪”（pratikṣepaṇasāvadya）搭配，其本身并无罪过。

接下来将引文的汉译本译成现代汉语。第一部分《论释》对偈颂的导言非常简明，译成现代汉语为：

1. 接下来，[我将] 防止恶意的心。这节偈颂说。

关于第二部分偈颂和第三部分注释长行，我们可以参考日本学者山上曹源（Yamagami Sōgen）、袴谷宪昭（Hakamaya Noriaki）以及荒井裕明（Arai Hiroaki）已作的翻译（这两个研究成果均为对汉译本日式训读式的翻译）：

2. a. 人不应该怀有恶意的心，即自性之罪以及不善的东西。（山上 1938①）

恶意的心是自性邪恶。人不应该对不善的东西产生 [它]。（袴谷、荒井 1993②）

b. 更何况把 [它] 转移到好的地方 / 事物上，因为应避免大的过失。（山上 1938, 袴谷、荒井 1993③）

尽管这两个日译对第二部分第二句偈颂的翻译趋于一致，但对第一句的翻译却有所不同。袴谷和荒井将第一句的前半部分译作主谓结构，后半部分是在“不善”后加上依格词（Locative，类似“于”）而翻译的，这是符合梵文原文的。因为与山上的译著不同，袴谷和荒井在翻译这个汉译本时参考了梵文本。然而，从汉语语法的角度来看，山上将“恶意”“自性恶”“不善”理解为同格（appositional），似乎是对汉译本更准确的翻译。但从第三部分《论释》的长行来看，袴谷和荒井对第一句偈颂也是可以理解的。以下是除了最后一句的第三部分长行的现代汉语翻译：

3. 注释说：“恶毒的心”指的是仇恨和嫉妒。“本性邪恶”[的意思是] 这种心 [即仇恨和嫉妒] 是自性邪恶。人不应该对有过错的事物产生 [它]，更不应该对无过错的事物产生 [它]。

下划线部分在梵文本中并不存在，似乎是中译者的补充（也可能是对梵文本最后一句话的补充）。前两句表明，汉译本将偈颂的第一句前半部分理解为主谓结构，与梵文原文相同。此外，注释中的“尚不可于过失法中起”很明显是对偈颂“不善不应起”的注释或实质上的转述。因此，像袴谷和荒井那样，在“不善”前加上依格词来理解这

① 悪意と自性悪と、不善は応に起すべからず。

② 悪意は自性悪にして　不善のものにも応に起こすべからず。

③ 況んや善処に移すをや　応に大過は捨つべきが故なり / 故に。

句偈颂是合理的。我们知道，音节数量严格地决定着偈颂的翻译（在这里，每行有五言）。因而，本文假定汉译本在“不善”前省略“于”是为了韵律（metri causa）。

然而，本文对偈颂第二句的后半部分有不同的理解。已有的现代语言翻译如下：

偈颂：应舍大过故。

因为重大过失应该被舍弃。（山上 1938, 袴谷、荒井 1993[①]）

长行（注释）：是故急应须舍大过患故。

因此，应该立即舍弃［它］，因为它是一个大的过失／灾难。（山上 1938[②]）

因此，因为一个人应该立即舍弃一个大的过失／灾难。（袴谷、荒井 1993[③]）

此处袴谷和荒井的理解并不合理。“因此”（即“是故”）与下面的话似乎没有逻辑联系。即使在“因此”后面加上“即”，也是说不通的。注释中有两个“故”，很自然地把句子断成“是故急须舍”和“大过患故”两部分。如果是这样的话，“大过患”在这里的功能是谓语，而不是“舍”的宾语，应该像山上译本那样给这句话加上一个主语（それは）[④]。可是，如果是给注释加主语的话，山上也应以这种方式翻译对应偈颂。我对偈颂部分的更改如下：

偈颂：应舍大过故[⑤]。

人应该舍弃［它］，因为［它］是一个大错。

尽管这两个日译都有这样或者那样的问题，但《大乘庄严经论释》汉译本本身并不艰涩，本文将其译为：

1. 接下来，［我将］防止有恶意的心。这节偈颂说：

2. a. 恶意的心是自性邪恶。人不应该怀有［它］，甚至对不善的东西［也不应该］。

b. 更何况要把它（恶意的心）转移到一个善的事物呢？人应该放弃它，因为［它是］一个很大的错误。

---

① 応に大過は捨つべきが故なり / 故に。

② 是の故に急に応に須らく捨つべし、それは大過患なるべきが故なり。

③ 是の故に、急ぎて応に須らく大過患を捨つべきが故なり。

④ 如果是这样的话，那么主语是“恶意”。然而，由于山上对文本的理解，他可能把主语当做“恶意、自性恶和不善”。

⑤ 応に捨つべきなり。大過失なるが故に。

3. 注释说："恶意的心"指的是憎恨和嫉妒。自性邪恶[意思是]这种心[即憎恨和嫉妒]本性是有罪的。人不应该对有过错的事物产生[它]，对没有过失的事物，更不[应该]产生[它]。因此，人应该急于放弃（舍）[它，即恶意的心]，因为它是一个大的错误/灾难。

四、对翻译差异原因的分析

接下来将引出本文的主要观点。波罗颇迦罗蜜多罗的汉译本很有意义，但它还是与梵文本有所不同，其关键点显然是"舍"的含义。在前文所引的材料中，"舍"被当作"舍弃、放弃"。然而，"舍"是梵文词 upekṣā 所对应的传统汉译，意为平衡、平等以及公正。[①] 同时，"舍"也是佛教教义"四无量心"之一，也被阿毗达磨和瑜伽行派学说列为"善"（kuśala）之一。

为什么会出现这种意义上的变化？在此我们应该知道佛经的汉译往往是团队合作的结果。就《论释》而言，参与的成员多达十九人，他们分别扮演着译主、译语、证义、缀文、铨定等角色。[②] 这里的重点是，印度文本的汉译是在翻译或转录后凝练而成的。

考虑到这些情况，上述关于"舍"的翻译差异可以解释为：舍是 upekṣā 的固定翻译，意为平等。然而，在汉译本不断精炼的过程中，译者们并未注意到"舍"的固定翻译，而将其误解为"舍弃"。这就导致偈颂最后一句的主语就从"平衡、平等、公正"变成了"恶意的心"。因此，这句话的整个结构已经与梵文本中的完全不同了。

或许还有一种迫使汉译本符合梵文本的可能性。更确切地说，我们可以把"应舍大过故"解读成"应该平衡、平等、公正，因为[恶意的心是]大过患。"然而，即使如此理解，梵文本（见上文比较）依然是不同的。因为梵文本的意思是"因此，平衡、平等、公正（upekṣā）恰恰是可取的，因为它没有过失"。相应地，注释最后一句"是故急应须舍大过患故"也可译为"因此，应立即平衡、平等、公正，因为[恶意的心是]大过患"。然而，这也很难说得通。此外，"急"并不与"平衡、平等、公正"这些含义相适应。如果一个人有一个恶意的心，这是一个很大的过失，他应该"立即"舍弃它，而没必要"立即"平衡、平等、公正（upekṣā）。

① "舍"这个词至少在求那跋陀罗（Guṇabhadra，394–468）的译著就已经出现了。《杂阿含经》：慈悲喜舍。（T2. p. 209b7）

② 见宇井（1961: 4），袴谷、荒井（1993: 8），释惠敏（2012: 7）以及脚注 4。

五、结论

本文所举的这个例子表明，我们不仅应把《论释》作为研究印度大乘庄严经论释原始形式的文献来源之一，更应该把它视为一部具有自身价值的独立的中文文献来对待。诚然，《论释》在本质上是对梵文本的翻译，印度学者应该在梵文的背景下阅读。然而，正如我们在这个选段中所看到的，汉译本的改动几乎达到了重写句子的程度（尽管此处梵文和中文的意思都在同一行）。因此，如果学者们想把《论释》的汉译本译成现代语言，则需仔细对待，在翻译过程中尽可能地重视古汉语的语境。文本即为一个敦促我们在翻译语言的环境中阅读佛教文献的案例。

参考文献：

Apte: Apte, Vaman Shivaram. *Revised and enlarged edition of Prin. V. S. Apte's The practical Sanskrit-English dictionary*. Poona: Prasad Prakashan, 1957-1959. 3v.

Nagao Gajin. 2007. *Daijōshōgonkyōron wayaku to chūkai: Nagao Gajin kenkyū nōto* 1. Kyoto: Nagao Bunko.

Horiuchi Toshio. 2021. "To read the text in the context of the translated language: Chinese translation of the *Mahāyānasūtrālaṃkārabhāṣya*", *Bauddhakośa Newsletter*.

Hakamaya Noriaki and Arai Hiroaki. 1993. *Daijōshōgonkyōron Shinkokuyakudaizōkyo*. Tokyo: Daizoshuppan.

Nonin Masaaki et al. 2009. *Daijōshōgonkyōron daiissho no wayaku to chūkai: Daijo no kakuritsu*. Kyoto: Ryukoku Sosho.

Yamagami Sōgen. 1938. "*Daijōshōgonkyōron*". In *Kokuyakuissaikyō Yugabu* 12. Tokyo: Daitoshuppan.

Shi Huimin. 2012. "梵本《大乘庄严经论》之研究百年简史与未来展望". In 正観 62, 5–97.

Fujita Yoshimichi. 1993. "The Tibetan Texts of the **Mahāyānasūtrālaṁkāraṭīkā* of Asvabhāva and the **Sūtrālaṁkāravṛttibhāṣya* of Sthiramati ad *Mahāyānasūtrālaṃkāra*, Chapter I, kk. 7-21: Critically edited from the Cone, Derge, Narthng and Peking Editions of the Tibetan Tanjur", *Bulletin of Buddhist Studies Ryukoku University* 6, (59)-(91).

Thurman, Robert A. F. et al., *The Universal Vehicle Discourse Literature: Mahāyānasūtrālaṁkāra*. Center for Buddhist Studies, Columbia University and Tibet House US (New York, 2004).

Ui Hakuju. 1961. *Daijōshōgonkyōron kenkyū*. Tokyo: Iwanami Shoten.

读日本“古写经系《续高僧传·玄奘传》”札记

姚彬彬[1]

【摘要】自20世纪70年代以来在日本发现了一系列的《续高僧传》抄本，系现存最古之本，称“古写经系《续高僧传》”。“古写经系《续高僧传》”中的《玄奘传》与传世本《续高僧传》的记事内容颇有异同，其应是道宣的一个初稿，完成时间约在贞观二十二年（648年）的下半年，这一初稿的叙事更为质朴，文献价值甚高。经与传世本《续高僧传·玄奘传》对读，并印证以《大慈恩寺三藏法师传》等材料，就若干历史问题略作札记。

【关键词】《续高僧传·玄奘传》；古写经；《大慈恩寺三藏法师传》；玄奘

有关玄奘法师的史传文献，记事较详者有道宣《续高僧传·玄奘传》、慧立《大慈恩寺三藏法师传》(省称《慈恩传》)、冥祥《大唐故三藏玄奘法师行状》(省称《行状》)、刘轲《三藏大遍觉法师塔铭》等数种。其中道宣《续高僧传·玄奘传》（以下省称《续传》）形成时间最早，因为道宣逝于乾封二年（667年），仅比玄奘圆寂晚三年，《续传》内容虽有后人补入的文句[2]，但其主体成篇下限不会晚于道宣圆寂。在诸种玄奘史传中成篇最早，作者道宣是一位谨严的佛教史传学者，生前又与玄奘交好，故其文简要平实，立场客观，与成于玄奘门人和后学的《慈恩传》等相比，较少神异性和传奇性叙事，堪称信史。

自1970年代始，日本学者在京都兴圣寺的写本一切经中发现了《续高僧传》的三十卷古抄本，其内容明显比现存的任何一种刊本大藏经版本都要古老。近年，随着日

---

① 作者单位：武汉大学中国传统文化研究中心。

② 苏晋仁先生在介绍《续高僧传》一书情况时指出：“本传也有后人补入的文字。如卷四《玄奘传》说：‘其茔与兄捷公相近，苕然白塔，近烛帝城。寻下别勅，令改葬于樊川。’玄奘改葬是总章二年(669)事，见《大慈恩寺三藏法师传》卷十，这时道宣已逝世二年，此语自是后人所补。《开元释教录》卷八玄奘的事迹，就是引用本传的文字，作‘至总章元年四月八日，有敕改葬樊川北原。’可见补入的年代是相当早的。”见《中国佛教》（四），上海：知识出版社，1991年，第164页。

本现存的奈良、平安、镰仓时代抄本一切经的调查研究的展开，除兴圣寺本，另有其他十几种类似的古抄本《续高僧传》也陆续被发现，引发学界关注。[①]2014年，日本学者齐藤达也以大阪金刚寺古抄本为底本，参以名古屋七寺和京都兴圣寺的两种古抄本，对其中的《玄奘传》详加对勘，全文发表于《日本古写经善本丛刊（第八辑）》[②]。日本学者将这一抄本系统的《续高僧传》称之为“古写经系《续高僧传》”。“古写经系《续高僧传》”中的《玄奘传》与传世本《续高僧传》的记事内容颇有异同，据齐藤氏考证，金刚寺本等“古写经系”的《玄奘传》应该是道宣的一个初稿，完成时间约在贞观二十二年（648年）的下半年，叙事下限为玄奘45岁时对《瑜伽师地论》的翻译过程中。[③]“古写经系”的《玄奘传》初稿与传世本《续高僧传·玄奘传》的定本均出于道宣之手，定本内容与初稿相比，虽有一定调整和增补，但总体上并非相互抵牾，但初稿的叙事往往更为质朴，不乏文献比对价值。

本文经与传世本《续高僧传·玄奘传》对读，并印证以《慈恩传》等材料，就若干历史问题略作札记。

一、玄奘的童年与出家缘由

《慈恩传》述及玄奘童年及出家缘由，其说流传最广，言玄奘出身世家，自幼颖悟不凡：

> 法师讳玄奘，俗姓陈，陈留人也。汉太丘长仲弓之后。曾祖钦，后魏上党太守。祖康，以学优仕齐，任国子博士，食邑周南，子孙因家，又为缑氏人也。父慧，英洁有雅操，早通经术，形长八尺，美眉明目，褒衣博带，好儒者之容，时人方之郭有道。性恬简，无务荣进，加属隋政衰微，遂潜心坟典。州郡频贡孝廉及司隶辟命，并辞疾不就，识者嘉焉。有四男，法师即第四子也。幼而珪璋特达，聪悟不群。年八岁，父坐于几侧口授《孝经》，至曾子避席，忽整襟而起。问其故，对曰：“曾子闻师命避席，玄奘今奉慈训，岂宜安坐？”父甚悦，知其必成。召宗人语之，皆贺曰：“此公之扬焉也。”其早慧如此。自后备通经奥，而爱古尚贤，非雅正之籍不观，非圣哲之风不习；不交童幼之党，

① 池丽梅：《〈续高僧传〉的文本演变——七至十三世纪》，见《汉语佛学评论》第四辑，上海：上海古籍出版社，2014年，第225–226页。

② ［日］斋藤达也：《金刚寺一切经本〈续高僧传〉卷四影印・翻刻》，见《日本古写经善本丛刊第八辑：续高僧传卷四 卷六》，东京：国际佛教学大学院大学日本古写经研究所文科省战略プロジェクト实行委员会，2014年，第3–72页。

③ ［日］斋藤达也：《金刚寺本〈续高僧传〉の考察——卷四玄奘传を中心に—》，见《日本古写经善本丛刊第八辑：续高僧传卷四 卷六》。

> 无涉阛阓之门；虽钟鼓嘈囋于通衢，百戏叫歌于闾巷，士女云萃，其未尝出也。又少知色养，温凊淳谨。[①]

后言"其第二兄长捷先出家，住东都净土寺。察法师堪传法教，因将诣道场"，时大理卿郑善果问其何以出家，遂有"意欲远绍如来，近光遗法"之答。

然《续高僧传·玄奘传》在述及玄奘出家前的家庭情况有一语，谓其"少罹穷酷"[②]，故由乃兄长捷法师携之出家。由此可见，玄奘出家前在其原生家庭中可能颇有坎坷不幸之事，此亦促成其出家的原因之一。《续传》的记载恐更接近于真实情况，因为道宣所言自当有据，他没有必要去恶意编造玄奘童年的不幸遭遇。而《慈恩传》的叙述，则显然在表现玄奘少年时（其约 13 岁出家）已颖悟不凡且胸怀奇志，其文出自玄奘弟子，难免有"为尊者讳"之处。而与传世本《续传》对读，发现日本金刚寺等古写本中尚有"亲早丧，昆季相□"[③]之语，此本既然出于玄奘生前，或当出于传主亲述，当可信从。

二、关于戒贤之梦

《慈恩传》卷三载，玄奘抵那烂陀寺后，参戒贤法师，戒贤向其述及往事，三年前因病痛困扰一度生弃世之念，梦中见诸菩萨劝止："其金色人指碧色者语和上曰：'汝识不？此是观自在菩萨。'又指银色曰：'此是慈氏菩萨。'和上即礼拜慈氏，问曰：'戒贤常愿生于尊处，不知得不？'报曰：'汝广传正法，后当得生。'金色者自言：'我是曼殊室利菩萨。我等见汝空欲舍身，不为利益，故来劝汝……'"[④]此事堪称传奇，亦见于《续传》传世定本之载，但其文有异："和上三年前患困如刀刺，欲不食而死，梦金色人曰：'汝勿厌身！往作国王多害物命，当自悔责，何得自尽！有支那僧来此学问，已在道中，三年应至。以法惠彼，彼复流通，汝罪自灭。吾是曼殊室利，故来相劝。'"[⑤]言其所梦到的菩萨仅有曼殊室利，而无慈氏与观音。此事系戒贤自述其宗教经验，也可能是戒贤向玄奘表示欢迎与勉励的一种"虚应故事"，如何理解自可见仁见智。

然日本古写本《续传》中，并无此事之记，其言玄奘抵那烂陀寺的情况是：

> 奘初达寺，义学有声，诸有内外，闻皆归起（赴）。十有八日，竖大论场，邪正翕集，乃万数。思欲雠击，三千余人。既登坐，以己旧解，用相抗对对，

---

① （唐）慧立、彦悰等：《大慈恩寺三藏法师传》，北京：中华书局，2000 年，第 4–5 页。

② （唐）道宣：《续高僧传》（上），北京：中华书局，2014 年，第 95 页。

③ ［日］斋藤达也：《金刚寺一切经本〈续高僧传〉卷四影印·翻刻》，第 11 页。

④ （唐）慧立、彦悰等：《大慈恩寺三藏法师传》，第 67 页。

⑤ （唐）道宣：《续高僧传》（上），第 111 页。

得无殿后。僧众大悦，各称：庆快！佛法兴矣，乃令边僧权智若此。①

如是云云，待述及戒贤其人时，已是在玄奘应邀会见戒日王归后，文谓：

初，有论师名曰戒贤，年将百岁，大小通论，众共推美，其人即室商佉王之所坑者，为贼故出，潜沦草莽。后法重兴，得弘经论，道俗钦重。戒日增□邑十城户也。诸有科税，一任戒贤。贤乃以其税物，成立寺广。奘初奉谒禀归师传，投心启请，年虽迟暮，课刀（力）敷渲《瑜伽师地》，即《十七地论》也。十有三月方得一遍，重为再读九月方了。②

言玄奘师从戒贤学习《瑜伽师地论》事与世传诸说无异，然并未言及菩萨托梦之预言。——由此可见，戒贤之梦的传说，或当出于玄奘弟子们对乃师的神化叙事，未必出于玄奘本人亲述，其加入史传之记载，亦当在玄奘身后。

三、关于玄奘将《老子》与《大乘起信论》译汉为梵事

游侠先生曾注意到，《慈恩传》中对《续传》中述及的一些重要情况失记，如“据唐道宣《续高僧传》卷四和《集古今佛道论衡》卷丙所载，奘师于贞观二十一年（647）曾应东印度童子王的要求，将中国旧籍《老子》译成梵文，流传于迦摩缕波。《续高僧传》并载奘师以《起信论》文出马鸣，印度诸僧思承其本，乃译唐为梵，通布五印，使法化之缘东西并举，这些都是值得记述的有关中、印思想交流的事业，而本传一概不提，显然是遗漏了。”③

玄奘将《老子》与《起信论》译汉为梵事，在日本“古写经系”《续高僧传·玄奘传》均有记载，与传世本《续传》内容大体无异。有关译《起信论》事谓：

又以《起信》一论，文出马鸣，彼土诸僧，思承□本。奘乃译唐为梵，通布五天。斯则法化之缘，东西互举。④

玄奘译《老子》事未见学界争议，其译《起信论》事，曾有学者认为《起信论》本与玄奘思想有异，疑其事本无者。但由日本“古写经系《续传》”的记载看，此事在玄奘生前已记录于《续传》初稿，显然是可信的。

《起信论》思想固然与玄奘所学不同，但将之看做一个“未了义”的早期佛教文本，

① ［日］斋藤达也：《金刚寺一切经本〈续高僧传〉卷四影印·翻刻》，第31页。

② ［日］斋藤达也：《金刚寺一切经本〈续高僧传〉卷四影印·翻刻》，第33页。

③ 游侠：《大慈恩寺三藏法师传》，见《中国佛教》（四），上海：知识出版社，1991年，第197页。

④ ［日］斋藤达也：《金刚寺一切经本〈续高僧传〉卷四影印·翻刻》，第47页。

于玄奘未必不可接受。——在近代日本学者有关《起信论》辨伪的成果传入中国之前，学宗玄奘的欧阳竟无也认为：“真如缘起之说出于《起信论》。《起信论》作者马鸣学出小宗，首宏大乘；过渡时论，义不两牵，谁能信会，故立说粗疏远逊后世，时为之也。”[①]以“判教”的立场来消化《起信论》。吾人若“以今律古”，揣想玄奘之看待《起信论》问题，当亦不出此种思路，应不会像后来的内学院的部分后学那样，直接将之视如寇仇。

四、关于玄奘在印度的著述记载问题

据齐藤达也对日本“古写经系”抄本与传世本的两种《续高僧传·玄奘传》的文本比较，就抄本叙事下限的贞观二十二年（648）以前而言，与传世定本相比，有不少事迹未作记述。除了前所言及的戒贤之梦外，尚有至磔迦国遇贼至那仆底国至禄勒那国这段旅程、于殑伽河遇贼绑架忽“恶风四起”事以及玄奘“南巡”诸国过程中的部分经历等，此外如对《会宗论》《制恶见论》的撰述、向童子王呈赠《三身论》的情况，抄本中亦未见述及。[②]上述所阙事迹，一类有一定传奇色彩，如戒贤之梦及遇贼绑架忽“恶风四起”事，另一类则是玄奘在印度的撰述成果。析其原因，当是因为抄本作为初稿，除了参考了当时刚刚完成不久的《大唐西域记》中的一些记述，许多内容的来源当是道宣亲自向玄奘所作访谈的记述，在这一语境下，玄奘自当有所谦抑，不便多讲自己的功绩，定本中补入的内容，或当来自后来玄奘弟子们的说法，自然就不必有所忌讳了。

史传中所记玄奘于印度著《会宗论》《制恶见论》《三身论》等，因为玄奘从未将之译出传世，其是否真实存在，笔者曾亦有所怀疑，但进一步细思，觉得其事还是大体可信的，因为玄奘回国后中印之间交通频仍，如果是不实之词，显然在当时很容易被证伪。总之，就两种《续传》之间的差异而言，因为同出于道宣一人手笔，后见于定本之记载者，除了那些明显过分挟带了神异性和传奇性色彩的内容，亦未必不可信从。

① 欧阳竟无：《唯识抉择谈》，见《欧阳竟无集》，北京：中国社会科学出版社，1995 年，105 页。

② 参见［日］斎藤达也：《金刚寺本〈续高僧传〉の考察——卷四玄奘传を中心に—》，第 255 页。

窥基与唯识宗法统的建构

存德[①]

【摘要】玄奘去世后，弘扬奘学者大致有三系：一者窥基系，二者普光、法宝系，三者圆测系。而法宝系和圆测系大多都不以玄奘所传的护法系为然，这在窥基看来是极为紧迫的历史性任务。于是在宗派佛教意识潮流的影响下，窥基通过一系列的创造性诠释和叙述策略，将自己塑造为奘学的"独授者"，并通过"独授者"的角色祖述师说，创宗立派，为唯识宗建构了一个法统。法统的建立重构了一种新的思想秩序，为唯识宗的发展提供了一种表象性的生命力，它不仅将玄奘圣化成一位伟大的传法者，更将自己打造成玄奘思想的唯一继承者。

【关键词】玄奘；窥基；《瑜伽论》；《成唯识论》；唯识宗；独授；法统

引言

宗派佛教是佛教中国化的产物，是中国佛教显著的标志之一，更是理解中国佛教的重要范式。近些年来关于佛教宗派问题的研究成为学术热点，但在宗派佛教的界定上，一者主张宗派佛教肇始于隋唐，二者认为宗派佛教建构于五代宋初。[②]时间界定上的不同实为对宗派佛教内涵理解的根本分歧。那么"唯识宗"是否是一个严格意义上佛教宗派？是否在唐代就事实性地存在过？孙英刚在《"唯识宗"在近代学术中的兴起》中认为，隋唐时代并无宗派意涵上的"唯识宗"一词，更不存在继祖传灯的形式，玄奘及其弟

---

① 作者单位：杭州佛学院。

② 近代以来较早关注宗派问题的是汤用彤，其发表的《论中国佛教无"十宗"》《中国佛教宗派问题补论》二文，是国内学界这方面研究的奠基之作。近年来关于隋唐佛教是否存在宗派问题的讨论较有代表性的论文有：孙英刚：《夸大的历史图景：宗派模式与西方隋唐佛教史书写》（载朱正惠等主编：《北美中国学的历史和现状》，上海辞书出版社，2013 年）；杨维中：《"宗派"分野与"专业分工"：关于隋唐佛教成立宗派问题的思考》（载王颂主编：《宗门教下：东亚佛教宗派研究》，宗教文化出版社，2019 年）；俞学明：《隋唐佛教"宗派问题"再辨——兼对隋唐佛教不存在宗派说的回应》（载《浙江学刊》2013 年第 2 期）；方广锠：《隋唐敦煌汉传佛教的宗派问题》（载《中国社会科学》2017 年第 11 期）；蓝日昌：《宗派与灯统——论隋唐佛教宗派观念的发展》（载《成大宗教与文化学报》第 4 期，2004 年）等。

子并无宗派意识，其僧团主要以感情和师承为纽带，所以唐代并不存在一个壁垒森严、出主入奴的“唯识宗”；所谓的“唯识宗”一词是在近代唯识学复兴的影响下，是后人以宗派叙事模式构建起来的近代学术语言。[①]在部分学者看来，唯识宗仅是一个观念上的虚构图像和信仰上的想象共同体而已，并不具有历史概念上的事实性。

所谓的“宗派”观念虽然在隋唐以后至明清时期使用该词的涵义偏重点略有差异，但其所具有独特的涵义应该有其内涵和外延上的一致性。如果忽略了这一点，仅由某一种定义及标志来判定宗派佛教存在的历史事实性，都会得出颠覆性的结论。其次，宗派之“宗”有其特殊的涵义，它除了有宗旨、宗义之外，还有“教派”的意义，“它是有创始，有传授，有信徒，有教义，有教规的一个宗教集团”。可以说“学派之‘宗’是就义理而言，教派之‘宗’是就人众而言”[②]。如果在宗派之“宗”义上界定不清，那么所论的宗派佛教就缺乏客观性，而显得混沌不清，能否将传统佛教中的一个派别组织或学术团体界定成一个佛教宗派，取决于其是否具有宗派佛教的特征及标志。汤用彤将宗派的特质总结有三：“一、教理阐明，独辟蹊径；二、门户见深，入主出奴；三、时味说教，自夸承继道统。”[③]也就是说在教理诠释上有独特的思想；在信仰实践上有其独特的规范；在教团组织上有独特的法统；具有了与众不同的宗义、行持、法统，就可将其明确的界定为佛教宗派，其中的法统则是最核心、最关键、最显著的标志。

由于对“宗派”一词没有统一的定义，近些年来对传统佛教的宗派性产生了很大的质疑声，由此形成近代以来以宗派为佛教学术研究范式的有效性。不管以什么标准来衡量宗派佛教，但上述三点是必不可缺的，特别是法统。本文撰写的用意就是想通过对窥基与唯识宗法统的建构来考察唯识宗的客观历史性，在具体的方法上仅从唯识宗作为一个佛教宗派的内部派系结构来考察，对唯识学内在的义理涉及的较少，并且也未涉及唯识宗与外部的社会环境和寺院经济等问题。

一、关于“唯识宗”之宗名

“唯识宗”一词在隋吉藏的著作中已经出现[④]，但在吉藏的著作中仅是就真谛等人译传的唯识义理层面而言的，这和吉藏所使用的毗昙宗、成论宗等一样，仅为“学派之

---

① 王颂主编：《宗门教下：东亚佛教宗派研究》，第447–469页。

② 汤用彤：《论中国佛教无“十宗”》，《汤用彤学术论文集》，中华书局，2016年，第360页。

③ 汤用彤：《隋唐佛教的特点》，《汤用彤学书论文集》，第10页。

④ （隋）吉藏：《净名玄论》卷8云：“寻譬喻之计，似唯识之宗。今先问唯识宗，若无境有心者……”（《大正藏》卷38，第908页上）吉藏论中将“唯识宗”与习成实论者、唯识摄大乘论者、犊子部、譬喻部等并列使用，并且与“唯识摄大乘论者”相区别，是独指那些习《唯识论》者之宗义，所谓之“宗”在学派意义上来使用的。

宗”。玄奘回国译出了《瑜伽论》《成唯识论》《解深密经》等唯识学的根本典籍，唯识学成为显学。在唐人著作中，有人认为《成唯识论》是玄奘所传的精要所在，所以称玄奘所传为“唯识宗”[①]，有人认为玄奘所传注重于法相的分析，所以称其学为“法相宗”。法相与唯识所论虽然各有偏重，但有其内在的关联性，谈法相必宗唯识，讲唯识必摄法相，所以古人多在同一语境下使用“法相宗”与“唯识宗”，或将法相与唯识并用，而称其学为唯识法相宗。[②]如唐人法藏、宗密等人的著作当中常有“唯识宗”“法相宗”“唯识法相宗”三者互用的现象，至于主张法相与唯识分家，那当是近代以来的事情。[③]

入宋以来则有“慈恩宗”一称。玄奘曾住大慈恩寺十年之久，并奏请建大雁塔和大慈恩寺碑，其译经之过半于此完成，故被称为“慈恩三藏”。窥基乃承其绪，驻锡此寺，弘扬唯识，世号“慈恩大师”。大慈恩寺是太子李治（高宗）为报母恩德所建，也许因避皇讳，“慈恩”一词极少被冠用于僧名，仅见于玄奘，如玄奘同时代的圆测、慧立、彦悰等人就这样来冠称玄奘，这和玄奘的声望及与李唐王朝亲密关系有关。玄奘去世百年以后，“慈恩”一词才零零星星地被冠名于窥基，而“慈恩宗”一词的使用基本上不见于唐人的著作当中，这当与慈恩寺作为皇家寺院的独特属性及唐初崇道抑佛有关吧。

二、作为宗派之“唯识宗”

唯识宗作为唐以来的一个佛教宗派是有其客观存在的历史事实性[④]，并非一个观念上的虚构图像和信仰上的想象共同体。在唐人的著作中“唯识宗”一词已非常明确地具有教派之含义，它不仅用来代指唯识之“宗趣、宗旨”，而且也用来指有传授、有信徒、有教义、有教规的一个佛教团体，已经具有了宗派佛教所具有的基本要素。澄观《华严经疏》云：

> 智缘他心，诸说不同。安慧论师云：“佛智缘他心，缘得本质，余皆变影。”护法论师则佛亦变影，若缘本质得心外法，坏唯识故。但极似本质，有异因人；依唯识宗，护法为正。[⑤]

---

① 印顺：《如来藏之研究》，《印顺法师佛学著作集》第39册，印顺文教基金会，第187页。

② 唐人均称唯识法相宗，而不言法相唯识宗，近代以来才有法相唯识宗的称呼，这是需加注意的。

③ 印顺在《摄大乘论讲记》中说，支那内学院根据《摄大乘论》的缘生与缘起，判缘起为唯识宗，判缘生为法相宗。（《印顺法师佛学著作集》第6册，第293页。）

④ 杨剑霄在《制造玄奘的面孔：唐代法相唯识宗创立问题研究》一文中从玄奘的神圣化与宗派继承性谱系建构两方面入手，深入地分析了唯识宗创立的内在逻辑。（《世界宗教研究》2019年第1期，后收入《唐代法相唯识宗兴衰史研究》，宗教文化出版社，2020年。）

⑤ （唐）澄观：《华严经疏》卷46，《大正藏》卷35，第850页中。

澄观所使用的“唯识宗”一词拣除安慧等异说，而以护法为正，传承护法学说者则是玄奘，此处之“宗”除根本宗旨、宗义外，还具有师承、传授、派别等义。就教义而言，唐人笔下之“唯识宗”独指玄奘所传的唯识义，这和吉藏对该词的使用已有明显不同。唐代的澄观、宗密、法藏、道氤、慧苑、崔致远等人的著作将法相宗与法性宗等对论，而且更将某师归为“法相宗人”。从“唯识宗”或“法相宗”一词在唐代使用语境上来看，已清楚地用来指称有共同价值观的一特定团体或人众，完全符合教派之宗义。

宋代以来的著作中已大量地将唯识宗与天台宗、华严宗并论。志磐在《佛祖统纪》中为净土宗及诸宗建立法统，诸宗中有达磨禅、贤首宗、慈恩宗、瑜伽密教、南山律学等。在宋人笔下，唯识宗已很清楚的显示出了其作为一个佛教团体的宗派性，僧人亦有标称唯识宗弟子者，如四十《华严经》题记云：

> 六和塔开化教寺传大乘唯识宗权讲沙门慧心校勘论藏；
> 六和塔开化教寺住持传慈恩宗教讲经论沙门妙用校勘论藏；
> 六和塔开化教寺前住持传慈恩宗教讲经论沙门正严校勘论藏；
> 六和塔开化教寺前住持传慈恩宗教大乘檀主讲经论慧悟大师宗靖校勘论藏；①

在唐代时，唯识宗的根本典籍也被楷列出来，有“六经十一论”“一本十支论”的提法，并且求生兜率、修唯识观也成了唯识宗的显著标志。明代智旭还将唯识宗与各宗的修学方法加以对比，并指出：

> 圭峰自立三教以对三宗，则三教如夏，三宗如秋。慈恩弘唯识，自修兜率观门，基公略示唯识五观，未尝克实劝修，然夏后定有秋，是在学者自知领会而已，故且云诸教如夏也。②

玄奘以后，唯识宗已经形成。它已具有了一个宗派佛教所特有的宗义、师承、道统、教规等意识。唯识宗人也有强烈的门户之见，或攻击异说，或标称门徒，或别立教规，皆是宗派佛教之特色。所以唯识宗在历史概念上有其存在的事实性，绝非近代以宗派叙事模式构建起来的近代学术语言。

三、玄奘与《瑜伽论》

玄奘之学风度博大，绝非依一经一论可言，但其学之宗趣是以瑜伽学，而瑜伽学

---

① 《大正藏》卷 10，第 851 页中。

② （明）蕅益：《灵峰宗论》卷 6，《嘉兴藏》第 36 册，第 370 页上。

的根本要论则是《瑜伽论》，它是一部综合大小乘思想的三教各别论著，并非全部都是大乘内容。[①] 其中的材料选取和思想来源都比较杂广，最能反映玄奘时代印度佛教思想的全貌。玄奘至印度后特此访求《瑜伽论》，终于在那兰陀寺亲向戒贤表示“欲依师学《瑜伽论》”，后戒贤为他亲讲《瑜伽论》三遍。据《慈恩传》叙述，这一历史性事件发生时，戒贤“闻已啼泣”，戒贤之侄觉贤受命在叙说宿缘时更是“啼泣扪泪”，并云有观音、弥勒、文殊三位大菩萨特为百余岁之戒贤显圣记莂，其中文殊菩萨特意指授戒贤为玄奘讲《瑜伽论》来“显扬正法”，玄奘听完后亦“悲喜不能自胜”。[②] 文本以三位高僧的“落泪”和菩萨的“开示”来烘托《瑜伽论》的传授，即使是宗教信仰层面的神圣化，但其叙述方式和表达视角也可以说是“体现了某种成熟的历史观念，”[③] 即《瑜伽论》在玄奘之学中的地位。

玄奘并非一位伟大的译经僧而已，他有雄心勃勃的计划和宏伟蓝图，如自称“摩诃耶那提婆奴”；将唐太宗塑造为转轮圣王；将皇子李显打造为“佛光王”；反对旧译；广译各家之经论；其弟子多有以“大乘”冠称者；等等，皆是其建立新佛教的体现，[④] 而《瑜伽论》可谓是当时的佛教百科全书。印度瑜伽行派奉之为根本论著。它的特点是包罗万象，瑜伽师（三乘行者）的境、行、果皆摄于其内。这是玄奘重视《瑜伽论》，有意以本论来建构他的佛学体系的根本原因。他特意向唐太宗呈奏并祈请敕序的用意也在于此。玄奘回国后忙于经论的翻译，未有佛学著作传世，在印度所撰写的《破制恶见论》《三身论》《会宗论》等也已亡佚。玄奘去世后，门人在传授奘学上产生了严重的分歧。玄奘学是以《瑜伽论》来组织的，《瑜伽论》广大尽微，其中“诠法相于《本事分》，而诠唯识于《抉择分》”[⑤]。那么玄奘的思想精蕴究竟是法相学还是唯识学呢？法相是从横向来论，所以显得广大，而唯识则从纵向来论，所以就显得非常精深，故欧阳渐总结说，弥勒学说“初但法相，后创唯识”[⑥]；“法相广大，唯识精纯”[⑦]；而窥基认为，玄奘学的精蕴之处正是唯识而非法相。

---

① ［日］宇井伯寿著，慧观等译：《瑜伽论研究》，宗教文化出版社，2015 年，第 45–46 页。

② （唐）慧立、彦悰等：《慈恩传》卷 3，《大正藏》卷 50，第 236 页下 –237 页上。

③ 陆扬：《解读〈鸠摩罗什传〉：兼谈中国中古早期的佛教文化与史学》，《中国学术》第 23 辑，商务印书馆，2007 年，第 33 页。

④ 印顺在《佛教史地考论》中说：玄奘的译经“以亲传西方真义为借口，大有统一教界之雄心”。（《印顺法师佛学著作集》第 22 册，第 46 页。）

⑤ 欧阳竟无：《辨唯识法相》，《欧阳竟无内外学》，商务印书馆，2017 年，第 456 页。

⑥ 欧阳竟无：《辨唯识法相》，《欧阳竟无内外学》，第 456 页。

⑦ 欧阳竟无：《内学院训释》，《欧阳竟无内外学》，第 63 页。

四、窥基与《成唯识论》

窥基是玄奘之高足，有“百本疏主”之称，“章疏属于唯识者最多，由此可见其宗旨所在”[①]。二十五岁（656）入玄奘译场。显庆四年（659）译《成唯识论》，窥基任笔受。这是窥基生涯的转折点。汤用彤指出：

> 在此年之前，普光曾为笔受二十五次，嘉尚亦三次，而窥基未尝执笔受之役。而此后，玄奘译书十一部，而基笔受四次，可见窥基得玄奘之重视即在此年，且亦或因译《成唯识论》之著功绩也。[②]

关于《成唯识论》的翻译情况，窥基记云：

> 初功之际，十释别翻。昉、尚、光、基四人同受。润饰、执笔、捡文、纂义，既为令范，务各有司。数朝之后，基求退迹，大师固问，基殷请曰：“自夕梦金容，晨趋白马，英髦间出，灵智肩随。闻五分以心祈，揽八蕴而遐望，虽得法门之糟粕，然失玄源之淳粹。今东出策赉，并目击玄宗，幸复独秀万方，颖超千古，不立功于参糅，可谓失时者也。况群圣制作，各驰誉于五天，虽文具传于贝叶，而义不备于一本，情见各异，禀者无依。况时渐人浇，命促惠舛，讨支离而颇究，揽初旨而难宣。请错综群言以为一本，指定真谬，权衡盛则。”久而遂许，故得此论行焉。大师理遣三贤，独授庸拙。[③]

关于糅译之说，在玄奘的弟子中仅见于窥基的记载。据窥基说，玄奘最初别译十大论师的《唯识三十颂释》时，神昉任润文，嘉尚任笔受，普光任捡勘，窥基任证义。数日后窥基求退，并请玄奘“指定真谬，权衡盛则”，参糅十译以为一本，玄奘“久而遂许”，并且“理遣三贤，独授窥基。”窥基从证义变为笔受，笔受者是能将译主之言，以汉文笔录下来，是译场中除译主之外的较为关键性的人物。

在窥基的叙述中，玄奘经过长时间的熟虑（当然带有某种程度的犹豫）[④]之后，排遣了神昉、嘉尚、普光三人，站在了窥基的这边，普光等人无疑成为窥基的对立面，特

---

① 汤用彤：《隋唐佛教史稿》，吉林出版集团，2018年，第166页。

② 汤用彤：《隋唐佛教史稿》，第166页。汤用彤所说的笔受四次应该不包括《唯识二十论》，本论之笔受，《开元录》记为窥基，《贞元录》则记为普光。杨维中在《中国唯识宗通史》中记窥基为《大般若经》的笔受（凤凰出版社，2008年，第570页），但据《开元录》《贞元录》等记载，《大般若经》之笔受为“大乘光、大乘钦嘉尚等”，并无窥基，作者并未给出史料来源，此处存疑。

③ （唐）窥基：《成唯识论掌中枢要》卷上，《大正藏》卷43，第608页下。

④ 杨剑霄：《唐代法相唯识宗兴衰史研究》说：“久而遂许，似乎表达了玄奘的犹豫，这也侧面反映出玄奘与窥基对护法的态度。”（第41页）

别值得注意的是窥基还用“金容指授”来建构了其说在信仰层面的神圣性，这样的宗教信仰层面的暗示，除《大般若经》外，在玄奘翻译的论著中，是绝无仅有的，由此可见《成唯识论》在窥基笔下的独特地位。自“汉明感梦，白马驮经”以来，梦感说成为传播佛教的重要的文化母题，窥基再次借用这一“梦感”说，[①]将自己塑造成为于《成唯识论》的“独授”者，窥基借此脱颖而出，进入了玄奘僧团的核心，成为与普光相匹敌的上首弟子。[②]

五、窥基与“唯识宗”的建构

窥基高调地宣示他的“独授”身份，绝非普通的门徒纷争，从宗派的建构上来说，它是宗义和法统之争的一种历史性投射，这是所有宗派佛教惯用的手段，据说普光也曾是玄奘的“密授”者。[③]从此两方面看，窥基确有非常强烈的开宗立派的意图，唯识宗正是在他的努力下而宣告成立，所以赞宁评价说：“奘师为瑜伽唯识开创之祖，基乃守文述作之宗。”[④]玄奘为“祖”，窥基为“宗”，这还是很符合事实的。

从宗义上讲，独辟蹊径的“宗义”是一宗派区别于其他宗派的显著标志。窥基认为奘学博大，但精纯之处则在唯识，这是圆测、普光、法宝等人的失察之处。窥基指出，“心祈五分，遐望八蕴”，“虽得法门之糟粕，然失玄源之淳粹”。所谓“五分”者，是无著所著之五部大乘论，即《瑜伽师地论》《分别瑜伽论》《大乘庄严经论》《辩中边论颂》《金刚般若论》；“八蕴”者，是指《发智论》，分八个范畴（杂蕴、结蕴、智蕴、业蕴、大种蕴、根蕴、定蕴、见蕴）来解说说一切有部的宗义，内容上“几乎网罗了当时阿毗达磨的一切论题”[⑤]。是解说阿毗达磨佛教的根本论书，所以有部曾将其推为佛说。有部著名的《大毗婆沙论》就是在《发智论》的基础上而形成的，世亲后来更依《婆沙论》而作《俱舍论》。故圆晖云《俱舍论》“包括六足，吞纳八蕴”。[⑥]窥基这里的“八蕴”

---

① 李智君：《梦在佛教早期东传中的媒介作用》，《南国学书》第 8 卷第 4 期，2018 年；尚永琪：《佛教的中土传播与梦境的使用》，《丝路文明》第 5 辑，上海古籍出版社，2020 年。

② 日本学者佐伯良谦、林香奈等人的研究中已经指出了这一点。据赞宁《宋高僧传·普光传》记，普光“末参传译，头角特高；左右三藏之美，光有功焉”。玄奘译经中“十分七八是光笔受”。玄奘给高宗的上书中，有两次是遣普光，玄奘临终之际的对话者，也是普光。由此可见普光的地位。窥基在《成唯识论》译出后，于龙朔三年（663），赍表请制《大般若经序》；玄奘临终造遗表，窥基奉进；译经任笔受四次。窥基和普光圆寂后均葬于玄奘塔左右。（参杨剑霄《唐代法相唯识宗兴衰史研究》，第 325–327 页。）

③ 据赞宁《宋高僧传·普光传》记载，“初，奘嫌古翻《俱舍》义多缺，然躬得梵本，再译真文，乃密授光，多是记忆西印萨婆多师口义，光因著疏解判。”（《大正藏》卷 50，第 727 页上）

④ （宋）赞宁：《宋高僧传》卷 4《窥基传》，《大正藏》卷 50，第 726 页中。

⑤ 印顺：《说一切有部为主的论书与论师之研究》，《印顺法师佛学著作集》第 36 册，第 172 页。

⑥ （唐）圆晖：《俱舍论颂疏论》卷 1，《大正藏》卷 41，第 813 页中。

者当是指弘扬阿毗达磨佛教的普光等人之流。

窥基认为，《瑜伽论》，“理无不穷，事无不尽，文无不释，义无不诠，疑无不遣，执无不破，行无不修，果无不证。”[①]正为菩萨令得善巧，兼为余乘令得自果，虽然在教理行证上有广摄三教的特点，可为广大无尽，但并不精纯。如果仅依《瑜伽论》为核心“五分”来论，是不得法门之精微，至于以《发智论》为核心的阿毗达磨，更不待言，所以窥基判断性地说“闻揽五分八蕴”，仅得“法门之糟粕”，只有以《成唯识论》的“唯识”义才是“玄源之淳粹”。窥基认为《成唯识论》：

> 括众经之秘，苞群圣之旨；何滞不融，无幽不烛；仰之不极，俯之不测；远之无智，近之有识；其有隳括五明，披扬八藏；幽关每权，玄路未通；嘱犹豪毳岳盈，投之以炎烁；霜冰涧积，沃之以煨景；信巨夜之银辉，昏旦之金镜矣。虽复本出五天，然彼无兹糅释，直尔十师之别作鸠集犹难，况更摭此幽文，诚为未有。[②]
>
> 义苞权实，陵鹫巇而飞高；理洞希夷，揜龙宫而腾彩。总诸经之纲领，索隐涵宗，括众论之菁华，掇奇提异。风飞三量，而外道靡旗；泉涌二因，则小乘乱辙。故以仪天地而齐载，孕日月而融明；岂只与潢河争流，雷霆竞响而已。[③]

《成唯识论》是总括诸经论之纲领精华，是“众经群圣之秘旨”，义苞权实，理洞希夷，无幽不烛，无滞不融，外道于此靡旗，小乘于此乱辙。在窥基这里，该论是玄路之“银辉金镜”，是前所未有的至上圆满无极之论，将《成唯识论》放在了一个特殊的地位，这种选择性的价值判断是宗义上排他性的具体体现。窥基明确的说《成唯识论》以“唯识为宗”，这就在宗义上拣除了弘扬奘学的普光、圆测之流的正统性，宣示自己才是奘学的忠实继承者和发扬者。[④]窥基在《成唯识论述记》云：

> 《唯识三十颂》者，十支中之一支，天亲菩萨之所制也。白虹飞祲，素豪销景；线华奥旨，舛凤讹风；贝叶灵篇，乖鱼谬日；顾惟法宝，斯文行坠。诞兹融识，秀迹传灯。晦孤明于《俱舍》，示同尘而说有；解惠缚于《摄论》，

---

① （唐）窥基：《成唯识论掌中枢要》卷上，《大正藏》卷43，第608页上。

② （唐）窥基：《成唯识论掌中枢要》卷上，《大正藏》卷43，第608页下。

③ （唐）窥基：《成唯识论述记》卷1，《大正藏》卷43，第229页上。

④ 杨维中在《中国唯识宗通史》说，从对玄奘学诠释性创新来说，“真正继承玄奘事业的弟子，最突出的是窥基。作为奘门中正统，窥基是得之自然的。”（凤凰出版社，2008年，第579页。）

表纵圣而谈空。[①]

这里就隐含着对宗《俱舍》的普光系和尚《摄论》的圆测系的批评。普光、圆测之流亦对窥基流的“唯识义”曾激烈地予以批评，所以在普光一系的笔下，窥基一系是以“唯识论师”，或“唯识师”的形象出现的，[②]特有的称谓反映了窥基与玄奘门人之间的根本性矛盾。这正是窥基高调地宣示“独授”的根本用意。

从法统上来说，拣别异流，自夸承绪，是建构宗派佛教的关键，法统谱系的排他性是宗派佛教最显著的标识。窥基以《成唯识论》的翻译为唯识宗建构了一个传承谱系，进而将自己以“独受者”的身份嵌入这个谱系当中。这就意味着，窥基不仅是位知识的传授者，更是师徒间的“传法者”。

窥基为唯识宗开立的法统为：龙树→提婆→无著→世亲→护法→玄鉴→玄奘→窥基。

窥基在《成唯识论掌中枢要》解释了其法统的内在理据。窥基指出，如来说中道妙理，令众生达非空非有而离执灭障。佛灭后“部执竞兴，多著有见”，于是龙树“采集大乘无相空教”，造《中论》等破彼有见，后有提婆诸大论师造《百论》等“弘阐大义”。龙树、提婆后，由于众生复着空见，无著尊请慈氏讲说《瑜伽论》，本论在教理行证上有广摄三教的特点，所以依本论为中心的“五分十支”，“盛行四主，传流五印”。其后世亲为无著的《摄论》造释：

> 此二论菩萨创归大乘之作，既而文蕴玄宗，情恢奥旨，更为宏论，用畅深极，采撮幽机，提控精邃，遂著《唯识三十颂》，以申大乘之妙趣也。万象含于一字，千训备于一言。道超群典，誉光众圣。

窥基指出，《摄论》及《摄论释》仅为“创归大乘之作”，也就是说其“虽宗唯识”，但仅为“诠大而简小”之作[③]，而《唯识三十颂》则是“申大乘妙趣”，阐扬大乘深极、幽机的精髓之论，更是“道超群典，誉光众圣”之典，所以是“玄宗之奥旨”。世亲继承了无著的《摄论》及《瑜伽论·摄抉择分》思想，但他的《唯识三十论》是继承《摄

---

① （唐）窥基：《成唯识论述记》卷1，《大正藏》卷43，第229页上。

② （唐）法宝在《俱舍论疏》《一乘佛性究竟论》中批评“唯识论师”的观点，批评的正是“唯识论师”窥基、慧沼一系。而在慧沼《能显中边慧日论》、智周《成唯识论演秘》中则引述法宝对“唯识论师”的批评之语，并予以回击。（杨剑霄：《唐代法相唯识宗兴衰史研究》，第37页。）

③ 欧阳竟无认为，《摄论》虽宗唯识，但仅为诠大简小之作，这和窥基的说法基本一致。《支那内学院院训释》云：“唯识门者，始研《摄大乘论》，终读《成唯识论》。《摄大乘论》立染污末那，成藏种赖耶，是为创建，以是谈《依》；三性缘起，以是谈《相》；是为对小之境。《摄论》创初，持义未审，《成唯识》义，博大精微”。（第63页）

抉择分》而作的，[①] 与《摄论》在关于唯识思想的差异主要表现在种子义上，一主新熏说，一主本有说。窥基抑《摄论》扬《唯识》在派系纷争上也许是针对圆测一系来说的。圆测的学说源自真谛，真谛之学重在《摄论》与《俱舍论》，圆测在他的《解深密经疏》中引真谛之说远远超过玄奘，并且多次引用真谛译的《摄论》，“所以一般人也认为圆测为《摄论》学者。”[②] 这种暗示性的批评是有极其可能性的。

后有护法等对《唯识三十论》各为义释，“虽分峰崐岫，疏干琼枝，而独擅光辉，颖标芳馥者，其惟护法一人乎。”传世亲学的据窥基说有十家之多，然独阐世亲学之精华者唯护法一人。对护法的《唯识三十颂释》窥基则给予极高的评价，论云：

> 文迈旨远，智旷名高。执破毕于一言，纷解穷于半颂。文殊水火，则会符胶漆；义等江湖，则疏成清浊。平郊弭弭，耸层峰而接汉；堆埠峨峨，夷穹隆以坦荡。俯钻邃而无底，仰寻高而无际。疏文浅义，派演不穷；浩句宏宗，陶甄有极；功逾千圣，道合百王。[③]

窥基不吝赞辞，云其“邃而无底，高而无际；浩句宏宗，陶甄有极”，是“功逾千圣，道合百王”之论，从其赞辞叙述的文学性来看，窥基将护法的《释》和世亲的《颂》放在同等的地位，都是“道超群典，功逾千圣”的论典之王。“尽管世亲的学说规模大，方面广，可是以后形成瑜伽行派的发展过程中，却始终是以唯识说为主导的。”[④] 而弘扬唯识者法匠辈出，见解纷纭，莫衷一是，窥基将护法塑造为世亲唯识学的继承者，并且用“真谬”来价值性地判定十大论师，除了宗义上的选择性和排他性外，更张扬了师说，塑造了法统，并为玄奘和窥基自己的祖位埋下了伏笔。

据窥基的叙述，时有玄鉴居士独得护法《唯识三十颂释》，而授之玄奘。

> 时有玄鉴居士，识凤鸡之敛羽，委麟龙之潜迹，每罄所资，恒为供养，深诚固志，物竭积年。菩萨诱掖多端，答遗兹释，而试之曰：“我灭之后，凡有来观，即取金一两，脱逢神颖，当可传通。”终期既渐，奄绝玄导。菩萨名振此洲，论释声超彼土，有灵之类，谁不怀钦！朝闻夕殒，岂恪金璧；若市趋贤，如岳叠货；五天鹤望，未辄流行。大师叡发天资，识假修谒，无神迹而不瞻礼，何圣教而不披讽，闻斯妙理，殷俯谛求。居士记先圣之遗言，

① 印顺：《摄大乘论讲记》《印顺佛学著作集》第 6 册，第 12 页上。

② 中国佛教协会编：《中国佛教》第二辑，知识出版社，1982 年，第 143 页。

③ （唐）窥基：《成唯识论掌中枢要》卷上，《大正藏》卷 43，第 608 页中。

④ 吕澂：《印度佛学源流略讲》，上海世纪出版集团，2005 年，第 182 页。

必今贤之是属，乃奉兹草本，并《五蕴论释》。[①]

玄奘受学戒贤，其师承关系是整个佛教流传的共说。戒贤在那烂陀寺受学于护法，而窥基所楷立的法统中则拣除了戒贤，用玄鉴居士予以替代，完成了护法到玄奘的谱系继承的建构。[②]窥基还用“密授”的方式强调了这一“传法”过程的特殊性和内在的神圣性。关于“玄鉴居士”以及这一师承关系仅见于窥基的孤说，是来自玄奘的“独授”，还是窥基的独创呢？至少窥基提出这一说法时，玄奘已经去世二十年左右[③]，历史事件的迷雾虽然无法拨开，但已经明确地表达出了窥基的法统意识。

窥基用玄鉴居士替代戒贤其根本用意还是在高扬《成唯识论》，消解《瑜伽论》在唯识宗中的地位。《瑜伽论》虽是法相学根本论典，然在唯识义上则逊于《成唯识论》，《成唯识论》中的“四分说”等唯识宗的核心要理，在《瑜伽论》中都是没有的，所以窥基用玄鉴居士替代戒贤。但为玄奘讲授《瑜伽论》的正是戒贤[④]，遁伦的《瑜伽论记》从侧面反映了一点历史信息，论云：

今此论中理无不穷，事无不尽，文无不释，义无不诠，疑无不遣，执无不破，行无不备，果无不证，自非玄鉴高士孰能唱和于此者哉？[⑤]

遁伦晚于窥基之后，其《瑜伽论记》是依窥基的《瑜伽论略纂》而成，论中对玄鉴略有微词，认为其能力不足以传承《瑜伽论》。其中反映了奘学后人在理解奘学上的分歧，主要是表现在对《瑜伽论》和《成唯识论》的判定上。在窥基看来，奘学门下的普光、法宝一系和圆测一系皆不得奘学要领。普光一系者重在《俱舍》，乃是对阿毗达磨的研究，圆测一系即使更进一步，虽亦讲《摄论》《唯识》，但所论者乃是唯识初门，

---

① （唐）窥基：《成唯识论掌中枢要》卷上，《大正藏》卷43，第608页中。（宋）延寿《心赋注》中云：“《因明钞》云：玄鉴居士，是护法菩萨门徒，护法造得唯识稿本一百卷，临入灭时，将付玄鉴居士云，□□菩萨到，为将分付，此土如有人借看，但觅取金一百两，可借与看一遍。三藏于居士处，得此稿本归，翻为十卷，即《成唯识论》是也。”（《新纂卍续藏经》卷63，第139页上）又，窥基的叙述中借用了佛典中的“索金赐经”说，强调法的殊胜性，据云世亲造《唯识三十颂》，“付一居士，亦嘱云：若有要看者，索金一两。”尔后，门庭来求观者，输金如市。（《心赋注》卷3，《新纂卍续藏经》卷63，第139页上。）

② 杨剑霄：《唐代法相唯识宗兴衰史研究》，第41页。

③ 据日本学者吉村诚在《中国唯识思想史研究》中认为，窥基《成唯识论掌中枢要》的完成下限在682年。（转引杨剑霄《唐代法相唯识宗兴衰史研究》，第215页。）

④ 后世佛教完全不明窥基的意思，而认为向玄奘传唯识学的是戒贤。如宋代志磐的《佛祖统纪》以戒贤为初祖、玄奘为二祖、窥基为三祖。凝然亦在《八宗刚要钞》中将，弥勒、无著、世亲、护法、戒贤，称为唯识宗天竺五大传法匠。蕅益《灵峰宗论》玄奘学唯识于戒贤。欧阳竟无则在《支那内学院院训释》指出，玄奘学法相于戒贤，学唯识于胜军。（《欧阳竟无内外学》，第64页。）

⑤ 遁伦：《瑜伽论记》卷1，《大正藏》卷42，第311页中。

亦可说是广泛之法相学，[①] 都没有从“广大”而至“精纯”，从“糟粕”而“淳粹”。窥基在玄奘的师承法脉上嵌入了玄鉴居士，其因虽多，但这一因素是根本性的。

最后，窥基成功的将自己塑造成唯识谱系的继承者、玄奘的唯一“传法者”，并且说“唯识论”是玄奘的秘诀。

> 大师赏玩，犹睹圣容，每置掌中，不殊真说。自西霏玉牒，东驰素马，虽复广演微筌，赏之以为秘诀；及乎神栖别馆，景阻炎辉，清耳目以渊思，荡心灵而绎妙，乃曰：“今者，方怡我心耳。”宣尼言：我有美玉，蕴柜藏之，谁为善估，我今沽诸。基……别奉明诏，得为门侍。……随伍译僚，事即操觚，餐受此论。[②]

所谓“圣容”“真说”，是指佛及佛说，这样的叙述无疑将护法的《三十论释》放在至尊的位置，而且窥基非常明确地说玄奘曾在西域以其为“秘诀”，回国以后，以其“清耳目”“荡心灵”；并有“今者，方怡我心”之感慨，即只有“唯识论”才能“怡玄奘之心”。这就进一步强调奘学的心蕴之处正在“唯识”，而窥基本人正是独得玄奘的秘诀者。窥基的这一叙述无非是想借玄奘的口吻，将圆测、普光等人排除在唯识谱系之外，随着唯识宗法统的建立，圆测、普光等人无疑都成了“异端”。[③]

六、唯识宗的传承

唐麟德元年（664），玄奘圆寂。窥基回到大慈恩寺弘阐奘学，创宗立祖，约十年左右后，窥基受到了排挤，[④] 离京北上，辗转东行，永淳元年（682）圆寂于大慈恩寺。窥基圆寂后，发扬和传承唯识宗的则是慧沼。相传慧沼曾亲近过玄奘。[⑤] 据《慧沼神塔碑》记载，咸亨三年（673），慧沼师从长安“基、光二师”，颇受二人的赞赏，云“法门后进，此一人也”。[⑥] 其后，慧沼离弃普光，而宗述窥基，力排众议，所以赞宁说他“亲大乘基师，

---

① 欧阳渐认为，法相之学渊于阿毗达磨，展转荟萃，大成于《瑜伽师地论》。《支那内学院院训释》云：“法相糅古，唯识创新。法相广大，唯识精纯。顾法相结局，亦必精纯而归诸唯识。……法相门者，略于《杂集》，广于《瑜伽师地》，中间《五蕴》《庄严》，是其将伯。”（第 63–64 页）

② （唐）窥基：《成唯识论掌中枢要》卷上，《大正藏》卷 43，第 608 页中。

③ 杨剑霄：《唐代法相唯识宗兴衰史研究》，第 41 页。

④ 排挤窥基的压力主要来自两个方面，一是普光、法宝系；二是圆测系。这二系在僧团影响和社会政治的地位上都比窥基要高，这是窥基离开大慈恩寺的主要因素。玄奘去世后普光似乎成了玄奘门徒的领袖，

⑤ （宋）赞宁：《宋高僧传》卷 4《慧沼传》云：“自奘三藏到京，恒窥壶奥。”（《大正藏》卷 50，第 728 页下）杨维中在《中国唯识宗通史》中认为，慧沼亲自拜见玄奘的可能性不大。因玄奘圆寂时慧沼十四五岁，尚未剃度为沙弥，其家远在滋州，而玄奘在坊州。依照当时的惯例，除非他是在长安寺院作童行，否则是无缘见到玄奘的。（第 780 页）

⑥ ［日］佐佐定胤等编：《玄奘三藏师资传》卷下《惠沼神塔碑》，《卍新纂续藏经》第 88 册，第 383 页下。

更加精博。”[①] 慧沼在《成唯识论了义灯》《能显中边慧日论》等著作中对圆测、普光、法宝等诸家异说皆予以批判，极大的维护了唯识宗的“三乘五性”说等。窥基圆寂后，慧沼在各地行化二十余年，弘扬窥基传的唯识学，影响颇大，“始自下国，终闻上京”[②]。慧沼历四朝，驿征三次，诏讲二次，补纲维大德六次，敕译经论四次，还曾被诏结坛降雨，这些地位的获得当然都是他传承和扩大唯识宗影响的组成部分。慧沼的弟子智周“内穷三藏，外达九流，为学者师宗”。誉有“传法菩萨”[③]之雅称。智周著有《成唯识论演密》《成唯识论枢要记》《成唯识论了义灯记》等，阐述慧沼的学说。慧沼之后随着华严宗、禅宗等佛教宗派的崛起，在其他诸多内外因素的影响之下，中土唯识宗在历史的浪潮中渐趋衰落，但在日本则得到了弘扬，故日本尊慧沼、智周为中土唯识宗的三祖和四祖[④]，此说后经杨仁山《十宗略说》传中国，后被中国佛教所接受。

七、结语

玄奘去世后，弘扬奘学者大致有三系：一者窥基系，二者普光、法宝系，三者圆测系。窥基系以唯识为宗，并认为奘学的精蕴正是唯识，而法宝系和圆测系等大多都不接受玄奘的思想，都不以护法系学说为然，并对窥基的说法予以批判。如何来传承奘学，在窥基看来是极为紧迫的任务，于是在宗派佛教意识潮流的趋势下，创宗立派成为传承奘学的最佳途径和显著标志。

窥基唯识宗法统的建构是他“祖述师说”的重要组成部分，是创宗立派的核心举措，其一系列的创造性诠释和叙述策略，不管是否真的来自玄奘的“独授”，是否符合玄奘构建新佛教的真实意图？[⑤] 但对弘扬奘学则有深远的历史意义。它不仅是玄奘崇拜的一种信仰外化形式，更为唯识宗的发展提供了一种表象性的生命力。法统是一种思想的拣择和秩序的构建，更是义学承续和信仰传衍的重要载体。窥基以“独授者”的身份创造性地重建了一种新的思想秩序，他不仅将玄奘圣化成伟大的传法者，更将自己塑造成玄奘思想的唯一继承者。这一创造性的构筑在思想的传承和发展上则具有广泛的意义，绝不能泛泛地以所谓的“派见”而论。

---

① （宋）赞宁：《宋高僧传》卷4《慧沼传》，《大正藏》卷50，第728页下。

② ［日］佐佐定胤等编：《玄奘三藏师资传》卷下《惠沼神塔碑》，《卍新纂续藏经》第88册，第384页上。

③ （唐）昙旷：《大乘入道次第开决》卷1，《大正藏》卷85，第1207页上。

④ ［日］凝然：《八宗刚要钞》卷下，《大藏经补编》卷32，第51–52页。

⑤ 就玄奘所译传的佛教义学来看，其精纯之度无疑莫过于唯识。就这一点来论，窥基的见地是正确的，但以唯识来统摄整个佛教义学则未免过之，这当然是宗派佛教的常见。若就玄奘的新佛教体系来论，唯识论的地位显然没有窥基所说的那么高，那么绝对。

唯识古学相关问题

再探真谛汉译唯识佛典的“阿摩罗识”思想

黄国清[①]

【摘要】“阿摩罗识”是真谛所译唯识佛典中非常特殊的术语，本文通过真谛所译佛典的详细爬梳，探讨“阿摩罗识”及安立第九识的思想意趣。《决定藏论》的“阿摩罗识”译词大多对应于玄奘译本的“转依”，强调灭一切烦恼与阿罗耶识（阿黎耶识），成就出世无漏法，为“阿罗汉位”的转依义。再考察《转识论》《三无性论》《十八空论》等真谛译作，“阿摩罗识”指修证的终极境地，是彻底遣除分别性（遍计所执性）与依他性，使真实性（圆成实性）豁显的佛位清净心识。《摄大乘论释》真谛译本的几处释文援引如来藏系佛典，以唯识义理为主体，置入如来藏观点，有利于合理说明阿摩罗识别于八识的纯净地位。真谛视阿罗耶识为染污性，阿摩罗识为其对治；后者非由前者净化而来，是别立于染污第八识的清净心识，以第九识视之可免混淆。其次，置入如来藏说，则凡夫与圣者等一切有情都平等具足作为成佛依据的清净体类（如来藏），阿摩罗识既然是相应于真实性（真如）的清净心识，亦可随真实性遍在而获得潜伏于凡夫染污心识的意义，清净与不净和合，又不为烦恼所污，如此的义理发展就必须建构九识系统，以对一切有情平等安立一个纯然清净的心识。

【关键词】真谛；阿摩罗识；九识；三性；转依；如来藏

一、前言

真谛提出“阿摩罗识”（净识、无垢识）的概念，并有将其视为“第九识”的说法，相对于通常所见唯识学义理体系的八识说，是一个非常独特的观点。真谛所译佛典中出现“阿摩罗识”之处，现代学者将之与其他汉译本及梵文本、藏译本进行文句的对勘，发现原文中的对应词语多与“阿摩罗识”（Amala-vijñāna）难以直接相应。[②]这个译词可能出自真谛的诠释性翻译，借以传达特殊的义理讯息。“阿摩罗识”按照字面可直译

---

① 作者单位：南华大学宗教所。

② 参见［日］岩田谛静：《真谛の唯识说の研究》，东京：山喜房佛书林，2004年，第159-194页。

为无垢识（清净识）。这个心识的定位与意义为何及其与第八识的关系如何，是不容易厘清的问题。是在八识之外另有一个清净心识，或是阿摩罗识其实是第八识彻底净治以后的修证结果，还是第八识本身是个染污与清净的和合体？阿摩罗识这个概念留给后世佛教学人很大的思考空间。

玄奘所传唯识学说将第八识视为纯粹染污性质，转染成净后的佛位第八识完全转化为“无垢识”，如其弟子窥基《成唯识论述记》卷 3 说：“论：‘或名无垢识’至‘所依止故’。述曰：唯无漏依，体性无垢。先名阿末罗识，或名阿摩罗识。古师立为第九识者，非也。然《楞伽经》有九种识，如上下会。此无垢识是圆镜智相应识名，转因第八心体得之。”[①] 窥基批评真谛安立第九识是错误的，无垢识就是佛位转依后，由第八识中纯然是清净种子而显现的清净心体。凡夫的染污八识与佛陀的清净八识对应严整，无须建立一个第九识。对比于此，真谛阿摩罗识说的结构要复杂一些，非由第八阿罗耶识(阿赖耶识)心体转化而来，而是彻底“灭除”第八识以后所显现。真谛会安立这个第九识应有其特殊关怀及蕴有不同于八识系统的思想与实践意趣。

“阿摩罗识”——这个特殊词语见于真谛所译的《决定藏论》《转识论》《三无性论》《十八空论》等论典中，前辈学者讨论已多，对这个佛教术语的思想涵义提出多种不同理解，仍留下一些待解的疑义。[②] 主要问题包括：阿摩罗识是转依后的佛位心识，还是凡夫状态也蕴含此种清净心识？阿赖耶识是否因为含摄此识而具备染净二分？是否涉及唯识学与如来藏说的义理观点整合及九识是真谛本人的观点还是由其后学所开展？本文在前辈学者研究成果的基础上，通过原典文脉的仔细爬梳，并结合真谛所译唯识经

① 《大正藏》册 43，第 344 页下。

② 较早系统研究真谛译作的宇井伯寿对于《决定藏论》中的“阿摩罗识”概念指出，《决定藏论》将“转依”以“阿摩罗识”称之，则此转依绝非唯是消极性地指阿赖耶识被对治的状态，必须是积极性地成为解脱身、法身。《决定藏论》对转依一般称为阿摩罗识，不能说成只是阿赖耶识成为清净的状态。阿赖耶识既是对现存无漏界的盖障，也就是顽强的个人性局限的我见之境，其消散终了的话即一大意识界的全露，此即阿摩罗识。（见［日］宇井伯寿：《印度哲学研究》东京：岩波书店，1965 年，册 6，第 747–748 页）不过宇井伯寿并未更积极地说明真谛的阿摩罗识的意义内容。胜又俊教认为阿摩罗识是世亲以后到真谛之顷由某人修正或增补的思想，这明显是在特别强调相对于不净品唯识的净品唯识，以及使过去以来的自性清净心、如来藏思想得到发展。因此，九识说是尝试使阿黎耶识思想与如来藏、自性清净心思想碰触结合，使净品唯识与不净品唯识得以统一的思想。（见［日］胜又俊教：《佛教における心识说の研究》，东京：山喜房佛书林，1988 年，第 691–692 页）他主张九识说是唯识学与如来藏思想的一种融合方式。释印顺解说真谛所译“阿摩罗识”的多重涵义，可以是地上菩萨无漏智现证的分证法身，而主要是指修证到出障圆明的佛果，阿赖耶识转依后的净无漏界，为一切清净法所依止。又指出真谛唯识说的一个特色是将二种所依说——依阿赖耶说及依如来藏说——统合于同一的“界”。（印顺：《以佛法研究佛法》，新竹：正闻出版社，2000 年，第 269–301 页）岩田谛静指出如来藏非即阿摩罗识，阿摩罗识所持的意义是“佛性”(buddhatva) 或“如来性”(tathāgatatva)。真谛的学说与如来藏思想关系深厚，尝试在唯识说中取入佛性如来藏说，而说到作为第九识的阿摩罗识。（见［日］岩田谛静：《真谛の唯识说の研究》，第 183–186 页）此说也是在主张唯识说与如来藏说的融合，在唯识学义理架构中引入如来藏说。

论的相关论述，以探求真谛以“阿摩罗识”一词替换其他佛教名相的用意及考察阿摩罗识在其所传心识义理系统中的具体意义，以解明前述几个问题，以及对真谛译作中的相关论点进行整体串联，利于了解他所传唯识佛学的一个重要思想特色。

二、《决定藏论》的阿摩罗识义

印度佛教原本只讲六识(前五识加上意识)，到了瑜伽行唯识佛教，增加了一个作为万法生起所依的阿赖耶识(阿罗耶识、阿黎[梨]耶识、藏识、根本识)，而成为七识系统。后来，更明确分出一个起我执作用的第七识(末那识、意)，完成八识系统。真谛的唯识思想似乎想在八识义理基础之上再增加第九识。无论是真谛还是玄奘所传的唯识学说都将作为根本心识的阿赖耶识视为染污性质，在佛法修证上必须将其彻底转舍，以显现纯然清净的智慧心。这就是“转依”的概念，“转舍”原本的杂染心识，“转得”清净的智慧心识。有人认为真谛主张第八识具有清净与不净二面，尤其受到“解性”“以解为性”这两个奇特译词如何解读的影响，然而，这可能不是对其思想的适切理解。①

真谛所译唯识经论在八识之外又有“阿摩罗识”的译词，在《决定藏论》中出现最多，共计十一次，如果与玄奘所译《瑜伽师地论．摄抉择分》的译文对勘，这个译词可对应到“转依”(gnas gyur pa; āśraya–parivṛtti)(8次)、“转依力”(gnas gyur paḥi stobs bskyed pa; āśraya–parivṛtti–balādhāna)(1次)、“净识”(rnam par śes pa rnam par dag pa; viśuddha–vijñāna)(1次)等译词，无对应者一处。“阿摩罗识”确实是真谛非常独特的译法。《决定藏论》出现这个译词的文句段落与《瑜伽师地论．摄抉择分》对应译文的对照如下表：②

---

① 释印顺指出真谛所传摄论宗对阿黎耶识的解说，就主要意义而言，是以虚妄杂染为体。然而，依圆测《解深密经疏》的引述，摄论宗的阿黎耶识统论有三义：一、果报黎耶，流转生死的异熟报体；二、染污黎耶，微细我执与法执，我执属第七识，微细法执即阿黎耶识，阿黎耶识的本质有染着特性；三、解性黎耶，解性即觉性，是成佛后的报身体，与如来藏义同，摄论宗依《决定论藏》《三无性论》立为第九识，即真净心、本觉、真如的能缘义。因此，一般认为摄论宗的阿黎耶识是真妄和合的；而依《摄大乘论》，阿黎耶识重在异熟性。（参见印顺：《大乘起信论讲记》，新竹：正闻出版社，2000年，第91–92页）释印顺并未言明将阿黎耶识视为真妄和合是真谛的观点，还是后人的理论发展。阿黎耶识的“解性”意义有再确定的必要。本论文下文“九识的结构分析”对此有所讨论。

② 表中引文页码的标示方式，如T30.1020b10–12，系指《大正藏》册30，第1020页中栏，第10–12行。表引所引《瑜伽师地论》文句之藏文与梵文对应词，根据岩田谛静：《真谛の唯识说の研究》，第160–164页。

表 1：

《决定藏论》	《瑜伽师地论·摄抉择分》
(1) 断阿罗耶识即转凡夫性，舍凡夫法阿罗耶识灭。此识灭故，一切烦恼灭。阿罗耶识对治故，证阿摩罗识。(卷上，T30.1020b10–12)	转依无间当言已断阿赖耶识。由此断故，当言已断一切杂染。当知转依 (gnas gyur pa) 由相违故，能永对治阿赖耶识。(卷51，T30.581c6–9)
(2) 阿罗耶识是无常，是有漏法；阿摩罗识是常，是无漏法。得真如境道，故证阿摩罗识。(卷上，T30.1020b12–14)	又阿赖耶识体是无常，有取受性；转依 (gnas gyur pa) 是常，无取受性。缘真如境圣道，方能转依故。(卷 51，T30.581c9–11)
(3) 阿罗耶识为粗恶苦果之所追逐；阿摩罗识无有一切粗恶苦果。(卷上，T30.1020b14–15)	又阿赖耶识恒为一切粗重所随；转依 (gnas gyur pa) 究竟远离一切所有粗重。(卷 51，T30.581c11–12)
(4) 阿罗耶识而是一切烦恼根本，不为圣道而作根本；阿摩罗识亦复不为烦恼根本，但为圣道得道得作根本。阿摩罗识作圣道依因，不作生因。(卷上，T30.1020b15–19)	又阿赖耶识是烦恼转因，圣道不转因；转依 (gnas gyur pa) 是烦恼不转因，圣道转因。应知但是建立因性，非生因性。(卷 51，T30.581c12–15)
(5) 阿罗耶识于善、无记不得自在。……现在世中一切烦恼恶因灭故，则凡夫阴灭，此身自在，即便如化。舍离一切粗恶果报，得阿摩罗识之因缘故，此身寿命便得自在。(卷上，T30.1020b19–24)	又阿赖耶识令于善净、无记法中不得自在；转依 (gnas gyur pa) 令于一切善净、无记法中得大自在。……于现法中一切烦恼因永断故，便舍现法一切杂染所依之取。一切粗重永远离故，唯有命缘暂时得住。(卷 51，T30.581c15–24)
(6) 一切烦恼相故，入通达分故，修善思惟故，证阿摩罗识故，知阿罗耶识与烦恼俱灭。(卷上，T30.1020b26–28)	如是建立杂染根本故，趣入通达修习作意故，建立转依 (gnas gyur pa) 故，当知建立阿赖耶识杂染还灭相。(卷 51，T30.581c25–27)
(7) 有处说者，诸世俗法阿罗耶识悉为根本。一切诸法出世间者无断道法，阿摩罗识以为种本。(卷上，T30.1022 a15–17)	当知略说，诸法种子一切皆依阿赖耶识。又彼诸法若未永断，若非所断，随其所应所有种子随逐应知。(卷 51，T30.584a29–b2)
(8) 说出世法所生相续，依阿摩罗识而能得住。以此相续与阿罗耶识而为对治，自无住处，是无漏界，无恶作务，离诸烦恼。(卷中，T30.1025c23–26)	若出世间诸法生已即便随转，当知由转依力 (gnas gyur paḥi stobs bskyed pa) 所任持故。然此转依与阿赖耶识互相违反，对治阿赖耶识，名无漏界，离诸戏论。(卷 52，T30.589a28–b2)
(9) 静阿摩罗识对治世识，甚深清净，说名不住。(卷下，T30.1031a3–4)	又复对治所摄净识 (rnam par śes pa rnam par dag pa)，名无所住。(卷 54，T30.595b21)

阿罗耶识(阿赖耶识)含藏一切万法的种子，是一切烦恼生起的根本。首先，瑜伽行者想要转舍阿罗耶识，应当从事何种真理观修?《决定藏论》卷上说：“言修善者，诸凡夫人起善思惟，而取诸识以为境界，进行安心，初观诸谛。若证四谛得眼智明慧，则能破坏阿罗耶识；未见四谛则不能破。何时能见阿罗耶识?如是进行，若诸声闻入不退地，又诸菩萨入不退地，得通达法界则能得见。”① 通过修习善法达到一定程度，此阿罗耶识因此灭除。所谓的修习善法，凡夫人将诸识(六识)作为观照对象，进行专注摄心，观想真理。如果了悟四谛，得到法眼清净智慧(见道位)，则能开始破坏阿罗耶识。何时能够照见阿罗耶识?声闻人进入不退地，或菩萨进入不退地，得以通达法界而开始照见。

这段文句的意旨是说，声闻人观修四谛真理，大乘人观照空性真理，达到最靠近于开悟见道位的“不退地”(玄奘译本作“正性离生”②)，为开始了悟法界真理而能正确观知阿罗耶识的位次。其后随着修行阶位的晋升，一分一分地将阿罗耶识转舍。等到将阿罗耶识完全转舍之时，即为彻底转染成净的“转依”境地。唯识学“转依”的意义后来发展得很复杂，《决定藏论》这里可先理解为彻底净除烦恼、体证涅槃的转染成净意义。

真谛在《转识论》约当第五颂、第七颂的译文将此种转舍阿罗耶识的修行阶位译为“罗汉果”“罗汉位”，是灭除第七识对第八识执取为“自我”的修证境地。③ 安慧《唯识三十论释》解释说：“与何者的连结称为‘阿罗汉’?由于尽智与无生智的获得。在那个地位，依于阿赖耶识的粗重(dauṣṭhuya)无余地断除，而阿赖耶识被转舍(vyāvṛtta)。这就是阿罗汉位(arhadavasthā)。”④ 这里是以断尽烦恼障，灭除第七识的我执作用为转舍第八识的标准，其实尚有残余的所知障存在，还不能说是像佛位那样的彻底转舍。《成唯识论》卷3说此“阿罗汉”包含三乘无学果位及不退菩萨，二乘无学果断尽烦恼障；佛位是烦恼与所知二障尽断；不退菩萨虽未尽断烦恼障，但我执作用永不再起，这四类圣者都不成就阿赖耶，都可说是阿罗汉。⑤ 霍韬晦认为结合各家疏文来看，世亲最初是侧重烦恼障的断尽来说第八识的转舍，才以阿罗汉作标准，由于此修证境地涉及理想人

---

① 《大正藏》册30，第1020页上－中。

② 《瑜伽师地论》卷51，《大正藏》册30，第581页中。

③ 《转识论》说：“本识如流五法如浪，乃至得罗汉果，此流浪法亦犹未灭。是名第一识。依缘此识有第二执识，此识以执著为体与四惑相应：一、无明；二、我见；三、我慢；四、我爱。……此识及相应法至罗汉位究竟灭尽。”(《大正藏》册31，第62页上。)

④ K. N. Chartterjee, *Vasubandhu's Vijñapti-Mātratā-Siddhi: With Sthiramati's Commentary*. (Varanasī: Kishor Vidya Niketan, 1980), p.50.

⑤ 《大正藏》册31，第13页上－中。

格的成就，而与佛的观念相连；后来再受十地说影响，阿罗汉被安排在七地或八地的层次，从而使此句颂文的解释变得复杂。① 因此，在解读唯识典籍的"转依"时，应照顾整体文脉，注意是指阿罗汉位的转依或是佛位的转依。

在前开表格中，《决定论藏》前七个文句段落的"阿摩罗识"都包含在同一个大段落里面，除了第(7)段未在玄奘译本与藏译本中找到相应译词外，都对应到"转依"(gnas gyur pa)。这个"转依"的具体意义，从"一切烦恼灭"(断一切杂染)、"无漏法"(无取受性)、"无有一切粗恶苦果"(究竟远离一切所有粗重)、"不为烦恼根本"(烦恼不转因)、"一切烦恼恶因灭"(一切烦恼因永断……舍现法一切杂染所依之取)、"阿罗耶识与烦恼俱灭"(建立阿赖耶识杂染还灭相)这些关键表达来检视，意义应倾向于前述共三乘"阿罗汉位"的"转依"。

至于第(8)段对应到"转依力"，依据"是无漏界，无恶作务，离诸烦恼"(名无漏界，离诸戏论)这样的表述，也大抵通于共三乘的"阿罗汉位"转依的意义。结合这段文句前后的语境来解读，意思是说一切(修行)众生都有真如境作为观照对象，基于有障碍与无障碍的差别，所以解脱各自不同。有些众生具有彻底障碍的种子，不能通达真如境界，说这些众生为无涅槃种性。有些众生不由这种意义来说其涅槃性，他们有彻底障碍智慧（所知障）种子，而非障碍解脱（烦恼障）的种子，此类有情为声闻种性、辟支佛种性。都无二种障碍者，这些有情称为佛种性。种种修行所生起之出世间法的相续，依于"阿摩罗识"(转依力)而能得到支持，这种相续是为阿罗耶识的对治，非以阿罗耶识为住处，是无漏界，没有戏论，远离一切烦恼。② 这段文义涉及瑜伽行派著名的"五姓(性)各别说"，能够证得菩提者包括声闻种性、辟支佛种性、佛种性，还有在三乘尚未决定的不定种性。这种种出世间法现起后的相续是依于"转依力"，那么，这个"转依"就是以断烦恼障为共通标准。

第(9)段文句意思是说属于世间层次诸识之对治的清净识，称为无所住。这里的"阿摩罗识"对应到"净识"(rnam par śes pa rnam par dag pa ;viśuddha–vijñāna)。《决定藏论》卷下的整体文义如下："此诸烦恼对治灭故，欲取色等以为境者即得永灭。以此灭故，诸识有惑于四住处则不复住。诸对治识实清净故，如是得知住处寂静。以缘灭故，于未来世当生具足应得相续不复更生，是名有缘住。静阿摩罗识对治世识，甚深清净，说名不住。……观行于尘于我我所无所取着，是故色等诸尘灭坏，心无渴爱。如此诸相心极清净，识清净故不自灭坏，亦复不为他缘所灭。无相续故，于十方处不更入生。"③ 所

① 霍韬晦：《安慧"三十唯识释"原典译注》，香港：中文大学出版社，1980 年，第 63 页，注 11。

② 《决定藏论》卷中，《大正藏》册 30，第 1025 页下。

③ 《大正藏》册 30，第 1031 页上。

谓的对治，非指用出世间净识直接来对治世间识，而是对治世间识后建立与其相反性质的清净识，作为圣性菩提的依住处与支持力量。由于这段文句明确提到灭除我、我所执，于十方世界不再生死流转，这个“净识”依然属于共三乘之“阿罗汉位”的断尽烦恼障意涵。

综合以上各段文义，真谛所译《决定藏论》的“阿摩罗识”应具《瑜伽师地论》中“转依”的涵义，是一种修证后的成就，可说是通过正确修行所达致的一种心识清净状态。真谛用“证”或“得”作为“阿摩罗识”这个受词的动词，表示此清净识历经修证后而显现。[①] 只是“转依”在其早期朴实意义中涵盖面较宽，包括阿罗汉到佛的四类圣者，真谛会用“阿摩罗识”来替换，想必有其深层理由。如果像《瑜伽师地论・摄抉择分》那样严谨地译为“转依”，语义有其模糊之处，真谛译作“阿摩罗识”应是为了消除歧义。只是如此译法不一定合于《决定藏论》原本文脉的意义，他应是想凸显出大乘圆满佛智境地的转依层次。关于真谛之“阿摩罗识”的更完整意义，还须参考由他所传译的其他论典的详细解说。

三、其他译著的阿摩罗识义

真谛所译《转识论》即为《唯识三十论颂》的一种汉译本，但他并未以诗颂体例传译，而译成散文体，其中并添加一些他个人的解释。在相当于此论现存梵本第十八颂的译文中，真谛在所附加的解释中提到“阿摩罗识”：

> 问：遣境在识乃可称唯识义。既境识俱遣，何识可成？答：立唯识乃一往遣境留心，卒终为论，遣境为欲空心，是其正意。是故境识俱泯，是其义成。此境识俱泯即是实性，实性即是阿摩罗识。亦可卒终为论，是阿摩罗识也。[②]

这是唯识学论说“唯识无境”的真正目的，证成心识之真实性（圆成实性）的空性真如。首先，论说外境不外是心识的显现，将外境收摄于心识当中。其次，将心识的认识对象泯除，缺乏认识客体，则认识主体也无从生起，此时即是泯除主客对立的无分别状态，心的真实性由此显现，真谛强调这种心识的真实状为真实性（真如），同时也是阿摩罗识。就修习唯识学的终极目的而言，必须完全消解心识的一切错谬分别与主客对立而体得真如实相，即是阿摩罗识。既然此处提到境识俱泯的真如实性，其究竟完成是

---

① 蔡伯郎将真谛的“阿摩罗识”认定为在见道位时所生起的不伴随烦恼心所的无漏心，是没有照顾到“一切烦恼心所断故”“阿罗耶识与烦恼俱灭”这样的严格条件，见道位到菩萨八地俱生我执尚在，无法达到转灭阿罗耶识。（见蔡伯郎：《真谛的阿摩罗识义与〈九识章〉的一些问题》，《正观杂志》第81期，2017年6月，第5–52页。）

② 《大正藏》册31，第62页下。

在佛位的转依。

《唯识三十论颂》的最后二颂说明佛果的智慧与佛身，真谛《转识论》在此处说明佛位转依的内容，类同于他在各种译作的许多地方依三性说论述转依之尽舍分别性(遍计所执)与依他性的境识俱泯、真实性豁显的无分别智境地，可证其唯识思想的转依意义主要针对佛果而说。真谛带有解释性的译文如下：

> 由修观熟乱执尽，是名无所得，非心非境。是智名出世无分别智，即是境智无差别，名如如智；亦名转依，舍生死依，但依如理故，粗重及执二俱尽故。粗重即分别性，执即依他性，二种俱尽也。是名无流界，是名不可思惟，是名真实善，是名常住果，是名出世乐，是名解脱身，于三身中即法身。①

前述《转识论》十八颂言及阿摩罗识的释文与此段大义相同，真谛所说的“转依”是这种达致佛果层次的转依，与其对应的阿摩罗识应当就是指佛位的清净心识。消尽烦恼障与所知障二种粗重，化除一切分别执取，照见人法二空所显的真如理，这种佛心非为虚无顽空状态，而是清净无执的智慧心，得以展现种种的智能功用，为如来法身的清净具现。

《三无性论》的“阿摩罗识”共出现四次。首先，此论卷上说：“无变异者，明此乱识即是分别、依他似尘识所显；由分别性永无故，依他性亦不有；此二无所有，即是阿摩罗识。唯有此识独无变异，故称如如。”② 真谛所传的无相唯识学将受到烦恼与所知二障遮蔽的分别性(遍计所执性)及能分别的依他性共同看成发生于迷乱心识(乱识)的认识情况，因分别性将心识所显现的相似认识对象错谬地执取为心识外的实在事物。如能了知所执心识外的认识客体并不存在，破除二元对立的虚妄分别性，则认识主体因缺乏对象也不能生起，具分别性质的依他性实时消除，无分别的阿摩罗识因而豁显。阿摩罗识同样是境识俱泯后始显现的清净心识。由“分别性永无故，依他性亦不有；此二无所有，即是阿摩罗识”这句话来判断，阿摩罗识必须是修证到究竟位所现起的如来智心。

《三无性论》卷上对比声闻乘的人空法有观及大乘的摄境归识与阿摩罗识三种层次的真理观，阿摩罗识是修证到最后，舍除心识中一切虚妄分别的遮障因素，唯是清净心识的状态：

> 小乘所辨一切诸法，唯十二入非是颠倒。今大乘义破诸入并皆是无，唯是乱识所作故，十二入则为颠倒，唯一乱识则非颠倒，故称如如。此识体犹变异，

---

① 《大正藏》册31，第63页下。

② 《大正藏》册31，第872页上。

次以分别、依他遣此乱识，唯阿摩罗识是无颠倒，是无变异，是真如如也。……先以唯一乱识遣于外境；次阿摩罗识遣于乱识故，究竟唯一净识也。[①]

部分声闻行者所分辨的一切诸法，主张构成现象万物的基本要素十二入为实有，并非颠倒，这是他们指称的胜义如如。现在大乘义破析诸入都不存在，只是迷乱心识所造作，所以十二入即是颠倒，唯有一个乱识较非颠倒，所以称为如如。这种摄境归识的如如义只是相较于前述指十二入为如如者更胜一筹而已。然而，这个迷乱识体仍有变异，接着由照见分别性与依他性而遣除这个迷乱心识，唯有彻见真如境的阿摩罗识是不颠倒，是无变异，方是究极的真实如如。再者，《三无性论》卷下说：“第五相唯为真性所摄者，此不执著名、义二相，即是境智无差别阿摩罗识故。第四、第三亦不离真实性，但其所立正为偏显一义耳。”[②]第三相显示三性说中分别性之义，第四相显示依他性之义，虽与真实性相即不离，但偏显部部意义，第五相则全显真实性的意义。到了阿摩罗识显现的境地消解一切名称与意义的语言概念执取，对真实性达到全然无碍的现量观照。阿摩罗识是修证到究竟，超越任何执取与分别之最极清净的心识状态。

声闻实在论者将六根（眼、耳、鼻、舌、身、意）与六尘（色、声、香、味、触、法）的十二入视为真实存在；从大乘立场来看，十二入也非实有，仍是由迷乱心识所显现出来的虚妄外境。第二步，当观知分别性与依他性的活动方式，由遣除虚妄外境从而止息迷乱心识，消解这两种虚妄分别性质，独存真实性的阿摩罗识。将小乘与大乘对比以显明阿摩罗识，此识属于大乘佛法的最上转依层次，非仅共通于声闻佛法的阿罗汉位断惑境地。《三无性论》中回复何以“二执灭已方立净品”，将“转依”分为浅深五等，从二乘人、地上菩萨到如来地，指出如来地的转依方为究竟转依。佛位的转依不只彻见空性真如，亦展现六种不可思惟的如来功德：圆满、无垢、无动、无等、利他为事、胜能。[③]究竟转依的佛地智能并非只是消极地照见真性真如，更有积极的不可思议智能功用。真谛将《决定论藏》中的“转依”“净识”都译作“阿摩罗识”，根据其他论典所述之关于阿摩罗识的更明确语义，他试图依大乘唯识教理将该论的“转依”意义指向佛位的清净心识。

以上《转识论》与《三无性论》都将阿摩罗识视为修证到终极佛位所显现的清净心识，为境识俱泯之真实性（圆成实性）的纯粹显现。若就分别性、依他性、真实性这三性的关系来说，心识的真实性在分别性与依他性起作用时，并非不存在，只是遭到遮蔽。因此，与真实性（真如）相应的阿摩罗识是否也可能潜存于凡夫的分别心识当中，就成为一个

---

① 《大正藏》册 31，第 872 页上。

② 《大正藏》册 31，第 873 页下。

③ 《三无性论》卷下，《大正藏》册 31，第 874 页中 – 下。

费解的问题。前面各段文句都只是将阿摩罗识视为修证的究极成果。

《十八空论》有一种稍微不同于先前诸论的说法，将阿摩罗识说成有不净与清净两种情况：

> 问：若尔，既无自性不净，亦应无有自性净，云何分判法界非净非不净？
> 答：阿摩罗识是自性清净心，但为客尘所污，故名不净；为客尘尽，故立为净。①

这个段落原本是在解释法界与空义的，自性清净心的梵文意旨是说心（citta）就其本性（prakṛti）而言是光净性（prabhāsvaratva），光净也可用来描述空性。大竹晋即主张真谛将真如之异名的空性称为阿摩罗识及自性清净心。②然而，如前引《三无性论》所述，佛位转依所显空性真如的境智无差别非仅只消极性的实相真理，亦具不可思议如来功德的积极智用，此义在下一节另有详细论述。真谛既然用到"阿摩罗识"这个术语来指称"法界"，显然对空义赋予了言外之意。此处相较于前述《转识论》与《三无性论》的进一步义理延伸，指出阿摩罗识是自性清净心，在凡夫层次受外来客尘所遮蔽，而说凡夫心识是不清净的。圣者能将客尘祛除，而说其心识是清净的。这里埋下一个伏笔，阿摩罗识透过"法界"的观念似可潜存于凡夫心识之中。

《十八空论》继续解释说："若言法界定有烦恼，即自性不净；而此法界虽为烦恼所覆，而非自性不净，故不得说定是不净非不净。……若是如如虽复不离烦恼，名为不净，而犹不失自性，亦不转成烦恼及以不善，故言即不净而复有净义。"③在凡夫的层次，法界或如如(真如)必定不离于烦恼，清净中带有不清净的意涵。从另一个视角看，法界或如如与烦恼相合即带有不清净的意义，但自性清净的如如与法界又不受烦恼所染污，所以说不清净而又是清净。这是为了劝进有情大众修道，所以说既清净又不清净，鼓舞他们肯认自心本具清净自性，应当积极修行以去除烦恼的不净面。真谛将阿摩罗识联结到法界，而法界遍在于染污与清净各种心识状态，依逻辑推论，会成为清净的阿摩罗识亦含具于凡夫心识，而为烦恼所覆盖。

《十八空论》另一段文句说明唯识真理修习的两个层次："唯识义有两：一者、方便，谓先观唯有阿梨耶识，无余境界，现得境智两空，除妄识已尽，名为方便唯识也；二、明正观唯识，遣荡生死虚妄识心及以境界，一皆净尽，唯有阿摩罗清净心也。"④方便唯识属于闻所成慧与思所成慧的阶段，是对唯识真理的思惟抉择。正观唯识是通过修所

---

① 《大正藏》册 31，第 863 页中。

② ［日］大竹晋：《真谛"九识章"をめぐって》，收于传山彻编：《真谛三藏研究论集》，京都：京都大学人文科学研究所，2012 年，第 121–153 页。

③ 《大正藏》册 31，第 863 页中－下。

④ 《大正藏》册 31，第 864 页上。

成慧达到真实体悟，将分别的识心及虚妄的外境完全扫尽，断除阿罗耶识，只存清净的阿摩罗识。这里是依循唯识义理，阿摩罗识是指修行达于究竟位时所得的成果。

真谛如果只依据唯识学说来解释阿摩罗识，将其视为彻底转依后的结果，是很难清楚说明《十八空论》所说“阿摩罗识是自性清净心，但为客尘所污，故名不净；为客尘尽，故立为净”这一段话。这段话隐含着阿摩罗识可分为客尘所遮及客尘净除两种状态，容易令人联想到“无量烦恼障所缠如来藏”及“出无量烦恼藏法身”[①]那样的关系。如果是在唯识学说的义理脉络中，引入如来藏的思想资源，则有助于化解诠释上的难题。因此，还须进一步考察真谛汉译的唯识经论中援引如来藏思想的情形。

四、九识的结构分析

比较早期的唯识经论只见到七识的观点，八识的架构尚未完成。如《解深密经·心意识相品》说：“阿陀那识为依止、为建立故，六识身转，谓眼识、耳、鼻、舌、身、意识。”[②]这里的“阿陀那识”是指阿赖耶识，以此识为依止而有六种转识的生起。《决定藏论》亦有引述经典只说七识之处，[③]同时又可见到八识的结构：“阿罗耶识或共一识相应得生，如说于心。心有我见、憍慢为相，于有意识、于无意识阿罗耶识恒相应生。此我慢心取阿罗耶识为境，言‘是我’，言‘有我’为相。或二识俱生，谓于意识。或三识共生，谓于意、意识，于五识中随取一识。或四识相应生，于五识取二识。乃至于五、六、七识共生。”[④]在这段引文中，第七识就明确分立出来了，称为“心”或“意”，以第八识为认识对象，与我见、我慢等烦恼相应，起我执、我所执的作用。阿罗耶识最多可与七个识共生，合为八识。在现存《决定藏论》并未出现“九识”的用语，但可见到别于“阿罗耶识”的“阿摩罗识”的译词。

唯识学说完成八识的系统后，即以八识为其标准的心识架构。凡夫八识是未证得解脱者的染污心识状态，必须通过佛法修学达到转依，始能现起清净的心识。从七识发展到八识，转依的观念也随而由单纯演变成复杂。真谛的九识说显然更是在八识说基础上所做的义理开展，必然有其企图解决的义理问题。

《决定藏论·心地品》有段话说明阿罗耶识与六识存在与否的排列组合关系：“问

---

① 《胜鬘师子吼一乘大方便方广经》卷1，《大正藏》册12，第221页中。

② 《解深密经》卷1，《大正藏》册16，第692页中。

③ 《决定藏论》卷上说：“世尊依阿罗耶识为一切种本，故说此言，谓眼界、色界、眼识界，乃至意界、法界、意识界，阿罗耶识中有种种性故。故说种本积聚譬喻。”（《大正藏》册30，第1020页上）其异译本《瑜伽师地论》卷51译文如下：“依此一切种子阿赖耶识故，薄伽梵说有眼界、色界、眼识界，乃至有意界、法界、意识界，由于阿赖耶识中有种种界故。又如经说恶叉聚喻，由于阿赖耶识中有多界故。”（《大正藏》册30，第581页中。）

④ 《大正藏》册30，第1019页下。

曰：有人有阿罗耶识有六识不？有人有六识无阿罗耶识不？答曰：此有四句。一者，如人无心眠时、迷闷心时、入无想定、生无想天、阿那含人入灭尽定，此五种人有阿罗耶识则无六识。二者，阿罗汉及辟支佛、不退菩萨、如来世尊，此四种人以有心处有于六识无阿罗耶识。三者，凡夫之人、须陀洹、斯陀含、阿那含，以有心处有六识有阿罗耶识。四者，诸阿罗汉及辟支佛、菩萨、世尊入灭尽定，又世尊入无余涅槃，无阿罗耶亦无六识。”[①] 这里只言及七识，理论相对简易。未得阿罗汉位的转依时，普通心识状态有阿罗耶识与六转识的七识；在五种无心状态则唯有阿罗耶识而无六识，缺少意识活动即无法有前五识的作用。转依以后的圣者已无阿罗耶识，有心状态则有六识；若进入灭尽定或无余涅槃，则七个心识都不现起。这样问题来了，解脱圣者在有心状态下，已灭阿罗耶识，六识生起的依止为何者？其次，解脱圣者在无心状态下阿罗耶识与六识全无，是否有落入断灭见（虚无见）的嫌疑？

有鉴于此，必须安立一个转依以后的根本清净心识，以作为其他出世心识与清净身体与国土生起的依止。如《解深密经·序品》说如来所住清净国土是“最极自在净识为相，如来所都，诸大菩萨众所云集”。[②] 玄奘译《摄大乘论释》卷10对此解释说：“最极自在净识为相者，谓佛净土最极自在清净心识以为体相，唯有识故，非离识外别有宝等。即净心识如是变现似众宝等。此句显示果圆满。”[③] 真谛所译《摄大乘论释》卷15同一段落的对应译文是“最清净自在唯识为相”，解释说：“菩萨及如来唯识智无相、无功用，故言清净；离一切障无退失，故言自在。此唯识智为净土体故，不以苦谛为体。此句明果圆净。”[④] 真谛译文提及这个净土是由菩萨与如来的唯识智所显现，应指菩萨亦能受用佛的实报土。《解深密经》确实说到如来所都、菩萨云集。据此，在佛位没有阿罗耶识，但不能说是虚无状态，应当安立一个清净的智慧心识作为佛身与佛土的具现所依。

真谛所译《摄大乘论释》卷14说：“真如谓道后真如。无间位即佛金刚心能灭最后微细无明，及无有生死苦集二谛，故言解脱一切垢。此无垢清净真如是常住法，诸佛以此为身故，诸佛身常住。由此身常住，依此身有众德故，众德亦常住。此常住以真实性为相。”[⑤] 即使尚未证得佛果，亦不离真如、真实性；而证得佛果所成就的“无垢清净真如”是“道后真如”，必须超脱一切垢障，诸佛的常住清净佛身以此为所依，并具足一切功德。同论书卷11也说：“道后真如断一切障，尽是无垢清净，故名成就。

① 《决定藏论》卷上，《大正藏》册30，第1020页下。

② 《解深密经》卷1，《大正藏》册16，第688页中。

③ 《大正藏》册31，第446页上。

④ 《大正藏》册31，第263页中。

⑤ 《大正藏》册31，第262页上。

一切障所不能染，一切佛法以此真如为体性故。……前明真如境，此明真如智，诸佛、菩萨以真如智为体，即是应身。此体是唯识真如所显。”[①] 诸佛是圆证真如，大菩萨是分证，如果说到“断一切障，尽是无垢清净”，那必须到佛位始能显现。诸佛以此真如智为体现起应身，即是无垢清净心识的智能功用。

阿罗耶识灭了，清净的根本心识现起，其他七识的情形又是如何？《瑜伽师地论·摄抉择分·三摩呬多地》说：“问：若彼末那于一切时思量为性相续而转，如世尊说，出世末那云何建立？答：名假施设，不必如义。又对治彼远离颠倒正思量故。”[②] 当有人提问出世末那如何建立，论主响应说名称只是假施设，不必如字面意义而论，佛地的清净心识对凡人而言是不可思议的，接着肯定说有一种与末那识相反之远离颠倒的正确思量心识功用。未解脱者的第七识是产生我执的染污心识，转依后的第七识就是正确思量无我的清净心识。转依后的前六识亦可依此类推，是不颠倒的正确智慧觉照作用。唯识学派早期经论如《解深密经》与《瑜伽师地论》尚未出现转第八识、第七识、第六识、前五识为大圆镜智、平等性智、妙观察智、成所作智之四智菩提的思想，而于《摄大乘论释》中只在一处段落见到。真谛所译《摄大乘论释》卷 13“释智差别胜相品”译为显了智、平等智、回观智与作事智。[③] 真谛应当已知转八识为清净四智菩提的观念。

既然阿摩罗识与阿罗耶识是相反的，全然异质，灭尽阿罗耶识而显现清净的阿摩罗识，因此若将阿摩罗识说成第八识，易与阿罗耶识相混淆，施设为第九识可避开这个问题。凡夫是染污的八识系统，如来的清净心识系统实际上也是八个识，然而，在如来的心识系统必须灭除染污的阿罗耶识，跳开第八识这个名称，而将阿摩罗识说为第九识。这是关于九识说的第一种比较单纯的可理解意义。

玄奘是采取严格对应的方式来为八识立名，染污的八识相对于出世的八识。《成唯识论》卷 3 援引佛经的一个偈颂：“如来无垢识，是净无漏界，解脱一切障，圆镜智相应。”[④] 大圆镜智也可称为“无垢识”，无垢识在字面意义上与阿摩罗识相近。真谛将转依后的阿摩罗识说成第九识，完全切割与阿罗耶识的联结关系，与玄奘所称的由转化阿赖耶识而来的善净第八识，虽然翻译名称不同，指的都是如来地的清净根本心识。真谛安立第九识与玄奘依然将无垢识视为佛陀的第八识，其实还隐含一个重大的思想歧异，就是真谛以唯识义理为主体而引进如来藏思想。举例而言，玄奘所译《摄大乘论释》只出现一次“如来藏”，真谛的译本却出现八次之多。真谛多出这个译词的几处段落文

① 《大正藏》册 31，第 238 页中。

② 《瑜伽师地论》卷 63，《大正藏》册 30，第 651 页中－下。

③ 《大正藏》册 31，第 253 页中。

④ 《大正藏》册 31，第 13 页下。

义值得详细推敲。

真谛与玄奘共同出现这个译词的地方是在卷6“应知胜相品”（玄奘译“所知相分”），真谛译本文义如下：“论曰：四种清净法者：一、此法本来自性清净，谓如如、空、实际、无相、真实法界。释曰：由是法自性本来清净，此清净名如如，于一切众生平等有。以是通相故，由此法是有故，说一切法名如来藏。论曰：二、无垢清净，谓此法出离一切客尘障垢。释曰：是如来藏离惑、智两障，由此永清净故，诸佛如来得显现。”[①]这段文句中的如来藏意同真如，必须通过清净道路的修行，尽除烦恼、所知二障，才得以显现为诸佛如来的无垢智身。说一切众生俱有，只是在说圆成实性的真如的遍在性，并不同于佛性如来藏的涵义。玄奘译文也是这样的意思。这种意义应该还是站在唯识学的立场说的。

真谛《摄大乘论释》译本在卷1“众名章”解释《大乘阿毗达摩经》的“此界无始时，一切法依止，若有诸道有，及有得涅槃”这个著名偈颂，引述了《佛性论》《宝性论》的如来藏观点；《宝性论》文句中又征引《胜鬘经》的说法。[②]然而，这些涉及如来藏的论述，却不见于玄奘译本。玄奘译本的偈颂译文为：“无始时来界，一切法等依，由此有诸趣，及涅槃证得。”释文中将“界”（dhātu）解为“因”的意义，指的是阿赖耶识中的染污种子，是一切世间万法生起所依的直接原因。[③]至于说此“无始时来界”为证得涅槃的所依，非指阿赖耶识也摄藏了清净种子作为涅槃圣道的生因，而是意指拥有能力翻破烦恼，是灭除染污烦恼而使清净显现的意思。严格来说，阿赖耶识真正所摄藏的种子只是一切世间法的生起原因，出世间法是由对治其染污性而得成就。真谛则在此颂的解释中带入如来藏说，使整个问题变得非常复杂，有人因此理解为阿黎耶识同时具有染净二分。真谛译本首先说：“此中佛世尊说偈，此即此阿黎耶识界。以解为性，此界有五义。”[④]对照玄奘译文，“此即此阿黎耶识界”还是《摄大乘论释》的原本文句，接下来“以解为性，此界有五义”是真谛插入的《佛性论》文义，两段话应分开解读。圆测《解深密经疏》据此发明“解性梨耶”的名相，那是出自对真谛文义的误解。

“以解为性，此界有五义”就是引《佛性论》卷2“自体相品”所说“所言如意功德相者，谓如来藏有五种”来说明“佛性”之“自体相”中的“如意功德性（相）”，也就是如来藏的五种“藏”义。[⑤]那么，“以解为性”应当对应于“如意功德性”，“解”

---

① 《大正藏》册31，第191页下。

② 印顺：《如来藏之研究》，台北：正闻出版社，1992年，第216–217页。

③ 《大正藏》册31，第324页上。

④ 真谛译：《摄大乘论释》卷1，《大正藏》册31，第156页下。

⑤ 《佛性论》卷2整体文脉如下：“所言如意功德相者，谓如来藏有五种。何等为五？一、如来藏，自性是其藏义。一切诸法不出如来自性，无我为相故，故说一切诸法为如来藏。二者，正法藏，因是其藏义。以一切圣人四念处等正法皆

与“如意功德”都有清净自在的意涵。如此，真谛对《摄大乘论》的解释带入如来藏作为成佛依据的意义。真谛所引述的解明如来藏的五义包括：一、体类义，一切众生不出于这个体类，由这个体类众生不异。二、因义，一切圣人法四念处等以此界作为观想对象而生。三、生义，一切圣人所得法身，由信乐此界的法门而得以成就。四、真实义，在世间不可破坏，出世间也不可灭尽。五、藏义，若随顺此法，自性是善，故称为内；若外于此法，虽然相应，则成杂染外壳。[①] 这五义都是如来藏的清净涵义，与染污的阿黎耶识并不相干。

其次，关于“解性”一词的问题，真谛所译《摄大乘论释》卷3“释依止胜相品”说：“如世间离欲人于本识中，不静地烦恼及业种子灭，静地功德善根熏习圆满，转下界依，成上界依。出世转依亦尔，由本识功能渐减，闻熏习等次第渐增，舍凡夫依作圣人依。圣人依者，闻熏习与解性和合，以此为依，一切圣道皆依此生。”[②] 圣人依指转依后的状态，考察这段话先前的文脉，真谛译文在解释本论“若依止一向转是有种子，果报识即无（T31n1595_p0175a02）种子，一切皆尽”这句话，释文说明：“依止即如来法身。次第渐增生道，次第渐减集谛，是名一向舍。初地至二地乃至得佛，故名为转。”[③] 从菩萨初地以上渐舍染污种子（无种子），渐增清净种子（有种子），舍尽染污种子而达致佛位的转依，其所依是指“如来法身”。这整个大段落中又说到“水乳和合”的譬喻，水喻指清净的“非本识”，即清净种子，乳喻指染污的“本识”（含染污种子），两种和合，但性不相杂。[④] 据此，作为圣人依的“解性”应指如来法身。真谛译作中只见圣人转依之“闻熏习与解性和合”，并无“解性黎耶”这种结合两词的概念，阿黎耶识纯粹是染污性质，清净种子与其和合也特别标示为“非本识”，只是托存于本识中。尽管如此，并不妨碍阿黎耶识可与相应于如来法身的清净种子和合不离。

取此性作境，未生得生，已生得满，是故说名为正法藏。三者，法身藏，至得是其藏义。此一切圣人信乐正性，信乐愿闻，由此信乐心故，令诸圣人得于四德，及过恒沙数等一切如来功德，故说此性名法身藏。四者，出世藏，真实是其藏义。……如人在三界，心中决不得见苦法忍等，以其虚妄故名为世。此法能出世间故名真实，为出世藏。五者，自性清净藏，以秘密是其藏义。若一切法随顺此性，则名为内，是正非邪，则为清净；若诸法违逆此理，则名为外，是邪非正，名为染浊，故言自性清净藏。故《胜鬘经》言：世尊佛性者，是如来藏，是正法藏，是法身藏，是出世藏，是自性清净藏。由说此五藏义故，如意功德而得显现。”（《大正藏》册31，第796页中。）

① 真谛译《摄大乘论释》卷1说：“今欲引《阿含》证阿黎耶识体及名。《阿含》谓《大乘阿毗达磨》。此中佛世尊说偈，此即此阿黎耶识界。以解为性，此界有五义：一、体类义，一切众生不出此体类，由此体类众生不异。二、因义，一切圣人法四念处等缘此界生故。三、生义，一切圣人所得法身，由信乐此界法门故得成就。四、真实义在世间不破，出世间亦不尽。五、藏义，若应此法自性善故成内，若外此法虽复相应，则成縠故。”（《大正藏》册31，第156页下。）

② 《大正藏》册31，第175页上。

③ 《大正藏》册31，第175页上。

④ 《大正藏》册31，第175页上。

真谛所译《摄大乘论释》引述《佛性论·自体相品》的文句系根源于《宝性论》，《宝性论》又引《胜鬘经》是在说明如来藏的意趣。《胜鬘经·自性清净章》说：“如来藏者，是法界藏、法身藏、出世间上上藏、自性清净藏。此性清净如来藏，而客尘烦恼、上烦恼所染，不思议如来境界。”[①] 如来藏自性清净，但在凡夫状态为客尘烦恼所染污，其实应指受到遮蔽，或两者相合，而如来藏本身还是清净的。《宝性论·无量烦恼所缠品》援引此段经文来解释前述《大乘阿毗达摩经》颂文“此界无始时”(无始时来界)句：“‘无始世界性’者，如经说言：诸佛如来依如来藏，说诸众生无始本际不可得知故。所言‘性’者，如圣者《胜鬘经》言：‘世尊！如来说如来藏者，是法界藏、出世间法身藏、出世间上上藏、自性清净法身藏、自性清净如来藏故。’作诸法依止者，如圣者《胜鬘经》言：‘世尊！是故如来藏是依、是持、是住持、是建立。’”[②] 所释颂文中的“界”(性，dhātu)一词，在《宝性论》直接解作“如来藏”（Tathāgata-garbha）。对于前述如来藏的五义，与其不相应者就是有为的生死迷界，相应者就是无为的涅槃悟界，如来藏可同时作为生死与涅槃的所依。真谛《摄大乘论释》译本依《宝性论》继续解释“一切法依止”句，引《胜鬘经》说明若有如来藏，由于对此不了知，可说有六道生死轮转，所以说“若有诸道有”。又依《胜鬘经》说如果没有如来藏，则对苦就不会起厌恶，对涅槃不起希愿，有如来藏作为得涅槃的依据，所以说“及有得涅槃”。[③] 就此义论说清净如来藏是生死与涅槃的依止。真谛在自己所附加的释文中引述如来藏系佛典的观点，应有将佛性思想与唯识学说结合的企图。然而，阿黎耶识仍为染污性质，如何在心识系统中安立此清净的如来藏成为重要课题。

真谛所译《摄大乘论释》卷 14“释智差别胜相品”说明深行菩萨与诸佛可照见法身；而执取我与我所的凡夫、无法游戏于涅槃法身四德的声闻与独觉及落入空见的始修菩萨等四类有情很难见到。凡夫人执取我与我所，连解脱生死的涅槃都不信乐，何况是诸佛境界的如来藏。二乘人偏修无常、苦、无我、不净，与常、乐、我、净四德相应的法身非其境界。初学菩萨偏取空理，同样迷惑于非有非无的中道如来藏理。[④] 在这段文句中，真谛将如来藏等同于法身，只有诸佛与深行菩萨能真实了悟如来藏，见到法身。对于其他有情或修行者来说，由于迷惑，使法身或如来藏遭到遮蔽。若将法身与如来藏加以区分，法身特指转依后所朗现本具圆满功德的清净真理境智，《摄大乘论释·释依止胜相品》：“何法名法身？转依名法身。转依相云何？成熟修习十地及波罗蜜，出离转依功

---

① 《大正藏》册 12，第 222 页中。

② 《宝性论》卷 4，《大正藏》册 31，第 893 页上。

③ 《摄大乘论释》卷 1，《大正藏》册 31，第 157 页上。

④ 《大正藏》册 31，第 258 页中－下。

德为相。由闻熏习四法得成：一、信乐大乘，是大净种子；二、般若波罗蜜，是大我种子；三、虚空器三昧，是大乐种子；四、大悲，是大常种子。常、乐、我、净是法身四德；此闻熏习及四法为四德种子。四德圆时，本识都尽。……闻熏习但是四德道种子，四德道能成显四德。四德本来是有，不从种子生，从因作名故称种子。”[①] 法身四德有情本来具足，不是修行以后才生出的，修行只是使其显现出来的原因。常、乐、我、净是《大般涅槃经》佛性思想的四个特质（四德），佛性为一切众生本自具有。真谛在有情的心识系统之中，置入本来具足的清净佛性元素。

借由以上各段文义的分析，真谛是想从如来藏思想援引资源，在染污的阿黎耶识底层再安立一个清净的如来藏，性质同于真实性（真如）或法身，作为修行成佛的依据。然而，如此并不改变唯识学说原本的修证进路，这个法身或如来藏必须等到转依以后方能豁显，成就完全清净的心识。阿黎耶识始终是染污性质，与清净法身性质相违，必须透过对治以灭除阿黎耶识，以使法身四德显现。如果要再安立一个本来具足的清净心识，理论上就必须是第九识了。

有否可能阿黎耶识本身具有染净二种性质？真谛于《摄大乘论释·释智差别胜相品》有段文句容易引起误解：“论曰：一清净类法。释曰：灭不净品尽证得法身，名为清净法。云何得此清净法？论曰：由转阿黎耶识依故。释曰：对治起时，离本识不净品一分，与本识净品一分相应，名为转依。论曰：由证得法身故。释曰：由此转依，金刚道后证得法身，灭德以外其余诸德名清净法。是证得类，故名清净类法。”[②] “本识净品”的“品”是种类之义，这个词组易被解读为本识中的清净类。在整本《摄大乘论释》真谛译本中“本识净品”只出现这么一次，意义不宜仅就字面来理解，宜全面考察论中对“不净品”与“净品”的对比用法。首先，检视玄奘的对应译文：“‘转阿赖耶识得法身故’者，谓转灭彼阿赖耶识得法身清净，即法身清净说名清净。”[③] 并无阿赖耶识有染净二分的说法，清净属于转依后的法身。然而，这或许是因学派不同而导致译文意义的差别。其次，检视真谛译本中“不净品”与“净品”的用例。真谛所译《摄大乘论释·释依止胜相品》的“出世间净章”提道：“此一切种子果报识既为染法因，云何复成彼对治出世心种子？……汝今应答：善清净法界所流津液闻熏习为种子得生。”[④] 出世间心的种子（生起原因）是对佛陀所说最高真理教法的听闻熏习而生。这类种子是清净的，与阿黎耶识性质相反，但寄托于阿黎耶识中。论中用水与乳的譬喻来帮忙理解。水与乳

① 《大正藏》册 31，第 173 页下 –174 页上。

② 《大正藏》册 31，第 254 页下。

③ 《大正藏》册 31，第 372 页下。

④ 真谛译：《摄大乘论释论》卷 3，《大正藏》册 31，第 281 页上 – 中。

虽杂合在一起，性质不同而能同时共生。正闻熏习所成种子非属本识，已成其对治种子，与本识不同性质，但不相离，所以恒常同时生起。同论“释依止胜相品”又有一段文句说：“论曰：由对治阿梨耶识生，是故不入阿梨耶识性摄。释曰：此闻熏习非为增益本识故生，为欲减损本识力势故生，故能对治本识。与本识性相违故，不为本识性所摄。此显法身为闻熏习果。”[①] 同样，本识只为染污性质，正闻熏习种子与其相反，是清净的性质，不摄属于本识的染污性质当中。因此，不能说本识具有不净与清净二分，本识自是染污，正闻熏习种子自是清净，只是两者可如水乳相合。转依后，染污的阿黎耶识消亡，独存与法身四德相应的阿摩罗识。这种意义仍合于唯识义理的主体结构，只是真谛还将如来藏隐伏在阿黎耶识的更深处，显现后成为法身，为阿摩罗识。

真谛所译《摄大乘论释》讲到“不净品”与“净品”的对比，其实是针对三性而说。《摄大乘论释・释学果寂灭胜相品》说：“论曰：此中生死是依他性不净品一分为体；涅槃是依他性净品一分为体。释曰：此释二所依止义。本识名依他性，本识若起分别，即是不净品，说此一分为生死体。如分别依他性，此性不如此有，此分别无所有即是净品，依此一分为涅槃体。论曰：本依者，是具净、不净品二分依他性。释曰：分别性是生死；真实性是涅槃。从本以来此二品以依他性为依止，即说依他性为本依。论曰：转依者，对治起时，此依他性由不净品分永改本性，由净品分永成本性。”[②] 说明生死是以依他性不净品的部分作为体性，涅槃是由依他性净品的部分为体性。本识属于能所分别的不净品依他性；涅槃是无分别的净品依他性，也就是真实性（圆成实性）。当依他性起分别性认识作用时，为依他性的不净品一分；当依他性不起分别作用，真实性呈现，相对地说成依他性的净品一分，其实是真实性、涅槃体证。当转依时，对治生起，依他性由不净品永久改变本性，无分别的净品变成永久本性。因此，有染净二分者并非本识，而是对依他性的说明方式。再者，依他性的净品与不净品是相违的，无法并立，虚妄分别状态是不净品，灭除虚妄分别永成真实性时是净品。

综合以上分析，真谛主张的九识说有二层意义，第一种意义仍在原本唯识学说的框架中来论说，阿黎耶识（阿罗耶识）为染污心识，转依后此识消亡，清净的阿摩罗识现起为第九识，以此名称可避免与阿黎耶识的第八识混滥。清净种子虽与阿黎耶识相合不离，但非属阿黎耶识所含摄，因两者性质相违，只是寄托性地依存于阿黎耶识。染污与清净二种性质是严格区分的，阿黎耶识只是染污的，并无净品意涵。第二种意义是以唯识学说为主体义理结构，引入如来藏说来帮助说明清净法身、真实性（真如）遍在的意趣，相应地试图将转依后所证的清净阿摩罗识透过与真实性的关系延展到烦恼有情身

---

① 《大正藏》册 31，第 174 页上。

② 《大正藏》册 31，第 247 页中 – 下。

中，而为与第八识性质相反的第九识。依据《胜鬘经》，法身在烦恼有情身中受到隐覆，称为如来藏，灭尽烦恼后则显现为法身。[①] 此清净如来藏可同时作为生死与涅槃的依止。类似的法义观点隐含在真谛的释文当中。

五、结论

“阿摩罗识”是真谛所传译的唯识佛典中非常特殊的佛教术语，在其他译经家的唯识学译作中并未见到对应的概念。本文通过真谛所译论典的详细爬梳，探讨其“阿摩罗识”译词及其安立第九识的思想意趣。

在《决定藏论》中，真谛所译“阿摩罗识”大多对应到玄奘异译本的“转依”，及对应到“转依力”与“净识”各一次。比较广义的“转依”涵义指“阿罗汉位”，共通于阿罗汉、辟支佛、大力菩萨与佛；狭义则专指佛位的究竟转依。《决定藏论》出现“阿摩罗识”译词的文脉意义，强调灭一切烦恼与阿罗耶识(阿黎耶识)，成就出世无漏法，倾向于广义的转依义，而真谛将“转依”译作“阿摩罗识”，应有其言外之意，并使语义更加明确。再考察真谛其他译作如《转识论》《三无性论》《十八空论》中的“阿摩罗识”，是指修证的终极境地，依三性之说，是彻底遣除乱识层次的分别性(遍计所执性)与依他性，使真实性(圆成实性)完全显现的佛位清净心识。然而，真谛留下一个伏笔，阿摩罗识与真实性有共通性质，而真实性在凡夫层次非不存在，只是受虚妄分别的心识作用所遮蔽；如此，阿摩罗识的意义便有所延伸，是否亦潜存于凡夫的迷乱心识之中，是个必须解决的重要课题。

在真谛极为重视的《摄大乘论释》里，几处关键释文援引如来藏系经论的观点，以唯识义理为主体结构，置入了如来藏思想，有利于说明阿摩罗识别于八识的纯净地位。玄奘所传唯识学的八识系统，佛位的清净八识(智)是由染污八识转染成净而来，第八的无垢识对应到凡夫的第八阿赖耶识。真谛所传义理体系同样视阿罗耶识为染污性，特别强调阿摩罗识为其对治，必须灭尽阿罗耶识始得显现；因此，阿摩罗识非由阿罗耶识净化而来，是别立于染污第八识的清净心识，以第九识视之，可免混淆。其次，引入如来藏说，则凡夫与圣者等一切有情都平等具足作为成佛依据的清净体类(如来藏)，阿摩罗识是相通于真实性(真如)的清净心识，亦可随真实性而有潜藏于凡夫染污心识系统的意义，清净与不净和合不离，又不为烦恼惑障所污，如此的义理发展就必须建构九识系统，以对一切有情平等地安立一个纯然清净的心识。

真谛后学与后世佛教学人对真谛的九识思想甚为重视，或是传承其说，或是批判

---

① 《胜鬘经》卷 1，《大正藏》册 12，第 221 页下。

他的观点。由于真谛本人的九识说相关论著已经佚失，无由知其内容详情，从其所译佛典来考察阿摩罗识与九识义理是不可缺少的基础研究。在佛性如来藏经论盛行的佛教文化环境中，对真谛的九识思想容易产生偏向的理解，可能放大如来藏说而缩小唯识义理。真谛是位唯识学大师，有其佛学传承，他精熟于《摄大乘论释》《俱舍释论》及其他无着与世亲的唯识学论着，即便想引入如来藏说，基于对原著忠实的考虑，也不致偏离唯识义理太远。本论文经由其汉译唯识论书的详细检视，确认真谛在唯识义理架构上带进如来藏的清净心识观点，又不违背阿黎耶识的染污性质，九识系统是必要的发展。真谛的九识说是以唯识学说为本，借助如来藏说来充实理论的心识思想体系。

依识境关系论唯识古学与今学“虚妄分别”的意涵

行蕾[①]

【摘要】心识以虚妄分别为自性是瑜伽行派的共见，但古学与今学对虚妄分别的解释有所不同。从识境之间的认识关系来说，古学以“显现”为虚妄分别的基本语义，说明虚妄分别所显现的境相其实是“实无而现”，同时，境相的显现也表明了心识的存在。虚妄分别这一有、无相即的特征，结合到三性来说，即包含了依他起与遍计执。今学则从“果能变”的意义上说明识境关系，境、识皆是依他起，并区分了“能遍计”与虚妄分别，认为遍计执是由能遍计心而来，虚妄分别本身只指认了依他起的心识，而不包括遍计执。由于对遍计执与依他起的定位不同，今学只认同以“依主释”解释虚妄分别，从而否定了“持业释”；在古学的理论框架中，持业释与依主释都可以解释虚妄分别。本文以识境之间的认识关系为线索，探讨古学以显现义开阐虚妄分别的意涵，并对比今学的说法，阐明两家对虚妄分别的不同诠释。

【关键词】虚妄分别；显现；依他起自性；能遍计

“分别”指心识对所缘境相的一种推度作用，这一基本语义在《阿含》中就已被开显，如说：“此十二因缘难见难知……未见缘者，若欲思量观察分别其义者，则皆荒迷，无能见者。”[②]此中对十二因缘的思量、观察、分别，即说明心识对十二因缘有种种的作用。部派佛教基于阿毗达磨分析法义的特点，有部根据心识活动的粗细程度不同和各心识自身的特点，又提了出自性（svabhāva）、随念（bhinirūpaṇa）、计度（anusmaraṇa）等分别。[③]具体来说，有部认为前五识只有与寻、伺相应的自性分别，意识则在不同的

---

① 作者为闽南佛学院 2019 级研究生。

② 《长阿含经》卷 10，《大正藏》第 1 卷，第 60 页中。

③ 《阿毗达磨大毗婆沙论》卷 42：“寻令心粗，伺令心细，此中略有三种分别：一自性分别，谓寻伺；二随念分别谓，意识相应念；三推度分别，谓意地不定。”（《大正藏》第 27 卷，第 219 页中。）

界、地，有三种分别俱或不俱的不同情况，[①]有部将每个识所具有的不同分别一一说明，细化了心识缘境的推度作用。而“虚妄分别”一词鲜见于部派的论议中，更没有被阐明为心识的特点。瑜伽行派继承了部派分析法义的特点，将“分别”开展为五种、七种乃至八种的不同。[②]在《瑜伽师地论》中，虚妄分别的概念多次被提及，其中在《摄决择分》分析“想蕴”时，将虚妄分别列为“五种想分别相”之一：“于诸境界取颠倒相，名虚妄分别。”[③]颠倒相的虚妄性，无非是说基于名言建构的世界非实有的本质，表明虚妄分别的境相在本质上是无体的。而进一步将虚妄分别特别说明为心识的显现特点，其具体的展开是从《辩中边论》等三论[④]开始的。

一、虚妄分别与显现

在《辩中边论》中，心识以虚妄分别为自性的意涵被广泛说明：“三界心心所，是虚妄分别”，[⑤]同时又将依他起落实在了心识上，所谓：

> 依止虚妄分别性故，说有依他起自性。[⑥]
>
> abhūta-parikalpaḥ paratantraḥ svabhāvaḥ |[⑦]

梵文中每一词都使用单数第一格（主格），直译为“依他起自性是虚妄分别”。也就是说，心识是由自种子生起的依他起性，而虚妄分别是其属性，它是具有虚妄分别性的存在。所谓虚妄，其对应的梵文词一般为“abhūta”，是由词根√bhū（现起、存在）的过去被动分词“ta”再加上否定前缀“a”组成，其含义为“……已不存在了的”，可作形容词来修饰后词，因此，虚妄的意涵在于不存在或不现起；“分别”对应的梵文词是 parikalpa，基本的构成形式为：前缀 pari（普遍、围绕）加上词根√kḷp（想象、建构）组成，通俗来说即是普遍想象、普遍构造之义。因此，所谓虚妄分别最直接的意

---

① 《阿毗达磨顺正理论》卷4：“若在欲界及初静虑，不定意识具三分别；若初静虑在定意识，及上散心，各二分别；上地意识若在定中，及五识身，各一分别。”（《大正藏》第29卷，第350页中。）

② 分别参见于《瑜伽师地论》卷53，《大正藏》第30卷，第594页下；《瑜伽师地论》卷1，《大正藏》第30卷，第280页下；《瑜伽师地论》卷36，《大正藏》第30卷，第489页下。

③ 《瑜伽师地论》卷53，《大正藏》第30卷，第594页下。

④ 除《辩中边论》外，具体还包括了《辨法法性论》《大乘庄严经论》。傅新毅老师指出这三部论在思想上有三个共同之处：第一，以虚妄分别为杂染的依他起性之法，以能、所之“二取无”为清净的圆成实性之法性；第二，由“法”与“法性”的分别来说转依，对大乘行、果有特别的关注与详尽的说明；第三，有约圆成实真如“无差别”义的如来藏说。（傅新毅：《玄奘评传》，第326页，2006年，南京：南京大学出版社。）

⑤ 《辩中边论》卷1，《大正藏》第31卷，第465页上。

⑥ 《辩中边论》卷1，《大正藏》第31卷，第464页下-465页上。

⑦ Gadjin M.Nagao（长尾雅人）：*Madhyāntavibhāga-bhāṣya*，东京：铃木学术财团，1964年，p.19。

义则是“不存在的普遍想象、构造”，以此联系到依他起性的识本身来说，即具有分别、建构种种非实有境相的作用。

将一切法摄归于识，是唯识的根本语义，《辨法法性论》中，将一切法分为“法”与“法性”，以虚妄分别的显现性来说明二者的关系：

> 此中法相者，谓虚妄分别，现二及名言。实无而现故，以是为虚妄；彼一切无义，惟计故分别。复此‘法性’相，无能取、所取，能诠、所诠别，即是真如性。[①]

此中所明，法相即是虚妄分别，显现为遍计所执性的能、所二取和名言，它们本身是“实无而现”的，是被计执出来的，法性则是能所二取之“无”性。结合前面对复合词 abhūta-parikalpa 的分析可以看出，这里所说的实无而现正对应于 abhūta（虚妄）的意涵，而惟计则对应于 parikalpa（分别）。也就是说，遍计所执的二取本身是实无的，并非如所计执的那样实有存在，它只是因心识的构造、想象或计度显现出来的，而“无义惟计”正说明所显现的遍计执的无体性。

所谓显现，其梵语一般作 pratibhāsa，是由前缀 prati（朝向、对向）加词根√ bhās（发光、照耀）和名词后缀“a”组合而成，除了将 pratibhāsa 译为显现之外，还可将其译为“似……”，如《辩中边论》中说：“……pratibhāsam prajāyate |”[②] 玄奘和真谛分别将其译为“识生变似……”“……本识生似彼”。[③] 由词根√ bhās 构成的类似的意义还有 ābhāsa、nirbhāsa 等，[④] 如《大乘庄严经论》论中的“dvayābhāsa”（两种显现），波罗颇蜜多罗将其译为“二光”。[⑤] 而无论是哪种翻译，都表明了虚妄分别所现境相的非实有本质，换言之，心识与境相之间的关系，正是由显现的意涵来诠表，即境相唯以心识的显现形式而存在，离开心识的显现，境相不可得。由此，《解深密经》中所揭示的“所缘唯识所现”，在弥勒三论中以虚妄分别为中心，结合三性说，展开了对“唯识”义深层次的探讨，正如前分析，虚妄分别的唯识意涵以显现义来彰显，而显现正是虚妄分别的基本语义。[⑥]

---

① 杨德能、胡继欧主编：《法尊法师全集》第 1 册，北京：中国藏学出版社，2017 年，第 105 页。

② Gadjin M.Nagao（长尾雅人）：*Madhyāntavibhāga-bhāṣya*，p.18。

③ 分别参见《辩中边论》卷 1，《大正藏》第 31 卷，第 464 页下；《中边分别论》卷 1，《大正藏》第 31 卷，第 451 页中。

④ 傅新毅：《玄奘评传》，第 321 页。

⑤ 《大乘庄严经论》卷 4，《大正藏》第 31 卷，第 612 页上；罗马体梵文转写参考 S.Lévi（莱维）：*Asaṅga：Mahāyāna-Sūtrālaṃkāra：Exposé de la doctrine du Grand Véhicule selon le système Yogācāra*，Paris：Librairie Honoré Champion，1907，p.60。

⑥ 傅新毅：《识体与识变》（未出版）。

二、虚妄分别的自相

显现作为虚妄分别的基本语义，也就意味着心识与境相之间唯是显现与被显现的关系，就凡夫而言，由有虚妄分别而有境相，由此，虚妄分别就是以显现境相为其体性，或者说，虚妄分别的自相（svalakṣaṇa）即是境相的显现。其具体的展开如《辩中边论》所说：

原文：artha−satvātam−vijñapti−pratibhāsam prajāyate |
vijñānaṃ nāsti cāsyārthas tad−abhāvāt tad apy asat | |[①]
玄奘译：识生变似义、有情、我及了；此境实非有，境无故识无。[②]
真谛译：尘、根、我及识，本识生似彼；但识有无彼，彼无故识无。[③]

此中，动词 prajāyate（生）的语尾是中间语态的单数第三人称，整句话中省略了主语 vijñāna（识），在这一点上，玄奘将其译为“识生”，而真谛则译为“本识生”。此中差别在于，玄奘基于“三能变”的立场，认为八识在果能变的意义上分别“转变”（pariṇāma）为“义”（artha）等四境，此四境是依他起，[④]从梵本原文来看，此转变义似乎并未体现，抑或说这是玄奘根据今学的三能变理论而进行的意译；真谛所谓“本识”则是指阿赖耶识，认为四境同是一阿赖耶识所显，此四境是遍计执，窥基认为真谛的说法“似朋一意识师意”且于教、理皆有违背。[⑤]

从古学的立场来看，所显现的四境并非实有，属于遍计所执，而识（vijñāna）作为显现者则是依他起，如真谛解释说：“但识有者，谓但有乱识，无彼者，谓无四物。”[⑥]所谓“乱识”，即指识的虚妄分别性，境相只是其错乱地显现，故而四境是无。从此中关系可以看出，既然实无而现的四境体是乱识，那么也就意味着境相的显现正体现了心识的存在，抑或说心识就是以境相的显现为存在方式，[⑦]心识与境相二者是统一的。从这一意义上来说，古学所谓“无四物”，并非消极地否定了有情世界，相反，这正说明

---

① Gadjin M.Nagao（长尾雅人）：*Madhyāntavibhāga-bhāṣya*，p.18。

② 《辩中边论》卷 1，《大正藏》第 31 卷，第 464 页下。

③ 《中边分别论》卷 1，《大正藏》第 31 卷，第 451 页中。

④ 《辩中边论》卷 1：“变似义者，谓似色等诸境性现；变似有情者，谓似自他身五根性现；变似我者，谓染末那与我痴等恒相应故；变似了者，谓余六识，了相粗故。”（《大正藏》第 31 卷，第 464 页下。）

⑤ 《辩中边论述记》卷 1：“违《瑜伽 · 决择》说阿赖耶识缘有根身、相、名、分别、种子及器世间，此则违教；若违理者，应所缘心不能缘虑，相分心故。……然真谛法师似朋一意识师意。”（《大正藏》第 44 卷，第 3 页中）“一意识师”的说法见之于《摄大乘论》，其谓，仅有意识，而眼等五识并无别体的存在。（傅新毅：《玄奘评传》，第 344 页。）

⑥ 《中边分别论》卷 1，《大正藏》第 31 卷，第 451 页中。

⑦ 傅新毅：《识体与识变》。

了有情世界只是唯识性的存在，即心识将自身全体显现为了境相，境相的全局即是心识的全局，因此，古学在"境即是识"或"识即是境"的层面可以说为"境识一体"。正如在真谛译的《显识论》中说："一切三界唯有识"[①]，从识显现为三界一切法而言，三界离识别无体性，故而三界唯识，同样，心识的存在性唯有以境相的显现才能证明，故而亦可说识唯三界，也正是在识显现为境、识境一体这一统一的意义上，古学解释唯识为"一切法唯是识"，抑或说"识唯是一切法"。

进一步，对于凡夫来说，由于心识的虚妄分别，似义等显现的境唯是计执性的，所谓"于此二都无"[②]，即于此虚妄分别中只有能取、所取的显现，二取实际以心识为体，离开心识的显现并不存在。具体说来，二取就是义等的四境，如安慧解释说："…dvayaṃ ca nâstîti yataḥ pratīyate tad api noktam ity atas tat-pratipādanārthan āha | arthasatvā tamvijñaptipratibhāsam |"[③]（……令人相信"二取无"的原因尚未说明，为了说明这一原因，故说：显现境、有情、我和了别）。由此可见，以四境的显现来说明二取无，正体现四境即是以二取的性质显现，四境即是能、所二取。结合如上所说，心识以境相的显现为存在方式，那么对于虚妄分别的心识来说，凡是显现了的四境，就已经是遍计所执意义上的二取了。由此，再来看"虚妄分别"的梵文复合词abhūta-parikalpa则恰能反映之一问题，其中abhūta作为过去被动分词的意涵，说明境相之所以虚妄，是因为当其显现的同时，就已经是被计执的了，[④]也就是说，心识虚妄分别的显现，即阐明了境相总是已被计执了的，而且在任何时候都是虚妄的语义。

如上所述，所谓虚妄分别就是以显现即虚妄的境相为其自相，这具体包括"义、有情、我、了"，其对应于真谛所译分别为："尘、根、我、识"，从四境非实来说："似义似根无T31n1600_p0464c15 ‖行相（anākāratva）故，似我似了非真现（vitatha-pratibhāsatva）故，皆非实有。"[⑤]此中，就四境在实无而现的意义上，义、根是作为所取（grāhya）的显现，相对的，我、了是作为能取（grāhaka）的显现。所谓行相，安慧有两种解释，其一"ākāro hy ālambanasyānityādirūpeṇa grahaṇaprakāraḥ |"（行相即是将所缘无常等相的执取之相）[⑥]；其二"ālambanasaṃvedanaṃ vā ākāraḥ |"[⑦]（或以觉

---

① 《显识论》，《大正藏》第31卷，第880页中。

② 《辩中边论》卷1，《大正藏》第31卷，第464页中。

③ S.Yamaguchi（山口益）：*Madhyāntavibhāgaṭīkā de Sthiramati*，东京：铃木学术财团，1966年，p.17。

④ 傅新毅：《何谓"唯识"？——从现象学的视角看"vijñapti"（识）的定位》，《中国哲学史》2011年第3期，第120页，北京：中国哲学史杂志社。

⑤ 《辩中边论》卷1，《大正藏》第31卷，第464页下；Gadjin M.Nagao（长尾雅人）：*Madhyāntavibhāga-bhāṣya*，p.18–19。

⑥ S.Yamaguchi（山口益）：*Madhyāntavibhāgaṭīkā de Sthiramati*，p.18；翻译参考傅新毅：《识体与识变》。

⑦ S.Yamaguchi（山口益）：*Madhyāntavibhāgaṭīkā de Sthiramati*，p.18。

知所缘为行相）。因此，所谓行相，即是心识能执取无常等所缘相，或是觉知所缘的能力，而显现的义与根并无此两种功能，此所谓无行相也就是“无能取”（agrāhakatva）和“无觉知”（upalabdhyabhāva）之义。也就是说，作为所取显现的义与根并不能像心识那样执取、觉知所缘，二者只是显现性的遍计所执，其体性不同于具有能取、觉知所缘作用的依他起的心识，由此，义、根无能取、无觉知故非实有。

作为能取的我（ātam）、了（vijñapti），由于非真现，所以也是非实有。按照安慧的说法：“na tu anyayor grāhakarūpeṇa prakhyānād anākāraḥ |vitathapratibhāsatvam evārthābhāve kāraṇam uktam |”[①]（然而，另两个我、了，由于显现为能取相，所以不是无行相，非真的显现义才是被说为无实物的原因）。此中所谓“非真的显现义”是说，能取可说为是有行相，因为它们是作为能取相显现，[②]但这能取相本身是遍计执，并非如心识那样具有显现境相的功能，而只是在所取之义、根的相对意义上，才说我、了是有行相。意即能取只是被虚妄分别的心识执著为能实在地显现义、根，而实际上，能取只是相对于所取而言才称之为“能”，离开所取并无能取，它并不能像心识那样显现境相，因此说它是非真现故非实有。

虚妄分别以显现为基本语义，显现为能取、所取，就依他起的心识来说，此中构成了一层能、所关系，即能显现的心识与所显现的境相。而就所显现、非实有的能所二取来说，只是“似”（pratibhāsa）心识有能缘作用，其体性实无。因此，当认识到所显现的境非实有时，心识的虚妄显现也就不再现起，此即“但识有无彼，彼无故识（vijñāna）无。”[③]需要指出的是，这里的“识无”并非否定了依他起的识本身的存在性，而是在其唯以显现二取为自相的层面，说它是无。换句话说，心识唯以显现境相为其存在方式，且显现了的境相就已经是被计执的了。然而，当境相不再以二取的形式显现时，心识也就失去了它作为虚妄分别的存在意义。由此，再来看真谛所说：“所取（grāhya）既无，能取（grāhaka）乱识亦复是无。”[④]此中能取、所取虽然与所现四境意义上的二取用了相同词汇，但意涵却并不一样，四境意义上的二取是非实有的二取显现，而这里的能取、所取则是指心识与境相之能显现与所显现。此即，在识、境之间的认识关系上，当认识到所取四境非有的真实性，那么作为能显现的乱识也就不再生起。

心识显现境相，表明二者之间是能显现与所显现的关系，所显现的遍计执境相依于依他起的心识而有，就二者的存在样态来说是一有一无。即心识有显现的性格，是

---

① S.Yamaguchi（山口益）：*Madhyāntavibhāgaṭīkā de Sthiramati*，p.18。

② 傅新毅：《识体与识变》，未出版。

③ 《中边分别论》卷1，《大正藏》第31卷，第451页中；Gadjin M.Nagao（长尾雅人）：*Madhyāntavibhāga-bhāṣya*，p.18。

④ 《中边分别论》卷1，《大正藏》第31卷，第451页中；Gadjin M.Nagao（长尾雅人）：*Madhyāntavibhāga-bhāṣya*，p.19。

为有，而所显现的唯是计执性的，是为无，如《大乘庄严经论》中说：“说有二种光（dvayābhatātrāsti），而无二光体，是故说色等，有体即无体。”[①]所谓二种光即是能、所取的显现，此中意为，二取惟有虚妄分别的显现之性，而其体实无，由此在显现的意义上，境相有而非有，即有显现而实无体。可见，虚妄分别的显现意涵，将心识与境相之间的有、无关系统一起来，而显现的基本语义也正由此体现。

三、境相显现之无体与可得

二取虽然无体，但有二取的显现，即表明虚妄显现的境相有两重含义，其一为“所得知”，即可以被心识所见、所闻等；其二是虽然可以被得知，但实际是“无”。[②]如《大乘庄严经论》中说：“无体及可得，此事犹如幻。”（dharmābhāvôpalabdhiś ca……māyādisadṛśī jñeyā）[③]这一颂被《摄大乘论》引用，其不同的翻译如下：

表1[④]：

玄奘	法无而可得……应知如幻等
真谛	法无显似有……是故譬幻事
达摩笈多	法无而可见……应知如幻事

显现表述了境和识之间有、无的统一关系，就有显现性的心识来说，所显现的境相意味着可见、可得（upalabdhi）。此中名词upalabdhi的词根√labh有获得、理解、感知等含义，前缀upa则有向着、接近之义。因此，可见、可得只是相对于心识能认知的作用来说，所显现者体性实无，这在《大乘庄严经论》中的长行解释说：“一切诸法无有自性，故曰无体；而复见有相貌显现，故曰可得……譬如幻等实无有体而显现可见，诸法无体、可得亦尔。”[⑤]所谓显现可得，不过是心识虚妄分别的作用将实无境相计执的结果，真谛将upalabdhi译为“显似有”，正意指了只有心识显现的境相是“似”有，而非“实”有。

就虚妄分别来说，一方面，原本不可见的心识显现为可见的境相，另一方面心识有体、境相无体，而心识又惟以显现为其存在方式，如安慧在《辩中边论释》中说：“na

---

① 《大乘庄严经论》卷4，《大正藏》第31卷，第612页上；罗马体梵文转写参考S.Lévi（莱维）：*Asaṅga: Mahāyāna-Sūtrālaṃkāra: Exposé de la doctrine du Grand Véhicule selon le système Yogācāra*，p.60。

② ［日］上田义文著，慧观等译：《唯识思想入门》，北京：宗教文化出版社，2017年，第13页。

③ 《大乘庄严经论》卷6，《大正藏》第31卷，第622页下；罗马体梵文转写参考S.Lévi：*Asaṅga: Mahāyāna-Sūtrālaṃkāra: Exposé de la doctrine du Grand Véhicule selon le système Yogācāra*，p.88。

④ 分别参见：《摄大乘论本》卷2，《大正藏》第31卷，第140页上；《摄大乘论》卷2，《大正藏》第31卷，第120页中；《摄大乘论释论》卷5，《大正藏》第31卷，第289页下。

⑤ 《大乘庄严经论》卷6，《大正藏》第31卷，第622页下。

ca viṣayapratibhāsātmanotpattiṃ muktvā vijñānasyānyā kriyā 'sti ǀ"（除似境显现之自体生起，此识无别业用）。[①]心识除了将自身显现为境相之外，别无他用，指明心识即是显现本身。当无体的境相显现为可见时，即意指了不可见的心识的存在性。同样，境相以心识为体，说明所显境相的范围即是心识的边界，所谓有体与无体不过是心识显现的一体两面。无论是心识的有体和境相的无体，还是心识本身的不可见和境相的可见，二者始终处于"相即无二"的状态。正如《大乘庄严经论》中说"有体即无体""无体、体无二"，[②]前者是指虚妄分别从心识显现为境相的一面，而说"有而非有"，后者则从境相不离心识显现的一边说"非有而有"，二者是俱有俱无而不能相离的[③]。因此，所谓或"有"或"无"，都只是虚妄分别之心识的显现而已。

唯识古学以虚妄显现说明了境相的无体与可得，同时也指向心识本身是有体而不可见，这一有、无相即的特征，体现了"唯识"之心识与境相之间的统一性，二者即如前所说的有而非有、非有而有。由此，唯识学常将这种显现性喻说为"幻"（māyā），如《大乘庄严经论》中说：

> 如彼起幻师，譬说虚分别（abhūta-parikalpa），如彼诸幻事，譬说二种迷（dvaya-bhrānti）。
>
> 释曰："如彼起幻师譬说虚分别"者，譬如幻师依咒术力变木石等以为迷因（bhrānti-nimitta），如是虚分别依他性（paratantraḥ-svabhāva）亦尔，起种种分别为颠倒因。"如彼诸幻事譬说二种迷"者，譬如幻象金等（hasty-aśva-suvarṇādi）[④]种种相貌（ākṛti）显现，如是所起分别性（parikalpita-svabhāva）亦尔，能取所取二迷恒时显现。[⑤]

此中将幻师比喻心识，幻事喻为能所二取。幻师依咒术将木、石变化为金等相貌（ākṛti），此处的木石原本是无错乱的，这是说原初的"境识一体"还没有落入能所二取的状态，亦或说这意指了心识本身有体而不可得的意涵。而虚妄分别的心识则将原本无错乱的木石等，计执、显现为金等相貌，这即是虚妄分别的二取之相，即"迷因"。

---

① S.Yamaguchi（山口益）：*Madhyāntavibhāgaṭīkā de Sthiramati*，p.24。翻译参考傅新毅：《识体与识变》（未出版）。

② 《大乘庄严经论》卷4，《大正藏》第31卷，第612页上。

③ 印顺法师指出："从依他看到遍计，从遍计看到依他，在凡夫位上，是俱有俱无而不能相离的。"（参见氏著：《摄大乘论讲记》，北京：中华书局，2009年，第119页。）

④ 需要指出的是，此处梵本原文为"hastyaśvasuvarṇādy……"意为"象、马、金（妙色）等"，其中suvarṇa有黄金、妙色之义，波颇将其简译为"金"。

⑤ 《大乘庄严经论》卷4，《大正藏》第31卷，第611页中；S.Lévi：Asaṅga：*Mahāyāna-Sūtrālaṃkāra：Exposé de la doctrine du Grand Véhicule selon le système Yogācāra*，p.59。

其中“迷因”一词，梵文为“bhrānti-nimitta”。“bhrānti”（迷）一词本身具有狂乱、矫乱之义，说明虚妄分别心识显现的虚诳性；而“nimitta”一词除了“因”义外，还有征兆、标相、标志之意。因此根据梵文，“迷因”可理解为“二取之迷”的相状，说明虚妄分别的心识就是显现虚诳、颠倒之相，即所显现的金等，总是已被颠倒了的木石。结合到心识上来说，由于虚妄分别，使原本有体而不可见的心识，将自身全体显现为了无体而可见的二取。而作为境相的二迷“恒时”显现，则指明心识作为虚妄分别，恒时处于显现二取的状态。

由此，以显现义说明虚妄分别，开显了唯识语义下识、境之间有无相即的统一性。总结说来，境相的无体而可得即心识的现而非有，心识的有体而不可得即有显现的功能而无所显的境相，这在《摄大乘论》中明确指出：“如显现非有，是故说为无；由如是显现，是故说为有。”[①]可见，“有”和“无”都是以心识的显现而展开的，如此虚妄分别非有非无、有无相即正体现唯识中道的意涵，所谓“有、无、及有故，是则契中道（madhyamā）”[②]。在此意义上，解脱还灭才可以成为可能，如《辩中边论》中说：“非实有、全无（na tathā sarvvathā ’bhāvāt），许灭解脱故。”[③]所谓“非实有”是指“显现非有”，即以心识计执为体的二取是非有性，而“非全无”则是指心识有虚妄显现的功能，即有能显现二取的乱识，当此乱识不再现起，也就意味着二取不再显现，从而达到识、境二者在认识关系上之“一体”的还灭状态。因此，虚妄分别从有错乱显现功能的层面来说并非体性全无，故而是幻有的依他起性，所显现之二取是全无体性的遍计所执，解脱还灭的支点也正在于无（灭）虚妄显现之当体的二取，即无二取之圆成实性。

古学以虚妄分别的显现意涵彰显“唯识无境”的理论，其关键在于有显现而无体的性质，这实际上指认了原初境识一体的唯识性。从识的角度来说，虚妄分别总是以显现二取状态而存在，从境的角度，则是显现即虚妄的能、所二取。因此从显现义来看，虚妄分别并不能单纯概括为或有或无，正如上田义文所指出：“称‘识’或依他性为无时，并非单纯表示‘无’，同时还表示‘有’之意。”[④]在说“虚妄分别有”显现的同时，即指认了“于此二都无”体的本质，虚妄分别中有空性，空性中亦有虚妄分别，所以有和无并非离于彼此而可单独存在，二者都在显现义的范畴之内。由此，结合到三性来说，识以虚妄分别为自性，即标示着虚妄分别包含了依他起的有与遍计执的无。

---

① 《摄大乘论本》卷 2，《大正藏》第 31 卷，第 141 页上。

② 《辩中边论》卷 1，《大正藏》第 31 卷，第 464 页中。Gadjin M.Nagao（长尾雅人）：*Madhyāntavibhāga-bhāṣya*，p.18。

③ 《辩中边论》卷 1，《大正藏》第 31 卷，第 464 页下。Gadjin M.Nagao（长尾雅人）：*Madhyāntavibhāga-bhāṣya*，p.19。

④ ［日］上田义文著，慧观等译：《唯识思想入门》，第 17 页。

四、能遍计、所遍计与显现之能、所二取

比较识境的认识关系，如果说古学以“显现”义来说明，那么今学则落实在了“果能变”的意义上说明。首先需要指出，因能变与果能变是今学诠释《唯识三十颂》中“识转变”（vijñāna-pariṇāma）的问题而展开，在《成唯识论》之前并未出现。《成唯识论述记》中说：“等流、异熟二因习气名因能变；所生八识现种种相，是果能变。”[①]简单说来，因能变即是八识现行以等流种为亲因缘、异熟种为增上缘而生起；果能变则是八识现行所变现的种种相。此中因能变实际上指认了八识从因生果的种现关系，而果能变所谓的“种种相”，具体说来则是“自证分能变现生见、相分果。”[②]见分是识的“了别”相，对应的相分则是识的“所了别”境相，由此构成能缘与所缘的关系。可见，今学的识境认识关系是以果能变来展开的。

按照今学的思路，见分与相分皆依缘而生，其本身并没有离开心识内部，而且摄属于心识的内境，因此是依他起性。而遍计所执则是指，在本来不离识的见相二分的基础上，第六识与第七识具有的“能遍计”功能，[③]进一步将内境计执为离识独存的外境。所谓“‘唯’言遣外，不遮内境”[④]，说明唯识义指明“一切法不离识”的意涵，以三性来说，则是遣遍计执的外境之“无”、存依他起的内境之“有”，此处有、无的遣、存关系有着明确的划分，这与古学以“有无相即”的显现意涵来阐述唯识义，其中差异可见一斑。

就虚妄分别来说，古学的“显现”义彰显出有无相即的特点。依他起是指具有显现功能的心识，心识本身是原初没有被对象化、没有被计执的“境识一体”；而所显现的境相总已是处于计执状态的遍计所执，此显现义的虚妄分别包含了依他起与遍计执。如《大乘庄严经论》中说：“非真分别（vikhyāna）故，是名分别相（parikalpita-lakṣaṇa）。……不真分别（abhūta-parikalpa）故，是说依他相（paratantrasya lakṣaṇa）。”[⑤]此中vikhyāna本意为显相而起，与pratibhāsa同样是显现之意，说明分别相（即遍计所执性）只是显现而无体，可见，古学以显现作为虚妄分别的基本语义，其本身即包含了依他起与遍计执。而今学则谓：“有漏心等不证实故，一切皆名虚妄分别，

① 《成唯识论述记》卷3，《大正藏》第43卷，第317页上。

② 《成唯识论述记》卷2，《大正藏》第43卷，第299页中。

③ 所谓“能遍计”，具体说来是指第六识与第七识具有“三种分别”中的“计度分别”，如《成唯识论述记》卷9说：“五、八既无计度，明无分别而不起执。”（《大正藏》第43卷，第541页中。）

④ 《成唯识论》卷10，《大正藏》第31卷，第59页上。

⑤ 《大乘庄严经论》卷5，《大正藏》第31卷，第613页下；S.Lévi：*Asaṅga：Mahāyāna-Sūtrālaṃkāra：Exposé de la doctrine du Grand Véhicule selon le système Yogācāra*，p.64。

虽似所取、能取相现，而非一切‘能遍计’摄。”[①] 意即一切有漏的八识心、心所皆是虚妄分别，只有第六、七识才具有具有能遍计功能，此中将虚妄分别与能遍计心作出区分，意味着遍计所执是由依他起的能遍计心进一步在计执境相而产生，虚妄分别本身并没有遍计所执的含义。

今学对虚妄分别的解释不同于古学，正如窥基在解释的“虚妄分别有”：

> 能取所取遍计所执，缘此分别乃是依他，以是能缘非所执故，非全无自性，故名为有。即所取能取之分别，依士释名；非二取即分别，持业立号。[②]

这段引文是今学对“虚妄分别”一词的语义分析，此中缘遍计所执的分别是指依他起的能遍计心。若将虚妄分别一词拆开来看，此能遍计心即对应于“分别”（parikalpa），而遍计执的能所二取则对应于“虚妄”（abhūta），所谓能取所取之分别的依主释（即“依士释”）[③]，说明能遍计心是能计执出二取的分别，遍计所执依于依他起而有。“非二取即分别”则说明依他起的能遍计之当体并非就是遍计所执的二取性，否定了“虚妄即分别”的持业释[④]。

古学对于虚妄分别的解释如前文指出，境相总已是处于被计执的状态，此显现境相之虚妄即是心识分别之本身，显现二取就是心识的分别，从“显现即虚妄”的角度来说，古学“虚妄即分别”的持业释是成立的。同样，心识的作用在于显现境相，而这显现的属性却是虚妄不真的，因此，心识是虚妄的显现，分别是虚妄的分别，虚妄分别亦可解释为第六格依主释的“虚妄之分别”。由此，在显现的基本语义下，古学对虚妄分别的解释通于持业释与依主释。今学则不然，由于认为遍计所执是第六、七识的进一步计度分别而产生，虚妄分别并非都具能遍计心，所谓“一切八识名妄分别，非妄分别皆是执心。”[⑤] 而即便是第六、七识具有能遍计功能，遍计执的二取也是在其基础上的进一步计执，即前引文中所谓“能取所取之分别”，虚妄分别本身并不具有遍计所执的意涵，这全然不同于古学“显现即虚妄”的思路，因此，今学否定“虚妄（二取）即分别”的意趣也就可见一斑了。

古学与今学对遍计执的不同定位，其根本上揭示了：古学所谓能所二取的遍计执，

---

① 《成唯识论》卷 8，《大正藏》第 31 卷，第 46 页上。

② 《辩中边论述记》卷 1，《大正藏》第 44 卷，第 2 页中。

③ 《大乘法苑义林章》卷 1：“依主释者，亦名依士，依谓能依，主谓法体，依他主法以立自名，名依主释；或主是君主，一切法体名为主者，从喻为名。”（《大正藏》第 45 卷，第 255 页中。）

④ 《大乘法苑义林章》：“持业释：亦名同依，持谓任持，业者业用，作用之义，体能持用名持业释；名同依者，依谓所依，二义同依一所依体，名同依释。”（《大正藏》第 45 卷，第 255 页上。）

⑤ 《成唯识论述记》卷 9，《大正藏》第 43 卷，第 542 页上。

今学将其落实在了能缘见分与所缘相分的依他起内境上。在《唯识三十颂》第十七颂中提到"转变"与"分别"时说：

vijñānapariṇāmo 'yaṃ vikalpo yad vikalpyate |[①]

两家对此有着不同的解读。玄奘将其译为"是诸识转变，分别所分别。"[②]根据《成唯识论》，护法认为转变（pariṇāma）即诸心识及其心所皆能变似能分别（vikalpa）的见分与所分别（vikalpyate）的相分。而安慧则谓："yo 'yaṃ vijñānapariṇāmas trividho 'nantaram abhihitaḥ so 'yaṃ vikalpaḥ |"（在此论中前述的三种识转化，即是这里所说的"分别"）。[③]同样，《成唯识论》叙难陀意为："此能转变即名分别，虚妄分别为自性故，谓三界心及心所，此所执境名所分别……"[④]可见在古学看来，转变（pariṇāma）即是分别（vikalpa），此分别之境相相对于心识的能转变来说，又可称为所分别（vikalpyate）。

由此对比转变与分别的关系即可看出，今学认为心识转变了能分别与所分别，即见、相二分，是依他起转变依他起，二者是并列关系，相对于心识来说是"果所变"。而古学则认为识转变即分别，此分别即依他起虚妄分别心识，由此而分别为遍计执的所分别。相较于《三十颂》的原文来说，安慧与难陀的古学一系更忠实世亲本意。[⑤]从梵文语法分析来看，"vijñānapariṇāmo 'yaṃ vikalpas"中的每个词皆为第一格，说明 vijñāna-pariṇāma（识转变）与 vikalpa（分别）是"同位语"，因此可译为"此（ayaṃ）识转变即是分别"；而后半句中"vikalpyate"则是动词 vi-√kal（分别、计度）致使式的第三人称被动语态，表示"……使被分别"，因此可译为"那些（境相）都是被（心识）所分别（计执）出来的"。可见，在《唯识三十颂》的语境中，所谓识转变是指心识虚妄分别的特性，所分别是指由虚妄分别计执出来的遍计执境相，"所"只是在被计执的意义上与心识之"能"的对立而已，其体性实无。由此可见，古学所分别无体的见解更契合于世亲本意。

虽然《成唯识论》中列举了护法与难陀对这一颂的不同解释，但玄奘与窥基并没作出价值取舍，这从侧面说明了见、相二分与能所二取单就在"唯识"的意义上而言，二者并无差别。而从三性的层面来说，二者有着依他起与遍计执的本质差距，这其中有一重要原因在于，古学认为无体的境相可以作为心识之所缘，如安慧说："vijñānañ ca māyāgandharvanagarasvapnatimirādāvasaty apyālambane jāyate |"（但另一方面，对于那

① 霍韬晦：《安慧〈三十唯识释〉原典译著》，香港：中文大学出版社，1980 年，第 191 页。

② 《唯识三十论颂》，《大正藏》第 31 卷，第 61 页上。

③ 霍韬晦：《安慧〈三十唯识释〉原典译著》，第 191、111 页。

④ 《成唯识论》卷 7，《大正藏》第 31 卷，第 38 页下。

⑤ 高崎直道等著，李世杰译：《唯识思想》，台北：华宇出版社，1985 年，第 188 页。

些幻像、乾闼婆城、梦、翳眼之影等不真实的所缘，识亦生起）。[①]也就是说，遍计执的幻相等可以令心识生起。与此相反，今学则认为令心识生起之所缘缘必须是依他起法：“谓若有法、是带己相心或相应所虑所托”[②]，此中“有法”即排除了无体的遍计执，认为所缘必定是有体的依他起性。这一对所缘境相的不同定义，即是“有相唯识”与“无相唯识”的分野，由此，唯识学在教理上引发了结构性的范式变革，[③]如上对“虚妄分别”从不同角度的定义，乃至对其本身的不同解读，都是其中典型的代表。

今学试图将“能遍计”从虚妄分别的语义中剥离出来，但这一有效性值得商榷，原因在于，虚妄分别之“分别”与能遍计之“遍计”的梵文词同为parikalpa，[④]这也就意味着遍计所执的产生，其实是包含在虚妄分别的语义之中的。由此再来看《成唯识论》所谓“八识及诸心所，有漏摄者皆能遍计”[⑤]，认为安慧的这一说法是错误的，并非八识皆有能遍计而生起遍计所执，这一讨论的本质其实是在说明“遍计执是如何产生的”。首先，由依他起的“能遍计”产生遍计所执的思路是今学独有的，并非共许；其次，古学虚妄分别的语义即包含了遍计所执，更无须在此之外别立能遍计；最后，在古学看来，当原本“境识一体”心识以“能、所”之对立的状态呈现时，就已经落入遍计执之中，因此在古学看来，今学所谓“能遍计”其实是“能取”。可见，今学对安慧的批评，无非是站在自宗立场的主观判断，而忽略了古学本身的理论自恰性。

五、结语

唯识的语义虽已在《解深密经》中就已出现，但只是依于禅定经验所推阐的结果，经文中并未具体阐明唯识义。而在古学的弥勒三论中，以心识的虚妄分别性为中心，开显了识境之间的认识关系。心识的虚妄分别错乱显现为能所二取的境相，表明境相对于心识来说恒时处于被计执的状态，离开心识的虚妄显现，境相便无迹可寻，因此，古学从境相惟是心识显现的二取的层面来说，所谓唯识是指“一切法唯是识”。“显现”作为虚妄分别的基本语义，说明遍计所执的境相无体而可得（见）。即虚妄分别所显现的境相虽然无体，但可以被心识所见，表明境相“实无而现”，同时，境相的显现也表明了心识的存在。虚妄分别这一有无相即的特征，结合到三性来说，即包含了依他起与遍计执。与此不同的是，今学区分了“能遍计”与虚妄分别，认为遍计执是由能遍计心而来，

① 霍韬晦：《安慧〈三十唯识释〉原典译著》，第112、191页。

② 《成唯识论》卷7，《大正藏》第31卷，第40页下。

③ 傅新毅：《玄奘评传》，第382页。

④ 傅新毅：《识体与识变》。

⑤ 《成唯识论》卷8，《大正藏》第31卷，第35页下。

虚妄分别单指依他起的心识。

综上，古学以显现义开显了境识一体、有无相即的意趣，从而认为虚妄分别包含了依他起与遍计执，因此同意以“依主释”与“持业释”来解释虚妄分别。今学则从心识转变依他起的见相二分、即果能变的意义上，认为识境的认识过程是在心识内部完成的，遍计所执并不属于虚妄分别的心识内部，因此认为虚妄分别只是依他起的心识，只同意以“依主释”解释虚妄分别，而否定“持业释”。进一步说，对此有不同见解，根本上是对境相的定位不同，亦或说对遍计所执与依他起的定义不同。古学认为，由于心识的虚妄分别，境相总已是被计执的遍计所执。而今学将遍计所执的根源落实在了能遍计心上，遍计所执是能遍计心的进一步计执。这也就导致今学认为虚妄分别只能以“依主释”来解释，有别于古学亦通于“持业释”的说法。

唯识学与部派思想及其他

禅定实践中的阿赖耶识（Ālayavijñāna）的意义[①]

［日］山部能宜[②]

【提要】阿赖耶识是瑜伽行派特有的概念。它一般被认为保持有情过去业的记录（习气、种子）的最深层的心识。由于那些习气，阿赖耶识决定现在的表层心的内容。加之，阿赖耶识还有一个重要的侧面，即是维持身体的生理机能。因此，阿赖耶识和身体的状态密切相关（安危共同）。通过禅定修行有情的身体从粗重到轻安转换的时候，其生理基础（阿赖耶识）也从粗重相转换到轻安相。那么，阿赖耶识则是禅定实践中的身心相关的关键。

【关键词】阿赖耶识；禅定；轻安；粗重；转依；安危共同

序

最近几年我的研究计划之一是阐明阿赖耶识的禅定背景。一般对于阿赖耶识的理解，是把它视为最深层的心识。此理解当然是适当的。然而，正如德国学者兰伯特·施密特豪森（Lambert Schmithausen）指出[③]，阿赖耶识也有维持身体的生物学上的作用[④]。我认为，特别在禅定实践的情况下的阿赖耶识和身体的关系需要深入探讨。在

---

① 这篇文章是在法国学者文森·埃尔辛格（Vincent Eltschinger）教授与克里斯蒂娜·佩基亚（Cristina Pecchia）博士编辑的“实践道：南亚佛教传统中的解脱之路”（*Mārga: Paths to Liberation in South Asian Buddhist Traditions*. Papers from an international symposium held at the Austrian Academy of Sciences, Vienna, December 17-18, 2015. Vienna: Austrian Academy of Sciences Press, 2020）已出版过的英文拙文（“Ālayavijñāna in a Meditative Context”）的中译版。当这篇英文文章正在编辑的时候，我把它翻成日文而出版（山部 2017）。因为受到篇幅的限制，日文版的文章删掉了一些细节和引文，因此，英文版的内容更丰富。这次把这篇英文版翻译成中文发表。中译的过程中我修补了几个细部。所以，中文版和英文版的内容不完全一样。此项研究是由早稻田大学提供的“特别研究计划奖助金”（计划号 :2016B-064）与日本学术振兴会科学研究奖助金（JSPS Kakenhi, 计划号：17K02218）所提供的研究经费。吴承庭博士准备了这篇中译的初稿。为了方便中国读者，他加了引文的玄奘汉译。笔者感谢吴承庭博士的帮助。笔者也感谢慧仁法师、胡海燕教授、李薇老师的协助。

② 作者单位：日本早稻田大学东洋哲学系。

③ Schmithausen [1987] 2007.

④ Schmithausen [1987] 2007, §2.13.4.

已发表过的拙论中，我提起了阿赖耶识有可能是在通过禅定转换身心的情况下被发现的[①]。维持身体和表层心的阿赖耶识，在身心转换的过程中好像扮演着重要角色。

关于此论点，我已经出版过英文和日文的几篇拙文，但是中文的还没发表过。因为第五届东方唯识学年会（中国）这次给了我在中国学会发表的珍贵机会，我想用中文再次提起关于阿赖耶识的私见。

一、阿赖耶识与乐

最初讨论的资料是《显扬圣教论》中解释初静虑的“离生喜乐”（vivekaja-prītisukha）的一节：

> 建立定者。如经中说，离欲恶不善法故。有寻有伺离生喜乐，初静虑具足住。……
>
> 喜者谓，已转依者依于转识心、悦心、勇心、适心调安适受受所摄。乐者谓，已转依者依阿赖耶识能摄所依，令身怡悦安适受受所摄。
>
> T31:486c24-487a6 [No.1602][②]

如史密图森指出[③]《大乘阿毗达磨杂集论》（*Abhidharmasamuccayabhāṣya*）[④]引述了以下这段，因此可以确认梵文：

> kathaṃ tatra manobhūmikaṃ sukham｜yat tad ucyate prītisukham iti, yathoktam –
>
> “prītiḥ katamā｜yā parivṛttāśrayasya pravṛttivijñānāśritā <u>citta</u>tuṣṭiḥ cittaudbilyaṃ cittaharṣaḥ cittakalyatā sātaṃ veditaṃ vedanāgatam｜sukhaṃ katamat｜yaḥ parivṛttāśrayasyālayavijñānāśrita <u>āśrayā</u>nugraha āśrayahlādaḥ sātaṃ veditaṃ vedanāgatam” iti｜
>
> *Abhidharmasamuccayabhāṣya*，瑜伽行思想研究会 ed.，409.10–15[⑤]

---

① 山部 2012, 2016a, 2016b, 2017; Yamabe 2015,

② 在这篇文章中引用文的下线和粗体都是笔者（山部）加的。

③ Schmithausen [1987] 2007:315-16. n. 297.

④ 现在在日本的阿毗达磨集论研究会正进行《阿毗达磨杂集论》的新出梵文写本 *Abhidharasamuccayavyākhyā* 的校订和日译工作。但是他们的工作还没涉及这个部分。所以，这里我以瑜伽行思想研究会的校订本为据。

⑤ 对应 Tatia ed., 61.1-5 (§61H[iii]), 根据 Schmithausen [1987]2007, 315-316, n. 297 笔者加了一些修改。标点符号是根据 Tatia 的版本（同接下来的所有引用）。

云何于彼有意地乐？由说彼地有喜[①]乐故。如经[②]言：云何为喜？谓已转依者依于转识，心悦心踊心适心调心安适受受所摄。依于转识者，即依意识，于三摩呬多位余识无故。云何为乐？谓已转依者依阿赖耶识摄受所依，所依怡悦安适受受所摄。

《大乘阿毗达磨杂集论》T31:726a23–29 [No.1606]

此处属于意 [识] 的乐是什么？ [它是指] 下个引文中的“喜和乐”：

译什么是“喜”（prīti）？于“所依”(āśraya) 已经转依的修道者，基于转识（pravṛttivijñāna），他的心满足、喜悦、欣喜、安定，这是属于受（vedanā）的愉悦感。什么是“乐”（sukha）？于所依已经转换者的修行者，基于阿赖耶识，他的“所依”利益和安适，这是属于受的愉悦感。

这段内容的结构可图示如下：

图一

喜 prīti	基于转识 pravṛttivijñānāśrita	心满足（citta-tuṣṭi）等
乐 sukha	基于阿赖耶识 ālayavijñānāśrita	“所依”利益（āśrayānugraha）等

在阿毗达磨和瑜伽行派的文献中，“所依”（āśraya），若是在前后文中无特定的话，意思屡屡是指“身体”。在这段叙述中，“所依”与“心”（citta）对照，因此“所依”应该指“身体”[③]。所以，通过转依（āśrayaparivṛtti）“所依”（也接近“身体”）已经转换的瑜伽行者，体验到身心的喜乐感受。

《大乘阿毗达磨杂集论》解释上面引用的一段如下：

tad etad uktaṃ bhavati | sukhavedanā prathamadvitīyayor dhyānayor utpadyamānā yena cittacaittakalāpena saṃprayujyate taṃ ca harṣākāreṇa prīṇayati, āśrayaṃ cālayavijñānasvabhāvaṃ prasrabdhisukhena hlādayati | atas tadubhayakṛtyakaratvād ubhayathaivāsyā vyavasthānaṃ veditavyaṃ prītiḥ sukhaṃ ceti |

Abhidharmasamuccayabhāṣya, 瑜伽行思想研究会 ed., 409.15–18[④]

---

① 关于喜（prīti，巴利文 pīti）的含意，见 Cousins 1973:120-122。

② 虽然玄奘译说“经”，如施密特豪森指出，这一节的典据应该是上引的《显扬圣教论》。

③ “所依”一词通常是指我们的身体侧面，但好像心也含盖在“所依”的观点中。在此篇文章引用的多资料中，“所依”第一义上指身体方面。但必须注意的是，“所依”的概念不一定排除心理方面。

④ 对应 Tatia ed., 61.5–7 (§ 61H[III])。

此经意说乐受依初二静虑生时，与如是心心法聚相应，由欣踊行还令此聚皆得踊悦，又令所依阿赖耶识自体安乐怡适。由此乐受作二事故，体虽是一，建立二种若喜若乐。

《大乘阿毗达磨杂集论》T31:726a29–b4 [No.1606]

译：其意如下：初静虑和第二静虑的乐的感觉正生起时，这种感受让与此相应的心和心所的一聚以欣喜的行相高兴；它也以轻安的乐，让以阿赖耶识为自性的"所依"感到愉悦。因此，因为它有这两种作用，应知道建立两种[乐的感受]，即喜与乐。

在这段中，我们看到"乐"（即身体的愉悦感）对应"轻安"[①]，即是只能在静虑中获得安乐的感觉[②]。"以阿赖耶识为自性的'所依'"（āśrayaṃ cālayavijñānasvabhāvaṃ）这句话也值得重视。从前后文来看，正如我们已经讨论过，"所依"极有可能指的是"身体"，因此，这段论述似乎把"身体"和阿赖耶识同等看待。

特别的是，这里"乐"或"轻安"与阿赖耶识关联，因为根据瑜伽行派的教理，阿赖耶识只和舍受（upekṣā vedanā）相应（saṃprayukta）[③]。因为静虑时的实际经验和教义体系上的讨论不必完全一致，这种的不一致可能指出这段论述反映某种瑜伽行者的静虑经验。

根据目前所讨论到的观点，可把图一修改为图二：

图二

喜 prīti	基于转识 pravṛttivijñānāśrita (欣踊行相 harṣākāra)	心满足（citta-tuṣṭi）等 （心心所聚 citta-caitta-kalāpa）
乐 sukha	基于阿赖耶识 ālayavijñānāśrita （轻安乐 prasrabdhi-sukha）	"所依"利益（āśrayānugraha）等 （"所依"āśraya = 阿赖耶识 ālayavijñāna）

---

① prasrabdhi 是 praśrabdhi 另一写法。

② 见 Deleanu 2006:532, n.169。

③ 此看法已经在《瑜伽师地论·摄抉择分中五识身相应地意地》中的"流转分"[Pravṛtti Portion] 发现。见此一节：sems las byung ba de dag las kyang kun gzhi rnam par shes pa dang mtshungs par ldan pa'i tshor ba gang yin pa de ni gcig tu sdug bsngal yang ma yin bde ba yang ma yin pa dang | lung du ma bstan pa yin no || (Pravṛtti Portion, §I.2.(b)B, Hakamaya [1979] 2001:393)

"又阿赖耶识相应受。一向不苦不乐无记性摄。"(T30:580b3-4 [No.1579])

译：这些[五种普遍的]心作用中，与阿赖耶识相应的受只是不苦不乐（aduḥkhāsukha）和伦理上中性（无记性，avyākṛta）。

二、"'所依'已经转换者"（Parivṛttāśrayasya）

"'所依'已经转换者"词语的明显的前提是"转依"（āśrayaparivṛtti）。那么，为了了解上引文的语境，我们先须讨论"转依"的过程中发生什么。早期"转依"的用例发现在《瑜伽师地论·本地分中声闻地》中的下引一段：

> tatrāśrayanirodhaḥ prayogamanasikārabhāvanānuyuktasya yo dauṣṭhulyasahagata āśrayaḥ so 〈'〉nupūrveṇa nirudhyate, praśrabdhisahagataś cāśrayaḥ parivartate |
>
> Shukla ed., 283.6–8; 从佐久间 1990:(72), n.3 引用，对应于 Sakuma 1990:17[§ C.1.1]
>
> 所依灭及所依转者。谓勤修习瑜伽作意故。所有粗重俱行所依渐次而灭。所有轻安俱行所依渐次而转。
>
> 《瑜伽师地论》T30:439a19–21 [No.1579]
>
> 译：在 [瑜伽课题（yogakaraṇīya）的名目] 中，在修习加行时的"所依"的断灭 [是指] 粗重伴随的"所依"逐渐消灭，"所依"转成轻安伴随的"。

根据这段解释，"转依"是指"所依"从粗重（dauṣṭhulya）的状态转为轻安的状态。还要参照《五蕴论释》（*Pañcaskandhakavibhāṣā*）中的一段论述：

> prasrabdhiḥ katamā | dauṣṭhalyapratipakṣaḥ kāyacittakarmaṇyatā | dauṣṭhulyaṃ kāyacittayor akarmaṇyatā sāṅkleśikadharmabījāni[①] ca | tadapagame prasrabdhisadbhāvād dauṣṭhulyapratipakṣaḥ | lakṣaṇaṃ tu prasrabdheḥ kāyacittakarmaṇyatā |
>
> Kramer ed., 47.8–11
>
> 什么是轻安？它是粗重的对治，即是身心调畅的状态（kāyacittakarmaṇyatā）[②]。粗重是身心的不调畅的状态和杂染法种子[③]。因为当舍离了 [粗重] 才有轻安，它 [轻安] 是粗重的对治。然而，轻安的 [自] 相

---

① 底本，sāṅkleṣika-。

② 在同一论书中，"身心调畅"的解释如下：

tatra kāyakarmaṇyatā kāyasya svakāryeṣu laghusamutthānatā yato bhavati | cittakarmaṇyatā samyaṅmanasikāraprayuktasya hlādalāghavanimittaṃ yac caitasikaṃ dharmāntaram |. (Kramer ed., 47.11-12)

译：在此 [从《五蕴论》（*Pañcaskandhaka*）的引文] 中，身的调畅是指，它能让身体的自己作用顺畅运作；心的调畅是一种心法，它是 [人] 在修行正的思惟中感到愉悦和轻快的原因"。

③ 之后将讨论有漏（即杂染）法种子的意义。

是身心调畅的状态。

这一段显示轻安可对治粗重，轻安是身、心体验到的；粗重与轻安各定义为“不调畅性”（akarmaṇyatā，不堪能性）和“调畅性”（karmaṇyatā，堪能性）。我们可总结在所依转期间发生的转依，并在图三中列出：①

图三

身粗重 kāya-dauṣṭhulya （不调畅性 akarmaṇyatā）	→ 身 轻 安 kāya-praśrabdhi（ 调 畅 性 karmaṇyatā）
心粗重 citta-dauṣṭhulya （不调畅性 akarmaṇyatā）	→ 心 轻 安 citta-praśrabdhi（ 调 畅 性 karmaṇyatā）

图三指出“转依”同时发生在瑜伽行者的身、心。在本文一开始所讨论《显扬圣教论》的“离生喜乐”的背景是这类体验。

我更进一步把图三与《瑜伽师地论·本地分中声闻地》中的一段比较一下：

> īpsitābhilaṣitārthasamprāpteḥ, prītau cādoṣadarśanāt, sarvadauṣṭhulyāpagamāc ca vipulapraśrabdhicittakāyakarmaṇyatayā prītisukham
>
> Śrāvakabhūmi, 从 Deleanu 2006:331[§3.28.3.1.5] 引用，对应于 Shukla ed., 450.11-14; Schmithausen [1987] 2007:316, n. 300
>
> 言喜乐者，谓已获得所希求义，及于喜中未见过失，一切粗重已除遣故。及已获得广大轻安。身心调畅有堪能故。说名喜乐。

---

① 又见这一节：

tasyaivam ātāpino viharato yāvad vinīya loke 〈'〉 bhidhyādaurmanasyaṃ pūrvam eva samyakprayoga〈sa〉mārambhakāle sūkṣmā 〈cittaikāgratā kāya〉 cittapraśrabdhir durupalakṣyā pravartate | yā tatra śamathaṃ vā bhāvayato vipaśyanāṃ vā prasvasthacittatā prasvasthakāyatā cittakāyakarmaṇyatā, iyam atra kāyacittapraśrabdhiḥ | tasya saiva sūkṣmā cittaikāgratā cittakāyapraśrabdhiś cābhivardhamānā audārikāṃ sūpalakṣyāṃ cittaikāgratāṃ 〈citta〉 kāyapraśrabdhim āvahati, yaduta hetupāraṃparyādānayogena, tasya nacirasyedānīm audārikī cittakāyāpraśrabdhiś cittaikāgratā ca sūpalakṣyotpatsyatīti …（*Śrāvakabhūmi*, Sakuma 1990a, 2:26.3-27.1 [§G.2], Schmithausen 2014, §8.3, n.30 论及这一节。）

“由是因缘宣说彼能安住炽然。乃至调伏世间贪忧。先发如是正加行时。心一境性身心轻安微劣而转难可觉了。复由修习胜奢摩他毗钵舍那。身心澄净身心调柔身心轻安。即前微劣心一境性身心轻安。渐更增长能引强盛易可觉了。心一境性身心轻安。谓由因力展转引发方便道理。彼于尔时不久当起强盛。易了身心轻安心一境性。”（《瑜伽师地论》T30:464c10-18 [No. 1579]。）

译：热情［修行］着的［人］最初放弃对世界的欲求和厌烦以后，他先开始正加行的时候，微细的心一境性［与］难以觉察的身心轻安对他生起。在这［种情况］中，身心的健全，就是修行平静或沉思的［修行者］的身心调畅，这是这里的“身心轻安”。他的这个微细的心一境性和身心轻安增加时，导致显然、易觉察的心一境性和身心轻安。也就是由于这种因果相续的方式，当下显然、易觉察的身心轻安和心一境性将对他不久生起。

《瑜伽师地论·本地分中声闻地》T30:467c2–5 [1579]

[据说初禅有]喜与乐。[那就是]从达成希求的目的，从喜中不见过失，以及从舍弃一切粗重，由于广大轻安，[获得]身心调畅。①

这段的构成应该如图四：②

图四

喜 prīti	心调畅 citta-karmaṇyatā（广大轻安 vipula-praśrabdhi）
乐 sukha	身调畅 kāya-karmaṇyatā（广大轻安 vipula-praśrabdhi）

比较图四与上述《阿毗达磨杂集论》的陈述（图五）：

图五（同图二，但增加强调）

喜 prīti	基于转识 pravṛttivijñānāśrita（欣踊行相 harṣākāra)	心满足（citta-tuṣṭi）等（心心所聚 citta-caitta-kalāpa）
乐 sukha	基于阿赖耶识 ālayavijñānāśrita（轻安乐 prasrabdhi-sukha）	“所依”利益 (āśrayānugraha) 等（“所依”āśraya = 阿赖耶识 ālayavijñāna）

通过对加下线的部分的比较，我们再次确认身（kāya）对应“所依”，进一步等同为阿赖耶识；身调畅（kāya-karmaṇyatayā, 即是 kāya-praśrabdhi 轻安）对应乐（= 身体愉悦感）。

---

① 为了翻译这段，我参考了 Deleanu 2006:454 的英译。又需要参考接下来两段：

（1）复次唯静虑中具二种乐故名乐住：一乐受乐，二轻安乐。前三静虑皆具二乐，第四静虑虽无受乐。而轻安乐势用广大胜前二乐。（《阿毗达磨大毗婆沙论》T27:419c24-28 [No.1545]。）

译：“接下来，因为只有在静虑中有两种乐，[静虑]被称为‘乐住’（sukha-vihāra）：一种是愉悦感的乐；另一种是轻安的乐。前三种静虑都有这两[种]乐。在第四静虑中，虽然没有乐的感受，轻安的力量是非常巨大的，胜过前[三个阶段的静虑的]两种乐”。

（2）云何乐？谓离欲恶不善法者，已断身重性、心重性、身不堪任性、心不堪任性，所得身滑性、心滑性、身软性、心软性、身堪任性、心堪任性、身离盖性、心离盖性、身轻安性、心轻安性、身无燋恼性、心无燋恼性、身调柔性、心调柔性，总名为乐。（《阿毗达磨法蕴足论》T26:483c2-7 [No. 1537]。）

译：“什么是乐？已离恶、不善法[的修行]者，已断开身心粗重和不调畅性，获得的身心的平滑性、柔软性、调畅性、无障碍性、轻安性、无忧虑性，以及调伏性。上列的要素总称为‘乐’”。

② 须要注意这个“喜”是“乐”的亚类。

三、《五蕴论释》的“有漏法种子”（sāṅkleśika-dharma-bījāni）

接下来，我们来留意上述《五蕴论释》的引用中，粗重也是等同于“有漏法种子”（sāṅkleśika-dharma-bījāni）[①]。值得注意的是《摄大乘论》§I.61A 有类似的表现：

yang gnas ngan len gyi mtshan nyid dang | shin tu spyangs pa'i mtshan nyid do || gnas ngan len gyi mtshan nyid ni nyon mongs pa dang nye ba'i nyon mongs pa'i sa bon gang yin pa'o | shin tu spyangs pa'i mtshan nyid ni zag pa dang bcas pa'i dge ba'i chos kyi sa bon gang yin pa ste | de med du zin na rnam par smin pas[②] gnas kyi las su mi rung ba dang | las su rung ba'i bye brag mi rung bar 'gyur ro |

Mahāyānasaṃgraha [§I.61A], Lamotte [1973:23], 長尾 [1982:54–55]

复有粗重相及轻安相。粗重相者谓烦恼随烦恼种子。轻安相者谓有漏善法种子。此若无者。所感异熟无所堪能。有所堪能所依差别应不得成。

《摄大乘论本》玄奘译，T31:137b27–c1 [No.1594]

*punar dauṣṭhulyalakṣaṇaṃ praśrabdhilakṣaṇaṃ ca | dauṣṭhulyalakṣaṇaṃ yat kleśopakleśabījaṃ | praśrabdhilakṣaṇaṃ yat sāsravakuśaladharmabījaṃ[③] | tasminn avidyamāne vipākāśrayasya karmaṇyākarmaṇyaviśeṣo na yujyate |

长尾 1982:55, 荒牧典俊还梵（笔者部分修改）。

“然后，[有]具粗重和轻安的特征[的阿赖耶识]。具粗重特征[的阿赖耶识]有烦恼和随烦恼的种子；具轻安特征的[阿赖耶识]有有漏善法的种子。若是没有这种[差别]，异熟身调畅和不调畅[状态]之间的差别是不合理的”。

我认为这段阐述也暗示在禅定中身与心的相互关系，图六显示这个关系：

图六

“所依”	不调畅 akarmaṇya	调畅 karmaṇya
	↑	↑
阿赖耶识	粗重相 dauṣṭhulya-lakṣaṇa 烦恼、随烦恼种子 kleśopakleśa-bīja	轻安相 praśrabdhi-lakṣaṇa 有漏善法种子 sāsrava-kuśala-dharma-bīja

① dauṣṭhulyaṃ kāyacittayor akarmaṇyatā sāṅkleśikadharmabījāni ca | (*Pañcaskandhakavibhāṣā*, Kramer ed., 47.8-9). 译：“粗重是身心的不调畅的状态和杂染法种子”。

② 两个版本都有 pas，但它应读作 pa'i。

③ 从 sāsravaṃ kuśala- 修改。

根据这段《摄大乘论》的论述，“所依”的调畅和不调畅的区别是根据阿赖耶识的粗重相和轻安相。除此之外，我们应注意当阿赖耶识伴随着“烦恼随烦恼种子”时，它具粗重相。因此，《五蕴论释》47.8-11 和《摄大乘论》§I.61A 的结构非常相似：

图七

粗重 dauṣṭhulya = 杂染法种子 sāṅkleśika-dharma-bījāni 《五蕴论释》
粗重相 dauṣṭhulya-lakṣaṇa = 烦恼、随烦恼种子 kleśopakleśa-bīja 《摄大乘论》

四、种子、粗重，与“所依”

接下来我们需要讨论伦理要素的种子（烦恼、随烦恼种子 kleśopakleśa 和“有漏善法种子” sāsrava-kuśala-dharma-bīja）与身体状态（身粗重 kāya-dauṣṭhulya、身轻安 kāya-praśrabdhi ）之间的关系。首先，种子是什么呢？我认为下段的论述可提供一些线索：

> āśrayaviśeṣād etat sidhyati | āśrayo hi sa āryāṇāṃ darśanabhāvanāmārgasāmarthyāt tathā parāvṛtto bhavati yathā na punas tatpraheyāṇāṃ kleśānāṃ prarohasamartho bhavati | ato 'gnidagdhavrīhivad[①] abījībhūte[②] āśraye kleśānāṃ prahīṇakleśa ity ucyate |
>
> *Abhidharmakośabhāṣya*, Pradhan ed., 63.18-20[③]
>
> 此由所依有差别故，烦恼已断未断义成。谓诸圣者见修道力，令所依身转变异本，于彼二道所断惑中无复功能令其现起。犹如种子火所焚烧，转变异前无能生用。如是圣者所依身中无生惑能名烦恼断。[④]
>
> 《阿毗达磨俱舍论》T29: 22b22-27 [1558]
>
> ［圣者与凡夫的区别］在于“所依”的差别（āśraya-viśeṣa），［这个差别可能是］因为圣者的“所依”(āśraya) 是由于见、修道（darśana-bhāvanā-mārga）

---

① 底本为 -brīhi-。

② 底本为 avījī-。

③ 见 Yamabe 1997a:197-198。

④ 兵藤 1980:68-75 已指出，在《阿毗达摩俱舍论》的说法中，种子（bīja）和种子性（bījabhāva）是被区别的。如前述，种子似乎是等于“所依”和名色（nāmarūpa），即是个人的整体性（以身体为中心）。反之，种子性被定义为：

ko 'yaṃ bījabhāvo nāma | ātmabhāvasya kleśajā kleśotpādanaśaktiḥ | (Pradhan ed., 278.20-21)

“何等名为烦恼种子？谓自体上差别功能，从烦恼生能生烦恼。”（《阿毗达磨俱舍论》T29: 99a6-7 [No.1558]。）

译：什么是此种子性？它是自体（ātmabhāva）有的由烦恼产生，而且能产生烦恼的能力。

因此：种子 bīja = “所依” āśraya = 名色 nāmarūpa；种子性 bījabhāva = 能力 śakti。我与小川英世教授私下讨论过这个问题，获益良多。

> 的能力而转换，所以［“所依”］不再生起此［见、修道］所断的烦恼。因此，当人的“所依”不再是烦恼种子了的时候（abījī-bhūte āśraye kleśānām），如同谷米被火烧毁，［这个“所依”］被称作烦恼已断的。

图八显示这段论述的内容：

图八

烦恼 kleśas	×
↑	↑
凡夫的“所依”（=种子）	圣者的“所依”

因此，烦恼不只是我们心的伦理状态，它们扎根于特定状态的“所依”中（这里“所依”又明显含义“身”）①。种子并非是藏在我们身体内的某处的物质的谷类。它们只是我们个人存在中一种特定状态的称呼。从这个观点判断，先前《摄大乘论》的引文（§I.61A）的意趣应该是指我们的“所依”（一定包括身体）是在不调畅的状态下产生烦恼。但是当“所依”在调畅的状态中，不会生起烦恼。这段也明示“所依”的状态与阿赖耶识的状态相对应。若是能把这段与上述使“所依”和阿赖耶识等同的（瑜伽行思想研究会 ed.,409.15-18; 见图二）《阿毗达磨杂集论》的论述结合，从瑜伽行的角度看，可以断定“所依”的差别（āśraya-viśeṣa）是阿赖耶识本身的差别。如我们下面讨论，《五蕴论释》（Kramer ed.，106.11-12）说阿赖耶识遍满全身（kāya, śarīra）。若是如此，我们能轻易地想象“所依”与阿赖耶识的不可分割性。

当我们讨论“所依”差别的含义时，我们也需要考虑《瑜伽师地论·本地分中菩萨地》

---

① 在此应注意的是，上述《阿毗达磨俱舍论》引文（Pradhan ed., 63.18–20）之后的句子为：

kiṃ punar idaṃ bījaṃ nāma | yan nāmarūpaṃ phalotpattau samarthaṃ sākṣāt pāraṃparyeṇa vā | (Pradhan ed., 64.4–5)

“此中何法名为种子？谓名与色于生自果所有展转邻近功能，此由相续转变差别。”（T29:22c11–13 [No. 1558]）

译：什么被称为此“种子”？它是能立刻或在间接地（即是在刹那灭的种子之一段时间相续之后）产生它的果的名色 (nāmarūpa)。

在上引的《俱舍论》(Pradhan ed., 63.18–20) 中，种子即是（能生起烦恼的）“所依”；在此注所引的一段中，种子是“名色”（nāmarūpa），因此，这两段表示的构造好像是：种子 (bīja)= “所依” (āśraya)= 名色 (nāmarūpa)。若是如此，“所依”也包括心法。而且，我们在《三十唯识释》(*Triṃśikāvijñaptibhāṣya*) 看到：

āśraya ātmabhāvaḥ sādhiṣṭhānam indriyarūpaṃ nāma ca | (Lévi ed., 19.16-17; Buescher ed., 52.14-15) “‘所依’是指自体，也就是随伴依处的色根与‘名’（即心法）”。

“转依”（āśraya-parivṛtti/-parāvṛtti）的表现也是指我们身心整体的转换，如上引《阿毗达摩杂集论》《显扬圣教论》的论述明显地所指的。因此，也许 āśraya（“所依”）的更精确的翻译是“个人存在”（包括身与心）。不管如何，正如此篇文章中许多引文所指，“所依”一词通常相应我们存在的身体侧面。也许我们可说，“所依”的狭隘定义为“身体”，但广义的意思是指“身与心”，即我们个人的身心整个的存在。对这些文本作者而言，他们或许对身心之间的界限并不明确。在这篇文章中，我基本上把 āśraya 翻成“所依”。但需注意的是，虽然“所依”很接近“身体”，在这“所依”的观念里不一定排除“心”。

里“种姓”（gotra）的著名的定义所提到的类似表现“六处殊胜”（ṣaḍāyatana-viśeṣa）。[①]

tatra prakṛtisthaṃ gotraṃ yad bodhisattvānāṃ ṣaḍāyatanaviśeṣaḥ | sa tādṛśaḥ paramparāgato 'nādikāliko dharmatāpratilabdhaḥ |

Bodhisattvabhūmi, Wogihara ed., 3.2-4

本性住种姓者。谓诸菩萨六处殊胜有如是相。从无始世展转传来法尔所得。

《瑜伽师地论》T30:478c13-15 [1579]

译：因本性而存在的种姓[②]是菩萨的六根特定的状态，这个[特定的状态]从无始就有，并如此地传递至今。

这段的“六处特定的状态”是什么意思呢？我认为应该结合下引的菩萨的敏锐六根的传说的观点来解释[③]。

问：曾闻菩萨六根猛利[④]，云何于境知猛利耶？答：菩萨宫边有无灭舍，彼于[⑤]舍内然五百灯，菩萨尔时住自宫内，不见灯焰但见其光，即知彼灯数有五百。于中若有一灯涅槃即记之言一灯已灭，是名菩萨眼根猛利。

《阿毗达磨大毗婆沙论》T27:65b5-10 [No.1545]

译：问：我曾听闻菩萨的六根很敏锐，他是如何敏锐地知道对象？

答：在菩萨宫殿的旁边有“不灭屋”。在那屋里的五百盏灯正燃烧着，菩萨当时住在宫殿内，没看到灯火，只看到了光，就知道灯的数量有五百盏。若是其中一盏熄灭，他说一盏灯已灭。因此，可说菩萨的眼根敏锐。

菩萨的另根也很敏锐：

---

① 在《瑜伽师地论·本地分中声闻地》中有相似的论述（梵本缺失这段，所以我引用藏、汉译）：

'o na rigs de'i rang bzhin ji lta bu zhe (Pek.zha) na | de ni lus las khyad par du gyur pa dang | skye mched drug gis zin pa dang | chos nyid kyis 'thob pa dang | thog ma med pa'i dus nas brgyud de 'ongs pa de lta bu yin te | (Pek. Wi 2b1–2, D. Dzi 2a2–3)

“问：今此种姓以何为体。答：附在所依有如是相，六处所摄，从无始世展转传来法尔所得。”（T30:395c24–26 [No.1579]）

译：那么，什么是种姓的自性？它是六处构成的“所依”的自然所得的特定状态（lus las khyad par, *āśrayaviśeṣa#），是从无始开始就如此相传的。

正如我们以上所见，“所依”和“名色”可能相同，“名色”与“六处”则大概一样，因此，我们可以把“所依差别”(āśrayaviśeṣa)与“六处殊胜”(ṣaḍāyatanaviśeṣa) 作比较。

这相当于玄奘汉译中的“附在所依”。“附在所依”的梵语可能是 *āśrayasanniviṣṭa（或也许为 *āśrayasanniveśa)。在此再构成能说明汉译本和藏译本的梵文是非常困难的。所以在此我根据藏译本予以翻译。

② 关于这个概念见 Yamabe1997a:195–197, 1997b:216–217, 2017:15–25。

③ 见河村 1975:351–353。

④ 从语境来看，“菩萨”应是指成道之前的释迦摩尼佛。

⑤ 底本有“彼于”，但是我推测是“于彼”的错误。

无灭舍中有五百妓一时奏乐，菩萨尔时不见彼妓但闻乐声，即知其中作五百乐。若一弦断或一睡眠，即记之言今减尔所，是名菩萨耳根猛利。

《阿毗达磨大毗婆沙论》T27:65b10-13 [No.1545]

译：五百位伎女同时在“不灭屋”演奏着音乐，菩萨当时在没看到那些伎女，只听到音乐，就知道有五百位［伎女］正演奏音乐。若是一条弦断掉，或是一位［伎女］睡着，他立刻说出少了什么。因此，可说菩萨的耳根敏锐。

菩萨宫内烧百和香。菩萨嗅之知有百种。彼合香者欲试菩萨。于百种中或增或灭。菩萨嗅已即记之言。此于先香增减尔所。是名菩萨鼻根猛利。

《阿毗达磨大毗婆沙论》T27:65b13-17 [No.1545]

译：菩萨的宫殿里燃着和好一百种的香，菩萨一闻到这些［香］，就知道有一百种。和香的人想测试菩萨，在这百种［香］里，增加或减少［某些香］，菩萨闻着它们，立即说出比先前的增加或减少了哪种［香］。因此，可说菩萨的鼻根敏锐。

菩萨食时侍者常以百味丸进。菩萨尝之即知其中百味具足。时造食者欲试菩萨。于百味中或增或减。菩萨尝已即知其中增减尔所。是名菩萨舌根猛利。

《阿毗达磨大毗婆沙论》T27:65b17-20 [No.1545]

译：菩萨进食时，侍者总是给他有百种味道的丸子。当菩萨品尝时，立即知道有百种味道。有次厨师想测试菩萨，在这百种味道里，增加或减少一些［味道］。菩萨品尝［它们］，立刻知道增加或减少了什么。因此，能说菩萨的舌根敏锐。

菩萨浴时侍者即以洗浴衣进。菩萨触之即知织者。或进衣者有如是病。是名菩萨身根猛利。

《阿毗达磨大毗婆沙论》T27:65b20-23 [No.1545]

译：菩萨沐浴时，侍者拿浴袍给他。当菩萨一摸到浴袍，立刻知道是谁织了浴袍，或是知道拿浴袍给他的侍者生了什么病。因此，可说菩萨的触根敏锐。

菩萨善知诸法自相及与共相。而无挂碍。是名菩萨意根猛利。

《阿毗达磨大毗婆沙论》T27:65b23-24 [No.1545]

译：菩萨无碍地熟知诸法的自相与共相。因此，可说菩萨的意根敏锐。

这些是六根生来敏锐的讨论，而与禅定无直接关系。尽管如此，我们应注意这里生动描述的六根状态是被认为菩萨修行的基础。我以为《瑜伽师地论》“六处殊胜”的背景里有这类观点[①]。

众所周知的，在瑜伽行派教理中，“种姓”是指潜质，这个潜质预先决定个人的修行种类（乘）。我们应该也注意此派认为“种姓”是“种子”的别称。因此，我们又一次观察到种子是指我们整个感官（即是身体）的特定的状态。

因此，关于种姓与身体（以及与阿赖耶识）的关系，种子和种姓有同样的结构——当身体不调畅时，它产生烦恼；当身体调畅时，它有助于禅修道中的进步。

五、执受（upādāna）与安危共同（ekayogakṣema）

让我们再次回到《摄大乘论》一段的结构（见图六）。在这个结构中，身体与阿赖耶识两者的状态是相互关联的。若是我们记得“所依”与阿赖耶识有时是被认为等同的话，那就无需对这个结构感到惊讶。为了更详细地检视阿赖耶识和“所依”（身）的密切关系，我们现在讨论两个关键词——“执受”[②]与“安危共同”。首先看以下一段：

> upāttam iti ko 'rthaḥ | yac cittacaittair adhiṣṭhānabhāvenopagṛhītam anugrahopaghātābhyām anyonyānuvidhānāt | yal loke sacetanam ity ucyate |
>
> *Abhidharmakośabhāṣya*, Pradhan ed., 23.16-17
>
> 有执受者，此言何义？心心所法共所执持摄为依处名有执受，损益展转更相随故。即诸世间说有觉触。
>
> 《阿毗达磨俱舍论》T29: 8b24-26 [No. 1558]
>
> 译：“所执受”是什么意思？[它是指]心和心所所执的“基础”[身]，因为[身所依和心、心所]在衰损和利益上，彼此是一致的。[这是]一般所称的“有知觉的”。

根据这段论述，当心“执受”（upa-ā-dā-）色（rūpa）时，就“益”（anugraha）和“损”（upaghāta）而言，心与色是相互一致的。在瑜伽行的文献中，这种身与心的相互关系用“同

---

① 比较下文：

tatrāyam indriyakṛto viśeṣaḥ | prakṛtyaiva bodhisattvas tīkṣṇendriyo bhavati pratyekabuddho madhyendriyaḥ śrāvako mṛdvindriyaḥ | (*Bodhisattvabhūmi*, Wogihara ed., 3.23-4.2)

“言根胜者。谓诸菩萨本性利根，独觉中根，声闻软根。”（《瑜伽师地论》T30:478c29-479a1 [No.1579]）

译：在[超越声闻和独觉的菩萨四处殊胜]中，这个殊胜是他的感官所成的：菩萨生来有敏锐的感官，独觉有中位的感官，声闻有钝得感觉”。

② 关于瑜伽行派文献中的“执受”，见 Schmithausen 2014, §213ff。

安危”或“安危共同”（ekayogakṣema, anyonyayogakṣema）的名相解释。

在《瑜伽师地论》中没提到阿赖耶识的部分里，执受身体的是不特定的“识”。因此，这种结构与上述引用的《阿毗达磨俱舍论》的结构相当相似。下列《瑜伽师地论·摄事分》的一段也有同样的结构（这个部分只有玄奘译，没有梵文、藏译）：

> 执受法者。谓诸色法为心心所之所执持。由托彼故心心所转安危事同。同安危者。由心心所任持力故。其色不断不坏不烂。即由如是所执受色。或时衰损或时摄益。其心心所亦随损益。与此相违。名非执受。
>
> 《瑜伽师地论》T30:880a1-6 [No.1579]
>
> 译：“所执受”（upātta）法是指心与心所所执受的色。因为彼［色］依托这些［心与心所］活动，所以［色］与心和心所相关（安危事同，ekayogakṣema）。“相关”（同安危）意指因为心与心所的执受力，色不会断灭、毁灭，或腐烂。“所执受”的色如果有衰损或利益，其心与心所也有衰损[①]或利益。若是没有［这种关系］，此［法］称“非执受”［色］。

Upa-ā-dā- 的字义为“获得、保持”，但是因为若是心、心所不保持，色则断灭，这里的意思是指心与心所让身体活着。因此，在这语境下，“执受”意味着生理上的生命维持[②]（施密特豪森翻译成“生物学上的保持”[③]）。这里也是，心、心所与“所执受”的色共同分享着衰损 (upaghāta) 或利益 (anugraha)。

《瑜伽师地论》中在以阿赖耶识为前提的部分里，维持身体活着的是阿赖耶识。下段论述中提到的“心”，从上下文看，是指阿赖耶识：[④]

---

① 在《瑜伽师地论》的其它地方（本地分中意地），玄奘译的“衰损”（T30:286a7）相当于梵文的 vipatti（“不幸、困境、逆境”，Bhattacharya ed., 34.5）。但是此处是从“同安危”“安危共同”描述的标准模式判断，我认为“衰损”对应 upaghāta 的可能性更大。

② 根据《有机体生物学报》（*Organismal Biology Journal*）网站描述：“人类的生理学寻求了解维持人体生存和有作用的机制”。（“Human physiology seeks to understand the mechanisms that work to keep the human body alive and functioning” [http://www.omicsonline.org/organismal-biology-journal.php, 2016 年 10 月 16 日参照]）。若是“生理学”的定义如上，这种机制与阿赖耶识的“执受”机制非常相似。我从与 Daniel Stuart 教授的个人讨论中获益良多。

③ 例如，见 Schmithausen [1987]2007:31(§2.13.4).

④ 此处《瑜伽师地论 · 本地分中意地》原来是否是以阿赖耶识为前提是有些令人怀疑的。见 Schmithausen [1987] 2007:127-32 (§6.3.1-4)。不论如何，此文献的现行本清楚地以阿赖耶识为前提。这个议论与《瑜伽师地论 · 摄抉择分》中的论述相同：

aṣṭābhir ākārair ālayavijñānasyāstitā pratyetavyā | tadyathā ’ntareṇālayavijñānaṃ (i) āśrayopādānāsaṃbhavataḥ（袴谷 [1978] 2001:327)

“由八种相。证阿赖耶识决定是有。谓若离阿赖耶识依止执受不应道理。”(T30: 579a20-21 [No.1579])

译：阿赖耶识的存在应从八个侧面了解。就是若是阿赖耶识不存在的话，（1）“所依”的执受是不可能的……

citta(=ālayavijñāna)vaśena ca tan (=kalala−rūpaṃ) na pariklidyate, tasya ca anugrahopaghātāc cittacaittānām anugrahopaghātaḥ | tasmāt tad anyonyayogakṣemam ity ucyate |

Manobhūmi, Bhattacharya ed., 24.16-17; 从 Schmithausen [1987]2007:290, n.184 引用

又此羯罗蓝色与心心所。安危共同故名依托。由心心所依托力故。色不烂坏。色损益故彼亦损益。是故说彼安危共同。

《瑜伽师地论》T30: 283a15-18 [No. 1579]

译：因为心（阿赖耶识）力，这个[早期胚胎身]（kalala-rūpaṃ）不会腐烂，而且由于[早期胚胎身]的利益和衰损，心和心所的利益、衰损[发生]。因此，能说此[早期胚胎身和心、心所]是有相关性的。

简而言之，因为阿赖耶识是身体的生理基础，阿赖耶识和身体分享利益和衰损。在这点上，我们也须要留意《五蕴论释》指出的阿赖耶识遍及全身：

kayo ’tra sendriyaṃ śarīram | samantaṃ hi śarīraṃ vyāpyālayavijñānaṃ vartate |

Kramer ed., 106.11−12

此处，“身”是指有感官（根）的身，因为阿赖耶识遍及全身着活动。

这样，为遍满全身的生理基础，阿赖耶识与身体是分不开的。因此，无需惊讶的是有时阿赖耶识直接等同于身体①。若是如此，阿赖耶识自然是与身体有相同的命运。

但是，什么是衰损或利益的具体意思？根据《瑜伽师地论·本地分中有寻有伺等地》的这段，我认为基本上是指乐与苦：②

注意在这句话裡，“所依”明显有“身体”的意思。

① 参考《大乘阿毗达摩杂集论》的一节（瑜伽行思想研究会 ed., 409.15–18）和本稿图二。

② 也可参考如下一段阐述：

aduḥkhāsukho yasyotpāda ubhayaṃ na bhavatītyādi | tatra kāyacittopacayapravṛttatvān manojñasvabhāvabhāvatvāc ca sukho ’nubhava iti nirodhe punas tatsamyogābhilāṣaḥ pravartate | kāyacittāpacayapravṛttatvāt svabhāvataś ca pratikūlo duḥkho ’nubhava iti tasyotpāde tadviyogacchando bhavati | yas tu nobhayapravṛtto ’sti ca so ’nubhavo ’duḥkhāsukhaḥ, akṛṣṇāśuklakarmavat | ata eva cān<u>anugrahānupaghāta</u>pravṛttatvāt tadaduḥkhāsukhotpāda ubhayecchābhāvaḥ || (*Pañcaskandhakavibhāṣā*, Kramer ed., 27.7-14)

“[《五蕴毗婆沙论》说:]不苦不乐[的感受]是当这[种感受]生起时，不产生[与它结合或分离的]两种[欲望的一种感受]，等等。关于这点，因为乐的感受是从兴旺的身心生起，也因为它有愉悦的自性，当它消失，有欲望[与它]再次结合；因为苦的感受从衰败的身心生起，也因为它有不快的自性，当它生起，有欲望[与它]分离。也有从[非兴旺和非衰败的身心]生起的非苦非乐的感受，如不黑不白业。因此，因为它不从<u>利益</u>或<u>损害</u>生起，当[上述的]非苦非乐[的感受]生起时，没有[结

sacet skandheṣu | sa nityo vā syād anityo vā | sacen nityaḥ | nityasya sukhaduḥkhābhyām anugrahopaghāto na yujyate |

Bhattacharya ed., 132.15–17

若于诸蕴中者。此我为常为无常耶。若是常者。常住之我为诸苦乐之所损益。不应道理。

《瑜伽师地论》T30:306b10-12 [No. 1579]

译：若是 ["我" 存在] 于蕴中，它 ["我"] 会是常住或无常的。若 ["我"] 是常住，因苦、乐 [的感受] 而常住的 ["我"] 有利益或衰损是不合理的"。

因此，图九呈现基本结构：

图九

乐 sukha → 利益 anugraha
苦 duḥkha → 衰损 upaghāta

我们也应该回忆上引《大乘阿毗达磨杂集论》中连接"乐"与"'所依'利益"的一段。在同文献中，有另一论述是值得注意的：

cakṣuṣā vijñānaṃ cakṣurvijñānam, tadvaśenāvikṛte 'pi rūpe vijñānasya vikriyāgamanatvāt | tadyathā kāmalavyādhyupahatena[①] cakṣuṣā nīlādirūpeṣv api pītadarśanam eva bhavatīti |

Abhidharmasamuccayabhāṣya, 瑜伽行思想研究会 ed., 115.6-9, 对应于 Tatia ed., 16.24-17.1 [§12(vi)b]

又眼所发识，故名眼识。由眼变异识亦变异，色虽无变识有变故。如迦末罗病损坏眼根，于青等色皆见为黄。

《大乘阿毗达磨杂集论》T31:703b4-7 [No. 1606]

译：由于眼 [根] 的识故 [称作] 眼识，因为即使视觉对象没有变化，此 [眼] 力造成识的转变。例如：受黄疸病损害的眼，即便看到蓝色或其它颜色，也只认为看到的是黄色。

合或分离的] 欲望。

① 底本，-vyādgy-。

这段陈述说明受到疾病损害的感官会影响识[①]。所有有益和有害的条件应该被包括在“利益”和“衰损”的概念中，因此，“安危共同”第一义上应该是指心与身之间的一般关系的词语。

然而，更特定地说，利益会对应轻安：

anugrāhikaḥ prasrabdhiḥ tayā kāyacittānugrahakaraṇāt ｜

Abhidharmasamuccayabhāṣya, 瑜伽行思想研究会 ed., 565.7; Tatia ed., 87.25 [§92(iv)(b)]

摄受者，谓安，由此轻安摄益身心故。

《大乘阿毗达磨杂集论》T31:740a22-23 [No. 1606]

译：“利益”是指轻安，因为它（= 轻安）引起身心的利益。

若是如此，我们自然会推测“轻安”的反义词 — 粗重 — 是对应“衰损”。下一段可证明这个推测：

粗重差别者。谓欲界中粗重粗而损害。

《显扬圣教论》T31:484c28 [No. 1602]

译：关于粗重的类别，在欲界中的粗重是粗且损害的。

正如我们所见过，“利益”和“衰损”是广义的概念，不只用于禅定的情况中。我们应回忆上引《瑜伽师地论 · 本地分中意地》所讨论的生死过程就与禅定无直接关系。

尽管如此，可确定的是禅定能让感官转变。下列《瑜伽师地论 · 摄抉择分中五识身相应地意地》的一段引文明确地指出：

gzhan yang mdor bsdu na rgyu bzhis dbang po rnams ’gyur bar blta bar bya ste ｜ …(2) nang gi rkyen las skye ba ni ’di lta ste ｜ so so’i nang gi tshul bzhin ma yin pa yid la byed pa las skyes pa’i ’dod chags kyis kun nas dkris pa la sogs pa kun nas nyon mongs pa rnams dang ｜ tshul bzhin yid la byed pa las skyes pa’i snyoms par ’jug pa la sogs pas ’gyur bar byed pa’o ｜

Pek. Zi 59a6–b1; D.Zhi 56a6–b1

① 另外也见《瑜伽师地论 · 本地分中闻所成地》的下引文：

varṇabhrāntiḥ katamā. yo ’nyavarṇe tadanyavarṇābhimānaḥ, tadyathā kāmalena vyādhinopahatendriyasyāpīte rūpe pītarūpadarśanam (矢板 1992:521.3-5)

显错乱者。谓于余显色。起余显色增上慢。如迦末罗病损坏眼根。于非黄色悉见黄相。(T30: 357c11-13 [No.1579])

“什么是颜色的错知？ [它是指] 把颜色看作成另一颜色的错误认知。例如，人的感官由于黄疸病损害，把不是黄色 [的东西] 都看作黄色”。

又略由四缘诸根变异。……二由内缘所生。谓由各别不如理作意所生贪等诸缠烦恼故。或由如理作意所生三摩钵底等故。

《瑜伽师地论》T30:600c4-8 [No. 1579]

译：而且，应该知道，总之感官由四因而转变……(2) 它们因为内部条件而转变，即是内在不合理的思考引起的贪爱（rāga）缠（paryavasthāna）等的杂染[法]，以及合理的思考引起的三摩钵底（samāpatti）等。

而且：

kāyasya punaḥ spraṣṭavyaviśeṣa eva prītyāhṛtaḥ kāyaprasrabdhir veditavyā | prītamanasaḥ kāyaḥ prasrabhyata iti sūtre vacanāt | atra caitasikādhikārād acaitasiky api kāyaprasrabdhiḥ prasrabdhisambodhyaṅgatvenoktā, kāyakarmaṇyatā vā cittakarmaṇyatām āvāhayatīty ato ’caitasiky api kāyakarmaṇyatātroktā | iyaṃ ca tadbalenāśrayaparāvṛttito ’seṣakleśādyāvaraṇaniṣkarṣaṇakarmikā ||

Pañcaskandhakavibhāṣa, Kramer ed., 47.14-48.6

译：身轻安应被了解是由喜引起的身体特定的触受，因为经说："心欢喜的人的身体达成轻安"。此处，因为受到心所的影响，身轻安虽然不属于心，但可说是轻安觉支。或是，因为身调畅引起心调畅，虽不属于心，此处提到身轻安。因为这个[轻安]的力，也[引起]"所依"的转换（转依），它有无余引除烦恼等障的作用。

这段清楚地呈现在禅定的情况下心与身的相互作用。从另一角度来看，心喜引起身轻安，而且身轻安导致心轻安。此段论述明确指出在禅定修行中，身心相互关系的重要性。

关于身体转换，以下问答也值得我们注意：

问何故世尊说入出息名饮食耶。

答能损益故。谓无上妙饮食益身。如有方便调入出息。亦无粗恶饮食损身。如无方便调入出息。是故世尊说为饮食。

《大毗婆沙论》T27:134a15-18 [No.1545]

译：问：为什么世尊把呼吸称作饮食？

答：因为它[对身体]有益或有害，即是最好的饮食有益身体，调和的呼吸也是一样；同样，最差的饮食会损害身体，不调和的呼吸也会损害身体。因此，世尊称[呼吸是]饮食。

除了身体受到心的影响，身体的状态似乎深受呼吸方式的影响，这点需进一步研究。总而言之，“安危共同”是总体的身心关系的表现，但是我怀疑这个概念也包括禅定情况下身心关系。因为修行者非常清楚地觉察到身体在禅定中的重要性，所以相关的文献中常讨论身体。

六、维那琴的譬喻

在本文结束之前，我们要探讨一段巴利文经文：

“yadā pana te Soṇa vīṇāya tantiyo na accāyatā honti na atisithilā same guṇe patiṭṭhitā, api nu te vīṇā tasmiṃ samaya saravatī vā hoti kammaññā vā” ti? “Evaṃ bhante.”

Aṅguttara-Nikāya VI. LV, PTS ed., 3:375.15-18

“又，守笼那！汝之琴若不太强张，若不太缓，调于中庸，则汝之琴其时音具足，或堪于使用耶？”“大德！唯然。”

《增支部经典》（网上版，https://cbetaonline.dila.edu.tw/zh/N0007_006 [p. 375]，2022 年 3 月 14 日参照）

译：“须那，当维那琴的弦调的不太紧、不太松，而是调得恰到好处时，那么它们声音好①，而且能弹奏吗？”“是的，尊者”。

当然，这段与我们本论里讨论的瑜伽行派文献时间相距甚远，与此论主题无直接关系。但是这段好像显示禅定修行中调畅的具体意象。当我们生活方式平衡，我们身心作用自然平和顺畅，这一直是佛教徒传统的修行目标。瑜伽行者通过禅定，追求相同的目标。

---

① 此句的 saravatī 一词也许和音乐女神 Sarasvatī 有关系。我感谢 Alexander von Rospatt 教授对这段文句的宝贵建议。

七、尝试性的结论

虽然尚未解释清楚所有的论点，但是根据上述的讨论，我尝试性地提出几点结论：

通过“所依”转换，修行者的“所依”从不调畅转换成调畅。这种“所依”转换同时发生在身和心，尤其身体转换（身转依）特别重要，它引起心的转换。在这个身体转换中，呼吸调节是关键。

当瑜伽行派导入阿赖耶识之后，此派主张阿赖耶识有维持着身体的生理机能。因此，认为阿赖耶识与身体息息相关。在所谓“安危共同”的身心关系中，阿赖耶识共享身体的利益与衰损。值得注意的是，利益可能是轻安带来的，衰损可能是由粗重所引起的。因此，“安危共同”似乎也用来指由禅定产生的身心转换过程中与身心相关的。

正如我们已经讨论过的，阿赖耶识遍及全身。因此，只要我们活着，它就与身体无法分开。然而，它作为维持生命的生理基础，其自身的作用十分潜在，难以觉察。瑜伽行者在禅定过程中可能明白他们身体的作用性是由潜在的生理基础决定。在这篇文章中，我只对已发表的论述进行几点补充，但是希望我的研究中有一些进展。我希望将来能扩大研究的视野，对此议题，提出更综合性的看法。

说一切有部“等起”（samutthānam）概念之研究

李宁军[①]

【摘要】“等起”（samutthānam）是说一切有部成业理论的核心概念，在《俱舍论记》中被普光划分远因等起、近因等起、刹那等起。由于此划分关涉到内门转、外门转；见所断、修所断；有分别、无分别等“异门”（paryāya），文章繁广，义理错综以致后继研究者在近因等起内、外门转的问题上存在很大的争议。本文将对远因等起、近因等起与刹那等起在诸“异门”中加以分析与抉择，从而把握其划分的内在逻辑，同时勾勒出有部身语表业的成业机制。

【关键词】说一切有部；表业；近因等起；外门转；修所断

业，旧译为羯磨，是梵文 karman 的音译。Karman 是由表示动作的语根 √kṛ 和动作名词后缀 man 构成的抽象名词，表示与造作有关的事项。Monier-Willams 对业的解释最为关键的有以下几个方面：作用、行为；宗教仪轨（通过祭祀希冀未来得到回报的行为）；行为的结果。[②] 业在佛教中可以被简单定义为：在欲望的影响下，有情出于自身意志，自由选择进行的各种活动及其结果。由此可见，“意志论”正是佛教业论的核心所在。诚如木村泰贤总结道：“统一吾人之身心原理，自表面观之，虽为识（vijñāna），然自内部观之，为行（saṃskāra），自狭义言之为思（cetanā）。佛陀以意志统一识之经过，视其为人格，即假我（pudgala 补特伽罗）之所在。”[③]

说一切有部（Sarvāstivāda）站在名色（nāma-rūpa）二分的境地中将身业（kāya-karman）、语业（vāc-karman）摄于色法的范畴之下。然而这样做会面临一个非常棘手

---

① 作者单位：兰州大学哲学社会学院。

② Monier–Williams Sanskrit–English Dictionary, 1899，网络版。

③ ［日］木村泰贤：《原始佛教思想论》，贵州大学出版社，2013 年，第 110 页。

的问题：一个有情如何通过作为自由意志之思心所（cetanā）去联动作为色法的身语表业呢？同时，作为业之身表及语表必定还要具有伦理属性，然而在有部理论体系中色法本该是无记（a-vyākṛta）中融性的，身、语表业是如何被赋予伦理属性的呢？对此问题的回答，有部必须要以意志论为前提对原始佛教业论做出新的诠释。由此，有部论师提出了等起（samutthāna）理论。

一、“等起”理论下身、语表业的成业过程

世亲论师（Vasubandhu）在《俱舍论》（Abhidharmakośa-bhāṣya）中设问：“何法何性由何因成？”[①] 答曰：“胜义善解脱，自性惭愧根，相应彼相应，等起色业等。”[②] 长行对此颂的解释是：涅槃最极安隐为胜义善（paramārtha-śubhā）；有为法中惭、愧、无贪“三善根”无需观待他法，自体（svabhāva）是善性；相应善（saṃprayukta-kuśala）即是心与“三善根”相应者则成善性；身、语业以及不相应行法则是通过自性、相应善心、心所法之等起作用而成为善性。上述阐释具有一定的抽象性，世亲论师对此以譬喻解释道：自性善如良药，自体即善；相应善就如混杂良药的药水，水体非善由参杂良药而成善性；等起善犹如牛饮良药水而产生的甘乳。因此，通过等起，无记性的色法也具有了善恶属性。在有部中色法具有善恶属性这在《俱舍论》界品中早以埋下伏笔，如云：“此除色声八，无记余三种。”[③]

等起是怎样一种理论机制呢？等起梵文为 sam-utthāna，意为共同生起，在刹那论的体系中意味着特定的心和色之间存在着某种关联，即当如是之心生起之时亦有如是之色生起，它们之间并不存在相互作用而仅仅是一种先验的协同或者伴随关系。这也正是说一切有部对相依缘起（pratītya-samutpāda）理则的一种深刻洞见，他们总结道：“唯法因果，实无作用。”[④] 在刹那论体系下，法法都是才生即灭的，根本不存在相互之间的作用。而缘起仅仅意指的是一种法与法之间存在的“此有故彼有，此生故彼生”[⑤] 的“先验联系”。

而这种联系在等起中可分为两种：异时性联系和共时性联系，亦即因等起（het-

① 《阿毗达磨俱舍论》卷十三，《大正藏》第 29 册，第 71 页上。

② 《阿毗达磨俱舍论》卷十三，《大正藏》第 29 册，第 71 页上。

③ 《阿毗达磨俱舍论》卷二，《大正藏》第 29 册，第 7 页上。

④ 《阿毗达磨俱舍论》卷二，《大正藏》第 29 册，第 11 页中。

⑤ 《杂阿含经》卷十，《大正藏》第 2 册，第 67 页上。

usamutthānaṃ）和刹那等起（kṣaṇasamutthānaṃ）。《俱舍论》中说：“在先为因故、彼刹那有故。如次初名转，第二名随转。谓因等起将作业时，能引发故说名为转。刹那等起正作业时，不相离故名为随转。”① 从能引发的角度来说，此心被称为因等起；从伴随、协同的角度而言，此刹那的心叫做刹那等起。世亲在长行中举了个生动的例子来阐述它们之间的关系：因等起就如刚开始推动轮子的手，决定轮子要转动的方向。刹那等起如轮子转动所依之地。由上述可以看出等起理论是有部在恪守意志论的前提下，对业论进一步系统化和精密化的结果。

然而因等起和刹那等起的定义是什么？以及他们之间的分界何在？世亲论师通过以“四句分别”的方式对此问题做了如下界定：“见断识唯转，唯随转五识，修断意通二，无漏异熟非。”② 认为见所断识（darśana-prahātavya）仅能为转心，五识身（pañca-vijñāna-kāya）只能做随转，修所断意识（mano-vijñāna）皆能为二者，无漏心、异熟生心皆不得为二者。世亲在长行中对其理由简单概括为：见所断识有分别（sa-vikalpa）、只能内门转所以唯能做因等起。前五识为无分别（nir-vikalpa）外门转，因而只能为刹那等起；修所断（bhāvanā-prahātavya）第六意识有分别、内外门转，可以作能转心，也可以作随转心。无漏心因为只处于定中，内门而转；异熟生心是由善恶业而生的异熟果，不是通过强力加行（prayoga），而是任运而生起的。任运而起的心“其性羸劣，望业无能”③，没有自由决断之功能，所以被排除在外。

由上所述，可以推导出世亲区分因等起和刹那等起的内部逻辑所在：因等起之所以能推动发业，最主要一点在于，因等起为有分别心，有分别心都是由加行而生起的，这一点在主张自由意志的佛教业论中是极其重要的。不管造作善业还是恶业，在行动之先，心都会有一番自由之努力。这样具有强烈意志力的心才能赋予色法以善恶属性。对于此，有部即认为表业的善恶属性是由因等起心来判定，故《俱舍论》云：“于转善等性。”④ 因等起推动业发生，当业表现出来时，作为业持续的场域，刹那等起之心、心所与业共时刹那刹那持续并生。因此它不再像因等起那样决定表业的善恶属性而仅仅作为业运作的一种场域而已，不过此随转心必须是外门转心。因此，修所断第六意识有分别、内外门转，既可以为转心推动表业，又可以为随转心伴随表业持存。

---

① 《阿毗达磨俱舍论》卷十三，《大正藏》第 29 册，第 71 页下。

② 《阿毗达磨俱舍论》卷十三，《大正藏》第 29 册，第 71 页中。

③ 《阿毗达磨大毗婆沙论》卷一百一十七，《大正藏》第 27 册，第 610 页中。

④ 《阿毗达磨俱舍论》卷十三，《大正藏》第 29 册，第 71 页下。

以上探讨了《俱舍论》中世亲区分因等起和刹那等起的动机与理论依据，然而有部想要在色心二元的理论背景中贯彻意志论并不是那么顺理成章的。来自佛教内部经量部论师（Sautrāntika）的一个问难使其陷入理论困境。如果见所断的心等起身、语表业，那么此身、语表业必会是见所断的，这样的话就会背离阿毗达磨教理。《俱舍论》对此论述道："又见所断若发表色，此色应是见所断。若许见所断斯有何失。是则违越阿毗达磨。"① 简要而言，见所断心等起的表业一定为见所断。然而在有部法相体系中，有漏色法必定不是见所断的，如《俱舍论》云："色定非见断。"② 其理由普光在《俱舍论记》中表述地很明确："此即违教，明（vidyā）谓智慧，无明（a-vidyā）谓痴，痴必惑俱偏说无明。明与无明互相违故必无并起，可有品别而断。有漏业色与明，无明俱不相违，故非见断。"③ 因为明是智慧，可以断惑。明与无明不能并存就如燃灯破暗一样。色法由大种（mahā-bhūta）而成，与智慧和无明都不相冲突。所以色法不是通过见道所断。

对于上述问难，在理论之可能性上而言，有部论师断然可以不承许见所断心为因等起。然而佛经中明确记载了见所断心所摄的邪见（vipanna-dṛṣṭi）亦能等起身、语表业，如《中阿含经》云："若此众生成就身恶行，口、意恶行，诽谤圣人，邪见成就邪见业。"④ 这样一来，为了随顺"教证"见所断心就只能摄于因等起的范畴之中了。欲界中身见（satkāya-dṛṣṭi）、边见（anta-grāha-dṛṣṭi）亦是摄于见所断心，然而欲界中却不存在此二心所等起的有覆无记（ni-vṛta-a-vyākṛtāḥ）表业。有部论师对此解释为："非一切种见所断心能为转。"⑤ 这就要求有部论师对因等起概念进行进一步划分。

怎样的因等起心才能直接推动表业呢？对于此问题的回应，见于《大毗婆沙论》："谓唯四部意识相应虽是随眠性，而不能发粗恶身语业。见所断心于身、语业非近因等起。"⑥ 意即与意识相应之四部烦恼虽然也属于随眠性质，然而不能发粗动的身、语业。因为见所断的心对于身、语业来说不是近因等起。于此，有部论师在因等起中离析出近因等起的概念，并认为只有近因等起才能直接等起身、语业。因此世亲和众贤（Saṃghabhadra）分别在《俱舍论》和《阿毗达磨顺正理论》中对于上述与经教相违的问题做出了如下的

---

① 《阿毗达磨俱舍论》卷十三，《大正藏》第 29 册，第 71 页下。

② 《阿毗达磨俱舍论》卷二，《大正藏》第 29 册，第 10 页中。

③ 《俱舍论记》卷十三，《大正藏》第 41 册，第 215 页中。

④ 《中阿含经》卷十一，《大正藏》第 01 册，第 498 页中。

⑤ 《阿毗达磨俱舍论》卷十三，《大正藏》第 29 册，第 72 页下。

⑥ 《阿毗达磨大毗婆沙论》卷四十七，《大正藏》第 27 册，第 242 页中。

汇通：“于此征难应设劬劳，应言如转心表成善等性，然非如彼见断转心，修断转心为间隔故。……但应说言：彼经唯据余心所间因等起说，故见断心虽能为转，而于欲界定无有覆无记表业。”[①]《阿毗达磨顺正理论》：“故身见边见虽为远因引身语表，而由修断近因势力成不善性，是故说言彼经但据前因等起非据刹那，故欲界中定无有覆无记表业。若不尔者，则不应言彼经但据前因等起，前言为显隔近因故，简近因故说前因言。”[②]

要言之，在坚持意志论的基本前提之下，等起心决定身、语表业的善恶属性这是不可违越的“至教量”。然而在此过程中真正起决定性作用的是因等起中的近因等起。佛经中说欲界中身见、边见不能引发身、语表业，这是由于欲界身见、边见之后刹那所间隔的、不善的修所断近因等起心使得身、语表业具有了不善的属性。因此，在欲界中不会存在有覆无记的身语表业。

通过上述从婆沙师对近因等起概念的离析，直到将因等起精确地划分为远因等起和近因等起，不难总结出说一切有部身、语表业地成业过程：身、语表业由能转心 (pravarttaka) 引发，之后身、语表业的持续确是伴随着刹那而起的随转心 (anu-vartaka) 延续下去。另外，表业的善、不善和无记三性是由修所断的能转心（近因等起）来决定。此外，假若在由见所断的能转心（远因等起）发起身、语表业的情况下，在此过程中必定有修所断的能转心（近因等起）在其后生起，由这个修所断的能转心来决定身、语表业的三性。

二、“等起”诸概念与相关“异门”之关系

虽然上述已经对说一切有部等起理论做了简明地梳理与阐释，然而对作为等起理论核心概念之近因等起、远因等起、刹那等起之区别与联系并没有做出详细地阐述。对于擅长以“诸门分别”来探究修行、证道、解脱问题的阿毗达磨论师来说，法（dharma）与法之间的区别与联系是通过种种“异门”进行系统简择，由此才能保障阿毗达磨理论系统的融贯性。“诸门分别”作为有部论师的方法论始终贯穿其各个论书之中。正如《阿毗达磨俱舍论》云：“若离择法定无余，能灭诸惑胜方便。”[③]通过前面的梳理可以明确，与等起之三个概念关系最紧密的异门即是“有分别”“无分别”，“内门转”“外门转”，“见道所断”“修道所断”。下面将通过对有部相关论书中涉及以此三门简择等起概念

---

① 《阿毗达磨俱舍论》卷十三，《大正藏》第 29 册，第 72 页上。

② 《阿毗达磨顺正理论》卷三十六，《大正藏》第 29 册，第 548 页上。

③ 《阿毗达磨俱舍论》卷一，《大正藏》第 29 册，第 1 页上。

的内容加以阐释与解读，继而对等起三概念于此三门中给予明确的定位。这样明确了等起三概念之间的联系与区别便会进一步厘清有部对等起三概念划分的内部逻辑所在。

（一）有分别、无分别门

在说一切有部理论中“分别”（vikalpa）可以分为三种：1. 自性分别（svabhāva-vikalpa），其体为不定心所之寻（vitarka）。如众贤所说：“自性分别其体是寻。”[①]2. 随念分别（anusmaraṇa-vikalpa），“若定若散意识相应诸念，名为随念分别，明记所缘用均等故。”[②]其体即是大地法之念（smṛti），忆念所缘之分别。3. 计度分别（abhinirūpaṇa-vikalpa），“意识相应散慧，名为计度分别。”[③]其体即是大地法中之慧心所，并且只限定在与非定地之第六意识相应之慧，计量推度之分别。

《阿毗达磨大毗婆沙论》中对六识之有无分别做了如下之简择：“问此六识身几有分别？几无分别？答前五识身唯无分别，第六识身或有分别，或无分别。且在定者皆无分别，不在定者容有分别。计度分别遍与不定意识俱故。”[④]上述即是说五识身唯是无分别，定地第六意识无分别，散地第六意识有分别。

对于六识有无分别的划分理由，众贤给予了非常详细的解释。如《阿毗达磨顺正理论》所说：“若尔，云何唯说意识是有分别？……若识于一刹那能取非一品类境界，于一所缘多心流注，如是相识名有分别。……意识能缘三世境界，法虽已灭犹是所行，于一所缘多心流注，故唯说此是有分别。然五识身，自性分别恒相应故，亦有分别。而契经言无分别者，谓无随念计度分别，自性分别其体是寻。”[⑤]

众贤认为第六识“于一所缘多心流注”即是说意识缘一所缘境的时候与意识相应包含有很多心所法，由此判定为有分别。所以由此推出判定有无分别的基准为“于一所缘多心流注”。然而五识身缘境之时也并非仅仅与寻、伺相应、作为十大地法之受、想、思、触、欲、慧、念、作意、胜解、三摩地也必然与之相应，为何此时的五识身不能称为“于一所缘多心流注”呢？

对此疑问我们可以在《阿毗达磨藏显宗论》中找到相应之线索：“五识虽与慧、

① 《阿毗达磨顺正理论》卷四，《大正藏》第29册，第349页上。
② 《阿毗达磨顺正理论》卷四，《大正藏》第29册，第350页中。
③ 《阿毗达磨顺正理论》卷四，《大正藏》第29册，第350页中。
④ 《阿毗达磨大毗婆沙论》卷七十二，《大正藏》第27册，第374页中。
⑤ 《阿毗达磨顺正理论》卷四，《大正藏》第29册，第349页上。

念相应，择记用微，故唯取意。”[①] 即是说对于五识身来说，虽然作为大地法的心所也伴随它而生起（作为记度分别的慧 (jñāna) 心所以及作为随念分别之念 (smṛti) 心所），但是除了作为自性分别的寻 (vitarka) 心所之外，其他心所的作用很微弱，由此说前五识无分别。然而同散地第六意识并起的多种心所法功能却都很强盛，由此说有分别。

通过上述的分析，对于作为等起心之判别标准可以得出以下结论：作为大地法（mahā-bhūmi）的思只有在“多心流注”的散地第六意识中才有强盛的作用，从而才能作为因等起心。所以分判因等起之心的关键即是有分别之第六意识。此处众贤的论证刚好印证了上面对世亲“四句分别”所得出的结论：作为因等起的心其中必须包含有功能强盛的思心所。

（二）见道所断、修道所断门

在有部修道断惑理论中惑（kleśa）的断除可以分为两类：自性断（svabhāva-prahāṇaṃ）和所缘断（ālambana -prahāṇaṃ）。如毗婆沙师云：“复次若法是自性断，断已不成就，此法与圣道相妨。圣道不与有漏善、不隐没无记法相妨，唯与漏法相妨。若漏断，善有漏法、不隐没无记法亦断，同一对治故。如灯不与炷油器相妨，而与暗相妨。为破暗故，然灯亦燋炷，尽油热器。”[②] 即是说当一个惑产生时，此惑与道谛相违，如前所说“明与无明相违”。因此与惑相应之对治道断除此惑，在此惑之上产生非得（a-prāpti）使此惑不再成就（samanvāgata）。此过程就如燃灯破暗，故名自性断。

而有漏善法、无记法等自性非是惑，它们却可以作为烦恼的所缘境（ālambana）。当缘它们的烦恼都被断除之后，此时这些法就得到了离系（vi-saṃyoga）。此种方式并不需要如自性断时，在法自体上得离系得，仅仅是要断除缘此法的所有烦恼。对此如《阿毗达磨顺正理论》总结道：“阿毗达磨诸大论师，依彼次第立二种断：一自性断，二所缘断。若法是结及一果等，对治生时于彼得断，名自性断，由彼断故于所缘事便得离系；不必于中得不成就，名所缘断。”[③]

对于断惑在有部论书中还有一套常见的区分：见道所断和修道所断。一般来说见所断惑是迷于四谛之理而起的烦恼，即迷于苦、集、灭、道的四部八十八随眠，也称为“八十八使”。此四部烦恼于见道位（darśana-mārga）十六心的过程中，见相应谛

---

① 《阿毗达磨藏显宗论》卷四，《大正藏》第 29 册，第 788 页中。

② 《阿毗达磨大毗婆沙论》卷四十七，《大正藏》第 28 册，第 360 页上。

③ 《阿毗达磨顺正理论》卷六，《大正藏》第 29 册，第 362 页下。

而顿断相应惑。修道所断惑是迷于事相所起的烦恼，总为十个合为一部，需在修道位（bhāvanā-mārga）中渐次断除。

世亲在《俱舍论》中对此二者做了详细的区分："以见所断依无事故。谓有身见依我处转，见所断惑此见为根，我体既无名依无事……谛为境故。然于谛境不如实缘，诸烦恼中谁不如是？虽皆如是而有差别，以修断惑各有别事，即是可意不可意等，于所缘境此相非无……若修所断贪、瞋、慢、痴，色等境中唯起染着、憎背、高举、不了行转，故并说为依有事惑。……又见断惑迷谛理起名依无事，修所断惑迷粗事生名依有事。"[①]即是说见所断惑以我见等见（dṛṣṭi）为根本，以虚假之"我"（ātman）为依处，是对四谛道理之不如实所缘而产生。由此不难看出见所断惑一定是自性断，因为它们所缘之事为无。修所断惑之所缘境为实存性的粗事，所以称为"依有事"。

通过上述对自性断、所缘断;见所断、修所断概念的分析，接下来再将作为色法的身、语表业在此等概念之下作一番探讨。前文已经论证了作为身、语表业自性之显色和声必定是由修所断心直接等起的。在此可以得到其原因，善、无记的身、语表业是属于色法，因为色法实有其事则必定属于修所断的范畴。又因为五识身无分别，从而和五识身相应的慧（见，体性即是慧）没有强盛之推度作用，因此五识身不以四谛之理为所缘境，而仅仅能缘外事。通过以上论述可以清楚地意识到判定近因等起和刹那等起为修所断心的底层逻辑即：推动、伴随身语表业之心必须与表业在断惑论上保持逻辑上的统一性即近因等起、刹那等起必须是修所断心。

通过上述分析了有分别、无分别；见所断、修所断两个异门，可以明确地对等起概念做以下抉择：远因等起可以为见所断第六识亦可为修所断第六识；近因等起必定为有分别、修所断的第六识；刹那等起仅仅需要修所断心，包括修所断第六识和前五识。

对上述结论，先行研究者并不存在异议，然而对于作为近因等起之修所断第六意识是于内门转还是外门转的分判上却存在很大的分歧。李世杰在《俱舍论的业力思想》中认为修断第六意识是外门转心[②]，然而杨勇认却认为是内门转心，并对李世杰的论证做出了批判。

据杨勇在《俱舍论·业思想研究》中的论述："其次，通过见所断识与表业的参照，可以离析出寻、伺之心，由此更明显地说出远因、近因的区别……第六识虽然能够发动

① 《阿毗达磨俱舍论》卷二十五，《大正藏》第29册，第129页下。

② 《俱舍论研究》卷上，台湾：大乘文化出版社，第323页。

业，但具体到表业却必须要寻伺之心……寻伺属于感觉和知觉的心，这是属于前五识。”[①] 我们可以看到，杨勇通过对比见所断识和发身、语表业之识的特点，总结出发表业之识必定要与寻、伺二心所相应。他认为寻、伺二心所必定只与前五识相应，因此而推出作为因等起之心必须是内门转，因而近因等起也只能是内门转的。最后，他在解读《俱舍论》中“修断意识通为二种，有分别故、外门起故”[②] 时又说此处的“起”（parivṛtta）是说第六意识本质上是内门转，修所断第六识是确是朝向外门转的。这就意味着第六意识是内门转的但它所包含的修所断第六识确是朝向外门转的，此表述难免给人一种模棱两可的感觉。为了澄清这一问题，下面先对内、外门转作以下分析。

（三）内门转（antar-mukha-pravṛtta）、外门转（bahir-mukha-pravṛtta）

在说一切有部中，为了区分识的所缘境而将识划分为内门转识和外门转识。如《阿毗达磨大毗婆沙论》云：“取缘有亦有二种。一内门转。二外门转。”[③]《阿毗达磨大毗婆沙论》云：“有内门转有外门转。有缘内事有缘外事。”[④] 在佛教中内外是按有情心相续（citta-saṃtati）之内外来划分的，识之所缘境在心相续之外的是缘外事，此识即是外门转识，反之则是内门转识。

然而与寻、伺二心所相应者必定只能是外门转的前五识吗？杨勇可能根据《俱舍论》中：“五识唯寻伺”中的“唯”字而断定与寻伺心所相应之心王必定只是五识身。其实在有部中寻、伺二心所为不定地法（a-samāhita-bhūmika），寻为五识转因。如《入阿毗达磨论》云：“寻谓于境令心粗为相，亦名分别思惟。想风所系粗动而转，此法即是五识转因。”[⑤] 寻心所的作用即是联合想心所令心粗动，驱于境，是五识身生起的原因。而伺心所（vicāra）在有部中的定义亦可见于《入阿毗达磨论》：“伺谓于境令心细为相，此法即是随顺意识于境转因。”[⑥] 由此可见伺心所使意识转向所缘境。

勘“五识唯寻伺”此句相应之梵文为：“savitarkavicārā hi pañca vijñānadhātavaḥ.”[⑦]（具寻和伺者为五识界），可见杨勇此处对唯字的理解不合文义。

---

① 《俱舍论·业思想研究》（宗教文化出版社），第 128 页。

② 《阿毗达磨俱舍论》卷十三，《大正藏》第 29 册，第 71 页下。

③ 《阿毗达磨大毗婆沙论》卷二十三，《大正藏》第 27 册，第 119 页中。

④ 《阿毗达磨大毗婆沙论》卷八十，《大正藏》第 28 册，第 416 页中。

⑤ 《入阿毗达磨论》卷一，《大正藏》第 28 册，第 982 页上。

⑥ 《入阿毗达磨论》卷一，《大正藏》第 28 册，第 982 页上。

⑦ [印度]P. Pradhan ed., Abhidharmakośabhāṣyam of Vasubandhu, 第 22 页。

更进一步，众贤在《顺正理论》中对此颂文做解释的同时又对《俱舍论》中世亲对五识与寻伺恒共相应之原因做了如下检讨："五识有寻伺……此五识身恒与寻伺共相应者，经主释言：以行相粗外门转故。此因非理，现见意识内门转时亦常与彼共相应故。应作是释：五识唯于寻伺所随地中有故。非于欲界初静虑中心心所法除寻与伺而有不与寻伺相应，何用外门为因简别？"[①] 众贤认为世亲不应该用寻、伺二心与五识身恒常相应作为五识外门转之理由，因为欲界、初静虑地是"有寻有伺地"，在此二地中即便是内缘第六意识还是必然要与寻、伺二心所相应。综上所述，行相粗亦即所缘外事粗是判别五识身外门转的充要条件。而寻、伺心所作为别因，仅仅是五识身生起的必要非充分条件，简单表示为：五识身生起 $\subseteq\neq$ 有寻、伺心。正如《俱舍论记》所总结："一行相粗，是通因；二外门转故，是别因。"[②] 因此，与寻、伺相应之修所断第六意识既可以是外门转又可以是内门转。

三、结论

总结上述论证，我们可以做出以下判定：远因等起必定是有分别的内缘第六意识（包括见所断、修所断）；近因等起既要有分别又必须是修所断、外门转识，所以只能是修所断的外缘第六意识；刹那等起必定为修所断、外门转（包括修所断、外缘第六意识和五识身）。远因等起为发业之加行（prayoga）阶段，近因等起为完成阶段，因此身、语表业的善恶属性是由近因等起来决定，如《俱舍论记》所言："唯有近因等起三根究竟。"[③]

通过上述对远因等起、近因等起、刹那等起划分的内在逻辑考察，我们可以更加清晰地把握有部身、语表业的等起理论。现将说一切有部身、语表业等起机制以简图的方式表示如下：

① 《阿毗达磨顺正理论》卷四，《大正藏》第29册，第350页上。

② 《俱舍论记》卷二，《大正藏》第41册，第38页中。

③ 《俱舍论记》卷二，《大正藏》第41册，第256页上。

有分别、内门转
能转心1
近因等起
有分别、修所断、外门转
能转心2
近因等起
修所断、外门转
随转心3
刹那等起
修所断、外门转
随转心4
刹那等起
修所断、外门转
随转心5
刹那等起
表业1
表业2
表业3

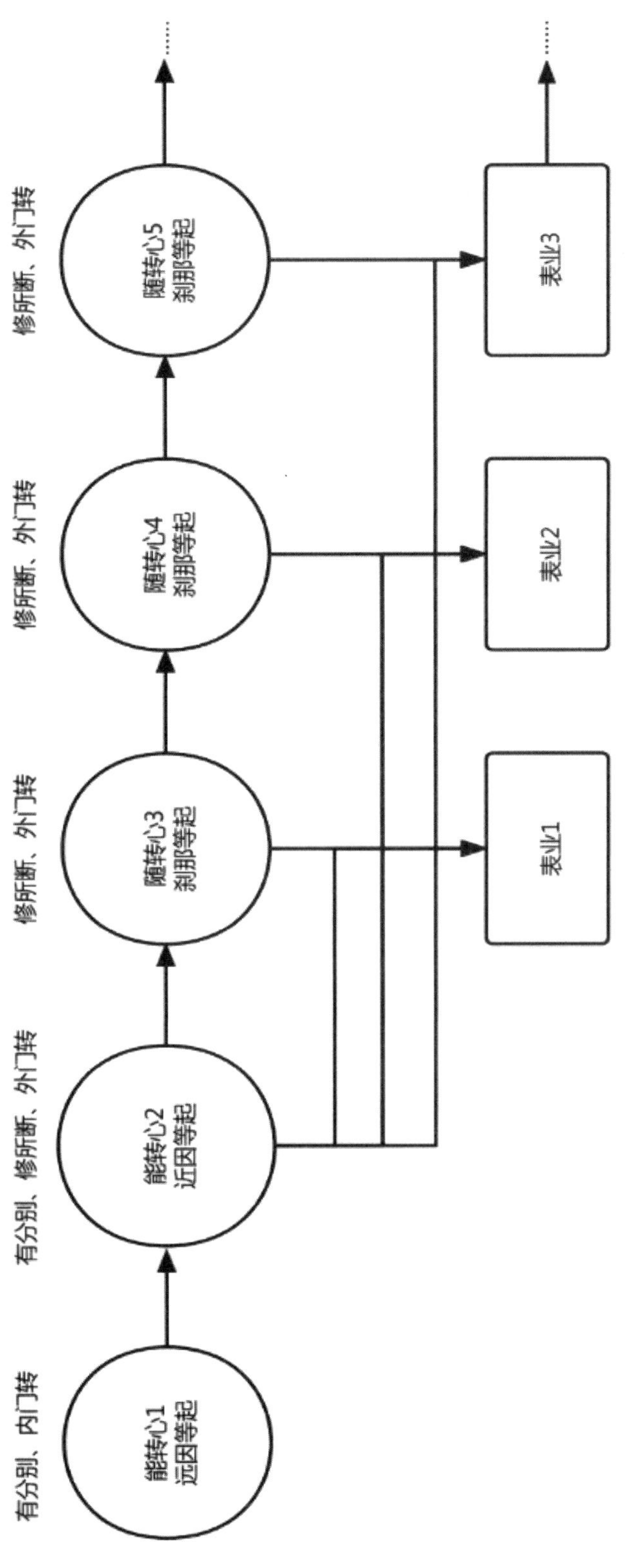

等起机制图

"先轨范师"及其色心互熏说

张晓亮[①]

【摘要】"先轨范师"的身份认定大致有三种观点：传统的先代经部师说、现代日本及欧美学者的早期瑜伽行派说、韩国学者权五民的犍陀罗毗婆沙师说。另外，也有认为是经部室利逻多或晚于室利逻多的经部异师，不同于传统"经部本师"的认定。对色心互熏说有两种理解：第一，基于经部的种子熏习理论，色法与心法可互持种子或互熏。第二，色心互相作为条件生起，"种子"仅是譬喻，和经部种子熏习理论无关。本文遵从传统"先代经部师"的认定，认为"先轨范师"可能是"日出论者"鸠摩逻多，属持经譬喻者，早于上座室利逻多。色心互熏说是在无色界无色、无心定无心的理论背景下，色心相续的特殊解决方案。

【关键词】先轨范师；色心互熏；种子；灭尽定；无色界

"色心互熏"这一称呼最初出现在唐代法相宗的注疏中[②]，后为现代学者沿用。在印度文献中称为"色心互为种子"（《俱舍论》）或"色心互为因缘"（《瑜伽师地论》），不使用"互熏"一词。记名"先轨范师"（pūrvācārya）的"色心互为种子说"首次出现在世亲的《俱舍论》中。另外，在《瑜伽师地论》"摄抉择分"、无著的《摄大乘论》（包括无性及世亲二释）及世亲的《大乘成业论》《缘起经释》、安慧的《五蕴论广释》中都发现了这一学说的内容。自上世纪80年代以来，袴谷宪昭等人发现《俱舍论》中"先轨范师"的色心互熏说最早可追溯到《瑜伽师地论》"摄抉择分"中，因此一批学者坚称这一学说是未建立阿赖耶识理论之前早期瑜伽行派内部的学说，且阿赖耶识理论的建立和这一学说存在密切关系。近年来，韩国学者权五民（권오민，Kwon Oh-min）

---

① 作者单位：科伦坡大学佛教学系。

② 慧沼：《成唯识论了义灯》卷4："经部虽以色心互熏俱得持种，识持法种通于三界胜故，但说种集名心。"（《大正藏》，T43，第733页上。）

力主先轨范师可能是犍陀罗的毗婆沙师，色心互熏说和经部的种子熏习理论无关。以上两种观点迥异于传统“经部先代轨范师”的判定。另外在传统的判定中，吕澂主张“先轨范师”是室利逻多，印顺主张是室利逻多之后的经部师，这和传统法相宗“经部本师”鸠摩逻多的判定不同。本文旨在通过考察相关文献，力求探究色心互熏说的内涵，对先轨范师的身份问题进行考证，并对以上几种观点作出回应。

一、《俱舍论》的色心互熏说

在《俱舍论·根品》中，“余师”在无色界无色、无心定无心的理论背景下，提出无色界生下界（欲界和色界）色依赖心生起、无心定出定心依赖色根生起的解决方案之后，先轨范师的心和有根身“互为种子”（anyonya-bījaka）的理论被提出[①]；另外，无色界生下界，下界色依赖心生起，这一主张也出现在《分别定品》“无色谓无色，后色起从心（rūpotpattistu cittataḥ）”这一颂[②]。称友、安慧、普光、法宝、神泰等《俱舍论》的注释书一致认为“先轨范师”是“经部先代轨范师”，《定品》这一立场也属于经部[③]。从《根品》和《定品》的内容都坚持“无色界无色说”来看，应都视作先轨范师的学说。

根据称友观点，这一学说否定有部入灭尽定前的最后一刹那心作为等无间缘使出定心生起的解决方案，已灭的过去法不具备使出定心生起的功能[④]。由此可见，先轨范师坚持过未无体的立场。安慧在《阿毗达磨俱舍论实义疏》对此学说进行了三点批评：第一，这一学说忽视了确保和果种类相似的“众同分因”（nikāyasabhāga-hetu, ris

---

① AKBH p.72.16–21，apare punar āhuḥ，kathaṃ tāvad ārūpyopapannānāṃ ciraniruddhe ‘pi rūpe punar api rūpaṃ jāyate? cittād eva hi taj jāyate，na rūpāt| evaṃ cittam apy asmād eva sendriyāt kāyāj jāyate,na cittāt| anyonya–bījakaṃ hy etad ubhayaṃ yad uta cittaṃ ca sendriyaś ca kāya iti pūrvācāryāḥ|

世亲著，（唐）玄奘译：《阿毗达磨俱舍论》卷 5：“有余师言：如生无色，色久时断，如何于后色复得生？彼生定应由心非色。如是出定心亦应然，由有根身，非由心起。故彼先代诸轨范师咸言：二法互为种子。二法者，谓心、有根身。”（《大正藏》，T29，第 25 页下。）

② katham idānīm analpakalpocchinnād rūpāt punar api rūpotpattistataḥ pracyutānām? rūpasya cittād eva utpattistad vipākahetu paribhāvitāl labdhavṛttitaḥ |

《阿毗达磨俱舍论》卷 28：“在彼多劫，色相续断，后殁生下，色从何生？此从心生，非从色起。谓昔所起色异熟因熏习在心，功能今熟，是故今色从彼心生。”（《大正藏》，T29，第 146 页上。）

世亲著，真谛译：《阿毗达磨俱舍释论》卷 21，《大正藏》，T29，第 297 页下。

③ （唐）普光著：《俱舍论记》卷 28，《大正藏》，T41，第 420 页上。

（唐）法宝著：《俱舍论疏》卷 28，《 大正藏》，T41，第 789 页下。

④ Abhidharmakośasphuṭārthavyākhyā (AKV)246.15//CU 174b7–8.

Griffiths，Paul J. *On Being Mindless: Buddhist Meditation and the Mind-Body Problem*. Delhi: Sri Satguru. 1999. p382.

mthun pa'i rgyu）的作用。若照先轨范师出定心从色而非心自身生起的解决方案，其结果是当所依和境界存在时，诸识将在任何时任何境同时生起。据 Paul J. Griffiths 解释，以眼识为例，当眼根、色境相对，“众同分因”确保生起的是眼识而非耳识等其他种类的识。但若忽视众同分因，当所依和境界存在时，任何种类的识都可能同时产生[①]。第二，如果出定心由作为等无间缘的入定心前后产生，那么，由于不存在第二等无间缘，即使所依和境界存在，也不会多识同时产生[②]。第三，有根身中的种子不足以作为出定心生起的因，这一学说不能解释识种子以什么机制在某一时刻成熟。以上第一、第二点和下文众贤的批评逻辑基本一致，不同的地方在于《顺正理论》中未使用“众同分因”。不过可以猜测，安慧可能引用了《顺正理论》的内容。

众贤在《顺正理论》中对“定品”出现的这一主张未加否定，将“心”修改为“顺色生心”，但强调欲、色界色“不可言唯从彼起”，还需以过去色为自种子，过去“色俱行心”为缘。即色法续起原因有三：现在的“顺色生心”（即入胎心或续生心），过去的“色俱行心”，过去的色法。因为，同类因通过去和现在[③]，和下界色属同一界的过去色、过去“色俱行心”及现在的入胎心能作为同类因使下界色生起。不过，权五民认为，从众贤的态度可看出，出现在“定品”中先轨范师的这一理论是有部内部的理论，和经部的种子熏习理论无关。但是我们注意到，不管是“定品”的梵文本，还是玄奘和真谛的汉译本在解释此颂时均使用了熏习（paribhāvita）和功能（性）（vṛttita）（“种子”的同义语）这一经部的代表性概念。下界色从熏习在心中的功能生起，表明世亲基于经部种子熏习理论来解释此颂。众贤虽未否定这一理论，却使用有部的“同类因”来解释，并不使用“熏习”和“功能”，且强调“然不可言唯从彼起”。正如宗性于《俱舍论本义抄》中所言，“颂文之面不违有宗义”，“有宗意亦存之”，但“长行谓‘昔所起色异熟因熏习在心功能今熟’之文，述经部宗义。”[④]由此可见，“定品”出现的这一主张若是先轨范师的色心互熏说，虽和有部同样坚持无色界无色论，色心互为因缘，但二者仍有差别。先轨范师基于经部的种子熏习理论，有部基于三世实有说以“同类因”来解释。

权五民教授又引用《大毗婆沙论》卷200中“大德”的“色心相依生起说”，认

---

① Paul J. Griffiths，P383.

② AKṬ TO 266a2–4.

③ 众贤著，（唐）玄奘译：《阿毗达磨顺正理论》卷77，《大正藏》，T29，第757页下。

④ 宗性著：《俱舍论本义抄》卷8：“次，于余处‘后色起从心’之颂文者，有宗意：从无色界没，将下生时，由无色界中，顺色生心势力，引欲、色界色生云故。‘后色起从心’之旨有宗意亦存之，故《显宗论》中不改此颂文也。长行谓‘昔所起色异熟因熏习在心功能今熟’之文，述经部宗义。故诸师解此文之时，虽释经部义，颂文之面不违有宗义，故亦无背也。”（《大正藏》，63卷，第256页上。）

为是先轨范师“色心互为种子说”的可能来源[①]；他认为，大德的观点不同于有部正统世友色心同类生起的观点，证明“色心互为因缘说”可能源于犍陀罗有部的异端“大德”；虽然《大毗婆沙论》中讨论的是“死后非断”的问题，但对于无色界生下界的情况同样适用；“有色随心而生”（心→色）是无色界生下界的情况，“有心依色而起”（色→心）是出无心定的情况，前念色引后念（色→色）是生无色界的情况。不过，权五民可能误解了《大毗婆沙论》的这段内容，大德和世友的观点并无不同。世友虽坚持色生色，心生心的自类相生，但也坚持根能生识的异类相生。[②]“有色随心而生”，固然包含无色界生下界的情况，但若联系语境，更确切的应指结生识对下一世色生起的作用，“有心依色而起”指识生依赖于色法。“大德”事实上以十二缘起支中的“识缘名色”“名色缘识”为例，讨论“死后非断”的问题[③]。

权五民教授也提到窥基将《成唯识论》中对“色心互为因缘”的批评归为“萨婆多等”这一证据[④]。不过，我们也注意到，唯识宗中也有将“色心互为因缘”视为经部（先轨范师）“色心互持”的例子[⑤]。有部和经部虽都坚持“色心互为因缘”，但二者对“因缘”的规定不同。对于有部而言，除能作因之外，其他五因（俱有因、同类因、相应因、遍行因、异熟因）皆能作因缘。而对于经部，因缘只能是种子的所依或种子[⑥]。此外，在“分别业品”涉及无表业的“福业增长证”时，先轨范师表示由思熏习识“相续转变差别”使福业增长[⑦]。普光、法宝解释这一观点属于“经部先代轨范师”“经部宗中先轨范师”[⑧]。在《顺正理论》中，众贤将其等同于上座室利逻多的“旧随界”[⑨]。从这些事实可看出，

---

① 《阿毗达磨大毗婆沙论》卷200：“大德说曰：非离余心有余心转，亦见有色随心而生，复见有心依色而起。由烦恼故有色心生，由是应知死后非断。复次，现见前念有烦恼身，必能引生后念心色，知命终位有烦恼者，定能引后心色令生，由是应知死后非断。”（《大正藏》，T27，第1003页下。）

② 《阿毗达磨大毗婆沙论》卷200，《大正藏》，T27，第1003页下。

③ 《阿毗达磨大毗婆沙论》卷23，《大正藏》，T27，第120页上。

④ （唐）窥基著：《成唯识论述记》卷3：“或遮余部执色心等互为因缘。述曰：萨婆多等，以善色望四蕴为因，四望色蕴亦得为因。”（《大正藏》，T43，第311页下。）

⑤ ［日］光胤著：《唯识论闻书》卷2，《大正藏》，T66，第643页下。

⑥ 《成唯识论述记》卷2：“经部师等，因缘等者，种子等也。萨婆多等，因缘等者同类因等也。”（《大正藏》，T43，第269页下。）

⑦ 《阿毗达磨俱舍论》卷13：“先轨范师作如是释，由法尔力福业增长。如如施主所施财物。如是如是受者受用。由诸受者受用施物功德摄益有差别故。于后施主心虽异缘，而前缘施思所熏习，微细相续渐渐转变差别而生。由此当来能感多果。故密意说恒时相续，福业渐增，福业续起。”（《大正藏》，T29，第69页中。）

⑧ （唐）普光著：《俱舍论记》卷13：“又经所说至福业续起者，此下破第三证福增长者，经部先代轨范师释。”（《大正藏》，T41，第207页上。）

（唐）法宝著：《俱舍论疏》卷13：“经部宗中先轨范师作如是释。”（《大正藏》，T41，第633页上。）

⑨ 《阿毗达磨顺正理论》卷35：“如是所说，即是前来我所数破旧随界等，而今但以别异言词，如倡伎人矫易服饰，方便通释所引契经。”（《大正藏》，T29，第541页下。）

先轨范师的色心互熏说虽和有部的立场具有相似性，但仍存在着严格的界限，即采用了经部的种子熏习理论。

另外，“根品”论述了“有说”对灭尽定的定义①，普光和法宝都视为经部的观点。“有说”主张灭尽定假有，但在定义方式上和有部类似。有部主张存在一种实有的“灭尽定”的法，使心在灭尽定暂时不运转。“有说”主张定前心令心在灭尽定中暂时不运转的状态假立为“灭尽定”。众贤在《顺正理论》中全文引用这种观点，将其和色心互熏说视作同一立场，②并进行了三点批评③：

第一，根据有部，一刹那只有一识生起，只有一识可作等无间缘④。即使在无心定，出定心也只依赖于最后一刹那入定心作等无间缘而生起。若据“先轨范师”出定心“依有根身起”，六识的所依即六根于同一刹那存在，这将导致六识任何时候都会同时生起，同时存在六个等无间缘，这为坚持一刹那“无第二等无间缘”的有部所不能认同。或者说，先轨范师的“色心互熏说”违背了阿毗达磨佛教所共同遵循的一有情一刹那只有一心活动的前提假设（一刹那无二识 / 多识）。众贤的这一批评也为安慧采用（见上）。世亲在《俱舍论》中默许了先轨范师的色心互熏说，因此众贤将“余师”的“多识俱起说”和“先轨范师”的色心互熏说都视作世亲自身的立场而加以批评，并明确指出世亲和“余师”的师承关系（“今观仁者，似己禀承”）。不过，在稍后的《成业论》《缘起经释》中，世亲对先轨范师的学说进行了驳斥，表明在《顺正理论》阶段众贤尚不知道此点。至于坚持“多识俱起说”的“余师”，根据元瑜的解释是“上座部”⑤。权五民认为“上座部”是“上座室利逻多的部党”⑥。在下文笔者将要说明“上座部”正是以上座鸠摩逻多为首的“根本经部”。“多识俱起说”最早发现在《发智论》中，被归于大众部坚持的“二识俱生说 / 六识俱起说”⑦，和有部及譬喻师坚持的“一一心相续转”相对立⑧。目前尚不能证明“先轨范师”和大众部是否具有直接联系，不过从众贤对室利逻

---

① 《阿毗达磨俱舍论》卷 5：《大正藏》，T29，第 26 页上。

② 《阿毗达磨顺正理论》卷 13：《大正藏》，T29，第 403 页下 –404 页上。

③ 《阿毗达磨顺正理论》卷 13：《大正藏》，T29，第 808 页上。

④ 关于说一切有部五识无间生的理论，参见《大毗婆沙论》卷 131，《大正藏》，T27，第 682 页中。

［日］高务佑辉：《初期瑜伽行派と说一切有部における「识」の继起》，《印度学佛教学研究》64，期 3 (2016 年): 1222 - 26。

⑤ （唐）元瑜著：《顺正理论述文记》卷 9：“若无别缘，即应俱起，此言便似方便欲明上座部等，许有多识同时俱起，以有多因果应俱故。”（《卍新纂大日本续藏经》，第 53 册，第 541 页，b24–c2，东京：国书刊行会。）

⑥ ［韩］权五民（권오민）：《先代軌範師의‘色心互熏說’散考（续）》，《佛教研究》（불교연구），2015，42 期，第 86 页，注 72。

⑦ 《阿毗达磨大毗婆沙论》卷 10：“或复有执：一补特伽罗有二心俱生，如大众部。”（《大正藏》，T27，第 47 页中。）

⑧ 《阿毗达磨大毗婆沙论》卷 10，《大正藏》，T27，第 49 页中。

多“一念一根俱生二识说”和先轨范师的批评出于同一逻辑，可看出“先轨范师”、室利逻多、世亲的紧密关系[①]。原田和宗（Harada Wasō）认为，“多识俱起”和“一一心相续转”这二种学说从《发智论》开始，经《大毗婆沙论》《成实论》《杂心论》《五事毗婆沙》一直讨论，而世亲在《俱舍论》中却保持沉默，表明世亲故意回避这场争论。由此，世亲在《俱舍论》阶段否定单层心相续说，支持先轨范师的色心互熏说。众贤的批判暴露了色心互熏说的逻辑缺陷，很可能是世亲撰写《成业论》的动机之一。世亲在《成业论》中以经部的名义引入阿赖耶识的概念代替了来源于《瑜伽师地论》的先轨范师的色心互熏说。[②]“先轨范师”是拥护《瑜伽师地论》和无著《显扬圣教论》的瑜伽行派的学者们。笔者认为，世亲在《俱舍论》中虽未否定先轨范师的色心互熏说，但是否支持其立场则有赖更多证据。事实上，众贤在《顺正理论》中将世亲归于灭尽定有心的立场，而非“先轨范师”灭尽定无心的立场[③]。

第二，对于“先轨范师”而言，在无心位出定心依赖于有根身中的心种，有心位则不如此。众贤对此批评，在有心位和无心位，心生起的因和果没有差别；无心位有根身中的心种有能力损伏出定心的种子使无心定中心不生起，是因为有根身中的心种具有使心不生起的功能，那么无心定状态下有根身中的心种应不能引起出定心。如果无心位中有根身的心种和出定心的心种不相违背从而使出定心能够生起，在有心位心生起也应依赖于有根身中的心种（而非心相续中的心种）。

第三，如果出定心仅从有根身等缘生起，如谷麦等芽从地等缘生起，而非从自类种子生起，这是不可能的。这里需要进一步考察的是，先轨范师坚持的是出定心从作为因缘的心种生起，还是从作为增上缘的有根身生起？而后者正是权五民教授所坚持的观点。

由上可知，先轨范师和有部都坚持无色界无色论、无心定无心论。在经部种子熏习理论的背景下，色心互熏说被解释为种子依附于色心或色心相续。但是在灭尽定和无色界的情况下，这一原则行不通。在灭尽定及无色界的情况下，种子失去色心相续的所依，因此会产生种子保存在哪里的问题。先轨范师站在过未无体的立场上，否定了有部

---

① 《阿毗达磨顺正理论》卷18：“又彼应说：若一心中有多品类心界随逐，何缘从此多心随界，后时但起一品类心？然于一时，有一切识所依、境界、等无间缘、因缘，又具何不并起？彼所依等，一一刹那皆有能生一切识义，何法为碍于一时间，非从一根并生多识？然彼上座于此说言：有一念一根俱生二识，如共一身根命命鸟等。”（《大正藏》，T29，第441页下。）

② ［日］原田和宗：《〈经量部の「单层の」识の流れ〉という概念への疑问(1)》，インド学チベット学研究，1996，1期：191–192。

③ 《阿毗达磨顺正理论》卷51：“经主于此作如是言，非经部师作如是说：即过去业能生当果。然业为先，所引相续转变差别令当果生。……如是等理，准前应知。此说如前思择业处，已曾遮遣。今因义便，理未尽者，复应广破。……又汝宗执灭定有心……”（《大正藏》，T29，第629页中。）

基于三世实有的立场，过去心作“等无间缘”使出定心生起的方案，提出了色心互熏说这一特殊的熏习理论。“定品”中无色界生下界色再生起的问题，众贤在《顺正理论》中修证了先轨范师“后色起从心”的理论，同时对色心互熏说进行了批评，表明先轨范师和有部的教义具有亲缘性，但也存在着差异。

二、《成业论》的色心互熏说

在之后的《成业论》中，世亲站在灭尽定有心的立场，对“色心互熏说”锐意批判，采取了“阿赖耶识受熏说”。根据世亲的描述，心心所的种子以色心两种相续为所依，灭尽定情况下出定心从“色根种子力”生起[①]。根据善慧戒（Sumatiśīla）的解释，“在欲、色界有心位，种子依于色心两种相续。在无心位，依于色相续。在无色界，种子仅依于心相续。”[②]

如前所述，先轨范师否定了有部过去心作为等无间缘使出定心生起的解决方案。而出定意识的生起一定依赖于意根、法境。对于有部而言，“意根”是作为等无间缘的无间灭意，心虽经历很长时间，只要中间不永久中断，仍可称为“无间”。因此，即使在灭尽定心暂时中段的特殊情况下，出定心仍然以定前心，即无间灭的六识作为等无间缘或意根而生起。[③]对于坚持灭尽定无心说的先轨范师而言，否定了有部基于过去实有的等无间缘的解决方案，如何解释出定心生起的条件“意根”？[④]对于此点，先轨范师以“因中立果名”来解释，即意根（果）生起的因“意种”可称为“意”（manas）。根据善慧戒，意根称为“意种”仅限定于无心位无任何现行“意”相续的情况[⑤]。值得注意的是，在世亲的《缘起经释》中，世亲在否定有部过去实有的背景下，也将“意种”视作“意”（manas）。“意”（根）是意识生起的因性（rgyu'i dngos po, *hetubhāva），是因为意根的力量能够产生意识[⑥]。如果意根非是意识产生的因性，仅诸法是意识的所缘，

① 《大乘成业论》卷 1：“有作是说：依附色根种子力故后心还起，以能生心心所种子依二相续，谓心相续、色根相续，随其所应。”（《大正藏》，T31，第 783 页下。）

② 参见善慧戒《成业论疏》（Karmasiddhiṭīkā）英译，*The Karmasiddhiṭīkā*，in Stefan Anacker. Vasubandhu: *Three Aspects: A Study of a Buddhist Philosopher*，PhD thesis，1970，P330，University of Wisconsin，Madison.

③ 《阿毗达磨顺正理论》卷 13，《大正藏》，T29，第 404 页中。

④ 《大乘成业论》卷 1：“岂不经说：‘意法为缘，生于意识’？云何离意而意识生？应知意种或时名意，以于因中立果名故。如于所触，立饥渴名。”（《大正藏》，T31，第 783 页，c22–24。）

⑤ *The Karmasiddhiṭīkā*，in Stefan Anacker. Vasubandhu: *Three Aspects: A Study of a Buddhist Philosopher*，PhD thesis，1970，P330，University of Wisconsin，Madison.

⑥ Pratītyasamutpādavyākhyā，D. 33b1–2.（Tib. rten cing 'brel bar 'byung ba dang po'i rnam par dbye ba bzhad pa）: D 3995，P 5496.

［日］中岛正淳：《『縁起経釈』「触支」における世亲の认识の构造：前五识と意识の生起に対する世亲の解釈》，

这样意识将不能生起。同样的内容出现在《俱舍论》“随眠品”中。在“随眠品”中，世亲基于经部立场批评有部的三世实有说。对于经部而言，意根对于意识是“能生缘”，诸法仅是意识的所缘境（ālambanamātra）[①]。另外，“因性”在《缘起经释》“行支”的解释中被认为是“种子”（bīja），是产生果的特殊能力（*śaktiviśeṣa，“功能差别”）[②]。因此，意根是意识生起的因性，正是意识生起的条件（“能生缘”）的意思。在无心定无现行意存在的情况下，先轨范师将意根解释为意种，可以说是坚持灭尽定无心论的必然选择。

如上所述，先轨范师将出定意识生起的意根解释为“意种”，而“意种”仅是意识生起的条件（“能生缘”），而非因缘。这也可从下文世亲对先轨范师的批判看出：

> 如何一一心心所法，从二种子相续而生？不见芽等从种生法有如是事，可藉多缘生于一果，无从二种有一果生。[③]

根据善慧戒的解释，芽从种生虽有地等多“助缘”（sahakāri- pratyaya），但“近取因”或“质料因”（upādāna-kāraṇa, nyer len gyi rgyu）只有一个[④]。色心互熏说暗示心心所种子可存在于色、非色两种不同性质的相续中，即一身具有二类性质（色、非色）的“近取因”。[⑤]因此世亲批评“色心互熏说”具有“二因生一果”的过失，反对种子可存在于二种相续中。这一批评同样见于安慧的《五蕴论广释》中[⑥]。由

仏教大学仏教学会纪要，25 期：第 123 页，2020。

① 《阿毗达磨俱舍论》卷 20：“去来二世体实有者应共寻思：意法为缘生意识者，为法如意作能生缘？为法但能作所缘境？若法如意作能生缘，如何未来百千劫后当有彼法？或当亦无为能生缘生今时识。又涅槃性违一切生，立为能生不应正理。若法但能为所缘境，我说过未亦是所缘。”（《大正藏》，T29，第 105 页，b26-c3。）

② Pratītyasamutpādavyākhyā，D. 14a6-7，P 15b4-5。

［日］中岛正淳：《『縁起経釈』「触支」における世亲の认识の构造：前五识と意识の生起に対する世亲の解釈》，仏教大学仏教学会纪要，25 期：第 124-125 页，2020。

③ 《大乘成业论》卷 1，《大正藏》，T31，第 783 页，c24-27。

④ *The Karmasiddhiṭīkā*，in Stefan Anacker. Vasubandhu: *Three Aspects: A Study of a Buddhist Philosopher*，PhD thesis，1970，P331，University of Wisconsin，Madison.

［日］山口益：《世亲の成业论——善慧戒の注釈による原典的解明》，东京，法藏馆，1951 年，第 167 页。

⑤ ［日］慈光著：《大乘成业论文林抄》卷上，东京，日本大藏经编委会，大正 6 年 6 月 28 日，第 701 页。

⑥ Pañcaskandhakopanibandha: anyah punar āha| sendriyaṃ rūpaṃ cittaṃ cānyonyabījakam ity ato nirodhāsaṃjñi-samāpattibhyām asaṃjñikāc ca vyuttiṣṭhataḥ sendriyarūpāc cittam utpadyate| yathārūpyadhātoś cyavamānasya cittād eva ciraniruddham api sendriyaṃ rūpam utpadyata iti|tasmān nātra kiñcid ālayavijñānena prayojanam iti| evam tarhy ekaikasya satvasya dvau cittasantānau syātām| ekaḥ sendriyād rūpāt| aparaś cittāt| ārūpyeṣu ca nirodhasamāpannasya rūpābhāvād vyutthānābhāvaḥ| tataś cāsya parinirvāṇam eva syā dity akalpaneyam| ekañ ca kāranam svasattādhyāsitam nirīham anityam śaktam cesyate na viparyāsāt.

【今译】余又言：因为有根身和心是互为种子的（anyonya-bījaka），所以，从灭尽定和无想定和无想天出，心生起由有根身。如将没的无色界，即使久灭，有根身生起由心。是故，此中何用施设阿赖耶识。若尔，各有情应成二心相续。

此可以看出，对于先轨范师而言，作为因缘或如善慧戒所说的“近取因”或“质料因”的是种子的所依 — 色心相续，而非种子自身。种子仅是能生缘，而非因缘。只有这样解释，我们才能理解众贤为何批评先轨范师出定心仅从有根身等缘生起，而非从自类种子生起。在众贤看来，有根身对于出定心生起而言仅是条件，如谷麦等芽从地等缘生起。但是，对于先轨范师而言，作为出定意识生起的条件是有根身中的“意种”，而有根身作为种子的所依才是因缘。这也为下文《瑜伽师地论》“摄抉择分”中将种子的“所依”视作“因缘”所证实。

不过，虽然权五民教授同样认为“色根种子力”的“种子”是条件的意思，但他认为这里的种子并非是经部的“种子”概念。种子仅是“缘”的譬喻的说法。在灭尽定的情况下，“色根种子力”应理解为色根是出定心生起的条件（增上缘）。色心互熏说并非种子保存在色中，或保存在心中，和经部及瑜伽行派的种子熏习理论可能都不相干，相反和犍陀罗有部关系密切[①]。《俱舍论》中的“由有根身”也应依照《成业论》中的内容来理解，而后者是色心互熏说更为具体的表达。笔者认为，权五民教授可能误解了文意。在《大毗婆沙论》中，有部确有将“意根”喻为“种子”的说法[②]。但从现存的文献看来，“种子”仍然应视作经部的种子概念。慈光解释“色根种子力”为“五种色根之心种子力”，在之后更引用经部的种子概念解释；[③]众贤解释在无心位中出定心从“有根身中有心种”生起。种种证据表明，“色根种子力”的“种子”正是经部的种子概念。设将色根或有根身当作增上缘，世亲则无须提出批评。对世亲而言，并不否认“多缘生于一果”。不过，笔者赞同权五民的推测，说一切有部出定心生起的条件是六处（五根及意处）、命根、身[④]，先轨范师只是把有部作为“意处”的“等无间缘”修改为有根身中的“意种”。先轨范师是有部过去等无间缘实有的坚定批评者，在批评了有部作为等无间缘的“意根”概念之后，必然要对意根的概念进行新的解释。但笔者并不赞同权五民教授“色心互熏说”来自于犍陀罗的毗婆沙师的推论。

总之，虽然先轨范师和说一切有部在教义上存有亲缘性，都坚持无色界无色论、无心定无心论，但先轨范师将无心定情况下意根解释为“意种”，即将意识的功能视作意根，正是采用了经部的种子学说，这是先轨范师在批评了有部存在过去实有的等无间缘之后必然采用的解决方案。另外，世亲批评先轨范师的色心互熏说存在“二因生一果”的过失，表明先轨范师将色心二种相续作为“因缘”，这一点在《瑜伽师地论》“摄抉

一由有根身（产生的心相续），另一由心（产生的心相续）。另外，在无色（界），灭尽定的色非有，所以不可能出灭尽定。

① ［韩］权五民：《先代轨范师의“色心互熏说”散考（续）》. 불교연구，2015 年 42 期：第 61 页 –63 页。

② 《阿毗达磨大毗婆沙论》卷 142：“谁作种子？谓意根。”（《大正藏》，T27，第 732 页中。）

③ 参见慈光著：《大乘成业论文林抄》，第 21 页。

④ 《阿毗达磨大毗婆沙论》卷 153，《大正藏》，T27，no. 1545，第 780 页下。

择分"得以更充分的展开。

三、《瑜伽师地论》的色心互熏说

从时间上来看，出现在《瑜伽师地论》摄抉择分（Viniścayasaṅgrahaṇī）说明"因缘"部分的色心互熏说，应是这一理论有文献证据的最早形式，且较《俱舍论》及《成业论》的内容更为详细。唯识宗将这一学说所涉及的种子熏习理论视作"随顺理门经部师义"[①]，但有学者认为这是早期瑜伽行派的内部理论。

根据"摄决择分"的描述，作为"因缘"的是种子随逐的色根、根依及识[②]。"根依"的解释在唯识宗内部存在着差异，玄奘和景法师解释为"扶根尘"，窥基解释为五根之四大种[③]。笔者认为，论文本身可能在强调色心二种相续持种，"根依"视作"扶根尘"可能更符合文意。在《成唯识论》中"色根"和"根依处"合称"有根身"[④]，"根依"视作"扶根尘"也符合《俱舍论》中"有根身"的说法。有根身（色根、根依）及识（包括心所）"此二略说能持一切诸法种子"，这正是《俱舍论》中先轨范师的"色心互持种说"。具体来说，色根能持心心所法种、五根种及余色法种（扶根尘种，四大自种），识（包括心所）能持心心所种子、五根种及余色法种（扶根尘种，四大自种），扶根尘持自种，四大种持四大自种及五根种。在无心定的情况下，心心所种子随逐色根，以色根为因缘，心能再生起。无色界生下界的情况下，诸色种子随逐识，以识为因缘，下界色法能够再生起，[⑤]且据下文，色心互熏说是"阿赖耶识"引入之前的理论，在完成的瑜伽行派的教理中由阿赖耶识持种。[⑥]

从"摄抉择分"的描述来看，作为"因缘"的是有情色心相续的总体，是种子的

---

① （唐）窥基著：《瑜伽师地论略纂》卷13，《大正藏》，T43，第180页下–181页上。

［新罗］道伦著：《瑜伽论记》卷13，《大正藏》，T42，第608页中。

② 《瑜伽师地论》卷51："云何因缘？谓诸色根根依及识，此二略说能持一切诸法种子。随逐色根，有诸色根种子及余色法种子一切心心所等种子。若随逐识，有一切识种子及余无色法种子诸色根种子、所余色法种子。当知所余色法自性，唯自种子之所随逐，除大种色。由大种色，二种种子所随逐故，谓大种种子及造色种子。即此所立随逐差别种子相续，随其所应，望所生法，是名因缘。"（《大正藏》，T30，第583页中。）

③ （唐）窥基：《瑜伽师地论略纂》卷13："论随顺理门因缘云：谓诸色根根依及识此二等者。法师云：根依者，扶根尘。若尔何故下摄一切种子中不言扶根尘。及次下文云：当知所余色法唯自种子之所随逐。今此理文违故释之。根依者，即造根之四大故。第二复次释所以中云若诸色根及自大种，非心心法种子随逐等，故知根依者造根四大。"（《大正藏》，T43，第180页下。）

④ 《成唯识论》卷2："有根身者，谓诸色根及根依处。"（《大正藏》，T31，第10页上。）

⑤ 《瑜伽师地论》卷51，《大正藏》，T30，第583页中。

⑥ 《瑜伽师地论》卷51："复次，此所建立种子道理，当知且依未建立阿赖耶识圣教而说。若已建立阿赖耶识，当知略说诸法种子一切皆依阿赖耶识。"（《大正藏》，T30，第584页上。）

所依而非种子自身。这与经部室利逻多明确将“旧随界”视作因缘不同[①]，而旧随界众贤将其等同于世亲的“种子”概念。不过，室利逻多的“旧随界”本质是有情色心相续的总体，世亲的“种子”本质是名色。先轨范师和室利逻多、世亲在“因缘”概念上的差异核心在于是将色心（= 名色）当作因缘，还是将色心的功能当作因缘。或许正是因为色心相续作为“因缘”可能导致存在“二因生一果”的过失。因此，室利逻多才转向以“旧随界”为因缘，以细心相续为所依，表明室利逻多可能在先轨范师之后。不过，这样的推论和印顺、吕澂的观点发生冲突。印顺法师认为先轨范师在上座室利逻多之后[②]，但并未给出证据。吕澂认为室利逻多的熏习理论即是色心互熏说[③]。但是，室利逻多坚持存在无有所缘、行相的一类心（*ekajātīyacitta）[④]，不管是有心位还是无心位，一心（ekacitta）始终存在。一心是随界的所依及受熏处[⑤]。并将传统的前六识归类于“了别识”[⑥]，而一心则被归入“非了别识”[⑥]，坚持“一念一身二识俱生”说[⑦]；而先轨范师坚持灭尽定无心论。因此，我们认为先轨范师不可能是室利逻多。

袴谷宪昭在 1986 年发表《Pūrvācārya 考》一文，发现世亲《俱舍论》中涉及先轨范师的 11 处教义，大部分可追溯到《瑜伽师地论》中，其中色心互熏说可追溯到“摄抉择分”，因此推定先轨范师可能是以无着为首的早期瑜伽行派[⑧]。因为有丰富的文献支撑，这一推定在之后为众多学者所支持。施密特豪森（1987）认为，“摄抉择分”中灭尽定情况下心法种子保存在色根中的色心互熏说和其发现的《本地分》“三摩呬多地”

---

① 《阿毗达磨顺正理论》卷 18：“然上座言，因缘性者，谓旧随界，即诸有情相续展转能为因性。”（《大正藏》，T29，第 440 页中。）

② 印顺著：《唯识学探源》，中华书局，2011 年 4 月，第 49、50 页、127 页。

③ 吕澂著：《印度佛学源流略讲》，上海人民出版社，2005 年，第 141–142 页。

④ 《阿毗达磨顺正理论》卷 80：“然上座言，即诸有情相续分位名灭尽定。……又不可说此定有心，曾不见有心无受、想、思故。……如何计度有一类心，无有所缘，离行相转？”（《大正藏》，T29，第 771 页下。）

⑤ 《阿毗达磨顺正理论》卷 18：“又彼上座如何可执言，一心具有种种界，熏习一心多界。”（《大正藏》，T29，第 442 页中。）

《阿毗达磨顺正理论》卷 18：“又彼应说：若一心中有多品类心界（*bahuprakāracittadhātu）随逐（anugata），何缘从此多心随界，后时但起一品类心？”（《大正藏》，T29，第 441 页下。）

⑥ 《阿毗达磨顺正理论》卷 25：“彼上座言，契经中说，识是了者，此非胜义，是世俗说。若是了者是识，亦应说为非识。谓若能了说名为识，不能了时应成非识，不应非识可立识名。”（《大正藏》，T29，第 484 页中。）

⑦ 室利逻多坚持的“一念二识俱生说”指的是同一种识的潜在和现行两种不同状态，仍属于单层识相续说的范畴，区别于瑜伽行派阿赖耶识和转识的双层识相续说。

《阿毗达磨顺正理论》卷 18：“然彼上座于此说言：有一念一根俱生二识，如共一身根命命鸟等。”（《大正藏》，T29，第 441 页下。）

关于“命命鸟”的譬喻详细可参看《佛本行集经》卷 59 的描述。“一念二识俱生”如命命鸟具二心或二头，二者从不同时活动，一醒一眠。（《佛本行集经》卷 59，《大正藏》第 3 册，第 923 页下至 924 页上。）

⑧ ［日］袴谷宪昭：《Pūrvācārya 考》，印度学佛教学研究 34 (2): 866 – 859，1986。

中“阿赖耶识”起源的“最早段落”（Initial Passage）①，灭尽定中转识种子为色根执持这一层面相似。不过，根据阿含中“识不离身”的教说，色心互熏说并不能解决这一问题，必须要求新的类型的阿赖耶识出现②。施密特豪森暗示阿赖耶识的起源和色心互熏说密切相关，且接受袴谷宪昭的判定③。山部能宜在袴谷宪昭、原田和宗等人的基础上，进一步推测“摄抉择分”中的色心互熏说非来自外部（如经部），而是早期瑜伽行派内部的理论④。他将“摄抉择分”的内容分为8个部分，并引用“菩萨地”“声闻地”“意地”等古层的内容来证明其推测。最终认为，瑜伽行派在未建立阿赖耶识概念以前采用色心互熏说，种子保存在色心相续；建立阿赖耶识理论之后，种子保存在阿赖耶识中。这样，“摄抉择分”的色心互熏说是早期瑜伽行派内部的学说，世亲《俱舍论》中的色心互熏说可能是“摄抉择分”内容不充分地引用，在《俱舍论》阶段世亲已经站在瑜伽行派的立场。

然而，我们考察山部能宜所列证据，在法相宗的注释中多以“随转理门”来解释。以上山部等的观点也遭到了相关学者的批评。朴昌焕（박창환，Park Changhwan）认为，“摄抉择分”段落所保留的观点并非编纂者的最终立场。若世亲引用的是“摄抉择分”的简化版，他应注意到那段结论性的内容，在《俱舍论》中不可能不使用阿赖耶识说取代色心互熏说。世亲也一定知道，“摄抉择分”的编纂者在有关阿赖耶识“八相证明”部分对基于六识的单层识相续的传统种子理论的批评⑤。传统单层识相续说的最大缺陷在于无法解决灭尽定中心相续中断的问题，唯一的方案是引入双层识相续模型。世亲在《俱舍论》中默认了先轨范师基于单层识相续的色心互熏说，却未采用阿赖耶识的理论及双层识相续模型，这表明《俱舍论》中的色心互熏说并不必然来自“摄抉择分”⑥。

---

① Schmithausen，Lambert. 1987. *Ālayavijñāna: on the origin and the early development of a central concept of Yogācāra philosophy Part II: Notes*，Bibliography and Indices. Tokyo: The International for Buddhist Studies. p286，Note 170.

《瑜伽师地论》卷12：“问：灭尽定中诸心、心法并皆灭尽，云何说识不离于身？答：由不变坏诸色根中，有能执持转识种子阿赖耶识不灭尽故，后时彼法从此得生。”（《大正藏》，T30，第340页下-341页上。）

② Schmithausen, Lambert, 1987, *Ālayavijñāna: on the origin and the early development of a central concept of Yogācāra philosophy Part I: Text*. Tokyo: The International for Buddhist Studies. P21.

Schmithausen，Lambert. 1987, p285–288，Note170–172.

③ Schmithausen，Lambert. 1987. P286，Note170.

④ ［日］山部能宜：《『瑜伽师地论』における善悪因果说の一侧面 – いわゆる「色心互熏」说を中心として = An Aspect of the Causality Theory in the Yogācārabhūmi: Centering on the Theory That Mind and Body Mutually Hold Each Other's Bīja》. 日本仏教学会年报 = ニホンブッキョウガッカイネンポウ，2000. 65期：146 – 127。

⑤ 关于《瑜伽师地论》“摄抉择分”阿赖耶识存在的“八相证明”参见《瑜伽师地论》卷51，《大正藏》，T30，第579页上。

⑥ Park，Changhwan. 2007. The Sautrāntika theory of seeds (bīja) revisited: With special reference to the ideological continuity between Vasubandhu's theory of seeds and its Sárīlāta/Dārstāntika precedents. University of California，Berkeley. p428–429.

权五民教授对山部能宜提出的内部证据进行了质疑，因为山部的证据同样可以在室利逻多及《大毗婆沙论》中“大德”的观点中找到。[①] 朴昌焕和权五民的批评反向证明先轨范师的色心互熏说可能来自外部。但也有值得商榷之处。世亲在《俱舍论》中未使用阿赖耶识概念取代色心互熏说，并不能直接证明世亲不知道阿赖耶识理论及“摄抉择分”中色心互熏说的存在。《大毗婆沙论》中“大德”的观点上文已被证明和无色界生下界的问题无关。

笔者认为，在世亲的《成业论》《缘起经释》、安慧的《五蕴论广释》中，色心互熏说都在阿赖耶识的存在证明部分中作为被批评的对象，且传统印度的注释者一致将先轨范师视作经部先代轨范师，表明这一学说非是瑜伽行派内部的理论，不能简单从其与阿赖耶识理论的关联性就证明这一学说是早期瑜伽行派内部的理论。先轨范师持灭尽定无心论，瑜伽行派持灭尽定有心论，一个学派从无心论到有心论如此重大的转变是不可理解的。相反，这一学说和经部及有部的教义具有更密切的关系。

四、东亚法相宗对色心互熏说的理解

如上，东亚法相宗如窥基等视“色心互熏说”为随顺经部的观点，在其他地方窥基明确表示先轨范师为经部譬喻师鸠摩逻多。不过，灵泰认为色心互熏说的“种子”非是《俱舍论》中经部的“种子”概念，“种子”和有部的“取果”概念相似。下文笔者将考察东亚法相宗对此问题的态度，并对相关观点进行批评。

在《成唯识论》中，批评色心自类熏习说之后，紧接着提出色心异类展转熏习的观点[②]。窥基表示，前者和《摄大乘论》中“上座部”中以经为量的“经部”观点属同一立场[③]，后者是“经部诸师”的转计[④]；“经部诸师”见“上座部”的观点被否定，因此提出色心异类展转熏习说，而这正是《瑜伽师地论》卷51的“色心互熏说”[⑤]。窥基在其他地方又明确表示《瑜伽师地论》卷51的“色心互熏说”属于“经部譬喻师”[⑥]。

以上，窥基所说的《摄大乘论》中“上座部”的观点，即《摄大乘论》中“色心无间生是诸法种子”这一理论。无着认为色心前后仅是等无间缘而非因缘关系，

① ［韩］权五民：《先代軌範師의 “色心互熏説” 散考》，불교연구，2014年，41期：第31页–33页，注34。

② 《成唯识论》卷3：大正藏，T31，第15页下–16页上。

③ 《成唯识论述记》卷4：大正藏，T43，第358页中。

④ 《成唯识论述记》卷4：大正藏，T43，第358页中。

⑤ 《成唯识论述记》卷4：大正藏，T43，第358页下。

⑥ 《成唯识论述记》卷2：大正藏，T43，第302页上。

言外之意，这一理论将前刹那色、心视作后刹那色、心的因缘（种子）。“因缘”是前刹那色心，“种子”是因缘的同义词。这和以上“摄抉择分”中将种子的所依色心视作因缘一致，很有可能即是先轨范师的“色心互熏说”。无性认为是经部师的观点[①]。世亲表示这是色心前后自类熏习说，即前刹那色作为种子生后刹那色，前刹那心作为种子生后刹那心[②]。窥基将世亲的解释归为“譬喻师”“日出论者”“经部异师”鸠摩逻多[③]。无著对此进行了三点批评[④]：第一，根据无性的解释，同于《摄大乘论》前文对“二念不俱有”的批评，异时存在的前后法不能建立熏习理论，由此前法不能作为后法生起的因。这一批评玄奘译《无性释》及真谛译《世亲释》一致认为针对的是“经部师”[⑤]，玄奘译《世亲释》[⑥]及笈多译《世亲释》认为是譬喻师[⑦]。不过，真谛译《世亲释》中认为，这一批评针对的是将阿含中“识不离身”的教说解释为出定心能够再生起（“后出定时心则还生”）的派别[⑧]，可能就是说一切有部灭尽定中识“暂时离”故名“不离”的解释，或与有部相关的学派（如先轨范师）。从之后下文批评灭尽定有心的立场看来[⑨]，在这里真谛应是针对灭尽定无心说的批评，因此笔者的猜测可能是合理的。而且从其他注疏将其归为经部或譬喻师来看，很有可能是和有部具有密切关系的先轨范师。第二，无色界中作为因的前刹那色已断，无色界有情不可能生下界。无心定中前刹那心已灭，出定心不可能生起。第三，若前法和后法是因缘关系，阿罗汉最后心则能引生后心，则永不能进

---

① 无性著，（唐）玄奘译：《摄大乘论释》卷 3，《大正藏》，T31，第 396 页中。

② 世亲著，（唐）玄奘译：《摄大乘论释》卷 3，《大正藏》，T31，第 336 页上。

③ 《成唯识论述记》卷 4，《大正藏》，T43，第 358 页上。

《成唯识论述记》卷 4，《大正藏》，T43，第 357 页上。

④ 无著造，（唐）玄奘译：《摄大乘论本》卷 1：“若复有执，色心无间生是诸法种子。此不得成，如前已说。又从无色、无想天没，灭定等出，不应道理。又阿罗汉后心不成，唯可容有等无间缘。”（《大正藏》，T31，第 137 页上。）

无著造，真谛译：《摄大乘论》卷 1，《大正藏》，T31，第 117 页中。

⑤ 世亲著，真谛译《摄大乘论释》卷 2：“经部师说，前念熏后念。何以故？二识一刹那不并起故，不得同时。”（《大正藏》，T31，第 166 页中。）

⑥ 世亲著，（唐）玄奘译：《摄大乘论释》卷 2，《大正藏》，T31，第 330 页上。

⑦ 世亲著，（隋）笈多共行矩译：《摄大乘论释论》卷 2，《大正藏》，T31，第 278 页上。

⑧ 世亲著，真谛译：《摄大乘论释》卷 4：“前过谓，若识相续断，后识无因，应不得生。又一期报尽，离托后胎，无更生义。有如此失，前已具明。”（《大正藏》，T31，第 177 页中。）

世亲著，真谛译：《摄大乘论释》卷 4：“若人执入灭心定，后出定时心则还生，由此义故，说识不离身。”（《大正藏》，T31，第 175 页下。）

世亲著，真谛译：《摄大乘论释》卷 4：“若有人执出定时心则还生，约此义故，有不离之言。此亦不然。何以故？若有如此义，出定人心不更生。果报识若相续断，离托后生时，无还生义。”（《大正藏》，T31，第 177 页上。）

⑨ 世亲著，真谛译：《摄大乘论释》卷 4：“若有人离本识，由意识，计灭心定有心。”（《大正藏》，T31，第 177 页上。）

入无余涅槃。因此，前后法（色心）仅是等无间缘关系，非是因缘。

《成唯识论》表示，以上无着的第三点批评是“纵夺言”，即先假纵“经部师”承认色法有等无间缘，但目的是否定其色心是因缘的说法[①]。言下之意，“经部师”并不持色法可作等无间缘的立场。窥基认为，“纵夺”有两种可能的解释[②]：第一，色法有等无间缘是“经部师”实许，以《无性释》卷3为证；第二，“经部师”并不许色法有等无间缘，以《无性释》卷1为证。无性于卷1批评色法受熏之后，引出经部师的观点，色法不能作为心法的等无间缘[③]。窥基采取第二种解释，并说“经部本计”不承认色法有等无间缘，色心前后是因缘关系。

简言之，对于《摄大乘论》中“色心无间生是诸法种子”这一学说，《摄大乘论》的注疏认为是经部的观点或譬喻师的观点，真谛认为可能是持灭尽定无心说的观点，如有部或先轨范师。窥基一方面认为是上座部中经部师、经部本计、譬喻师、日出论者、根本经部鸠摩逻多的观点，另一方面认为色心互熏说是上座部中经部师、鸠摩逻多的转计——经部譬喻师的观点。而在窥基所给出的经部的系谱中，譬喻师即是鸠摩逻多[④]。那么，色心互熏说作为鸠摩逻多的“转计”，究竟属同一派别的不同观点，还是分属不同派别的不同观点？若属前者，则持色心互熏说的先轨范师即是鸠摩逻多。若属后者，先轨范师在鸠摩逻多之后。我们注意到，针对《成唯识论》中坚持灭尽定无心说的“色持种”说[⑤]，窥基将其归为“经部本计”[⑥]。这样看来，窥基将先轨范师的“色心互熏说”视作“经部本计”鸠摩逻多的学说，所谓“转计”可能是“色心互熏说”在特殊情况下，如无色界无色、无心定无心的适用场景。这一判断也为东亚法相宗其他学者所接受，如《成唯识论同学抄》即视“先轨范师”为“日出论者”鸠摩逻多[⑦]，持“色心互持种义”，坚持灭尽定无心论的立场。[⑧]藏俊的《本

① 《成唯识论》卷4，《大正藏》，T31，第21页中。

② （唐）窥基著：《成唯识论述记》卷5，《大正藏》，T43，第390页中。

③ 无性著，（唐）玄奘译：《摄大乘论释》卷1：“我执习气在身相续亦不应理，色法受熏不应理故，无堪能故。又经部师不说唯色名为心法等无间缘此所无故，心及心法四缘定故。”（《大正藏》，T31，第384页下。）

《成唯识论同学钞》认为这一观点此属于先轨范师的“色心互持义”，且《无性释》卷1和卷3属于同一观点。（见［日］良算等编：《成唯识论同学钞》66卷，《大正藏》，第286页中。）

④ 《成唯识论述记》卷4：“譬喻师是经部异师，即日出论者。是名经部此有三种：一根本即鸠摩罗多。二室利逻多，造经部毗婆沙，正理所言上座是。三但名经部。以根本师造《结鬘论》，广说譬喻，名譬喻师，从所说为名也。其实总是一种经部。”（《大正藏》，T43，第358页上。）

⑤ 《成唯识论》卷4，《大正藏》，T31，第18页上。

⑥ 《成唯识论述记》卷4，《大正藏》，T43，第370页上。

《成唯识论述记》卷4，《大正藏》，T43，第372页上。

⑦ ［日］良算等编：《成唯识论同学钞》，《大正藏》，66卷，第268页下。

⑧ ［日］良算等编：《成唯识论同学钞》，《大正藏》，66卷，第262页。

文抄》持同样的观点。快道林常认为以上《摄大乘论》的理论描述的是先轨范师的色心互熏说[①]。慧沼解释“识缘名色、名色缘识”的经文共有七释，其中“本经部师”观点同于说一切有部[②]。智周也认为，“本经部”“内六根”作为所熏能持种，正是《瑜伽师地论》卷51的色心互熏说。[③]由此，从东亚法相宗的注疏来看，“先轨范师”即是日出论者，根本经部、譬喻师鸠摩逻多。不过我们注意到，法相宗中也有不同的观点。如灵泰即认为《摄大乘论》中的“上座部”不是《俱舍论》中的经部师，不坚持种子理论，种子仅是譬喻，并和有部的取果概念类比，前有为法对于后有为法而言具有取果的作用，因此说前法为后法的种子[④]。不过，从无着对这一理论“二念不俱有”不能熏习的批判看来，“上座部”似乎仍坚持经部的种子熏习理论。

权五民误解窥基所说的“上座部”“上座部中经部师”是《顺正理论》中的“上座”室利逻多，且《成唯识论》中坚持有分识、粗细二意并生的“上座部”也是室利逻多，因此“上座部中经部师”是“上座室利逻多的徒众”。“经部本计”也非经部“本流”的意思，而是经部本来计着的意思。所以窥基所说的“上座部”不是日出论者、譬喻师的鸠摩逻多，而是“上座”室利逻多。在《顺正理论》中，从室利逻多对等无间缘的定义看来，其将等无间缘和因缘混同[⑤]。室利逻多[⑥]和譬喻师[⑦]坚持色法可以作等无间缘。因此，无著“唯可容有等无间缘”，是在否定室利逻多的所说的“因缘”，仅容许色法前后之间是等无间缘关系。而且，无性在《摄大乘论释》中所述的经部的三种熏习理论，仅是室里逻多同一熏习理论的三个不同层面。“二念不俱有”的批评是针对室利逻多的“一念二识并生”理论，而室利逻多持灭尽定有细意识。

事实上，我们发现，“上座”的称呼并非室利逻多所独有，在《阿毗昙心论经》、善慧戒的《成业论注》中鸠摩逻多也被称为“上座”[⑧]，“上座部”“上座部中经

---

① ［日］快道林常著：《阿毗达磨俱舍论法义》卷5：“无性摄论第三（七丁）曰，经部作如是执，色心无间生者，谓诸色心前后次第相续而立。论主意取经部互薫义。以何知之？不云执故，引先师故，不叙有部破故，于毗婆沙师云许故，于问论广加破故。”（《大正藏》，64卷，第104页上。）

② （唐）慧沼著：《成唯识论了义灯》卷4，《大正藏》，T43，第735页中。

③ （唐）智周著：《成唯识论演秘》卷3，《大正藏》，T43，第880页中。

④ （唐）灵泰著：《成唯识论疏抄》卷7：“执自心、色自类无间，前为后种，因果义立者，问：此上座部计，前为后种，有是种子耶？又彼部执有种子以不？答：非是种子。如萨婆多说，为彼种故，名为取果者、种者。疏：以经为量者故言经部者，此上座部自有经部，不是《俱舍论》中经部师耶。疏：无性《摄论》云‘二念不俱有故不得熏习’者，彼论破上座云，若前二念并可得受熏，前后二念既不俱故不得受熏。”（《卍新纂大日本续藏经》50册，第268页下–269页上，东京，国书刊行会。）

⑤ 《阿毗达磨顺正理论》卷18，《大正藏》，T29，第441页下–442页上。

⑥ 《阿毗达磨顺正理论》卷18，《大正藏》，T29，第441页下–442页上。

⑦ 《阿毗达磨顺正理论》卷19，《大正藏》，T29，第445页中。

⑧ 优波扇多著，那连提耶舍译：《阿毗昙心论经》卷1：“如上座鸠摩罗多说：若心欲起时，为他所障碍，当知是有对。

部师”同样可理解为“上座鸠摩逻多的徒众”。另外，虽然坚持有分识的上座部和室利逻多在教义上存在诸多相似性，如二者都坚持无色界有色论①，灭尽定有细意识，粗细二意并生和室利逻多的“一身根二念并生”理论相似，慧沼也将坚持“有分识”的上座部解释为“上座部者以有引经亦名经部”，但在法相宗的注疏中往往将经部本计、室利逻多（经部末计）、上座部区别对待。例如，《成唯识论》在证明阿赖耶识的第九证“灭尽定证”批评各派的“灭定识不离身”，窥基总结有四：第一总破诸部小乘，第二破萨婆多，第三破经部本计，第四破经部末计。在破“经部本计”灭尽定无心的立场②之后，接着破“经部末宗转计”灭尽定有心的立场，“上座部师”也承认灭尽定有细意识。“经部本计”持灭尽定无心论，出定心从色生③，正是先轨范师的色心互熏说。“上座部师”持灭尽定有心论，在灭尽定有细意识，和经部末宗观点相同④。表明这三者分属三个不同的学术派别。坚持灭尽定有细意识的“上座部师”正是持“有分识”的“雪山部”、本上座部，在《大乘成业论》中被称为“赤铜鍱部”。但权五民教授将坚持“有分识”的“上座部”直接等同于上座室利逻多，实在是严重的误解！如果接受以上窥基将坚持灭尽定无心说的先轨范师等同于上座部，就不能将坚持有分识的上座部视作同一派别。

五、先轨范师的身份

先轨范师（Pūrvācārya），即“先代师”或“古代师”，传统注释书一致认为持色心互熏说的“先轨范师”属于先代经部师。正如普光、神泰等《俱舍论》的注释家视为“经

相违是无对。”（《大正藏》，T28，835 页中。）在《阿毗昙心论经》中，上座鸠摩逻多否定了毗婆沙师的“有对”的含义。

Sumatiśīla: *The Karmasiddhiṭīkā*, in Stefan Anacker. Vasubandhu: *Three Aspects: A Study of a Buddhist Philosopher*, PhD thesis，1970，p302，University of Wisconsin，Madison.

① 称友疏：tāmraparṇīyā api hṛdayavastu manovijñānadhātor āśrayaṃ kalpayanti. tac cārūpyadhātāv api vidyata iti varṇayanti. ārūpyadhātāv api hi teṣāṃ rūpam abhipretaṃ. ārūpya iti ec īṣadarthe āṅ āpiṃgalavad iti. caramaṃ cittam iti.

② 《成唯识论》卷 4，《大正藏》，T31，第 18 页上。

③ 《成唯识论述记》卷 4：“二法为种，灭定无心，色为种子，心后依生，经部本计灭定无心。”（《大正藏》，T43，第 372 页中。）

④ 《成唯识论述记》卷 4，《大正藏》，T43，第 370 页中。

《成唯识论述记》卷 4，《大正藏》，T43，第 368 页下。

［新罗］太贤著：《成唯识论学记》卷 3，《卍新纂大日本续藏经》，第 71 页上。

部中先代诸轨范师"①"经部先代诸师"②，善慧戒认为是"经部异师"③、称友及安慧认为是"经部"，窥基认为是"经部本计"鸠摩逻多。不过，现代学者如原田和宗、袴谷宪昭、山部能宜等认为是先代的瑜伽行派学者，韩国学者权五民认为是先代犍陀罗毗婆沙师。前文笔者对现代学者的立场随文进行了批判考察，下文将考察先轨范师为鸠摩逻多的观点。

如上，先轨范师否定了有部实有的过去心作为等无间缘的说法，表明先轨范师持现在有体的立场。不过，在《阿毗达磨灯论》中，论书的作者灯主（Dīpakāra）引用鸠摩逻多光下灰尘的譬喻支持自身说一切有部三世实有的观点④，因此有学者认为鸠摩逻多持三世实有的立场。从这一点来看，先轨范师不可能是鸠摩逻多。但是，根据 Jaini 所述，在《阿毗达磨灯论》中经部修正了鸠摩逻多的立场；鸠摩逻多并未视过去、未来绝对不存在，它们在某种意义上于实有的现在法上存在，但自身并非实有⑤。这和经部，例如室利逻多对过去及未来的看法一致。我们推测，一方面，譬喻师鸠摩逻多和有部在教义上存在诸多亲缘性，因此"灯主"引用鸠摩逻多的譬喻来证明说一切有部学说的合理性。但另一方面，又被经部奉为祖师，其理论为经部所采用。

鸠摩逻多和有部的紧密联系表现在以下几点：（1）鸠摩逻多在其《大庄严论经》中敬礼有部等论师⑥；《出三藏记集》记载，鸠摩逻多鼓励他的弟子诃梨跋摩要遵从迦旃延的《发智论》⑦。（2）"日出论者"鸠摩逻多和有部都坚持表业实有，而非如《大

---

① （唐）普光著：《俱舍论记》卷 5："故彼经部中先代诸轨范师咸言，心身二法互为种子。"（《大正藏》，T41，第 100 页中。）

② （唐）法宝著：《俱舍论疏》卷 5："故彼经部先代诸师咸言，二法互为种子。二法者，谓心王及有五根身。"（《卍新纂大日本续藏经》，第 53 页下。）

③ *The Karmasiddhiṭīkā*，in Stefan Anacker. *Vasubandhu: Three Aspects: A Study of a Buddhist Philosopher*，PhD thesis，1970，p329，University of Wisconsin，Madison.

④ Abhidharmadīpa–prabhāvṛtti, P277,21–24 bhadanta kumāralātaḥ paśyati– vātāyanapraviṣṭasyāntaḥpārśvadvaye 'pi truṭayaḥ santi | raśmigatasya tu darśanamasya truṭe raśmipārśvagāstvanumeyāḥ | etena vyākhyātaṃ dharmāṇām adhvayor dvayor astitvam | prāpya jñānātiśayaṃ munayaḥ paśyanti，tāstu dhīrhi trikajā ||.

【今译】"尊者矩摩逻多如是观：于入风道者，或正面向彼，或离于彼，皆有尘灰。然处光中者于尘有见，离光者则于尘推论而知。由此了知[过去未来]二世法之有性，诸牟尼得智殊胜已见，而彼等，慧从三者生。"（《阿毗达磨灯论》），译文引自法光法师 2016 课程讲义。

⑤ Jaini, Padmanabh S. 1977. *Introduction*, in Abhidharmadīpa with Vibhāṣāprabhāvṛtti. 4. Kashi Prasad Jayaswal Research Institute. p125.

dravyātmanā na vidyate prajñaptyātmanā tu sad iti | p278.

⑥ 《大庄严论经》卷 1："富那胁比丘，弥织诸论师，萨婆室婆众，牛王正道者（犊子部），是等诸论师，我等皆敬顺。"（《大正藏》，T04，第 257 页上。）

⑦ 《出三藏记集》卷 11，《大正藏》，T55，第 78 页下。

毗婆沙论》《俱舍论》中的“譬喻师”和经部视身语表业是“思”[①]。（3）“日出论者”这一称呼和有部，特别是有部譬喻师法救关系密切。“日出论者”得名有两个原因：第一，善慧戒《成业论注》认为“日出论者”（*Sauryodayika/ *Sūrya-udayīka）[②]是“上座鸠摩逻多”（Sthavira Kumāralāta），“日出论者”的称呼来自他的著作《日出论》（*Sūryodaya/ *Sūrya-udayīka-śāstra）[③]。第二，根据窥基，印度当时有五大论师“喻如日出，明导世间，名日出者”[④]。不过，正如印顺所批评的，窥基以“五印”误解了玄奘《大唐西域记》中“四日照世”的说法，故虽称有五大论师，而仅列出四师[⑤]。出曜、日出、譬喻都是同一内容的不同名称。“有部集钞的《法句经》，后经法救改订整理”[⑥]。“秦本释者为譬喻师（即经部前师），唐人目为日出论者，故其书名《出曜论》。[⑦]”在秦本《出曜》中“童子辨”即是鸠摩逻多（童受）的意译[⑧]。（4）传说由金刚仙注释的世亲的著作《金刚仙论》提到“萨婆多中日出道人”的称呼[⑨]，其中的“日出道人”可能是“日出论者”，而属于说一切有部异端。

鸠摩逻多传统上被视作经部本师、譬喻师。权五民认为先轨范师不可能是鸠摩逻多的重要原因即先轨范师和譬喻师的立场不同，《大毗婆沙论》中“譬喻师”觉天持“灭尽定有心说”、无色界有色论[⑩]，经部譬喻师室利逻多、《问论》的作者世友坚持细意

---

① 《成唯识论学记》卷1：“然范师云，有言日出即譬喻师，非也。《婆娑》百二十二云，譬喻者说表无表业无实体性。《正理论》云，譬喻宗唯许思为实业体。岂今所破？《成业论》云，日出表业实有，岂即彼宗（此释有理。《俱舍》业云，经部身表以形为体，但假非实，身业即以思为体故）。非显香味类触应知者。显色香味非是表色。无表示故。唯无记故。如触处风。”（《卍新纂大日本续藏经》，第41页下。）

② “日出论者”的梵文还译，拉莫特为 Sauryodayika，山口益为 Sūrya–udayīka，见 Lamotte, Étienne. 1988. *Karma-siddhiprakaraṇa: the treatise on action by Vasubandhu*. Asian Humanities Press. p115.

③ The Karmasiddhiṭīkā，P302；山口益：《世亲の成业论 – 善慧戒の注釈による原典的解明》，1951年，第115页同样见于吉藏《中观论疏》卷1：“其师是鸠摩罗陀造《日出论》。”（《大正藏》，T42，第4页下。《三论玄义》卷1：“亦如诃梨跋摩师鸠摩罗陀造《日出论》等也。”《大正藏》，T45，第10页下。）

④ 《成唯识论述记》卷2，《大正藏》，T43，第274页上。

⑤ 印顺：说一切有部为主的论书与论师之研究，《印顺法师佛学著作全集》，第15卷，中华书局，2009年，第456页。

⑥ 《出曜经》卷1：“《出曜经》者，婆须密舅法救菩萨之所撰也，集比一千章，立为三十三品，名曰《法句》，录其本起，系而为释，名曰《出曜》。“出曜”之言，旧名“譬喻”，即十二部经第六部也。”《大正藏》，T04，609页中。吕澂：《印度佛学源流略讲》，第136页。

⑦ 吕澂：《法句经讲要》，《吕澂佛学论著选集（二）》，齐鲁书社，1991年7月。

⑧ 印顺：《说一切有部为主的论书与论师之研究》，《印顺法师佛学著作全集》，第15卷，中华书局，2009年，第454页。

《出曜经》卷6：“尊者童子辩说曰：意念施设事，心悔则不办，识猛专一念，何愿而不得？”（《大正藏》，T04，第638页中。）

⑨ （唐）金刚仙著，（元魏）菩提流支译：《金刚仙论》卷9，《大正藏》，T25，第865页上。

⑩ 《阿毗达磨大毗婆沙论》卷152：“谓譬喻者分别论师执，灭尽定细心不灭。彼说无有有情而无色者，亦无有定而无心者。若定无心，命根应断，便名为死，非谓在定。为止彼意，显灭尽定都无有心。”（《大正藏》，T27，第774

识，而先轨范师持灭尽定无心论。不过，正如学者所说，鸠摩逻多没有自称“譬喻师”，而是继承说一切有部，是说一切有部师，不过他善于运用“譬喻”。后来的注释家以他善于运用“譬喻”的倾向视他为“譬喻师”，经部的创建者。鉴于先轨范师、鸠摩逻多和有部、经部都具有密切关系，在无更多证据支持的情况下，笔者仍遵从传统的认定，先轨范师是鸠摩逻多，被经部奉为祖师，但和有部特别是持经譬喻师法救关系密切。色心互熏说被瑜伽行派明确否定，特别是在世亲、安慧的著作中在阿赖耶识证明的部分作为敌对者而被批评，表明先轨范师不可能是瑜伽行派内部的学说。

结论

“先轨范师”是经部本师鸠摩逻多，与有部同样坚持无色界无色论、无心定无心论，和有部特别是有部譬喻师法救的学说具有密切关系。在无心定出定心生起的问题上，否定有部过去心作为等无间缘的方案，采取了色心互熏说。色心互熏说是特定情况下的解决方案。在通常情况下，前法作为后法的因缘，色心前后自类熏习。在无色界无色，无心定无心的情况下，种子失去所依，采取色心前后异类熏习的“色心互熏说”。虽然，基于经部的种子熏习理论，但和经部对因缘的解释不同，作为因缘的是种子的所依——色心，而非种子本身。瑜伽行派阿赖耶识理论的建立和色心互熏说密切相关，不过阿赖耶识理论建立之后，色心互熏说遭到了严厉的批评。

页上。）

《阿毗昙毗婆沙论》卷44：“或有说者灭定有心，彼作是说：无有无色众生、无心之定，如尊者佛陀提婆作如是说。”（《大正藏》，T28，第331页下。）

关于“不共无明”的探讨

释净智[①]

【摘要】不共无明最初是与相应无明对应的一个概念，主要见于说一切有部与瑜伽行派的典籍中。由于一切染心中皆有无明，故实质而言，并无独起而不与他惑相应的无明，故不共无明的“不共”须有其特定的所指。说一切有部与瑜伽行派从各自宗派的立场出发，对不共无明做了种种解释，两派观点有同有异，《成唯识论》试图将两种体系的三种不共无明整合在一起，但由于不共无明的来源与含义不同，也造成了新的诠释难题。本文通过梳理说一切有部与瑜伽行派的相关典籍，对不共无明的具体含义、类型差别、现起相状、施设动机、分歧原因、整合难题及解决方案进行了阐述。

【关键词】不共无明；相应无明；说一切有部；瑜伽行派

无明（avidyā）作为一切杂染的根本，生死轮回的源头，受到佛教界的一贯重视。关于无明的定义和分类，不同的宗派、不同的典籍有着种种的说明。而不共无明（avidyāveṇikī）是无明集合中的一个重要子项，与之相对应的是相应无明（saṃprayuktāvidyā），此二种无明的概念和分类不见于原始声闻经典，而多见于说一切有部（Sarvāstivādin）及瑜伽行派（Yogācāra）的经论中。

从字面上看，不共无明是让人颇为困惑的概念，因为它欠缺一个重要的内容，即无明所不共的对象。由于这种缺失，使得说一切有部与瑜伽行派对不共无明有着种种的解读。说一切有部提出了两种不共无明，而瑜伽行派在前者的基础上，更提出了染末那识（kliṣṭa-manas）独有的不共无明。《成唯识论》将以上两种体系的三种不共无明进行了整合说明，虽然在形式上近于完整，但由于来源和含义不同，故很难对不共无明有一总体的定义。且由于瑜伽行派在忿（krodha）等小烦恼地法（parītta-kleśa-bhūmika）的假实上与说一切有部有所分歧，故间接导致了一些新的诠释困难。

---

① 作者单位：戒幢佛学研究所。

又不共无明（avidyāveṇikī）在不同经论中的所指有同有异，或总或别，加上汉语译词不尽相同，如有时也译为不相应无明、独行无明、不共独行无明等，[①]这就造成异文同义，或同文异义的情况时有发生，从而引发理解上的困难。而在某些特定场合，外延有别的遍行无明（sarvatragāvidyā），其实际所指也可以是不共无明，这背后是出于怎样的考量？另外，诸如无明（avidyā）表现出来的无知（ajñāna），是指积极性地障碍智慧，还仅仅是指消极意味的智慧缺失；与忿等相应的无明是否属于不共无明等，也都是说一切有部、瑜伽行派讨论的焦点。即使在当今佛教界，依然有很多关于不共无明的误读，[②]以及相关义理研究的不足，故有必要对不共无明进行梳理和分析。

---

① 详见《大毗婆沙论》卷38，《大正藏》第27册，第196页；《俱舍释论》卷3，《大正藏》第29册，第179页；《摄大乘论》卷1，《大正藏》第31册，第114页；《大乘阿毗达磨集论》卷4，《大正藏》第31册，第676页；《瑜伽师地论》卷58，《大正藏》第30册，第622页；《瑜伽师地论》卷60，《大正藏》第30册，第637页；《成唯识论》卷5，《大正藏》第31册，第25页。

② 以下且举数例：a. 平川彰在《印度佛教史》第二章《部派佛教》中说：“上述的十一遍行惑中，有相应无明与不共无明二种，相应无明是与其他烦恼相应而作用的无明。但是无明并不只尽于此，以其是迷惑的根本这点，在所有心的作用之底部非得有无明不可。亦即不只是烦恼心、不善心，在无记心或善心的底部，非得以为无明也在作用着不可。……在此意味下，说一切有部区分无明为相应无明与不共无明，有很重大的意义。”（见平川彰著，庄崑木译：《印度佛教史》，台北：商周出版社，2002年，第177页）作者显然是误将瑜伽行派安立恒行不共无明的意图，说成是一切有部安立不共无明的原因了。因为一切有部并不许善、无记心时，有底部的不共无明在活动。b. 陈兵《佛教心理学》第二章在解释第七识的不共无明时说：“不共无明（我痴），指不与贪瞋等烦恼共起、单独生起的根本无明。”（陈兵：《佛教心理学》，西安：陕西师范大学出版总社，2015年，第53页）作者显然是将一切有部关于不共无明的定义，错置于瑜伽行派的恒行不共无明上了。c. 花野凌云《唯识论讲义》第二章将相应无明解释为迷事无明，不共无明解释为迷理无明。（详见花野凌云：《唯识论讲义》，东京：名著出版社，1985年，复刻版第4次印刷，第299页）此解释有误，因为瑜伽行派的不共无明和相应无明皆迷于理事。d. 池田道浩《不共無明とは何か》一文，在图示《成唯识论》的“无明”见解时，将“非主独行不共无明”说为“修所断”。（池田道浩：《不共无明とは何か》，《驹泽短期大学仏教论集》第10号，2004年，第281页）但依《成唯识论》的说法，此无明是通见、修所断的，作者可能是未考虑到瑜伽行派与一切有部关于忿等的假实立场有异，从而导致其将“与忿等相应的不共无明”简单等同于说一切有部的“修所断不共无明”了。e. 水野弘元在《パーリ佛教を中心とした佛教の心識論》第四章《心所法各論》中说，瑜伽行派之所以重构烦恼心所的分类，将无明划入六根本烦恼中，是因为一切有部大烦恼地法中的无明，只是相应无明，不包括不共无明，故存在缺陷。（详见水野弘元：《パーリ佛教を中心とした佛教の心識論》，东京：ピタカ，1978年改订版，第489页）笔者以为，这个观点有待商榷。首先，一切有部的不共无明，仅是指不与贪等根本烦恼相应，非不与其他随烦恼相应。故大烦恼地法中的无明，虽必与不信等随烦恼相应，却不必是相应无明。精通阿毗达磨的水野氏，显然不是从这个角度指责一切有部的大烦恼地法。若水野氏的意思是指，大烦恼地法既在一切烦恼心中俱有，而不共无明不与贪等烦恼俱生，故大烦恼地法中的无明不可能是不共无明。此责难亦无道理。因为大烦恼地法中的无明是总法概念，不共无明与相应无明是其含摄的别法概念。当贪等烦恼生起时，虽不能说是与不共无明相应，但不妨说与大烦恼地法中的无明相应。何错之有呢！笔者以为，瑜伽行派之所以将无明的组别从“大烦恼地法”调整为“根本烦恼”，是为了突出根本烦恼，并将贪、瞋、慢、疑从“不定心所”中剥离出来，与大烦恼地法中是否包含不共无明，没有关系。

一、说一切有部论典中关于“不共无明”的主张

在说一切有部的根本七论中，[①]涉及不共无明的有《阿毗达磨发智论》（*Abhidharma-jñāna-prasthāna*）、《阿毗达磨识身足论》（*Abhidharma-vijñānakāya-pāda*）、《阿毗达磨品类足论》（*Abhidharma-prakaraṇa-pāda*）三论，《阿毗达磨大毗婆沙论》（*Mahā-vibhāsā*）在会通上述论典中有关不共无明的说法时，提出两种不共无明的解释，但没有裁定何者为正义，其后的《阿毗达磨俱舍论》（*Abhidharma-kośa-bhāṣya*）、《阿毗达磨顺正理论》（*Abhidharma-nyāya-anuśāra*）各据一义。以下就说一切有部论典中所述“不共无明”的相关内容进行阐述。

（一）“不共无明”的定义

“不共无明”的最初定义出自《发智论》，彼论谓不共无明随眠（anuśaya）[②]是“诸无明于苦不了，于集、灭、道不了。”[③]即不共无明的认知特征是“不了”（na jñāyate），其所缘对象唯是四圣谛（catvāryāryasatyāni）。若非以“不了”为特征，或是对谛理之外事物的“不了”，都非不共无明所摄。

现存汉译本《品类足论》中，只有“无明”的定义，未有“不共无明”的定义，如说：“云何无明随眠随增？谓无知故、暗昧故、愚痴故。”[④]但《大毗婆沙论》在转引此段时，则变更为“不共无明”的定义，如说：“云何不共无明随眠随增？谓无知、黑暗、愚痴。”[⑤]有人认为，《品类足论》所说的“无知、黑暗、愚痴”就是《发智论》所说的“不了”，言辞虽异，但所指都是不共无明的行相；也有人认为，《品类足论》的说法不全面，“不了”与“无知、黑暗、愚痴”含义有别。因为“不了”并不仅是不知道，还包含不欲（anabhilāṣa）、不忍（anabhisaṃpratyaya）的意思。如云：“此中不了者，显不欲忍义，谓由无明迷覆心故，于四圣谛不欲、不忍，故名不了，非但不明。”[⑥]若不做此解，则未遇佛法的众生，恒不知晓四谛之理，岂非恒时处于无明！《大毗婆沙论》在综合《发智论》和《品类足论》所说的基础上，认为不共无明最恰当的定义是：“如是无明于四圣谛，一向愚钝，一向暗昧，一向不明了，一向不决择，以为自性。”[⑦]

---

① 一切有部的根本七论，指《发智论》《集异门足论》《法蕴足论》《施设足论》《识身足论》《品类足论》《界身足论》。

② 一切有部主张随眠（anuśaya）即六根本烦恼的现行，而瑜伽行派等视随眠为烦恼种子（bīja）。

③ 《发智论》卷 2，《大正藏》第 26 册，第 925 页。

④ 《品类足论》卷 3，《大正藏》第 26 册，第 702 页。

⑤ 《大毗婆沙论》卷 38，《大正藏》第 27 册，第 196 页。

⑥ 《大毗婆沙论》卷 38，《大正藏》第 27 册，第 196 页。

⑦ 《大毗婆沙论》卷 38，《大正藏》第 27 册，第 196–197 页。

《俱舍论》虽未有“不共无明”的定义，但彼论对十二缘起中的“无明”做了详细的探讨。考虑到此“无明”圣者见道（darśana–mārga）已断，故与“不共无明”亦有相当密切的关系。彼论说无明是对四谛（caturvidhasatyam）、三宝（ratnatraya）、业果（karmaphala）的不了知，但并未像《大毗婆沙论》那样，以“不欲、不忍”诠释“不了”，而是认为用于解释的“不了知”，与被解释的“无明”一样，都是遮诠的、模糊的，故只能通过比量的方式间接认知无明。①

（二）“不共”的含义

《发智论》没有解释“不共无明”得名“不共”（āveṇika）的缘由，《大毗婆沙论》则列举了七种理由。

1. 自力（svatantra）而起，不与贪（rāga）等根本烦恼（mūlakleśa）相应而起。
2. 不与贪等根本烦恼相杂而起。
3. 与贪等根本烦恼不同意乐。
4. 与贪等根本烦恼所作各别。
5. 迷惑于四圣谛，不与贪等根本烦恼相应。
6. 不与贪等根本烦恼相应，唯是异生所起。
7. 在烦恼生起中，居于上首。②

由 1–6 可知，“不共”最主要、最核心的意思，是指不与贪等根本烦恼相应（相杂、同趣、共事）。

由 1 可知，依自力（svatantra）而起是它的一个重要特征，因相应无明是依他力（paratantra）而起的。

由 5 可知，亲迷四谛是它另一个重要特征，相应无明不亲迷四谛。

由 6 可知，此无明唯凡夫有，不共圣者。这是从补特伽罗的角度来考察不共无明。

第 7 是以殊胜的含义解释“不共”，因为此无明相对于其他烦恼，最为上首。

《顺正理论》以三义解释“不共”，一是“不杂”，即不与其他根本烦恼相杂；一是“不遍”，即不遍在贪等烦恼心中；一是“不相关涉”，如云：

> 有余师说，与余烦恼不相关涉，名为不共，即是惛重无动摇义。相应无明与余烦恼共相应故，相有警动；不共无明由自力起，于诸事业皆不欲为，

---

① 如《俱舍论》卷 10 云：“既许无明别法为体，应说此体其相云何？谓不了知谛、实、业果。未测何相名不了知？为异了知？为此非有？二俱有过，如无明说。此谓了知所治别法。此复难测，其相是何？此类法尔应如是说，如余处言，‘云何为眼，谓清净色，眼识所依。’无明亦然，唯可辩用。”（《大正藏》第 29 册，第 52 页。）

② 详见《大毗婆沙论》卷 38，《大正藏》第 27 册，第 197 页。

惛重无动摇，如珊若娑病，[①]是故名曰不共无明。[②]

从第三义可以看出，不共无明的特征是自力而起，对诸事业不欲作为，如中风的病人，昏重不能动。

（三）“不共无明”的部类差别

《发智论》说不共无明是“不了四谛”，而见道（darśana–mārga）的圣者已明了四谛，故不共无明应属见所断（darśana–prahātavya），如上文《大毗婆沙论》⑥中就说，此无明唯凡夫有，不共圣者。但《识身足论》却说不共无明有五部差别，除了见所断（darśana–prahātavya）的四部不共无明外，还有修所断（bhāvanā–prahātavya）不共无明，针对二论的不同，《大毗婆沙论》提出了两种诠释方案。

其一，认为不共无明唯见道所断。《识身足论》的语句有误，应将“修所断不共无明相应心”改为“修所断随眠不相应无明相应心”，因为不共无明不仅是不与贪等根本烦恼相应，而且必须是自力而起。与忿等相应的修所断无明，因须依他力而起，故只能称其为随眠不相应无明（anuśaya–viprayukta–avidyā），却不能称为不共无明。

其二，认为不共无明通见修五部所断，《识身足论》的说法无误，因为不共无明只是不与贪等根本烦恼相应，依自力或他力起皆可。《发智论》中只说见所断不共无明，并不意味否定修所断不共无明。因为见所断不共无明，相对于修所断不共无明而言，有着迷四圣谛、唯异生起、缘一切法、自力而起的特征，是故《发智论》中特别偏说。

由此可知，不共无明有两种解读，一者仅强调不与贪（rāga）等根本烦恼（mūlakleśa）共；一者强调自力而起，其不共的对象，不仅包括贪（rāga）等根本烦恼（mūlakleśa），也包括忿（krodha）、恶作（kaukṛtya）等随烦恼（upakleśa）。因为凡自力而起的无明，必不与贪等烦恼相应，故后者的限制条件比前者更强，而前者的外延要广于后者，故论中的不共无明有唯见道所断，与通见修所断的分歧。

《俱舍论》沿袭了《阿毗昙心论》（*Abhidharma-hṛdaya*）、《杂阿毗昙心论》（*Saṃyukta-abhidharma-hṛdaya*）所说的欲界不善不共心品有二十心所［十大地法、六大烦恼地法、二不善地法、不定地法中的寻（vitarka）、伺（vicāra）］的主张，[③]指出“不共心品”是“谓此心品唯有无明，无有所余贪烦恼等。”[④]相当于间接解释了“不共无明”的含义。由于不共心品的二十心所中，没有提及忿、恶作等，故《俱舍论记》认为《俱

① 珊若娑病，即废风病，病者身体瘫软不能行动。

② 详见《顺正理论》卷48，《大正藏》第29册，第611页。

③ 详见《阿毗昙心论》卷1，《大正藏》第28册，第811页；《杂阿毗昙心论》卷2，《大正藏》第28册，第882页。

④ 《俱舍论》卷4，《大正藏》第29册，第20页。

舍论》中的“无有所余贪烦恼等”是指“无有所余贪等本惑、忿等小惑及恶作等”，[①]即唯自力起的无明，方是“不共无明”，相当于《大毗婆沙论》第一种不共无明的观点。而《顺正理论》明确提到了修所断不共无明，彼论认为此无明唯缘修所断法，非迷于苦谛（duḥkhasatya）、集谛（samudayasatya），故非见道所断，[②]相当于《识身足论》及《大毗婆沙论》第二种不共无明的观点。[③]

另外，《顺正理论》还提出一切见所断不共无明，于见苦、集时皆被断尽。即见道位现观苦、集谛时，不仅能断除见苦、集所断的相应、不共无明，还能断除见灭谛（nirodhasatya）、道谛（mārgasatya）所断的不共无明。这是因为见所断的四部不共无明，虽迷谛各别，但行相都是惛重不欲，当通达苦、集二谛时，便能视一切对四圣谛惛重不欲的心理状态为苦或苦因，故实际上已断除了障碍灭智、道智生起的惛重不欲，即见灭、道所断的不共无明。[④]

（四）“不共无明”的现起相状

贪、瞋等烦恼由于常常伴随着激烈的情绪波动，故较易被观察到，而无明则常常伴随着蒙昧、暗钝，故极不易观察。无论是与贪等俱起的相应无明，还是与忿等俱起的修所断不共无明，由于都是依他力而起，故观察其现起情况时，会因被同心聚中强力烦恼所遮蔽而无法明了。但见所断不共无明是完全依自力而起，不受其他强力烦恼遮蔽，就仿佛一个被剥离出的纯净无明，故能充分展现无明自身的特征。不过，其现起时的情况较为特殊，如《大毗婆沙论》所述：

> 若诸异生由胜解力，发起正见，或起邪见，心劳惓时，数数间起迷四圣谛不共无明，谓缘四谛不欲、不忍、不了行相。[⑤]

《顺正理论》对见所断不共无明现起时的情况做了更详细的描述，如云：

> 见断无明有是不共，彼唯行在异生身中，闻思位中修观行者，以苦等行观诸行时。由彼无明损瞖慧眼，令起多品诸颠倒见，故应举喻显彼过失。如

---

① 《俱舍论记》卷 4，《大正藏》第 41 册，第 80 页。

② 详见《顺正理论》卷 48，《大正藏》第 29 册，第 613 页。

③ 如《俱舍论记》卷 4 云：“此论同婆沙前师，《正理》同《婆沙》后说，各据一义释不共名，并无违害。”（《大正藏》第 41 册，第 80 页。）

④ 如《顺正理论》卷 48 云：“见灭道断不共无明，见苦集时彼皆断故。……如是能障八行觉生不共无明，苦集现观对治生故一切皆断，除此更无缘见所断诸法为境不共无明。……不共无明无别行相，唯有惛重不欲行转，于四圣谛各别亲迷，除此更无余别行相缘见所断非迷苦集。”（《大正藏》第 29 册，第 613 页。）

⑤ 《大毗婆沙论》卷 38，《大正藏》第 27 册，第 197 页。

日初没，有一丈夫，遥见怨家便作是念，彼有怨家我不应往，正思念已，至黄昏时，夜前行暗损瞖其目，不能记忆怨相状故，便于怨所起是机觉，或谓非怨，或谓亲友，如是应了不共无明。[①]

由此可见，见所断不共无明现起的场合，或者说能观察到的场合极为特殊。它是发生于内法凡夫的闻思阶段，彼人对佛教的四谛虽已经有所了解，有所观察，但由于不共无明的现起，而使智慧蒙蔽。也就是说，若从未听闻过四谛的外法凡夫，虽有不共无明未断，但也不会现起，因为不共无明必须是以四谛为所缘而生起的不欲观察之心。故论中譬喻说，某人原本知晓怨家所在，但因昏暗蒙蔽，而不忆念，妄起错觉。

关于修所断不共无明的现起情况，《顺正理论》亦做了描述，如云：

谓彼修习正法观时，应有惛迷不欲行转，如眠惛昧障蔽其心，不共无明是修所断。故知圣者集智已生，犹有唯缘修所断法，障思正法不共无明。[②]

总之，无论是见所断不共无明的生起，还是修所断不共无明的生起，众贤（Saṃghabhadra）都不是以“完全不知”为其特征，而是以“惛重不欲”为其特征。因为无论是内法凡夫，还是有学圣者都不能说是对四谛理完全无知，而仅是在劳倦等情况下，内心会出现不欲思维观察正法的状态。不过，从文中修所断不共无明的现起相状来看，似与《大毗婆沙论》等中“依忿等他力而起的修所断不共无明”无甚关联。

（五）与“不共无明”相关的“遍行无明”“不相应无明”

从《发智论》的文脉来看，不共无明的最初提出，是顺延遍行无明（sarvatragāvidyā）的话题。论主首先设问，见四圣谛所断的诸无明中，是否皆为遍行无明（sarvatragāvidyā）或非遍行无明（asarvatragāvidyā）；答案是遍行无明皆唯见苦、集断，定非见灭、道断；但亦有非遍行无明见苦、集断，非见灭、道断，此即“见苦、集所断非遍行随眠相应无明”，[③]顺此“相应无明”的话势，下文才提到“不共无明”。显然在论主的写作思路中，是认为圣者在见道位所断除的无明，有着遍行无明与非遍行无明，相应无明与不共无明的差别，为了说明在相应无明外，另有不相应的无明，于是才会紧接着提到不共无明。[④]如《大毗婆沙论》云：“前说烦恼相应无明，未说烦恼不相应无明，今欲说之，故作斯论。”

① 《顺正理论》卷 48，《大正藏》第 29 册，第 611 页。

② 《顺正理论》卷 48，《大正藏》第 29 册，第 613 页。

③ 《发智论》卷 2，《大正藏》第 26 册，第 925 页。

④ 如《大毗婆沙论》卷 38 云：“前说烦恼相应无明。未说烦恼不相应无明。今欲说之故作斯论。”（《大正藏》第 27 册，第 196 页。）

此中的“烦恼不相应无明”，即是指不共无明。

虽然在某些场合，“不共无明”（avidyāveṇikī）与“不相应无明”（viprayuktāvidyā）意思相通，但在《品类足论》及引用该论的其他论典中，“不相应无明”并不等同于“不共无明”，这是值得注意的。① 比如，该论在讨论九十八随眠的遍行或非遍行、有漏缘或无漏缘、有为缘或无为缘时，提到的“不相应无明”，其名称前都有前置词语限制。如云：

> 九十八随眠，几是遍行，几非遍行？答：二十七是遍行，六十五非遍行，六应分别。谓见苦、集所断无明随眠，或是遍行、或非遍行。见苦、集所断无明随眠，或是遍行、或非遍行。云何是遍行？谓见苦、集所断非遍行随眠不相应无明。云何非遍行？谓见苦、集所断非遍行随眠相应无明。②

此段内容，可看作是前述《发智论》中有关遍行无明与非遍行无明问答的深化版。因为在九十八随眠中，除无明外的烦恼，其遍行与非遍行是决定的，而无明则有遍行与非遍行的差别，故须特别讨论。由于此遍行无明中，相应无明与不共无明都有，③ 故论中用“见苦、集所断非遍行随眠不相应无明”这一双重遮诠的复杂方式来表达。此双重遮诠不能简单地理解为“见苦、集所断与遍行随眠相应的无明”，而应理解为“见苦、集所断与（恶见、疑）遍行随眠相应的无明”和“见苦、集所断不与（贪等）非遍行随眠相应的无明”的总合，④ 前者是遍行无明中的相应无明，后者是遍行无明中的不共无明。

由于此论“不相应无明”的含义颇为费解，故其后的《入阿毗达磨论》（*Prakaraṇa-abhidharma-avatāra*）、《俱舍论》《顺正理论》等，在讨论九十八随眠中遍行或非遍行，有漏缘或无漏缘等问题时，都以相应无明、不共无明这些明确的概念来取代晦涩不清的“不相应无明”。⑤ 从此具体事例中，亦可看出在说一切有部的体系中，别

---

① 水野弘元在《パーリ佛教を中心とした佛教の心識論》第四章《心所法各論》中，认为不共无明也可称为不相应无明，这并无过错。但其注释给出的参考文献是《品类足论》卷 3 和《大毗婆沙论》卷 18，这就值得商榷了，因为此二论卷文中提及的“不相应无明”，皆不仅是“不共无明”。（详见［日］水野弘元:《パーリ佛教を中心とした佛教の心識論》，第 489 页、第 491 页。）

② 《品类足论》卷 3，《大正藏》第 26 册，第 702 页。

③ 如《大毗婆沙论》卷 18 云：“见苦所断有十无明，七是遍行，即五见、疑相应及不共无明；三非遍行，即贪、瞋、慢相应无明。见集所断有七无明，四是遍行，即二见、疑相应及不共无明；三非遍行，即贪、瞋、慢相应无明。”（《大正藏》第 27 册，第 91 页。）

④ 如《大毗婆沙论》卷 18 云：“若作是说，‘云何是遍行？谓见苦、集所断遍行随眠相应无明。’则便不摄不共无明。”（《大正藏》第 27 册，第 91 页。）

⑤ 详见《入阿毗达磨论》卷 1，《大正藏》第 28 册，第 983 页；《俱舍论》卷 19，《大正藏》第 29 册，第 101 页；《顺正理论》卷 48，《大正藏》第 29 册，第 611 页。

立不共无明的重要性，因为在讨论一些细微问题时，如见道位断除的无明差别时，若仅依无明、或相应无明、或不相应无明的概念都存在诠释困难。

另外，据《大毗婆沙论》记载，《品类足论》有迦湿弥罗（Kāśmīra）和西方（Pāścātya）诵本的不同。前者说九十八随眠中，有三十三是遍行（sarvatraga），六十五非遍行（asarvatraga）；后者说二十七定是遍行，六十五定非遍行，余六既有遍行也有非遍行。从汉译的《品类足论》及其异译本《众事分阿毗昙论》来看，二译本都说二十七遍行，故推测应是西方师的诵本。①

东西二诵本的争议之处，在于三界见苦、集二谛所断的六种无明随眠，②应一向归为遍行，抑或须分别说。切实而言，此六无明既包括遍行无明，也包括非遍行无明，显然西方师的诵本更为准确，《大毗婆沙论》亦承认“彼说于义为善”，③但亦同时为迦湿弥罗国的诵本辩护，或谓见苦、集所断遍行无明的实例多于不遍行无明，故从多而论。或谓此处所说的遍行无明，皆唯指不共无明，故说三十三遍行。此后说被众贤（Saṃghabhadra）视为正义。④

（六）“不共无明”的施设动机及分歧原因

原始声闻经典中，对无明的表述详略不一，有说无明仅是对四谛的无知，⑤有说无明包括从不知前际，乃至不知六触入处等十九种无知。⑥有说圣者见四谛后生起“眼、智、明、觉”，⑦已断除了对四谛的“无明”；有说阿罗汉方能断尽无明等五上分结。⑧由此可见，契经中的无明所指并不完全相同。

从《发智论》对“不共无明”的定义来看，说一切有部施设“不共无明”的最初动机，是要强调对四谛的无知，是诸无知中最严重者。因为此无明的有无是凡圣的分水岭，唯见道的圣智才能将之断尽。换句话说，说一切有部正是为了区分见道所断无明，与修道所断无明的不同；或为了强调见道是对四谛的通达明了，才施设此迷于四谛，见道位断

① 详见《众事分阿毗昙论》卷3，《大正藏》第26册，第637页；《品类足论》卷3，《大正藏》第26册，第702页；《大毗婆沙论》卷18，《大正藏》第27册，第91页。

② 指欲界系见苦所断的无明，色界系见苦所断的无明，无色界系见苦所断的无明，欲界系见集所断的无明，色界系见集所断的无明，无色界系见集所断的无明。

③ 《大毗婆沙论》卷18，《大正藏》第27册，第91页。

④ 如《顺正理论》卷48云：“以相应无明如所相应惑，遍、非遍理不说成故。由是此中标别数者，取自力起不共无明。非此无明，见苦、集所断，有非是遍。是故但言‘三十三是遍’，此说为善。”（《大正藏》第29册，第611页。）

⑤ 详见《相应部经典》卷56，《汉译南传大藏经》第18册，第322页。

⑥ 详见《杂阿含经》卷12，《大正藏》第2册，第85页。

⑦ 《杂阿含经》卷15，《大正藏》第2册，第103页。

⑧ 五上分结，指色贪、无色贪、慢、掉举、无明。

尽的不共无明。

但严格而言，此对四谛不了的无明，并不完全等同于见所断的无明，因为见道时还断除了部分与其他随眠相应，非亲迷四谛的无明。从有部论师关于三十三遍行随眠和二十七遍行随眠的争论中，正好反映了说一切有部施设不共无明的最初动机，与相关理论间存在冲突。为了区别那些非亲迷四谛，与贪等随眠俱起的见所断无明，所以才将亲迷谛理，不与贪等随眠相应的见所断无明，称为不共无明。若不在见所断无明的框架下，单纯讨论无明与随眠是否相应，则会成为没有实际价值的戏论。从《顺正理论》中对三十三遍行说的维护可以得知，在迦湿弥罗有部论师的眼中，相对于浅显易知的相应无明，不共无明才是主角。关于见所断相应无明的讨论，只是为了理论完善而不得不做的附议。

复次，由于最初施设不共无明与相应无明，是在九十八随眠的语境下，故二者的差别仅在于是否与贪等随眠相应。但若跳出九十八随眠的框架，将讨论范围扩展到随烦恼中时，则原先“不共无明”的定义就显得不够严密。不同的有部论师间，之所以会有不共无明唯见道所断，还是亦通修道所断的争论，归根结底，是因为其最初施设的不共无明，仅是指见道断尽的无明，但若依“不与随眠相应”作为判定不共无明的标准，则与忿等相应，依他力而起的修所断无明，也应纳入不共无明的范畴。于是，坚持原先施设立场的论师，与为了理论完善承许另有修所断不共无明的论师，便产生了分歧。总而言之，修所断不共无明，只是为了理论和细节的完善，而不得不旁涉的概念，并不是说一切有部施设不共无明的初衷，这可从《发智论》中没有修所断不共无明的概念，可以推知。

（七）关于“不共无明”的其他讨论

1. 诸烦恼中唯无明有“不共”的施设

《发智论》在解释完“不共无明”后，紧接着抛出“云何不共掉举缠”的问题，回答是无此概念。这看似不相关的问答，其实是在启发我们思考，相对于其他的烦恼缠，为何唯独无明会分出“不共”和“相应”两类。据《大毗婆沙论》的解读，无明（avidyā）和掉举（auddhatya）都是遍三界、五部、六识，通不善、有覆无记，与一切染污心俱起的，故或有人质疑，若无明有不共之议，掉举何不如此？回答是，无明（avidyā）在六随眠（anuśaya）中，[①]或与贪等俱起，或不俱起；而掉举（auddhatya）在八缠（paryavasthāna）

① 一切有部认为，六随眠是指贪、瞋、慢、疑、无明、不正见这六种根本烦恼现行。

中，[①]必与昏沉（styāna）俱起，无有不俱之时，故无不共掉举之说。[②]

从上可知，无明之所以有“不共”的特议，有三个方面的考量：一者，无明遍一切染心，其相状极为微细难知，本质而言，无明与其他染心所只有相应，无有不相应，因其与贪等不遍一切染心的烦恼不同，故特别指出在特定的烦恼群中，无明也有相应与不相应之说；二者，虽然掉举等也能遍一切染心，但掉举相对于同一烦恼群（八缠）中的昏沉，无不相应之时，而无明相对于同一烦恼群中的贪等随眠，有相应与不相应的差别；三者，之所以选择六随眠这一特定的烦恼群，与说一切有部施设无明等六随眠是根本烦恼，并以此建构见修所断九十八随眠有关。若讨论无明与其他枝末烦恼的相应与否，对说一切有部而言价值不大。另外，若将无明置于六大烦恼地法（kleśa-mahā-bhūmika）中讨论，[③]则由于无明与此烦恼群中的其余随烦恼恒相应故，则根本无法安立不共无明。故综合而言，只有无明同时满足三个条件，方才有不共无明与相应无明的施设。

2. 不共无明可作为无明实有的有力证明

《俱舍论》虽然对不共无明没有特别的阐发，但论中用了大量的笔墨来论证无明别有实体，显示了在定义无明时，最大的难题是如何证明无明像贪等烦恼一样实有。毕竟在大多数染心生起的场合，无明只是贪等烦恼的陪衬，存在感极低，难免让人生起无明只是明的缺失，或只是烦恼异名的错觉，[④]故须从无明的积极面来论证其存在的价值。如木村泰贤《小乘佛教思想论》云：

> 然为缘起出发点的无明，有种种的说法：第一，谓此无明毕竟以消极为特相，然没有明，是唯无知呢？还是使人有蒙昧的积极作用呢？以之征于经说，不管那种，都有解释的余地，虽说亦有不清楚的地方，但我以为如不解为含有一种积极性，仍然无从获得结论。所以到阿毗达磨，终于变成议论。……尤其到《俱舍》第十卷，明显主张无明是一种积极的烦恼，因光没有智慧，既决不是消极的名称，又不是错误的见解（恶慧），始终主张为一种积极的烦恼。[⑤]

---

① 八缠，即指昏沉、睡眠、掉举、恶作、嫉、悭、无惭、无愧。

② 详见《阿毗昙毗婆沙论》卷 20，《大正藏》第 28 册，第 148 页；《大毗婆沙论》卷 38，《大正藏》第 27 册，第 197 页。

③ 六大烦恼地法，指无明、放逸、懈怠、不信、昏沉、掉举。（详见《俱舍论》卷 4，《大正藏》第 29 册，第 19 页。）

④ 详见《俱舍论》卷 10，《大正藏》第 29 册，第 52 页。

⑤ ［日］木村泰贤著，演培译：《小乘佛教思想论》，《新编世界佛学名著译丛》第 104 册，北京：中国书店，2010 年，第 624-625 页。

虽然说一切有部提出不共无明的初衷，并不是为了证明无明自身存在，[①]但将依自力而起的无明，作为此论证的重要砝码，并不为过。比如，《俱舍论》说无明与贪等烦恼，并列于三结（saṃyojana）、三缚（bandhana）、七随眠（anuśaya）等烦恼群中，可见是异于彼等的实体存在。此处虽未提及不共无明，但实际上，若不能举出与贪等一样，依自力生起的不共无明，仅凭依附他力而起的相应无明，是不可能真正说服对方的。

二、瑜伽行派经论中关于“不共无明”的主张

瑜伽行派关于不共无明的主张，主要见于《分别缘起初胜法门经》[②]、《瑜伽师地论》（*Yogācāra-bhūmi-śāstra*）、《阿毗达磨集论》（*Abhidharma-samuccaya*）、《摄大乘论》（*Mahāyāna-saṃgraha-śāstra*）、《成唯识论》（**Vijñapti-mātra-siddhi-śāstra*）等。既有同于说一切有部第六识不共无明的旧议，又有此宗特有的第七识不共无明的新说。虽然在说一切有部的阿毗达磨中，唯第六识俱的不共无明，与通于六识的相应无明，[③]存在着识相应上的差异，但因为彼此皆与第六识存在交集，故无法直接以识相应的差别而加以区分。而瑜伽行派所述的两类不共无明，因为彼此的识聚完全没有交集，故通过相应心识的区别，可以轻松划分两类体系的不共无明。

（一）第六识相应的“不共无明”

瑜伽行派的经论在将相应无明与不共无明并举时，此不共无明多是指与第六识相应者。如在《瑜伽师地论》卷58、卷60、卷66，以及《集论》卷4中，与“相应无明”并举的无明，分别是“独行无明”“不共独行无明”“不共无明”，[④]译词虽略有不同，但据论意推断，应都是指第六识的不共无明。因为此诸无明，或被解释为于四谛无知，或被解释为见道所断，皆与第七识的无明不符。不过，在《分别缘起初胜法门经》中，与相应无明并举的不共无明，前后二说含义不同。如经说：

---

① 毕竟，依他力而起的其他大烦恼地法、大不善地法，一切有部也许为实有。

② 除了玄奘的《分别缘起初胜法门经》外，本经的异译还有达磨笈多的《缘生初胜分法本经》。本经的主旨是探讨十二缘支中的“无明”，亦顺带解释了与十二缘起相关的诸多问题。又本经虽未明确提及阿赖耶识缘起，但经中有异熟识、习气、种子、熏习等词语，故实际上，是以瑜伽行派的立场解释传统的十二缘起说。本经受到了后期瑜伽行派的重视，《成唯识论》中多有引用。

③ 前五识之所以有相应无明，是因为契经中有“六爱身”的教言，依一切有部的解读，此即指与前六识相应的贪爱，而此必伴有无明，故相应无明通于前六识。前五识之所以没有不共无明，是因为见所断法，以及自力所起的修所断法，皆唯意识相应，故无论是见所断不共无明，还是修所断不共无明，皆不与眼等五识相应。如《俱舍论》卷21云：“诸见所断，及修所断一切慢眠，随烦恼中自在起者，如是一切皆依意识，依五识身无容起故。”（《大正藏》第29册，第110页。）

④ 详见《瑜伽师地论》卷58，《大正藏》第30册，第622页；《瑜伽师地论》卷60，《大正藏》第30册，第637页；《瑜伽师地论》卷66，《大正藏》第30册，第668页；《大乘阿毗达磨集论》卷4，《大正藏》第31册，第676页。

略有四种转异无明。何等为四？一者随眠转异无明；二者缠缚转异无明；三者相应转异无明；四者不共转异无明。[①]

此段经文中，随眠（anuśaya）与缠缚（paryavasthāna），是从种子（bīja）与现行（samācāra）的角度来划分无明；相应（saṃprayukta）与不共（āveṇika），是从与贪等根本烦恼（mūlakleśa）是否相应的角度来划分无明。其中，不共无明的内涵，若依经意推断，应与《大毗婆沙论》第一师所说见所断不共无明一样。如经云：

如是所说不共无明，内法异生虽不放逸而修学者亦未能断，诸圣有学应知永断。……诸圣有学不共无明已永断故不造新业，所有故业由随眠力未永断灭，暂触还吐。[②]

不过经中后文又说：

应知无明有二种相，一者微细自相殊胜；二者遍于可爱、非爱、俱非境界共相殊胜。所以者何？缠缚无明尚为微细难知难了，况彼所有随眠无明！相应无明尚为微细难知难了，况彼所有不共无明遍于一切可爱、非爱、俱非境界，覆真实相显虚妄相共相而转。[③]

据理而言，第六识的不共无明并不能遍于一切境界覆真显妄，因为若于可爱、非可爱境生起贪（rāga）或瞋（pratigha），其伴随的必是相应无明，此时同聚心中不会另有一不共无明。故此处的不共无明，只有解释为与余识相应的恒行无明，方为合理。如《成唯识论》就曾引此段经文作为第七识不共无明的教证。[④]但若作此解，显然与本经前述不共无明的含义不符，因第七识的不共无明，有学圣者未永断故。

（二）第七识相应的“不共无明”

瑜伽行派主张有末那识，此识未转依前恒与无明等四烦恼相应。在不同的论典中，与第七识俱起的无明，有时略说为无明 (avidyā)，有时说为我痴（ātmamoha），明确称为“不共无明”的是《瑜伽师地论》《摄大乘论》等。尤其是后者，对第七识的不共无明有着详细的论述。如论云：

---

① 《分别缘起初胜法门经》卷 2，《大正藏》第 16 册，第 841 页。

② 《分别缘起初胜法门经》卷 2，《大正藏》第 16 册，第 841 页。

③ 《分别缘起初胜法门经》卷 2，《大正藏》第 16 册，第 842 页。

④ 如《成唯识论》云：“谓契经说不共无明，微细恒行覆蔽真实。若无此识，彼应非有。”（《成唯识论》卷 5，《大正藏》第 31 册，第 24–25 页。）窥基谓此契经即是《缘起经》。（详见《成唯识论述记》卷 5，《大正藏》第 43 册，第 409 页。）

真义心当生，常能为障碍，俱行一切分，谓不共无明。[①]

虽然第六识的不共无明也能障碍无漏智（anāsrava-jñāna）生起，但它只是在特定场合下，暂时表现出的不欲知、不忍知，而第七识的不共无明，则具有恒时障碍无漏智生起的作用。且第六识的不共无明是对四谛的无知，而第七识的不共无明是对阿赖耶识（ālayavijñāna）的无知，由此无明妄执阿赖耶识为我，故亦称为我痴。

此恒行无明与《分别缘起初胜法门经》中第二种不共无明，即遍一切境覆真实相的不共无明，意旨相同。只是经中未明说此无明与第七识相应，而论中以此作为第七识存在的证明。这也是瑜伽行派安立此不共无明的主要目的。依无性（Asvabhāva）《摄大乘论释》（*Mahāyāna-saṃgraha-upanibandhana*）的解释，此恒行无明，既非前五识相应，亦非第六识相应，故只能是恒行的染末那识（kliṣṭa-manas）相应。论证如下：

1. 此无明定不存在于眼等五识（pañca-vijñānāni）。因若此识中有能对治，方有其所对治。既然见道位能对治不共无明的无漏智（anāsrava-jñāna）非五识中有，故五识中亦无智所对治的不共无明。[②]（此只简除前五识有不共无明，但不能简除第六识有不共无明，因说一切有部等也不许前五识有不共无明，故须进一步分别。）

2. 此无明定不存在于第六意识。若此无明存在于非染污的第六意识中，则此净意识因与无明相应故，应成为染意识。若此无明恒存于染污第六意识中，则当此意识中贪等烦恼生起时，此无明应改称为相应无明，不应称为不共无明。

3. 若此无明非第七识中有，则第六意识善心毕竟不成。一者若此无明恒于第六意识相应，则第六意识恒被烦恼染污，善心永无；二者即便此染意识中有善法转，然说染意识能引生对治自身者，亦无道理。故只能承许别有恒行的染第七识，与第六意识善心俱起不违，彼第六意识善心引生能对治，方能对治此不共无明。[③]

由于论主是以说一切有部为对辩方，故在论证第二点的过程中，引用彼方论师所许的不共无明不与贪等烦恼相应为据，推导出其中的不合理处，但这并不代表瑜伽行派所许的第七识不共无明亦有如此特征。故论主针对说一切有部论师关于第二点的反驳，申明第七识不共无明的“不共”与第六识不共无明的“不共”，二者含义不同，故其虽与贪等烦恼相应，亦没有名实不符的过失。如云：

非我说彼与余烦恼不相应故名为不共，然说彼惑余处所无故名不共，譬

---

① 《摄大乘论》卷1，《大正藏》第31册，第134页。

② 此论证逻辑似有可商榷之处。比如，前五识中亦有相应无明，但五识中并没有能对治此相应无明的智慧，然并不能依据“此处无能治，则亦无所治”的理由，来否定前五识有相应无明的存在。

③ 详见无性《摄大乘论释》卷1，《大正藏》第31册，第384页。

如十八不共佛法。[①]

即第七识中无明之所以名为“不共”，是因为此恒行无明独存于第七识中，非余识中有，故说为不共。如佛十八不共法（āveṇika-dharma），[②]非指十力（daśa balāni）与四无所畏（catvāri vaiśāradyāni）等彼此不俱，而是指此十八法唯佛具有，其余凡圣皆无，故名不共。

（三）两类体系三种“不共无明”的整合

前述经论中，第六识的不共无明与第七识的不共无明，通常花开两朵，各表一枝。与前者并举的往往是相应无明，与后者并举的往往是同识相应的我见（ātma-dṛṣṭi）、我慢（ātma-māna）、我爱（ātma-sneha），二类无明并未出现于同一场合，而最初将两类不共无明置于一处讨论的是《成唯识论》。如云：

> 不共无明总有二种：一恒行不共，余识所无；二独行不共，此识非有。[③]

也就是说，为了区分两种体系的不共无明，《成唯识论》加了“恒行”与“独行”的前缀区分二者。原来的《瑜伽师地论》《摄大乘论》中，虽在解释时已说明第七识的不共无明具有恒行的特征，但在命名时，往往略称为不共无明，这就易与同样名称的第六识不共无明混淆。又不共无明与独行无明，本来意思相同，如玄奘《摄大乘论》《俱舍论》中“不共无明”，真谛的译本皆作“独行无明”，但在《成唯识论》中，“不共”的外延宽于“独行”，“独行”唯指第六识不共无明，不能再用以称呼第七识。

另外，《瑜伽师地论》等瑜伽行派论典中，凡提到第六识相应的不共无明，都是指迷于四谛或见道所断者，未明确提及有与忿等相应的修所断不共无明，而《成唯识论》采纳了《大毗婆沙论》第二师的观点，主张第六识的不共无明通见修所断，从而进一步将见道所断、自力而起的不共无明称为是主独行，将通见修所断、依忿等他力而起的不共无明称为非主独行。如云：

> 是主独行，唯见所断。如契经说：“诸圣有学不共无明，已永断故不造新业。”非主独行亦修所断，忿等皆通见修所断故。[④]

《成唯识论》通过对诸不共无明的精确化命名，将两类体系的三种不共无明，在

① 详见无性《摄大乘论释》卷1，《大正藏》第31册，第384页。

② 佛的十八不共法，是指十力、四无所畏、三念住、大悲。

③ 《成唯识论》卷5，《大正藏》第31册，第25页。

④ 《成唯识论》卷5，《大正藏》第31册，第25页。

形式上整合在一起，恒行不共所“不共”的对象是前六识，独行不共所“不共”的对象是第六识的贪等根本烦恼，是主独行所“不共”的对象更加上忿等自力而起的随烦恼，非主独行所“不共”的对象是前所余者。虽然《成唯识论》中未提出“不共无明”整合后的总定义，但从论中对第七识不共无明“不共”含义的三种解读，可以看出这方面的努力。

第一种观点，与此第七识无明相应的我见（ātma-dṛṣṭi）、我慢（ātma-māna）、我爱（ātma-sneha），不是六根本烦恼中的见（dṛṣṭi）、慢（māna）、贪（rāga）。也就是说，此观点试图以第六识不共无明“不与根本烦恼相应”的定义（即《大毗婆沙论》第二师的主张），会通第七识“不共”的含义。

第二种观点，此第七识四烦恼中，无明为主，余三非主，故无明虽与贪等相应，亦称为不共。此观点试图以第六识不共无明“自力而起”的定义（即《大毗婆沙论》第一师的主张），会通第七识“不共”的含义。据理而言，当第六识中无明与贪等烦恼俱起时，无明被贪等烦恼遮蔽，绝非是主。但对于第七识而言，情况有些特殊，因为此识微细难知，不仅无明的行相不显，贪、见、慢等也极难观察，故说无明为主亦无不可。

值得一提的是，《瑜伽师地论》《摄大乘论》《大乘阿毗达磨集论》等论在提及第七识相应的四烦恼时，多是萨迦耶见（或我见）居首，[①] 似是强调执第八识为我乃第七识的首要烦恼。但在《成唯识论》等论中，则是无明（或我痴）居首，[②] 似暗含此四烦恼中，无明为首的意思。

第三种观点，此第七识无明恒行覆真，不同余识中的无明，故名不共，如佛十八不共法。此即无性《摄大乘论释》中的观点。论主又说，虽余识的无明，第七识中也无，但唯依殊胜者，方立不共之名。若依此说，则此识中四种烦恼，皆可名为不共。或说无明是主，独得此不共名，此则兼许前述第二种观点。

这三种观点中，前二说都有会通二类“不共无明”的意趣，但第一说缺乏足够的理教依据。第二说依“是主”解“不共”，虽部分通于二类无明，但由于《成唯识论》承许有“非主独行不共无明”，故无法以“是主”作为所有不共无明的特征。第三说以“殊胜”解第七识的“不共”，这显然无法适用于第六识不共无明上。故通常对不共无明的诠释方案，都是先将不共无明分拆，再各别解释。由于缺乏整合后总的“不共无明”定义，且原本不共与相应这组相反概念被打破，而恒行与独行又非截然相反，故若不熟悉施设不共无明的相关背景，便会对不共无明的含义和分类感到困惑难解。

---

① 详见《瑜伽师地论》卷63，《大正藏》第30册，第651页；《摄大乘论》卷1，《大正藏》第31册，第133页；《大乘阿毗达磨集论》卷1，《大正藏》第31册，第666页。

② 详见《唯识三十论颂》卷1，《大正藏》第31册，第60页；《成唯识论》卷4，《大正藏》第31册，第22页。

三、瑜伽行派与说一切有部关于“不共无明”的潜在争议

瑜伽行派兴起于说一切有部之后，众贤（Saṃghabhadra）作为说一切有部论师中最后的巨匠，对同时代世亲（Vasubandhu）所著的《俱舍论》有过激烈的评议，但对于世亲（Vasubandhu）及其兄长无著（Asaṅga）创立的瑜伽行派，似乎并不熟悉，亦无任何相关著作存世。故说一切有部对瑜伽行派关于“不共无明”的新议，到底会有怎样的反应，以及瑜伽行派会有怎样的应答，只能通过有部论著中的只言片语，以及《成唯识论述记》等中的补充议论，才可间接推知，这主要有以下两点：

（一）关于契经所说的“长夜”（dīrgharātram）

《成唯识论》中“不共无明”的教证有三：一是《分别缘起初胜法门经》所说遍一切境的不共无明；二是《摄大乘论》所说“不共无明”颂；三是契经中关于“恒处长夜”的教言。如云：

> 是故契经说异生类，恒处长夜，无明所盲，惛醉缠心，曾无醒觉。若异生位，有暂不起此无明时，便违经义。[①]

虽不知此契经的具体所指，但声闻经典中此类“长夜”的经文为数甚多，且举《杂阿含经》中一例云：

> 众生无始生死，无明所盖，爱系其颈，长夜生死轮转，不知苦之本际。[②]

契经中“长夜”的所指并不明确，或许此喻仅突出时间长（dīrgha），而不强调夜（rātra）的消极意蕴，[③]契经中亦有“长夜安乐”的教言故。即使要解释“夜”，那么也可以将“夜”理解为无“明”（vidyā，指无漏慧），而不必特指“无明”现行。众生因无四谛等无漏智，即使时有“非明非无明”的有漏（sāsrava）善、无记心生起，亦可说恒处长夜。又不仅“无明”不是恒行，与无明相应的“爱”亦非恒行，如《顺正理论》中，众贤（Saṃghabhadra）曾批评上座云：

> 以彼有情缘自相续，我爱随逐恒无断者。此言极与圣教理违。[④]

---

① 《成唯识论》卷5，《大正藏》第31册，第25页。

② 《杂阿含经》卷33，《大正藏》第2册，第240页。

③ 如M.Williams, *Sanskrit-English Dictionary* , London; Oxford University Press, 1982, p.482中，关于dīrgharātram的解释就是for a long time or period。

④ 《顺正理论》卷45，《大正藏》第29册，第600页。

然《摄大乘论》的观点恰恰是与上座意同，如云：

> 又我执随故。所以者何？施等位中亦决定有我执随故。此我执随，若离无明不应道理。[①]

由此可知，说一切有部是不许众生我爱、无明恒行的，而瑜伽行派则反是，故在后者眼中，说一切有部等小乘部派违背了“异生恒处长夜”的教言。如《成唯识论述记》云：

> 小乘等说：经言恒者，谓多分说，实理亦有不起时故。今以违教为彼宗过。[②]

总之，说一切有部可能是从“恒时明无”这一消极意义上来理解“恒处长夜”，故不安立第七识的不共无明；而瑜伽行派是以“无明恒行”这一积极意义上来理解长夜无明，则须安立第七识的不共无明。正因为说一切有部的“无明”是间断性的，故在解释第六识“不共无明”的“不了知”含义时，只能指特定场合下才会现行的，对四谛的不欲、不忍等；而瑜伽行派的末那识俱起无明是恒行性的，故此第七识不共无明的“不了知”，就是指对阿赖耶识非我似我的恒时无知，非是不欲知。

（二）关于“与忿等相应的不共无明”

说一切有部认为，与忿等相应的不共无明，皆是修道所断，如《俱舍论》云：

> 余嫉、悭、悔、忿、覆并垢，自在起故唯修所断，唯与修断他力无明共相应故名自在起。[③]

而《成唯识论》认为，由迷四谛故，于他人所持正见，亦可起忿等随烦恼，[④]与此相应的不共无明则属见道所断。故说非主独行不共无明，通见修所断。

又说一切有部认为，忿等小烦恼地法皆是实法，与之相应的无明是不共无明，不与贪等根本烦恼相应故。而《成唯识论》将忿等小随烦恼视为贪（rāga）、瞋（pratigha）、痴（moha）的分位假立，[⑤]故就本质而言，与之相应的无明，应皆是相应无明，如何能称为“非主独行不共无明”呢？《成唯识论述记》解释说：

---

① 世亲：《摄大乘论释》卷 1，《大正藏》第 31 册，第 326 页。

② 《成唯识论述记》卷 5，《大正藏》第 43 册，第 410 页。

③ 《俱舍论》卷 21，《大正藏》第 29 册，第 109 页。

④ 详见《成唯识论》卷 6，《大正藏》第 31 册，第 35 页。

⑤ 详见《成唯识论》卷 6，《大正藏》第 31 册，第 34 页。

此随小乘名为不共，然此忿等无别有体，即根本故，从轻相说名不共也。[①]

即这只是随顺小乘的说法，非大乘许此不共无明。或因忿等小随烦恼，相对于贪等根本烦恼为轻，故说不与贪等相应。

结论

原始佛教经典中关于无明的解释详略不一，圣者所断亦有层次不同，这为部派佛教及大乘佛教对无明进一步分类探讨埋下了伏笔。将无明分为不共无明与相应无明两类，主要见于说一切有部和瑜伽行派的著作中，其他部派罕有这样的说法。若要追问何以如此，则答案有二：其一，只有承许心心所相应的部派，才会探讨无明的相应和不相应，经部（Sautrāntika）等部派既不许心心所异体相应，故不会有不共与相应的分别。其二，只有承许六根本烦恼的宗派，才会有不共无明与相应无明的施设。南传上座部（Theravāda）等虽也承许心心所相应，但不主张六根本烦恼，故没有不共无明与相应无明的安立。由于无明遍于一切染心，故本质而言，只有相应的无明，没有不相应的无明。因此若要施设不共无明，必须限制在一定的范围内。之所以选择六随眠这一特定的烦恼群，与说一切有部等安立此六是根本烦恼，并依此建立见修所断诸随眠有关。若讨论无明与枝末烦恼相应与否，显然没有意义。

说一切有部认为迷于四谛的无明，是诸无明中最应重视者，若断此无明，则可脱凡入圣。但见道所断的无明中，亦有随我见等他力而起者，为做区别，故将自力生起，不与随眠相应的见所断无明，称为不共无明。这是说一切有部施设不共无明的初衷，而诸如不共无明见修所断，以及关于遍行无明数目的争议，不过是因为最初施设的无明，在理论上存在疏漏，为了弥补完善，必须增加原先设定以外的内容，于是坚持原初施设立场者，与提出新议弥补旧说者，便出现了分歧。

无论是主张不共无明须自力而起，唯见道所断，抑或主张不共无明只是不与贪等烦恼相应，亦可依忿等他力而起，通见修所断，说一切有部所说的这两种不共无明，都是唯第六识相应的无明，只有特殊的场合才能暂时生起，其表现是对四谛的不欲知、不忍知，而非完全无知。

瑜伽行派在承许前述第六识不共无明的基础上，更提出了第七识的不共无明，或者说，正是为了论证第七识的存在，方才开显出此不共无明。与第六识不共无明相比，第七识的不共无明恒行不断，能常时覆障无漏智的生起，其表现为对阿赖耶识的无知，故常迷惑阿赖耶识为自我。它之所以名为不共，不是因为不与贪等烦恼相应，而是因为

① 《成唯识论述记》卷5，《大正藏》第43册，第410页。

唯第七识中有此恒行无明，与余识者相比更为殊胜，故说不共。

无论是说一切有部，还是瑜伽行派，他们施设不共无明，都有着独特的宗派背景，并服务于自宗的理论。两派的不共无明既有相通之处，亦有不同之处。《成唯识论》将大小乘经论中提及的多种不共无明，通过恒行、独行、是主、非主等精确化命名整合在一起，相当于将说一切有部关于不共无明的主张，亦统摄在瑜伽行派的框架中，虽然在形式上趋于完整，但很难在内容上完全嵌合，故在诸如“长夜喻”“忿等相应的不共无明”等问题的解释上，与说一切有部依然存在着潜在的争议。

因为与不共无明相关的分类方式，坊间所流行者，多是基于《成唯识论》的立场，如图一所示：

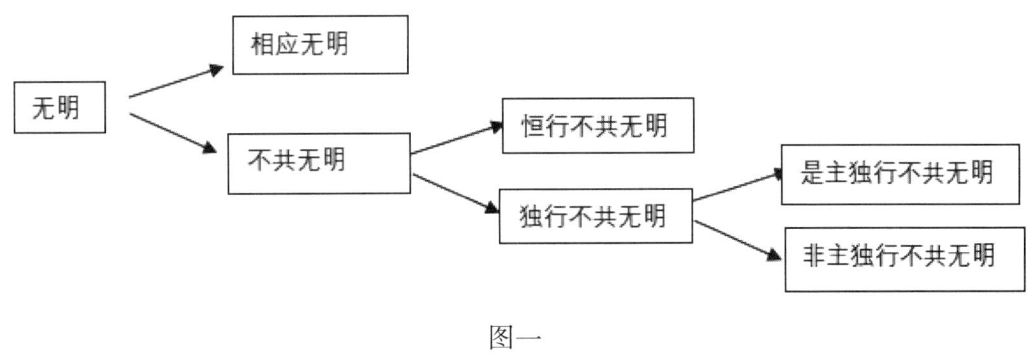

图一

而此分类方式中，由于杂糅了两种体系的不共无明，导致不共无明的总定义难产，且恒行不共无明，既有相应的实质，又与独行不共无明非相反概念，故极易造成理解上的困难，故笔者对相关内容重新进行了调整，将两种体系的不共无明截然分开，保持思想脉络的清晰，如图二所示，这或是更好的选择。

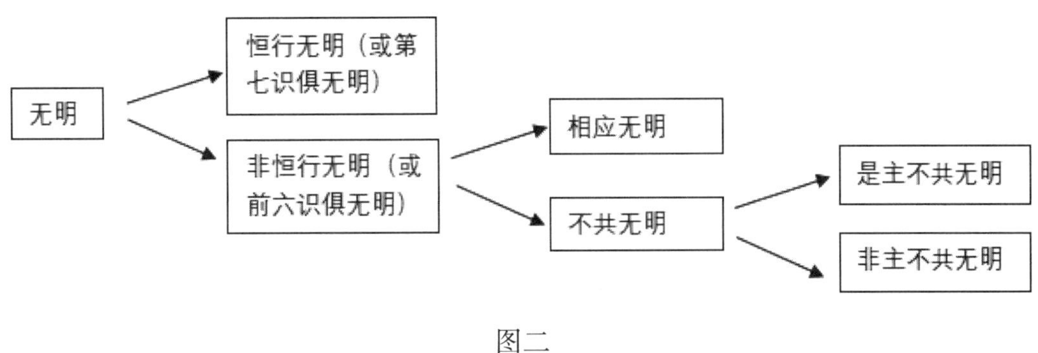

图二

部派时代随眠与缠的论诤

升弘[①]

【摘要】部派时期，诸学派对随眠与缠的同异、随眠是否与心相应的问题，争论不止。此中产生见解分歧的根本原因是对过、未二世有无的时间争论有关。主张三世实有的有部等认为随眠是缠的异名，皆以烦恼为体，皆是与心相应。主张过、未二世无的分别说部、大众部等认为随眠异于缠，缠是指烦恼的现行，随眠是指烦恼的潜势力，这种潜势力是与心不相应的别体法。经部认为随眠是烦恼的种子，是依于色心诸行辗转相续，能生后果的功能，实无有体，非与心相应，非不与心相应。比较特殊的是《成实论》虽是过未无体论者，但其主张随眠是烦恼的异名，是与心相应。面对此等众说纷纭，本文希望通过探讨部派时期诸论中所说各学派对随眠与缠的同异，随眠是否与心相应等问题的不同观点，旨在窥探诸学派的根本宗旨。

【关键字】随眠；缠；三世实有；过未无体

前言

据《成实论》记载，随眠是否与心相应是部派时期的十大论诤议题之一，[②]随眠以何为体，众说纷纭。“随眠”的梵文为 anuśaya 是由词根“√ śī”加前缀“anu”变化而来，词根的意思是“与……睡眠、接近、紧紧黏着”的意思，汉译为“随眠”，即“anu–”为“随”，“–śaya”为“眠”，旧译为“使”。[③]“随”是随逐有情，指此烦恼恒随逐有情，常为过患；“眠”能增昏滞，指睡眠是昏懵、迟钝，增加昏滞。

---

① 作者单位：闽南佛学院。

② 依《成实论》卷 2，部派时期的十大议题是：过未有无；一切有无；中阴有无；次第见谛或一时见谛；罗汉有退无退；使（随眠）是否与心相应；心性是否本净；已受报业有无；佛是否在僧数；有无补特伽罗。《大正藏》第 32 册，第 253 页下。

③ 将“anuśaya”翻译为“使”是偏向于有部的思想，翻译为“随眠”则是更偏向于经部的思想。（［比利时］巴得胜著，盛宁译：《阿毗达磨研究》，杭州：浙江大学出版社，2021 年 3 月，第 115–116 页。）

"缠"（paryavasthāna）其词根为"√sthā"，有住、久住、停留、停止等义，"pari"是前缀，有"围绕、增加"之意，可译为"缠"，"ava-sthāna"有"住、相续住、保持稳定"等意，故"paryavasthāna"是"围绕而使停留"，可译为"缠缚"，即烦恼能令有情缠缚在生死牢狱之中或烦恼令有情起多恶行，堕恶趣中两种含义。"缠"是与心相应的现行烦恼，是部派时期诸学派所共许的，但对"随眠"的看法则莫衷一是。《阿毗达磨发智论》中说有七随眠，即欲贪随眠、有贪随眠、瞋随眠、慢随眠、无明随眠、见随眠、疑随眠。[①] 如"欲贪随眠"（kāmarāgānuśaya），若作持业释则是"欲贪即随眠"，若作依主释则为"欲贪的随眠"，余六随眠亦可例同欲贪随眠释之。依此两种不同的解读方式，对"随眠"的理解也不尽相同。导致这两种不同解读的根源，或者说各学派对这两种解读各持己见的根本，究其实是因为对过未有无的看法存在分歧。

一、三世实有论者之随眠义

说一切有部、犊子部、说转部等主张过去、现在、未来三世实有。说一切有部是从上座部分化出来的，其建立的确切时间已经难以考证，但据世友的《异部宗轮论》将此派的建立时间定于佛灭后三百年初。后又从说一切有部分化出犊子部。[②] 有部主张"一切有"（sarvāsitva），但"一切有"第一次被明确提出是在提婆设摩的《阿毗达磨识身足论》（以下简称《识身足论》）中，论主以"一切有"的立场来破斥主张"过未无体，现在无为实有"的沙门目连。但在《识身足论》中，此时"一切有部"并未如此称呼自己，而是称自己为"应理论者"（Yukta-vādins），后来在与其他派别辩论的过程中为明确表达自己的观点，"说一切有"（sarvāsitvāda）才被明确坚持。[③] 说一切有部主张三世实有，如"若自谓是说一切有宗，决定应许实有去来世，以说三世皆定实有故，许是说一切有宗。"[④] 也就是，只有承许过去、现在、未来三世实有者，方是说一切有宗。

（一）"三世实有"之意涵

有部论典中不乏对"三世实有"（tri-temporal existence）的论证。在《识身足论》中以四个理由破斥主张"过未无体"的沙门目连，以此来说明"三世实有"。一、二心

---

① 迦多衍尼子造，（唐）玄奘译，《阿毗达磨发智论》卷3，《大正藏》第26册，第929页中。

② "其上座部经尔所时一味和合，三百年初有少乖诤，分为两部：一、说一切有部，亦名说因部；二、即本上座部，转名雪山部。后即于此第三百年，从说一切有部流出一部，名犊子部"。（世友菩萨造：《异部宗轮论》，《大正藏》第49册，第15页中。）

③ 法光法师：*Sarvāsitvāda Abhidharma*，香港：香港大学佛教研究中心，2007年，第64页。

④ 世亲菩萨造，（唐）玄奘译：《阿毗达磨俱舍论》卷20，《大正藏》第29册，第104页中。

不能并生，在观贪不善根时不能是现在的贪，因为若观现在的贪，就是能观和所观一时俱起，就是二心并生，而一有情一刹那是不可能二心并生的。因此必定是观过去或未来的贪，既然过去、未来法可以成为所观的对象，那就说明过去、未来法是实有。① 二、业与异熟果不能同时，有情造业感异熟果，必是异时，不能是现在感异熟果，若是现在造业，现在感果，则是非前非后亦造业亦感异熟果。② 三、识起定有所缘境，识以了别境为义，故识的生起必有所缘境。既然识可以了别过去、未来的境，说明过去、未来是实有。③ 四、成就的可以不现前，有学圣者虽缠心现前，但还是成就信等五根；无学阿罗汉身在欲界，虽如灭尽定，仍成就少欲、惭羞等法。因此，信等五根、少欲等法虽不现起前而可成就，由此可知，他们必定是过去、未来实有之法。④

在《阿毗达磨大毗婆沙论》（以下简称《婆沙》）中亦多处以“三世实有”的立场破斥过未无体论者来说明“三世实有”。在《阿毗达磨俱舍论》（以下简称《俱舍论》）中以二教、二理证明三世实有。此处笔者不拟一一介绍。

有部主张时间是依有为法而建立的生灭法，没有独立存在的时间自体即“世与行，体无差别，谓世即行，行即是世。”⑤《婆沙》中记载了法救、妙音、世友、觉天四大论师分别依类异、相异、位异、待异安立三世，《婆沙》论主认为依作用立三世无有三世杂乱的过失，故奉为婆沙正宗。尊者世友说：

> 诸行无来亦无有去，刹那性故，住义亦无。诸行既无来去等相，如何立有三世差别？答：以作用故，立三世别。即依此理，说有行义。谓有为法未有作用名未来，正有作用名现在，作用已灭名过去。复次色未变碍名未来，正有变碍名现在，变碍已灭名过去……广说乃至意未了法名未来，正能了法名现在，了法已灭名过去。⑥

世友依“位异”安立三世，此中“位异”是指诸法在三世中流转时，是“位”的差异而不是法体有异，就像一根筹，放在一的位置上称为一，放在十的位置上叫做十，放在百的位置上称为一百，此筹虽放在不同的位置，但筹体却没有差别。所以，依“位异”安立三世，确切的说，是依法体的作用来安立三，法体正在发挥作用则是现在，尚

---

① 提婆设摩造，（唐）玄奘译：《阿毗达磨识身足论》卷 1，《大正藏》第 26 册，第 531 页中。此处其实是站在有部的立场来进行破此，以有部主张“二心不并生”和“识缘有境”。过未无体论者是主张“识可缘无”和“二心俱生”。

② 提婆设摩造，（唐）玄奘译：《阿毗达磨识身足论》卷 1，《大正藏》第 26 册，第 531 页中。

③ 提婆设摩造，（唐）玄奘译：《阿毗达磨识身足论》卷 1，《大正藏》第 26 册，第 535 页上。

④ 提婆设摩造，（唐）玄奘译：《阿毗达磨识身足论》卷 1，《大正藏》第 26 册，第 535 页下至 536 页上。

⑤ 五百大阿罗汉造，（唐）玄奘译：《阿毗达磨大毗婆沙论》卷 76，《大正藏》第 27 册，第 393 页上。

⑥ 五百大阿罗汉造，（唐）玄奘译：《阿毗达磨大毗婆沙论》卷 76，《大正藏》第 27 册，第 393 页下。

未发挥作用则是未来，已经发挥作用就是过去。故说“三世诸法，因性果性，随其所应，次第安立，体实恒有，无增无减，但依作用，说有说无。”[①]有部所说的“法体”是指那些从刹那生灭的缘起之流中分析出来的具有单一、不变的性质，而不待因缘自体具足。有部认为一切法的法体是恒住自性，不增不减，三世一如，依于体上现起的作用，有生有灭，故有三世的差别，但此作用是摄属于法体的，故而说一切法都是三世有，因此“三世实有”并不是指过去、现在、未来三世时间本身的实有，而是指实有的法体并不随时间的流逝而转变，即“法体恒有”。经部曾就法体和作用的同异问题对有部进行批判，后来众贤在《阿毗达磨顺正理论》（以下简称《顺正理论》）中予以完整的回应，[②]此处不作详释。

（二）随眠即是烦恼

在三世实有的理论体系下，有部认为心不相应行法皆是实有的，对烦恼的相续问题，则是以实有的不相应行法——“得”(prāpti) 与“非得”(aprāpti) 来说明有情的系缚和解脱。“得”有二种：“一者，未得已失今获；二者，得已不失成就。”[③]也就是先未得今得，名“获”；先已得而不失，名“成就”。“非得”与此正好相反，先未得今不得，名“不获”；先已得今失，名“不成就”。依于“得”（成就）和“非得”（不成就）说有凡圣的差别。《入阿毗达磨论》中说：

> 得若无者，贪等烦恼现在前时，有学既无无漏心故，应非圣者。异生若起善无记心，尔时应名已离染者……起得成就十无学法故名圣者，永断五支……苾刍当知，若有成就善、不善法，我见如是诸有情类，心相续中善不善得增长无边……故知法外定有实得。[④]

论中说明当贪等烦恼现在前时，有学圣者因成就八支，故虽无无漏心时，却仍是圣者，凡夫因有“烦恼得”故虽是处于善心或无记心时也还是凡夫，并且随众生成就善不善法，众生心相续中的善不善得也随之增长。由此证知有实有“得”“成就”存在，所以《顺正理论》说：“若信有得，具能释通诸圣教中幽隐文义。”[⑤]要承许有实有的“得”（成就）、“非得”（不成就），凡圣的差别才能建立。

有部将“得”比喻为绳子，具有将过去的烦恼和现在的有情系缚在一起的功能。

① 五百大阿罗汉造，（唐）玄奘译：《阿毗达磨大毗婆沙论》卷 76，《大正藏》第 27 册，第 395 页下至 396 页上。

② 众贤造，（唐）玄奘译：《阿毗达磨顺正理论》卷 52，《大正藏》第 29 册，第 631 页下至 633 页下。

③ 世亲菩萨造，（唐）玄奘译：《阿毗达磨俱舍论》卷 4，《大正藏》第 29 册，第 22 页上。

④ 塞建陀罗造，（唐）玄奘译：《入阿毗达磨论》卷 2，《大正藏》第 28 册，第 986 页中。

⑤ 众贤造，（唐）玄奘译：《阿毗达磨顺正理论》卷 45，《大正藏》第 29 册，第 599 页下。

以有部主张三世实有，烦恼的法体是实有，不可断，故众生断的不是烦恼本身，断的只是“得”的系属功能。如《婆沙》中说：“又阿罗汉断诸烦恼非令全无，过去未来烦恼性相犹实有故……若相续中违烦恼道已现在前，断诸系得，证离系得，不成就烦恼，名烦恼已断。”①职是之故，有部认为钝根阿罗汉还是会有退，因为烦恼本身并没有被断除，“得”还可以把有情和烦恼系缚起来。

有部通过“得”或“成就”就说明过去的烦恼和现在有情的关联，作为凡圣缚解差别的依据，并不需要建立烦恼的潜势力来说明烦恼的相续，故有部主张随眠就是现行的烦恼。如《顺正理论》中说：“如契经说：于此所生无量种类恶、不善法，无余永灭并随缚断。此意亦显并随眠灭，是故随眠即欲贪等。”②所以有部主张随眠是随缚义，体即是烦恼，只是因其行相微细难知，而有“随增”“随逐”“随缚”等义故称“随眠”如《婆沙》说：“问：何故名随眠，随眠是何义？答：微细义、随增义、随缚义是随眠义。”③“微细”(aṇu)，指随眠行相难知，故名“微细”。“随缚”(anubadhnanti) 指不需要作加行，随眠就能生，或虽勤加对治，随眠也时常现起，故名“随缚”。“随增”(anuśerate) 是随顺增长义，指烦恼能系缚所缘境和相应的心、心所法，互相影响，互相增益，有“所缘随增”(ālambanato’nuśerate) 和“相应随增”(saṃprayogato) 两种。因此，缠与随眠其体皆是烦恼，是异名同义。

（三）随眠与心相应

有部主张随眠即是缠，缠是与心相应的心所法，故随眠亦是与心相应。有部所说的“相应”(prākāra) 是平等义，指心王和心所有所依 (āśraya)、所缘 (lambana)、行相 (kāra)、时 (kāla)、事 (dravya) 五义平等，④即心王和心同一所依根，同一所缘，同一行相，俱时而起，体事平等。《杂阿毗昙心论》中说：“谓使烦恼心，障碍不违净，妙善心可得，非不相应使。”⑤“使”是“随眠”的旧译，此偈颂说明随眠因能“恼心”“障碍”“不违净”“妙善心可得”四个理由，故与心相应。“恼心”是指随眠因所缘随增和相应随增二义能使心为随眠所恼。若随眠与心不相应，则不应于所缘中恼心，因一切与心不相应法都无所缘；也不应于相应法随增，以一切不相应法都无有相应法。所以随眠必与心相应。“障碍”指如果随眠与心不相应，那么在圣道生起时就不应障碍，但事实上随眠能障碍圣道的生起，故随眠是心相应法。“不违净”，是指若随眠与心不相应，则不与

① 五百大阿罗汉造，（唐）玄奘译：《阿毗达磨大毗婆沙论》卷 60，《大正藏》第 27 册，第 312 页下。

② 众贤造，（唐）玄奘译：《阿毗达磨顺正理论》卷 45，《大正藏》第 29 册，第 598 页下。

③ 五百大阿罗汉造，（唐）玄奘译：《阿毗达磨大毗婆沙论》卷 50，《大正藏》第 27 册，第 257 页上。

④ 世亲菩萨造，（唐）玄奘译：《阿毗达磨俱舍论》卷 4，《大正藏》第 29 册，第 22 页上。

⑤ 法救造，僧伽跋摩等译：《杂阿毗昙心论》卷 4，《大正藏》第 28 册，第 907 页中。

善法相违，那么随眠与善心一起生起无有过失，但实际上随眠与善心相违，不可同时俱起，故随眠必是心相应法。“善妙心可得”，与功德相违名为随眠，若随眠是心不相应法，那么随眠即可常行，以此，善心应无法生起，而今能生善心，故知随眠非不与心相应。

又如“爱结”，体就是爱，能染恼心，“贪随眠”也能染恼心，故体应是贪。佛随众生的意乐差别，于烦恼安立种种别名，如“欲贪”也可说为“欲漏”“欲取”“欲扼”“欲贪随眠”“欲瀑流贪”“欲盖”“爱结”等种种名。[①]在“欲贪”的别名中的“欲贪随眠”，如果执著随眠体是与心不相应，认为是“欲贪的随眠”，那么“欲漏”等也应是与心不相应，是“欲之漏”等。但“欲漏”等是与心相应，由此证知，“欲贪随眠”也应是与心相应，“欲贪随眠”体就是欲贪，是“欲贪”的别名。而且经中也说“贪染恼心令不解脱”，[②]所以，随眠体即是贪，必是与心相应。

如上所述，三世实有论者依于实体的“得”和“非得”说明过去的烦恼和现在有情的关联问题，也说明了凡圣的分野，主张随眠与缠都是烦恼的异名，是心相应法。但犊子部却主张随眠是烦恼的总名，其中与心相应的一部分又称为“缠”，与心不相应的一部分与缠不同[③]。即犊子部主张缠是与心相应的心所，随眠与心相应亦不与心相应。对此，有部破斥其说：“分别论执随眠体是不相应，可少有用，彼宗非拨过去未来，勿烦恼生无有因故。然犊子部信有去来，执有随眠非相应法，如是所执极为无用。”[④]主张过未无体的分别论者为避免无因生的过失，主张随眠是不与心相应的烦恼潜势力，而作为烦恼生起的因。但作为三世实有论者的犊子部安立了实有的“得”和“非得”，通过“得”和“非得”就能说明烦恼的相续。故有部批判犊子部别立“有随眠非相应法”，是多此一举，毫无用处。

二、过未无体论者之随眠义

大众部、分别说系、经部譬喻师等皆主张过、未二世无，故称“过未无体论者”。如大众部、一说部、说出世部、鸡胤部，四部同说：“过去未来非实有体”[⑤]，化地部说：“过去、未来是无，现在无为是有”[⑥]。有部认为随眠是缠，与心相应的看法是基于“三世实有”及实有的不相应行法“得”或“成就”的理论为前提而成立的，但这两点在过

---

① 众贤造，（唐）玄奘译：《阿毗达磨顺正理论》卷45，《大正藏》第29册，第599页中。

② 众贤造，（唐）玄奘译：《阿毗达磨顺正理论》卷45，《大正藏》第29册，第599页中。

③ 《阿毗达磨顺正理论》卷45：“犊子部信有去来……如彼论言：诸欲贪缠一切皆是欲贪随眠，有欲贪随眠非欲贪缠，谓不相应行欲贪随眠。”（《大正藏》第29册，第599页中。）

④ 《大正藏》第29册，第599页中。

⑤ 世友菩萨：《异部宗轮论》，《大正藏》第49册，第16页上。

⑥ 世友菩萨：《异部宗轮论》，《大正藏》第49册，第16页下。

未无体论者看来都不能成立：

> 亦说有去、来世，谓过去世曾有名有，未来当有故名为有。过去有现果，说曾有因；未来有现因，说当有果。又解未来当有果，过去曾有因，依曾、当有说有去、来，非谓去、来如现实有。[①]

过未无体论者也说有过去、未来，只是过去是“曾有”，未来是“当有”，非如现在实有。过去的，影响现在，故说过去法“曾有”；未生起而未来可能生起，故说未来法“当有”。曾有能影响现在或未来的，未来有可以生起的，究其实皆是现在有，一切依现在而安立，过去与未来，假名而无实法。“但据曾当、因果二性，非体实有”，[②]世尊为遮止众生拨无因果，依曾有是现在之因，当有是现在之果，依“曾有”和“当有”来说明因果的相续，并非说“曾有”和“当有”皆是实有。因此过未无体论者认为过未无体，一切有为法，生灭无常，因果相续，都只是现在有，并不主张“三世实有”。对于“得”或“成就”的实体性，譬喻师认为“诸不相应行皆无实体”[③]，只是就有情不离诸法时假名“成就”，离诸法时假名“不成就”。犹如五指合起来，假名为“拳”，五指张开，假名“非拳”。因此，过未无体论者并不认同有部主张通过实有的“得”或“成就”来说明烦恼的相续问题。

（一）分别说部、大众部等之随眠义

如果过去、未来都是无体的，那么过去的烦恼已经落入无体的过去，如何说有能系、所系？过未无体论者认为“过去烦恼所生随眠现在有故，说有过去能系烦恼；未来烦恼所因随眠现在有故，说有未来能系烦恼；缘过未事烦恼随眠现在有故，说有去来所系缚事。”[④]意为：过去的烦恼所生的随眠在现在刹那有，说有过去能系的烦恼；生起未来的烦恼的随眠因在现在刹那有，说有未来能系的烦恼；缘过去未来的烦恼随眠在现在刹那是有，故说有过去、未来所系缚事。由此可见，过未无体论者是将过去的烦恼以潜势力的方式安立在现在的刹那，以此来说明过去烦恼的影响力延续到有体的现在。即过未无体论者为了说明烦恼的相续问题，在否定了有部“得”的实有性的基础上，从而主张“随眠”异于“缠”，是烦恼的潜势力，且这种潜势力是属于不相应行的别体法。如“随眠非心亦非心所，亦无所入，眠与缠异，随眠自性心不相应，缠自性心相应”。[⑤]缠是

---

① （唐）普光述，《俱舍论记》卷20，《大正藏》第41册，第312页上。

② 众贤造，（唐）玄奘译：《阿毗达磨顺正理论》卷20，《大正藏》第29册，第105页中。

③ 五百大阿罗汉造，（唐）玄奘译：《阿毗达磨大毗婆沙论》卷195，《大正藏》第27册，第977页中。

④ 众贤造，（唐）玄奘译：《阿毗达磨顺正理论》卷52，《大正藏》第29册，第634页中。

⑤ 世友菩萨：《异部宗轮论》，《大正藏》第49册，第16页下。

与心相应的心所，随眠不与心相应，无有所缘。以契经中说：

> 不觉不思亦为随眠随增随缚。又道烦恼应俱时故，谓圣道起与心相应，若断与心相应烦恼，则应圣道有烦恼俱。又应非无学，亦无烦恼故，谓执随眠心相应者，异生有学善无记心现在前时应无烦恼。然非所许，故知随眠是不相应行蕴所摄。①

契经中说，当有情不觉不思时亦有随眠随逐有情。又因断烦恼而生起圣道，圣道的生起是与心相应，若执著随眠也是与心相应，则就会有圣道与烦恼应是俱时而有的过失。若执著随眠与心相应，那么凡夫和有学圣者在生起善心或无记心时，烦恼不现行，就应是没有烦恼，但事实上凡夫和有学还是具惑，故知随眠必是心不相应行法所摄。

随眠作为烦恼的潜势力，能“与心相应结缠作因”。② 如《婆沙》中说：“分别论者又说：随眠是缠种子，随眠自性心不相应，诸缠自性与心相应，缠从随眠生……诸阿罗汉，已断随眠，缠既不生，彼如何退？”③ 分别论者亦认为，随眠是缠的种子，是心不相应行法，缠从随眠生，阿罗汉已经断了随眠，缠就无法生起，故阿罗汉就不再有退堕的可能。随眠作为烦恼的潜势力能生现行的烦恼，但现行的烦恼又能引生潜势力，即“久习结缠则名为使生”④，故作为能生起现行烦恼的潜势力的随眠具有“酬前引后”的功能。

此中需要注意的是，分别说部系下的化地部本宗是主张随眠异缠，是烦恼潜势力。但化地部末宗则是主张随眠是缠的异名，皆是烦恼现行。因为，化地部本宗同义“谓过去未来是无”，是过未无体论者，而“其末宗异义者谓说：实有过去未来，亦有中有……随眠自性恒居现在”。⑤ 即到了末宗，则是转向了三世实有论者的立场，认为过去、未来皆是实有，随眠不是潜势力，而是现起的烦恼。

（二）经部的随眠义

对于有部认为缠是现行烦恼，随眠是与心相应的心所法，是缠的异名，大众部、分别说系等认为随眠是烦恼的潜势力，是有体的不相应行法，世亲菩萨认为二者均有过失，在《俱舍论》中均予以破斥。若说随眠是与心相应，则是违背了圣教，以经中说：

---

① 众贤造，（唐）玄奘译：《阿毗达磨顺正理论》卷45，《大正藏》第29册，第598页下。

② 诃梨跋摩造，（姚秦）鸠摩罗什译：《成实论》卷3，《大正藏》第32册，第258页中。

③ 五百大阿罗汉造，（唐）玄奘译：《阿毗达磨大毗婆沙论》卷60，《大正藏》第27册，第313页上。

④ 诃梨跋摩造，（姚秦）鸠摩罗什译：《成实论》卷3，《大正藏》第32册，第258页中。

⑤ 世友菩萨：《异部宗轮论》，《大正藏》第49册，第17页上。

“于欲贪缠能正遣除，并随眠断”[①]。经中既说“于欲贪缠能正遣除”，又别说“并随眠断”，这就显示了欲贪体非是随眠，故此中“欲贪缠能正遣除”指的是断烦恼之现行，“并随眠断”指的是断烦恼的潜势力。若主张随眠与心不相应，则是违背阿毗达磨本论，以论中说：欲贪随眠与喜、乐、舍三根相应，三根是与心相应的，故知随眠也是与心相应，贪即是随眠，非贪之外别有随眠名不相应。[②]

世亲菩萨破斥二说后，正取经部师的观点。

> 然经部师所说最善……彼说欲贪之随眠义，然随眠体非心相应非不相应，无别物故，烦恼睡位说名随眠，于觉位中即名缠故。何名为睡？谓不现行种子随逐。何名为觉？谓诸烦恼现起缠心。何等名为烦恼种子？谓自体上差别功能，从烦恼生，能生烦恼。[③]

经部师认为随眠非心相应，亦非心不相应，随眠无别实体，烦恼睡位名随眠，觉位名缠。睡位指烦恼的不现行位，也即是种子位，与睡着相似，故说名睡。觉位指诸烦恼的现行位，能觉察境相，故名为觉。如“上座于此谓：佛世尊自说诸缠与随眠异，谓诸烦恼现起名缠，以能现前缚相续故；烦恼随界说名随眠，因性恒随而眠伏故。”[④]此中的“上座”指室利逻多，他认为现起的烦恼现行名为“缠”，以其能现前缠缚有情；烦恼的随界名为“随眠”，因随眠恒随有情而处于眠伏状态。此中“随界”指烦恼的潜伏状态时间很长，可以构成界，故称“随界”。室利逻多把一切潜伏的功能都归之“随界”即“种子”。[⑤]故凡夫虽没有生起烦恼，但因烦恼随眠还在的缘故，凡夫依然是凡夫。烦恼种子是烦恼自体上的一种差别功能，从烦恼生，亦能生烦恼。就如念种子是前念证智俱起念生，能生当来念果的功能差别。因此，若认为别有心不相应随眠是烦恼种，那么也应当认为念种子不但是功能生现行念，应当还另有不相应体名为念种子，能引生后念，但事实不然。因此，若许随眠是不相应法，于理不成。

对于经部主张随眠是烦恼种子，有部质难说：经中说于乐受有贪随眠，可知随眠是现起，应是烦恼现行。经部回应道：经中但说“有贪随眠”，并未说是在乐受现行位有贪随眠，即可在乐受现行熏成乐受种子时，就种子位说有贪随眠，或者就与现行乐受相应的贪，安立贪随眠，以贪能熏成贪随眠，依因说果故。

经部所说的“种子”（bīja）指烦恼自体上的功能差别，并无别体。分别说部虽然

---

① 世亲菩萨造，（唐）玄奘译：《阿毗达磨俱舍论》卷19，《大正藏》第29册，第98页下。

② 世亲菩萨造，（唐）玄奘译：《阿毗达磨俱舍论》卷19，《大正藏》第29册，第98页下。

③ 世亲菩萨造，（唐）玄奘译：《阿毗达磨俱舍论》卷19，《大正藏》第29册，第99页上。

④ 众贤造，（唐）玄奘译：《阿毗达磨顺正理论》卷45，《大正藏》第29册，第597页中。

⑤ 吕澂：《印度佛学源流略讲》，上海人民出版社，2018，第141页。

也说“随眠是缠种子”，但分别说部的“种子”是一种潜势力，是心不相应行的别体法。在《俱舍论》中将“种子”界定为：“谓名与色，于生自果所有展转邻近功能（samarthaṃ sākṣāt pāramparyeṇa vā），此由相续（santati）、转变 (pariṇāma)、差别 (viśeṣa)。”[①]也就是说种子是具有相续不断、将生自果的一种功能。此功能依着因果之间相续不断的色心诸行而潜流不息，随相续生起的色心诸行的刹那转变而逐渐成熟，直至无间生果。因此，种子并非离有情色心外的别体法，是业或烦恼熏习有情色心诸行，在有情色心诸行的相续中而有的一种能生后果的功能，故不可说是与心相应或与心不相应。职是之故，傅新毅老师认为，《婆沙》中举分别说部认为“随眠是缠的种子”的说法只是一个比喻性的说法，大众部和分别说部未必有明确的种子观念，但有种子名字，并非真实意义上的“种子”含义。[②]

（三）《成实论》之随眠义

《成实论》虽主张“过未无体”，却认为随眠无别体，是烦恼的异名。如

> 诸烦恼何故名使？答曰：生死相续中常随众生，故名为使。犹如乳母常随小儿，如疟病未脱，如负债日息……如智慧渐积，如业常集，如焰常续，如是次第相续增长，故名为使。[③]

文中《成实论》直接说烦恼名使（随眠），并认为诸烦恼之所以称为随眠，一方面是因烦恼在生死中常随众生，就像乳母常时伴随婴儿；另一方面，是就烦恼的“次第相续增长”而安立随眠，即随眠是指得到增长的烦恼心。如同债务每天的利息与日俱增，随眠亦如是，是烦恼心的次第相续增长。故说：“垢心修集则名为使，非但垢心生时名使。”[④]故知，随眠无别体，其体即是烦恼，是烦恼的异名。

既然随眠是烦恼的异名，烦恼与心相应，那么随眠亦是与心相应。

> 问曰：是使为心相应、为不相应？答曰：心相应。所以者何？所说贪等使相，是诸使相与喜相应，若喜心不相应，是事不然。是喜若在乐受中名为贪使。又贪名染着，心不相应中无染着义，故知诸使与心相应。[⑤]

---

① 世亲菩萨造，（唐）玄奘译：《阿毗达磨俱舍论》卷 19，《大正藏》第 29 册，第 22 页下。拉丁梵文转写根据 P.Pradhan：*Abhidharmakośabhāṣya of Vasubandhu*，Patna：K.P.Jayaswal Research Institute，1967，p.34。

② 傅新毅：《识体与识变》，未正式出版。

③ 诃梨跋摩造，（姚秦）鸠摩罗什译：《成实论》卷 10，《大正藏》第 32 册，第 322 页上。

④ 诃梨跋摩造，（姚秦）鸠摩罗什译：《成实论》卷 9，《大正藏》第 32 册，第 309 页上。

⑤ 诃梨跋摩造，（姚秦）鸠摩罗什译：《成实论》卷 10，《大正藏》第 32 册，第 322 页上。

所说“贪等随眠相”是与喜相应，喜是与心相应，故随眠亦是与心相应。染着名贪，于诸不相应法中无有染着义，故贪随眠是心相应法。

《成实论》虽主张随眠体即是烦恼，是与心相应，看似与有部的观点一致，但实则所说的随眠义和相应义与有部不尽相同。首先，《成实论》是主张过未无体，反对有部的三世实有，所以随眠只是现在有，并不是三世皆有。其次，部派时期的过未无体论者反对一切的同时性因果，主张异时因果，故《成实论》所说的心相应法是次第而生，如说“凡夫识造缘时，四法必次第生，识次生想，想次生受，受次生思，思及忧喜等从此生贪恚痴，故说即生。”[①] 即《成实论》所说的“相应”是历时性的，并非如有部所说的俱时而生，而是历时性的次第而生。

由此可见，虽《成实论》和有部一样，皆主张随眠是烦恼的异名，随眠与心相应。但因《成实论》主张过未二世无，故所说的“随眠”是仅现在有，非三世有。又部派时期的过未无体论者反对同时因果，因此，《成实论》的相应是历时性的，与心次第而生，非如同有部是俱时而生。学人需对《成实论》和有部的“随眠”及“相应”义析微察异，不可混为一谈。但需要意识到的是作为过未无体论者，《成实论》主张随眠是与心相应的烦恼异名，在说明烦恼的相续，凡圣的差别等问题上，都无法很好的作出诠释。因此，在过未无体的前提下，若主张随眠是与心相应的烦恼的异名还是值得商榷的。

结语

部派时期因各学派对过、未二世有无的观点不同，导致各学派对随眠的看法也不尽相同。三世实有论者主张“三世实有，法体恒有”，依实有的不相应法“得”和“非得”来说明众生的缚解问题。“得”如绳子，具有将过去的烦恼和现在的有情相系缚的功能。以烦恼的法体是实有，不可断，故众生断的并不是烦恼本身，而是“得”的系属功能。故有部认为钝根阿罗汉还是会有退，因为烦恼本身并没有被断除，“得”还可以把有情和烦恼系缚起来。有部依于“三世实有”和实有的不相应行法“得”和“成就”就可以说明过去的烦恼的相续问题，并不需要建立烦恼的潜势力，故有部主张随眠就是现行的烦恼，是缠的异名，是与心相应。

主张过未二世无的《成实论》认为随眠是就烦恼的“次第相续增长”而安立的，是指得到增长的烦恼心，是烦恼的异名，故亦主张随眠与心相应。但因《成实论》是过未无体论者，故其认为随眠只是现在有，非三世有。又因其反对同时因果，主张异时因果，故《成实论》所说的“相应”也是与心历时次第而生的相应，不同有部的俱时而生的相应。

---

① 诃梨跋摩造，（姚秦）鸠摩罗什译：《成实论》卷 5，《大正藏》第 32 册，第 277 页下。

过未无体论者主张过、未二世无的，过去的烦恼已落入无体的过去，因此，为了说明烦恼的相续问题，过未无体论者将过去的烦恼以潜势力的方式安立在现在的刹那，以此来说明过去烦恼的影响力延续到有体的现在，主张“随眠”异于“缠”，是烦恼的潜势力，是生起缠的因。但分别说部、大众部、上座部等所安立的随眠潜势力则是与心不相应的别体法，故虽有以“种子”来指称这种潜势力，但其不过仅有“种子”名，非实质意义上的“种子”含义。经部因有明确的种子观念，故把随眠是烦恼的潜势力直指为烦恼的种子，即随眠即是烦恼的种子，是依于色心诸行而相续、辗转、将生自果的一种功能，无别有体，非与心相应，非不相应。此中需对分别说部等认为以心不相应的别体法的潜势力来解释随眠和经部以非与心相应、非不与心相应，无别实体的“种子”来诠释随眠要善加分别。

上来对“随眠”义之种种说法，世亲菩萨认为经部所说最善。但究其实，对随眠与缠的关系，及随眠是否与心相应，只能说是见仁见智，各学派皆是在经教的基础上，依于自宗的学说体系而安立随眠与缠，在自宗的学说体系中皆能自洽，并无对错之分或最善之说。后世学人需要探究的仅是每种观点是在何种理论背景下产生，此种观点的产生是为了解决什么问题，避免遇到不同观点时茫无端绪。

参考文献

[1] 世友菩萨：《异部宗轮论》，《大正藏》第 49 册。

[2] 世亲菩萨造，（唐）玄奘译：《阿毗达磨俱舍论》，《大正藏》第 29 册。

[3] 提婆设摩造，（唐）玄奘译：《阿毗达磨识身足论》，《大正藏》第 26 册。

[4] 五百大阿罗汉造，（唐）玄奘译：《阿毗达磨大毗婆沙论》，《大正藏》第 27 册。

[5] 众贤造，（唐）玄奘译：《阿毗达磨顺正理论》，《大正藏》第 29 册。

[6] 塞建陀罗造，（唐）玄奘译：《入阿毗达磨论》，《大正藏》第 28 册。

[7] 法救造，僧伽跋摩等译：《杂阿毗昙心论》，《大正藏》第 28 册。

[8] 诃梨跋摩造，（姚秦）鸠摩罗什译：《成实论》，《大正藏》第 32 册。

[9] 迦多衍尼子造，（唐）玄奘译：《阿毗达磨发智论》卷 3，《大正藏》第 26 册。

[10]（唐）法宝：《俱舍论疏》，《大正藏》第 41 册。

[11]（唐）普光述：《俱舍论记》，《大正藏》第 41 册。

[12] ［比利时］巴得胜着，盛宁译：《阿毗达磨研究》，浙江大学出版社，2021 年 3 月。

[13] 法光法师：*sarvāsitvāda Abhidharma*，香港大学佛教研究中心，2007 年，第 64 页。

[14] 吕澂：《印度佛学源流略讲》，上海人民出版社，2018。

[15] 傅新毅：《识体与识变》，未正式出版。

说一切有部“心性”思想研究：以玄奘译《阿毗达磨大毗婆沙论》为线索

释普超[①]

【摘要】《阿毗达磨大毗婆沙论》（简称《婆沙》）是说一切有部主要思想的大集成，广引世友、大德法救、妙音、觉天为首“四大论师”的观点和《品类》《识身》等“六足”论全面诠释迦旃延尼子的《发智论》为根本，且批破了佛教内部如大众等部派和数论等种种的言论，具有“广说”“胜说”“异说”[②]等意义，彰显了有部思想的多样性和错综复杂性。有部将“心”分为“心法”和“心所法”两部分，具有时间和空间的维度。有部以心法为“体”，又有心、意、识三种功用差别；心所为“用”，又有十大地法、十小烦恼地法、五大不善地法、十大烦恼地法、十大善地法、三大有覆无记地法和十大无覆无记地法等七种不同的分类，心和心所是“不一不异”的关系。心识转变的整体是否蕴涵了某种性质，有部对此持有“心性决定无常”的观点，并未从心识的整体上论述其性质，而是将目光具体投射到某一个“心”的活动上，认为心活动的属性是“无常”，超越了染污、清净的二元对立，以刹那生灭心为考察，进而从善、不善、无记的视角论证。

【关键词】说一切有部；《阿毗达磨大毗婆沙论》；心；心所；无常

一、《婆沙》译本、内容与结构

在佛教史上《婆沙》有三个译本：一是由苻秦僧伽跋澄译的《鞞婆沙论》十四卷。此译本内容包括《说阿毗昙八犍度》三卷、《解十门大章》十卷和《四生处》一卷。译本的形成，在道安的《鞞婆沙序》一文中有记载，现载在僧祐的《出三藏记集》第10

① 作者单位：浙江佛学院。

② （唐）普光在《俱舍论记》第1卷解释“毗婆沙”之题名。他说：“毗名为广，或名为胜，或名为异，婆沙名说，谓彼论中分别义广故名广说，说义胜故名为胜说，五百阿罗汉各以异义解释《发智》，名为异说。具此三义故存梵音。”（见《大正藏》第41册，第11页。）

卷中[①]。赵郎请僧伽跋澄译的本子，明确标为“尸陀槃尼所撰，苻秦僧伽跋澄译”。“鞞婆沙”（Vibhāṣā）现译为“毗婆沙”，[②]文中有“鞞婆沙说阿毗昙八犍度”[③]之语，正是诠释迦旃延尼子的《发智论》。

此文本是否与玄奘译的《婆沙》源出一文，学术界仍有争论[④]。吕澂在《印度佛学源流略讲》认为，道安所说的十四卷本是后来二百卷本的一个“母本”。印顺也认为，“对于十四卷本的《鞞婆沙论》，一向看作单译，其实是《大毗婆沙论》的部分译出，只是简略些”[⑤]，具有‘毗婆沙’（Vibhāṣā），亦即‘广说’之名。”[⑥]可见，僧伽跋澄译的十四卷本子正是尸陀槃尼所撰写的《毗婆沙论》的一部分。但北凉译本和玄奘译本都以五百罗汉为作者，且都认定与迦旃尼子有关。梁启超在《说〈大毗婆沙〉》一文认为，道安说的《鞞婆沙论》是尸陀槃尼的作品并不正确，尸陀槃尼只是在印度佛教史上默默无闻，大概是抄录《婆沙》的一位沙门，[⑦]被此论的译者误认为是作者，并说此本只是“历史上一装饰品而已，其原本书结集渊源，安公辈似亦未悉。”[⑧]

二是由北凉浮陀跋摩和道泰共译的《阿毗昙毗婆沙论》共六十卷，依道挺的《毗婆沙经序》说，此文本的翻译始于汉地沙门道泰冒险西求，得梵文本十万偈，在北凉国内苑闲豫宫寺，由浮陀跋摩和道泰共译，道朗、智嵩等三百僧人“考文详义”，历经两年零三个月译出，共一百卷。此文本的风格，“务存本旨，除烦即实，质而不野。”[⑨]其内容共《杂犍度》二十四卷、《使犍度》二十二卷和《智犍度》十五卷。

三是由玄奘译的《大毗婆沙论》，共两百卷，他亲自从印度带回中土，显庆元年七月二十七日在长安大慈恩寺翻经院开始翻译，由明珠等“证义”，慧立等“缀文”，

---

① 道安在《鞞婆沙序》说：“会建元十九年，罽宾沙门僧伽跋澄讽诵此经四十二处，是尸陀槃尼所撰者也，来至长安。赵郎饥虚在往求令出焉。其国沙门昙无难提笔受为梵文，弗图罗刹译传敏智笔受为此秦言，赵郎正义，起尽自四月出，至八月二十九日乃讫。胡本一万一千七百五十二首，卢长五字也，凡三十七万六千六十四言也，秦语为十六五千九百七十五字。经本甚多其人忘失，唯四十事，是释阿毗昙十门之本，而分十五事为小品回着前，以二十五事为大品而着后，此大小二品全无所损，其后二处是忘失之遗者，令第而次之。”［见（梁）僧祐：《出三藏记集》第 10 卷，《大正藏》第 55 册，第 73 页。］

② 印顺：《说一切有部为主的论书与论师之研究》，《印顺法师佛学著作全集》第 15 卷，北京：中华书局，2009 年，第 177 页。

③ （苻秦）僧伽跋澄译：《鞞婆沙论》第 1 卷，《大正藏》第 28 卷，第 416 页。

④ 印顺：《说一切有部为主的论书与论师之研究》，第 174 页。

⑤ 印顺：《说一切有部为主的论书与论师之研究》，第 177 页。

⑥ ［日］木村泰贤著，释依观译：《阿毗达磨论之研究》，新北：台湾商务印书馆，2018 年，第 155–156 页。

⑦ 梁启超在《说〈大毗婆沙〉》说：“然则此非原本矣。尸陀等三人，不见他书，想非别撰，乃节抄耳。”（见《佛学研究十八篇》，上海古籍出版社，2011 年，第 325 页。）

⑧ 梁启超：《说〈大毗婆沙〉》，《佛学研究十八篇》，上海古籍出版社，2011 年，第 325 页。

⑨ （刘宋）道挺：《毗婆沙经序》，［见（梁）僧祐：《出三藏记集》第 10 卷，《大正藏》第 55 册，第 74 页。］

义褒和玄应“正字”，神察和辩通“执笔”，西明寺嘉尚和大乘光等“笔受”[①]。

《婆沙》内容共八蕴、四十四纳息，以“蕴”代替了北凉译本的“犍度”，以“纳息”代替“品”。印顺在《说一切有部为主的论书与论师之研究》说：

> 全论分为八蕴：“杂蕴”“结蕴”“智蕴”“业蕴”“大种蕴”“根蕴”“定蕴”“见蕴”。旧译作八犍度。蕴是 *skandha*，犍度是 *khandha*，梵语小不同，但都是类聚的意思。八蕴共有四十四纳息。纳息的梵语不明，意义也不明白。旧译作跋渠（vagga），就是品。[②]

除了上述内容外，还有《智蕴》七圣纳息四卷、《业蕴》五纳息十四卷、《大种蕴》四纳息十四卷、《根蕴》七纳息十五卷、《定蕴》五纳息二十九卷和《见蕴》五纳息二十四卷。笔者认为，玄奘的译本应该是完整的，“近代木村泰贤、西义雄和坂本幸男根据玄奘的汉译将其译为日文，收录于《国译一切经》中[③]，法尊法师也根据玄奘的译本译至藏文。”[④]本文以玄奘的译本为主要线索研究，以北凉译本为辅助。

《婆沙》广泛援引“六足”论，集世友、法救、妙音、大德为首“四大论师”的观点，[⑤]广释迦旃延尼子的《发智论》为中心。迦旃延尼子造《发智论》时于“蕴”下设立“纳

---

① “弘法寺沙门嘉尚笔受，大慈恩寺沙门明珠证义，大慈恩寺沙门惠贵证义，大慈恩寺沙门法祥证义，西明寺沙门慧景证义，大慈恩寺沙门神泰证义，大慈恩寺沙门普贤证义，大慈恩寺沙门善乐证义，大慈恩寺沙门拪玄缀文，大慈恩寺沙门静迈缀文，西明寺沙门慧立缀文，西明寺沙门玄则缀文，大慈恩寺沙门义褒正字，大慈恩寺沙门玄应正字，西明寺沙门神察执笔，大慈恩寺沙门辩通执笔，同州魏伎寺沙门海藏笔受，大慈恩寺沙门神昉笔受，西明寺沙门嘉尚笔受，大慈恩寺沙门大乘光笔受。”［见（唐）玄奘译：《阿毗达磨大毗婆沙论》第1卷，《大正藏》第27册，第4–5页。］

② 印顺：《说一切有部为主的论书与论师之研究》，第148页。

③ ［日］木村泰贤、西义雄、坂本幸南：《国译一切经・毗昙部》第7–17卷，东京：大东出版社，1935年，转引自辛放：《〈顺正理论〉中的“现量”学说之研究》，硕士论文：中国人民大学，2021年。

④ 法尊：《大毗婆沙论》(藏文)第1—8册，北京：中国藏学出版社，2017年，转引自辛放：《〈顺正理论〉中的“现量”学说之研究》，硕士论文：中国人民大学，2021年。

⑤ “说一切有部有四大论师，各别建立三世有异，谓尊者法救说类有异，尊者妙音说相有异，尊者世友说位有异，尊者觉天说待有异。说类异者，彼谓诸法于世转时，由类有异非体有异。如破金器等作余物时，形虽有异而显色无异。又如乳等变成酪等时，舍味势等，非舍显色。如是诸法，从未来世至现在世时。虽舍未来类，得现在类，而彼法体，无得无舍。复从现在世至过去世时，虽舍现在类，得过去类。而彼法体亦无得无舍。说相异者，彼谓诸法于世转时，由相有异，非体有异。一一世法有三世相，一相正合，二相非离。如人正染一女色时，于余女色不名离染。如是诸法，住过去世时，正与过去相合，于余二世相不名为离。住未来世时，正与未来相合，于余二世相不名为离。住现在世时，正与现在相合，于余二世相不名为离。说位异者，彼谓诸法于世转时，由位有异，非体有异。如运一筹，置一位名一，置十位名十，置百位名百，虽历位有异，而筹体无异。如是诸法经三世位，虽得三名而体无别。此师所立，世无杂乱，以依作用立三世别。谓有为法，未有作用名未来世，正有作用名现在世，作用已灭名过去世。说待异者，彼谓诸法于世转时，前后相待，立名有异。如一女人，待母名女，待女名母；体虽无别，由待有异，得女、母名。如是诸法，待后名过去，待前名未来，俱待名现在。”［见（唐）玄奘译：《阿毗达磨大毗婆沙论》第77卷，《大正藏》第27册，第396页。］

息”，以各蕴集中的主要内容为准，建立蕴名。《阿毗达磨大毗婆沙论》卷1说：

> 佛涅槃后或在世时，诸圣弟子以妙愿智，随顺纂集别为部类。是故尊者迦多衍尼子佛去世后，亦以妙愿智随顺纂集造《发智论》，谓于佛说诸论道中安立章门，标举略颂，造别纳息，制总蕴名。谓集种种异相论道制为《杂蕴》，集结论道制为《结蕴》，集智论道制为《智蕴》，集业论道制为《业蕴》，集大种论道制为《大种蕴》，集根论道制为《根蕴》，集定论道制为《定蕴》，集见论道制为《见蕴》。[①]

《婆沙》各蕴和各纳息的建立都以《发智论》为准，“以《发智论》作为正统，它是《发智论》的注释书。”[②]《婆沙》依《发智论》分为八蕴、四十四纳息，对此内容，印顺《说一切有部为主的论书与论师之研究》[③]、梁启超《说〈大毗婆沙论〉》[④]和高观如《阿毗达磨大毗婆沙论》[⑤]等著作中全面详实地总结了各蕴、各纳息的内容，本文不再赘言。诸蕴围绕着蕴名所提出的核心问题“随顺纂集”“标举略颂”和“造别纳息”[⑥]等组织而展开，运用的论据彼虽然此交叉，但因为语境的不同而有所差异。这就更增加了论释的灵活性，同时也为理解此论增加了难度。

《婆沙》内容广博，意义深刻，言论纷繁不一。[⑦]诸多问题往往分散于全论各蕴各纳息中讨论，“如是一一蕴中具摄诸法”，[⑧]依其语境详细审度，当然，并不是所有的异议都有定论。有学者认为，《大毗婆沙》太过繁杂散漫，既难以修学，也不利于引用。[⑨]

---

① （唐）玄奘译：《阿毗达磨大毗婆沙论》第1卷，《大正藏》第27册，第1页。

② 辛放：《〈顺正理论〉中的“现量”学说之研究》，硕士论文：中国人民大学，2021年。

③ 印顺：《说一切有部为主的论书与论师之研究》，《印顺法师佛学著作全集》第15卷，北京：中华书局，2009年，第152–153页。

④ 梁启超：《说〈大毗婆沙〉》，《佛学研究十八篇》，上海古籍出版社，2011年，第318—322页。

⑤ 高观如：《阿毗达磨大毗婆沙论》，中国佛教协会编：《中国佛教》第3辑，东方出版中心，1989年，第347—357页。

⑥ （唐）玄奘译：《阿毗达磨大毗婆沙论》第1卷，《大正藏》第27册，第1页。

⑦ 高观如在《阿毗达磨大毗婆沙论》一文认为，《婆沙》“广泛参考了迦旃多衍尼子以后学者所作的《发智论》诸注释，而更糅取了《品类》《施设》二论乃至《界身》、《识身》、《法蕴》、《集异门》等四论的教义，以弥补《发智论》不足，使所显的义理更为圆满；后世所称为‘六足一身论’，殆即是《婆沙》编纂形成的喻语。同时此论网罗了有部全部的教理，乃至《发智论》中所未有的若干问题一一加以论究，它的丰富的内容，庞大的组织，精严的界说，浩瀚的资料，在质和量的任何方面，均可使后世学者惊叹而公认为在部派佛教中占首要地位的说一切有部的杰作。”（见中国佛教协会编：《中国佛教》第3辑，东方出版中心，1989年，第358页。）

⑧ （唐）玄奘译：《阿毗达磨大毗婆沙论》第1卷，《大正藏》第27册，第7页。

⑨ 印顺在《说一切有部为主的论书与论师之研究》说：“《大毗婆沙论》的伟大成就，不免带来了困扰。一方面，法相的错综繁广，不容易修学。古代的阿毗达磨，‘性相以求’，‘不重次第’。即使如《舍利弗阿毗昙论》，全论有组织的意义，而各品的前后次第，每品的文段内容，仍不外是法义的堆集。特别是《发智论》的八蕴、四十四纳息，尽是局部的，片段的，‘纂集种种不相似义，分别解释’。甚至有的以为：‘阿毗达磨，以广论道，抉择诸法真实性相；此既繁杂，

为了能够更好地把握其思想，笔者在论究中根据前辈的成果首先对《婆沙》的立论结构进行探索。

从《婆沙》的行文来看，在结构框架上是完全按照《发智论》展开，直接采用《发智论》的“蕴”和“纳息”作为本论的章节。由《杂蕴·世第一法纳息》开篇，经《结蕴》《智蕴》《业蕴》《大种蕴》《根蕴》《定蕴》乃至《见蕴》，并非按照修道次第展开。对此，《婆沙》卷一的解释是“阿毗达磨性相所显，谓阿毗达磨中应求诸法真实性相，不应求彼次第缘起，或前或后或无缘起，俱无过失。”[①] 笔者认为，《婆沙》内容看似庞杂，但始终贯串着止恶杨善、断惑修证的线索。以“世第一法”为开篇，凸显出了“转凡成圣“的重要性。由世第一法入见道，是修习的重要转折点是凡与圣、染污与清净、无明与明的重要分界，显示了佛教修习与其他宗教修行的不同，从而标示出论中的凡、圣两条线索。以《见蕴》收尾，强调修习中随时可能出现的歧路，强调时刻自正其意的重要性，也强调了佛教修习以“智慧”为首的精神。印顺在《中观今论》说：

> 佛法是以“以智化情”“以智导行”为原则的。以智为本的中道行，包括了最初发心乃至向上达到究竟圆满的一切过程。[②]

《结蕴》与《业蕴》是从染污法的角度论释烦恼对人的身心行为的作用，《智蕴》与《定蕴》对治染污恶行、超脱无明的修习方法。《大种蕴》在《业蕴》之后，《根蕴》之前，表示了有部独特的物质观。《定蕴》又在《根蕴》之后，《见蕴》之前，显示了“禅定”超越所有物质限制，但难免不受贪爱等邪见。

二、《婆沙》对“心性本净”的批驳立“心性决定无常”

（一）《婆沙》对“心”与“心所”的诠释

在《婆沙》中，“心”有时指“心王”或“心所”，有时心又名为“意”或“识”。[③]《婆沙》在解释《发智论》时，对色心、心所法之体性作了分析，并讨论了“心性染净”等问题。这些问题并没有以论题的形式出现，而是分散于全文的各个部分。本文首先论述心与心所法。

不应于中求其次第’。这种阿毗达磨传统，没有次第，缺乏完整的统贯的叙述，再加以广引各家，层层破立，如《大毗婆沙论》，不免陷佛法于繁琐支离。理解已万分困难，学者更难依之而起修了。”（见《印顺法师佛学著作全集》第15卷，第399–400页。）

① （唐）玄奘译：《阿毗达磨大毗婆沙论》第1卷，《大正藏》第27册，第1页。

② 印顺：《中观今论》，《印顺法师佛学著作全集》第4卷，北京：中华书局，2009年，第5页。

③ 印顺：《说一切有部为主的论书与论师之研究》，第200页。

《婆沙》并未将“心”和“心所”列为论题诠释，从全文看来，它沿用了有部早期学说的即成界定。依世友《品类足》的说法，心法或“心王”，即是“心”“意”“识”的统一体，也就是眼等六识，与六识相应的受、想、思、触、作意、智、见、现观等，称为“心所”。[①]《婆沙》说：“心者，谓识蕴，即眼等六识。心所法者，谓三蕴，即受想思等。”[②] 具体说来，世友在《阿毗达磨界身足论》卷 1 对六识分别是：

> 眼识云何？谓眼及色为缘，所生眼识。此中眼为增上，色为所缘，于眼所识色所有了别，各别了别，是名眼识。耳、鼻、舌、身、意识云何？谓意及法为缘，所生意识。此中意为增上，法为所缘，于意所识法所有了别，各别了别，是名意识。[③]

心法是六识的聚合或统称。眼等五根分别缘取色等五境，并明“了别”“分别”的所取境，从而产生了前五识。第六意识依意根，缘取法境，是对诸法的明了与分别作用。六识的产生，需要和合的条件。在这一点上，譬喻论主和有部论主的观点是不同的。譬喻论主认为，六识所缘境不同，眼缘色乃至意缘法。六识只缘外境而不缘“内根”且离意识而单独起用。有部认为，对前五识来说，和合有二意：一是根与境的和合，也就是需要具备以上所述的各种条件；二是第六意识的参与，如眼见色时，“识合者能见，识空者不能见，故无有失”[④]，前五识“依积聚缘积聚，依有对缘有对，依和合缘和合。”[⑤]而第六意识的产生，既可以独立于前五识，由意根取“法界”的运作，又可以对前五识进行统整，也就是《婆沙》说的“意根总领受彼所行境界，意归趣彼作诸事业”，[⑥] 由此产生了整体和连续性。

在《婆沙》中，心法又别称为“意”或“识”，心、意、识三者同指一体。《婆沙》引经说：“诸契经中说心、意、识。如是三种差别云何？或有说者，无有差别。心即是意，意即是识，此三声别义无异故。如火，名火，亦名焰顶，亦名炽然。”[⑦] 而三者各有不同侧重，显示了心法的不同性质。《婆沙》说：

> 心、意、识三亦有差别。……谓心是种族义，意是生门义，识是积聚义；复次业亦有差别，谓远行是心业。……前行是意业。……续生是识业；复次

① （唐）玄奘译：《阿毗达磨品类足论》第 1 卷，《大正藏》第 26 册，第 692 页。
② （唐）玄奘译：《阿毗达磨大毗婆沙论》第 19 卷，《大正藏》第 27 册，第 96 页。
③ （唐）玄奘译：《阿毗达磨界身足论》第 1 卷，《大正藏》第 26 册，第 615 页。
④ （唐）玄奘译：《阿毗达磨大毗婆沙论》第 13 卷，《大正藏》第 27 册，第 61 页。
⑤ （唐）玄奘译：《阿毗达磨大毗婆沙论》第 13 卷，《大正藏》第 27 册，第 63 页。
⑥ （唐）玄奘译：《阿毗达磨大毗婆沙论》第 72 卷，《大正藏》第 27 册，第 371 页。
⑦ （唐）玄奘译：《阿毗达磨大毗婆沙论》第 72 卷，《大正藏》第 27 册，第 371 页。

> 彩画是心业。……归趣是意业。……了别是识业；复次滋长是心业，思量是意业，分别是识业。胁年者言："滋长分割是心业，思量思惟是意业，分别解了是识业。"应知此中滋长者是有漏心，分割者是无漏心；思量者是有漏意，思惟者是无漏意；分别者是有漏识，解了者是无漏识。心、意、识三，是谓差别。[①]

《婆沙》认为，"心"的性能在于"生""聚"和"分别"等，生长和积聚不同的心理活动使之相续不断；分别觉知内外诸法，编织独特的心理世界。而"识"的作用，侧重于"了别""分别"，以种种了别和分别而产生心理作用的前导是整个心理世界的构成。"意"侧重于"心行"的变化，即"思"。也就是说，心显"体"，意显"用"，识显"相"，心意识三者虽略有差别，但是三位一体的整合。《婆沙》引胁尊者的观点，进一步将心、意、识分为"有漏"与"无漏"之别，而有漏心和无漏心的最大差别在于是否来自"无明"的虚妄分别。

如此看来，整个心理世界皆是"了别"。人们所感知到的现象、情感、认知和信念等都是由人构画出来的，是相对的。世界之所以形成，主要有两点：一是由于"我"的核心作用，二是由于"执著"的坚持。当代著名美国人本主义心理学罗洛·梅（Rollo May,1909–1994）认为，人的本能性需要自我的"存在"，而这个存在是"自我意识"的存在。他在《存在之发现》说：

> 人不同于动物之处，就在于他具有自我存在的意识，能够意识到自身的存在，这就是存在感。……因此，自我世界需要人的自我意识作为前提，现代人之所以失落精神活力，就在于放弃了自我世界，缺乏明确而坚强的自我意识，由此导致人际世界的表面化和虚伪化。[②]

这种自我的存在是每个人独一无二的，没有人可以占有他人的自我。而自我的存在并不是自然而然的，为了形成自我为中心，每个人必须不断地鼓励自己和督促自己，这种自我促进作用就是罗洛·梅所说的"自我肯定"。他说："自我肯定是一种生存的勇气，没有它，人就无法确立自己的自我，更不能实现自己的自我。"[③]这说明，自我一旦产生，就会渗透所有心理现象，通过膨胀而加强自己的力量，也就是"执著"。佛教认为，"我见"与"我执"是所有世间现象和心理痛苦产生的根源，以修学可以超越。

《婆沙》对"心"的诠释，归结为五点：一、心遍一切地、一切处。三界六趣都是心的存在，以心为根基，"心是内法遍一切处，能有所缘是故偏说。心是内法者内处

---

① （唐）玄奘译：《阿毗达磨大毗婆沙论》第 72 卷，《大正藏》第 27 册，第 371 页。

② ［美］罗洛·梅著，方红等译：《存在之发现》，北京：中国人民大学出版社，2008 年，第 13—15 页。

③ ［美］罗洛·梅著，方红等译：《存在之发现》，第 16 页。

摄故，遍一切处者下从无间上至有顶皆遍有故，能有所缘者能缘一切法故。”[①] 众生的流转也遵循了心的引导，“心崄生恶趣，心平生善趣。”[②] 二、心为所有心理活动提供了可能性，只有在六识尤其是“意识”存在的前提下，才可能出现其余的心所，心有“种族”“生门”等意，能滋长诸法。因此，心是其他心理现象产生的根基和条件，也是心理生活的大背景。“心”在《婆沙》中又有“大地”[③]“心王”[④]“城主”和“增上王”[⑤]等名。三、在相续的时间段上，心法前后相生相续，没有中断，“心刹那无间生灭”。前后心迅速转变，“如世尊说，比丘当知，我不见一法速疾回转犹如心者。所以者何？心速疾回转难作譬喻。”[⑥] 在此转变中，各“心所”以“心”为主，依心而生。心具有相生、演变的能力。在一刹那，心作为吸引心所而形成了“心聚”，在前后相续的变化中，心生灭不息，前后相依，前引生后，从而使心念念不断。[⑦] 四、心具有“觉知”和“了别”的功用，这种觉知和了别，决定了能进入人的生活世界，它将在此世界中以种种形式和内容出现，这种作用称为“分别”“思量”，以“彩画”为喻。五、心、意、识有有漏和无漏之别，其功用不同。染污烦恼心滋长、思量、分别诸法，脱离“诸法实相”建构妄想的世界；清净心分割、思惟、解了诸法，放弃妄想回归真实的“法性”。在相续不断的变化中，由于前后心的关联性，使得解脱成为可能。

在六识起灭的时，心所法与其同一生、住、异、灭。心法与心所法不相离，“简要的说，心与心所，是相应而起的；是同一所依，同一所缘，同一行相，同作一事的。”[⑧] 如执杖等，互相随顺，和合如水乳交融。“从主体的意识与心的作用的心所营造共同作用的条件之

---

① （唐）玄奘译：《阿毗达磨大毗婆沙论》第 180 卷，《大正藏》第 27 册，第 903 页。

② （唐）玄奘译：《阿毗达磨大毗婆沙论》第 180 卷，《大正藏》第 27 册，第 903 页。

③ “依心故名心所法，以心大故名大地法，故但说心。”（见唐・玄奘译：《阿毗达磨大毗婆沙论》第 47 卷，《大正藏》第 27 册，第 246 页）。另外，唐・普光在《俱舍论记》第 4 卷说：“心名为大，体用胜故，即大是地，故名大地，是诸心所所依处故。”（见《大正藏》第 41 册，第 73 页。）

④ “如王行，眷属随从以故尔。或曰，谓说心王，因彼故立心数法，心者说大地。”（见苻秦・僧伽跋澄译：《鞞婆沙论》第 13 卷，《大正藏》第 28 册，第 510 页。）

⑤ “复次说心是增上王故，复次说心是城主故。”（见唐・玄奘译：《阿毗达磨大毗婆沙论》第 106 卷，《大正藏》第 27 册，第 548 页。）

⑥ （唐）玄奘译：《阿毗达磨大毗婆沙论》第 180 卷，《大正藏》第 27 册，第 902 页。

⑦ 印顺导师在《佛法概论》说：“古来，或主张心与心所同起，即同时而有极复杂的心理活动。或主张我们的心识是独一的，在极迅速的情况下，次第引起不同的心所。关于这，应从缘起观的立场而抉择他。认识作用，为相依共存的。如从和合的观点而分析他，即发现确为非常复杂而相应的心聚。但认识又为相续而起的，如从动的观点，辨别认识的内容，即知认识又确为先后别异的心流。从识触而受，从受而想，从想而行的认识过程，似乎与识触与受、想、思俱生的见解相反；但在同时相应的学者中，对于认识的先后发展，也有此解说。”（见《印顺法师佛学著作全集》第 4 卷，北京：中华书局，2009 年，第 77 页。）

⑧ 印顺：《说一切有部为主的论书与论师之研究》，第 199 页。

探查，进而探查随着某种心作用之生起，另有多少种类的心的作用并起。”[①]心法可以说是心的本身，而与其相随、相伴生的种种分别称为“心所”。《婆沙》说：“心所依心，以心故名心所以心是大地，故心所名大地所有。”[②]日本学者水野弘元在《佛教教理研究》将“心”解释为“心自体”，而“心所”则是心体运作的现象，包括心的“作用、性质或状态”。或者说，心所是心对其“自体”“自性”“运作”的觉知。六识的“了别”功能以自身为所缘时，就产生了对心理的理解与分别，而心所正是六识功能的特殊体现。[③]

心所的种类，世友在《品类足论》列举了受、想、思、触、作意乃至诸所有现观等二十七种。[④]《婆沙》将心所又分为七类，即受、想等十种大地法；不信、懈怠等十种大烦恼地法；忿、恨等十种小烦恼地法；信、精进等十种大善地法；无明、昏沉等五种大不善地法；无明、昏沉、掉举三种大有覆无记地法和前大地受等十种大无覆无记地法。[⑤]其中，大地法和大烦恼地法“名虽二十体，唯十五”，把大烦恼地法的“忘念”与大地法的“念”，大烦恼地法的“不正知”与大地法的“慧”，大烦恼地法的“心乱”与大地法的“三摩地”，大烦恼地法的“非理作意”与大地法的“作意”，大烦恼地法的“邪胜解”与大地法的“胜解”分别为一体，如此有五十三个心所[⑥]。但五十三种心所并不能含摄所有的心理现象，如“厌”与“怖”等心所另有自体。普光在《俱舍论记》卷4广引《论》说：

---

① ［日］木村泰贤著，释依观译：《阿毗达磨论之研究》，新北：台湾商务印书馆，2018年，第239页。

② （唐）玄奘译：《阿毗达磨大毗婆沙论》第180卷，《大正藏》第27册，第903页。

③ “心法即是心自体。……所谓‘心所法’，是指心具备的心之作用、性质或状态，可看成是从具体的心抽出其作用、性质等的东西。它包括受、想、触、作意等种种。……在心、心所法说中，虽然依部派及时代而有种种的不同，但是，心、心所说的根本思想是同一个。根本思想是指：心所法是心的作用、性质等，以及心、心所必定常相应俱起。也就是说，心不是只有单独存在，必须常与几个心所一起；心所也不能以单一状态而存在，必定与其它心、心所法相应俱起，此称为‘心、心所之相应说’。根据此相应说，‘心法’是指从具备作用或性质等的具体之心，除去其作用等，而留下的形式上的心体；‘心所法’是指从具体的心所抽出的心之作用、性质等。为了让心所法表现为具体的心，所以必须让心法与心所法相应合体。所谓心、心所说，就是将精神作用，作机械形式的分析及综合。……单独概念性的心法实际上是不存在的。而只表示心的性质、作用等的心所法，也不能自己存在。实际上的心必须是心法与心所法的合体者，只不过是暂且分析此具体的心，称其体为心法，称其性质、作用等为心所法而已。在各部派的心、心所说中，甚至有详细考察到何种场合的心，与那几种的心所相应俱起的程度，像佛教的心、心所说这样具体的心识说，古今东西方尚未见过与之类似者。”（见［日］水野弘元著，释惠敏译：《佛教教理研究》，台北：法鼓文化，2000年，第248–250页。）

④ 世友说：“心所法云何？谓若法心相应。此复云何？谓受、想、思、触、作意、欲、胜解、念、定、慧、信、勤、寻、伺、放逸、不放逸、善根、不善根、无记根，一切结、缚、随眠、随烦恼、缠，诸所有智，诸所有见，诸所有现观。”（见唐·玄奘译：《阿毗达磨品类足论》第1卷，《大正藏》第26册，第692页。）

⑤ 印顺：《说一切有部为主的论书与论师之研究》，第200页。

⑥ （唐）玄奘译：《阿毗达磨大毗婆沙论》第42卷，《大正藏》第27册，第220页。

此所（笔者注：指心所）起中应别说怖，所以者何？有别心所与心相应是怖自性，此即摄在复有所余如是类法与心相应心所法内，非诸烦恼。彼论复说，怖唯欲界，上界言怖于厌说怖。又《婆沙》七十五云，问：若尔，厌、怖有何差别？答：名即差别，谓彼名厌，此名怖。尊者世友作如是说：怖唯欲界，厌通三界。复作是说，怖在烦恼品，厌在善品。复作是说，怖通染污、无覆无记，厌唯是善。大德说曰：于衰事深心疑虑欲得远离，说名为怖，已得远离深心憎恶，说名为厌。如是名为怖、厌差别。[①]

可见，心所并非封闭的体系，但凡诸法与心相应都可以是心所法，所以，世友说：“复有所余如是类法与心相应，总名心所法。”[②]因此，心所既包括对心识的产生条件和过程的描述（欲、作意、触、受、想、思），也分别说明了心识的紧张性（作意、欲）、感受性（触、受、慧）、理解性（念、思、胜解、想、慧）和稳定性（三摩地），等等，也就是心理学所说的知觉的选择性、理解性、恒常性和整体性，是从不同侧面对心识的说明和描述。

（二）《婆沙》对“心性本净”的批驳

佛教的根本目标在于身心的洞察，在于知苦断集之因，实践圣道的修行，成就清净的解脱。汤用彤在《印度哲学讲义》说：

应知世界生存在悉苦，应断引此苦之业因与烦恼缘，应证此断所显之涅槃，应修到达涅槃之道也。此知断修证者，实即苦集灭道之四圣谛，一切事物无不摄于此中。[③]

而修行是以“心”为对象和主体。原始佛教虽没有明确提出“心性清净”的学说，但四阿含和巴利语系的经典都有“心染污”而“心清净”的隐语。《相应部》说：

Citta-saṅkilesā bhikkhave sattā saṅkilissanti, citta-vodānā sattā visujjhanti. 比丘们啊！心杂染故有情染污，心清净故有情清净。[④]

《相应部》的此句相当于汉译《杂阿含》卷 10 中的句子。《经》说：

---

① （唐）普光：《俱舍论记》第 4 卷，《大正藏》第 41 册，第 78 页。

② （唐）玄奘译：《阿毗达磨品类足论》第 1 卷，《大正藏》第 26 册，第 692 页。

③ 汤用彤：《印度哲学讲义》，《汤用彤全集》第 3 卷，石家庄：河北人民出版社，2000 年，第 198 页。

④ *Saṁyutta-n.* XXII，100（S. iii，p. 151f.），转引自见［日］水野弘元著，释惠敏译：《佛教教理研究》，台北：法鼓文化，2000 年，第 223 页。

> 诸比丘！当善思惟观察于心。所以者何？长夜心为贪欲使染，瞋恚、愚痴使染故。比丘！心恼故众生恼，心净故众生净。比丘！我不见一色种种如斑色鸟，心复过是。所以者何？彼畜生心种种故，色种种。[①]

由此可见，原始佛教并未考察“常住”的心性，而是考察现象“生灭”变化的“心相”，将称为“一切法”。印顺在《中观论颂讲记》说：

> 事实上，一切法无时不在变化的，佛陀说诸行无常，就是在一刹那（最短的时间）中，也是生灭演变的。因我们的直觉上，不能发现诸法的变化性，所以觉得他是常。世间学者多喜欢谈常，病根就在此。另一分学者，在意识的联想中，感到无常，但因常尔的自性见作怪，不能理解无常的真义，不是外动而内静，就前后失却联系，成为断灭。断是常的另一姿态，不是根本上有什么不同，如二与一一样。[②]

在佛教中，并未以外道所说的“常住不变”心的实体为论题，而是考察经验可能的现象界，称为“一切法”，因此，常住心性的说法于此并没有加入。众所周知，佛教只以存在者（一切法）之现象为考察对象，排除外道形而上学的实体。“佛法对一切法的考察，‘我我所无’，但名无实，这是佛在世已经明白标揭出来的。后代弟子们对法详细分析考察，又发现了更多的假法；从玄奘所判的六宗看来，假法是在一天天的扩大发展。”[③]根本佛教分裂后，论辩之风盛行，将修行的理论和实践通过语言的形式表达，在逻辑上连贯无误，“心性”问题就成为不可避免的被明确地提了出来，在整个部派佛教发展中成为部派分歧和争论的热点之一。佛教分裂的部派根据印顺的研究说，有十八和二十之多，不过，这只是大概的说法，不局限于十八或二十。[④]吕澂在《印度佛学源流略讲》说：

> 佛教的分派，形成于迦王之前，大数是十八部。现存最早的资料为世友的《异部宗轮论》。世友是有部主要人物（传说与迦王同时，不可信，应早于迦王），他站在有部立场对各部的分裂原因、时间、经过等等的叙述，自

---

① （刘宋）求那跋陀罗译：《杂阿含》第10卷，《大正藏》第2册，第69页。

② 印顺：《中观论颂讲记》，《印顺法师佛学著作全集》第2卷，第14页。

③ 印顺：《性空学探源》，《印顺法师佛学著作全集》第5卷，第81页。

复次此中因说心所，应说大地等法，谓大地法有十种：一受、二想、三思、四触、五欲、六作意、七胜解、八念、九三摩。

④ 印顺导师在《说一切有部为主的论书与论师之研究》说：“声闻部派，一向传为十八部，或本末二十部。这是部派分化到某一阶段，而为佛教界公认的部派。其实，以后还有分立；已经成立的部派，或转而微弱，甚至在佛教中消失了。所以，部派实在是不能拘定于十八或二十的。”（见《印顺法师佛学著作全集》第15卷，第11页）

然不够公平、真实。十八部之说，即由于此。以后其他部派也谈的是十八部，但分派先后、原因、派别名称等等，说法不一致。现存资料，汉文有五种，藏文有六种，巴利文一种，共十二种。巴利文资料出之《岛史》，是第三世纪的作品，汉文资料更迟，是第六七世纪的。……这些派别，后来愈说愈多，南传有二十四部，其中有些名称是重复的，如一一列举，即有四十多个。从考古资料看，在陆续发现的铭文碑刻上，记载的部派名称也有二十多个。①

各部所依据的经典大多遗失。但在《异部宗轮论》记载了每个部派的基本观点，其中就有"心性"的记载。《论》说：

此中大众部、一说部、说出世部、鸡胤部本宗同义者，谓四部同说。……心性本净客随烦恼之所杂染，说为不净；随眠非心、非心所法，亦无所缘；随眠异缠，缠异随眠。应说随眠与心不相应，缠与心相应。过去、未来非实有体，一切法处非所知、非所识量，非所通达，都无中有。诸预流者亦得静虑，如是等是本宗同义。②

《婆沙》卷22和27分别记载了部派就心性问题的争论。首先，《论》卷22举"一心相续论"说：

有随眠、无随眠心，其性不异，圣道现前，与烦恼相违、不违心性，为对治烦恼非对治心，如浣衣磨镜炼金等物，与垢等相违不违衣等，圣道亦尔。又此身中若圣道未现在前，烦恼未断故心有随眠；圣道现前烦恼断故心无随眠。此心虽有随眠无随眠时异，而性是一，如衣镜金等未浣磨炼等时，名有垢衣等，若浣磨炼等已，名无垢衣等，有无垢等时虽有异，而性无别，心亦如是。③

其次，《婆沙》卷27直接称其论主是"分别论者"。《论》说：

谓或有执心性本净，如分别论者，彼说心本性清净，客尘烦恼所染污故相不清净。④

两者都强调心性本净。但前者认为"随眠"⑤与心相应，后者则否定随眠与心的相

---

① 吕澂：《印度佛学源流略讲》，上海人民出版社，2005年，第33—35页。

② （唐）玄奘译：《异部宗轮论》第1卷，《大正藏》第49册，第15页。

③ （唐）玄奘译：《阿毗达磨大毗婆沙论》第22卷，《大正藏》第27册，第110页。

④ （唐）玄奘译：《阿毗达磨大毗婆沙论》第22卷，《大正藏》第27册，第140页。

⑤ "在对'随眠'这个术语内涵的讨论中，我们可以看到，将'随眠'定义为'微细''随增'和'随缚'，《阿毗达磨大毗婆沙论》的编撰者是认可的，且这些定义在玄奘的《阿毗达磨品类足论》中都有出现；然而，另一方面，该论

应，以烦恼为客，以清净心为主，都认为“染心”与“净心”、“异生”与“圣者”均是“一心”而有的区别，其不同主要在于：异生心有烦恼的现行，而圣者心无烦恼的现行；相同在于：心性未变，二者同为一心，“圣道现前，与烦恼相违、不违心性，为对治烦恼非对治心，如浣衣磨镜炼金等物，与垢等相违不违衣等，圣道亦尔。”就像一件衣服，干净时和脏时既一样又不一样，干净的衣服没有污迹，无论有没有污迹，衣仍然是其本身。见道如同洗衣，虽洗了衣服上的污垢，但没有改变衣服的本身，“有无垢等时虽有异，而性无别，心亦如是。”[①] 污垢与衣服并无必然的联系。也就是说，随眠烦恼不属于心、不是心所、无所缘，与心不相应。而随眠所现起成为“缠”时，则与心相应。而这些现前的烦恼缠并不是心本来具有的，虽与心相应，但是外来之客，也就是“客尘烦恼”。对此，陈兵在《原始佛教及部派佛学的心性论》一文认为：“心性于其本性时为净，住于客性时可以有染。”[②]

对于前一种论点，《婆沙》简单强调“有随眠心与无随眠心其性各异”；但对后一种观点进行了批破，《论》说：

> 若心本性清净客尘烦恼所染污故相不清净者，何不客尘烦恼本性染污与本性清净心相应故其相清净？若客尘烦恼本性染污虽与本性清净心相应而相不清净，亦应心本性清净不由客尘烦恼相不清净，义相似故。又此本性净心为在客尘烦恼先生？为俱时生？若在先生，应心生已住待烦恼，若尔应经二刹那住，有违宗失；若俱时生，云何可说心性本净？汝宗不说有未来心可言本净。[③]

《婆沙》对“心性本净”的驳斥主要有两个要点：一、如果把“心性”与“烦恼”分主客先后，依据是什么？在随眠位中，二者既然独立存在又不互相干涉，如何说“衣”为主，而“垢”为客？“心”为主？“随眠”为客？在现行烦恼位中，心与相应的烦恼又如何能在主客、染净上区分清楚？二、既然随眠是“缠”的种子，而随眠与心不相应，并且否认过去、未来实有，即“过去、未来非实有体”；心的生、住、异、灭只有一刹那，那么随眠现行成为的缠就不一定与一心生起同一刹那。对于有缠心来说，缠与心或前、

编撰者也明确说将‘随眠’定义为‘随入’是‘外国诸师’的定义，而这种定义可见于求那跋陀罗和菩提耶舍共译的《众事分阿毗昙》。同时，《阿毗达磨大毗婆沙论》还说毗婆沙师认为在《阿毗达磨品类足论》的两个译本中均出现的‘随逐’和玄奘译本中的‘随缚’并没有本质的区别。”（见［比利时］巴得胜著，盛宁译：《阿毗达磨研究》，杭州：浙江大学出版社，2021 年，第 84—85 页）。

① （唐）玄奘译：《阿毗达磨大毗婆沙论》第 22 卷，《大正藏》第 27 册，第 110 页。

② 陈兵：《原始佛教及部派佛学的心性论》，《法音》2002 年第 9 期。

③ （唐）玄奘译：《阿毗达磨大毗婆沙论》第 27 卷，《大正藏》第 27 册，第 140 页。

或后，或同时产生都与其本宗宗旨相悖。除《婆沙》外，《成实论》同样对“心性本净”进行了批驳：

> 论者言，有人说心性本净以客尘故不净，又说不然。问曰：何因缘故说本净？何因缘故说不然？答曰：不然者。心非性本净客尘故不净，所以者何？烦恼与心常相应生，非是客相。又三种心：善、不善、无记，善无记心是则非垢，若不善心本自不净，不以客故。复次是心念念生灭不待烦恼，若烦恼共生不名为客。①

《成实论》同样认为心主、尘客的观点不能成立。又认为，“佛为懈怠众生若闻心本不净，便谓性不可改，则不发净心，故说本净。”② 佛之所以说心性清净，是随缘施设的，即根据受教者的根性，针对性地提出，目的在于促使和激励弟子精进修习，并不是胜义之根本。

可见，《婆沙》和《成实论》都主张“心性非本清净”，与其说这是一种彻底的观点，不如说是针对分别论者“心性本净”的批驳。《婆沙》如何看待心性？第22卷《杂蕴·智纳息》直接就提出“有随眠心与无随眠心其性各异”的观点；《定蕴·不还纳息》有“观心性差别名善知心”；③《智蕴·学支纳息》有“心于杂染清净品中势用均等”。④ 但这些都并不是完整专门的论证“心性”的说法。也就是说，《婆沙》只是在回应分别论者等提出的“心性本净”，并没有对此论题进行全面论证。对于这一点，笔者尝试地做出解释，以供讨论。

有部笼统地回应分别论者等，并没有独立论证，不禁让人怀疑“心性染净”这一论题是否符合有部的心性观。一方面，“心性”是中国佛教的主题，心性染净也是国内学者对文本内容的总结和归纳。另一方面，如果从当时佛教发展的眼光去考量，部派佛教主要还是以修习为基础和指导，以染净来分别心，这是佛教理论完善的重要内容之一，而擅长分析、论辩的说一切有部对此问题进行论说，也在情理之中。但从内容上来看，《婆沙》的大部分内容是与修习直接相关的，如对染污烦恼的分析，果位、智慧、烦恼之间的相互关系乃至定慧的修行等。心性问题相对而言还是属于推论性的内容，因此心性被作为一个与烦恼、随眠、异生等同的名相对待，而不是强加给它“染”或“净”的规定。

由此，《婆沙》并没有在染、净的范畴内规范心性。当然，并不是说《婆沙》没有提出心性，而是“有随眠心与无随眠心其性各异”“观心性差别名善知心”“心于杂

---

① （姚秦）鸠摩罗什译：《成实论》第3卷，《大正藏》第32册，第258页。

② （姚秦）鸠摩罗什译：《成实论》第3卷，《大正藏》第32册，第258页。

③ （唐）玄奘译：《阿毗达磨大毗婆沙论》第180卷，《大正藏》第27册，第903页。

④ （唐）玄奘译：《阿毗达磨大毗婆沙论》第96卷，《大正藏》第27册，第497页。

染清净品中势用均等”，从援引《婆沙》的文中也可窥见这种观点的端倪。笔者认为，《婆沙》的心性观并非从染污、清净的二元对立的立场下进行的，而是以刹那生灭心为考察对象，从善、不善、无记的角度进行的。所谓善，指的是与四谛相应，也就是能“巧便所持，能招爱果，性安隐”为善；反之，“若法非巧便所持，能招不爱果，性不安隐”为不善，则与四谛相违。如果一法无“巧便”“安稳”等，则不能招果，属于无记。而善、不善法之中又有“自性”“相应”“等起“和“胜义”之分，有部以“惭”“愧”和“三善根”（无贪、无瞋、无痴）为“自性善”，以“无惭”“无愧”和三不善根（贪瞋痴）为“自性不善”，与之相应、等起之法为善、不善，“胜义善即是涅槃，安隐故名善”，而“胜义不善即是生死，不安隐故名不善”。[①] 从这个意义上考察，《婆沙》对生灭心属性的观点是“无常”的。

《根蕴·等心纳息》在论述心的不同状态时将善心、染心、无记心并论，作为分别心的不同状态的依据，可见有部以这三种心为心识的基本性质。而且《婆沙》在与烦恼相应或被烦恼系缚时，心是有烦恼的不善心。《论》说：

> 由二义故心名有贪：一与贪相应，二为贪所系。若唯贪相应故名有贪心，则瞋等相应品及有漏善无覆无记应名离贪心，然彼亦名有贪心，贪所系故。虽由二义心名有贪，此中但依相应义说无杂乱故。”[②]

与此相对的清净心，即是解脱烦恼的圣者心。所谓解脱，指的是“离贪嗔痴心得解脱”“贪嗔痴断心便解脱”。《论》说：

> 谓若身中烦恼未断心未行世不在相续，以心不能自在行世在相续故不名解脱。若自身中诸烦恼断，尔时此心自在行世在相续故，名得解脱。……贪、瞋、痴断心便解脱，此中意说心与烦恼若相应者无解脱义，同对治故；若未断时，以未断故不名解脱；若被断已，俱不成就不名解脱，相应诸法不可令其远离伴性，尚不名断，况名解脱？故解脱心必无烦恼本相应义。[③]

---

① “问：何故名善、不善、无记？答：若法巧便所持，能招爱果，性安隐故名善，巧便所持者显道谛，能招爱果者显苦、集谛，少分即有漏善，性安隐者显灭谛。若法非巧便所持，能招不爱果，性不安隐故名不善，此总显苦、集谛，少分即诸恶法。若法与彼二种相违，故名无记。……雾尊者言：由四事故名善：一自性故、二相应故、三等起故、四胜义故。自性故者，谓自性善，有说，是惭愧，有说，是三善根。相应故者，谓相应善，即彼相应心心所法。等起故者，谓等起善即彼所起身语二业不相应行。胜义故者，谓胜义善即是涅槃，安隐故名善。……有说，是无惭无愧，有说，是三不善根。……胜义故者，谓胜义不善即是生死，不安隐故名不善。”（见唐·玄奘译：《阿毗达磨大毗婆沙论》第51卷，《大正藏》第27册，第263页）

② （唐）玄奘译：《阿毗达磨大毗婆沙论》第151卷，《大正藏》第27册，第769页。

③ （唐）玄奘译：《阿毗达磨大毗婆沙论》第27卷，《大正藏》第27册，第140页。

就是说，染污心和解脱心是两种截然不同的，其性质完全不同。微细未显的“随眠”“烦恼”系缚心，现前粗陋的“缠”烦恼与心相应，[①]有这些烦恼的系缚，心便不净。在世俗谛的意义上说，人的心是染污的，而圣者的心是清净的。吕澂在《印度佛学源流略讲》说：

> 烦恼的随眠、缠是否与心相应的问题。有部不主张心性本净，对随眠和缠也不像上座部那样用现行和习气来区分，认为两者都是烦恼，只是由于表现不同，给予缠和随眠的异名。据他们的解释，随眠是跟着有情转的，而且是一向跟着，密不可分，有随缚义，并无现行、习气之分。他们指出，有七种带根本性的烦恼叫“七随眠”，即欲贪、瞋、有贪、慢、无明、见、疑。既然随眠是烦恼，经常有的，所以与心相应，也是一类心所。这就说明心是杂染的而非本净的。心性既然不是本净的，又何以得到解脱呢？原来他们把心区分为杂染心、离染心两种，去掉杂染心，实现离染心就得解脱。[②]

因此，有部修习的过程是改变染污的不善心为清净的善心的过程。众贤在《顺正理论》中明确地提出：“心性是染，本不由贪，故不染心本性清净，诸染污心本性染污，此义决定不可倾动。”[③]

而“无记心”有两种：即“有覆无记”和“无覆无记”。其中有覆无记与烦恼相应或被烦恼所系，摄入不善心。无覆无记并非善心，并且“一切善无覆无记心心所法非有染污”。对其性质，陈兵在《原始佛教及部派佛学的心性论》认为：

> 当无记心、有分心时，虽无贪嗔嫉慢等粗重烦恼现行，但未必没有作为烦恼根本的人法二我执尤其是意识层下末那识的俱生我见、我爱、我慢、我痴四根本烦恼，不无“三毒”中最重要的“痴”或十二有支的源泉无明，当然也没有确认诸法无我的智慧。凡夫位的无记心、有分心，显然称不起真正的本性心或真实谛意义上的本净心性。[④]

凡夫的无记心为无记，不引异熟，但仍起无明，没有清净的智慧。由此，《婆沙》对心的善、不善、无记三种规定，不可简化为清净、染污。提婆设摩在《识身足论》列举了十四个原因说明“心性决定无常”，其观点有可能正是《婆沙》正依的论点。《识身足论》卷3说：

① “随眠”“烦恼”“缠”是同一个意思，这是毗婆沙师一致的看法。

② 吕澂：《印度佛学源流略讲》，第51–52页。

③ （唐）玄奘译：《阿毗达磨顺正理论》第72卷，《大正藏》第29册，第733页。

④ 陈兵：《原始佛教及部派佛学的心性论》，《法音》2002年第9期。

> 由十四因，应知心性决定无常。谓加行故；相应故；威仪路故；工巧处故；身业故；语业故；意业故；因故；等无间故；所缘故；增上故；染不染故；受差别故；所作事业展转异故。①

心之三性，由十四个原因决定，因此对心性问题不可一概而论。笔者认为，从有部的基本论点来看，“心性无常论”更符合其宗旨。印顺在《说一切有部为主的论书与论师之研究》说：

> 《阿毗达磨识身足论》，传为提婆设摩（Devaśarman）所造。玄奘于贞观二十三年（公元六四九）译出，共十六卷，分为六蕴。在六分阿毗达磨中，极为重要，受到毗婆沙师的推重。《识身论》的内容，是以六识为中心的。……说到唯有六识身聚，十二缘起，心性无常，苦集苦灭的正观。……无论是传化到锡兰的铜鍱部，或流行印度本土的化地部，法藏部，饮光部（略折中说一切有说），都是主张过未无体、现在是有的分别说者。这与三世实有的说一切有者，尖锐的对立。《识身论》以三世一切有的立场，反复的难破他，主要是以“彼此共许的”佛说来证明。……《识身论》自称性空论者，即无我论者，反复的责难他。……依性空论者的见地，“诸法性有等有，由想等想，假说有情。于此（慈缘有情）义中，慈缘执受诸蕴相续”。②

有部“三世实有”“法体恒有”的宗旨允许无量法杂乱而住，心识刹那生灭，不住不常，“随眠”“缠”与“心”相应。笔者认为，有部所持“心性无常”的观点，即心的“自性”不可一概而论是染污还是清净。

对《婆沙》“心性”的讨论，虽然各家各派各持己见，但考察他们的对话可发现，此问题在“世俗谛”意义上提出和讨论的，观点和结果虽然能为一部分人所接受，但未必符合“胜义”的真实性。陈兵认为，这是“以心相论心性，将心看作有自性的实体来判其本性的染净，未能从真实谛着眼揭示心本具不变不易的本性，其心性论皆较显粗糙，只停留在人性论、伦理学的层面。”③ 在部派理论体系上中，这个问题是其修习思想的支柱之一，但从其来源来说，是否属于修行者所体验到的真实“法性”，还是很值得探讨的。对心自性的“现观”和“体验”应当是超越二元框架的。佛教从染污到清净的价值中，心性究竟是染污还是清净是成为备受关注的问题，因为它直接关系到修行在逻辑层面上的成立是如何可能。

---

① （唐）玄奘译：《阿毗达磨识身足论》第 3 卷，《大正藏》第 26 册，第 547 页。

② 印顺：《说一切有部为主的论书与论师之研究》，第 142–146 页。

③ 陈兵：《原始佛教及部派佛学的心性论》，《法音》2002 年第 9 期。

《金刚经》汉译的相、想通假问题

——关于窥基《金刚般若经赞述》相关问题的语文学考察

程恭让[①]

【摘要】著名佛典汉译家鸠摩罗什（343–413）所译《金刚经》中，“相”字出现高达84次之多。本文根据与《金刚经》现存梵本的全面勘对，从源语的角度厘清了《金刚经》相字的所有文字来源。同时比较罗什所译《小品般若经》第十八品即《摩诃般若波罗蜜恒伽提婆品》与《金刚经》内容相同的四段文字，说明从这四段经文的这些译语可以看出，同一个想字（saṁjñā），罗什或是译为了“相”字，或是译为了“想”字。基于此，本文明确主张罗什的《金刚经》译本存在相、想通假的译经体例。罗什汉译本《金刚经》在隋唐时期被人们广泛地阅读、注疏和流传，以罗什汉译《金刚经》为中心的注疏著作构成了中国佛教经典诠释史上的重要组成部分，正是因为如此，深入了解罗什相、想通假的这种译例就显得非常必要，这无论是对于我们深入研究《金刚经》本身的般若思想，或是对于我们正确解读隋唐时期《金刚经》相关的佛典诠释思想，也都毫无疑问具有一定的学术意义。本文第二部分基于相、想通假的译例体例，考察了窥基的《金刚经》相关注疏的特点。作为一位杰出的佛教学者，窥基的《金刚般若经赞述》在《金刚经》文字、义理的研究方面取得一些杰出的学术突破，不过从总体而言，窥基的语文学方法，尤其是语文学与思想史相结合的方法的运用并没有贯彻到底，窥基的《金刚经》诠释还是停留在以相为外在所执之相、以想为妄想能执之心、以内外交相舍弃为无住智慧的经旨考虑上，他没有尝试从改造人类的概念构造能力的角度出发，深度发掘《金刚经》特殊般若思想的实质及价值。中国大乘佛教经典汉译及理解上的一些“前见”，毫无疑问在引导窥基《金刚经》诠释的同时，也在一定程度上限制了他的思想视野。

【关键词】金刚经；相；想；概念；窥基；罗什

---

① 作者单位：上海大学文学院，上海大学道安佛学研究中心。

著名佛典汉译家鸠摩罗什（343–413）所译《金刚经》中，一个值得深入探讨的问题，乃是在罗什所译经文中大量使用了“相”字这个概念。根据我们的统计，在罗什5000多字的《金刚经》译文中，“相”字出现高达84次之多。根据与《金刚经》现存梵本的勘对，我们清楚意识到：罗什译《金刚经》中的这个“相”字，从源语的角度看，确实较为复杂。大体而言，罗什《金刚经》中的“相”字有下面几种情况：

其一，罗什译本《金刚经》中“相”字较为突出的一个语源，是梵文 lak2aza 字，此字指相貌、形状或特征，如经中凡是言及“三十二相”“身相”“具足相”“具足诸相”等经文的“相”字，其源语都是这个 lak2aza。这种“相”字在此经中出现的比较多，因此是罗什汉译《金刚经》中一个比较普遍的译例。

其二，罗什《金刚经》译文中有如下一段话：“何以故？若世界实有者，则是一合相。如来说一合相，则非一合相，是名一合相。须菩提！一合相者，则是不可说，但凡夫之人贪着其事。”[①]（sacedbhagavan lokadhāturabhaviṣyat, sa eva piṇḍagrāho'bhaviṣyat| yaścaiva piṇḍagrāhastathāgatena bhāṣitaḥ, agrāhaḥ sa tathāgatena bhāṣitaḥ| tenocyate piṇḍagrāha iti| bhagavānāha– piṇḍagrāhaścaiva subhūte avyavahāro'nabhilāpyaḥ| na sa dharmo nādharmaḥ| sa ca bālapṛthagjanairudgṛhītaḥ）[②]这段话中的“一合相”，原语是“一合取”或“一合知”（piṇḍagrāho），意思是“关于整体的执取”，或是“关于整体的感知”。所以罗什此处译文中的“相”字，对应的是梵文的 grāha，是表示“感知”或“执取”的意义。这个译例对于我们理解罗什汉译《金刚经》“相”字的意义，是有重要的启发的。

其三，罗什《金刚经》译文中还有下面这段话：“须菩提！汝若作是念：‘发阿耨多罗三藐三菩提者，说诸法断灭相’，莫作是念。何以故？发阿耨多罗三藐三菩提心者，于法不说断灭。”[③]（na khalu punaste subhūte kaścidevaṃ vadet– bodhisattvayānasaṃprasthitaiḥ kasyaciddharmasya vināśaḥ prajñaptaḥ ucchedo veti| na khalu punaste subhūte evaṃ draṣṭavyam| tatkasya hetoḥ ? na bodhisattvayānasaṃprasthitaiḥ kasyaciddharmasya vināśaḥ prajñapto nocchedaḥ）[④]我们勘对原语可知，这里的两个“相”字，现存梵本中都没有出现，因而可以理解为是罗什以意译的方式所添加的。

最后，除了上述几种情况外，罗什所译《金刚经》中其余的“相”字，还有一个非常重要的用法，甚至可以说是罗什汉译《金刚经》中用得最多，也最具有普遍意义的

---

① 《金刚般若波罗蜜经》：CBETA, T08, no. 235, p. 752b11–13。

② “Vajracchedikq Praj`qpqramitq”, *Mahāyāna-sūtra-saṁgrahaḥ*（part 1）, Edited by Dr. P. L. Vaidya, Published by The Mithila Institute of Post–Graduate Studies and Research in Sanskrit Learning, Darbhanga ,1961，p89。以下引用本书称 Vajracchedikq Praj`qpqramitq。

③ 《金刚般若波罗蜜经》：CBETA, T08, no. 235, p. 752a22–25。

④ “Vajracchedikq Praj`qpqramitq”，p.88.

一种用法，就是用“相”字来传译及代替“想”字，在这种情况下，罗什汉译《金刚经》中大部分“相”字的源语，其实乃是saṃjñā（想）。也就是说，罗什汉译《金刚经》存在一种非常特殊的译例，也就是用“相”字替代“想”字的译例，这里因此把这个译例的问题称为相、想通假的问题。

这种相、想通假的译经体例，其实仔细研究，并非罗什汉译《金刚经》中的一个特殊现象，在罗什所译的其他佛典中，也有所体现。如在罗什所译另一部著名的般若思想经典《小品般若经》中，包含下面几段译文，其中也出现相似的情况：

一、“是菩萨先应作是念：‘众生长夜着众生相，着有所得，我得阿耨多罗三藐三菩提，当断是诸见，而为说法。’即入空三昧解脱门。”[①]（punaraparaṁ subhūte bodhisattvasya mahāsattvasyaivaṁ bhavati–dīrgharātramamī sattvā dharmasaṁjñayā upalambhe carantiǀteṣāmupalambhadṛṣṭikānāmupalambhadṛṣṭiprahāṇāya anuttarāṁ samyaksaṁbodhimabhisaṁbudhya dharmaṁ deśayiṣyāmīti[②]）此例中，虽然现存梵本中的“法想”（dharmasaṁjñā），在罗什的译文中是“众生相”，但是毫无疑问，此处的“相”字应当就是原典中的“想”字（saṁjñā）。

二、“复次，须菩提！菩萨作是念：‘众生长夜行于我相，我得阿耨多罗三藐三菩提，当断是相，而为说法。’即入无相三昧解脱门。”[③]（punaraparaṁ subhūte bodhisattvasya mahāsattvasyaivaṁ bhavati–dīrgharātramamī sattvā nimittasaṁjñayā nimitte carantiǀ teṣāṁ nimittasaṁjñāprahāṇāya anuttarāṁ samyaksaṁbodhimabhisaṁbudhya dharmaṁ deśayiṣyāmītiǀ sa ānimittaṁ samādhivimokṣamukhaṁ samāpadyate sattvānāṁ kṛtaśaḥǀ[④]）这个例子中，梵本中的源语是“相想”nimittasaṁjñā，在罗什的译文中则是“我相”，同样没有疑问的是，罗什这里使用的“相”字正是对应原典中的“想”字（saṁjñā）。

三、“复次，须菩提！菩萨作是念：‘众生长夜行常想、乐想、净想、我想。以是想有所作，我得阿耨多罗三藐三菩提，断是常想、乐想、净想、我想，而为说法，是法无常非是常，是苦非乐，不净非净，无我非我。’”[⑤]（punaraparaṁ subhūte bodhisattvasya mahāsattvasyaivaṁ bhavati–dīrgharātramamī sattvā nityasaṁjñayā sukhasaṁjñayā ātmasaṁjñayā śubhasaṁjñayā ca viparyastāḥǀ tathā kariṣyāmi yathā anuttarāṁ

---

① 《小品般若波罗蜜经》卷7：CBETA, T08, no. 227, p. 569b1–4。

② A2tasahasrikq Praj`qpqramitq, Edited by Dr. P. L. Vaidya, Published by The Mithila Institute of Post–Graduate Studies and Research in Sanskrit Learning, Darbhanga, 1960, p186。

③ 《小品般若波罗蜜经》卷7：CBETA, T08, no. 227, p. 569b7–10。T08n0227_p0569b09‖。

④ A2tasahasrikq Praj`qpqramitq, Edited by Dr. P. L. Vaidya, Published by The Mithila Institute of Post–Graduate Studies and Research in Sanskrit Learning, Darbhanga, 1960, p186。

⑤ 《小品般若波罗蜜经》卷7：CBETA, T08, no. 227, p. 569b14–18。

samyaksaṁbodhimabhisaṁbudhya nityasaṁjñāyāḥ sukhasaṁjñāyāḥ ātmasaṁjñāyāḥ śubhasaṁjñāyā viparyāsasya prahāṇāya dharmaṁ deśayiṣyāmi–anityametatsarvaṁ na nityamiti| duḥkhametatsarvaṁ na sukhamiti| anātmakametatsarvaṁ naitatsātmakamiti| aśubhametatsarvaṁ naitacchubhamiti|[①]）此例中，罗什所译“常想、乐想、净想、我想”这四种想中的“想”字，原文也都是同一个源字：“想”字（saṁjñā）。有趣的是，对应同一语源的“想”字，在此例中汉译为“想”字，而在前面的两段经文中则译为了“相”字。

四、最后，还有下面这一段译文：“复次，须菩提！菩萨作如是念：‘众生长夜行有所得，今亦行有所得；先行有相，今亦行有相；先行颠倒，今亦行颠倒；先行和合相，今亦行和合相；先行虚妄相，今亦行虚妄相；先行邪见，今亦行邪见。我当勤行精进，得阿耨多罗三藐三菩提，为断众生如是诸相，而为说法，除此诸过。’”[②]（yo hi kaścitsubhūte bodhisattvo mahāsattva imaṁ cittotpādamutpādayati, ityapīme sattvā dīrgharātramupalambhe caritāvinaḥ etarhyupalambhe caranti|nimittasaṁjñāyāṁ caritāvinaḥ etarhyapi nimittasaṁjñāyāṁ caranti| viparyāse caritāvinaḥ etarhyapi viparyāse caranti| piṇḍasaṁjñāyāṁ caritāvinaḥ etarhyapi piṇḍasaṁjñāyāṁ caranti| abhūtasaṁjñāyāṁ caritāvinaḥ etarhyapi abhūtasaṁjñāyāṁ caranti| mithyādṛṣṭau caritāvinaḥ etarhyapi mithyādṛṣṭau caranti| tathā kariṣyāmi yathaiṣāmete doṣāḥ sarveṇa sarvaṁ sarvathā sarvaṁ na bhaviṣyanti, na prajñāsyante| ityevaṁ sarvasattvān samanvāharati[③]）在罗什这段译文中，梵本的源语“相想”（|nimittasaṁjñā），在罗什译文中对应“有相”，其中“有”字对应“相”（nimitta）；“相”字对应“想”（saṁjñā）；源语“和合想”（piṇḍasaṁjñā），在罗什译文中对应“和合相”，其中“和合”对应“piṇḍa”，“相”字对应“想”（saṁjñā）；源语“虚妄想”（abhūtasaṁjñā），在罗什译文对应“虚妄相”，其中“虚妄”对应“abhūta”，“相”字对应“想”字（saṁjñā）。

以上四例均见于罗什所译《小品般若经》第十八品，即《摩诃般若波罗蜜恒伽提婆品》，而在今存梵本中，则是《善巧方便品》。这四段文字也是最能集中体现《金刚经》与《八千颂般若经》思想亲缘关系的经文。从这四段经文的这些译语可以看出，同一个想字（saṁjñā），罗什或是译为了“相”字，或是译为了“想”字，这说明相、想通假的译例，不仅是罗什《金刚经》汉译的一个译例，也是罗什《小品般若经》汉译的一个

① *A2tasahasrikq Praj`qpqramitq*, Edited by Dr. P. L. Vaidya, Published by The Mithila Institute of Post-Graduate Studies and Research in Sanskrit Learning, Darbhanga, 1960, p.186。

② 《小品般若波罗蜜经》卷 7：CBETA, T08, no. 227, p. 569b21–c2。

③ *A2tasahasrikq Praj`qpqramitq*, Edited by Dr. P. L. Vaidya, Published by The Mithila Institute of Post-Graduate Studies and Research in Sanskrit Learning, Darbhanga, 1960, p.187。

译例。无论是《金刚经》或是《小品般若经》的源语，相关的地方都完全没有容纳不同“想”（saṁjñā）字的另外一个语源的可能，所以我们不能猜测这些地方的“相”字有别的语源，或者罗什个人的特殊思想使其选择了“相”字进行翻译，而其他的译家则选择了“想”字。翻译毕竟是翻译，而不能是凭空杜撰，所以承认、接受罗什汉译佛典中这种“相”“想”通假的译经体例的客观存在，可能是对本问题最正确的理解及解决的方式。

要知道这种“相”“想”通假的现象还不仅仅是罗什一家的特殊译例，在魏晋南北朝隋唐时期的佛典汉译中，如斯的汉译规则，实际上为诸多的译家所共许。以与本文探讨的问题相关联而言，如在北魏时期永平二年（509）菩提留支第二次汉译的《金刚经》中，[①]所用佛学术语，包括汉译本相关使用的“相”字，就基本上是沿袭自罗什的译法。[②]如果我们用特殊的术语策略或其他类似的解释来理解鸠摩罗什的这种汉译，我们就无法解释菩提留支也会接受所谓的“特殊的术语策略”，唯一合理的解释是当菩提留支在进行《金刚经》的翻译时，也认识并接受当时用“相”字来翻译“想”字已经是佛教界共许的译法。所以“相”“想”通假的译例，不仅构成罗什汉译《金刚经》的一个显着特色，而且因为菩提流支译本的出现，使得罗什“相”“想”通假的译例得到进一步地强化。

对于此一重要的汉译现象的理解，观察达摩笈多所译无着所写《金刚般若疏》的汉译，可以给我们更多的启发。现存达摩笈多所译无着论师的这部论，有两个版本，一个是二卷本，题为《金刚般若论》，其中没有单独汇入《金刚经》的全文；一个是三卷本，题为《金刚般若波罗蜜经论》，其中则汇入了《金刚经》的全文。而三卷本中所汇入的《金刚经》全文，显然不是采用本论译者达摩笈多的汉译经的经文，而是采用了菩提流支的《金刚经》译文。因此，我们就看到下面的奇特情形：（1）菩提留支译本的《金刚经》，以及汇入在达摩笈多所译三卷本《金刚般若疏》中的《金刚经》经文，这些经文中相关的“想”字，全部都以“相”字出现；（2）达摩笈多本人所译的单行本的《金刚经》经本，这个本子中相关的“相”字则全部汉译为“想”字；（3）同一部三卷本由达摩笈多所译的《金刚般若波罗蜜经论》中，无着论中所引用的《金刚经》经文及无着自己的疏文，相关的“相”字或“想”字则常交替使用，以此出现“相”“想”二字混用的情形。如三卷本《金刚般若波罗蜜经论》中所汇入下面这段经文：“何以故？须菩提！是诸菩萨无复我相、众生相、人相、寿者相。须菩提！是诸菩萨无法相，亦非无法相，无相，亦非无相。何以故？须菩提！是诸菩萨若取法相，则为着我、人、众生、寿者。须菩提！若是菩萨有法相，即着我相、人相、众生相、寿者相。”[③]这是取自留支的汉

① 《关于〈金刚般若经〉》，梶芳光运，第 75 页。

② 《金刚般若波罗蜜经》：CBETA, T08, no. 236a, p. 752c10–p. 757a12。

③ 《金刚般若波罗蜜经论》卷 1：CBETA, T25, no. 1510b, pp. 769c29–770a6。

译经文，其中的“相”字在意义上都是指“想”。在达摩笈多本人所译单行本《金刚经》中，与这段留支所译经文对应的段落则汉译如下：“彼何所因？不，善实！彼等菩萨摩诃萨我想转，不众生想、不寿想、不人想转。不亦彼等，善实！菩萨摩诃萨，法想转，无法想转；不亦彼等，想、无想转不。彼何所因？若，善实！彼等菩萨摩诃萨法想转，彼如是，彼等我取有，众生取、寿取、人取有；若无法想转，彼如是，彼等我取有，众生取、寿取、人取有”。[①]可以见到留支译本中所用的“相”字，笈多原本中都是“想”字。而笈多所译三卷本《金刚般若波罗蜜经论》同这段《金刚经》经文有关的无着论文（涵无着所引经文），则是如下：

> 经言“是诸菩萨无复我相、众生相”，乃至“若是菩萨有法想，即着我相、人相、众生相、寿者相”者，此显示实想，对治五种邪取故。何者五邪取？一、外道，二、内法凡夫及声闻，三、增上慢菩萨，四、世间共想定，五、无想定。第一者，我等想转；第二，法相转；第三者，无净想转，此犹有法取。有法取者，谓取无法故。第四者，有想转；第五者，无想转。是诸菩萨于彼皆不转也，此中显了有戒乃至当生无量福聚等。
>
> 经言“何以故”者，此言是中邪取，但法及非法想转，非我等想，以我想及依止不转故。然于我想中随眠不断故，则为有我取，是故经言“是诸菩萨，若取法想，则为着我等取”“若无法想转，则为有我取”等。此我等想转中，余义犹未说。经言“若是菩萨有法相，即着我”等者，于中，取自体相续为我想，我所取为众生想，谓我乃至寿住取为命想，展转取余趣取为人想应知。[②]

可以看到在上面两段无着写的文字中，一边出现“我相”“人相”“众生相”“寿者相”的译语，一边出现“我想”“众生想”“命想”“人想”的译语；一边出现“法相”“非法相”的译语，一边出现“法想”“非法想”的译语；一边出现“有相”“无相”的译语，一边出现“有想”“无想”的译语。可见在同一个作者的同一译品中，“相”字和“想”字这两个字是可以予以混用的。这个例子可以确切地证明：在当时的译家，至少是在《金刚经》相关的译家看来，“相”“想”二字是完全可以通用、完全可以互相替代的。因为如果大家没有形成并接受这样的共识，那么同一部三卷本的《金刚般若波罗蜜经论》，就会成为一个基本概念严重混淆、因而无法予以清晰释读的论典。

再者，上面所引三卷本《金刚般若波罗蜜经论》无后引的第一段，在二卷本中，是为：“经言‘是诸菩萨无复我想、众生想转’，乃至言‘若法想转，即为有我取者，此显示

---

① 《金刚能断般若波罗蜜经》：CBETA, T08, no. 238, p. 767b23–c2。

② 《金刚般若波罗蜜经论》卷 1：CBETA, T25, no. 1510b, p. 770b1–19。

实想，对治五种邪取故。何者五邪取？一外道，二内法、凡夫及声闻，三增上慢菩萨，四世间共想定，五无想定。第一者，我等想转。第二者，法想转。第三者，无法想转，此犹有法取。有法取者，谓取无法故。第四者，有想转。第五者，无想转。是诸菩萨于彼皆不转也，此中显了有戒乃至当生无量福聚等。”① 从这一段文字可以看出，三卷本中相关的“相”字，在二卷本中则都完全写成了“想”字。因此我们可以进行如下的推测：二卷本《金刚般若疏》应该是笈多所译无着论的原本，而三卷本可能是因为受到留支经文汇入的影响，因而更多地出现了相、想通用、混用的情形。

在中国佛教的经典诠释史上，要到清代乾隆时期的通理法师，才最早清晰地提出《金刚经》的“相”“想”二字的翻译问题，如他在其所著《金刚新眼疏经偈合释悬示》中，就曾经说过：“又秦本唯说四相，此说八想，谓有情想、命者想、士夫想、补特伽罗想、意生想、摩纳婆想、作者想、受者想。盖相即所想，但四、八开合稍异。”② 通理此处以“所想”解释“相”，还是融合相、想的诠释方式，也就是既承认“相”和“想”的一致性，又认为“相”“想”在释义上有所不同，这样的理解方式，本质上还是隋唐以来中国佛教学者关于“相、想”问题理解的一种典型思维模式。不过，通理再度提出相、想关系的问题，在中国佛教的《金刚经》诠释史上，还是有积极的意义。

此后，20世纪的佛学家吕澂先生在1937年9月12日的一场讲座《〈金刚经〉三义》中，提出以“发趣义”“三假义”“无住义”三义解释《金刚经》一经大义的崭新学术观点，其中关于“无住义”的阐述中，吕先生提出如下的看法：“谈般若行，即不住此想。不住，即不执、不着、不取，而此不执、不着、不取，乃依想之形式内容关系而言。所谓想者，凡有所表白勾画，即有表画之内容存在。常人因此而定说想之形式内容，相属不变，一有想起即便相应执为实有事者，是为凡夫。原来语言概念，在生活关系上极为密切，而与一切常识不能脱离，如地名一概念，吾人一见此名，心想此地，随即意识上着所想是地而非水火。此习一成，即永不异，着已成地而不说为地者，是又不可。佛学无住行，即以此为中心，常识、外学皆所对治，此即《金刚般若》处处离想之义也。想有无量无边，但述八种即可通之，八复分二，即人法各四。人四谓我有情受者补特伽罗，由暂时之我至于相续之补特伽罗（即数取趣）。法四即非有无。一切想中，此八最要，常人于此，极易执著。不住想言，即不住此八想，于此八想不住即通常所谓空义。《般若》谈空，《金刚》乃般若精华而无空字，是离想之谓空，乃进而以空义说也。旧本不明，又加疑难，将想字错作无心之相，别为发明谓不住相，复于人我对待，不知人即有情受者一类，但有时间意味而非空间，故知其非相字而为想也。无之与空，皆谓无想。是知不住云者，

---

① 《金刚般若论》卷1：CBETA, T25, no. 1510a, p. 760c15–23。

② 《金刚新眼疏经偈合释》卷1：CBETA, X25, no. 487, p. 236c10–13 // Z 1:39, p. 245c13–16 // R39, p. 490a13–16。

实于此想无住耳。”[①] 所以吕澂先生已经明确地提出《金刚经》中的四相或八相的概念，实际上是四想或八想概念的说法，认为《金刚经》的无住思想，即是表述不住于想的思想。但是看上去，吕澂先生这一孤明先发的见解，似乎并未得到其后汉语学界的认真对待和同情理解。

如印顺法师早年讲《金刚经》时（1942），似乎就没有留意到吕澂先生的这项研究，因此当时的印顺未及注意罗什《金刚经》汉译中相字语源的复杂性、多元性，还是以“相即六尘境”来笼统地解释《金刚经》的“相”字。因此在这个问题上，可以说印顺的《金刚经》释义与绝大部分中国古代《金刚经》注疏家的释义，没有什么本质的区别。[②]

现当代学者中，如著名佛教学者吴汝钧先生在所写论文《〈金刚经〉的思考法：四相否定与即非诡辞》（1993）一文中，曾经引用罗什译经中的“四相”，认为此中的“关键性字眼”——“相”字，就是 lak2aza。他解释说：这里的四相当为四种分别相状，即分别自我主体的相状（我相），一般人的主体的相状（人相）、普泛地说众生的相状（众生相）及具有生命延续性的主体的相状（寿者相）；而这里所谓“无相”，就是没有我相、人相、众生相、寿者相，也就是不对这些东西的相状起自性分别。[③] 吴先生这个说法，显然也没有注意到罗什《金刚经》汉译中“相”字的复杂语源问题。

稍晚一点，李利安教授在其所著《金刚经般若思想初探》（2000）中，一方面说：“‘相’意为‘事物之相状，表于外而想象于心者’，无相，即心中不思虑事物之相状，亦即没有关于事物的认识”；另一方面则敏锐地指出，罗什译《金刚经》中相关的“相”，“到南朝陈代的真谛、隋代的笈多、唐代的玄奘、义净时，被改译作‘想’，从而更明确地表达了这层意思。从《金刚经》的整个结构看，‘想’的译法更确切，罗什译作‘相’，除了所据梵本可能有所不同的原因外，当与他所传大乘空宗所破外相、一切皆空的影响也有关。”[④] 表现出在“相”和“想”二字的考虑上颇费踌躇、难以抉择的态度。有些学者在解释罗什的《金刚经》时，提出“离相是离什么相呢？它是指破末那识、意识，离心所的见相二分，也就是离六识、七识的见分、相分，以及相应心心所的见相二分”，[⑤] 这是明显地以唯识学的相、见二分解释罗什所译《金刚经》相关的“相”字，这是以后期的唯识学思想作为解释《金刚经》思想的根据，但是作者没有说明这样解释的合法性，也没有提出任何的语文学的理由。另外一位学者骆庆凯在其硕士论文《〈金刚经〉离相思想研究》中，也已注意到罗什译本的“相”字，在其他的汉译中都译为“想”字的事实，

---

① 《〈金刚经〉三义》，《吕澂佛学论着选集》卷一，齐鲁书社，第 250–252 页。

② 《般若经讲记》卷 2：CBETA, Y01, no. 1, p. 42a6。

③ 《〈金刚经〉的思考法：四相否定与即非诡辞》，吴汝钧，《鹅湖学志》第 10 期，1993 年，第 120 页。

④ 《〈金刚经〉般若思想初探》，李利安，《中国佛教学术论典》21，佛光山文教基金会印，2000 年，第 326、327 页。

⑤ 《〈金刚经〉中离相无住思想之研究》，释坚莲，福建师范大学硕士学位论文，2006 年，第 19 页。

但是作者还是区分“相”为外在现象，“想”为内在概念、观念，并认为：“译者翻译为相或者想，只是说明其重视的‘离四相’的阶段的不同。鸠摩罗什的思想倾向于般若，更重视离外相，故译成‘相’，而其他几位译者都倾向于唯识，更重视离内想，故译成‘想’。”[①] 也是试图引进般若学派、唯识学派的理念，以解释“相”“想”二字的区分问题。

在对《金刚经》做梵汉对勘研究的学者中，显然有些学者已经意识到罗什及菩提留支译本《金刚经》出现大量的“相”字，而在其他的译本中则是“想”字的事实，但是这些学者并未能够对这一译经现象作出解释，而是宁愿选择无视或保持沉默；[②] 倒是最近的时间，黄国清教授出版《〈金刚经〉与〈药师经〉的当代释读》一书，书中非常正确地将罗什译本中的“我相、人相、众生相、寿者相”，解释为“自我概念、人的概念、众生概念、寿者概念”，如他说：“我相、人相、众生相、寿者相，都是有情普遍对自己身心个体中存有一种永恒不灭之精神实体的概念执取。”[③] 可见这位作者明确地认定罗什所译的“相”字即是“想”字。也许是由于这本著作自身的性质，作者未进一步在书中展开关于《金刚经》“相”“想”翻译问题的探讨。

日本学者的现代佛学研究，由于其经典翻译大都以梵本、藏本为基础，因此在其翻译中，大都能够明了《金刚经》罗什译本中相关的“相”字乃是梵文“想”字的事实。如以中村元、纪野一义所译注的《金刚经》为例，译者在文中的相关注释处就已经指出《金刚经》相关的“相”字是为 sa/j`q 这个梵字。[④] 不过，其书中未见到探讨相、想汉字的相关翻译问题。这也是日本学界《金刚经》研究的常态。

左冠明先生曾经关注过这一议题，他试图把鸠摩罗什《金刚经》汉译中以“相”代“想”的译法，理解为是这一种“故意的翻译策略”，并试图诉诸佛教法相思想的传统，把“想”（sa/j`q）理解为“心理活动”（mental activity）及“精神构造”（mental constructs）两个方面，认为对应于前者，罗什在《金刚经》中译为了“想”；对应于后者，罗什则在《金刚经》中则译为“相”。[⑤] 左冠明教授的这个研究是富有启发意义的。不过，他自己在文中也承认，即便在《金刚经》本身，这样分类理解“想”字的“翻译策略”也难以贯彻到底。何况这样的考虑无法解释《金刚经》相关文本（如《金刚般若疏》）中“相”“想”二字频繁混用的现象及其正确释读的问题。

---

① 《〈金刚经〉离相思想研究》，厦门大学硕士学位论文，骆庆凯，2017 年，第 18–19 页。

② 《〈金刚经〉同经异译与语言研究》，王继红，上海：中西书局，2018 年，第 7–108 页。

③ 《〈金刚经〉与〈药师经〉的当代释读》，黄国清，台中：高文出版社，2020 年，第 47 页。

④ 《般若心经》《金刚般若经》，［日］中村元、纪野一义著，岩波文库，33-303-I，岩波书店。

⑤ Mind The Hermeneutical Gap: A Terminological Issue in Kumārajīva's Version of The Diamond Sutra，Stefano Zacchetti，此文载于《汉传佛教研究的过去现在未来》，佛光大学佛学研究中心，2015，pp.158–193。

笔者在2018年8月初版的《金刚经》一书中，收入《〈金刚经〉罗什、玄奘二译对勘及梵本新译》一篇旧作作为附录（写于2013年，任教南京大学时作为教学用的梵文教材使用）。在这篇旧作中，我不仅在翻译方面已经将罗什所译相关的“相”字，根据梵本改译为了“想”（文中常表述为“概念”“观念”），而且指出：“按照汉传佛教的佛典术语传统，两个不同的梵文术语，一个是lak2aza（指相貌、特征），一个是nimitta（指基质、预兆），都经常被翻译为汉译的‘相’字。前者经常用以指佛陀著名的三十二种相，后者经常用来表示色、声、香、味、触、法这所谓‘外六尘’。无论是罗什还是玄奘，他们也都延续了这样的翻译传统。这种情况在其《金刚经》译文中，都可以看得很清楚。一般来讲，拥有一定汉语佛典翻译知识的人，也不致在理解上产生多少的混淆。但是由于现在在罗什的《金刚经》术语系统中，表示相貌、特征的lak2aza，表示基质、预兆的nimitta，同表示‘想’的sa/j`q，都被用这个‘相’字来传译，造成理解上困难、淆乱的可能性，就确实大大增加了。”① 正是为了避免继续出现这种理解上的“困难、淆乱”，我们在这里明确主张罗什的《金刚经》译本存在相、想通假的译经体例。罗什汉译本《金刚经》在隋唐时期被人们广泛地阅读、注疏和流传，以罗什汉译《金刚经》为中心的注疏著作构成了中国佛教经典诠释史上的重要组成部分，正是因为如此，深入了解罗什相、想通假的这种译例就显得非常必要，这无论是对于我们深入研究《金刚经》本身的般若思想，或是对于我们正确解读隋唐时期《金刚经》相关的佛典诠释思想，也都毫无疑问具有一定的学术意义。

慈恩法师窥基（632–682）是玄奘大师的弟子，也是隋唐时期的《金刚经》注疏家中一个有代表性的人物。以下，我们主要对勘鸠摩罗什、菩提留支、玄奘大师及梵本共四种《金刚经》（其他的三种汉译《金刚经》，所有术语大同玄奘，故而从略）版本中有关相、想通假的译例，同时考察窥基《金刚般若经赞述》中的相关疏文，以便借以更加全面、深入地理解《金刚经》佛学思想的本质和特征，以及由此更加审慎地评判窥基《金刚经》注疏学术思想及义理诠释的意义及价值。

第一例

罗什：“何以故？须菩提！若菩萨有我相、人相、众生相、寿者相，即非菩萨。”②

留支：“何以故？须菩提！若菩萨有众生相，即非菩萨。何以故非？须

① 程恭让：《金刚经》，东方出版社，2018年8月，第287页。

② 《金刚般若波罗蜜经》：CBETA, T08, no. 235, p. 749a10–11。

菩提！若菩萨起众生相、人相、寿者相，则不名菩萨。”①

玄奘：“何以故？善现！若诸菩萨摩诃萨有情想转，不应说名菩萨摩诃萨。所以者何？善现！若诸菩萨摩诃萨不应说言有情想转。如是命者想、士夫想、补特伽罗想、意生想、摩纳婆想、作者想、受者想转，当知亦尔。”②

梵文：tatkasya hetoḥ？ sacetsubhūte bodhisattvasya sattvasaṃjñā pravarteta, na sa bodhisattva iti vaktavyaḥ| tatkasya hetoḥ？ na sa subhūte bodhisattvo vaktavyo yasya sattvasaṃjñā pravarteta, jīvasaṃjñā vā pudgalasaṃjñā va pravarteta||③

新译如下：“这是为什么呢？须菩提啊！假使一个菩萨还会生起关于众生的概念，那么这个菩萨就不应当被称为‘菩萨’了。为什么呢？须菩提啊！凡是还会生起关于众生的概念，凡是还会生起关于命者的概念，或者关于补特伽罗的概念的这个菩萨，就不应当被称为所谓‘菩萨’。”④

上面这个例子中，罗什、留支所译我相、人相、众生相、受者相等四相，在梵本中对应相字的源语，都是想字（saṃjñā）。玄奘译本此处都译为想字，不过玄奘译本中表示生命主体概念的想字，一共有八个，这是玄奘译本《金刚经》的一个特色。saṃjñā，想，自原始佛教经典以来，就作为五蕴法之一，是表示生命体的一个重要组成部分：想心所。而想心所，在大乘佛教的经典中被如斯释义：“想 T31n1585_p0011c23 ‖ 谓于境取像为性，施设种种名言为业。谓 T31n1585_p0011c24 ‖ 要安立境分齐相，方能随起种种名言。”⑤所以想实际上就是指人们构造概念的特殊心理功能，也指借由这种构造概念的特殊心理功能所形成的概念（名言）。这种概念制造和使用的能力是人类日常语言及日常生活赖以进行的基础，但是人类制造概念的能力的形成伴随着对于概念对应的实有事物的执著而来，而人类使用概念的过程也会一直强化这种执著。所以本段经文强调一个发趣菩萨乘的人，必须断除关于生命主体的种种概念，因为只有这样其人才是名副其实的菩萨。上面这个例子是罗什、留支《金刚经》汉译中使用相、想通假译法的第一例。

下面是窥基《金刚般若经赞述》中对此段经文的疏释：

---

① 《金刚般若波罗蜜经》：CBETA, T08, no. 236a, p. 753a6–8。

② 《大般若波罗蜜多经》卷 577：CBETA, T07, no. 220, p. 980b8–12。

③ Vajracchedikq Praj`qpqramitq, p75。

④ 本文所作《金刚经》梵文原典的相关汉译，主要依据程恭让《金刚经》，《中国佛学经典宝藏》5，东方出版社，2018 年 8 月版，第 166–289 页。同时参考许洋主：《梵文佛典翻译与文法解析 〈金刚般若波罗蜜多经〉》，台北：绿林寮有限公司，2014 年 12 月初版。以下参考上述二书时不再一一注出。

⑤ 《成唯识论》卷 3：CBETA, T31, no. 1585, p. 11c22–25。

述曰：此第四、不颠倒心也。若起我等四执，即分别之障未除，妄想以之更长，故是颠倒。既无有四执，故名不颠倒心。服药本除其病，无实反增故。世亲云：我者总观三世五蕴差别执，见过去我相续至现在不断名众生相，见现在命根不断住故名命者相，见命根断灭过去后生六道名寿者相。然婆伽婆说命者，即是此名人相。无着稍不同也。①

窥基此处疏文将经文中的“有我相”，解释为“起我等四执”，从汉语字面而言，似乎有将相字释为执著的倾向，所谓执著，与他下文用到的“分别之障”“妄想”等，与经文源语的想字，都有所对应。所引世亲的《金刚般若波罗蜜经论》释四相，有所谓“观……执”“见……”的表达方式，都含有从心理活动的能动、主观方面界说四相（即四想）的意义，因此可以说窥基理解此句例中的四相，有将其释为四想（妄想，分别，执著）的倾向。

第二例

罗什：“须菩提！菩萨应如是布施，不住于相。”②

留支：“须菩提！菩萨应如是布施，不住于相想。”③

T08n0236ap0753a12 ‖ 玄奘：“善现！如是菩萨摩诃萨如不住相想应行布施。”④

梵文：evaṃ hi sūbhūte bodhisattvena mahāsattvena dānaṃ dātavyaṃ yathā na nimittasaṃjñāyāmapi pratitiṣṭhet | ⑤

新译如下：须菩提啊！一个菩萨摩诃萨应该像这样布施，其不会住于关于事相的概念中。

在这个例子中，出现了 nimittasaṃjñā 这个复合词，其中 nimitta，指事相、征相、事物、基质；saṃjñā，是指想法、概念、观念，此复合词为一个依主释复合词，表示位格关系，可以译为“关于事相的概念（或观念）”。罗什这里的译文应该是省略了复合词的前字 nimitta，而仅译出后字 saṃjñā（想），并且将后字译为了“相”字。但是菩提留支此处的译文中，十分罕见地未受罗什翻译传统的影响，译出了整个的复合词：“相

① 《金刚般若经赞述》卷 1：CBETA, T33, no. 1700, p. 131b1–9。

② 《金刚般若波罗蜜经》：CBETA, T08, no. 235, p. 749a14。

③ 《金刚般若波罗蜜经》：CBETA, T08, no. 236a, p. 753a11。

④ 《大般若波罗蜜多经》卷 577：CBETA, T07, no. 220, p. 980b16–17。

⑤ Vajracchedikq Praj`qpqramitq，p76。

想”。玄奘此处的译文同留支，也是译为“相想”。留支、玄奘二译此处的处理方法，十分契合原典语言。

下面是窥基的疏文：

> 应云不住相想。想者，分别心；相者，所着境。言不住者，除内分别心，于外不着外相也。谓不见受者、施者及所施物故而炽然施也。若见空而不施即是空执，若但施而不见空便有病，要见空而且施，方贯中道，得成波罗蜜多。[①]
>
> 不住相想者，此是显示也。谓相应三摩钵提及摄散心，于此二时，不住相想。[②]

这里，需要说明：窥基疏释《金刚经》的《金刚般若经赞述》，所疏之本，是鸠摩罗什的汉译本《金刚经》。所以他不是根据玄奘大师的新译经本，而是依据罗什所译的《金刚经》来诠解《金刚经》的文字及思想。罗什译文中，此处是为“不住于相”。不过，窥基同时也是根据菩提留支所译世亲《金刚般若波罗蜜经论》，菩提留支所译《金刚经》及达摩笈多所译《金刚般若论》等，来疏释罗什所译《金刚经》的。罗什所译《金刚经》此句经文，菩提留支译为了“不住相想”。在流支所译世亲《金刚般若波罗蜜经论》中，译有“此义云何？不住相想行于布施，成就义故”一句，其中也出现“相想”的译语。[③]而笈多所译《金刚般若论》中，此处无论所引经语及无着疏文，也都出现“不住相想”的译法。[④]所以，窥基在此段疏释中提出“应云不住相想”之说，也就是主张对于罗什此处的译文要有所改订。另外在这段疏文中，窥基明确地提出“相”是“所着境”“想”是“分别心”的说法，认为《金刚经》所言的“不住”，就是“除内分别心，于外不着T33n1700_p0131c19 ‖ [18] 外相”，这表示窥基主张要从“不着外相”及“除内分别”两个方面来理解《金刚经》的不住理念。以上这个校订及诠释，可以视为是窥基解读《金刚经》取得的一个杰出的语文学及思想诠释的成果。不过根据梵本，《金刚经》此处的意义还是强调菩萨不住于关于事相的概念，所以窥基所谓“外相”的说法，显示了中国佛教《金刚经》诠释中一个悠久的“前见”，也许正是这种“前见”，妨碍了窥基，使其难以将语文学与思想史相结合的研究方法，彻底贯彻下去。

---

① 《金刚般若经赞述》卷 1：CBETA, T33, no. 1700, p. 131c17–22。

② 《金刚般若经赞述》卷 1：CBETA, T33, no. 1700, p. 132a15–18。

③ 《金刚般若波罗蜜经论》卷 1：CBETA, T25, no. 1511, p. 782c6–7。

④ 《金刚般若论》卷 1：CBETA, T25, no. 1510a, p. 760b12–13。

第三例

鸠摩罗什："须菩提！菩萨但应如所教住。"①

菩提留支："佛复告须菩提：菩萨但应如是行于布施。"②

玄奘："佛言：善现！菩萨如是，如不住相想应行布施。"③

梵文：evaṃ hi subhūte bodhisattvayānasaṃprasthitena dānaṃ dātavyaṃ yathā na nimittasaṃjñāyāmapi pratitiṣṭhet | |④

新译：须菩提啊！一个趋向菩萨乘者应当像这样施与布施，其不会住于关于事相的概念中。

这个例子中源语中有 nimittasaṃjñā，关于事相的概念。故解说完全可同第二例。罗什此外采取了意译，留支沿袭罗什译法，故二译此处都既不见"相"字，也不见"相想"的说法。惟有玄奘大师的译文，在这里也忠实地译出了原意。

下面是窥基的疏文：

> 述曰：此第四、劝信也，谓劝令如佛所教，行无相施，福定无边，不久当成广大果也。此意云汝等虽复未解，但应如佛所教，后证之时方自了达也。上来依世亲释竟。依无着者，就此一段明净住处中，初正明净住处，次不住相已下，为令堪故，世尊显示不住行施福德最多也。谓或有菩萨闻说无相施故不生堪忍欲乐修习，而作是说：本所行施求自体殊胜，及以得恩，并诸果报，既无相施何所得耶？谓但贪有相施福德而求自体等，于无相施不能堪乐。故俗有言曰：少不学，长无能。有不施，思所穷。老不教，死无名。所以有菩萨贪其福德也。世尊为令堪故，而以虚空为喻也。⑤

窥基解释此句，先引世亲注疏，认为此文是劝导诸菩萨如佛那样，行无相施，未来则将获得广大菩提果。复引无着疏文，认为行无相施，其所得福德具有普遍、广大、无尽的特点。窥基在此处疏文中提出了"有相施"及"无相施"的理念，但是他没有对于所谓的"有相"及"无相"给出清晰的释义。此外，窥基此处所引无着的《金刚般若论》文字，原文如下："经言'菩萨应如是行施，不住于相想'者，为显示，谓相应三昧及摄散心，于此二时不住相想。如是建立不住已，或有菩萨贪福德故，于此不堪，为令堪故，

① 《金刚般若波罗蜜经》：CBETA, T08, no. 235, p. 749a19–20。

② 《金刚般若波罗蜜经》：CBETA, T08, no. 236a, p. 753a18。

③ 《大般若波罗蜜多经》卷 577：CBETA, T07, no. 220, p. 980b16–17。

④ *Vajracchedikq Praj`qpqramitq*, p.76。

⑤ 《金刚般若经赞述》卷 1：CBETA, T33, no. 1700, p. 132b28–c12。

世尊显示不住行施福聚甚多犹如虚空，有三因缘：一遍一切处，谓于住、不住相中福生故；二宽广，高大殊胜故；三无尽，究竟不穷故。”① 可见窥基所引、由达摩笈多所译无着之《金刚般若论》，此处明明出现“不住于相想”的《金刚经》经文，及“不住相想”的疏文。窥基不可能不注意到无着论此处所引、所释与罗什、留支二译经文的明显差异，但他似乎是有意、无意地将这种差异予以忽视了。

第四例

罗什：“何以故？是诸众生无复我相、人相、众生相、寿者相， 无法相、亦无非法相。何以故？是诸众生若心取相，则为着我、人、众生、寿者。若取法相，即着我、人、众生、寿者。何以故？若取非法相，即着我、人、众生、寿者。”②

菩提留支：“何以故？须菩提！是诸菩萨，无复我相、众生相、人相、寿者相。须菩提！是诸菩萨，无法相，亦非无法相。无相，亦非无相。何以故？须菩提！是诸菩萨，若取法相，则为着我、人、众生、寿者。须菩提！若是菩萨有法相，即着我相、人相、众生相、寿者相。”③

玄奘：“何以故？善现！彼菩萨摩诃萨无我想转，无有情想、无命者想、无士夫想、无补特伽罗想、无意生想、无摩纳婆想、无作者想、无受者想转。善现！彼菩萨摩诃萨无法想转、无非法想转，无想转、亦无非想转。所以者何？善现！若菩萨摩诃萨有法想转，彼即应有我执、有情执、命者执、补特伽罗等执。若有非法想转，彼亦应有我执、有情执、命者执、补特伽罗等执。”④

梵文：tatkasya hetoḥ? na hi subhūte teṣāṃ bodhisattvānāṃ mahāsattvānāmātmasaṃjñā pravartate, na sattvasaṃjñā, na jīvasaṃjñā, na pudgalasaṃjñā pravartate | nāpi teṣāṃ subhūte bodhisattvānāṃ mahāsattvānāṃ dharmasaṃjñā pravartate | evaṃ nādharmasaṃjñā | nāpi teṣāṃ subhūte saṃjñā nāsaṃjñā pravartate | tatkasya hetoḥ sacetsubhūte teṣāṃ bodhisattvānāṃ mahāsattvānāṃ dharmasaṃjñā pravarteta, sa eva teṣāmātmagrāho bhavet, sattvagrāho jīvagrāhaḥ pudgalagrāho bhavet | sacedadharmasaṃjñā pravarteta, sa eva teṣāmātmagrāho bhavet, sattvagrāho jīvagrāhaḥ pudgalagrāha iti |⑤

新译：为什么呢？因为，须菩提啊！这些菩萨摩诃萨都不出现关于自我的概念，

---

① 《金刚般若论》卷 1：CBETA, T25, no. 1510a, p. 760b11–17。

② 《金刚般若波罗蜜经》：CBETA, T08, no. 235, p. 749b4–9。

③ 《金刚般若波罗蜜经》：CBETA, T08, no. 236a, p. 753b9–14。

④ 《大般若波罗蜜多经》卷 577：CBETA, T07, no. 220, p. 980c18–26。

⑤ *Vajracchedikq Praj`qpqramitq*，pp.76–77。

都不出现关于众生的概念、关于命者的概念以及关于补特伽罗的概念。须菩提啊！这些菩萨摩诃萨也不出现关于法的概念，同样，也不出现关于非法的概念。须菩提啊！这些菩萨摩诃萨也不出现概念，也不出现非概念。为什么呢？须菩提啊！假使这些菩萨摩诃萨还会出现关于法的概念，这就会成为这些菩萨摩诃萨关于自我的执取，就会成为这些菩萨摩诃萨关于众生的执取、关于命者的执取，以及关于补特伽罗的执取。假使这些菩萨摩诃萨还会产生关于非法的概念，这就会成为这些菩萨摩诃萨关于自我的执取，就会成为这些菩萨摩诃萨关于众生的执取，关于命者的执取，以及关于补特伽罗的执取。

根据罗什的译文，《金刚经》这段经文一共举出我相等四种相，以及法相、非法相这二种相。根据菩提留支的译文，经中此处除举出我相等四种相，以及法相、非法相这二种相之外，还举出相及非相这二种相，也就是说经中一共列出了八种相。玄奘大师此处的译文大体上同于菩提留支的汉译，不过在罗什、留支译为四种生命主体之相的地方，玄奘一如既往列出九种诸相，更重要的是，罗什、留支二译本段经文所有译为相字的地方，玄奘一律译为想字。今传梵本同玄奘，凡所涉及之处，均为saṃjñā字。

窥基疏文中，在解释“何以故？是诸众生无复我相、人相、众生相、寿者相”一句时，他如是疏释：

> 述曰：此第二释中，初明无我、次明无法相四种。此意云后五百岁时，有菩萨了达身之生起、衰灭成无，本非有我。又了怨亲、是非之类本由自心，都无定实。既闻人法二空之理，复积持戒等福，所以如来以佛智知、眼见也。谓总缘三世五蕴差别一一阴是我，如是妄取，是名为我相；见身相续不断，谓从过去我而至现在，名为众生相；见现在一报命根不断，名为命者；见命根断灭后未来复生余六道中者，名为寿者。无着释稍不同。谓取我自体相续名为我、我所取为众生想，此二我及我所也。谓我乃至寿住取为命相，展转趣余趣取为人想。解云彼说寿者，此说为人也。上来四执妄情谓有。总了为空，故云无我相等也。①

窥基这段疏文同样先引世亲疏文，复引无着疏文，对于经中所列关于生命主体的四种相，进行释义。所引世亲文字，对于四种相，分别名为我相、众生相、命者相、寿者相，所引无着疏文，则列名为我想、众生想、命想、人想。同一处诠释文字对于两种译语（我相，乃至寿者相；我想，乃至寿者想）同时引用，如果说引用者窥基不懂得此处的“相”字即是“想”字，那是无论如何都解释不通的。所以上面这份资料证明窥基应该非常明确罗什译文中的这些“相”字表示“想”字的真实经义，但是问题的另一方

① 《金刚般若经赞述》卷1：CBETA, T33, no. 1700, p. 134b21–c6。

面是，他却始终没有十分明确地将此点予以揭明。（T33n1700_p0134c07 ‖ ）

再如释“[0134c07] 无法相、亦无非法相”一句，窥基的解释如下：

> 无法相者，谓凡情妄执，执法我为有，名为法相。既达为空，知法体而非实故，云无法相，无其所执实有法相故。亦无非法相者，谓愚者妄情，拨圆成而是无，名非法相，空无有体故。智者了此圆成是有，故无非法相，无其所执为空相故，二无我理是实有故。此中更应云无相，亦非无相。言无相者，谓无我理不可以言宣说为有为无，诸小菩萨乍谓可说，名之为相，圣者了之为不可说，故云无相也。亦非无相者，以于无言处依言相说也。谓愚者既闻不可说故，即谓有言皆非，智人达之故，依言辞而说，然不执著，故言亦非无相也。[①]

在这段疏文中，窥基先引入唯识学三自性相说的理论，来帮助解释无法相等二种相：无法相，是指无实有法相（即无遍计所执法相）；无非法相，是指了知圆成实自性并非是无，所以无非法相。同时，根据菩提留支所译《金刚经》及世亲《金刚般若波罗蜜经论》，窥基提出罗什译本《金刚经》此处的经文中，应该补足“非相、非无相”两句。窥基解释“无相、非无相”这两句：认为不可言无我理为有为无，故是无相；智者不执无我理为有为无，而可以方便言说，所以是非无相。窥基对于罗什此处的译文应该补定为八相的说法，也是他根据语文学及思想史相结合的研究方法，所得出的一个重要的诠释成果，不过也看得出来，他确实不是扣紧表示人类概念制造能力及所制造概念、名词的想字，来阐释此处经文的意义。

关于罗什译《金刚经》此处的“取相”等诸句，窥基在疏文中还引用了无着下面的说法：

> 依无着者，论云此取，显示实相，对治五种邪取故。何者五取？一者外道，二者内法凡夫及声闻，三者增上慢菩萨，四者世间共想定，五者无想定。第一者，我等想转；第二者，法相转；第三者，无法相转，此犹有法取，有法取者，谓取无法故；第四者，有想转，谓执有想定；第五者，无想转，执无想定故。是诸菩萨于彼皆不转也。[②]

窥基所引无着这段疏文中，提出对治五种邪取的说法。所谓五种邪取，第一是外道，其等我等想转；第二是内法凡夫及诸声闻，其等法相转；第三是增上慢菩萨，其等无法

① 《金刚般若经赞述》卷 1：CBETA, T33, no. 1700, p. 134c16–28。

② 《金刚般若经赞述》卷 1：CBETA, T33, no. 1700, p. 135a28–b10。

相转；第四是世间共想定，其等想转；第五是无想定，其等无想转。而发心无住布施的诸菩萨摩诃萨，则于上述诸想尽皆不转。窥基所引的这段无着论，所涉及八种想，在达摩笈多所译二卷本中，全部写为想字；[①] 在三卷本无着论中，则写为我等想，法相，无净想（净字疑为法字），有想、无想。[②] 而窥基此段疏文中的引用，是写为：我等四种想，法相、无法相，有想及无想。可见三卷本无着论，及窥基的疏文，这里呈现出相、想二字有所混用的情形。这条资料再一次证明引用这段文字的窥基，不可能不明了《金刚经》中相关的相字即是想字通假的特殊译法。

通过分析本例中窥基几段《金刚经》疏文，我们可以形成这样的认识：由于窥基一方面依赖罗什、菩提留支所译的《金刚经》、菩提留支所译世亲《金刚经》注文，同时另一方面又依赖达摩笈多所译无着《金刚般若论》，作为其诠释《金刚经》文字、义理的依据，所以在窥基的《金刚般若经赞述》中，就罕见地多次出现相、想二字予以混用的情况。这种情况的出现，显示他清楚了知汉译《金刚经》中确实存在相、想通假的译经体例。由此，一个合乎逻辑的做法，应该是把相关的相字明确地解读为想字，并应该着眼于“想”这个概念及“无想”的理念，重新思考及解说《金刚经》的中心思想。可是窥基却没有把其对于《金刚经》这种语文学的察识，真正关联于对于《金刚经》思想义理的阐释中，由此造成窥基疏文未能彻底厘清及清晰说明《金刚经》相、想通假体例的诠释困境。

第五例

罗什：“世尊！若复有人得闻是经，信心清净，则生实相，当知是人成就第一希有功德。世尊！是实相者，则是非相，是故如来说名实相。”[③]

留支：“世尊！若复有人得闻是经，信心清净，则生实相，当知是名成就第一希有功德。世尊！是实相者，则是非相，是故如来说名实相、实相。”[④]

玄奘：“世尊！若诸有情闻说如是甚深经典生真实想，当知成就最胜希有。何以故？世尊！诸真实想、真实想者，如来说为非想，是故如来说名真实想、真实想。”[⑤]

梵文：paramena te bhagavan āścaryeṇa samanvāgatā bodhisattvā bhaviṣyanti, ye

① 《金刚般若论》卷 1：CBETA, T25, no. 1510a, p. 760c17–22。

② 《金刚般若波罗蜜经论》卷 1：CBETA, T25, no. 1510b, p. 770b4–10。

③ 《金刚般若波罗蜜经》：CBETA, T08, no. 235, p. 750b1–3。

④ 《金刚般若波罗蜜经》：CBETA, T08, no. 236a, p. 754b16–19。

⑤ 《大般若波罗蜜多经》卷 577：CBETA, T07, no. 220, p. 982b5–9。

iha sūtre bhāṣyamāṇe śrutvā bhūtasaṃjñāmutpādayiṣyanti| tatkasya hetoḥ? yā caiṣā bhagavan bhūtasaṃjñā, saiva abhūtasaṃjñā| tasmāttathāgato bhāṣatebhūtasaṃjñā bhūtasaṃjñeti||①

新译：在这里，当这部经典正在被宣说的时候，凡是那些听闻之后产生“真实”这种概念的人们，薄伽梵啊！都将会成为具足最高稀奇的菩萨们！为什么呢？薄伽梵啊！凡是“真实”这种概念，就是“非真实”这种概念，因而如来说为“‘真实’这种概念、‘真实’这种概念。”

《金刚经》这段经文中出现的bhūtasaṃjñā，是一个复合词，其中前字为bhūta，意思是“真实”；后字为saṃjñā，意思是概念、观念。此复合词为持业释复合词，因而可以翻译为“‘真实’这种概念”。据此而言，罗什、留支二译此段译语的“实相”，就是“实想”，也就是玄奘大师所译的“真实想”。因此经文中所谓“生实相”，意思就是指人们听闻《金刚经》之后，接受、认可这部经典的价值，产生这样的想法：“这部经典是真实的经典”，或“这部经典是包含真理的经典”。但是由于此处所用“相”这个通假的译语，导致这段经文中的“实相”概念，与罗什积极推动、其他大乘经典汉译者也广泛加以采用的表示大乘空性、实际等思想的“实相”概念，在文字上完全一样，故而在汉译《金刚经》的义理诠释中，此处的通假译例容易引起理解和诠释思维的巨大跳跃。

我们看窥基此处的疏文：

> “世尊！若复有人得闻是经，信心清净，则生实相，当知是人成就第一希有功德。”
>
> 谓有闻经生信心者，当来定得无分别智，除妄分别，证达二空，名生实相。由如是故，虽复舍多身命，不如受持也。以欲舍身，恒轮生死，非求慧行，不趣菩提故也。
>
> “世尊！是实相者，则是非相，是故如来说名实相。”
>
> 是实相者，谓无相为相也。即是非相者，谓则非是虚妄分别所执差别之相。说名实相者，谓无虚妄之相说名实相也。谓有闻说实相言故，谓是虚妄分别所执之相，今言不是，故有此文也。②

窥基此处的第一段疏文，以得无分别智，除虚妄分别，实证二空，解释“生实相”，那么此处的“实相”，无论是指所证的二空之理，或是能证的无分别智，都与原典中“真

---

① *Vajracchedikq Praj`qpqramitq*，p80。

② 《金刚般若经赞述》卷1：CBETA, T33, no. 1700, p. 140a9–20。

实的概念或观念”相差甚远，而颇为接近中国大乘佛教经典诠释学智慧中作为宇宙人生本质真相的“实相”概念。在第二段疏文中，窥基还试图运用瑜伽行派三自性学说来解释这里的“实相非相”一句，认为所谓“非实相”，是指无虚妄分别所执差别之相，这也同样是暗示这里实相的概念，是为圆成实自性的概念。

由这一诠释例证可知，中国大乘佛教的实相概念，是有着巨大影响力的一个佛教诠释学的概念，正是这一概念作为不知不觉的先行观念，引导了窥基此处的《金刚经》诠释和理解。

第六例

罗什：“何以故？离一切诸相，则名诸佛。”①

菩提留支：“何以故？离一切诸相，则名诸佛。”②

玄奘：“何以故？诸佛世尊离一切想。”③

梵文：tatkasya hetoḥ？ sarvasaṃjñāpagatā hi buddha bhagavantaḥ.④

新译：为什么？因为诸佛薄伽梵是舍弃一切诸想者。

这个句例中有 sarvasaṃjñā 的说法，意思是：一切的诸想，所有的诸想。据此，罗什、流支二译中此处“一切诸相”，应当读为“一切诸想”。玄奘大师此处译为“一切想”，与梵本是一致的。

关于这个句例，窥基的疏文如下：

谓若有分别，即有业、生死起。既除分别之相，妄想、生死都无，则名诸佛也。此意云：纵舍多身命，非证理之因。若暂听经，便是离相之福。谓因受持、听闻故，当证二无我理，既是胜因，故多舍命之福也。⑤

窥基在这个疏释中，认为有分别则有作业和生死，若舍弃分别，则无妄想、无生死，而这就是诸佛的境界。文中提到“分别”，或“分别之相”，就是指“一切诸想”。文中所谓“离相”，当然也可以理解为是指“离想”。当然，窥基一如既往，没有清晰地澄清他疏文中“相”字的具体涵义。

---

① 《金刚般若波罗蜜经》：CBETA, T08, no. 235, p. 750b9。

② 《金刚般若波罗蜜经》：CBETA, T08, no. 235, p. 750b9。

③ 《大般若波罗蜜多经》卷 577：CBETA, T07, no. 220, p. 982b19。

④ Vajracchedikq Praj`qpqramitq，p.80.

⑤ 《金刚般若经赞述》卷 1，CBETA, T33, no. 1700, p. 140b8-12。

第七例

罗什："何以故？须菩提！如我昔为歌利王割截身体，我于尔时，无我相、无人相、无众生相、无寿者相。何以故？我于往昔节节支解时，若有我相、人相、众生相、寿者相，应生瞋恨。须菩提！又念过去于五百世作忍辱仙人，于尔所世，无我相、无人相、无众生相、无寿者相。是故，须菩提！菩萨应离一切相，发阿耨多罗三藐三菩提心。"①

留支："何以故？须菩提！如我昔为歌利王割截身体，我于尔时，无我相、无众生相、无人相、无寿者相，无相，亦非无相。何以故？须菩提！我于往昔节节支解时，若有我相、众生相、人相、寿者相，应生瞋恨。须菩提！又念过去于五百世，作忍辱仙人，于尔所世，无我相、无众生相、无人相、无寿者相。是故须菩提！菩萨应离一切相，发阿耨多罗三藐三菩提心。"②

玄奘："何以故？善现！我昔过去世曾为羯利王断支节肉，我于尔时都无我想，或有情想，或命者想，或士夫想，或补特伽罗想，或意生想，或摩纳婆想，或作者想，或受者想，我于尔时都无有想亦非无想。何以故？善现！我于尔时若有我想，即于尔时应有恚想；我于尔时若有有情想、命者想、士夫想、补特伽罗想、意生想、摩纳婆想、作者想、受者想，即于尔时应有恚想。何以故？善现！我忆过去五百生中，曾为自号忍辱仙人，我于尔时都无我想、无有情想、无命者想、无士夫想、无补特伽罗想、无意生想、无摩纳婆想、无作者想、无受者想，我于尔时都无有想亦非无想。是故，善现！菩萨摩诃萨远离一切想，应发阿耨多罗三藐三菩提心。"③

梵文：tatkasya hetoḥ？ yadā me subhūte kalirājā aṅgapratyaṅgamāṃsānyacchaitsīt, nāsīnme tasmin samaye ātmasaṃjñā vā sattvasaṃjñā vā jīvasaṃjñā vā pudgalasaṃjñā vā, nāpi me kācitsaṃjñā vā asaṃjñā vā babhūva| tatkasya hetoḥ？ sacenme subhūte tasmin samaye ātmasaṃjñā abhaviṣyat, vyāpādasaṃjñāpi me tasmin samaye'bhaviṣyat| sacetsattvasaṃjñā jīvasaṃjñā pudgalasaṃjñābhaviṣyat, vyāpādasaṃjñāpi me tasmin samaye'bhaviṣyat| tatkasya hetoḥ？ abhijānāmyahaṃ subhūte atīte'dhvani pañca jātiśatāni yadahaṃ kṣāntivādī ṛṣirabhūvam| tatrāpi me nātmasaṃjñā babhūva, na sattvasaṃjñā, na jīvasaṃjñā, na pudgalasaṃjñā babhūva| tasmāttarhi subhūte bodhisattvena mahāsattvena

① 《金刚般若波罗蜜经》：CBETA, T08, no. 235, p. 750b14–22。

② 《金刚般若波罗蜜经》：CBETA, T08, no. 236a, p. 754c2–9。

③ 《大般若波罗蜜多经》卷 577：CBETA, T07, no. 220, p. 982c1–15。

sarvasaṃjñā vivarjayitvā anuttarāyāṃ samyaksaṃbodhau cittamutpādayitavyam |[①]

新译：为什么呢？须菩提啊！当羯利王割截我的肢体、细肢、肉体时，在那个时刻，我不曾有关于自我的概念，或关于众生的概念，或关于命者的概念，或关于补特伽罗的概念。我也不曾有任何概念，或是非概念。为什么呢？须菩提啊！假使在那个时刻，我会产生关于自我的概念，那么当时我就会产生关于憎恨的概念；假使在那个时刻我会产生关于众生的概念，关于命者的概念，关于补特伽罗的概念，那么当时我就会产生关于憎恨的概念。为什么呢？须菩提啊！我记得在过去的世代，在五百生当中，我都曾经是一个宣说安忍的仙人。即便在其时，我也不曾有关于自我的概念，不曾有关于众生的概念，关于命者的概念，关于补特伽罗的概念。因此，须菩提啊！一个菩萨摩诃萨，应当舍弃一切的概念，生起无上正等菩提心。

在上面这段经文中，罗什译文中出现我等四相，菩提留支的译文除了我相等四相以外，还出现相、非相这二种相，这些“相”字，在玄奘的译文中都写作“想”字。罗什、留支这段译文中的“菩萨应离一切相”，在玄奘的译文中译为“菩萨摩诃萨远离一切想”。今传梵本同于玄奘的汉译。此段文字也是《金刚经》中比较集中地谈到“无相”即“无想”的文字。尤其是经中提出菩萨应当舍弃诸想而发菩提心，明确菩萨发菩提心的重要标准之一，就是舍弃内在的诸想——包括关于生命主体的诸种概念，也包括概念或非概念这些表示人类制造概念的特殊能力的心所自身或其反面。

对于这一段经文，窥基的疏释显得非常简略：

> 发心有五：一者种姓发心，谓地前；二者信发心，谓初三地，相同世间，修施、戒、忍故；三者明发心，谓四、五、六、七地，相同出世故——谓四地作菩提分观，相同预流；五地作四谛观，相同罗汉；六地作缘起观，相同缘觉；七地纯无相观，正是菩萨也。四者不退发心，谓八、九、十地；五者无上发心，谓佛地。亦云五种菩提，谓名种姓菩提等。今言发心者，谓信发心，即初地，菩萨内观真如无住理故，名为不住生心也。[②]

在这段疏文中，窥基先说有五种发心：种姓发心、信发心、明发心、不退发心、无上发心，并说明此段经文所言之“发心”，是指“信发心”，也就是初地、二地、三地菩萨发心的阶段。窥基把这种“信发心”的特征界定为“内观真如无住理”，显然也没有重视或者强调提及菩萨发心应当舍弃一切诸想的核心经义。

① *Vajracchedikq Praj`qpqramitq*，p.81.

② 《金刚般若经赞述》卷2：CBETA, T33, no. 1700, p. 141a24–b4。

第八例

罗什："如来说：'一切诸相，即是非相。'"①

留支："须菩提言：'世尊！一切众生相，即是非相。'"②

玄奘："何以故？善现！诸有情想即是非想。"③

梵文：tatkasya hetoḥ？ yā caiṣā subhūte sattvasaṃjñā, saiva asaṃjñā |④

新译：为什么呢？须菩提啊！只要是关于众生的概念，就是非（关于众生的）概念。

这是《金刚经》中一个"即非"格式的句子，在这个句子中，省略了通常这种格式的句子需要具足的成分："佛说"。所以罗什此处的译文补足了"佛说"的成分，译为"如来说"。留支此处的译文，则译为"须菩提言"。玄奘此处的译文则遵照原典，没有译出"佛说"。罗什、留支两译此处的相字，在玄奘译文中都是想字，梵本同于玄奘的译文。另外罗什此处所译的"一切诸相"，留支译为"众生相"，玄奘译为"诸有情想"，今传梵本同留支、玄奘。

下面是窥基的疏文：

> 说一切诸相者，谓虚妄相。即是非相者，谓无实相，虚妄本空故。⑤

依梵本，《金刚经》此处是言佛说众生想与人类日常语言说众生想的差异：人类日常语言说众生想，遵守形式逻辑的同一律原则，因而众生想（关于众生的概念）是众生想，众生想不是非众生想。而佛说众生想则是非众生想，是说佛说名词、概念具有超越形式逻辑同一律原则的特征。窥基此处的疏文，是侧重言一切诸相是虚妄相、无实相也就是空的性质。这与经文本身检讨佛说概念与人类日常语言说概念之本质差异的经旨，确有不同的侧重。另外在此处的疏文中，窥基也未言明"一切诸相"是"一切诸想"的意义。

第九例

罗什："须菩提！发阿耨多罗三藐三菩提心者，于一切法，应如是知，如是见，如是信解，不生法相。"⑥

---

① 《金刚般若波罗蜜经》：CBETA, T08, no. 235, p. 750b25–26。

② 《金刚般若波罗蜜经》：CBETA, T08, no. 236a, p. 754c13–14。

③ 《大般若波罗蜜多经》卷 577：CBETA, T07, no. 220, p. 982c22–23。

④ *Vajracchedikq Praj`qpqramitq*，p.81.

⑤ 《金刚般若经赞述》卷 2：CBETA, T33, no. 1700, p. 141b20–23。

⑥ 《金刚般若波罗蜜经》：CBETA, T08, no. 235, p. 752b20–22。

留支："须菩提！菩萨发阿耨多罗三藐三菩提心者，于一切法，应如是知，如是见，如是信，如是不住法相。"①

玄奘："佛告善现：诸有发趣菩萨乘者，于一切法应如是知、应如是见、应如是信解，如是不住法想。"②

梵文：bhagavānāha evaṃ hi subhūte bodhisattvayānasaṃprasthitena sarvadharmā jñātavyā draṣṭavyā adhimoktavyāḥ| tathāca jñātavyā draṣṭavyā adhimoktavyāḥ, yathā na dharmasaṃjñāyāmapi pratyupatiṣṭhennādharmasaṃjñāyām|③

新译：薄伽梵说："确实，须菩提啊！一个趋向菩萨乘者，应当这样认识、看待、信解一切的诸法。而且，如其既不会住于关于法的概念，也不会住于关于非法的概念，趋向菩萨乘者应当这样地认识、看待、信解（一切的诸法）。"

今传梵本此句中有 dharmasaṃjñā 及 adharmasaṃjñā 两个复合词，其一（法想）意思是"关于法的概念"，其二（非法想）意思是"关于非法的概念"。玄奘译文中译有"法想"，没有"非法想"。罗什、留支二译中的"法相"，即是梵本及玄奘译文中的"法想"。根据梵本及玄奘译文，我们得以了解罗什译文此处"不生法相"的意思：菩萨既不会执著关于法的概念，也不会执著关于非法的概念，应当这样地认知、看待及信解诸法。

下面是窥基的疏文（T33n1700_p0154a09 ‖）：

谓若发心者证真如时，不见所执法相，名为正智也。无着云：发菩提心者，显示何人是无分别也；于一切法者，显示于何法不分别；应如是知见等者，显示增上心、增上智故，于无分别中知见胜解。于中若智依止奢摩他故知，依止毗钵舍那故见，此二依止三摩提故胜解，以自在故。解内攀缘影像，彼名胜解。谓知与见但是一，无分别智与意相应。今言依止观为别者，据前加行而说也。谓前欲修止故发智，名之为知；欲修观故生智，名之为见也。④

窥基这段疏文引证无着的《金刚般若论》⑤，提出"证真如时，不见所执法相，名为正智"的说法。其中"所执法相"的说法，显然表示他这里使用的"相"字，终究还是指作为心识活动对象的外在的相，而不是指能执著的妄想分别之心。这证实我们前文的判断，即从总体而言窥基还是把想和相字区分开来，以外在所执之相诠解《金刚经》

① 《金刚般若波罗蜜经》：CBETA, T08, no. 236a, p. 756c26–28。

② 《大般若波罗蜜多经》卷 577：CBETA, T07, no. 220, p. 985c6–8。

③ *Vajracchedikq Praj`qpqramitq*，p.89。

④ 《金刚般若经赞述》卷 2：CBETA, T33, no. 1700, p. 154a12–22。

⑤ 《金刚般若论》卷 2：CBETA, T25, no. 1510a, p. 766a2–6。

中的“相”字，以内在能执之心诠解《金刚经》中的“想”字，这与梵本经文及玄奘等汉译中始终凸显的不住于内在妄想分别之想的经义宗旨，多少还是有些差异。

总起来看，作为隋唐时期中国佛教的一位杰出学者，窥基无论是在佛教语文学的知识方面，或是在生活的时代方面，都本是有机会通过语文学与思想史相结合的方式，彻底澄清罗什所译《金刚经》“相、想”通假的译经体例，从而为《金刚经》的理解和诠释开出更新的一个局面。因为无论是依据玄奘大师的新译为基础进行《金刚经》经文思想义理的诠释，或是通过包括罗什、玄奘译本在内六种汉译《金刚经》的互相勘对，或是参照已经出现且行世的无着《金刚般若论》的汉译本，窥基都应该不难达到迟至1937年吕澂先生才将达成的结论。但是窥基所释《金刚经》的底本，是罗什的汉译《金刚经》；他主要参照的菩提留支的《金刚经》译文，又在术语上、译文上大量沿袭了罗什的《金刚经》；而菩提留支对于罗什所译《金刚经》术语的依赖，又影响了他所翻译世亲的《金刚般若波罗蜜经论》，而后者事实上是中国佛教学人注疏、理解《金刚经》最早依据且长期信赖的权威文献，也是窥基本人理解及注释《金刚经》所依据的最重要的参照文献。所有这些原因确实为窥基的《金刚经》理解，增添了一些不利的因素。窥基比其前代的《金刚经》注疏家，更多地采纳了隋代达摩笈多所译《金刚般若论》作为诠释《金刚经》的一种新依据，而这部汉译无着论尤其是二卷本的汉译无着论对于其中所包括的《金刚经》引文的汉译完全摆脱了罗什译文的影响，因此为窥基突破前人的窠臼，重新理解罗什“相”“想”通假的译例，提供了一种充分的可能。不过，我们发现窥基对于世亲的《金刚般若波罗蜜经论》和无着的《金刚般若论》是采取“会释”的态度，而不是积极寻求两部论中所包含的两种《金刚经》汉译的不同，并为这种不同找出原因和解释。所以正如窥基在《金刚般若论会释》中所写的如下一段话：“相者境，想者心。天亲论云：施者受者物等随应六度三事之相，取此三相，名为相想，即是想倒。谓有七倒：即常、乐、我、净、想、心、见倒。今明想倒，摄心见等。观三事空，起三轮净，故名不住。”[①] 这种“会释”的方法即融通研究的方法，也成为他难以实质性地突破既往研究传统的重要原因之一。总之，作为一位杰出的佛教学者，佛教语文学研究方法的充分运用，使得窥基的《金刚般若经赞述》在《金刚经》文字、义理的研究方面取得一些杰出的学术突破，不过从总体而言，窥基的语文学方法，尤其是语文学与思想史相结合的方法的运用并没有贯彻到底，窥基的《金刚经》诠释还是停留在以相为外在所执之相、以想为妄想能执之心、以内外交相舍弃为无住智慧的经旨考虑上，他没有能够似乎也不想尝试“百尺竿头更进一步”，从改造人类的概念构造能力的角度出发，深度发掘《金

---

① 《金刚般若论会释》卷1：CBETA, T40, no. 1816, p. 733b27–c2。

刚经》特殊般若思想的实质及价值。中国大乘佛教经典汉译及理解上的一些“前见”，毫无疑问在引导窥基《金刚经》诠释的同时，也在一定程度上限制了他的思想视野。

明清及近现代唯识学与中国哲学

唯识学“刹那”义及其对近代中国哲学的影响[①]

沈庭[②]

【摘要】近代佛学巨擘欧阳竟无重新宣扬唯识学“刹那灭”义，认为世间一切事物都是刹那生灭、恒常流变的，并将其纳入支那内学院的教学内容，成为内学院重点宣扬的唯识学特色理论之一。受内学院影响的景昌极、缪凤林、熊十力、李石岑等近代哲学家都认为宇宙万物，包括心识或心性都是“刹那灭”的或说刹那生灭的，可见“刹那灭”义几乎成为支那内学院一系学者看待世界的“共同知识”，唯识学所宣扬的刹那生灭的变化观、宇宙观、心识观对近代中国哲学产生了重要影响，其深化和丰富了近代中国形而上学。

【关键词】刹那生灭；近代中国哲学；近代佛学；支那内学院

唯识学认为世间的一切事物都是虚妄不实的，都是由根本识阿赖耶识变现而成，阿赖耶识之所以有如此强大的功能是因为它储藏了生成宇宙万法的各类“种子”，所以它又叫“一切种识”。而阿赖耶识所含藏的种子是“刹那灭”的，或说刹那生灭的，因此种子现行所显现的宇宙万法似乎看上去具有延续性，其实是虚妄分别的结果，它们也是刹那生灭的。由这种刹那生灭的学说，唯识学建构起了它独特的无常观和因缘观。近代唯识学的重新兴起在中国哲学界重新激活了这种独特的因缘观，对近代中国哲学产生了深远影响。尤其是受支那内学院影响的学者，他们推崇玄奘所传的唯识学，对诸法刹那生灭的观念摄入极深，这几乎成为他们的共同特征。本文将围绕唯识学的“刹那灭”或说“刹那”义来探讨其对“学衡派”的景昌极、缪凤林以及熊十力、李石岑等人哲学思想的具体影响。我们认为，主张宇宙万法是刹那生灭的，这是内学院宣扬的唯识学给

① 教育部人文社会科学研究项目“支那内学院与近代佛教知识的创生和发展研究”（20YJC730006），并为武汉大学自主科研项目（人文社会科学）研究成果，得到“中央高校基本科研业务费专项资金”资助。

② 作者单位：武汉大学哲学学院、国学院。

近代中国哲学界带来的一个重要的新“知识”，对中国近代形而上学产生过深刻影响。

一、欧阳竟无对“刹那”义的重新宣扬

唯识学“种子说”以“种子——现行”理论构筑起唯识的世界图景，但是作为世界成立之根本原因的种子是“刹那灭”的，也就是说在唯识学看来，现实世界方生方死、方死方生，这可谓唯识学的“刹那存在论”。所谓“刹那”，是佛教最小的时间单位，是时间之流中不可再分的微分。佛教往往用刹那来描述一个心念动起的时间，所以“刹那”又称为“念”。种子刹那生，刹那灭，这反映了种子是有为法。在唯识学看来，一切有为法都是恒常变化的。如果种子是恒常的无为法，那么，它本身就不能发生转变，如果不能转变，那就不可能有取果、与果的功用。支那内学院奉玄奘、窥基一系的唯识学为正宗，故基本接受了玄奘所传的阿赖耶识论及其种子说。欧阳说：

> 盖识之生，众缘既合，种起现行，现行起时，复熏成种，才生即灭，现谢灭已，种复生现，现又熏种，种又生现。如是刹那刹那，相续前后，于现生时，山河大地历历在目，生已即灭，又复寂然。是故，吾人一日半日中，已不知历尽许多新天地矣。①

按玄奘一系的观点，世间一切都是心识在众缘和合的情况下所变现，心识中的种子（也即功能）生起，显现为现行诸法，而现行诸法生起后又反过来熏习心识，形成新的种子，这样一个“种子——现行”不断地相互熏习的过程构成了我们的自我和世界的持续性。这种持续性当然是虚妄的，真实的情况是心识念念之间都是刹那生灭的，其所显现的世界也是刹那生灭的。所以看上去山河大地历历在目，实际上一日之中已经经历了许多的新天新地。何止是一日、半日之中，即使是一刹那间，世界也是才生即灭的。欧阳说：

> 吾人一生心之顷，有无数幻相于中显现，非可以暂时止息。此顷间无数幻相，以其至促至细，故假以刹那之名。言刹那者，微细难思，才生即灭，不稍停留；正成果时，前念因灭，后念果生，如秤两头低昂时等（然将成果时种现同在一处，此即因果同时之义）。常情幻现，亘古迁流，所谓生灭大用，其实如是。②

有人挑战欧阳说：如果山河大地“顿生顿灭”，那么，为什么我们能看到山河持

---

① 欧阳竟无：《佛法非宗教非哲学而为今时所必需》，《欧阳竟无内外学》，北京：商务印书馆，2015年，第582页。

② 欧阳竟无：《唯识抉择谈》，《欧阳竟无内外学》，第389页。

续存在在哪里？欧阳答曰：

> 此无可疑，譬如电影，以彼电力迅速，遂乃见彼影像确然，前后始终宛如为一，而不知彼数分种之间，顿灭顿生，旧去新来，已易百千底片矣。宇宙幻妄，顿灭顿生，亦复如是。复次，此虽幻有，而即是识。识虽起灭无恒，而种子功能永无消灭。但有隐显之殊，绝无生灭之事，既无有始，亦无有终。是故，不同彼现象论者谓无心有事，从无忽有；又不同彼断灭论者，有已忽灭。虽则顿起顿灭，而实不生不灭。①

这有两层意思：一是以近代流行起来的新式西洋事物——电影为例，虽然看电影（老式胶片电影）时，我们觉得电影画面是持续的，但其实在电影机里每一帧画面都是不一样的，只是因为播放的速度较快，所以我们视觉上感受不到刹那不同的画面，而是看到了持续的电影画面。心识显现宇宙诸法也是如此。看上去是风动或者幡动，但实际上仁者的“心动”，刹那生灭，不断种现互熏才形成了“风动”或“幡动”的景象。二是作为个体的种子或心识功能是刹那生灭的，但作为种子集合体的阿赖耶识是有持续性的，所以诸法现象是幻有，但是心识是持续性的存在者，所谓“识有境无”，这便不同于“断灭论者”，过于强调事物刹那生灭。

在这样的理论下，构成世界基本要素的时间和空间便成了虚妄的，“方量既空，时量亦破，是故三世都无，刹那义立。此刹那义非是动义，前不待后，此不至彼，才起即灭，相似随转，妄相宛然，不可究诘”②。与说一切有部“三世实有”的观点针锋相对，大乘唯识学派主张“过未无体”，也即过去、未来不是实有的，他们希望通过微积分的方法在最短的时间单位“刹那”层面取消存在物的“实在性”。正是在刹那义上，唯识学凸显了佛教根本教义“诸行无常”的主张。这也意味着唯识学认为宇宙万相万法都是刹那生灭的，无常的，每一刹那都不与上一刹那或下一刹那相同，过去的不会到现在来，现在不会到未来去。

这样的心识学说也是欧阳竟无批判天台、华严二宗真如缘起说的依据，他说：“《楞伽》说：自心所现相续而生，生已即灭，名刹那法，如来藏名藏识，所与意识诸习气，俱是刹那法，是则为赖耶缘起。”③ 他认为如来藏自性清净心也是刹那生灭的有为法，与作为无为法的不生不灭的真如性质截然不同，不可看作一物。华严宗主张理事无碍、事事无碍的法界缘起说，在欧阳看来，作为法相的“事”是刹那生灭的，作为真如的“理”

① 欧阳竟无：《佛法非宗教非哲学而为今时所必需》，《欧阳竟无内外学》，第 582 页。

② 欧阳竟无：《〈瑜伽师地论〉叙》，《欧阳竟无内外学》，第 148 页。

③ 欧阳竟无：《覆梅撷芸书五》，《欧阳竟无内外学》，第 493 页。

是不生灭的，所以理事不能融通无碍。同理，他认为，可以说“烦恼即菩提”，因为烦恼相和菩提相都是法相，虚妄不实，但不可说“烦恼之理”即“菩提之理”，这两种理显然属性是冲突的。

正是因为“刹那灭”义的重要性，欧阳将“诸行刹那顿起顿灭”列入内学院所教授的二十个“学理”之中。[①]它关涉到阿赖耶识说以及种子说，也即唯识学最核心的特色理论。唯识学在近代僧俗两界都炙手可热，受内学院影响的哲学学者不少都认同了欧阳等人宣扬的“刹那灭”义，认为世间一切事物都是刹那生灭、恒常流变的，这几乎成为这些学者看待世界的“共同知识”（mutual knowledge）。

二、景昌极、缪凤林的“刹那”义与学衡派哲学

景昌极、缪凤林皆于1919年考入南京高等师范学校，成为柳诒徵的高足，二人都曾短时期（半年）求学于内学院，研习唯识学，[②]后二人先后任教于沈阳东北大学、南京中央大学等高校，景氏主讲于哲学系，缪氏则任职于历史系，同时也讲授哲学类课程。他们二人都是《学衡》杂志早期的骨干人物。

景昌极著有《哲学新论》《道德哲学新论》《哲学论文集》等哲学著作，是一位从现代意义的高校毕业，受过系统、专业学术训练的学者，他曾说自己的学问宗旨为：“我于道德主明辨而笃行，于科学主博学审问而慎思，于一切不根经验，无裨实际之神学与玄学，主探赜索隐，正名析辞，务使其水落石出而一无遁形。”[③]这样的现代学术精神与内学院强调自己是讲学机构，提倡“依法不依人”的理性态度并不冲突。他曾表示：

> 我于佛法依法不依人之旨，信之太过，终不忍自欺以求合也。应之曰：“佛法中有铜墙铁壁，虽撞而不倒者，六度万行、苦空无我、唯心唯识诸要义是，亦有土墙柴壁，将不撞而自倒者。三身六道四大部洲三十三天诸旧说是，豫为披沙拣金之谋，期免倾水弃儿之患。此我之所以护佛法、兼以护一切有价值之学问道德者也。”[④]

他对佛学是有选择地吸收，不过这反而说明他对内学院的理念和教义是非常熟悉的。景昌极称欧阳为“吾欧阳师”，并直接引用欧阳抉择体用为四重的做法，也即把体用分为：一、体中之体——一真法界；二、体中之用——二空所显真如；三、用中之体——

① 欧阳竟无：《与章行严书》，《欧阳竟无内外学》，第462页。

② 景昌极：《民国以来学校生活的回忆》，《国风月刊》第7卷第2期，第28–33页。

③ 景昌极：《哲学论文集》，上海：中华书局，1930年，第15页。

④ 景昌极：《哲学论文集》，第14页。

种子；四、用中之用——现行。[①] 这是欧阳标志性的学说。他也深知欧阳一系唯识学的核心特点，例如他说：“种子一义，乃唯识宗根本命脉所在。”[②] 并且对唯识学种子说有诸多论述，与太虚法师一系就“见相别种”的问题作过辩论。他对《成唯识论》极为推崇，却对隋唐以来中国化的“识自本心见自本性”之禅宗颇为不满。[③] 这些都与内学院的立场一致。

景昌极的哲学在认识论上几乎只谈“唯识”，他的《哲学论文集》分为“总论之部——玄学之部”（也即本体论），“认识论之部——唯识之部”，“价值论之部——伦理之部”，这是把“唯识学”完全视作其哲学的“认识论”了。

他也接受了内学院教导的唯识学“刹那灭”义。他说：

> 这里有一个应该特别注意之点便是“能见”“所见”的刹那顿现、俱生俱灭。[④]
>
> 今日之能见不是昨日的“能见”，乃至前一刹那的能见断不是后一刹那的能见。完全两件东西断不可把它纳到一个实体里去。“能见”相续似一，尚且是二，“所见”更可以此类推。由此可以得到一个结论，在空间上，每一人有一人的“能见”“所见”，纵然相似相合也是两个。在时间上每一刹那有一刹那的“能见”“所见”，纵然相似相续也是两个。两个各自独立并无共体，此之谓“无常”，此之谓“无我”（我即灵魂或心体）。此之谓刹那顿现。[⑤]

能见（主观）与所见（客观）相结合而形成认识，但是“能见”是刹那生灭的，前一刹那的能见不是后一刹那的能见，认识主体是刹那生灭的，那所认识的对象也是每一刹那都不相同。显然，这样的推导只有在唯识学阿赖耶识说的支撑下才能成立，否则认识主体的刹那生灭何以推导出客体也是刹那生灭？按照景氏的观点，刹那生灭的现象界是如何显现出延续性的呢？他说：

> 刹那生灭的现象，在现行的识便是等无间缘，一类相续。在种子便是“等流”，刹那刹那前为后因，前因灭位，后果便生。似天平两头，此头低时，彼头便昂，即此一灭一生便是时间单位一刹那之所由。……刹那刹那等流下

---

① 景昌极：《哲学论文集》，第 188 页。

② 景昌极：《哲学论文集》，第 237 页。

③ 景昌极：《哲学论文集》，第 542 页。

④ 景昌极：《哲学论文集》，第 113 页。

⑤ 景昌极：《哲学论文集》，第 114–115 页。

去才有时序迁流的现象。[①]

这是以“种子——现行”缘起说来说明刹那生灭的现象和心识如何相续的问题了。他还进一步解释说：

> 吾们总以为色声香味等是现前一刹那间的单纯感觉而不知一刹那间的单纯感觉实不可得。……所以常人所有感觉可说都是若干相续意识的记忆、想象、综合、推求所成的。就是所谓功能，所谓势用，所谓动作，所谓因果，也莫非意识所得幻幻相应，假说为真，究竟这幻的真相怎样，还是无从捉摸，纵然相应终究不出虚妄分别。[②]

一刹那间的“单纯感觉”是难以觉察的，例如用手指快速穿过蜡烛的火焰，并不觉得热，我们所谓的“感觉”在景氏看来已经包含了诸多“刹那”的感觉，它是相续的意识记忆、想象、综合、推求所成。所以哪怕简单的一个“感觉”也是心识虚妄分别的结果，不可靠。景氏在最小的微观层面反思我们经验的不可靠性，其依据仍然是唯识学的“虚妄分别”理论。而事物的真相或真理则是宇宙一切都是刹那生灭的。

景氏认为只有了解了刹那生灭的道理，才能掌握佛家“无我”“无常”的真谛，由此去“济物利生”。“于无刹那之中而妄有刹那”，这叫做“流转”；在了解“生灭本空，轮回本幻”的前提下去证得“不生不灭的本来面目”，这便是“还灭”。[③]佛家的追求大致如此，只有经过日积月累的历劫修行、精进才能成功。

由上可见景氏哲学摄入唯识学之深。在他看来，这些唯识学的道理并不神秘，也无需假借权威而立论，它们都是“最普通的经验，极平常的道理”，只要“根据知识范围，确守论理定律”，便可以理解。[④]所以在景氏那里，唯识学是哲学，是符合现代科学的严谨的学问。

此外，“学衡派”主将、景昌极的同学缪凤林受内学院讲授的唯识学影响也非常明显，尤其是在心性论上。他在 1922 年曾发表《孟荀之言性》一文，比较孟子的性善说和荀子的性恶说，认为：“孟子虽言性善，实言性可以为善，可以为恶；荀子虽言性恶，实亦言性可以为善，可以为恶，徒以旨有所偏，言有轻重。浅人不察，遂为所蒙。”[⑤]试图调和儒家性善、性恶两大传统，从而呼应白璧德的人性二元论。但是，到了 1924 年，

---

① 景昌极：《哲学论文集》，第 410–141 页。

② 景昌极：《哲学论文集》，第 156–157 页。

③ 景昌极：《哲学论文集》，第 141 页。

④ 景昌极：《哲学论文集》，第 98 页。

⑤ 缪凤林：《孟荀之言性》，《文哲学报》第 2 期，1922 年，第 12 页。

他撰《阐性：从孟荀之唯识》重新表达了自己的观点，批评孟荀之心性论“其分析既极不精密，而其以仁等善性与贪等恶性皆各各为心之一单独特殊之作用，则尤昧乎心理作用之真相”[①]。在他看来，孟荀之心性论存在诸多理论问题，例如“仁义云云，贪欲云云，皆性之用，非性之体，皆性之表显，于用之果而非其因，用必有体，果必有因，则所谓性之体与因者，果何物与？……所谓性者，果心之一单独特殊之作用耶？抑诸种复杂现象联而成系之统称耶？如谓系各种作用之统称，则此各种作用之分析奚若？而所谓善恶者，其分子各有几？除善恶外，又尚有他种作用，不用必指为善恶否耶？”[②]这些问题都是孟荀所未能言的，“有待唯识家之补苴也”[③]。他的论文在孟荀之外，主要论述了唯识学的阿赖耶识说和种子说。按玄奘一系的观点，阿赖耶识中既承认存在本有种子，又承认具有新熏种子。阿赖耶识中本有无漏种子，等到“闻正法时”，本有无漏种子得到逐渐增盛，“辗转乃至生出世心”。有漏种子在修行时得到中断，此有漏种子是无漏种子现行之增上缘，而无漏种子则“与出世法正为因缘”。缪氏力图以这种种子本有新熏具有说及熏习理论来论证其性可善可恶的主张。

可见，缪凤林在内学院求学后，思想有了明显的改变，他以内学院所传授的唯识学知识调和儒家孟子与荀子两种长期对立的心性学说，并论证了其性可善可恶的主张，从而较好地解决了传统心性论与白璧德人性二元论之间的张力。

缪氏对唯识学种子说及“刹那灭”义也是非常熟悉的。他说：

> 种子亦刹那灭，谓体才生，无间必灭，有胜功力，方成种子，故有转变，有能生用。然虽生灭而非断灭，谓此种子生后，经一刹那即归灭无方，其灭时，新种又生新种，生后经一刹那又归灭无方，其灭时，后种又生如是，前因灭位，后果即生，果灭因生，自类等流。如秤两头低昂时等，因灭非常，果生非断，虽有生灭而非断常。[④]

缪凤林还以“刹那灭”的理论来批评快乐论伦理学。伦理快乐论（唯人快乐论）则以追求“最大多数之最大乐（the greatest happiness of the greatest number）”为目标，缪凤林认为这种理论的前提是“自必苦乐能以数量算计加减而后可”，然而“心境刹那生灭，绝非常住，苦乐之感亦随之而刹那生灭，断非如数量之所能加减。”[⑤]在“刹那灭”的理论下，苦乐等感受是无法用数量计算的，那么又如何计算最大多数人的快乐呢？

---

① 缪凤林：《阐性：从孟荀之唯识》，《学衡》第 26 期（1924 年），第 31 页（1–42 页）。

② 缪凤林：《阐性：从孟荀之唯识》，《学衡》第 26 期，第 14 页。

③ 缪凤林：《阐性：从孟荀之唯识》，《学衡》第 26 期，第 14 页。

④ 缪凤林：《阐性：从孟荀之唯识》，《学衡》第 26 期，第 18 页。

⑤ 缪凤林：《评快乐论下》，《学衡》第 35 期，1924 年 11 月，第 13–14 页（1–20 页）。

由此可见，缪凤林对快乐论的分析和批判都是基于唯识学理论而开展。

与景昌极类似，缪凤林也赞同将“唯识”视作“哲学”。[①]他指出这至少有三个好处：“自今谈哲学者，莫不以剿袭西说已尽能事，有天地之大而不克知，有规矩之巧而勿获用，望唯识而却走，鲜专志以研究，今以哲学讲唯识，使知唯识亦哲学之一种，为研哲学者所不可不究。庶几群趣斯途，为哲学界辟一新天地，其利一。佛教徒以宏法自任者，诚十九皆野狐禅。偶有一二理董（懂）大乘教理者，亦每深拒哲家之言，所破不明，能破焉立？卒之说法者虽众，要不过道其所道，与思想界鲜有关系。今以哲学讲唯识，使知哲学中之问题，与佛法不二，昌明佛法，万不能置哲学于不问。期佛教徒与思想界有接近之机而为佛法启一新生命，其利二。唯识为学，理奥辞繁，在昔印土，护法之后，鲜人究传，入中邦者，曾未数世，亦成绝学，兹虽重明，而唐疏浩博，文义艰深，初学者欲入而无从，已习者久劳而寡通，瞩目海内，知者几何？今取哲学与唯识沟而通之，深入浅出，稍习哲学者，阅之皆得悟入，使数千年荆棘满途之唯识学成大王路，其利三。”[②]缪凤林曾在高校主讲“哲学通论”课程，他在论述西方哲学关于哲学的含义、起源、研究态度、研究方法、价值、宗旨等议题之后，大谈唯识学，直接宣扬其哲学是归宗于唯识学的。

三、熊十力、李石岑对“刹那”义的吸收和歧出

熊十力也曾求学于支那内学院，后受梁漱溟邀请而任教于北京大学，教授唯识学课程。虽然熊十力在根本立场上归宗于儒家，这从他与吕澂辨佛学根本问题的系列讨论和论战可见一斑，但是他的“新唯识论”或说新儒家哲学受内学院一系的唯识学影响极深。以“刹那灭”义为例，熊十力对内学院的唯识学是创造性、批判性的吸收和歧出。

熊十力说：“须知一切物都是顿起顿灭，无暂住时，如眼识前念青境，实未至后，后念青境乃与后念识同时新起。”[③]前一念认识的青色的外境并没有延续到后一念，后一念认识的青色外境是与后一念心识同时新起的，一切事物都是顿起顿灭，这显然属于“过未无体”论，来自佛教哲学。他曾明确表示：“本论谈变，涉及刹那，极赞同大乘义。”[④]“本论”便是熊十力的代表作《新唯识论》。熊氏对大乘“刹那灭”义是极赞同的，他还说：

① 当然，这样的观点与其老师欧阳竟无“佛法非宗教非哲学”的观点相左，反映出对缪氏等知识分子而言，唯识学或佛学只是思想资源，而非宗教信仰，也可见其“吾爱吾师，但吾更爱真理”或“依法不依人”的理性态度。

② 缪凤林：《唯识通论》，《学衡》第28期，第1–3页。

③ 熊十力：《新唯识论》，北京：商务印书馆，2010年，第184页。

④ 熊十力：《新唯识论》，第208页。

我闻佛说一切物都是刹那灭。云何刹那灭？谓凡法，于此一刹那顷才生，即于此一刹那顷便灭，决不会有一忽儿的时分留住。生灭同在一刹那顷，如称两头，低昂时等。佛说此譬妙极，盖自释迦迄于后来小乘大乘之徒，都无异论。然而佛家以外之学者犹于此义不能信解，攻难颇不少，大乘著述中犹可考见。直到现在，吾侪向人谈刹那灭义，还时时遇着非难。大概古今哲学家深于察变者，虽谈宇宙万象时时舍故趋新，要是宽泛的说法，只以很生动很警切的语句来形容事物之不守故常而已，都未能十分明白肯定直说刹那灭。因为依据刹那灭的说法，则一切法才生即灭，中间没有一忽儿暂住。如此说来，便堕入空见，根本无物存在，甚至自己的身心都不许存在，所以闻者拒而不受。昔曾遇一激烈抗议者云：“如你所说，一切法都是刹那灭，现前有一块石头，此石头如刹那灭，即本不存在，吾将抬此石头打上你的头脑，你果不觉疼否？”余笑而不言。若辈只从大化流行的迹象上去着眼，而不能理会大化流行之微妙，易言之即只看到事物，而不能了解事物之内蕴。佛说刹那灭，实烛理入微。[①]

可见熊十力极力维护大乘“刹那灭”的教义，由于该理论过于违反常识，他甚至曾因此受到别人的强烈反对，但他都笑而不言，不以为然。

与内学院交往密切的李石岑曾是活跃于20世纪二三十年代的哲学家。他主编的《民铎》杂志，在当时有较大影响力，在1920年代他大谈“人生哲学”，也曾名噪一时，并翻译和推介了大量西方哲学，尤其尼采、博格森哲学的相关著作，是国内翻译和研究尼采、博格森哲学的先驱。李石岑早期对近代佛学大家支那内学院的欧阳竟无先生推崇备至，他在演讲和论著中称“吾师欧阳竟无先生”[②]，可见他视欧阳为老师，他的佛学知识（“真佛法”）基本来自欧阳竟无，[③]与内学院交往甚深。李石岑代表性的哲学思想是其“象征”的人生哲学观。李氏认为，就“整体”而言，人生是宇宙精神生活的象征，“世间万象，没有不是生活意志之表现的；表现的形式，虽有种种不同，而其为生活意志则一。”[④]但就“动态”而言，这个作为“一”的“生活意志”不是一成不变的，它不停地在“盲目的动”，这便是“人生”为什么是一种“生”。李石岑研究“人生”，更多不关注“人”，而致力于讨论“生”，人生的“生”在他看来具有五层含义，其中前三层含义为：

---

① 熊十力：《新唯识论》，第208–209页。

② 李石岑：《评梁漱溟〈东西文化及其哲学〉：在中国公学的讲演》，《李石岑讲演录》，桂林：广西师范大学出版社，2004年，第11页。

③ 李石岑：《佛学与人生》，《李石岑讲演录》，第86页。

④ 李石岑：《人生哲学大要》，《李石岑讲演录》，第51页。

> 生之第一义是动。我们既晓得世间万象都只是盲目的动，这个地方有一宜特别注意之点，就是这一刹那间“盲目的动”便包含着“变化”在里面。……所以生之第二义就是变。既讲到变，我们便要发问，变是怎么的变？……我认为唯识家所说的顿起顿灭便很能发明变的要义。所谓顿起顿灭，就是一刹那间一刹那间的生灭不已；生的时候，就是灭的时候；生灭同时，许多个生灭生灭相续，宇宙是这样成功的，我们人类也是这样成功的。①
>
> 刹那的意思完全了解，便可以懂得顿起顿灭的意思；既是顿起，故非是断；既是顿灭，故非是常；非断非常，即是变的真义。这样解释变，较博格森所解释的更见高明。所以生之第三义就是顿起顿灭。②

在他看来，世间万象是“一刹那间”生灭不已的。他明确赞同唯识家所说的“顿起顿灭”，“生的时候，就是灭的时候；生灭同时，许多个生灭生灭相续”，宇宙、人生都是由这些顿起顿灭的刹那瞬间组成的。李石岑对佛家的“刹那”义非常熟悉，他曾说佛家“至论到相，那是瞬息全非，一刹那生，一刹那灭，流转不息，变化无端，有如流水，要指何部分为何地之水，竟不可得。这样的相，都是幻起，非有实物可指，故说相亦假有。”③也可见其思想来源。这样便树立了李氏“整体—动态”的宇宙观，显然具有鲜明的机体主义特征。在这一点上，李氏与现代新儒家熊十力、梁漱溟几乎一致。

结论

景昌极、缪凤林、熊十力、李石岑都曾求学于支那内学院或是欧阳竟无的学生，他们的哲学思想多少都受到内学院所倡导的唯识学影响。自窥基等人的唯识学著作在近代由日本重新传回中国，沉寂了近千年的玄奘一系的唯识学又一时炙手可热起来，构成了近代哲学史上、佛学史上最为重要的现象之一。这股唯识学复兴思潮究竟给近代学人的哲学思想带来了什么样的新的共同知识呢？通过考察景昌极、缪凤林、熊十力、李石岑等人的哲学思想，我们发现他们都认为宇宙万物，包括心识或心性都是“刹那灭”的或说刹那生灭的，这是唯识学种子说的一个重要内容，也是内学院重点宣扬的唯识学的特色理论之一。所以主张刹那生灭的变化观、宇宙观、心识观可以说是唯识学对深化和丰富近代中国形而上学所作出的一个重要贡献。

---

① 李石岑：《人生哲学大要》，《李石岑讲演录》，第51页。

② 李石岑：《人生哲学大要》，《李石岑讲演录》，第52页。

③ 李石岑：《佛学与人生》，《李石岑讲演录》，第88页。

“气质”之可变与不可变

——《大学》释义与朱子“变化气质”说对唯识学“种子”说之借用

吴忠伟[①]

【摘要】朱子学与奘基之学本属不同价值立场的学说体系，各有其论域主题与命题、名相。文章基于跨学派的理论方法，围绕朱子之《大学》释义，借用唯识学之“种子”概念，特别从本有种子与新熏种子、性种与习种的辨析角度，对朱子学的“气质”概念与“变化气质”说予以阐述，揭示其“明德”概念的两可义与“气质”概念所隐含的可变与不可变之二元性。对比奘基之学，朱子学有意从解脱论领域的“熏习”转向、推进到现实政治领域中的“教化”，此可见朱子学与奘基唯识学内在的思想形变关系。

【关键词】奘基唯识学；种子；朱子；《大学》；变化气质

“人性”一直是中国哲学关注的核心议题，因为通过对“人性”（包括以“知觉”为根本的人之知性能力、情感性质以及道德判断能力）的考察界说[②]，也就是对“人”予以一“定位”，作出一价值上的判定，从而为政治维度上处置“人”提供了合法性依据。中国“人性”论讨论中的一个重要论题乃是人之先天禀赋（性）与后天习得（修）关系，这在战国人性善、人性恶的讨论中已开其端绪。但有趣的是，在早期中国哲学那里，无论性与习（修），均是在一发生学意义上的“自然人性”论上给出，二者区别只在先天朝向性与后天之加强或抑制。然在近世宋代理学那里，我们看到，虽然沿用了早期中国哲学的一些语汇，理学家对性、修议题的思考已转置于新的理论平台：从先验、经验的对立模式处理性与修（习）之关系。因有此新的人性论理论形态，对于“人”的政治维

---

① 作者单位：苏州大学哲学系。

② 这里所云的“人性”论不是狭义上的基于人之本质规定的关于人性善恶的规范学说，也不限于通常中国学界传统意义上的关于“人之性”先天善恶朝向的讨论，而是主要偏于休谟从“人的科学”与“自然哲学”之分，对人之“心灵”能力与性质的考察与解说。参考［英］大卫·休谟著，贾广来译：《人性论》，陕西师范大学出版社，2009 年。

度的处理也有一相应之转。在此转化过程中，汉语佛学特别是中古天台、唯识等宗派佛学扮演了重要角色，本文在此特别关注唯识学对于理学尤其是朱子学构成的思想效应。依照学界通常之说法，作为一宗派的汉语佛学宗派，唯识宗/唯识学（奘基之学）曾一度在唐初颇为显赫，然在经历了数代之传后（也就是智周后），“作为宗派标志的代际之间的封闭性、排他性传承已经湮没不闻。见于文献记载的唐代后期僧众，很难找到纯粹以唯识之学名世的僧人”①。对此，学界一些著名学者如陈寅恪先生还专门据此发论，以为外来学说“忠实输入不改本来面目者”，“若玄奘唯识之学，虽震动一时之人心，而卒归于消沉歇绝”②，由此指出外来文化融入本土思想逻辑中之必要性。显然，较诸台贤乃至禅宗等宗派谱系传承的连绵不绝，唯识宗在唐末确乎可以说表现出谱系不明、宗义的纯粹性的丧失，其之作为一“宗派”在此后尤其是宋之后的不传当大体可以成立③。虽然如此，我们必须清楚的是，一者对比安慧、真谛之传，玄奘基于护法一系杂糅诸师之说所传至中国的瑜伽行唯识学派与“与其初期学说是完全不同的思想”④，且通过翻译演绎也已糅合了中国本土的思想元素，故并非所谓“忠实输入”；再则作为一“宗派”的唯识学与作为“思想形态”的唯识学是有区别的⑤，前者之止而不传并不意味着后者之销声匿迹，相反，作为“思想形态”的唯识学其实在中唐之后并未丧失其在思想上的影响力，而是特别以佛学“共法”的形式渗透到佛学诸宗中，从而以一种“暗含”的方式对此后的中国佛学产生影响。不宁唯是，若我们跳出佛学之领域，放眼整个思想界的话，则我们可以看到，唯识学对于唐以来中国思想有相当之影响，尤其在理学的构成中扮演了一重要之角色。对于唯识学与理学关系之议题，笔者特别关注作为理学集大成者的朱子。众所周知，朱子之学说有着很强的儒家正统意识，且对佛教禅宗持以严厉的批判态度；但从“形态学”角度看，朱子学与唯识学有一思想品格上的“相似性”。对于此点，牟宗三先生基于其对理学的判释而对朱子学有一“别子”之说的定位，此说当非空穴来风、无据之论。这里，笔者特别注意到朱子基于理气二元论对于“变化气质”议题的讨论：一方面人物之“气禀”（就人身上称为“气质”）不同，而“气禀”不可

---

① 杨维中：《中国唯识宗通史》（下），第821页，凤凰出版社，2008年。

② 陈寅恪：《冯友兰〈中国哲学史〉（下册）审查报告》，刘桂生、张步洲编：《陈寅恪学术文化随笔》，第16页，中国青年出版社，1996年。

③ 从永明延寿《宗镜录》可以看出，五代宋初，以杭州为中心的江南一带，唯识宗人还是有其一定的影响力。但这些唯识经典的宣讲、弘传不是“宗派”意义上的，而仅仅是“唯识学”特别是摄论、地论、起信论传统的“唯识学”。见杨维中：《中国唯识宗通史》（下），第822页。

④ ［日］上田义文著，慧观等译：《唯识思想入门》，第60页，宗教文化出版社，2017年。

⑤ 程恭让据欧阳竟无居士之法相、唯识分宗说，指出有唯识学与唯识宗之区别，后者之衰的历史命运与其在诸宗对峙下，未能坚持原有的法相简别思想而被解释成“观心之法”有关。（见氏著：《抉择于真伪之间——欧阳竟无佛学思想探微》，华东师范大学出版社，2000年。）

改，故决定了人物对“理”的觉知程度；另一方面，通过格物致知之“学”，“气质”可变。朱子以“气质”有可变与不可变之二元性，此与唯识学之论“种子”之新熏（可改）与本有（不变）颇有一对应关系。朱子基于对《大学》之诠释，以“格物致知”而“变化气质”，从而给出“新民”之说，其中隐含了对唯识学“种子”说的借用与置换处理。

一、唯识种子之不变与可变：“本有”与“新熏”

作为一佛学名相，种子义在唯识学上是至关重要的，“佛教学说最重因果，若不明种子义，则不能明因果义”[①]。当然，“种子”并非唯识学之首创，部派佛学时代围绕因果对“业”有十分丰富的讨论，其中经量部更以“种子”作为“意业”，说明无表业之产生，即以“无表为思种”。[②]不过，大乘瑜伽行派特别基于阿赖耶识而结合“种子”说，用以解释说明染净诸法之源，则使得“种子”说成为瑜伽唯识学的一个标志性的理论特质，故欧阳竟无居士特别以“种子”作为第一“抉择体用谈用义”之“用中之体”，抉择《唯识》，区别性相二宗，倡导法相唯识学。[③]唯识“种子”乃是一譬喻说法，作为经验世界中的“种子”，可对比于根芽、枝干、果实等，本是指植物的“潜在”形态，乃是相对于植物生发后的“实现”形态。因为“种子”蕴含了生发一个植物的功能，所谓“即谷麦等物能为彼缘，令彼得生，说明种子”[④]。种子概念既是相对于现行法，是现行法的能生性[⑤]，故而瑜伽行派借用此一概念，用以说明染净之法生起的潜伏功能，进而说明不同“种姓”解脱上的差异性。由此，也就引出了对“种子”之性与“种姓”解脱差异性的思考：种子是“本有”还是“新熏”？不同“种姓”解脱差异性的根据何在？对于这些议题，瑜伽行派早期重要经典《瑜伽师地论》颇有论述。首先，对于“种子”，《瑜伽师地论》是从“染法”之潜伏功能角度定位，以此“安立种子”，所谓“于阿赖耶识中一切诸法遍计自性，妄执习气，是名安立种子。然此习气是实物有，是世俗有，望彼诸法，不可定说异不异相犹如真如，即此亦名遍行粗重”[⑥]。这里以“习气”定位“种子”，显然是以“种子”为一染法性，其关涉的只是世间之法。所以《瑜伽师地论》作者由此生出疑问：“若此习气摄一切种子，复名遍行粗重者，诸出世间法从何种子？

① 法舫法师讲述：《唯识史观及其哲学》，第225页，东方出版社，2018年。

② 慧仁法师：《唯识要论》第三章。“种子”，宗教文化出版社，2016年。

③ 欧阳竟无：《〈唯识〉抉择谈》，欧阳竟无：《欧阳竟无内外学》，商务印书馆，2015年。

④ 弥勒菩萨说，（唐）三藏沙门玄奘译：《瑜伽师地论》卷第五十一，欧阳竟无编：《藏要》（六），第1002页，上海书店，1995年。

⑤ 傅新毅：《玄奘评传》，第282页。

⑥ 弥勒菩萨说，（唐）三藏沙门玄奘译：《瑜伽师地论》卷第五十一，欧阳竟无编：《藏要》（六），第1002页。

若言粗重自性种子为种子生，不应道理”[①]。这一追问其实涉及如何定位“种子”，如何理解“种子”生法功能之范围？是认“种子”有一普遍之生法（染净法）功能，还是以之局限于染法之生法功能。对此，《瑜伽师地论》予以了解答：“诸出世间法从真如所缘缘种子生，非彼习气积集种子所生。”[②]这里，文本区别了两种种子：真如所缘缘种子、习气积集种子（习所成种）。后者很好理解，也就是《瑜伽师地论》此前所言的“习气”种子，其是一切染法（世间法）之生起功能；至于“真如所缘缘种子”，则指出世间法所从出之“种子”，其有别于“习气积集种子”。那么何谓“真如所缘缘种子”中之“真如所缘缘”？我们知道，所缘缘（ālambana-pratyaya）乃是佛教四缘之一，其字面义即是所缘之缘，具体则指心及心作用之对象（所缘）作为“原因”，令心及心之作用产生结果，故名“所缘缘”。因此，这里的“真如所缘缘”乃特指“真如”作为“所缘缘”，是令入见道位时作为无漏智的心及心作用生起之原因；因“真如所缘缘”有此生发“无漏智”之法的潜伏功能，故称名“真如所缘缘种子”[③]，然因真如非生灭法，但“假名种子”，故实非“亲因缘”之谓[④]。依唯识之说，智与如契，故“真如所缘缘种子”乃是指“如”对于“无漏智”生起之潜能。显然，《瑜伽师地论》之“真如所缘缘种子”相当于我们一般所云的“清净种子”或“无漏种子”[⑤]，正对立于“杂染种子”。但问题随之而来，“若非习气积集种子所生者，何因缘故建立三种般涅槃法种姓差别补特伽罗及建立不般涅槃法种姓差别补特伽罗。所以者何？一切皆有真如所缘缘故”[⑥]。《瑜伽师地论》主三种涅槃法差别种姓与无涅槃法种姓，故若接受“真如所缘缘”概念，则差别种姓说不能成立。对此，《瑜伽师地论》予以调和：“由有障无障差别故。”以此障无障解释种姓差别，所谓“若于通达真如所缘缘中有毕竟障种子者，建立为不般涅槃法种姓差别补特伽罗。若不尔者，建立为般涅槃法种姓差别补特伽罗。若有毕竟所知障种子布在所依，非烦恼障种子者，于彼一分建立声闻种姓差别补特伽罗，

---

① 弥勒菩萨说，（唐）三藏沙门玄奘译：《瑜伽师地论》卷第五十一，欧阳竟无编：《藏要》（六），第1002页。

② 弥勒菩萨说，（唐）三藏沙门玄奘译：《瑜伽师地论》卷第五十一，欧阳竟无编：《藏要》（六），第1003页。

③ 日本学者吉村诚以为，“‘真如所缘缘种子’有‘以真如作为所缘缘（对象）的种子’的意味，是出世间法（无漏智）之因的东西”。（见氏著《唯识学的种子说——从真如所缘缘种子到无漏种子》，《驹泽大学佛教学部研究纪要》69号，2011年。）

④ 参见龙慧：《五姓名别于一性皆成的论诤》，张曼涛主编：《现代佛教学术丛刊·唯识思想论集（三）》，大乘文化出版社，1978年。

⑤ 《瑜伽师地论》中的“真如所缘缘种子”不能简单等同于《成唯识论》的“无漏种子”，从思想史角度看，“真如所缘缘种子说，被推定为是《瑜伽论》的形成过程的最末期派生之物，其成立应在《摄大乘论》的闻熏习说和《成唯识论》的无漏种子说前吧”。（见氏著《唯识学的种子说——从真如所缘缘种子到无漏种子》，《驹泽大学佛教学部研究纪要》69号，2011年。）

⑥ 弥勒菩萨说，（唐）三藏沙门玄奘译：《瑜伽师地论》卷第五十一，欧阳竟无编：《藏要》（六），第1003页。

一分建立独觉种姓差别补特伽罗。若不尔者，建立如来种姓补特伽罗。是故无过”[①]。“种子”是一潜伏的生法功能，从理论上讲，“真如所缘缘种子”具有生出世间净法之功能，但因为存在着“障种子”，不同众生或有“毕竟障种子”或无“毕竟障种子”，而无“毕竟障种子”中又存在所知障种子与烦恼障种子之别，故众生之是否得解脱以及得解脱的程度也就不同。此一“障种子”显然不是指作为“习气”的染法种子，因其功能不是生法，而是障碍“真如所缘缘种子”的功能，令其不起作用。显然，通过在“净法种子”与“染法种子”之外给出一“障种子”的概念，《瑜伽师地论》调停了“真如所缘缘种子”的普遍性与种姓解脱差异性间的对立。

《瑜伽师地论》关于“种子”与“种姓”关系的思考隐含着种子之“本有”与“新熏”的问题，也包含着如何辨析性种与习种分野的问题[②]，故进入到唯识学十大论师阶段，关于此一问题的讨论极为激烈。作为亲炙戒贤，传承护法一系的玄奘法师来说，其在传译印度唯识学，构建本土唯识学形态过程中以杂糅之方式整合十大论师之说，以护法之本有新熏兼有立种子义，坚持“五种姓”说，确立了奘基之学的基本要义。关于“种子”之说，主要是新熏、本有、新熏本有兼有三种之说，其中月藏持本有说，胜军、难陀等人持新熏说，护法则持本有新熏说。对此诸说，玄奘法师在《成唯识论》中有一复述。本有说云：“一切种子皆本性有，不从熏生。由熏习力但可增长。”[③]无论有漏、无漏种子，均是“法尔本有，不从熏生”。新熏说反之：“有义种子皆熏故生，所熏能俱无始有，故诸种子无始成就。种子既是习气异名，习气必由熏习而有，如麻香气华熏故生。”[④]新熏说据“种子”为“习气”之异名，故而以为，“种子”虽然是“无始”而有，在时间上无法溯其始源，但是“熏习”而有。且论者以为，“有漏种子必藉熏生，无漏种生亦由熏习”[⑤]，并依《瑜伽师地论》之有障无障说说明众生种姓差别，确立无漏种子乃是后天熏习而成。护法之说则是综合前二说，“有义种子各有二类：一者本有，谓无始来异熟识中，法尔而有生蕴、处、界功能差别。……二者始起，谓无始来数数现行熏习而有”[⑥]。以为单是“本有种子”于理教有违，而只有“新熏种子”则无法圆通有漏法为无漏法之种子问题，故以“本有种子”与“新熏种子”兼有，方为的论。由于玄奘之学乃是杂糅诸师之说而准之以护法之学，故其思想内部隐含了一种不一致性，此特别表现在对性种与习种之界说的差异，故有此后窥基“性窄习宽”与圆测之“性宽习窄”

① 弥勒菩萨说，（唐）三藏沙门玄奘译：《瑜伽师地论》卷第五十一，欧阳竟无编：《藏要》（六），第1003页。

② 参见傅新毅：《玄奘评传》，第292页。

③ 《成唯识论》卷第二，（唐）玄奘译，韩廷杰校释：《成唯识论校释》，第109页，中华书局，1998年。

④ 《成唯识论》卷第二，（唐）玄奘译，韩廷杰校释：《成唯识论校释》，第112页。

⑤ 《成唯识论》卷第二，（唐）玄奘译，韩廷杰校释：《成唯识论校释》，第113页。

⑥ 《成唯识论》卷第二，（唐）玄奘译，韩廷杰校释：《成唯识论校释》，第115页。

之的不同取向，此涉及如何理解“习种”（新熏种子）：是指凡受熏者还是新体之熏生。[①]由此议题，实也就引出了对“习种”之“变”与“不可变”的理解：若“习种”但是指凡受熏者，则其种性乃是“不变”，而是表现为对“性种”功能的熏习增长；若“习种”定指“新体之熏生”[②]，则其“种性”乃是“变”的。因对“习”的不同理解，对“习种”存有一“变”与“不变”的理解上的差异，这就与对“种姓”的“可改”与“不可改”思考关联起来，反映了奘基之学内在的一种思想紧张。

从表面上看来，玄奘之论但是宗述护法的调停之说，并无新义；但考虑到陈隋天台学之说对隋之后整个汉语佛学产生的巨大影响，则玄奘之说作为一“新说”，乃是对天台圆教模式与诸法实相论的挑战，这特别体现在，针对当时汉语佛性论上的一切有性还是一切无性、本有还是当有之争，通过“种子”说与“五种姓”说的提倡，坚定地将“一分无种姓”的主张归为“无漏种子”说上，以此确立本宗的根本义。[③]自然，玄奘唯识学对天台学的此一挑战有其理论上的合法性，因玄奘法师及其弟子创立的奘基之学不是单纯基于世俗政权之支持，而是依托于义理精严的印土瑜伽行派思想系统，并伴以规模巨大的汉语佛典新译运动。但玄奘之学绝非只是印度本土瑜伽唯识学在中土的移植，而实是通过对印土瑜伽唯识学有一重置与改写，从佛学的层面内在地对中国本土思想主题予以了新回应[④]。相比以天台为代表的汉语佛学圆教模式，奘基唯识学的回应所提供的新的思想元素与思维模式在于，区别了解脱依（真如理体）与染净依（阿赖耶识）：以真如为先验理体，作为不改之“性”；通过阿赖耶识之所摄藏“种子”，在“发生学”意义上说明染净法之生起机制，此即为“修”。因有“修”层面上的“变”，即所谓依托本有“无漏种子”而“现行—熏习”来“转染成净”“转识成智”，故得以以“智”契不变之“性”（真如）。从思想形态来讲，奘基之学的这一思维模式与荀子之学极为相似，即通过“心识”之转，而实现“性”之转：荀子是在政治伦理维度上展开的，其以圣凡之“性”皆不可改，而只是在“化性起伪”意义上的“习转”，为此荀子必须赋予圣人以“大清明心”而“知道”的特权，然从逻辑来讲，这一特权本是一个问题。奘基之学则是在宗教解脱论意义上给出的，因有一本有“无漏种子”之依托，故而众

---

① 傅新毅：《玄奘评传》，第308页。

② 梅光羲居士对本有种子、新熏种子的界别是：“一者本有种子，谓无始法尔第八识持有生彼诸法功能差别，是即名为本有种子。二者新熏种子，谓七识随应一切，色心万差种种习气皆悉落在第八识中，皆能增长彼之将来生果功能。”可见，梅氏以为“新熏种子”乃从七识之“现行”而产生的“习气”为阿赖耶识所摄来讲，是就“新体之熏生”言“新熏种子”。（见氏著《相宗纲要正续合编》，第59页，上海佛学书局。）

③ 参见吕澂《中国佛学源流略讲》附录“慈恩宗”，中华书局，1995年。

④ 笔者曾思考“五种性”说与唐代围绕王权与贵族之争背景下的氏族身份确立原则间的逻辑对应关系，但这里无法展开讨论，只是将之作为一个背景线索来提出。

生得以通过熏习，“转染成净”“转识成智”，如此众生之“性”的转与契合“真如”乃是一致的。然问题在于，由于“无漏种子”被排除于“无种性”之外，而“种性”类型理论上虽是确立的，而众生的“种性”类型实处于一“不可判定”状态，所以众生之“性”的可转抑不可转实际上仍是一个问题。从思路来讲，唯识学的此一问题，与理学特别是朱子学对“变化气质”议题的讨论关联起来。

二、“明明德”与“致知”

若说从思想形态来讲，奘基之学与荀学有一相似性，只是前者乃是一解脱论，而后者为一政治伦理学的话，那么我们也就能理解朱子学与奘基之学的关联性。如果说，朱子学是某种意义上的荀学的话，那么这一新版荀学乃是通过涵纳了奘基之学的元素而构成的。也正因为如此，我们以为，朱子学乃是通过对奘基之学的借用、移制，“改写”了荀子之学：即以新的朱子学意义上的“转识成智”，成就“化性”之政治教化之职能。缘于此，我们看到，尽管朱子著述繁复，讲论频繁，而核心的解说文本乃是《大学》，通过对《大学》之释义，朱子建立了一套新的政治哲学体系：以尽“心体”之明（明明德），而“变化气质”，行政治教化之职（新民），并至于究竟完善之地。由此引出两个值得探讨的问题：第一，如果“气质”（气禀）是天赋而不可改的话，那么“变化气质”之“变化”是就什么意义上而言的？这同时涉及对“变化气质”与“变化气质之性”二说的辨析；第二，因为可以“变化气质”，故而“新民”成为可能。“新民”既不同于荀子之“化性起伪”意义上的“化民”（但是化性，而人之性恶实不可改），也不同于唯识学之通过“熏习”而开展的解脱论意义上的“心识”染净之转（保留了“无种姓”之不可转），这样一种基于对“人性”改造的“政治教化”意味着什么？考虑到理学的近世性，则朱子之学与东亚近世灵知主义有无关联？围绕这两个思考点，本文将依循朱子对《大学》的诠释，次第展开探讨。

我们首先看第一点：明明德与朱子之释《大学》“格物致知”。

“四书”的升格活动始于中唐，伴随着韩愈、李翱等人的工作，而完成于南宋朱子。朱熹通过对四书的系统性注疏诠释，为其理学体系奠定了经典文本与义理框架基础，而在四书之中，朱子对于《大学》尤为重视，以之作为修学问道之始，这是很值得关注的。依牟宗三之对宋明理学的分系，《大学》虽为《四书》之一，而其实与《四书》中的《论语》《孟子》《中庸》及《易传》属于不同的义理型范，对先秦儒家有其歧出义；故宋明理学三系之分，“实则问题只是以《论》《孟》《中庸》《易传》为主导，抑还是以《大学》为主导”[①]。故朱子对《大学》如此重视，不是没有缘由，而是有深意焉。我们知道，朱子之学的特点是缜密、精细，有极浓的“实学”色彩；朱子之学的“实”不只是说其以“天理”为“实”，其根本在于，朱子要通过一套知识论体系的建构，为其“天理”说提供一知识论上的说明。要构建理学的知识论体系，同时要有文本依托，朱熹看重了《大学》，故通过对《大学》文本的增补与“章句”的形式，给出了别出新意的“格物致知”说，并据此对《大学》三纲之首的“明明德”予以了一知识论意义上的处理。

众所周知，朱熹乃是天理论系统建构者，“理”作为一先验的形上原则与本体存在支撑着经验世界，故而“理在气先”；但与此同时，朱子虽然持“理在气先”说，认为“理”可以独立于经验世界（物）之外，但对于经验世界本身的解释又不能完全基于“理”的原则，而是要给出作为“质料”的“气”。一方面，虽然从逻辑上讲，朱子以为理在气先，但就“发生学”来说，理与气又是无有先后，有是气即有是理；另一方面，朱子要合理解释经验世界的“不完善”的根源，说明“恶”之来源，不能归因于“天理”，而只能借助于“气”。故作为一形上原则与本体存在，“理”同时是“善”（至善）本身（所谓基于“性即理”的“天命之性”），然此至善之理、天命之性落实到经验世界中，会被“不纯”之“气”染污，从而遮蔽其本有之善，成为“气质之性”。朱熹的思想虽然极为复杂而精微，而理论工作的根本无非就是“存天理，灭人欲”，通过“变化气质”而“复性”，回复个体本有之“天命之性”，其中“变化气质”是朱子这一工作中的一个核心环节。“变化气质”，这本非是儒家之传统。早期儒家无论是孟子还是荀子，虽有性善、性恶之取舍，乃是在“发生学”意义上理解“性”，所谓“性相近，习相远”，并无如后世理学之二性之说[②]。至于对作为“质料”的“气质”，早期儒家没有分明之气质，大致是以“才”（材）论方式论之，主要涉及贤不贤智愚问题：虽然中智之人似有后天学而改之的可能，而上智与下愚均不可移，且贤不贤更是与生俱来，先天已决定的。相对儒家之“气质”（才）不改，道家道教特别是中古道教颇有修身炼气传统，故包含了“变化气质”的思想。至于汉语佛学，虽然有其佛学本有之“修心”本位，重“心性”而不重“命”，故对作为“气”的“身”不甚考虑，但就本文特别关注的唯识学[③]传统来说，决定众生解脱可能性与解脱差异性的“种子”之译文为“习气”（包括其异译：

---

① 牟宗三：《心体与性体》（上），第41页，上海古籍出版社，1999年。

② 理学家则试图将孟子之“性善”诠释为“天命之性”，如陈淳以为：“孟子道性善，是专就大本上来说，说得极亲切，只是不曾发出气禀一段，所以启后世纷纷之论。”（宋·陈淳：《北溪字义》，第7页，中华书局，2009年。）

③ 隋唐宗派佛学的修持题词都或多或少地吸纳了道教修身技术，如智者大师的天台止观体系有很大篇幅讲“治病”之法与忏悔仪式，反映了佛教止观与道教修身技术的结合。（参见吴忠伟、徐明生、骆海飞：《天台止观与唐宋道教修持——中古后期佛道“修道”之术的互摄及其形态演化》第一章，宗教文化出版社，2021年。）

熏习、残气、余气）[①]，还是反映出汉语唯识学虽然并非从“质料”意义上理解“气”，但还是看重了“气”概念隐含的功能性、动态性含义，故试图借助“气”这一思想元素构制“习—气”一词，以此来表达对染净法生起的潜能机制的理解。换言之，有为法之经验世界但是阿赖耶识摄藏之“种子”（习气）之现行与熏习之潜伏的交替过程。从修行的角度来说，也就要求通过“熏习”而转染种子成净种子，实现“转依”，从而能以“智”契“如”。这一“转依”虽是佛教解脱意义上的累世修行，且相应于依报世界之转，故非理学意义上的“变化气质”，但从逻辑上来讲，与朱子的思路颇为相应。故当朱子接续张载“天地之气”“气质之性”之说，以“变化气质”作为理学修行工作的一个核心环节时，自不是从传统儒学特别是早期儒学发生学的“自然人性”论意义上理解“气质”，乃是在二元人性论格局下定位“气质”。因为“天命之性”受制于“气质”而成“气质之性”，故从逻辑上讲，理学的修养功夫要求“变化气质”，且必须“变化气质”，以回复“天命之性”。

故于《大学章句序》中，朱熹先揭此旨：“《大学》之书，古之大学所以教人之法也。盖自天降生民，则既莫不与之以仁义礼智之性矣。然其气质之禀或不能齐，是以不能皆有以知其性之所有而全之也。一有聪明睿智能尽其性者出于其间，则天必命之以为亿兆之君师，使之治而教之，以复其性。”[②]这里朱子明确指出，天命之性（其节目为仁义礼智）乃天之命而民之所得，但因“气质”（气质禀赋）作用的原因，天命之性不得朗现，但表现为“气质之性”，故需要“君师”治之、教之而复民之天命之性。序言此段文字提到了“气质”之不齐（也就是气质之精粗厚薄之不同）对于“天命之性”的干扰作用，也讲到了要复“天命之性”，但并没有明确的“变化气质”之说。如果说是复“天命之性”，此意味着是针对“气质之性”而来，则所变化者乃是“气质之性”。所以对于“变化气质”说存在着两种解读的模式：一是通过“变化气质”而“变化气质之性”；二是，“变化气质”实指“变化气质之性”，因为“气质”不可变，变化的只是“气质之性”。如果说“气质”不可变，可变者乃是“气质之性”，那么问题同样来了：若气质不可变，那么气质之性如何可变？所以这里的关键可能还是如何理解“变化气质”，如何理解“气质”与“气质之性”[③]？我们需要对这些相关联的概念与说法做一个解释。依朱子之说，万物皆由“气”构成，人与万物特别是动物禽兽之区别但在“气”之通塞而已，如陈淳

---

① 参见［日］小野泽精一、福永广司、山井涌编，李庆译：《气的思想：中国自然观与人的观念的发展》，第314页，世纪出版集团 上海人民出版社，2007年。

② （宋）朱熹撰：《四书章句集注》，第1页，中华书局，2005年。

③ 郭晓东曾指出，朱子与之前的张载、二程与之后其弟子陈淳对“气质”与“气质之性”概念理解不同，朱子偏于将二者区分开。见氏著《“气质”与“气质之性”——陈淳对朱子的绍述及其与朱子之异趣》，《云南大学学报》2013（6）。

所谓“人气通明，物气壅塞”[①]。此根本表现在“人”有“心”，而禽兽无“心”。至于“人”之差异不同，则在“气”之清浊、厚薄之不同，所谓“若就人品类论，则上天所赋皆一般，而人随其所值，又各有清浊、厚薄之不齐”[②]，此决定了“人心”之“灵知”的不同程度。可见，“气质”或“气禀”虽然是一宽泛之说，但落实到“人”身上，乃是特别就“心”之所受“气”而言。“气”之清浊、厚薄之不同乃是“人”之天赋所禀，此非后天所能改的，从这个意义上讲，“气质”（“气禀”）不可改；但“气质”既然是“禀赋”，只是“人”日后贤不贤智愚等的一个潜在功能，其之实现还有待后天之努力，故“气质”又非完全“决定”的，而是可通过后天之努力而有一增盛或减弱的效应表现，此有点相似于唯识学的熏习增盛既有“性种”。在这个特定意义上，我们勉强说，“变化气质”似乎是可以成立的[③]，此也相似于唯识学中以凡受熏即为“习种”一说。相应于此，虽然个体之“气质”不同、禀赋有异，此非后天所能改（如唯识学之以新体之熏生为“习种”），但通过后天之教化熏习，能促成“气质”之“清”的“实现”（所谓“增盛”），则我们能对既有之“气质之性”有所“变化”，令其从善恶间杂复归纯善状态。就此而言，若承认“变化气质”说，则朱子所云之“变化气质”是指在“气质”之“实现”中令其“清”“厚”增盛，以此去除“气质”之杂驳的影响。但严格而论或就相似于唯识学的“新体熏生”而定“习种”，“变化气质”说不成立，因为“气质”是天赋不改的，所能成立的或是“变化气质之性”，即使“气质之性”复归“天命之性”。既然如此，为何有“变化气质”与“变化气质之性”这样两种说法之纠缠呢，这或许涉及朱子立论之逻辑有效问题，对此，我们会在后文再展开论述，在此我们还是回到朱子自己的思路。事实上，我们或许要区别朱子一般性的谈“气质”与特别的“变化气质”之说。一般性的谈“气质”，也就是谈基于“气”形式的存在之物，这涉及一般性的对人与物的身份确定问题；而如果说就“变化气质”而言，这里的“气质”或“气禀”乃是特别针对“人”来说，是就“心”之所禀受“气”的部分而言，故朱子之谈“变化气质”乃是但就“人”之“心”上而做工夫，因为“心”不是“性”，而是“气”，但作为“气”之“心”，“心”乃是“气之精爽”，同时禀有“天”之所赋予之“灵知”之能与“气质”。如果是这样的话，我们就能理解朱子给出的理学工夫虽然是针对“气质”而做，但所“变化”的“气质”不是“形身”意义上的“气质”，而是作为“心”之所赋得的“气质”部分。换言之，朱子之“变化气质”也就是“明心”，因为朱子对《大学》“三纲”之诠释，

---

① （宋）陈淳：《北溪字义》，第2页。

② （宋）陈淳：《北溪字义》，第2页。

③ 邱树生就明确指出，朱子之“变化气质”说不成立，因为“尽管朱熹说了千百遍关于‘变化气质’的话，但是都被他的另一句话打消了：‘有生下来善底，有生下来恶底’，恶人就再也没有‘用功克治’的余地”。（见氏著：《四书集注简论》，第72页，中国社会科学出版社，1980年。）

首要一点即是将“明明德”与“格物致知”对应起来，通过知识论上的“尽心体之明”而破除“气禀”之拘的负面效应。这就把“变化气质”与“灵知”之明联系起来。

故对于《大学》首句“《大学》之道，在明明德，在亲民，在止于至善”，朱熹作此解释：“大学者，大人之学也。明，明之也。明德者，人之所得乎天，而虚灵不昧，以具众理而应万事者也。但为气禀所拘，人欲所蔽，则有时而昏；然其本体之明，则未尝息者。故学者当因其所发而遂明之，以复其初也。新者，革其旧之谓也，言既自明其明德，又当推以及人，使之亦有以去其旧染之污也。止者，必至于是而不迁之意。至善，则事理当然之极也。言明明德、新民，皆当止于至善之地而不迁。盖必其有以尽夫天理之极，而无一毫人欲之私也。此三者，大学之纲领也。”①人之别于万物者在于有“心”②，而“心”并非纯粹只是“灵明”之德、清明之性，而是同时禀得了两种天之所赋：一是“虚灵知觉”之“灵知”，所谓“虚灵不昧”者；二是基于“形气”之“气质”。正如朱子在《中庸章句序》中所云：“心之虚灵知觉，一而已矣，而以为有人心、道心之异者，则以其或生于形气之私，或原于性命之正，而所以未知觉者不同，是以或危殆而不安，或微妙而难见耳。”③“道心”也就是心之本有灵明德能，而“人心”则是心之拘于“气禀”之效应表现，故道心与人心之争也就是“人”心中的“灵知”与“气禀”所拘之争。虽然朱子以为只有“一心”，“道心”“人心”但是此“一心”之明与蔽的二相表现，而从个体所处的经验世界来说，“心”乃是杂染的，是“明”之德能与“气禀”之“蔽”的混合，故有一修养工夫的给出。由此可以理解，朱子之“明明德”，也就是依于“心”已部分表现出的“灵明”，通过熏习教化，革除心之拘于“气禀”之“染污”，从而不断扩大心之“灵明”程度，直至“尽其心体之明”④。自然，此一“尽其心体之明”不是一个纯粹向内的过程，而是基于认知的视角，配合着“穷理”，这就把“明明德”与“格物致知”联系起来。

为此，朱子基于其对《大学》三纲八条目之理解，不惜通过以“补传”形式，对《大学》古本做了一增补，为其义理诠释提供一经典文本基础。朱子以为，《大学》有经有传，而“右传之五章，盖释格物、致知之义，而今亡矣”，故其取程子（程颐）之意以补之：“所谓致知在格物者，言欲致吾之知，在即物而穷理也。盖人心之灵莫不有知，而天下

---

① （宋）朱熹撰：《四书章句集注》，第3页。

② 在此，我们要注意理学之以有心之与否区别人与万物，此与孟子之以“心”之有无区别人与禽兽有别。且理学对“心”概念的理解有异于孟子。

③ （宋）朱熹撰：《四书章句集注》，第14页。

④ 有必要指出的是，由于《大学》“明德”概念的含混性，对其之理解有“心”“性”两个路向；朱子虽言“心体之明”，乃是偏于从认知作用定位“心”，故牟宗三以为朱子“明明德‘明’字之工夫又复歧出而为致知格物，此则尤不顺适”。见牟宗三：《心体与性体》（下），第335页，上海古籍出版社，1999年。

之物莫不有，惟于理有未穷，故其知有不尽也。是以《大学》始教，必使学者即凡天下之物，莫不因其已知之理而益穷之，以求至乎其极。至于用力之久，而一旦豁然贯通焉，则众物之表里精粗无不到，而吾心之全体大用无不明矣。此谓物格，此谓知之至也。”[①] 此段文字正与前引《大学章句序》中的一段文字“《大学》之书，古之大学所以教人之法也。盖自天降生民，则既莫不与之以仁义礼智之性矣。然其气质之禀或不能齐，是以不能皆有以知其性之所有而全之也。一有聪明睿智能尽其性者出于其间，则天必命之以为亿兆之君师，使之治而教之，以复其性”相对照。对比二者，《中庸》序言中提到，因为“气禀”作用，民之所受“天命之性”未能朗现；而《大学》补传则言，因心之灵知“于理有未穷，故其知有不尽”，故要通过格物穷理而“致知”（使心知达其极致）。两相对照可知，在朱子看来，不纯之“气禀”障“心”之“灵知”作用，溷乱“天命之性”，故“格物致知”之工作就是通过“穷物之理”，将“心”由“部分灵知”状态推至“全部灵知”状态，所谓“尽心体之明”，如此则“气质之性”变化，“天命之性”朗现无遗。经此诠释，朱子也就将“尽心体之明”的“格物致知”等同于“明明德”。这一处理的用意在于，将《大学》原本围绕“好恶”之情，以“修身”为本之主旨，转向以“致知”为本的知识论立场。在此，朱子之论存在问题是：依朱子之说，“气质”乃是天赋禀有，若此，则气质之清浊、厚薄不可变，由此每一个体之“灵知”差异程度是已确定的，不可改的；但朱子又以为，通过“格物穷理”，可以“致知”，即扩充已有之“灵知”而达至其极。如此，个体“灵知”先天上的差异性可以通过后天之“格物致知”而克服。在这个意义上讲，即便“气质”之清浊、厚薄虽不可变，而“心”之“灵知”程度可变。可见，“心”之“灵知”（明德）虽然依托于“气质”，但似乎又可以有一相对的独立性，二者之关系如何辨析，实涉及前述之对“明德”（灵知）之为“心”为“性”的不同理解。“明德”（灵知）作为“心”或作为“性”，均是得之于“天”，但依朱子之说统，二者之意义似并不同，前者乃是就“天之所命理说”，后者是就“得于天之秀气说”。[②] 若是依“灵就气说”，则“灵知”之德能与“气质”之禀又如何区别呢？此与唯识学之本有“无染种子”与本有“杂染种子”似有某种对应关系，反映了朱子对“气”之价值定位的两可性[③]，故朱子之论似乎还是存在有待分疏的空间。

---

① （宋）朱熹：《四书章句集注》，第6–7页。

② 参见牟宗三：《心体与性体》（下）第五章第二节“论明德”。

③ 陈畅针对朱子学的理气二元论，由刘宗周之“性只有气质之性”的气一元论，提出“气能否成为道德创造性之源”之问。此颇相应于对“灵知”之作为“秀气”与气质（气禀）关系的分疏。（参见氏著《理学道统的思想世界》第九章“气质之性说”，上海书店出版社，2017年。）

三、“变化气质”与“正好恶之情”

朱子既基于知识论立场，以“格物致知”诠释《大学》三纲之首的“明明德”，则也就将“格物致知”作为一统摄原则[①]，贯穿于《大学》八条目中；如此，朱子之理学工夫论指向的虽然仍然是修身与政治治理，但已将《大学》之“壹以修身为本”原则做了一些修改处理，即由“正好恶之情”，转向“变化气质”。在一般的哲学史叙述框架下，朱子给出的这一转向不易为学人觉察，但联系起朱子诠释《大学》的知识论立场，则此一思路转向也就很清晰地呈现出来。我们还是依托朱子对《大学》的诠释展开对此议题的讨论。

首先让我们来看《大学》文本本身，在《大学》首章叙说八纲之后，文本给出一归纳之语：“自天子以至于庶人，壹是皆以修身为本。其本乱而末治者否矣，其所厚者薄，而所薄者厚，未之有也”。“修身”本有宽泛所指、特指之别，就《大学》文本看，由于此段文字之前谈的“八纲”就是广义之修身诸节目，故明确将“修身”作为八条目之一，置于“正心”与“齐家”之间，则可见这里所说的“壹是皆以修身为本”之“修身”乃是一“特指”义。这个“本”乃是指，就八条目的顺序来说，从格物致知到诚意正心，其落实到“修身”这一环节；而从“修身”下启的齐家治国平天下诸环节看，则“修身”乃是这些向外开出的修行环节的“基础”或“前提”。换言之，在“八纲”之中，“修身”既是一旨归所在，又是一连通内外之修的中心环节。《大学》之“修身”既如此重要，其具体何指呢？文本其实讲得很清楚，那就是对“好恶之情”予以正之，使其得其正：“所谓齐其家在修其身者：人之其所亲爱而辟焉，之其所贱恶而辟焉，之其所畏敬而辟焉，之其所哀矜而辟焉，之其所敖惰而辟焉。故好而知其恶，恶而知其美者，天下鲜矣。”所谓“辟”，即“偏”也，人之好恶之情出于私己之心，故总是有所“偏”而“不正”，所谓喜好某人则不察知其恶，厌恶某人则未识知其之善处，这就是好恶之情的不得其正，故需要“修身”。可见，修身，就是要对治“好恶之情”，使之由偏返正。联系《中庸》所云之“已发未发”“致中和”，则也可见《大学》“修身”之正“好恶之情”与《中庸》“致中和”有一相应性，乃是特别让以“好恶”为根本的“七情”处于一“发而皆中节”之状态。明了“修身”之义，也就明了“正心”对于“修身”的落实意义：“所谓修身在正其心者，身有忿懥，则不得其正；有所好乐，则不得其正；有所忧患，则不得其正。心不在焉，视而不见，听而不闻，食而不知其味。此谓修身在正其心。”要使得“好恶”

---

① 对此，吴震通过对朱子工夫论的考察，也指出，“格物致知是《大学》工夫系统中具有‘当先而不可后’的首要地位，这也是朱熹以格物为《大学》之要的基本立场”。（见氏著：《格物诚意不是两事：关于朱子工夫论思想的若干问题》，吴震：《朱子思想再读》，三联书店，2018 年。）

之情不偏，则要求“心”处于一“正”之状态。“正心”虽然对于“修身”有此前提条件之意义，但其目的在于落实“修身”，而有效之“修身”又保证了“齐家”的可能，因为好恶不偏，则对于家人不会有偏私之爱或特别之厌恶之心，由此家也就和睦有礼。可见，《大学》之“壹是皆以修身为本”非虚言也。

相比《大学》文本之以“修身”作为八条目之中心环节，朱子既以“格物致知”诠释《大学》之“明明德”，突出知识论之立场，则也就将“修身”置于“格物致知”之下，以格物致知来落实“修身”之正好恶之情。而因为“格物致知”（明明德）伴随着“变化气质”，故而“正好恶之情”也就与“变化气质”关联起来。我们首先还是就着《大学章句》文本，来看朱子对“修身”与“格物致知”（明明德）关系的理解。针对“物格而后知至，……”一段，朱熹给出的解释是：“物格者，物理之极处无不到也。知至者，吾心之所知无不尽也。知既尽，则意可得而实矣。意既实，则心可得而正矣。修身以上，明明德之事也。齐家以下，新民之事也。物格知至，则知所止矣。意诚以下，则皆得所止之序也。”[①] 显然，朱子之“格物致知”之知识论立场是如此坚定，以致其不仅将“明明德”对应于“格物致知”，且扩而广之，将格物致知直至诚意正心修身均作为“明明德”之范围，而对比于“齐家”以下的“新民之事”。朱熹如是处理，则也就将“修身”直接作为“格物致知”的效应领域，以后者作为前者的必然前提。自然，从朱子的叙述逻辑看，“格物致知”不是直接对“修身”予以作用，而是通过中间的“诚意正心”环节，但就朱子的立意来看，其乃是以“格物致知”作为根本原则，统摄“诚意正心”，故有“知既尽，则意可得而实矣。意既实，则心可得而正矣”这样的表述。这样的表述，其实也就将“诚意正心”作为“格物致知”在“意”“心”领域内的落实，而在此意义上讲，“修身”不过就是“格物致知”在“好恶之情”领域内的落实而已。[②] 经此处理，《大学》文本“壹是皆以修身为本”即转为朱子的以“致知”（尽心体之明）为本，此正相应于朱子自身的表述：“明德为本，新民为末。”由此，“修身”不惟被置于“致知”原则统摄下，且其含义有一微妙变化。此表现在，原有“修身”意在通过对物事之本末把握而使得意诚、心正，以“正好恶之情”，纠情发之偏；而经朱子之处理，“修身”虽然仍关联于纠“情”之偏，而此“偏”义有转，即如朱子所云：“辟，犹偏也。五者，在人本有当然之则；然常人之情惟其所向而不加审焉，则必陷于一偏而身不修矣”[③]。朱子以为《大学》中所云之亲爱、贱恶、畏敬、哀敬及敖惰五情乃人之常情，然因人常常只是顺着情之生发

---

① （宋）朱熹：《四书章句集注》，第4页。

② 即如朱子所云，“欲修其身者，先正其心；欲正其心者，先诚其意；欲诚其意者，先致其知；致知在格物。五者，其实则相串，而以做工夫言之，则各自为一事”。（见（宋）黎靖德编，王星贤点校：《朱子语类》（二），第354页，中华书局，1999年。）

③ （宋）朱熹：《四书章句集注》，第8页。

朝向，而不对之作审查检讨，故均有其“辟”（偏）。这里我们注意到，朱子以为五情之偏的原因在于“惟其所向而不加审焉”，“审”，也就是“察”，即是“觉知”的一种状态，所以情之“偏”与心之灵知程度的不及有关。对此，朱子在解释“修身在正其心”时亦有说道：“忿懥，怒也。盖是四者，皆心之用，而人所不能无者。然一有之而不能察，则欲动情胜，而其用之所行，或不能不失其正矣。”[①]无论是“审”，还是“察”，都是指“觉知”，以便对作为“心之用”的“情”的状态有所把握，以便令其不过。这里值得注意的是，朱子如此给出特别的“审”“察”这样的字眼，具有很浓的知识论的意味，对比《大学》文本，我们以为朱子乃是要通过“察”而明“理”以节情，此不同于《大学》文本之以“礼”饰情。另外一点是，相对于《大学》文本之以“已发”“未发”表述“情”之状态，以“中节”与否判定“情”之当否，朱子乃是特别从“气”的角度来理解“情”之发，如“然敖之与惰，则气习之所为，实为恶德”[②]，故也就牵涉到正好恶之情与对治气质之偏的问题。以“忿懥”为例，忿懥乃是怒的一种特别类型，所谓“怒之甚者”，朱子自以为“某气质有病，多在忿懥”[③]，这就将作为“情”的忿懥之发与“气质”问题联系起来，而就此上溯到“致知”。所以我们看到，朱子在与学生互动时，反复强调忿懥等四情乃人之所不免，只是不要“滞留”之而已，这就牵涉到明“理”的问题：“‘心有所忿懥，则不得其正’。忿懥已自粗了，有事当怒，如何不怒？只是事过，便当豁然，便得其正。若只管忿怒滞留在这里，如何得心正？‘心有所好乐，则不得其正’，如一个好物色到面前，真个是好，也须道是好，或留在这里。若将去了，或是不当得他的，或偶然不得他的，便休，不可只管念念着他。”[④]朱子以为“情”之发乃是“不免”，而其恰当之与否在于“当”不“当”理，当理则发，但若“滞留”之，则又不“当”理。为此，朱子区别了义理之怒与血气之怒[⑤]，以为前者当理，后者不当理。然当不当理，乃是心之灵知的问题，这是可以追溯到“格物致知”：“知至而意诚，则‘好好色，如恶恶臭’，好者端的是好，恶者端的是恶。某尝云，此处是学者一个关。过得此关，方始是实。”[⑥]知至而意诚，意诚就是“不自欺”，故能不夹带私心，由此方有好恶之情得其正，而不会有偏甚之表现。

① （宋）朱熹：《四书章句集注》，第8页。

② （宋）黎靖德编，王星贤点校：《朱子语类》（二），第352页。

③ （宋）黎靖德编，王星贤点校：《朱子语类》（七），第2623页。

④ （宋）黎靖德编，王星贤点校：《朱子语类》（二），第344页。

⑤ 参见刘琳娜：《朱子对于怒的理学诠释》，《鹅湖》2018（12），总第522期。

⑥ （宋）黎靖德编，王星贤点校：《朱子语类》（二），第345页。

四、“新民”：变化“他者”气质

即如朱子所云，“修身”以上为“明明德”，“齐家”以下为“新民”，前者主要对“己”，后者则主要对“人”。“明明德”自是基于“格物致知”的知识论原则，将诚意正心修身均置于格物致知之下，视此诸环节为“致知”的范围与效应表现，尤其将“修身”与对己之“变化气质”联系起来。相对“明明德”之“修己”“自新”，“齐家”以下之“新民”可谓“治人”，而其遵循的原则仍然是“格物致知”，所谓“壹是，一切也。正心以上，皆所以修身也。齐家以下，则举此而措之耳”①，可见“新民”，不过是对基于“格物致知”原则的“修身”的进一步展开。但从工夫之施展所依看，“明明德”与“新民”似有不同。就“明明德”而言，其同时有两个修治工夫面向的展开：一是乃就“心体”已有之灵知而扩展致知，可以说是对“灵知”之性（正相应于以“秀气”理解“明德”，这可视为某种意义上的无染“性种”）做一“熏习”之增胜工作；二是对“气质”之染污（这可视为某种意义上的杂染“习种”）作一革除。而就“新民”来说，其之治人，乃是在己之“明明德”的基础上，基于“絜矩之道”（恕道），对民（他人）之后天“气质”之染污做一革除工作。若比照唯识学对性种与习种之辨析歧说，毋宁说，朱子学内部也存在着对“变化气质”的不同理解：“明明德”重在熏习、增盛既有之“心”的“灵知”之性（“无染性种”），而“新民”则重在“革除”既有之“气质”之染污（“有染种子”）。此一能“明明德”者与“民”之区别给出，乃是相应于朱子基于“气质”清浊厚薄不同而对“人”之身份所做的判别，即如《大学章句序》之所云“天降生民，……然其气质之禀或不能齐，是以不能皆有知其性之所有而全之也”。朱子以气质不齐为由，赋予伏羲尧舜这些气质禀赋最纯之圣人以“治民”之特权，实也就将变化“他者”气质与“新民”联系起来。

相对于“明明德”，“齐家”以下至于“平天下”乃是“新民”之域，此乃是一般所讲的“治人”或“外王”之域，其具体表现在齐家、治国、平天下等范围不同的领域。朱子之以“新民”定义“亲民”，根本上乃是要贯彻其以“明明德”为本之主张，故云：“新者，革其旧之谓也，言既自明其明德，又当推以及人，使之亦有以去其旧染之污也。”②朱子很重视“新”的概念，《大学》之“三纲”之一“在亲民”本作“亲”，而朱子于训诂上依程子“亲，当作新”，解“亲”为“新”，由此“亲”“新”之争也成为理学内部争论的一大公案，此实涉及到对“明明德”与“亲民”（新民）之本

① （宋）朱熹：《四书章句集注》，第4页。

② （宋）朱熹：《四书章句集注》，第3页。

末关系的理解[1]。事实上，朱子之“新”解，乃在于其“气质”说之内在要求，因为必须“变化气质”。从这个意义上讲，无论“明明德”，还是“新民”，均要求“新”，而之所以突出“新民”之“新”在于：相较“圣人”之气质纯厚或士人之气质清纯，一般民众气质昏蔽，可谓“气质不善”（气质不好），最需要“变化气质”，故要“新”之。为此，朱子以《大学》文本中所引汤之《盘铭》的“苟日新，日日新，又日新”一句作为一佐证，呼应其“在新民”之说。新者，对旧也，朱子以新旧之对来说明不间断修习的重要：“人诚能有日新之功，则须日有进益。若暂能日新，不能接续，则前日所新者，却间断衰颓了，所以不能‘日日新，又日新’。”[2]此以“新”虽是对“旧”，但“新”无恒定性，转瞬又为“旧”，如此若不能“日新”“日日新”，则人之重陷入旧习束缚状态。又云：“‘苟日新’，新是对旧染之污而言。‘日日新，又日新’只是要常常如此，无间断也。新与旧，非是去外面讨来。昨日之旧，乃是今日之新。”[3]朱子强调“日新”的必要，因为“新”无有“持存性”，“日新”方能始终处于“新”之状态，否则又会重陷“旧习”之状态。由此“日新”之强调，可见朱子思想中有一紧张感，此或有两个值得考虑的因素：一是，“习气”实不可“变”。“民”之“习气”不善，缺乏如圣人那样的纯厚气禀，虽然可暂时革除基于“习气”而来的染污“旧习”，但因“习气”“不改”，故此一“旧习”生产机制未除，故要求不断地“日新”以除日生之“习”[4]；二是，朱子虽然判别了“圣人”与一般“生民”的气质之别，但这只是一理论上的解说，而无法在现实层面对“民”之“气质”状态作一“检测”，换言之，“民”之气质身份实是无法判定的。这就好像奘基之学分判确定五种性一样，虽然从理论上讲五种性是历历分明的，但对于一个具体的个体而言，其对于自身的“种性”状态并不“自知”，由此使得众生（无论其可能属于哪一种性类型）产生一种“焦虑”，激发其不断地熏习修行。同样，朱子既无法对“民”之气质的检测、判定提供一“学理”依据，其也只能笼统地、一般性地判定“民”之气质类型，且以此激励“民”之“日新”。虽然如此，我们必须注意到，虽然朱子无法基于理学，从理论上对“民”乃至所有“生民”之“气质”的清浊厚薄作一判定，但因其已赋予“圣人”以气禀优越的特权，给予现实政治教化以合法性，则也就结构性地对“民”之气质以一定位，予其“新民”说以一合法性。就“气质”与“种子”之思想关联性来说，对比奘基之学，

① （明）王阳明：《大学问》，吴光、钱明、董平、姚廷福编校：《王阳明全集》（下），上海古籍出版社，1995年。

② （宋）黎靖德编，王星贤点校：《朱子语类》（二），第318页。

③ （宋）黎靖德编，王星贤点校：《朱子语类》（二），第318页。

④ 郭晓东虽未提到朱子对《大学》“日新”之强调，但其通过对朱子思想中现实性原则的揭示，也指示了气禀对于成德可能存在的负面意义。参见氏著：《“气质”与“气质之性”——陈淳对朱子的绍述及其与朱子之异趣》，《云南大学学报》2013（6）。

朱子学有从解脱论领域的“熏习”转向、推进到现实政治领域中的“教化”。

结论

朱子学与奘基之学本属不同价值立场的学说体系，各有其论域主题与命题、名相，本文基于跨学派的理论方法，围绕朱子之《大学》释义，借用唯识学之“种子”概念，特别从性种与习种的辨析角度，对朱子学的“气质”概念与“变化气质”说予以阐述，揭示其“明德”概念的两可义与“气质”隐含可变与不可变之二元性。在此基础上，文章试图说明，对比奘基之学，朱子学有从解脱论领域的“熏习”转向、推进到现实政治领域中的“教化”，进而以此构拟朱子学与奘基唯识学内在的思想形变关系。本文乃笔者基于既有的一些思考，仓促草作而成，对此议题的更为严密之论证则尚待时日。

方以智对《庄子》的唯识学解读

吴卿[①]

【摘要】方以智在《药地炮庄》中借唯识学"炮制"《庄子》，以"识即是智"代替"转识成智"会通儒、释、道。这一做法，一方面消解了"阿赖耶识"执"识"而生万法的虚妄性；另一方面，也反映了明代唯识学复兴中"即体即用"体用观的影响。方以智在《药地炮庄》中以唯识学融通儒、释、道的做法，是明代融通"性相二宗"的延伸，以期为救治晚明"狂儒""狂禅"的弊端提供出路。

【关键词】《药地炮庄》；阿赖耶识；转识成智；即体即用

方以智（1611–1671），安徽桐城人，在改朝换代的大背景下经历了从明代遗臣到禅宗僧人的蜕变，晚年因文字狱而被清廷拘捕，押赴广东途中身亡。他在家学的基础上博览诸家，逐渐形成自己"坐集千古之智"的学术风格，其学识涵盖易学、文学、哲学、科学等多个领域。他一生著作颇丰，有《物理小识》《东西均》《易余》《药地炮庄》等诸多作品。

《药地炮庄》为方以智所撰《庄子》集评，其中不仅收录了历代《庄子》注，还囊括了以觉浪道盛(1592–1659)禅师为核心的一系遗民学者们对于《庄子》的注疏。因此，该书对于庄学研究和明末遗民思想研究都具有巨大的价值。本文力图探究《药地炮庄》中包括方以智在内的一系学者如何把唯识学作为一种方法运用在《庄子》的解读上，以此一窥明代唯识学的特征及明代学者对唯识学的发挥。

一、同具"染""净"的"阿赖耶识"

"阿赖耶识"，梵文音译，也被译为一切种子识、异熟识，是唯识学为贯穿"万

① 作者单位：苏州大学政治与公共管理学院。

法唯心造”这一命题而预设的根本心识。在这一“染污”心识的基础上，唯识学提出了各种名相概念解释世间诸法的生灭，通过破除由这一“染污”心体而生成的对世间诸法的虚妄执著回答了人如何成佛的问题。方以智一方面会通“阿赖耶识”和“如来藏识”于“一心”使之同具“染”“净”，由此淡化了“阿赖耶识”染污之性质；另一方面，他以《易》的化生精神肯定了“阿赖耶识”生起万法的功能，以中国易学思辨的特点消解了“阿赖耶识”执“识”而生万法的贬义色彩。

1.“阿赖耶识”与“如来藏识”

“阿赖耶识”是“染污”的根本，与之相对的“如来藏识”则是“清净”的根本。隋唐时期，天台、华严等学派围绕“如来藏识”展开自己的理论体系，不再将“阿赖耶识”看成完全“染污”的心识。及至明代，随着唯识学的复兴，“阿赖耶识”和“如来藏识”的融合趋势进一步加强。

以方以智为例，在《药地炮庄》中，他就将“阿赖耶识”与“如来藏识”看成一致的。他在《药地炮庄·应帝王》的集评中将“混沌凿窍”之寓言引申为批评唯识学对于“证自证分”、“白净识”（第九识）、“分别识”（第六识）、“思量识”（第七识）的名相划分，认为这削减了“阿赖耶识”（第八识）的作用与设立的意义。在他看来，“阿赖耶识”和“如来藏识”实际上是一回事。

> 《广深密经》言证自证分，白净识为九识。约为八识，而五根归于三细，则分别识、思量识、含藏识也。故割截而凿出之耳，实一心也，总是阿赖耶识，总是如来藏。地水火风转于空，而用于见识，皆气质也，皆灵知也。圣人贯混辟、虚实、形神而明此中理旁通，即化其气质而泯于中节之用矣。[①]

结合唯识学经典来看，只有《解深密经》而无《广深密经》，且《解深密经》未涉及“白净识”的问题。因此，此处《广深密经》的断句可能有误，应为“广、深密经”，代指“方广、深密”等大乘唯识经典，而非单一经书名。“地、水、火、风转于空，而用于见识”的说法，同样见于《成唯识论》。所不同者，《成唯识论》借助“地、水、火、风”的例子说明由“身根”和“眼根”接触而得“地、水、火、风”的性质“坚、湿、暖、动”无自性，故“地、水、火、风”之“相”非真实。[②]而方以智用“皆气质也，皆灵知也”重新解释《成唯识论》的“虚妄”之“相”，实际上是对“虚妄”之“相”的一种变相肯定，即通过从儒、道之立场肯定“阿赖耶识”生起万法之作用。依照唯识学而言，

---

① （明）方以智著，张永义、邢益海点校：《药地炮庄》（修订本），北京：华夏出版社，2016年，第238页。

② （唐）玄奘译，韩廷杰校释：《成唯识论校编》，北京：中华书局，1998年，第26页。

虽然“混辟、虚实、形神”都是“阿赖耶识”的产物，却因为“阿赖耶识”而有“染污”的性质。但是方以智与他人的不同就在于，他认为“圣人”可以不离开“混辟、虚实、形神”而显示出“清净”的“理体”，此“理体”即是“如来藏识”。既然“理体”不能离开“混辟、虚实、形神”等“相”而独存，由此“染污”之“阿赖耶识”之中必定有“清净”之“如来藏识”。

方以智将“阿赖耶识”和“如来藏识”一致化，不仅将二者看成一体的，更是主张在“阿赖耶识”中体现“如来藏识”的意义。这一观点和唯识学在“阿赖耶识”之上设立“如来藏识”，《大乘起信论》“一心开二门”的做法都有所不同。在其另一部著作《性故》中，方以智对佛教中的“言性”展开了自问自答。

> 问：宗教之言性也，定乎？其以无为宗乎？但执总乎？曰：唯识论言善性、恶性、无记性，分之为三，又分心所与心王为二，又分现量、比量、非量为三，又言有白净识，在阿赖耶识之中。何其不定也！①

为了说明佛教中对“言性”的“定然之则”为何，方以智从唯识学角度出发予以了分析。从其中他对唯识学的理解来看，他认为白净识（“如来藏识”）就在“阿赖耶识”之中。在方以智看来，虽然也有白净识（“如来藏识”）和“阿赖耶识”的区分，但是二者既不是前后关系，也不是相对立的两者，而是“阿赖耶识”包含白净识（“如来藏识”）。以白净识（“如来藏识”）为“真实”，“阿赖耶识”为“虚妄”，则“真实”即在“虚妄”之中。结合《药地炮庄》来看，方以智是将“阿赖耶识”和“如来藏识”等同起来，既使之成为同具“染”“净”的“一心”，又倾向于不离“染”而有“净”。

由此，方以智主张混合“阿赖耶识”与“如来藏识”为“一心”，强调“染污”中有“清净”，既淡化了唯识学的印度特色，也削弱了“阿赖耶识”“染污”的特征。

2.“阿赖耶识”与《易》的化生

方以智在《药地炮庄》中谈“阿赖耶识”，既从唯识学出发又不局限在唯识学中，其独特之处就在于改用《易》的方式表述了“心”生起万法的作用。

在《药地炮庄·齐物论》中有“夫言非吹也，言者有言……欲是其所非而非其所是，则莫若以明”②一段，原文是通过对儒墨争论是非的批判揭示出是非的相对性，提出从事物的本然层面（大道）来判断事物的相貌。方以智却在集评中用《易》会通《大乘起信论直解》来解释这一段。

---

① （清）方以智撰，张昭炜注释：《性故注释》，北京：中华书局，2018 年，第 87–89 页。

② （明）方以智著，张永义、邢益海点校：《药地炮庄》（修订本），第 129 页。

> 《起信论解》曰，灭心灭相，非灭心体。灭心痴，非灭智也。不必舍波求水，确然混之不得。大死活来，方许用得着，试以《易》证。自有天地，而太极隐矣。彼方圆对待，流行者是何物耶？画前画后，何不一照？直下自尽而已，何必两层[①]。

《大乘起信论直解》为明代憨山德清(1546–1623)所作，其中“灭心灭相，非灭心体。灭心痴，非灭智也”等说法是方以智对他论“智性不坏”的观点的归纳，这一说法也是对《成唯识论》中“依智不依识”的延续。然而《大乘起信论》虽然讲“一心开二门”，其关注点却在转“生灭门”为“真如门”。憨山德清提倡“智性不坏”，虽然遵守了《成唯识论》“依智不依识”的原则，但又产生了“真如门”和“生灭门”相对立的倾向。对此，方以智持反对态度，他借《易》的“大化流行”提出了“自有天地，而太极隐矣”的观点。他认为，包括天地在内的六十四卦都是一阴一阳之道演化而来的，一阴一阳之道又是由“太极”而来，因此“太极”就在天地之间的所有卦象当中并推动万物生灭。由此必须从万物生灭之中来认识不变的“太极”，而不是离开万物追求“太极”。同理，“一心”统摄下的“真如门”不是和“生灭门”相对立，而是和“生灭门”同时具在，不能离开“生灭门”而独自存在。此“生灭门”即是“阿赖耶识”熏习而起的“染污”世界，方以智认为由“染污”的“生灭门”转变成“清净”的“真如门”不意味着放弃“染污”的“生灭门”，而是发现“生灭门”即是“真如门”，“染污”即“清净”。

由此，“阿赖耶识”生起万法的作用不再是一个不断“染污”的过程，而是一个不断“清净”的过程。借由“太极化生”的引入，方以智赋予了“阿赖耶识”生成万法的积极意义。

二、从“转识成智”到“识即是智”

从“即体即用”的体用观出发，方以智认为“识”和“智”不可分离，“依智舍识”是不可能的。在此基础上，他以“识即是智”代替“转识成智”会通儒、释“炮制”《庄子》，以此弥补“复归大道”而不返的流弊。

1. “识即是智”

在“即体即用”体用观的影响下，方以智将《成唯识论》中的“依智舍识”转变成“识即是智”。

唯识学“转识成智”的基础在于“依他起性”“遍计所执性”和“圆成实性”。《药地炮庄·齐物论》中“百骸、九窍、六藏，赅而存焉，吾谁与为亲……无有为有，虽有

① （明）方以智著，张永义、邢益海点校：《药地炮庄》（修订本），第130页。

神禹且不能知，吾独且奈何哉”[①] 一段后，方以智引御冷氏之评语对“转识成智”进行新的诠释。

> 戴渊，盗也，一变而为良臣，岂二物乎？谓其转盗为良，则曰转识成智。谓其实是一物，则识即是智。[②]

“戴渊”原本是盗贼，“投剑”之后成为东晋将军，尽管是同一个人，但是身份有所不同，作用也发生了改变。方以智借“戴渊”虽然人不变，但是身份与作用发生变化的例子形象的说明了“依他起性”基础上从离开“染污”的“遍计所执性”达到“清净”的“圆成实性”的转变。

值得注意的是，此处“谓其实是一物，则识即是智”之说与《成唯识论》中“为劝有情依智舍识”[③] 不同。就《成唯识论》而言，如果“依识”，则仍在“遍计所执性”中而非“转识成智”。“转识”之后，“圆成实性”中“智强识劣”，所以主张“依智舍识”。[④] 方以智由于受到华严、天台、禅宗等中国化佛学思想中“即体即用”体用观的影响，并不赞成“依智舍识”。在他看来，既然“智”为清净本体，就不妨碍“识”的染污发用，只有在“识”中才能见“智”，所以“智”与“识”不能分开。方立天先生曾提出，庄子齐物论中的“齐同”特点对华严学的事事无碍论的产生了很大影响。[⑤] 因此，方以智在此处提出“识即是智”的观点并非无的放矢，而是这一影响延伸到了他对于唯识学的理解之中之后，又回溯到对庄子“齐物论”的解读之中。

2. 以“识即是智”会通儒、释“炮制”《庄子》

方以智在“识即是智”的基础上会通儒、释以“炮制”《庄子》，以此弥补《庄子》在追求“大道”过程中导致的形上、形下分裂的倾向。

在《药地炮庄・人间世》中“颜回曰：回之未始得使，实自回也；得使之也，未始有回也……是万物之化也，禹舜之所纽也，伏戏几蘧之所行终，而况散焉者乎！”[⑥] 一段后，方以智引用《正》曰提出了“仁智交圆”的观点。

> 正曰：善分别于第一义而不动，岂必堕黜作死马医乎？不昧同体之仁以

---

① （明）方以智著，张永义、邢益海点校：《药地炮庄》（修订本），第 127 页。

② （明）方以智著，张永义、邢益海点校：《药地炮庄》（修订本），第 128 页。

③ （唐）玄奘译，韩廷杰校释：《成唯识论校编》，第 689 页。

④ （唐）玄奘译，韩廷杰校释：《成唯识论校编》，第 689 页。

⑤ 方立天：《中国佛教哲学要义》，北京：中国人民大学出版社，2012 年，第 561 页。

⑥ （明）方以智著，张永义、邢益海点校：《药地炮庄》（修订本），第 163–164 页。

善用差别之智，是谓仁智交圆，即是转识成智。①

同样是“转识成智”，由于方以智的观点与《成唯识论》有异，所以他采取绕过“三自性”“八识”与“种子”直接用“不昧同体之仁以善用差别之智”予以解释。庄子讲“心斋”，关键在“虚”，“唯道集虚”即是心与大道之境界相吻合的状态，在这种状态下就能“听之以气”做到“虚而待物”。如何是“虚”，如何做到“虚而待物”？这是庄子没有过多论及的地方，也为方以智的发挥提供了空间。所谓“第一义”，本是天台学通过“双遣法”得到的“中道”，此“中道”不离“有无”，又不堕入“有无”。如果将其执为不动本体，在方以智看来就是“必堕黜作死马医”。以此类推，阳明心学中的“同体之仁”不是不动本体，而是在差别发用中显示出来的“良知”，方以智将不碍于“同体之仁”，又灵活“善用差别”看成“智”，此“智”即是“识即是智”的“转识成智”。

无论是“第一义”还是“同体之仁”，其共同点就在于虽有“体”但是不滞于“体”，而是灵活的在“有无”“差别”中显示其作用，方以智认为这种不滞妨的“仁智交圆”才是真正的“智”。

三、从会通“性相二宗”到救治三教流弊

唯识学复兴，最早是为了补救“性宗”（主要指禅宗）在明代的“顽空”流弊。然而随着憨山德清、蕅益智旭等禅师对儒、道、禅关系的关注，唯识学的一些概念也得以引入对儒、释、道关系的讨论之中。因此，方以智在《药地炮庄》中以唯识学“炮制”《庄子》的做法是以唯识学为“药方”，《庄子》为“药”，救治明末社会人心之弊端。

1. 会通“性相二宗”

明代唯识学有别于唐代唯识学之处，主要体现在两个方面：一是唯识学者并非专职唯识学，二是学者多会通天台、华严等学派来讲唯识。

明代唯识学复兴，是在禅宗昌盛的时代背景下开始的，其倡导者多为禅门中人，且非专通唯识，这是明代唯识学的一个特征。以蕅益智旭 (1599–1655)、高原明昱 (1614–?)、王肯堂 (约 1552–1638) 为代表的禅门中人与学者，虽然对于唯识学多有研究，但并未如唐代法相宗那样严守唯识学风。蕅益智旭既是净土九祖，还是天台学公认的大师。高原明昱虽然擅长讲唯识，但也是华严二十五世。王肯堂以居士身份对唯识学有很深入的研究，但其擅长的领域却是中医学。既然倡导者兼通各家，也就意味着对唯识学的研究不会遵循唐代法相宗的路线，而是兼容了天台、华严、禅宗等学派的思想，这也造成

① （明）方以智著，张永义、邢益海点校：《药地炮庄》（修订本），第 164 页。

了明代唯识学的第二个特征。实际上，唯识学的这两个特征表明当时的禅门中人及学者研究唯识的目的，并不在于真的要复兴唯识学繁琐的名相概念，而是借唯识之“相宗”对治当时禅门重视“法性”的发展暴露出的流弊。

相宗在中国佛教史上多次扮演匆匆过客的角色。其影响之所以仍不可小觑，乃是因为这个角色多半是禅宗主流的或隐或显的对立面，成为对在中国佛教中占主导地位的思想方法与表述风格的一种牵制和收敛的力量。[①]

然而，仅仅将唯识学的复兴简单地看成禅宗自我矫正的工具，倪梁康的观点又未免过于简单。毕竟，除唯识学以外，天台、华严等其他学派在明代也有所发展。实际上，在佛学的发展过程中，一直存在着以唯识学为代表的“相宗”与以天台、华严、禅宗等学派为代表的“性宗”之间的争论，前者强调诸法的差别相状，而后者关注诸法的法性融通。[②]因此，唯识、天台、华严等学派在明代的复兴，也是蕅益智旭等禅门中人站在禅宗立场上试图以融合会通的方式解决“相宗”与“性宗”之间争论的努力。这一点从龚鹏程对蕅益智旭的评价可以看出。

故借着融通合会，智旭事实上同时在做着拣择别裁的工作。拣择性宗相宗两边某些东西，或天台、慈恩、禅、净、律各宗的某些东西出来，予以会通。[③]

2.“性相二宗”会通与“种子义”的变化

“性相二宗”会通的可能，在于唯识学之基础，“种子义”的改变。这一改变恰恰是学者们以“即体即用”的体用观解读唯识学的结果。

无论是传统的儒家、道家，还是《大乘起信论》中的“一心开二门”，都隐含着“即体即用”的体用观展开。而这也有意无意地影响着禅门中人和学者对唯识学的解读，使得唯识学的“种子”发生了性质的转变。什么是“种子”？“谓本识中亲生自果差别。”[④]在“阿赖耶识”中含藏着的产生色法、心法等现行的功能就是“种子”。“种子”是唯识学的根本，它以起现行的方式构成了“八识”与世间诸法。唯识学认为“种子”成立需要有六个条件：刹那灭、果具有、恒随转、性决定、待众缘、引自果[⑤]。其中，

---

① 倪梁康：《王肯堂及其〈八识规矩集解〉》，《中山大学学报（社会科学版）》2015 年第 2 期。

② 龚晓康：《蕅益智旭性相融通论探析》，《宗教学研究》2013 年第 2 期。

③ 龚鹏程：《晚明唯识学与天台和禅学的交融——以蕅益智旭为例》，《江苏师范大学学报（哲学社会科学版）》2019 年第 5 期。

④ （唐）玄奘译，韩廷杰校释：《成唯识论校编》，第 105 页。

⑤ （唐）玄奘译，韩廷杰校释：《成唯识论校编》，第 124–125 页。

“性决定，谓随因力，生善、恶等功能决定，方成种子”①。规定善、恶、无记性的“种子”，只能产生相应的现行，其功能是固定的。于是，“善净”之“无漏种子”和“染污”之“有漏种子”的矛盾由此产生：一方面，既然“性决定”，染污之“阿赖耶识”中的“有漏种子”就永远无法转变为“无漏种子”，“转识成智”就只能通过在“阿赖耶识”之外建立“无漏种子”才行得通，这又和“阿赖耶识”的“根本识”定位相矛盾。另一方面，依照“性决定”，如果“阿赖耶识”中本来就有“无漏种子”，那么一旦生起现行，“阿赖耶识”的“染污”性质就不能成立，和“阿赖耶识”的“染污识”定位又相矛盾。

这一矛盾自印度唯识学创立到玄奘开创法相宗以来一直存在。然而，在佛教各学派漫长的中国化过程中，“即体即用”的体用观影响了学者们对唯识学“种子”的看法。在《大乘起信论》“一心二门”的影响下，学者们开始将“阿赖耶识”解读为以“净”为体，以“染”为用，以此在中国哲学的思维框架下回答“识”如何转为“智”的可能。蕅益智旭等人即是这一转变的代表，“智旭对于性相两宗的融通，既契合了佛教的根本旨趣，又彰显了中国佛教的圆融特色”②。所谓“圆融”，是以传统中国的“即体即用”思维代替了“种子”“性决定”的条件，这既使得明代唯识学成为和天台、华严、禅宗一样的中国化佛学流派，也为“性相二宗”的融合提供了机会。

3. 方以智以唯识学“炮制”《庄子》救治三教流弊

禅门中人以唯识学为“药”救治禅门“顽空”疾病，会通“相宗”与“性宗”的这一努力，被方以智在《药地炮庄》中进一步发展为以唯识学为“药方”“炮制”《庄子》救治儒、释、道之流弊。

> 清凉言儒之见及六识，老庄见及七识，佛始破八识也。将以虚空破八识乎？以空为宗，佛云外道。有疑者否？此论销矿成金，继父必孝，可信政府宰君民，财成收化育。破识用识，君臣道合。所贵家督，全在儿孙。止有一实，何更哓哓生死有无枝蔓哉？③

该段是方以智在《药地炮庄・黄林合录》中引吴观我评论阳明心学之语的眉批。吴观我批评阳明后学专攻良知之体，而忽视了日用之学的作用，认为专攻良知不能“恃良知而废学”。方以智在眉批中引唐代澄观大师以唯识之“八识”会通儒、道、释之境界，在此基础上自问自答“虚空破八识乎”的问题，得出了“破识用识，君臣道合”的观点，

---

① （唐）玄奘译、韩廷杰校释：《成唯识论校编》，第 124 页。

② 龚晓康：《蕅益智旭性相融通论探析》，《宗教学研究》2013 年第 2 期。

③ （明）方以智著，张永义、邢益海点校：《药地炮庄》（修订本），第 70 页。

深化了吴观我的看法。

方以智的这一观点，在《性故》之中也有体现。他本意是借唯识学中的“比量”、“现量”和“非量”的关系来讨论“性故”，然而其中提到的“政府”与“销矿成金”，“君”与“臣”之关系却能够与《药地炮庄》互参。

> 由明以通神，明则比量为观察之政府，销矿成金，大其赤子，功莫最焉。明养于神，而用其神，则依然摄乎现量之知，称性，分别而已。正铎以理决之，曰现量、比量、非量，君在臣中，一来具来，物则即是帝则，当然即是本然。[①]

唯识学讲三量，是从“比量”开始经由“现量”最终达到“非量”的上升路径，借由三量完成“转识成智”的过程。而方以智则从“即体即用”的体用观出发讲唯识三量，以“明”为“性体之用”，以“用”显“体”，则以前五识为主的“比量”依此“性体之用”而转变成“妙观察智”。此“政府”既是比喻“妙观察智”面对差别的平等观，也是“性体之用”的无差别发用。在此无差别之下，能够让“赤子”“销矿成金”成其“大”，成其“功”。反过来，以“体”藏“用”则“比量”摄“现量”。以“用”显“体”之“比量”为一边，以“体”藏“用”之“现量”为另一边，则“即体即用”之“非量”为不离二边，不落二边。因此，三量及其引申出来的“政府”“君”和“臣”之间就是“非三非一”、“恒三恒一”的“一来具来”关系。

因此，结合《药地炮庄》来看。方以智认为，澄观以“佛破八识”固然提升了佛学在儒、释、道中的地位，但是也有将佛学置于“虚空”的危险。“识”是包括“阿赖耶识”（第八识）、末那识（第七识）、前六识在内的整体，因此以儒、道、释之境界会通“转识成智”，必然包括了前面破六识的“儒之见”、破七识的“老庄见”和破八识的“佛见”，此“破识”才有可能。同时，“破识用识”离不开儒、释、道之“识”，“君臣道合”即是在儒、释、道差别之“识”中见无差别之“智”。

实际上，以唯识学会通儒、释、道的做法非《药地炮庄》所独创，在憨山德清所著《观老庄影响论》中也有体现。

> 若以三界唯心，万法为识而观，不独三教本来一理，无有一事一法，不从此心所建立；若以平等法界而观，不独三圣本来一体，无有一人一物，不是毗卢遮那海印三昧威神所现[②]。

但是和憨山德清仅从“识生万法”的立场判别儒、释、道的平等性不同，方以智

---

① （清）方以智撰，张昭炜注释：《性故注释》，第 103 页。

② （明）憨山著，孔宏点校：《憨山老人梦游集下》，北京：北京图书馆出版社，2005 年，第 333 页。

还进一步从“转识”的层面讨论了儒、释、道的差别发用，从而贯彻了对“识即是智”的重视。他之所以重视“转识”，不仅是因为看到了禅门之弊端，还在于清楚地认识到禅门之弊端不仅仅是禅门的问题或者佛学在明末延续的问题。

> 所痛疾力挽者，则在狂伪二端。今日当拒者不在杨墨，而在伪儒之乱真儒。当辟者，不在佛老，而在狂儒之滥狂禅。[①]

“狂伪二端”已经成为晚明的时代病，而“伪儒”“狂儒”“狂禅”皆是这一病症的表现。为对治这一时代病，使得方以智在受到禅门中人复兴唯识学的影响之下，进一步在《药地炮庄》中以唯识学融会儒、释、道三家。

由此，方以智在《药地炮庄》中对唯识学的运用，反映出了唯识学在明代的复兴是一个融合式的发展，通过“性相二宗”的融合乃至与儒、释、道的融合，为救治晚明“狂儒”与“狂禅”提供了出路。

总结

唐代唯识学对于名相的繁复考据，既是其特点也是其在唐代以后衰落的重要原因。明代唯识学的复兴虽然也强调名相的重要性，却不及唐代唯识学之繁复。究其原因，在于明代唯识学的复兴是为 “性相二宗”融合做准备的，而禅门中人以“即体即用”的体用观解读唯识学，造成了唯识学中国化的转变。这也为方以智借唯识学“炮制”《庄子》融合儒、释、道提供了启示。

一方面，他会通“阿赖耶识”和“如来藏识”于“一心”，使之同具“染”与“净”，以《易》的化生精神肯定了“阿赖耶识”生起万法的功能。另一方面，受到“即体即用”体用观的影响，方以智以“识即是智”取代“依智舍识”。在此基础上，以“识即是智”会通儒、释“炮制”《庄子》，以此矫正读者对《庄子》追求“大道”而不重“事物”的误解。

此外，方以智以唯识学“炮制”《庄子》，实际上也是明代禅宗借唯识学复兴补救“性宗”出现的“顽空”流弊的启发。随着学者们以“即体即用”体用观解读唯识学“种子义”，既为“性相二宗”融合提供了机遇，也启发了方以智以唯识学为“药方”，《庄子》为“药”，救治明末社会人心之弊端的尝试。

---

① （明）方以智著，张永义、邢益海点校：《药地炮庄》（修订本），第65页。

唯识学对现代新儒家建构知识论的影响

黄敏[①]

【摘要】唯识学是现代新儒家建构知识论的重要思想资源。论文分别以梁漱溟、熊十力、牟宗三、唐君毅等人为代表展开论述。梁漱溟以唯识之识分析宇宙大生命的活动，受唯识学量论启发提出直觉认识论。熊十力以唯识学建立量论，将遍计所执性作为容纳科学知识的重要依据，这影响了其后的现代新儒家人物，如牟宗三以执与无执划分两层存有论，以良知自我坎陷说明科学知识安立根据。唐君毅保留并发展了熊十力对遍计所执性的诠释，开辟出境界层面的知识论，突出超越之智对中西诸文化领域的包容。然而，唯识需走向唯智，故在借助唯识之识执解释认识活动之余，现代新儒家不约而同走向直觉体证式的传统哲学工夫论路数，为唯识学走向意识哲学，走进现象学埋下伏笔，也使唯识学得以走出教门，成为中国哲学现代转型道路上的重要思想资源。

【关键词】遍计所执性；量论；科学知识；直觉；现代新儒家

近代中国的知识论研究随顺学习西方科学精神反观世界而生，自始便与如何认识世界、如何理解科学这一认识问题密不可分，故时人常在认识论范围下讨论求真可能性。知识论一词，若依金岳霖《知识论》一书所言，为“以知识为对象而作理论的陈述”，此无关乎知识何以可能，我能知道什么的问题。而依张东荪《认识论》所言，“认识论是研究关于知识的问题”，包括知识的由来、性质、与实在的关系、知识的标准等。可见，依时人的了解，知识论与认识论乃为一不甚严格的区分。知识论就字义言，乃以“知识”为研究对象的学问，则对知识的种类、形态及内容等方面皆涉及。故科玄论战又引发出对何谓科学、何谓人生观之认识讨论，此与玄学中有无科学、有无知识问题甚有关联。为此，知识论不仅为对知识作理论陈述，且涉及如何知、知识何以可能等。

其中，现代新儒家以唯识学建构中国哲学的知识论以回应西方科学传统，又足引

① 作者单位：中南财经政法大学哲学院。

人瞩目。唐大圆在《十五年来中国佛法流行之变相》中说："佛教中之有学，且足以纠今世科学之误，匡西洋哲学之谬而特出者，则莫如唯识之当机。"[①]这反映了当时人们纷纷研习唯识的原因。太虚大师亦说："夫在思想学术之趋势上，既欲求一如何能善用科学，而不为科学迷误之真自由法；继之又有非将一切根本问题，得一究竟解决不可之倾向，展转逼近到真的唯识论边"[②]，此使人有"山重水复疑无路，柳暗花明又一村"之感，故唯识学这一科学中的哲学为时代所急需。

在此过程中，借助唯识学为近代中国知识论的建构打开方便之门，则使唯识学成为中国传统哲学的现代转型过程中的重要思想资源，使唯识学之近代复兴不仅成为一中国佛学内部发展问题，亦成为中国近代哲学研究的题中之义。本文仅以现代新儒家运用唯识学回应西学、完成知识论的建构为代表，亦足见唯识学对近代中国哲学发展之影响。

一、梁漱溟以唯识求真的认识路线

作为现代新儒家大开风气的人物，梁漱溟为孔子和释迦说话的立场广为人知。然而，他以唯识学建立儒学知识论的一面却鲜有人论及。总的说，梁漱溟对唯识学作为形而上学认识论的唯一通途有如下理解：第一，建立唯识的世界观，以意欲判断诸文化差异。第二，强调唯识乃能求真知。第三，在三量说的基础上增加了理智与直觉的认识言说路径。

（一）唯有识的世界观

与传统儒家对赞天化育之大自然的当下肯定不同，梁漱溟首先用唯识学的识解读了世界的存有。在他看来，尽宇宙为一生活，故根本无宇宙。世界的存有在他眼中只是无尽的意欲罢了[③]。生活只是相续，"离开生活没有生活者，或说只有生活没有生活者——生物。"[④]生物不过是生活，包括了根身、器界乃至宇宙一切。为此，他进一步以唯识之见相分来说明这种世界观何以成立。

"生活即是在某范围内的'事的相续'"[⑤]，因生活只是事的相续，生活的相续即构成了生活者，故可以说无生活者，只有生活，因一切唯有意欲，或说唯有此种"识"

---

① 黄夏年主编：《民国佛教期刊文献集成》第189卷，《海潮音》1935年第一期，全国图书馆文献缩微复制中心2006年初版，第219页。

② 太虚：《法相唯识学》上册，商务印书馆，2002年，第72页。

③ 梁漱溟：《东西文化及其哲学》，上海人民出版社，2006年，第31页。

④ 梁漱溟：《东西文化及其哲学》，第53页。

⑤ 梁漱溟：《东西文化及其哲学》，第53页。

而已。那么，事又只是“唯识家所谓一‘见分’一‘相分’”[①]，因见分相分的涌现，而呈现出一事连着一事，使眼耳鼻舌身意随之一念转动，至于在这些工具背后由以产生且操之以事寻问者，他名之为意欲。实际上，此意欲又源于我执。他说：“这个差不多成定局的宇宙——真异熟果——是由我们前此的自己而成功这样的；这个东西可以叫做‘前此的我’或‘已成的我’，而现在的意欲就是‘现在的我’。”[②]前此的我如何成为现在的我，就是意欲作用所致。其中相分与见分作用成事，则作为意欲相续作用之表现是显而易见的。根据求问题解决态度的不同，因此产生意欲向前、意欲调和、意欲向后的三种不同路向文化观。

进一步说，三种不同意欲路向的文化观背后隐藏着认识论上的差别。他明确表示用唯识学的知识论来解释观察中印西三方思想差异[③]。之所以用唯识学的方法来解读中印西文化，是出于他对唯识学方法论的信心。“我看形而上学是有个方法的，有他惟一的方法的，这个方法便是唯识学用的方法”[④]。梁漱溟认为，形而上学只有用唯识学所用的方法才能讲清楚，“这种唯一无二的形而上学便也就是科学，却毕竟非科学”[⑤]。然而，在中印西三方中，西方化与中国化都完成不了此种近乎科学的形而上学，只有在印度化的道路中，形而上学才有了方法论上的最高成就，实际上即肯定了唯识学在建构认识论上的独特贡献[⑥]。

（二）唯识乃能求真

进一步说，唯识学构建形而上学方法的独特贡献处在于唯有识的唯识学能求真。梁漱溟认为，佛法之精神根本在认识论上，“一切知识无外现、比、非量。然非量即非知识。”[⑦]其中，说一切知识无外现、比、非三量，又说非量非知识未免自相矛盾。这是因为，在他看来，世间所谓知识多属于非量[⑧]，严格说并不算真正的知识，所以后句所谓非量即非知识是针对世间所理解的知识而言。又因世间知识多属此类，故不得不将它包括在一切知识的论域中，可见此知非真知，乃顺俗计耳。

---

① 梁漱溟：《东西文化及其哲学》，第 53 页。

② 梁漱溟：《东西文化及其哲学》，第 54 页。

③ 梁漱溟：《东西文化及其哲学》，第 72 页。

④ 梁漱溟：《唯识述义》，《梁漱溟全集》第一卷，山东人民出版社，2005 年，第 278 页。

⑤ 梁漱溟：《唯识述义》，《梁漱溟全集》第一卷，第 280 页。

⑥ 梁漱溟于晚年所完成《人心与人生》一书有言：“唯识学非他，不过是佛教瑜伽师修瑜伽功夫所得的一种副产物——一种知识。”（见《梁漱溟全集》第三卷，第 594 页。）

⑦ 梁漱溟：《印度哲学概论》，《梁漱溟全集》第一卷，山东人民出版社，2005 年，第 158 页。

⑧ “世间对一切事物所起彼彼事物之观念悉为非量。”因色无体，而以色为体故，四大皆然。（见梁漱溟：《印度哲学概论》，《梁漱溟全集》第一卷，第 160 页。）

就唯识学来说，比量唯假，现量可分为世间现量与佛位现量，那么，真正的知可谓唯佛乃能，无佛位现量则无真知可言。现量者，简言之曰感觉。“即此感觉，说之为识。自彼感觉外无所有，说为唯识”[①]。如此一来，唯识便成了唯感觉[②]。就此唯感觉说，世间现量则是因识而生之种种感觉。比如眼见白，便有白之感觉。因白之感觉而产生见相分，从而有白之物的认识。因为于感觉外无法得到极微或粗色实有，只有因见分而生之相分的白。由此他得出结论，唯识家所能把握到的既不是科学随情计事的“知识”，也不是形而上学家臆想的本体之真，而只是把握现量。

“现量非他，就是心里未起瓶子的意思，乃至未起白的意思，极醇的感觉。感觉原无一时一刻不有，却无一时一刻能为我们所有。其为我们所有的只有非量的观念、比量的概念（精或粗）。”[③]简言之，现量乃为无分别之感觉。因其作用迅疾，相续不断，刹那变化，世间现量往往很快转化为白之色、白之瓶的非、比量认识中。现量可谓难以把捉，而由此刹那变换的现量而产生的非、比量又何以能称得上知？这里要说明的是，唯识之识，表识之力用殊特，以唯感觉解释唯识并不妥。唯识并非唯觉主义，要在说明识之能变所变、能藏执藏所产生的业之流转，若宽泛以感觉论，则体现不出此种因果业力牵引的宗教修行意义。为此，梁漱溟又回到以瑜伽修行解释真知上。

如何求得真现量？只有通过修习瑜伽。“佛家的禅定不过是要求真现量罢了……所谓唯识家的并非别物，原是佛教瑜伽师去修禅定得的副产物，同时即为佛教瑜伽的说明书”[④]。与世间现量陷入是假非实的认识不同，佛位现量能遍知一切世出世间，“譬如白觉，所证唯白，若在佛位，有觉无白”[⑤]。以此更知佛位现量乃亲证真如，无一切之相，自然是无分别智。进一步说，这种佛所说智与世间知识不同，是对知识界限之认识。即不肯定有形而上的宇宙本体[⑥]，但又不同于怀疑论者，怀疑论者认为事物真相不可知，而佛法不谓一切知识无有，到了佛位现量，虽有知识之界限，但知无不知，界限亦无所谓界限，但均不是世间所谓知能达到了。为此他批评柏格森主张直觉认识论的不彻底，因直觉不等于佛家的现量，他只承认柏格森反智的主张，但认为“不能自脱于西方化而

---

① 梁漱溟：《印度哲学概论》，第163页。

② “唯识家所谓唯识的就是说一切都无所有，唯有感觉”。（梁漱溟：《唯识述义》，第287页。）

③ 梁漱溟：《唯识述义》，第305页。

④ 梁漱溟：《唯识述义》，第306页。在其后的《人心与人生》中，梁漱溟直说“唯识学非他，不过是佛教瑜伽师修瑜伽功夫所得的一种副产物——一种知识。”（见《梁漱溟全集》第三卷，山东人民出版社，2005年，第594页。）

⑤ 梁漱溟：《印度哲学概论》，第164页。

⑥ 梅谦立认为，梁漱溟所说的佛位现量仍是要证真如本体，以本体作为梁漱溟认识论的依归，若依梁氏原文所见显然非是。（见梅谦立：《简论梁漱溟对唯识宗的理解和改造》，载《吴越佛教》，北京：九州出版社，2009年，第190–199页。）

倡反智主义是不能成功的。"[1]因没有找到纯然非理智的东西——现量，在这里，所谓的西方化显然隐含了理智的分析成分。真正的反智主义的圆成则意指的唯识学。[2]如何圆成，自然是通过修行亲证[3]。所以，佛位现量的真知完全是亲证所得，非论证的结果，这就无对错可言，乃成无对之绝对。

（三）以理智、理性、直觉补充三量

既然直觉非现量，为何要谈直觉？这就与梁漱溟力图用唯识学解释中印西认识论有关。文化差异的背后是认识方法的差异，而就认识论而言，早期梁漱溟喜谈理智与直觉，认为"西洋生活是直觉运用理智的，中国生活是理智运用直觉的，印度生活是理智运用现量的"[4]。理智者，乃比量，有概念推理之作用，这在梁漱溟多部著作中互有发明，读者可自行参看。而直觉者，他以非量对应之。直觉与非量相同者在于均为妄，在现量感觉到比量的抽象概念间，还存在着有一种意味精神、趋势或倾向，"受、想二心所对于意味的认识就是直觉"[5]。简言之，直觉就是依附于感觉或理智中的说不出来的意味。"这种意味，既不同乎呆静之感觉，且亦异乎固定之概念，实一种活形势也。"[6]直觉不同于现量，也不同于比量[7]，但在认识中不可缺少，这是梁漱溟在《东西文化及其哲学》中的观点。然特别拈出"直觉"二字，笔者以为，这其实是与梁漱溟对儒家文化的理解有关。

梁漱溟认为，儒家文化的特点在于一无表示的调和，从孔子看那一无表示的态度，则可谓一任直觉的仁。此仁者乃直觉，无理由亦无分析成分可言，"遇事他便当下随感而应，这随感而应，通是对的，要于外求对，是没有的。我们人的生活便是流行之体，他自然走他那最对最妥帖最适当的路。"[8]可以说，好善乃至随感而应则无不善，这就是直觉之仁，表明仁是最自然随顺之事，仁是天性而已。为说明此性善之理是本性发出，所以梁漱溟用直觉言之，以区别于经过理智分别计较后再做判断的后得行善。"直觉所

---

① 梁漱溟：《唯识述义》，第 279 页。

② 梁漱溟：《唯识述义》，第 280 页。

③ "这是亲证"，梁漱溟：《唯识述义》，第 313 页。

④ 梁漱溟：《东西文化及其哲学》，第 150 页。然梁漱溟在该书第三版自序中声明，此段话意义不明，引起诸多误解，请读者勿用。

⑤ 梁漱溟：《东西文化及其哲学》，第 74 页。

⑥ 梁漱溟：《东西文化及其哲学》，第 75 页。

⑦ 见梁漱溟《唯识家与柏格森》，《梁漱溟全集》第四卷，山东人民出版社，2005 年，第 649-654 页。时人对唯识学与柏格森哲学关系之辩论，详情见姚彬彬：《1921 年前后关于柏格森哲学与佛学关系论辩之始末》，《华东师范大学学报（哲社版）》2014 年第 3 期。

⑧ 梁漱溟：《东西文化及其哲学》，第 121 页。

得的意思是一种‘本能的得到’，初度一次就得到如此的意思，圆满具足无少无缺。”[①]不过，晚年梁漱溟转向以理智、理性、本能等诸概念来解释此种有情味的知。其对唯识学的借用亦归于人类文化活动背后的意识心理分析中。

二、熊十力以量论安排科学知识

量论一语最早见于1932年的《新唯识论》文言文本开篇，据熊先生自序，《新唯识论》本为境量两部，境与量相对立言，境为所量，即量之所及、量之对象，语体本《新唯识论》中进一步把境具体化为所知、所见，顺世俗可言之为本体论、宇宙论、人生论等。[②]量则为能知，知之异名，即知识论或认识论。所谓量，便是对境的证得其实与否，由此推究量是什么。语体本中把量进一步解释为知之异名，即关于知识论之辨析。

量论如何会通中印西？可从熊先生晚年《原儒》一窥一二。“量论早有端绪，原拟为二篇：曰比量篇，曰证量篇。……比量篇复分上下。上篇论辨物正辞，实测以坚其据，推理以尽其用。……下篇论穷神知化。”[③]这里借用了佛教因明学中一些名词，但解释得更为宽泛，以量为知义，比量则为推比、推求，以理智依据实测推求，比量即理智推求事物。理智，又称量智，量智只是一种向外求理的工具。他说：

> 量智，是思量和推度，或明辨事物之理则，及于所行所历，简择得失等等的作用故，故说明量智，亦名理智。此智，元是性智的发用，而卒别于性智者，因为性智作用，依官能而发现，即官能得假之以自用。[④]

从人作为形气之躯来看，人心对境逐物，将外在境界执为实有，就产生了思议和求解欲，这就是知识的来源。就从人的依于境而起妄执出发，知识就是对这种遍计所执的外境的认识。“从大用之非空的方面来说，可以施设宇宙万象，即科学知识也有安足处了。”[⑤]就遍计所执的宇宙外境而言，科学知识就是对外在事物的探求，理智就是科学知识探求事物的工具。同时也把对于一切外在事物的认识都归入理智作用中。之所以不说量智即知识，是因为“量智依作用立名”，[⑥]言作用则与本体相应，故避免了将知识隔绝于本体，将科学隔绝于哲学之失。

---

① 梁漱溟：《唯识家与柏格森》，第652页。

② 萧萐父主编：《新唯识论》语体本，《熊十力全集》第三卷，湖北教育出版社，2001年，第6页。

③ 萧萐父主编：《原儒》，《熊十力全集》第六卷，第316–317页。

④ 熊十力：《新唯识论》语体本，中华书局，1985年第一版，第249页。

⑤ 熊十力：《新唯识论》语体本，第437页。

⑥ 萧萐父主编：《十力语要初续》，《熊十力全集》第五卷，第37页。

就比量篇的篇目看，上篇辨物正辞，即根据感觉实测物而推理，建立对物的认识，此篇内容基本于《新唯识论》中已完备。量智作用的活动过程实则是境识相互作用的过程。辨物离不开心，因心的了别境而使心上现所知或似所知境。

首先，感识缘境，即佛教说的现量作用。如眼识缘青色而能得青相，这是亲得境相，这时候无分别作用。同时，熊十力认为感识缘境是纯然现量亲证，应该是离诸虚妄的，但凡夫在感识现量起时为意识所计度而不能于现量保任持守。这个过程就是感识起而意识随之取代感识作出判断推测，分别安立，“意识继起迅疾，又习相应故，不待计度，如眼识缘。”[①] 所以这个过程非常迅速，感识缘境即同时有意识继起而凭习分别，不待计度而得出对事物的判断，与感识缘境构成一个完整的过程。

其次，因识而成境。意识活动非常活跃，缘一切法，感识缘境只是感官对外境刺激的接受，而意识能由境而攀缘前境，在分别安立之后能假借感识为资具，而夹带境相。观境共相，明辨而审处之，这是意识的胜用特点。“如缘外色等境时，识上必现似外色等影像，虽复所缘非外境，而识上亦现似所缘影像。此等影像亦如外境，同作所缘缘故，即于无法而起无解，识亦现似无之影像，是法本无而在识成境矣。”[②] 也就是说，在意识于所缘境作所缘缘相，将本非实有的外境现似所缘缘，而于此起增益执著，又生现似影像，即意识常夹带境相而陷于其中，由识而转成境。

综合感识缘境及因识成境来说，意识活动作用包括两个部分：一即外缘，二即返缘。外缘就是缘外境界或在识上变似所缘影像。返缘则包含两方面，熊十力说：

> 返缘略说以二：一者于外缘时，自知知故，如方缘色而识自知知色之知故。二者全泯外缘，亲冥自性故。或谓察识，或言观照，皆此返缘作用。以返缘力深故，了境唯心，斯不逐于境；会物为己，斯不累于物。于是照体独立，迥脱诸尘，虽在险而能出矣。[③]

一方面于外缘时，能自知此缘境之知，是对自知的一种知，一种判断；另一方面这种知能泯境内观，了别唯心而实无外境，会物归己，这种返缘就是返归本体不受物役的。到能照体独立，迥脱外物执著时，则知一切法而不留一切法，于一切相不起染著，能所俱遣又能所俱无，熊十力即名之为意识解脱、意识转化。这种意识解脱他又称后得智。

后得智，是相对根本智而言。他借用佛教根本、后得智之说比喻性智和量智。后

① 熊十力：《新唯识论》文言文本，中华书局，1985 年第一版，第 115 页。

② 熊十力：《新唯识论》文言文本，中华书局，第 116 页。

③ 熊十力：《新唯识论》文言文本，中华书局，第 116 页。

得智源于根本智，由根本智之起时方有后得智，意识解脱就是从性智起而能对返缘做出判断，达到照体独立，并且能继起意识但不逐于境，于境不起境相，能所俱泯，这种对事物的认识就是后得智，是在根本智起用后对事物才能达到这种无分别的后得智认识。而认识活动中两者的关系是分析与体认的关系。就物而言需要分析，辨物而求物之理，这个理智认识就是分析，分者为殊，而体认则是统领，由体认而得万物之理，再具体到各各不同之物分析其殊。一是万法总则，二是观物之别，两者缺一不可。但学有统领、有总则，分析才不会误入歧途，不得要领。正如返缘作用，知自知之境还要不逐于境，达到后者才能不累于物而会物归己。整个意识活动就是从外缘起，而又返缘的过程。

但是，返缘之后的意识转化还有程度差别。虽然量智从性智出，但量智还分真解和悬解不同。量智又谓习心，亦说为识。量智有时离妄习缠缚而神解昭著者，可说为悬解。但悬解还非真离系，要待妄习断尽，性智全显，量智才可以说纯为性智之发用，而不失其本然，这时就名真解。悬解是就习根潜伏而未现起之时说，真解则是返缘达到照体独立，妄习断尽。这时的真解即完全从性智出发，达到对事物的正确认识。

总的看，比量篇以阐发量智为主。上篇辨物，以理智为量智，量智为对外在事物的认识，知识的来源即由于量智作用。其次，借助佛教境识关系分析了量智的活动经过，从感识缘境到意识了别，再到意识缘境的返缘，突出量智与性智之别，并提出认识事物的基本范畴。下篇穷神知化则阐明如何借格物以穷理，提出认识本体的专属范畴。从比量篇的篇目及内容概要看，熊先生并不停留于对事物的理智推度，而试图融量智于性智，体现出纳西方科学知识于哲学本体论的努力。

“证量篇论涵养性智。”[①] 性智，相对于量智而言即是对本体的认识。认识宇宙大化流行必有赖证量。证量即自己认识自己，内证，默识，熊先生借助佛教对量的分类，加入自己对现量的另一解释。“余以最高之体认即现量，亦名证量”。[②] 此处所说的现量不同于比量篇感识缘境意义上的现量，而是熊先生自己对现量的新诠释。用现量形容证量，一方面说明对本体的证会是真实无欺的，如眼见色般当下现前，直下呈现，同时也说明，这种呈现是对本体的体认，要靠内心实证相应，为避免与佛教现量产生歧义，故以证量一名代之。显然，与梁漱溟不同的是，熊十力肯定了众生现量的可靠性，世间现量在熊先生那里变为证量，体现本体是可知的，以性智体认可得。

性智发用，自明自觉，是所谓证量。就性智是本体在人身上发用的表现而言，性智显发，也就是本心呈露之时，此时照体独立，犹如现前观想，而名思现观。这种如理之思与性智未显发前的不如理之思相对，“如理之思，其本身即理也，亦即是能也，

---

① 萧萐父主编：《原儒》，第 324 页。

② 萧萐父主编：《十力语要初续》，第 205 页。

亦即摄所归能，无心外之物可名所也。认识论，在如何求得如理之思耳，在分别如理之思与不如理之思，勿混作一谈耳。”[①] 严格说来，在性智未主导量智以前，量智仍然是不如理之思，因量智尚未证会本体，而只是一味驰求外在事物。只有如理之思时，量智才依性智起，依根而不随根转，才真正是性智发用主导量智。

凡夫即可如理而思、性智显发，这是欧阳竟无、吕澂等内学院诸人所不认同的。欧阳竟无早在 1939 年《答陈真如书》中对熊十力来函陈真如信中所谓“涅槃只是常、乐、我、净，此是自己分上事，自明自见”[②] 表示不满，所谓自明自证，在欧阳竟无看来，乃误解唯识学修行的根本大意，凡夫如何得知自己所思是如理之思不能无疑问。而在吕澂看来，返本应建立在佛心圣心的前提下，而熊十力却以凡夫心为本，不过是以凡心格量圣言罢了。[③] 显然，熊先生只是借用了佛教的一些概念来诠释其归证自心的心学路数，其意在突出个体体认天道，性修不二的重要性。而性智如何显发，从返本还源的思路上说确实存在着不明朗处，其毕竟超乎理智，无怪乎牟宗三先生以神感神应形容之，更名之为智的直觉，[④] 其不容怀疑的决绝也从侧面反映了认识论上性智的难以言诠。

总之，熊十力以性智突出个体对天道的体认，突出对本体的认知是一种特殊之知，又突出这种知的特点是觉，并且是个人先天本有这种觉心。而由量智说的发展即开出对理智知识、世俗知识的认识部分，特别是融入了唯识学遍计所执件来说明这种知识是一种执。但修养工夫上相应于性智统摄量智，则仍是以儒家传统心性之学中自明自证，返本还原为主。唐君毅、牟宗三同样顺着这两方面，既区分了性智与量智、理智与超理智，本体之知与世俗知识，同时还力图通过对世俗之知的论述确保科学知识的地位，将认识论的区分放入回应西学的更为广大的视野中。

三、牟宗三论识心之执与两层存有

对牟宗三而言，识心之执是他建立道德形而上学的关键，不仅有存有论的意义，还有确立知识论的意义。首先，识心之执有存有论的意义。牟宗三认为，道德形而上学是儒家思想的特征，其中包含两层存有论，即无执的存有论与执的存有论两层。无执存有指本体界、物自身的存有，执的存有，指现象界的存有，所以又分别称本体界存有论与现象界存有论。

就人的本质而言，人是有限而可无限的。人虽有限而可无限这一点引申出来，就

① 熊十力：《十力语要》，上海书店，2007 年第一版，第 198 页。

② 王雷泉编：《悲愤而后有学——欧阳渐文选》，上海远东出版社，1996 年第一版，第 332 页。

③ 《中国哲学》第十一辑，人民出版社，1984 年第一版，第 171–174 页。

④ 牟宗三：《现象与物自身》，台湾学生书局，1990 年初版，第 102 页。

是人需要存有论，一个本体界的实有，即本体才使人成为无限，本体体现了人的实有性，而现象界的存有则肯定了人有限存在的实有性。值得注意的是，就“因为正是一个本体界的本体（实体）才使他成为创造的，无限的”[①]这层意义而言，是人需要本体的存有，是人创造了本体，这就把本体论转化为一种从主体出发的主体哲学。这是两层存有论潜含的一个理论前提。就人虽有限而可无限，即人有自由无限心这一点就引申出两层的存有来确定人的本质。所以他又自称为是一种实践的形上学，是在人成圣、成佛、成真人的实践中带出来的两层存有。而肯定人有自由无限心，人才是有限而可无限的，自由无限心的自我坎陷，就成为一种执，即自己执持自己而成为一认知主体，并由执物之在其自己而成为一现象执，构成两层存有的执。

其中，执的概念就是他吸取识执的意义来融摄康德哲学的物自身与现象而来。他认为唯识之执侧重识心之执，是泛心理主义的，重在说烦恼，而他所谓的执，则重在突出认知主体，所以他的执的含义是就认知主体的人而言，人的自由无限心的活动概括起来就总称为执。

执的存有，也就是现象界的存有，这是通过识心之执来实现，实际上是通过唯识学遍计执性来保证。他说：

> 依其中的遍计所执性与染依他，它可含有一现象界的存有论，即执的存有论。此一存有论，我们处于今日可依康德的对于知性所作的超越的分解来补充之或积极完成之。所谓补充之，是说原有的赖耶缘起是不向这方面用心的，虽然它有可以引至这方面的因素，如“计执”这一普遍的底子以及“不相应行法”这一些独特的概念便是。所谓积极完成之，是说只有依着康德的思路，我们始可把这“执的存有论”充分地作出来。[②]

所谓依照康德的思路，就是在知性认识层面将遍计所执之现象界作为一执的存有，由遍计所执来保证现象界的一切法，这在认识上则是知性认识的需要。而康德所建立种种时空所表象的范畴即所决定的关系在佛家的不相应行法中可以与之相应，其中就是遍计所执之相。这就把识心之执成的现象作为一经验知识存在的根据，而以现象为遍计所执而成。这种对现象的解读在康德是没有的，但在佛家则可以成立。就现象界而言，牟宗三认为可以识执来解释现象，就把现象收摄于识心。经验知识也就是由识心之执来保证，感触的经验的知识就是执所成的知识，这构成执的存有。

所以，就牟宗三的两层存有而言，物自身和现象是同一对象表象的不同面相，而

---

① 牟宗三：《现象与物自身》，台湾学生书局，1990 年初版，第 30 页。

② 牟宗三：《佛性与般若》上册，台湾学生书局，2004 年修订版，第 429 页。

且关键在自由无限心的作用。那么两层的区分也就是自由无限心的执与无执来确定。其中，执的存有是自由无限心，也就是良知的自觉坎陷下落为一识心之执，来保证现象界的存有，所以执与无执取决于良知的坎陷。这就体现了人虽有限而可无限。无限就无限在人可以自由地坎陷而保证万法，这样物自身就不是不可认识的，智的直觉是人可以有的，所以有无执的存有和执的存有。至此，佛家的无执存有则通过一种虚说的存有实现，实则仍是虚说的缘起之在其自己的物自身，而执的存有则通过遍计执、识心之执来存有，仍非实有的存有。可以看出这种两层存有的划分对于本体与现象界的说明是比较清楚的，但其根据在于人的智的直觉，即自由无限心，实际上用儒家的思想表达，就是一本心、良知。其实质仍是熊十力的本心本体论，只不过在诠释的框架和范围上包容性更强。

其次，识心之执有认识论的意义。从认识论方面看，熊十力的性智说与量智说的认识划分，在牟宗三那里则演化为对认知主体的两种直觉的划分，即智的直觉与感触直觉。智的直觉同性智一样，即是对本体的认识之知，而感触直觉即识心之执，相应与量智，指对现象界的认识。根据人虽有限而可无限的预设，就承认个体有两种知识，即智知和识知，前者即智的直觉所成，后者为感触直觉所成。识心之执，这个执的概念是借用佛家而来。识心即了别心，识心之执即认知心的了别作用，这就涵盖了认知事物的判断、分析、推理等步骤。由概念起判断，便是知性之执，由架构时空形式而对应建立范畴，为想象之执，随感性而成直觉，为感性之执，以时空为形式条件则为感触的直觉之执，感性本身之执依佛家说又可为现量执，总之，感性、知性，判断、推理等等，均可以用执来表示。这是牟宗三对执的概念的一种特殊运用。牟先生认为，识心应有逻辑意义的执，即所谓逻辑上的置定，如此则有知识上的执。

就此安排科学知识，则科学知识为遍计所执性的范围，与智的直觉相比，科学知识即成为一种执。因科学知识的成立需要范畴决定、需要抽象作用，而感性、知性及由此而成的知识就应该属于八识范围，其活动即是一种执著。而以对科学知识的肯定出发，牟先生认为应该承认科学知识也有相当的谛性，不能仅仅说为俗谛，就俗谛而言俗谛的幻有也不是可有可无的，而是真谛必然安排有此俗谛。他特别以不相应行法为例，指出唯识宗的不相应行法中有时间、空间、数目等不与色、心相应，而数目、时空这些概念，其实就是康德所谓感性之形式的时间空间及法则性的概念范畴。这些形式与概念在佛家即属于不与心相应，又不与心所相应，是分位假立，这自然是一种执。所以可以把科学知识中的范畴决定部分看作执。这就与前面所说的良知自我坎陷，知体明觉的自我陷落一致，说明科学知识的无而能有通过智的直觉来保证。

四、唐君毅无定执而自超越论

与熊十力对体认的强调相同，唐君毅将体认、觉悟本体的返本修养方法发挥到极致。在知识论层面，唐君毅同样以遍计所执性保住知识的地位，肯定知识、客观事物的认知活动是通过个体之执来完成的。把遍计所执扩大为对我执、法执的阐述，并且通过对执的论述解读了华严的理事无碍、事事无碍，来处理科学知识与本体之知的关系，可以说是融唯识与华严为一体。通过开发境界层面的知识论意义，他特别突出境对心的反作用，以佛家之执的观念阐发科学知识的地位和重要性，将理与事结合起来，将中西文化及各门学科领域都涵摄在心境感通的九个境界中，体现出极大的包容性。

首先，唐君毅改造了唯识学的境识关系理论以创造心境感通论。心感通境之时，境不是被动地由此而生，当主体感通外境时，外境即自呈现其性相于心中。同时，“境亦可说有呈现其性相之‘活动’或‘用’，而后此境与其性相，方得呈现以‘存在’于心；而通于境之心，亦必因此而自变为以‘呈现此境之性相’，为其‘性相’之心，此心又必有此自变之‘活动’或‘用’，乃有此所变成之心之呈现以‘存在’。”[①] 境呈现于心时，境有其性相和作用，而使心又自变其呈现此境之相，其实就是境对心有某种间接力用而使心自变境。如此说，则境由心所变现是心境感通活动中的一个环节，还有境对心的反作用使心又自变其境相，所以唐君毅认为心境关系是相互为用，不能只说唯识所现。

另外，心变现境只是就特定的与心相应之境而言，但心所感通又不限定于境，而是超于其所变现的特定境而别有所通。也就是说心变现眼前特定某境之外，更能超越于此现量境而达到某种更高的境界，所以不能笼统地说境由心所变现。当然，唯识家的心变现境并不能狭隘地理解为境只是被动，就唐君毅所谓境可呈现其性相于心而使心有力用来说，类似于唯识中种子熏现行，现行又熏习种子的关系，境识关系同样也是互动的，并且识并非能离开境而单独存在，虽然境由心所变现，但境灭识亦不现，这种境识相对关系使心境活动同样是一个感通过程，不能仅仅将境理解为对象而已。

其次，唐君毅强调，心境感通还是俱起关系。心境感通是相应的而多样的，如眼见色与耳闻声，两种作用同时为心灵活动而感通之境不同，又如妄心感通妄境，视觉听觉所感所通俱起而为妄，而知此妄心妄境者为真心，真心又必与妄境之上的真境相应。也就是说，妄心感通活动自身复杂多样，同时有真心感通活动在其中，形成错综复杂的心灵感通活动中真妄混合而有高下、内外、先后次序的不同，构成一个完整而多样多重关系的作用过程。所以，心境关系除了境由心变现之外，唐君毅更强调心境两者的相互作用，特别是其中心灵感通活动对境的多种多样的影响。并且还深入细致地对心境关系

---

① 唐君毅：《生命存在与心灵境界》上册，台湾学生书局，1986年第一版，第13页。

作了分门别类的具体分析，可以说把唯识当中八个识的不同活动特征综合到心境关系当中，又以一心灵概念来统摄这些活动。

然而，与唯识学以阿赖耶识来统摄八识不同，唐君毅按照心灵感通活动之真的方面，肯定感通活动的正面价值，提出妄依真而起的观念，走向一元真心论。他承认妄是存在的，学必先知有妄，然后才能如实观妄而知真，求如实知。但是，就个人心灵活动的本原而言，人有探求如实知的心灵活动，此是能的方面，在心灵活动的诸多自相感通过程中妄才混入其中而起，由此看，“此心灵活动，能自往来相通，则原是心灵活动之实相真相，则一切妄即皆依此真起”[①]。这些妄具体包括了感官刺激、记忆、想象等心理活动，被称为“混妄之知”，其中虽然妄居于真之中，但并非完全没有作用，而构成心灵活动认识事物的一个重要方面。至于真能统妄，则本原上是肯定有一体，这个体既是认知主体，也是心灵活动感通主体，也是本体。

唐君毅肯定生命存在本质的心灵活动是自明自觉的，其中含有一超越意义的认知主体，这也是与本体合一的主体。他描述为一内在超越的灵明，这个灵明是人可以超越生死，由超越客体到超越主体，到完成超越主客二元对立的根据。它可以降于此世界中，也可以从世界中超离出来，当个体回归内心，脱离外在事物束缚时，即可照见有这一内觉而灵明之体，这才是心灵的本质，又称为心灵的本性或理性。心灵活动是一种自明自觉的活动，“一切生命心灵之活动存在于自觉的心灵中”[②]。而个体之间的境界差异就在于能否自觉此灵明之心，各人自觉程度的不同，而造成境界的不同。而自觉程度的差异，又与个体所受外境影响有关，对于外境的种种认知程度的差异影响了各人对自觉灵明的认识。这就涉及如何破除世间之知中的妄的成分而达到真知，实现超越的会悟。

在对世间之知的分析上，唐君毅则借用了识执的观念。他认为佛家对世间之知当中主客对立有自己的一套破解方法，即通过破除我法二执来消解主客二元，这是佛家诸法平等的特色。佛家所谓破执观空，即在破一切我与非我，一切法的虚妄分别执著。其中，对我之执名我执，对非我或不视为我的其他事物之执为法执，我执和法执就概括了世间一切法的种类，在他看来，我执可视为主观自我之执，法执即客观存在事物之执，合起来就是破除主客观两方面，达到无主客对立、无主客分别。而比较确立一神信仰根本的其他宗教的解决方法而言，佛家对我法二执的破斥不在于建立一个客观存在的神或异于己的他我，这都仍然是增加我执而已，是以一客观的我执代替主客我法二执罢了。佛家则破除一切主观人我执与客观法我执而使心灵自身内觉自明，超于主客观之境。这是直接就心灵上泯除主客之分，而非通过确立他者这种外在形式。用佛家的话说，即去

① 唐君毅：《生命存在与心灵境界》上册，第 21 页。

② 唐君毅：《生命存在与心灵境界》下册，第 440 页。

除分别心，达到无分别境。

但是，就分别心的根源上，唐君毅做了自己的解释，他不是从无始无明出发，而认为能去除分别心、破除我法二执之可能在于我法二执并非先在于心灵中，即他以执为后起。“人之心灵生命之原始活动，乃一感觉情意执活动。在此人之感觉情意活动中，人有所感，初不知有人我执分别，亦未形成概念判断”[①]，人在感觉活动之初并无人我分别，他称为世间现量境，这是众生位上的现量境，所以难免含有分别我执的种子潜伏于阿赖耶识中，于是有种子受到熏习而现行，即有知解判断，在人运用概念判断、分别事物时，即有了差别观念，即区分何者为我何者非我，并且人贪执于自我生命，排斥种种非我。所以人有种种烦恼俱生，其实也就是对世间事物的周遍计度，思量而看为实有。

因此，虽然执的产生是个体认识活动开始后不可避免发生的，但用概念思维分析并非即等于分别我执，概念思维分析本身有可取处，他并不否认认知活动的合理性。并且在“用概念以判断之事之中，亦有思想活动之超越性与思想活动中之善之表现”[②]。就认知活动中的种种概念分析判断更迭活动而言，也同样有屈伸、隐显、进退的种种差别，其中既有妄执，也有真知。而他与佛家之别就在于他认为佛家在众生现量境即否认众生心灵中有一无分别我执之善。

他强调在人选择并更迭运用概念认识事物的过程中，人之所以能不断认识事物，即在于人的心灵有内自觉。而认识事物的过程就是由概念的由显而隐，由伸而屈，由进而退，以至概念判断自归于寂的过程。于是最终能达到对事物的无分别之知。这就是心灵自身所具有的善性，所以是以善主导心灵，而非以执主导心灵。并且就个体间的感通而言，人能感通他我，能在感通活动中认识到无我与非我，与他者同情共感，这说明有善的流行，是普遍而先在的，这才是生命中的原始性情，即仁心。这样一来即转入从肯定众生现量的仁心显发，与梁漱溟一样肯定儒家之仁的当下直觉性。

如此，由对认识之执的分析就过渡到对执的肯定。执固然是有对立有分别的，但却是认识活动中必要的。并且这个执是在善的统摄之下，概念的隐退伸进都在个体心灵感通活动掌握之中，这就肯定了生命心灵活动本身的正面价值。他说：

> 佛家言我执法执，为一切罪恶与染污之本。此执之原为俱生我执者，必与生相俱，此生命之自身即所执；然此生命之自身，非即是执，亦不必即不善也。[③]

---

① 唐君毅：《生命存在与心灵境界》下册，第 177 页。

② 唐君毅：《生命存在与心灵境界》下册，第 175 页。

③ 唐君毅：《生命存在与心灵境界》下册，第 179 页。

就生命活动最终能完成自我认识，达到超越境界来说，这即涵具一“无定执而自超越”的原理，又称为道，这是个体与道的呼应，所以对生命存在的内在超越价值是不容否定的，这是在我法执之外保留了生命存在的至善之执。因此现量境中可以肯定众生有超越之善作为心灵感通活动的保证。这就转入对儒家至善说的肯定。

> 对较佛家之义，而言人之自然生命，与其心灵之性中原有善，非意在否认佛家所谓俱生我执，分别我执，分别法执之存在，而唯在言不能据此以否认人与物之自然生命与其心灵之性之非以其善为本。由此可见儒家所言之性善，乃第一义之本性；佛家所言之有我执之性，乃第二义之本性。[①]

所以，佛家所谓的破执只能说是对治第二义的本性之用，就生命活动本身而言，则首先是由一超越的至善为其本质，所以人的心灵感通活动才能自觉运用概念判断思维事物，最终达到对事物的正确认识。所以不能以执为万物之本性，同时肯定执在认识事物过程中的作用，由至善引导超执、化执。这是对执的正面的应对方法。而佛家的所谓破执，只是令执不起，也就是使其寂灭，是一种消极面的解决办法，即消解执的存在。这种办法并非见执而能超越执，只是以执为空性，将其看为幻有而使其息灭。所以，真正的超分别应该是正面肯定它，继而超越它，即儒家的顺第一义之性率性而尽性，顺成之教，直下超化执性。也就是根据“无定执而自超越”之道，正面肯定个体生命存在的价值及一切世间存在事物的价值，顺物之性而尽人之事。

五、结语

总的说，借助唯识学对意识活动的分析，现代新儒家突出遍计所执之知识论存在的意义，说明了科学知识可以容纳于传统哲学，完成了新儒家对知识论建构的种种设想。这种安排是西学东渐背景下的时代产物。然而，将科学知识作为一种俗谛、遍计所执性来看待，以心性学统摄识执，本身仍是抬高心性学地位来说明儒佛道的传统智慧与科学知识并不冲突。因此，在借助唯识之识执解释认识活动之余，现代新儒家人物不约而同通过唯识直达唯智，回归直觉体证式的传统哲学工夫论路数。这不意间又为唯识学走向意识哲学，走进现象学埋下伏笔，也使唯识学得以走出教门，成为中国哲学现代转型道路上的重要思想资源。

---

① 唐君毅：《生命存在与心灵境界》下册，第160页。

唯识量论与因明

根本智与加行智的认识结构分析

释慧仁[①]

【摘要】《成唯识论》认为根本智之所以能亲证真如，是因为它的认识结构与常规模式有所不同。凡夫因为分别的习性，在认识事物时，见分变带相分而缘，所以只能认识到自变的相分境，而不是事物本身。根本智由于彻底消除了分别，不再变带相分，其认识模式转为有见、无相分，挟带真如体相而缘，由此亲证真如。加行智是引发根本智的预备修习，修习者在暖、顶、忍、世第一阶段，依托定力，对相、见二分的唯识性，进行实证性的观察与印证，伏灭分别起的二执现行，最终消除残存的分别性，舍弃见、相二分的认识模式，引发根本智而见道。这是佛教思想史上迄今为止对根本智的认知原理所作的最为清楚分析。

【关键词】根本智；加行智；变带；挟带；二执；二分

根据唯识学的理论，要断除二障获得转识成智，需要加行、根本与后得三智的修习。[②]其中，后得智在根本智之后生起，认识存在的差别之相，它的认识模式与根本智完全不同，相关理论不在本文的讨论范围。根本智是三智的重点，又名根本无分别智，它的认识对象是真如实相，属于真见道。加行智在根本智之前，是直接引发后者的预备修习。根本智关涉到认知真如，按禅宗的话来讲是关于如何开悟的，毫无疑问，这是大乘佛教修学理论的核心，也是最为引人入胜的，但同时还笼罩着一层迷雾。对根本智的常规解释都比较笼统，大致认为根本智是现量，是无分别的，所以能够亲证实相，缺乏更为清晰的分析。若要真正解释根本智的认识原理，就要弄清它的认识结构，这就必须借助唯识学的见、相分理论，方能揭开其中的奥秘。虽在许多早期的唯识典籍中已

---

① 作者单位：杭州佛学院。

② “转依义别略有四种。一能转道，此复有二：一能伏道，谓伏二障随眠势力，令不引起二障现行。此通有漏无漏二道，加行、根本、后得三智随其所应渐顿伏彼”。（《成唯识论》卷10，T31, p0054c。）

经出现二分理论，但是真正将见、相二分赋予认识结构意义，并用作根本智认识原理的分析，则一直要到《成唯识论》（以下简称为《成论》）。本文的研究主要依据《成论》以及之后的相关典籍。另外根本智并非先天本自具足，要通过后天长期的修学才能获得，其中加行位的加行智，是产生根本智最直接的预备修行，主要修习四寻思、四如实智观。加行智的修行原理为何，它如何能够产生根本智，这也是本文的讨论重点，当然相关的分析也必须借助二分理论。

一、见、相二分

（一）二分的定义

二分的相关理论虽然在《摄论》乃至《集量论》等中已经出现，但是明确将二分定性为依他起性，并与能执、所执进行了区分，更进一步将之用作对根本智理论分析的则是《成唯识论》。

《成论》认为八识以及各心所有法在活动时，都以二分的方式进行。见分指识或心所法主动面的了别作用，即认识功能；相分指识或心所法活动的对象面，即认识的意相或对象。见分也被称为“能取分”，取是认取、认识的意思。凡夫的认识总是带有分别性，所以见分的认识作用一旦发生，就会变带相分，这种作用被称为“取相”，这也是识的最为重要的认识特征，但凡心识都有这种“取相”作用。相分也被称为“所取分”，由见分所变现，所以凡夫直接认识到是自识所变的相分，而非存在本身，这也是唯识思想的重点。《成论》的二分理论明显具有认识结构的意趣，认为凡夫的八识以及心所有法在进行活动时，总是呈现见、相二分的模式，甚至圣者的后得智也是以见、相二分的模式进行认识。[①]

> 论曰：是诸识者，谓前所说三能变识及彼心所，皆能变似见、相二分，立转变名。所变见分，说名分别，能取相故；所变相分，名所分别，见所取故。由此正理，彼实我、法离识所变。皆定非有。[②]

（二）二分与二执的区别

《成唯识论》将见、相“二分”与作为能执、所执的“二执”做了区分，赋予了

---

① “有义此智见有相无。说无相取，不取相故。虽有见分，而无分别，说非能取，非取全无。虽无相分，而可说此带如相起，不离如故。”（《成唯识论》卷9，T31, p0049c–p0050a。）

② 《成唯识论》卷7，T31, p0038c。

前者认识结构的意蕴，属于依他起性。二分是凡夫有漏心识的认识结构，因为凡夫的认识总是带有分别性，所以见分一活动就会变带相分；同样，二分也是无漏后得智的认识结构，因为后得智要观察诸法差别相以及过去、未来等无法，所以也需要以见分变带相分的模式进行认识，这是无分别的分别。见、相二分是一个心念活动的整体，不能将之割裂分离，它们是一体两面的关系。

能执、所二执的性质与二分完全不同，它们的产生是受到长期我、法二执熏习的结果，凡夫往往不自觉地将见分变现的相分，执著为独立于心识之外的客体，由此将二分割裂、对立，就像在梦中，人往往将梦境执著为是心外真实的客观事物一样，使得原本一体的相、见二分割裂，执著为能、所二执，从此主客对立。① 例如认为有实体的自我与存在或无自我与存在；自我与存在同一或相异；自我与存在亦有亦无或非有非无；自我与存在亦一亦异或非一非异，这些都是关于自我与存在性质的各种错误观念，其中认为心外有客观的物质世界这种观念是唯识学重点要否定的，它们都属于遍计所执性。

> 一切心及心所，由熏习力所变二分，从缘生故，亦依他起。遍计依斯妄执定实有无、一异、俱不俱等，此二方名遍计所执。②

《成论》对二分与二执的区分，将相、见二分定性为依他起性，使得二分具有了认识结构的意义，这对于解释根本智的认识原理来说至关重要。在《成论》看来，无论是凡夫的虚妄分别，以及圣者的后得无分别智，都是以相、见二分的结构模式来进行认识。心识只要一发生分别性的认识作用（见），就会顿时变现或建构出影像（相），相、见是一个认识整体上的两种侧面作用，即能缘的作用（见分）与显现的境相（所缘），将此二分定为依他起性，就是要说明识具有变相的这一重要的习性。不过需要注意的是，二执与二分虽有区别，但是二者在实际的活动中，往往是交织成一体的，能、所二执，还可以分为俱生起与分别起二种，前者在加行位时就可以彻底制伏它们的现行活动，后者则非常顽固，要在后面修道位中逐渐的对治，所以凡夫的心识在认识某个事物时，在以见、相二分作为其认识的结构的同时也夹杂了能、所二执。由此凡夫之所以无法认识到诸法实相，既有能、所二执的观念原因，也有见、相“二分”的结构原因。在加行位，修行者通过止观双运的修行，断除分别起的二执，重点还要舍弃作为认识结构的见、

---

① “识谓了别。此中识言亦摄心所，定相应故。变谓识体转似二分，相见俱依自证起故。依斯二分施设我法，彼二离此无所依故。或复内识转似外境，我法分别熏习力故。诸识生时变似我法，此我法相虽在内识，而由分别似外境现。诸有情类无始时来，缘此执为实我实法。如患梦者，患梦力故，心似种种外境相现，缘此执为实有外境。”（《成唯识论》卷 1，T31，p0001b。）

② 《成唯识论》卷 8，T31， p0046a。

相二分，由此进入见道位，引发根本无分别智，以亲证真如实相。

（三）变带（相状）

目前学界基本认为带相说最早出自经部，后来经过陈那论师的汲取与修正，成为有相唯识学的重要理论，到了《成唯识论》又做了进一步的完善。[①]《成论》认为见分与对象的关系分为两种：一是变带；二是挟带，后者是指见分与真如的关系，待后面再议。在唯识学看来，"变带"是指凡夫的心识在认识事物时，并非直接认识到事物本身，而是变带与之相似的影像而缘，此影像属于相状相分。如以色法（显色）为例，《成论》认为构成物质不可再分的最小单位（极微）是不存在的，极微只是佛为了破除众生对粗显色法执著的一种方便说法。心识在认识色法时，是顿时变现出或大或小的整体全貌，而不是先变现出众多的极微，然后再和合而成大的物质现象。

> 然识变时，随量大小，顿现一相，非别变作众多极微合成一物。为执粗色有实体者，佛说极微令其除析，非谓诸色实有极微。[②]

虽然《成论》否定了极微的存在，但是也并非认为色法就是眼识直接变现出来的，色境是由第八识含藏的造色种子因缘变所生，是第八识的相分境，眼识以此色境（第八识的相分）为所缘，进而变带与之相似的影像而缘。

> 五识岂无所依缘色？虽非无色，而是识变。谓识生时，内因缘力变似眼等色等相现，即以此相为所依缘。[③]

《成论》在陈那理论的基础上，[④]将认识对象（所缘缘）进一步区分为亲、疏之别。《成论》的认识对象（所缘缘）理论有两个重点：一是"带相"，心或心所有法在认识事物时，见分会变带与之相似的影像（相分），此影像是见分的直接对象。所以心识的直接对象是由心识自身所变现的，此对象产生后又对见分的继续活动起到助缘作用。

二是"亲、疏"的区别。《成唯识论》将"所缘"分为"亲、疏"两种，这是从所缘与认识主体的直接或间接关系做的区分。亲是直接的意思，亲所缘即心识的直接对

---

① 有关带相说的历史沿革，本文不做赘述，相关理论可以参看吕澂《印度佛学源流略讲》《略述正量部佛学》《略述经部学》；傅新毅《玄奘评述》；林镇国"陈那《观所缘缘论》东亚受容简史"；吴梅梅《有相唯识带相说之研究》等。

② 《成唯识论》卷1，T31，p0004b。

③ 《成唯识论》卷1，T31，p0004a。

④ 陈那的《观所缘缘论》认为：要成为所缘缘，需满足两大条件：一所虑（所缘），指认识的对象；二所托（缘），指必须是有体的实法，如此才能成为心、心所法活动的依托条件，所以遍计所执性的法不能作为所缘缘。

象，它是由心识的见分亲自变现的相分，同时见分将它作为自己的认识对象，并成为见分的依托，对见分的继续活动起到助缘作用。心或心所法只要一发生活动就必定有此亲所缘产生，因为凡夫的所有认识都带有分别性，所以只要一活动见分就会变带相分，由此见分必定有其认识的对象。

“疏”是间接的意思，疏所缘即间接的认识对象，如第八识是末那识的间接对象，五尘是前五识的间接对象。经部认为心外有构成色法的极微，它们存在而又不可直接认识，是认识产生的信息来源。唯识学否定极微的存在，将器世界纳入了阿赖耶识的范围，它们是由第八识含藏的色种子因缘变所生，是第八识的相分境，是前五识的疏所缘。如凡夫的眼识在认识色境时，非直接认识到色境本身，而是变带与之相似的影像而缘，此影像是眼识的亲所缘。

> 三所缘缘。谓若有法，是带己相，心或相应所虑、所托。此体有二：一亲，二疏。若与能缘体不相离，是见分等内所虑、托，应知彼是亲所缘缘。若与能缘体虽相离，为质能起内所虑、托，应知彼是疏所缘缘。
>
> 亲所缘缘，能缘皆有，离内所虑、托，必不生故。疏所缘缘，能缘或有，离外所虑、托，亦得生故。[①]

二、根本智

（一）见分有、相分无

由于凡夫的认识总是带有分别性，所以在认识时，见分是变带相分而缘，以见、相二分的结构去认识事物。所以见分的直接对象是自变的相分，因而无法认识到实相本身。能够认识到真如实相的唯有根本无分别智，这是在见道位发生的无漏智慧，属于“圣者现量”。根本智没有任何的分别性质，其见分只是进行纯粹的直观，不会因分别而变带相分，所以此智与存在之间没有相分的隔阂，由此能够亲证存在的真实体相，这是对于真如最初的照见，所以也叫见道。

《成论》关于根本智的论述，充分运用了二分的理论，揭示了根本的认识结构。这也是迄今为止，对根本智认识原理最为清楚的分析。无分别智与真如实相之间完全平等，二者间已经不是见分变带相分，即能取与所取的关系。所以根本无分别智只有见分，没有了变带的相分。真如没有形相，无分别智也不执取形象。虽然具有见分的功能，

① 《成唯识论》卷7，T31，p0040c。

只是说没有了分别的性质，并非连认知的功能也全都没有。虽然无分别智不再分别变现相分，但可以说是见分挟带真如实相而生起，彼此不离的缘故。如同自证分认识见分，自证分不变带相分，直接认识见分，无分别智道理也是一样。如果通过变相来认识的，就不是所谓的亲证了，就像后得智，是有分别的。

> 论曰：若时菩萨于所缘境，无分别智都无所得，不取种种戏论相故，尔时乃名实住唯识真胜义性，即证真如。智与真如平等平等，俱离能取、所取相故；能所、取相，俱是分别有所得心戏论现故……有义此智见有相无。说无相取，不取相故。虽有见分，而无分别，说非能取，非取全无。虽无相分，而可说此带如相起，不离如故。如自证分缘见分时，不变而缘，此亦应尔。变而缘者，便非亲证，如后得智，应有分别。故应许此有见无相。加行无间，此智生时，体会真如，名通达位。初照理故，亦名见道。[①]

凡夫的认识因为有分别性，见分总会变带相分而缘，由此凡夫的认识结构由三分或四分构成，即见分、相分、自证分（或再加证自证分）。根本智的认识结构则由二分或三分构成，即见分、自证分（或再加证自证分）。根本智因为没有了分别性，所以没有了见分变带的相分，自证分（包括证自证分）是心的自知、自明作用，仍然具有，不然圣者也就无法自明对真如的亲证了。

（二）顿时见道

若就见道的整体的过程来讲，由四部分构成，即加行、无间、解脱、胜进四道。[②]其中的加行是见道前的预备冲刺阶段，在此阶段，修行者进行止观双运的修行，又分暖、顶、忍、世第一四加行位。修行者在加行道中，依托定力进行唯识无境观，并努力消除认识中的残余分别成分；而在无间道中，断除了分别起的二障；解脱道中，亲证真如实相，这是见道位的主体部分；胜进道是指由见道进入初地住心位的过程。

见道的核心部分是无间、解脱二道。无间道前接加行道，后连解脱道。无间指在时间上没有间隔，表明修行者在此阶段断除了分别起的二障，同时亲证了真如，所以断除二障与亲证真如是同时完成的，并且是顿时瞬间的。因为根本智是纯粹的现量认识，现量是一刹那的认识，这点不同于比量认识，比量分别则需要有前后的延续。所以见道时虽然从结构上分为无间、解脱两个阶段，实际上一心顿时完成的，而后得智（包括凡

---

① 《成唯识论》卷 9，T31，p0050a。

② “加行道者，谓为断惑勤修加行；无间道者，谓正断惑；解脱道者，谓断无间心得解脱；胜进道者，谓从此后发胜加行。”（《瑜伽师地论》卷 100，T30，p0881a。）

夫的比量认识）的认识，则有先后的过程。

> 然此见道，略说有二。一真见道，谓即所说无分别智，实证二空所显真理，实断二障分别随眠。虽多刹那，事方究竟，而相等故，总说一心。有义，此中二空二障，渐证渐断，以有浅深粗细异故；有义，此中二空二障，顿证顿断，由意乐力有堪能故。[①]

（三）挟带（体相）

经部的“带相”说，经过陈那的修订，成为具有唯识特色的认知理论，相关的所缘缘理论后来则遭到了正量部的挑战。正量部持色、心二元立场，并认为心可以直接认识心外的色境[②]。其论师般若毱多认为陈那的所缘缘理论存在悖论，既然心识无法直接认识对象，需要变带与之相似之影像而缘，可是唯识学又认为根本无分别智是直接亲证真如，非是变相而缘，如此一来不是有悖了吗？[③]据说这一挑战，当时印度唯识学人很久无法回应，只能保持沉默，直到玄奘大师提出“挟带”说才算是对此问难有了解决。

玄奘大师认为带相包含二种模式：一是变带，即凡夫认识事物的时候，见分有分别性，这种分别作用会变带相关的影像（相分），这类相分也被称为相状。二是挟带，根本无分别智因为没有了分别性，所以认识真如时，不是变带真如的相状去缘，而是直接认识真如，此时无分别智的见分挟带真如本身的“体相”而缘，所以满足“所虑”的条件；真如是诸法的真实“体相”，所以也满足“所托”[④]的条件。根本智与真如是不离的关系，所以两者既有区别，即“不一”，但也不是二元关系，即“不异”；根本

---

① 《成唯识论》，卷 9，T31，p0050a。

② “正量部以为心法刹那灭，而色法有时暂住，这便使色心分离，各自独立……又主张心之缘境可以直取，不待另变相分。”（吕澂《略述正量部佛学》）

③ “瑜伽系从陈那以来，为了成立唯识，对于所缘缘曾做过进一步的分析。像《观所缘论》所说，心法（特别是属于感官的前五识）所缘的境界，必须具备是因性和有显现行相（即带相）性这两个条件，由此，真正的所缘只限于心内的境界，这样成立了‘唯识’。正量部的破义就着眼于这一说法，以为在平常的情形里或如此，但到了瑜伽系所说无分别正智生起的时候，智所缘的是直接领会的‘真如’（这从唯识理论的体系来说，所指是心识的实体没有被曲解为种种施设形象的本来面目），就不应该再变现相状（即带相），那末，像《观所缘论》所强调的两种条件之说，岂不成为空谈？如果在正智那样心理状态里可有例外，唯识道理即不完全。正量部这一质难可谓击中要害，所以从前传说当时瑜伽系的学者对它沉默了一十二年（见《宗镜录》卷七十），直到玄奘去印度，才救了转来。”（吕澂《略述正量部佛学》）

④ “三藏云：谓若有法，即真如是有体法，名缘；即此真如，是本智所虑处，又名所缘。二势合说，名所缘缘。”（《宗镜录》，卷 70，T48，p0810c。）

智所缘的真如，远离了遍计所执相，[①]或者也可以理解为没有了变带的相状相分，[②]故“非相”；真如是无相之相，诸法皆同，故“非非相”。

> 以前第二卷中解谓能缘心等带此色等己之相也，以此理故正量部师般若毱多造谤大乘论，遂破此云：无分别智不似真如相起，应非所缘缘。我之大师，戒曰大王为设十八日无遮会时，造制恶见论遂破彼云：汝不解我义，带者是挟带义，相者体相，非相状义。谓正智等生时，挟带真如之体相起，与真如不一、不异，非相、非非相。若挟带彼所缘之己以为境相者，是所缘故。若相言体，即有同时心、心所之体相，亦心挟带而有，虽有所托，然非所虑，故非所缘缘故。相者相分义。或体相义，真如亦名为相，无相之相，所以经言皆同一相，所谓无相。[③]

按唯识学的存在观，根身与器世界由第八识含藏的共相种子所变现，[④]所以心识与存在，并非二元的关系，而是相依相待、不即不离，这种关系其实就是挟带。凡夫因为认识的虚妄分别性，在认识存在的时候，见分实际直接认识到的是自变的相分境，但此相分境误判为存在本身，并且执著为是在心外的实在，将本与自不离的存在异化为了客观“对象”，由此遮蔽了心物本来挟带的真实关系。而根本无分别智属于出世间的纯粹现量，彻底消除了虚妄分别，所以见分不再变带相分，由此直接认识到了存在的真如实相，使得心物不离的“挟带”关系，在无分别的认识中真正得到了亲证与呈现，至此主客关系从二元的异化状态又真正恢复到了统一。

（四）变带与挟带的区别

正量部利用根本智直接认识真如原则，对唯识学的带相理论提出问难，玄奘大师由此提出根本智挟带真如说。按理来说，变带与挟带的区别重点在于见分有或无分别，即变带是指见分有分别性，会变带相分而起，所以变带理论适用于有漏心识与后得智，它们都带有分别性，见分变带相分而缘；挟带是指见分没有分别性，挟带所缘境体相而起，所以适用于根本智，它没有分别，由此挟带真如体相而缘；另外自证分与见分、

---

① “真如无遍计所执相，名无相，仍有体相。故经言一切诸相共同一相，所谓无相。”（《成唯识论述记》卷3，T43，p0272a。）

② “以本智亲证如体，不取相故，与如体冥合故，即无相状之相。即但有体相之相，即挟带之义，亦所缘缘。”（《宗镜录》卷70，T48，p0809c。）

③ 《成唯识论述记》卷14，T3，p0500c。

④ “所言处者，谓异熟识由共相种成熟力故，变似色等器世间相。即外大种及所造色，虽诸有情所变各别，而相相似，处所无异，如众灯明各遍似一。”（《成唯识论》卷2，T31，p0010c。）

证自证与自证之间也是挟带的关系。

然而智周受窥基的影响，[①] 认为见分与亲所缘（相分）的关系是挟带，见分与疏所缘的关系是变带，如此将挟带与变带的区别重点，转为见分与所缘的亲、疏关系上了[②]，这样的解释笔者认为是有问题的，傅新毅在其“汉传唯识学中的“变带”与“挟带”文中也认为有“牵强之处”[③]。《宗境录》中有对此批评的相关记载，认为由此会带来三个过失：一是造成挟带与变带没有区别。变带是指见分变起相分而缘，如果把相分称为挟带，如此变带与挟带还有何区别？二是造成今古相违。以前没有挟带说，在理论上不够全面，不过变带说不存在任何问题，现在把相分定义为挟带，如此则与变带说相违。三是造成变带只缘本质境。如果变带只适用于疏所缘（本质境），那么没有疏所缘的“无质相分”（例如幻觉），难道不是心所变带的吗？

所以就（见分自变）相分来说，不论有或无本质境（疏所缘）为依托，都称为变带；如果见分不变相分，直接亲附境体，这就是挟带。由此玄奘大师，用挟带理论补充变带说，先前的印度唯识论师只是知道变带理论。

> 二变带相状相者，有两解不同。初《龙兴钞主》云，即有漏心、心所，及无漏后得智见分缘境之时，变相而缘。不简有质、无质，皆是变带名带，相状名相，为所缘缘也。第二《显幽钞》云：八识见分缘自亲相时，皆是挟带者。然虽多此说，理恐未然。若尔，即有三失：一挟带、变带无别失。亲挟境体缘，名为挟带；变起相分而缘，名为变带。今既呼相分为挟带，故知无别。二今古相违失。古时挟带，有少乖理，若于变带，即乃无违。今言相分是挟带，古云变带，岂不相违？三变带唯缘本质失。岂无质相分，非心变耶？今以理而推，但是相分，非论有质、无质，皆名变带。若不变相分，直附境体，即名挟带。所以唐三藏，将挟带以救前义，谓古大乘师，但明变带也。[④]

三、加行智

根本智之所以能够亲证真如实相，因为它无分别，扬弃了凡夫的认识模式，即见

---

① “若缘本质有法、无法，心内影像定必须有。此既有体，见托彼生，即是缘义。然心起时，带彼相起，名为所缘。带是挟带、逼附之义。”（《成唯识论述记》卷 3，T43，p0271c。）

② “今又解者，带有二义：一带者，挟带亲附之义。能缘亲附所缘之境，而不相离名为挟带，而犹世言身佩金刀矣。二带者似也。能缘有似本质之相，相即相分。心、质相离名为带似。亦若世言面带火也，虽境望心近远不同，然心对彼总得名带。”（《成唯识论演祕》卷 11，T43，p0937a。）

③ 《佛教文化研究》第二辑。

④ 《宗镜录》卷 71，T48，p0812b。

分变带相分的认识结构，所以能够与真如直接契合，此时见分挟带真如的体相而起，由此根本智的认识结构是有见分而无变带的相分。要扬弃见分变带相分这种认识结构，需进行加行智的相关修行。加行智属于加行位，是引发根本智的预备修习，主要进行止观双运，即依托定境，进行四寻思、四如实智的修行。其间主要是对见、相二分唯识所现的道理进行实证性的观察，并最终依托定力消除见分中的残余分别性，所以加行智的认识结构是从见分变带相分→见分不变带相分的过程。

（一）第四禅与加行智

心的分别或取像作用非常顽固，要彻底消除见分带相的习性，光靠闻思是不够的，还必须借助定的力量，所以在加行位进行的是止观双运的修行，即在定中观察，进而实证见、相二分唯识所现道理，并最终运用定力，抑制与消解分别作用，令见分不带相而缘。在九次第定中，第四禅被认为最适合进行止观双运的修行。因为属于无色界的四种空定，它们定多慧少，修行者为了追求更加的寂静，厌离色想，过度抑制意识的活动，所以很难进行观修；而色界的初、二、三禅中的前六识都还存在或多或少的粗动性，如有寻、伺、喜、乐等活动，这些心理活动都会在一定程度上干扰观修。第四禅定慧均等，适合进行四寻思、四如实智的观修，所以在佛经中记载佛陀当年也是在第四禅中觉悟成佛的。

另外就六道来讲，最适合进行观修的是人道众生，这是因为相比其他恶道（如畜生道）来讲，人道众生有相应的思维能力，具备能对佛法道理进行观修的能力；而相比色界、无色界的众生，人道众生又能产生修行佛法的出离心。

> 菩萨起此暖等善根，虽方便时通诸静虑，而依第四方得成满，托最胜依入见道故。唯依欲界善趣身起，余慧、厌心非殊胜故。此位亦是解行地摄，未证唯识真胜义故。①

（二）止观俱行的可能性

加行位上，止观道的修行包含了两种观修方式：一观安立谛；二观非安立谛。通过它们的修行，可以彻底断除分别起的二障。观安立谛需要全程采用比量模式（需要分别）进行思维观察，以名言概念（依言真如）为对象，主要是进行四谛十六行相观，它属于后得无分别智——相见道的预备修行。而观非安立谛，是从比量（分别）到现量（无分别）的超越过程，最终以离言真如为对象，它是根本无分别智——真见道的预备修行。本文主要探讨观非安立谛，这也是加行智修行的根本。

---

① 《成唯识论》卷 9，T31，p0049c。

从止与观的各自定义来看，它们的性质与作用似乎彼此冲突，因为止是通过让注意力高度集中于一处的方法，停止心的散乱分别，从而使心处于寂静的无分别状态，《瑜伽师地论》将止定义为："菩萨即于诸法无所分别，当知名止。"[①] 所以止的对象属于无分别影像。然而观则恰恰相反，观就是分别，所以观的对象属于有分别影像。止与观这两种看似相反的作用，如何能够俱行、双运？很多人为此有所疑问，有人甚至认为，在止中起观或止观双运是不可能的，因为观的作用会影响定，起观后就无法保证定的寂静状态，会造成修行者退出定境。

然而需要注意的是，止更多是指心识的某种寂静状态，指心的寂静氛围，它不属于认知心理，这是奢摩他（止）与质多翳迦阿羯罗多（Cittaikāgratā）的区别，后者属于认识心理，即心一境性，指注意力高度集中于某一对象。所以就止本身来讲，并非指无分别，而是指心的寂静状态。

由于常人的心过于散乱，各种心理的活动过于频繁，所以在获得止的过程中，通过将注意力高度集中于一处，来止息各种杂乱的念头，其中当然也包括了所有的思维分别，由此最终才能获得心的寂静与安定。然而在真正获得了止的心境后，也即是进入初禅后，修行者由于消除了相应的五盖烦恼，并且对于心识的活动具有了很强的自我控制能力，能够轻松自然地处于不生杂念散乱、身心轻安的状态，此时（最好是第四禅）可以重新对佛法道理生起寻伺分别的心理，这种观与散心的分别不同，它的作用发生是自然任运的，没有任何杂念烦恼等的干扰，与止心和合一体，具有止的调和柔顺性质，此时的分别活动（观），并不会对定心的寂静安宁造成任何破坏的。例如常人也有内心平静与思维分别并行的体验，往往内心非常专注的思维并不会破坏心的平静。

止指心的寂静状态，观指心的分别作用，严格来讲，它们两者并不会发生冲突，完全可以并行不悖。当然普通人初步修行止的过程中，需要停止思维分别，不然就无法获得定的境界。

> 问：齐何当言奢摩他、毗钵舍那，二种和合、平等俱转，由此说名双运转道？答：若有获得九相心住中第九相心住，谓三摩呬多。彼用如是圆满三摩地为所依止，于法观中修增上慧。彼于尔时，由法观故，任运转道，无功用转，不由加行。毗钵舍那清净鲜白，随奢摩他调柔摄受，如奢摩他道摄受而转，齐此名为奢摩他、毗钵舍那，二种和合、平等俱转，由此名为奢摩他、毗钵舍那双运转道。[②]

---

① 《瑜伽师地论》卷 45，T30，p0539c。

② 《瑜伽师地论》卷 31，T30，p0458b。

另外需要指出的是，止观双运中的观与散心状态的分别又有所不同，原因在于两者所处的心境不同。通常的寻、伺分别依托的是散乱的心境，所以会受到杂念与烦恼等心理的干扰；而观依托寂静的定心，没有任何杂念等的影响干扰，可以进行纯粹的思维观察。修行者需要经过九住心的修行，在获得真正的定后，才可以进行对佛法道理的观修，此时修行者的内心处于极其寂静的定境，进而生起了思维观察的作用，即止与观的作用同时发生，这样的状态也被称为止观俱行或止观双运。

（三）四寻思、四如实智观

凡夫在认识的时候，一方面变现建构出自己的认识的对象——相分（境），同时又将此对象判断为客观独立的外境，形成能执、所二执，由此造成主客的二元分立。在唯识看来，这是凡夫最大的法执或无明表现，这部分的二执，在先前资粮位，通过闻思可以得到初步的对治，但还只是在思维层面对唯识无境，即见、相二分唯识所现的观念已经有了理解，但还没有实证。现在凭借着定境，重新对相关理论进行更加细致纯粹地思维观察，观修的重点主要围绕见、相二分，并要实证二分唯识所显，并最终消除见分的分别或取像性，消解相分境的建构，弃舍见分变带相分的认识结构，激发根本智的产生，以实证真如实相，即非安立谛。

具体的观修方法是四寻思、四如实智，这是瑜伽行派在止观上的独特理论。根据观修的深浅进程，又分为暖、顶、忍、世第一四个阶段，也称为四加行。其中在暖、顶二位中，修行者进行四寻思观；而在忍、世第一二位时，则进行四如实智观。

1. 暖、顶二位

（1）暖：此位是定中起观的最初阶段。主要是通过四寻思法，观察认识对象（相分）唯识所显，并非客观实在。因为修行者在这一阶段获得了无漏智火（根本无分别智）即将发生的相状，如木头将要燃烧前先会发热，所以此阶段称为暖位，其所依托的定，也相应称为明（智慧光明）得定。

四寻思指对于名、义、自性、差别四法的思维观察。常人的直接认识对象，虽有万千差别，但是它们都是识的见分所变现建构的相分境，本质上都属于名言境，即由名言种子所显现的名言世界，可以将它们归类为四法：名、义、自性、差别。一名指名言系统本身，由字、名、句构成，这属于能诠法；二义也称为事，指名言符号所表诠（指称）的各种事物，如蕴、界、处等法；三自性指自相，即对象的特殊性，如地的坚性、水的湿性等，上述的名与义都有各自的自相；四差别指共相，指事物间的普遍性，如无常、空性等，名、义中都有具普遍性的差别相。上述的四法，涵盖了常人所有的认识对象，它们都是识的分别所建构的名言之境，是识的相分，并非脱离识的客观实在。

暖位的四寻思，就是依托定力对上述四法唯识所现的道理，进行观察验证。此刻与散心思维不同的是，修行者此时依托定力，可以真正控制识的分别作用的发生或停止，由此可以清楚地观察相分的显现与非显现，以及与识的密切关联，这是在散心中无法实现的。修行者因此实证到识的直接对象，并非事物本身，而是识所变的相分，这样就对'相分由识所显的道理'真正确信无疑。而散心状态只是对相关观念的思维与理解，还无法实证。

（2）顶：此位是在定中对于相分唯识所显，进一步深入地观察，由此获得更加深刻、明确的印证。这一阶段对于上述道理的寻思观察到达了彻底通透的程度，所以这一阶段被称为顶位，其所依托的定，则称为明增定。

> 暖等四法，依四寻思、四如实智初、后位立。四寻思者，寻思名、义、自性、差别，假有实无；如实遍知此四离识及识非有，名如实智。名、义相异，故别寻求；二二相同，故合思察。
>
> 依明得定，发下寻思，观无所取，立为暖位。谓此位中，创观所取名等四法，皆自心变，假施设有，实不可得。初获慧日前行相故，立明得名。即此所获道火前相，故亦名暖。
>
> 依明增定，发上寻思，观无所取，立为顶位。谓此位中，重观所取名等四法，皆自心变，假施设有，实不可得。明相转盛，故名明增。寻思位极，故复名顶。①

2. 忍、世第一位

（1）忍：此位观四如实智。四寻思与四如实智之间的差别在于，前者是寻思的过程，是因；而后者的一部分是寻思的结果。所以在忍位，修行者以之前暖、顶二位，寻思相分由识所显的过程为因，至此获得了真正确认的结果，因为是定中实证性的观察，所以对于观察的结果完全认可接受，不会动摇改变，由此获得了初步的如实智。

另外在此阶段，修行者依托印顺定进一步反观自身，观察能显现对象的识的本质是什么？常人对于自识的认识，其实与对其他事物一样，都非直接的认识，也是通过对象性方式，即以变现相分的模式。所以凡夫认识到的并非识的本然之相，仍然是见分建构的相似之境。既然执著对象是脱离识的客观实在，自然认为识也是脱离其他事物的某种实在，即见分是独立于相分外的实在。这样的'识相'与识境不离的真如实相不符合，所以也是虚妄不实的。修行者在此忍位，依托定力，控制识的分别作用的生起与停止，从中发现见、相二分其实是一体的关系，由此实证到识与相分的不离关系，并非独立存在的实体。

修行者在此阶段，既确认到了相分的非实在性，进而又反身观察到见分也并非独

---

① 《成唯识论》卷 9，T31，p0049b。

立实在，对于这两种认识都认可接受，所以称为忍位，其依托的定被称为印顺定。

（2）世第一：此阶段的修行者对于见分与相分的非实在性，同时确认接受，由此就获得了更进一步的如实智慧。但是修行者此刻还是有细微的分别，还未能彻底消除分别性，见分仍会变带细微的相分境，所以还无法直接认识到真如实相，还处于《唯识三十颂》所云“现前立少物，谓是唯识性，以有所得故，非实住唯识”的阶段。但这样的境界，已经属于世间法的最高程度了，所以此阶段称为世第一位。只要依靠止观的力量，后续将见分残余细微的分别习性止息，马上就可以无间隔地产生根本无分别现量智，以亲证到离言真如，进入见道位了，所以所依托的定被称为无间定。

> 依印顺定，发下如实智，于无所取，决定印持；无能取中，亦顺乐忍。既无实境离能取识，宁有实识离所取境？所取、能取相待立故。印顺忍时，总立为忍。印前顺后，立印顺名，忍境识空，故亦名忍。
>
> 依无间定，发上如实智，印二取空，立世第一法。谓前上忍，唯印能取空。今世第一法，二空双印，从此无间必入见道，故立无间名；异生法中，此最胜故，名世第一法。同上。

3. 相缚问题

修行者在加行位，对非安立谛进行止观双运的修行，按照顺序分为四个阶段：首先在暖、顶位，思维观察相分并非客观实在，结合明得、明增定，通过对见分的分别活动的开、阖控制，真正实证到相分境并非独立于识外，而是由识所变现；其次在忍位，首先对前二位的观修活动有了真正的确认，然后思维观察识（见分）也并非独立于对象外的实体，依托印顺定，控制见分的分别活动，实证识亦非实体的道理；最后在世第一位，依托无间定，对于识、境二空道理同时确认。

不过此刻修行者，只是制伏了分别起二执（或二障）的现行，还没有消除相缚，对于俱生二执（或二障）的现行与种子也还未全部断除，此时还属于有漏阶段，见分还是会变带细微的相分，还有所得，因为还有残余的分别性未彻底消除。

> 如是暖、顶，依能取识，观所取空。下忍起时，印境空相；中忍转位，于能取识如境是空，顺乐忍可；上忍起位，印能取空。世第一法，双印空相，皆带相故，未能证实，故说菩萨此四位中，犹于现前安立少物，谓是唯识真胜义性……此加行位未遣相缚，于粗重缚亦未能断，唯能伏除分别二取，违见道故，于俱生者及二随眠，有漏观心有所得故，有分别故，未全伏除，全未能灭。同上。

按上文，加行位的最后阶段虽然已经彻底制伏了分别起二障的现行，但是还无法亲证真如，因为还有所得，还有分别，主要原因是还有相缚。什么是相缚？《述记》认为此时的相缚主要是指一切有漏心识所变带的相分境，而不是指“执”，因为此刻分别起的能、所二执已经被伏灭。凡夫所有不善或无记心，甚至有漏的善心，无论现量或比量，它们都有分别性，所以见分都会变带相分境，此相分境是阻碍心无法直接认识真如的原因，所以能缚于心。

述曰：相缚者，谓相分缚见分等也。如前第五卷证第七识有中说，谓一切有漏善、无记、不善等心，皆有分别相分。此相能缚于心，非谓相缚即是执也。[①]

综上而言，在加行位的暖、顶、忍、世第一四阶段，修行者依托定力，实证性的观察到相（名、义、自性、差别）、见二分唯识所现，制伏了分别起的能、所二执（遍计所执性），破除了二元论的执念，但是还有残余的分别性，仍会变带细微的相分境。所以在世第一的最后阶段，障碍见道的相缚已经不是遍计所执性的能、所二执了[②]，而是作为依他起性的见、相二分，若修行依托定力消除残余的细微分别性，就能彻底舍弃见、相二分的认识结构，由此引发根本智，以有见分、无变带的相分的方式，亲证真如实相，由此也进入了见道位。

总结

玄奘大师糅译的《成唯识论》运用二分理论对根本智原理做了分析，并提出“挟带说”，补充了“变带”理论的不足。凡夫的现量抑或是比量，因为有分别，它们的认识结构为见、分二分（包括自证、证自证分），即见分变带相分而缘，由此只能认识自识所变境，无法认识到实相本身；根本智因为消除了所有的分别性，它的认识结构转为见分有、相分无（包括自证、证自证分），即见分挟带真如体相而起，由此亲证真如。《成论》将二分与二执做了严格的区分，认为见、相二分是认识的基本结构，为依他起性；能、所二执是二元论的执念，是遍计所执性。《成论》与《述记》认为在加行位的最后阶段，妨碍见道的已经不是二执，而是见、相二分这种认识结构，因为此刻分别起的二执现行已经制伏。但是若要细究，此时以第七末那识为主体的俱生的二执还在，虽然作用非常微细，但是对第六识仍有影响力，[③]所以俱生二执应该也是阻碍见道的“相缚”，

① 《成唯识论述记》卷18，T43，p0567a。

② 茅宇凡也认为“可知，有相缚就是有分别，这里的分别不应当是指遍计执的能—所分别，因为论中说‘分别二取’已除，很可能就是残留有名言势力的似‘唯识（性）’的幻相。”（“‘唯识’的悟入与意言”，《唯识研究》第二辑。）

③ 按《成论》的理论，俱生二执分为常相续与有间断二种，前者以第七识为体，后者以第六识为体，这反映了俱生二执对第六识的影响。

故而惠沼在解释“相缚”时，就认为第七识的二执是其根本，由此造成六识不能亡相，被相所拘，并引《瑜伽师地论》的论述印证。

> 论：此加行位，未遣相缚者。本释如疏，今又助释。此相缚体，由第七识二执为本，令诸识中不能亡相，为相所拘……故《瑜伽论》但云：染污末那为依止故，彼未灭时相了别缚不得解脱。[①]

另外，根据末那识的伏断理论，末那识的染污作用非常顽固，在有漏位是无法伏灭的，只有在三乘的无学果位，染污末那的现行与种子才能被彻底断除；在灭尽定与见道位（出世道）时，可以暂时制伏，此时的根本无分别智亲证真如，产生了真正的无我见解，它与二执相悖，由此染污末那的现行暂时无法生起。说明末那识的我执暂伏与根本智的发生是有关联的。

> 此染污意无始相续，何位永断或暂断耶？阿罗汉、灭定、出世道无有 ... 谓染污意无始时来，微细一类任运而转，诸有漏道不能伏灭。三乘圣道，有伏灭义，真无我解，违我执故；后得无漏现在前时，是彼等流，亦违此意。真无我解及后所得俱无漏故，名出世道。

综合而言，能、所二执与见、相二分虽有区别，但在凡夫位，二者往往交融一体，当有漏心识的见分变带相分而起的同时，必定夹杂了能、所二执。随着学修的进展，修行者在加行位通过止观双运的修行，对于见、相二分的唯识性得到了实证；在世第一的最后阶段，分别起的二执现行被彻底伏灭，但此刻还有俱生二执未断，它们与相、见二分共同构成了阻碍见道的“相缚”；如果修行者继续依托定力，进而把残余的分别性消除，舍弃了见、相二分，同时暂时止息了俱生二执，如此就真正消除了“相缚”，此刻瞬间引发了根本无分别智，其见分挟带真如体相而起，这样就进入了见道位。随后生起的后得智，虽然也以见、相二分的模式进行认识，但是因为其中暂时没有俱生二执，所以此二分不算“相缚”。

---

① 《成唯识论了义灯》卷 12，T43，p0796c。

“过去”如何显现于“现”？
——唯识学的“聚集显现”问题

许伟[①]

【摘要】持“过、未无”论的唯识学，面对“回忆”“习性”“聚集显现”等问题。“聚集显现”在唯识学中以“诸行无常”为例而被讨论：在听闻“常”字时，“诸行无”已成为过去，但为何有对“诸行无常”整句的理解。据汉传唯识文献所载，《瑜伽师地论》的五心论被引入聚集显现问题的解释中，由此形成基本的解释框架：听闻“诸行无常”——这一经验被分解为以缘“诸”“行”“无”“常”的心识为核心的四组“五心”，其中四个率尔心各自独立，但率尔心之后的寻求心可以延续到与下一个音节相关的心识，进而在听闻“行”“常”字时，由于前心的聚集显现，使得“诸行”“诸行无常”的决定心生起，以此形成超出一刹那的理解。但是，五心论本是解释心识的异时流转，而对同时的心识结构的阿毗达磨分析又要求“同时不能有多个同类心识显现”，因此这种分析模式始终有内在矛盾。对此，可以尝试将五心论理解为“同时无间”，即允许率尔心与寻求心或决定心同时，并进一步将“率尔心—寻求心”理解为心识的最基本结构。这种解释面临的挑战是——“滞留”往往被对应于“识转变”理论中的“现行熏种子”，但实际上“种子”本身只能讨论单一同类心识的相续，并非用于分析复杂、流变的实际心识过程。问题的根源在于，种子论与五心论本身都可以解释心识的次第流转，二者有不同的理论背景，或许可以用一种基于阿赖耶识的对心识流变的解释，替代五心论的分析。

【关键词】过去；唯识学；聚集显现；时间意识

① 作者单位：浙江大学哲学学院。

引言

唯识学否认“过去”与“未来”的实存，只承认“现在”显现的识，但对“过去”的否定面临着诸多经验的质疑：

（一）“回忆”问题

人与“过去”发生关系的最直接方式是“回忆”或“反思”，似乎难以承认“回忆意识”或“反思意识”是作用于非实存对象的，“回忆过去”与“预想/想象未来”似乎总有区别。即便承认“过去”的非实存，但其与“未来”——尚未发生之事——的非实存，也应存在区别。汉传唯识学或许在陈那的“似现量”理论语境中，以三类境理论讨论了此问题。日本《唯识论同学钞》最后得出的结论是：意识缘过去五蕴时不熏成过去五蕴种子，但可熏成种子作为后念的本质，结合二义而说缘过去五蕴通带质境与独影境，而缘未来五蕴不熏成种子，故未来五蕴唯独影境①。

（二）“习性”问题

我们当下任何认知总是受到过去经历的影响。如“俱舍”一词，一般通晓汉语者可能理解为“全都舍弃”，有梵语与《俱舍论》学习经历的人则会理解为“藏”。如果过去即无，如何理解这种习性影响？在佛教中，此问题也可转换为过去之业如何影响当下。一般认为“种子”理论可以回应此问题。

（三）“聚集显现”或“内时间意识”问题

如果“过去”是无，如何理解连续性或绵延的意识？如说者说“诸行无常”这句话，听者似乎分别在第1、2、3、4个瞬间（刹那）依次听到这四个字，而到第4个瞬间时候，“诸行无”三字已经成为“过去”，成为“非实存”，我如何能知第4个瞬间时形成对“诸行无常”整个句子或命题的理解？这一问题在部派佛教时代已有讨论，姚治华[2021，146–147]提到诃梨跋摩（Harivarman）的《成实论》记录了一个例子，不能只以一个识直接认知de–va–da–tta（提婆达多）这个四音节词，因为听闻每个音节都需要一个刹那，但通过回忆，我们仍能理解这个词，这实质上就是胡塞尔（EdmundHusserl）讨论的“内时间意识”问题的一部分。在其他印度阿毗达磨文献中，我们也能见到类似讨论。而汉传唯识学在诸多印度唯识论师讨论的基础上，对此问题进行了更为细致的讨论。Keng[2018]已对窥基、圆测、慧沼的观点进行了总结，但其没有注意到此问题的大背景，

---

① 参见[日]良算：《唯识论同学钞》卷10，“熏成种子”章，T2263，p95b18–p96b6。

也未进一步分析传统理论的问题，譬如，能否在不引入第八识的前提下讨论这种“聚集显现”？这种理论是否与《成唯识论》传统对“第六意识”的界说相悖？

上述三方面的问题，唯识学或多或少都可给予回应，但这三个问题是整体性的，都可概括为更一般的问题：“过去”如何在“当下/现在”显现？这种显现有怎样的结构？如果否认“过去”之实存，这种显现是否可能？相较之下，（一）更偏向于讨论主动地令“过去”在当下显现，即一种“再当下化”（wiedervergegenwärtigung）行为，（二）（三）则是讨论“过去”被动地且无可避免地在当下所有意识样式中显现。本文则欲聚焦于（三），首先展示佛教史中“聚集显现”与“教体”问题的发展流变，进而分析汉传唯识学理论的特征与问题，给出一种意识结构的分析。

一、“如是我闻”何以可能

佛经来自佛弟子的结集，故基本始于“如是我闻”，由此出现了“教体”问题——佛陀以世间的语言向众生说出世间的法，那“佛陀所说的教法”实际上究竟是什么？这里的“体”并非指中国哲学中“体用”之“体”，而是指“教”本身[①]。这一问题本身也基于佛教的另一基本前设，即“复合或多本身是假（*prajñapti）”，因而“佛陀的教说”——多刹那的声音——是假，因此需要追问，此假是否依于“实”（*dravya）？其“实”为何？

（一）“教体”与“积集”

在阿毗达磨传统中，“教体”问题被简单还原成了“佛所说教应被分解为何种有自性的法”，实质上可以还原为更一般性的“所闻之声究竟是什么”的问题，阿毗达磨传统一般将其解释为色法中的“声”或不相应行法中的“名、句、文（身）”。窥基的《大乘法苑义林章》讨论“教体”问题部分，对外道、小乘、大乘不同派别的结论进行了总结，笔者将其总结为下表[②]：

表1：窥基《义林章》对各派教体的总结

派别	教体
数论	本，“自然”（*prakṛti）与“三德”；末，“五唯量”中“声”。
胜论	德（*guṇa）句义中的声。婆罗门吠陀声是常，其他是无常。

---

① 在玄奘的翻译中，“X-体”或“X-自体”，往往指X这个概念的自性或其本身，如所谓的“法体”，其实就是指“法本身”，其对应的梵文是“dharma”，有时或为X再加上反身代词“-ātma”或表示“体相”的后缀“-rūpa”。而唯识学特有的问题是，如果“一切唯识”，如何理解“佛陀为其他有情说法”，即“他者”问题。

② 参见（唐）窥基《大乘法苑义林章》卷1，T1861,p251a18-p254c13。

续表：

派别	教体
声显论	本有的、恒常的声，具体又可依据“体多、体一”“全分常、一分常”区分四种。
声生论	新生的、恒常的声，具体又可依据“体多、体一”“全分常、一分常”区分四种。
大众、说出世、鸡胤部	无漏的、实有的声、名、句等。
一说部	无漏的、假施设的声、名等。
多闻部	“无常”“苦”“空”“无我”“涅槃寂静”是无漏声，其余是有漏声。
说假部	五蕴等实有的声、名、句，与十二处等的假施设的声、名、句。
说一切有部	有漏善声。
经量部	有漏声上假施设的屈曲能诠。
龙树、清辨	胜义谛中无说，故无教体；世俗谛中，句（*pada）、言（*vākya）、章（*prakalā）、论（*siddhi）的声。
龙军、无性、《佛地经论》一师	听声者识上显现的声。
护法、胜子、亲光	四重出体：摄相归性，真如；摄境从识，本是说者的心识，末是闻者心识；摄假随实，声；相用别论，说者识上显现的声、名、句、文。

但在部派佛教更宏观的“三世有”与“过、未无”的论争背景下，教体问题又获得了新的内涵——听闻佛陀所说的一段有意义的话何以可能？

说一切有部认为，如果过去是无，那么就不可能有“听闻一句话”这种经验，并以此攻击否认“过去有”之人，如《大毗婆沙论》已经记录了认为“过未无”者的回应：

> 复有说者：如呼诸“字”，次第相续，引生“名”“句”，显所说“义”，虽彼诸“字”不可积集，而能引生“名”“句”显“义”。如是，过去、未来世法虽无积聚，而能生智，随其所应，知所知境……未来诸法来集现在时，如何聚物非本无今有？①

亦即虽然认为过去非实存、过去听到的音节（字，vyañjana）在当下刹那已经灭去，但连续的音节被理解为一种“相续”。这种相续可以产生单词（名，nāma），连续的单词又可产生的句子（句，pada），由此我们可以通过认知能力，来理解“句子”的含义（义，artha)。[vyañjana，原意是单个的字母，但在各派阿毗达磨中实质上是指音节，

① （唐）玄奘译：《阿毗达磨大毗婆沙论》卷 76，T1545，p395c20–27。

故在“闻声”的经验中指“听到音节”。而这种将句子分析为基于声音的单词、字母的方法，显然带有印欧语系的特征，并不能直接适用于单字 / 单音节就可以作为词的汉语。但下文会看到，汉地唯识学者完全使用对汉语“诸行无常”这个句子的经验进行分析，这一方面是唯识学中国化的一个例子，另一方面反映了这是不受地域与语言局限的、普遍的哲学问题。]“过未无”论者即欲以此证明，即便没有过去，也可解答尝试上“过去在当下显现”的问题。

但上述过未无论者的分析极为模糊，最核心的问题是：在将时间分解为“刹那”的基本前设下，如何理解时间的连续性？具体来说：为何连续的音节可以被理解为“相续”，而不是在此音节生起时前一音节就“断灭”？音节以何种方式被认为是“相续”？如以双音节词“dhar-ma”为例，因为每个音节需要一个对应的耳识，每刹那只能有一个耳识，故假设在 T1、T2 两个刹那分别听到“dhar”“ma”这两个音节，那么在佛教传统中有两种基本的理解思路：

1.T2 听到“ma”的耳识，以 T1 听到的“dhar”耳识为等无间缘，从等无间缘的意义上说“dhar-ma”构成了前后相续，这也意味着 T2 刹那并未直接有“dhar”这个音节的参与。易言之，这种思路只承认异时因果，《大毗婆沙论》此处的“过未无”论者正是这种思路，说“诸‘字’不可积集”，即各个音节不能同时积累在同一刹那中。或许可以说是譬喻师—经量部的思路。

2.T1 的“dhar”，以某种方式在 T2 与“ma”一起显现，亦即 T2 确实有 T1 刹那的要素参与，亦即同时有“dhar”与“ma”，因而共同引生“dharma”，这可以说是承认同时因果，也正是唯识学的思路。这一思路在现存资料中最早见于无性《摄大乘论释》，与“诸‘字’不可积集”相反，被称为“聚集显现”。①

但这两种思路都有着明显问题：对于前一种来说，如果以次第相续或等无间缘进行解释，则难以解释对句或较长的单词的理解，如四音节词“a-bhi-dhar-ma-ko-ṣa”，我们在第 2 和第 6 刹那分别得到对应的两个意义单位（名）“abhi”和“koṣa”，而这两个单词有“dharma”一词间隔，因而是不连续的。对于后一种来说，这会导致在解释一个长句时，越往后的刹那会有越多的要素需要说明。比如同一刹那有诸多字、词、句聚集，每个字、词、句又需要对应的识，就会导致一刹那有多识，而即便是承认一刹那可以有多种不同的识的唯识学，也不承认一刹那可以有多种同类识，这或许又需要进一步用次第相续来解释。这两条思路的基本问题，在佛教思想史上都没有给出最终的、无矛盾的解决方案。在此笔者先暂停进一步追问，用自窥基、慧沼与圆测的材料，概述

① ［印度］无性造，（唐）玄奘译，《摄大乘论释》卷 1：“贯穿缝缀，故名为’经’。此中即是随堕八时、闻者识上、直非直说，聚集显现以为体性。”（T1598，p380b8-9）

汉传唯识学对此问题的讨论。

二、多心如何显现于一刹那

窥基的集中讨论见于《大乘法苑义林章》，被归于窥基的《成唯识论料简》中也收录了长段讨论。《成唯识论》卷二中在破斥不相应行法离心别有自性时涉及名、句、文身，故窥基《成唯识论述记》及其注疏文献群也有对应材料，慧沼的《成唯识论了义灯》颇为重要；圆测的讨论今则见于其《解深密经疏》开头“聚集显现历心差别”的部分。上述材料都提到，印度的唯识论师对此问题已有异解，并已经引入了《瑜伽师地论》的“五心”理论来进行解释。所谓“五心”，是指前六识生起时可能经历的五种流变，即“率尔心—寻求心—决定心—染净心—等流心”，此过程可简单概括为：

（一）根、境相对直接生起的识，即是“率尔（aupanipātika）心”。六识都可有率尔心，率尔五识被认为只缘现在境，率尔意识则有争议。

（二）在识初起后时，意识会寻求理解，故在率尔的下一刹那生起寻求意识，即“寻求（paryeṣaka）心”。只是意识。率尔与寻求心都是必定会有。

（三）寻求的下一刹那，如果不散乱，会有确定的理解以意识的形式生起，即“决定（niścita）心”，如果散乱则未必有后三心。

（四）有了确定的理解，下一刹那生起心识则会有或染或净的性质，被称为“染净心”。只是意识。

（五）在染净心生起后，其作为同类因，会在下一刹那引生与最初率尔心对应的六识，此作为等流果的六识即“等流心”，可能是六识。①

现存汉传唯识学对此问题的解释，虽有细节差异，但解释模式是一致的：首先以中国化的例子讨论问题，即对于“听闻并理解‘诸行无常’这个汉语句子”的经验进行分析，将“诸行无常”这一四字—四词—四音节的句子，分解为听闻“诸”“行”“无”“常”四个基本的单元，再讨论在每一刹那有多少个“心”“文”“名”“句”“义”同时显现。简而言之，分析依循着这样的思路：一方面，将心识之流分割为独立的刹那，再讨论每个刹那同时有多少个元素显现，即重在讨论心识的同时性结构；另一方面，用“五心”论解释心识的流变，每一刹那的心识被认为有不同的性质，即重在讨论心识的异时流变过程。Keng[2018，497] 已经对上述文献进行了介绍与梳理，并将窥基、圆测、慧沼各自论及的理论以表格的方式呈现，结论如下表（笔者译）：

① 参见（唐）玄奘译：《瑜伽师地论》，T1579，p280a22-27，p291b2-20。诸多部派都有这种关于“由单一心识引发的次第变化过程”的理论，参见［新罗］遁（道）伦：《瑜伽论记》，T1828,p317c12-20。

表 2：十六心（圆测）与十二心 / 七心（窥基—慧沼）

刹那	圆测	窥基—慧沼	窥基—慧沼
诸	1. 率尔根识 2. 同时意识 3. 寻求意识 4. 决定意识	1. 率尔 2. 寻求	1. 率尔 2. 寻求
行	5. 率尔根识 6. 同时意识 7. 寻求意识 8. 决定意识	3. 率尔 4. 寻求 5. 决定	3. 决定
无	9. 率尔根识 10. 同时意识 11. 寻求意识 12. 决定意识	6. 率尔 7. 寻求	4. 寻求
常	13. 率尔根识 14. 同时意识 15. 寻求意识 16. 决定意识	8. 率尔 9. 寻求 10. 决定 11. 染净 12. 等流	5. 决定 6. 染净 7. 等流

圆测与窥基—慧沼的解释，其实没有实质上的区别，产生差异的原因在于对“五心”性质理解的不同。在此笔者无意纠缠这些细节差异，而欲以窥基《义林章》中给出的解释具体描述他们的基本解释思路：[①]

1. 耳根与“诸”字的声境相对，最初的率尔耳识生起，并且有对应的五俱意识，由此听到了某个声音，但听声而不解义；下一刹那，生起对“诸”字含义的寻求意识。但此时只有缘“诸”这个字（所有）的意识，即只有对“所有（诸）……”这一空乏的形容词的理解，以及对“……”部分的某种主动朝向（欲心所的力量），但不知道其确定的所指，所以没有决定意识。窥基认为此过程中，有关“诸”声的耳识或同时意识，以及“诸”字的寻求意识，共二心；圆测则是区分率尔耳识与五俱意识，并认为有决定意识，共四心，并且闻下面三字都有此四心，故下文不再赘述。

① 参见《大乘法苑义林章》卷 1，1861,p252b13–c8；Keng[2018,479–481]。

2. 耳根与“行”字的声境相对，最初的率尔耳识生起，并且有对应的五俱意识，听声而不解义；下一刹那，生起寻求“行”字含义的寻求意识；在此过程中，关于“诸”字的寻求心因前刹那的熏习而在此时显现（“先熏习连带解胜”），与“行”字的寻求心一同，引生了下一刹那对“诸行”二字的决定意识，由此知道听到的声音 / 字 / 词的意思是“所有有为法”。窥基认为此过程中关于“行”声的率尔耳识或同时意识、“行”的寻求意识，以及对“诸行”的决定意识，共三心。但实际上，此处也应有“诸”声的率尔心与寻求心，因此窥基可能纯粹讨论了五心的种类。

3. 耳根与“无”字的声境相对，最初的率尔耳识生起，并且有对应的五俱意识，听声而不解义；下一刹那，生起寻求“无”字的含义的寻求意识；但此时只有“诸”这个字（所有），即只有对“没有……”这一空泛的否定词的理解，不知道其所否定的对象，所以没有决定意识。此过程有关于“无”声的率尔耳识或同时意识，以及寻求意识，共二心。但其实此过程中仍有 1、2 以来的五心。

4. 耳根与“行”字的声境相对，最初的率尔耳识生起，并且有对应的五俱意识，听声而不解义；下一刹那，生起寻求“行”字的含义的寻求意识；之前的“诸行”的决定心与“无”的寻求心在此过程中显现，与“常”一起，生起了对“诸行无常”这整个句子理解。窥基认为，这个过程最后“有十二心一时聚集”，即表 1 中的十二心同时显现。

可以说，圆测与窥基的差异在于：圆测将根识与五俱意识视为两种心，并且认为对每个字都有决定心；窥基则更多是从五心的种类来说十二心，所以可以简化为七心，同时不区分根识与五俱意识，是因为他认为二者都可称为率尔心①。至于是否每个音节 / 字都有决定心，可能从梵语与汉语的差异来说更为清楚：对于汉语，大多数情况下可以说“一个音节”等于“一个字”等于“一个词”，则如圆测所说每个音节 / 字 / 词都有决定心更为合理；对于梵语，可能多音节才能构成一个词，所以或许对多个音节的听闻才能引生决定。由此可见，对于多音节词增加的现代汉语，窥基的解读可能反而更为合适。

但若搁置两人在细节上的差异，可以说这种解释思路都是先将对“诸行无常”的听闻，以耳识或率尔心为节点，分析为四个基本部分，再具体分析每部分中的心识次第流变。因此，此分析过程已经将日常经验中“连续”或“绵延”的听声做了空间式的划分，并且如果将时间分析的最小单位视为刹那，则听闻每个字的经验已经被分析为多个以“心识生起”为标志的刹那。Keng[2018,483] 就将窥基的十二心的说法，用表格划分为九个刹那。但是文中的表格存在许多问题：第一，表格中 T1–T4 被对应于四个声境，

① 《大乘法苑义林章》卷 1，T1861,p256a2–9。但严格来说，并非率尔意识就一定是五俱意识，比如回忆、想象等意识，都可以视作广义的“率尔”，详见本文“二·（一）”的内容。

之后的 T5–T9 没有声境出现，导致过程被理解为了“先听完声，再思考”，这与窥基的分析并不相合，这是表格本身的问题；第二，五俱意识、寻求、决定、染净四者从“自性”（svabhāva）或“体”（dravy）的角度分析都是第六“意识”（mano–vijñāna），即便承认一刹那可以有多识同时生起的唯识学，也只是承认异类多识生起，但在窥基的分析与图表中都默许了多个意识生起，乃至窥基有“十二心一时聚集”的说法。

第二个问题出现原因有二：第一，五心解释的是心识的次第流变，唯识学者却以之来解释心的同时聚集显现；第二，也是更为根本的，包括唯识学在内的佛教阿毗达磨，对第六意识其实并无更为细致的讨论，想象、回忆、妄想、错觉等种种意识现象都被笼统地归于第六意识，如陈那即笼统地将这些意识样式归于“似现量”[①]，汉传唯识学后来进一步区分“独头意识”“定中意识”“梦中意识”等不同的意识类型，或许正是不得不然。

对此问题或有三个各有优劣的回应方案：1. 将“十二心一时显现”解读为将“多心次第生起”假说为“一时显现”，即如有部对于“二识不并”的解释；2. 只承认当下的心识是现行或显在（potent），之前的心识在此刹那则是潜在（latent），比如在“常”字的分析中，关于“诸”的率尔、寻求意识、“诸行无常”的决定意识都是显在，之前诸字的诸意识都是潜在，但是无论是将“潜在的识”直接解释为种子，还是解释为前识作为等无间缘的作用，都仍存在问题。3. 进一步将第六意识区分开来，认为不同类型的第六“意识”（mano–vijñāna）有不同的体，由此可以从哲学的角度对意识问题进行更为细致的讨论，但这却与传统的阿毗达磨理论根本相悖。

如果勉强依据 1、2 两种思路来重构窥基的十二心理论，或许可以用下图表示：

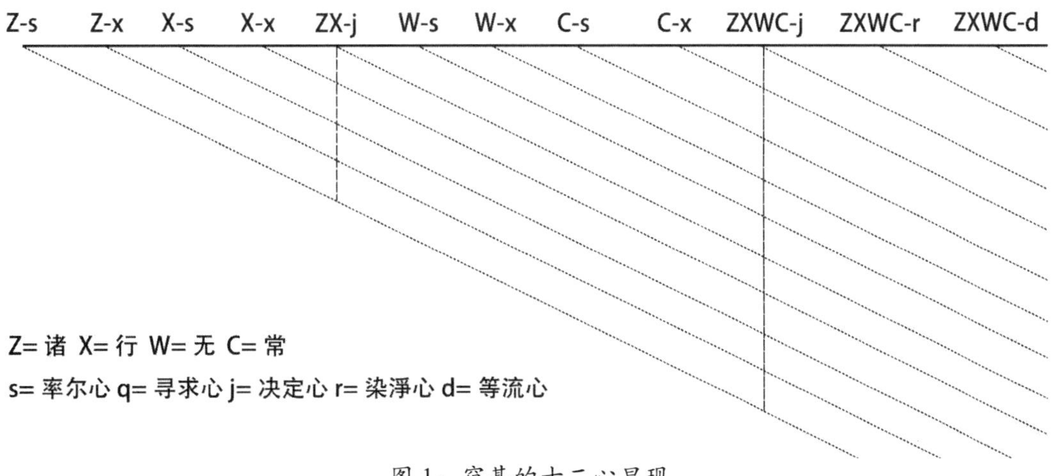

图 1：窥基的十二心显现

① 如参见［古印度］陈那造，（唐）玄奘译：《因明正理门论本》，T1628,p3b25–c1。

图1模仿了胡塞尔《贝尔瑙手稿》中的时间图式的“最初的形态”，但事实上有所欠缺，最明显的就是缺失了胡塞尔完整时间图式中的横轴的“上面”，即“前摄”（Protention）的维度[①]。而相较于胡塞尔的刻画，传统唯识学描述忽略了一个最基本的事态，即意识过程中对未来的“期待”。如一个熟悉佛学者在听见“诸行”二字之时，或在“诸行”之决定心时，脑海中或许应浮现出了对“（诸行）无常”的期待；但对一个不熟悉佛学者来说，“zhuxing”这两个音节可能没有任何意义，也不会令其生起决定心，又或生起诸如“猪行”“诛行”等的决定心。此处的“熟悉”，就是本文开篇提到的习性问题；“期待”，则对应“前摄”（protention）。这些问题即便仅在唯识学的框架内，上述问题也应被重新检视。

如果暂且抛开这些问题不谈，对于此图，大致可以这样解释：横轴上每一个点代表当下生起的心识，右侧的点以前一侧的点为等无间缘，由此构成了异时的时间流逝，这对应实显的意识流变；倾斜的细密虚线表示每一刹那的心识以“潜在”的方式延续，并参与到后续意识的构造中，即窥基所说的“先熏习”，或可对应现象学的纵意向性（längsintentionalität）；两条垂直的粗疏虚线则表示过去心识参与到现在的心识显现中，即窥基所谓在“先熏习”的作用下、由寻求心到决定心并由此产生对应的“解”，或可对应现象学的横意向性（querintentionalität）[②]。这样的解释可以避免同一刹那有两个意识产生的问题，但仍存在诸多问题，比如“诸”“行”的率尔心与寻求心何以不能聚集显现，而彼待决定心？而更为重要的是，表示“潜在”的曲线是否就是种子？如果不是，二者有何区别？传统唯识学对此的解释既然从“五心”——五个连续的显在的心识之流——入手，那么可以说压根没有将种子或第八识纳入考量，所以难以得出直接答案。

三、五心与八识

前述现有唯识学资料对“聚集显现”问题的分析，存在四个明显的问题：（一）基于五心论的语境，只讨论了前六识，未引入第七识与第八识；（二）五心论着重于心识流转，也旁及“欲”“胜解”等别境心所，却未从根本上触及心所系统；（三）用异时的五心论来讨论同时的心识结构，造成了诸多内在矛盾；（四）延续阿毗达磨的思路，将心思分析独立的刹那，导致忽视了时间流本身的特征，特别是忽视了“前摄”（protention）。在本章中，笔者希望通过对基本概念的澄清，将上述繁琐的分析进行简化，并尽量清晰地引入第七识、第八识与心所系统，尝试在唯识学的框架中，给出一个完整

---

① 参见［德］埃德蒙德·胡塞尔 [2016,56–60]。

② 这里的解释，如后文所示，缺失了“前摄”的维度，所以更多是在谈论滞留的双重意向性，如参见［德］埃德蒙德·胡塞尔 [2009,114–118]。同时，此处的横轴按照前述的解释，也只是最终的实显性意识。

的心识结构与发生过程的描述。

（一）“次第五心”与“同时五心”

在此，先从检讨“五心论”的传统理解——“五心是次第生起五个现行心识”——出发，对“前摄”问题进行一个补充。

其实窥基对寻求心的解释，已经触及了前摄问题——在“诸”或“无”字的寻求心生起后，我们不知道其具体含义，故以寻求心会延续下去，直到与“行”或“常”的寻求心一起生起，由此得到“诸行”“（诸行）无常”的决定心。这种不确定而寻求未来的事态，可以理解为“期待”——期待得到确定的理解，则可以理解为期待的充实：听到“诸”字时，可能会有“诸（行无常）”“诸（葛亮）”“猪（头）”“ju（ne）”等种种期待，但在“诸行无常”的决定心生起时候，这种期待就已被充实。

笔者的这种解释，或许也可结合窥基的《五心章》进行说明。《瑜伽师地论》所论述的五心确实只是心识的流变次序，但窥基则强调率尔、寻求、决定三心与对应的别境心所的密切关系：1. 率尔心是无“欲”心所相应的心；2. 寻求心是与“欲”相应的心，“欲”的定义是“对对象有所希望”；3. 决定心能“印解”对象，“印解”则是“胜解”心所的作用 。“欲”心所更一般的解释是对“希望可爱乐事”，所以其不仅是完全开放性的“诸……”的“期待”，而是对“期待者所爱乐事”的期待，这也揭示出了“习性”的维度。《瑜伽论》谓无心中率尔、 寻求二心是必定存在的，决定心则未必，可看做前摄未必会被充实。

当然，寻求心不应仅是“前摄”，因为其还承担了“延续”的作用，从其自身的结构看，“诸……”的寻求心中，“诸（……）”带着“过去”，“（诸）……”则指向未来，可以说寻求心揭示了“滞留”（retention）与“前摄”（protention）的双重特征。但核心问题是，率尔、寻求、决定三心被认为是次第的、不同的（“别体”）意识，“滞留”“前摄”则应是意识的相互交织的内在特征，不可能做出存在论的二分。可以说，如果按照唯识学的“次第五心”传统看法，此处的论断就不能成立。

但实际上，《瑜伽师地论》对于率尔、寻求、决定三心的界说本身就颇有争议，在汉传唯识学资料记录的诸多异说中，笔者发现也有类似的看法。解读的争议主要围绕在《瑜伽师地论》的这段话：

梵本：tatra mano-vijñāne’n-ābhoga-vikṣipte’saṃstutālamvane nāsti chandādīnāṃ pravṛttiḥ/ tac ca manovijñānam aupanipātikaṃ vaktavyam atītālambanam eva/ pañcānāṃ vijñāna-kāyānāṃ samanantarotpannaṃ manaḥ-paryeṣakam niṣcitaṃ vā vartamāna-viṣayam eva vaktavyaṃ/ tac cet tad viṣayālambanam eva tad bhavati//

玄奘译：又意识任运、散乱、缘不串习境时、无“欲”等生，尔时意识名“率尔堕心”，唯缘过去境，五识无间所生意识，或寻求，或决定，唯应说缘现在境。若此即缘彼境生。[①]

这段话讨论的是一般的率尔意识（并非五俱意识或定中意识）、寻求心以及决定心的对象的时间属性，张晓亮 [2019] 对这段文字的几种解读方式进行了总结，指出争议的焦点在于“atītālambanameva/ 唯缘过去境 / 只以过去的对象为所缘”这句话，是连上句读还是连下句读，究竟是指率尔意识，还是寻求心、决定心，窥基等接受的解释是连下句读，梵文本则应连上句读。关于此文段，笔者将窥基《瑜伽师地论略纂》的二解以及遁伦《瑜伽论记》（下简称《论记》）四解总结如下：

表 3：《略纂》与《论记》的解释

归属	看法
《略纂》-A	“唯缘过去境”连上读。意识分三种：1.“任运”等率尔意识（“独生意识”），不与别境“欲”相应，实际缘现在境，但此现在境是过去境的同类，故说“唯缘过去境”；2. 非任运、在定等的率尔意识，与别境“欲”相应，可以缘过去、现在、未来的对象；3. 寻求心、决定心，实质是第六意识，从心识刹那流变来看，是缘最初的率尔五识的境，由此说“缘过去境”，但从分位三世和亲所缘缘来看，是缘现在。
《略纂》-B	“唯缘过去境”连下读。只有“任运”等的意识才是率尔意识。寻求心、决定心，本质是初刹那率尔五识的境，由此说“唯缘过去境”；影像在现在，由此说缘现在境。

① 梵本，Bhattacharya(1957, 59)；玄奘译本，《瑜伽师地论》卷 3，T1579，p291，b17–20。后文虽然给出了汉传注疏中的诸多解释，但在此笔者还需要指出一个可能性，即现存的《瑜伽师地论》梵本与玄奘所据者有异。事实上，古代经论注疏中为了强调自己的合法性，常谓自己“校诸梵本”，可见梵本从来不是定型、无误的。今存《瑜伽师地论》不同部分的梵本在断句方面与玄奘译本有颇多出入，以至于笔者很难将这种差异归诸玄奘本人的“意译”。此外，玄奘所译的《唯识二十论》《大乘广百论释论》《佛地经论》等文献也与今梵本、其他派别传说有异，笔者因此猜想，玄奘所带回的“梵本”本身可能有一定的地域性，或待另撰文详述。

续表：

归属	看法
《论记》-A	“唯缘过去境”连上读。“任运”等的率尔意识，只能缘过去曾缘过的境。寻求心、决定心所缘的现在境，是过去初刹那的率尔五识的境的同类。
《论记》-B	“唯缘过去境”连下读。“任运”等的率尔意识可以缘三世或非时间的对象。寻求心、决定心所缘的现在境，是过去初刹那的率尔五识的境的同类。
《论记》-C	“唯缘过去境”连上读。“任运”等的率尔意识，只能缘过去曾缘过的境，因为率尔意识不明了。率尔五识和与五识同时的分别意识，“无间”指“同时无间”，此分别意识并非五俱意识，而能寻求五境或决定五识，即寻求心、决定心。因为二心与其所缘的五识同时，所以说二心缘现在境；另一方面，二心是缘过去五识曾缘的境而生。
《论记》-D	寻求心、决定心，从本质看（本境义边），是缘阿赖耶识的所缘，是过去五识熏成的过去；从影像看（自境相分义边），是缘自识上显现的相分。

从表3的六种解释可以看出，其实“唯缘过去境”一句的解释，只是影响对率尔意识的所缘境的理解，亦即第六识意识能否有对纯粹“当下”或“未来”的认知：将“唯缘过去境”连上读，即认为一般的意识（如回忆、想象等分别意识）实际上只能缘过去对象的同类，亦即由于曾有对某对象的认知，我们才能用意识去分别，或者说将之再当下化；认为连下读，则认为我们的意识未必只能认知曾认知过的对象。

而除了《伦记》–C之外的五种解释，都将率尔、寻求、决定三心看作严格的次第流变，“五识无间所生意识，或寻求，或决定”就是指率尔五识之后的寻求心或决定心，由此认为寻求心、决定心的对象实际上是最初率尔心的对象，因此从时间的相对性上来说，是“过去的对象”；同时，从亲所缘缘的角度看，心识的对象必定是当下的，所以是“现在的对象”。简而言之：寻求心、决定心所缘的本质（疏所缘缘）是过去（率尔五识的境），影像（疏所缘缘）是现在（自识相分）。

这些解释都将寻求心、决定心的对象视为同质的，但如按窥基之前的解释，决定心的情况显然更为复杂：如“诸行”的决定心，涉及“诸”声、“行”声，二者虽然都在过去，但本来就有不同的时间次序，是否应认为决定心的对象涉及时间不同的多个“本质”？而最为根本的是，如果过去是无，那么“意识缘过去”究竟该如何解释？张晓亮

[2019] 尝试从五心的角度探究此问题，但是一般的回忆意识，以及率尔、寻求意识对过去率尔的缘虑是否是同质性的，“过去本质”该如何理解，这些问题仍待澄清，笔者拟待另撰专文探讨。

但此处可以发现另一种启发性的视角。《论记》—C 则将“无间”（samanantara-utpannaṃ，无间地生起的）理解为“同时无间”而非“前后无间”，未必有坚实的印度文献依据[①]。这种“同时无间”的解释，是一种偏重一种义理性的解读[②]。虽然这个解读存在诸多问题，但给出了一种思路：率尔心与寻求心或与决定心，可能是同时。这种“同时”不是前文提到的“先有‘十二心次第现起’，然后在第十二心现起时候再一齐聚集”的思路，而是认为：率尔心可能与寻求心同时，或与决定心同时。

如果引入这种思路，笔者认为可以将前述过程以下图表示：

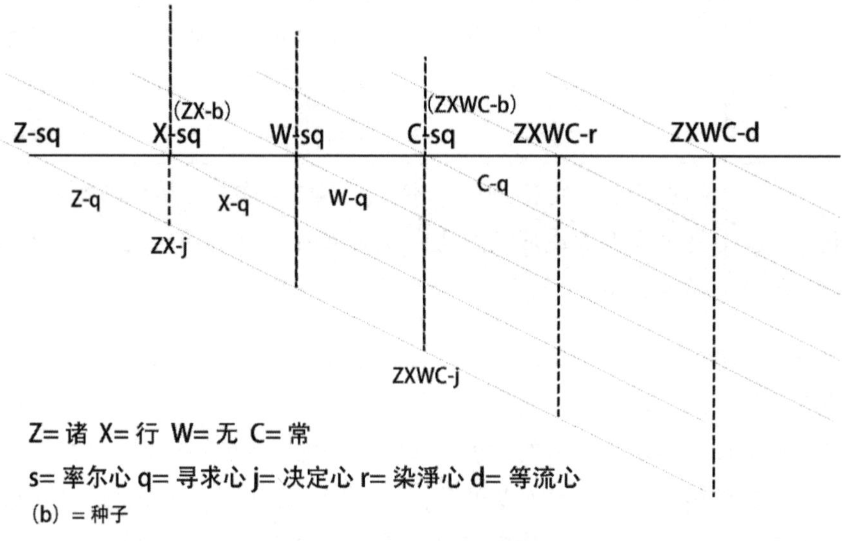

图 2：本文的尝试性解释

听到每个音节的当下，我们都有统一结构中的三类心识生起：1. 耳识与耳识同时意识，2. 作为寻求的分别意识。其中，1 对应原素材与原体现，2 在横轴上的竖线部分对应前摄，在横轴下斜线的部分对应滞留，而在唯识学的理论中，横轴上的部分源自过

① 参见《瑜伽论记》卷 1：“此言‘无间’者，由与五识同时，亲依五识生，故缘无间，此是‘同时无间’，非‘前后无间’也。”（T1828，p334a2–4）“samanantara”即“等无间缘”之“等无间”，基本解释为心识前后无间；“同时无间”则多出现于如有部对大种之间关系等的俱有因果的解释中。

② 值得注意的是，也只有这一种解释提到了为何率尔意识只能缘过去，即因为我们纯粹的第六识活动都是“不明了”的，比如，无论如何投入、专注、真切的回忆与想象，也不会混淆于“现实”。“缘过去 = 不明了”这一论证在阿毗达磨关于“梦意识是否回忆”的讨论中也作为重要论点出现。

去熏成的种子。随着当下音节淡去，1 灭去而不相续，2 对应滞留的部分则一直相续。当延续的寻求心（如 Z–q）与下一组心识生起时的寻求心（如 X–q）结合，在过去由听闻、思惟“诸行”一词而熏成的种子（ZX–b）的基础上，得以充实，同时也生起决定心（如 ZX–j）。但注意，这里的解释也不同于《伦记》–C，因为其并未说寻求、决定二心也可同时。“诸”的寻求心（Z–q）、“行”的寻求心（X–q）在“诸行”的决定心（ZX–j）生起后，仍然延续，但已经带着“ZX”的样式延续。最终在“常”的率尔心、寻求心（C–sq）生起时候，与“无”的寻求心（W–q）、“常”的寻求心（C–q）结合，在过去由听闻、思惟“诸行”一词而熏成的种子（ZXWC–b）的基础上，得以充实，生起决定心（ZXWC–j）。由此，完成了对整句话的理解。但是五心的中染净心、等流心，则因其宗教色彩，或许不应用这样的结构来解释，而应引入对第七识与染、净心所的分析。

同时，在图 2 中，“诸”“行”“无”“常”四个率尔心 / 寻求心，被解释为相续无隔的四个心识，这也是为了回应前文提到的经量部解释的内在问题：如果前后心识中有其他因素间隔，就难以说有“连续”的意识。窥基在《义林章》中分析了听闻“诸恶者莫作”这句话过程中出现的名、句、文（身）的数量，虽然繁琐至极，但秉承一个基本原则——“不可隔越合成名等”——只无间隔的两个或多个音节才能被理解为一个单词，中间不能有间隔[①]。如果“诸”的率尔心与“行”的率尔心之间有“寻求”“决定”两个心识间隔，则不能满足窥基所谓“不可隔越合成名等”的原则。

（二）阿赖耶识与“别境心所”

在前文的分析中，笔者将“滞留”与“前摄”定位于寻求心，但核心问题是，寻求心被视为是实显的、显在的意识，“滞留—前摄”则被视为一种非实显的、潜在的意识结构。同时，前文窥基用“先熏习连带解生”——熏习理论——解释聚集显现问题，蔡瑞霖 [1991]、山口一郎 [2004，269–300] 等也都将“意识现起之后以潜在的方式得以存续”这一事态，定位在“识转变”理论中的“现行熏种子”。

而究其根本，时间意识要讨论意识的变异或流变，在唯识学中被对应于“异时因果”问题。而上述学者的讨论，多是依据 20 世纪日本学者对于安慧《三十论释》中“转变”（pariṇāma）是“同时因果”还是“异时因果”的争论，“异时因果”也因此往往就被限定于此。至于五心论与意识流变或异时因果的关系，由于讨论多以汉语形式呈现，研究者本就不多，又缺乏“阿赖耶识”这一体现唯识学特色的标志性概念，也自然鲜被考虑。而用“种子”模式来分析时间意识，会面临两个最基本的问题：

---

① 参见《大乘法苑义林章》卷 1，T1861，p253c16–p254b20。

1. 无论认为“安慧的‘因灭果生’是异时因果”还是“护法的‘种子生种子’的自类相生是异时因果”，这里讨论的都是同类的“种子—现行—种子”或“种子—种子”关系，比如同一个耳识的异时流变（缘“诸”“行”等不同音节的耳识被视为不同的耳识），而根本无法讨论聚集显现这种异类心识的流变过程。

2. 唯识学中的“种子”往往被解释为与“现行”相对的潜在力量，其唯一的作用就是作为自果的亲因缘，那么种子在潜在状态下能否对现识产生影响？如果能，其是否还能被称为“种子”？如果不能，为什么前刹识刚刚熏成的种子（如“诸”之耳识），会在后刹识生时（如“行”之耳识）立即显现？

由此再看窥基所谓的“先熏习连带解生”。如果将“先熏习”单纯定位于前识熏成的种子，则需回应：过去一切心识都熏成了种子，为何在听闻“诸行无常”的经验中只有这类种子被熏习带到了下一刹那的心识中？是因为前刹心识刚刚灭去，而有更强的“力量”或“活力”？还是因为，前刹心识所熏成的种子中，本就有某种“寻求某些条件而使自身显现”的功能？本身只有“生果”功能的种子，这种“不让自己立即沉入过去、与下一刹那的心识结合而生解”（连带解生）的力量从何而来？

笔者认为，如果必须在唯识学理论内部找到解释，这种力量或许还是可以定位在“寻求心”，或“欲”心所。如果没有“诸”之寻求心在心识过程中的伴随，“诸”之耳识所熏成的种子以及寻求心自己的种子，与过去久远之前熏成的其他种子就没有任何区别，也不会被在下一刹那的“行”之耳识时即显现。同时，从心所的角度看，种子被阿赖耶识所执受，阿赖耶识只与五遍行心所相应，没有别境“欲”心所相应，所以种子或阿赖耶识本身无法解释“寻求”或“期待”；将第六识的寻求心引入，能更好的解释这种意识现象。

但是，这里讨论的仅仅指在当下经验过程中新熏成的种子，但另有问题需要引入阿赖耶识与种子进行讨论，即“习性”与“前摄”问题：我们在听闻某个音节时，已经有对后续的音节的寻求，但是作为寻求对象或期待对象的“完整语句 / 旋律”中的“后续音节”从何而来？熟悉佛教者听闻“诸行无”时脑中已经浮现的“常”这一声音或概念从何而来？在唯识学中，这必要诉诸阿赖耶识中留下的种子。

窥基在《五心章》讨论五心是否一定都会生起的“诸位阙具”问题时，其实已经论及了“认知不曾认知的新对象”与“认知曾认知的旧对象”的差异：窥基认为，认知新对象时，一定次第地分别生起五心；认知旧对象时候，则只有决定、染净、等流三心，无率尔与寻求[①]。这种解释对于五心论来说或许是合理的，即对于曾认知的对象就不需要再寻求；但更基本的问题是，我们能否形而上学地或不假“寻求”地区分“新境”与“旧

---

① 参见《大乘法苑义林章》卷 1，T1861，p257c3-13。

境”？或说，如果不是“旧境”以某种方式延续到了“当下”，又何以判断“新境”？

分析至此，笔者还是意欲回溯到本文开始提及问题：五心论重在解释异类心识的意识流变，与汉传唯识学关于“聚集显现”的分析本身就有内在矛盾。而另一方面，窥基倾向于以别境心所来解释五心，这样又使得五心论的适用范围进一步缩小。笔者认为，已经论及了“先熏习连带”在“聚集显现”中的作用的窥基，或许本身可以给出一种符合《成唯识论》传统的解释，在此简述笔者的大致想法：即将所谓在当下“聚集”之“心”，彻底解释为由阿赖耶识所执持的“熏习”或“种子”，即做一种非实显性的解释；同时，将滞留解释为阿赖耶识中所积集的种子，将正生的耳识理解为“异时相续的某种诠表概念的种子（表义名言种）”的增上缘，进而将前摄或期待解释为以被引生的对应概念为所缘的分别意识。

笔者这种解释，是参考了《成唯识论》关于“念”心所与回忆问题的解释。《成唯识论》将“念”定位为“别境心所”——并非一切时都与心相应的心所，此与有部将“念”视为“大地法”——一切时都与心相应的心所——相悖。有部认为“念”是大地法，可从《顺正理论》对经部上座室利逻多的批判中进一步澄清：

> 念体别有，亦如经说，心了境时必有明记，亦由微劣有不觉知，故念定应是大地法。
>
> 然上座言：“此念决定非大地法，契经说有‘失念心’故，‘失’谓‘亡失’。又见多于‘过去境’上施设‘念’故。然于彼境，即智行相明记而转，故无别‘念’。”

此说不然，如前说故。1.“非巧便念”名为“失念”，如“狂乱心”名为“失心”，或“念微劣”名为“失念”，如迷闷等名“失想思”。2.既“见多于‘过去境’上施设有‘念’”，便于现在所缘境上有“念”极成。非“于现境曾无明记，后于过去有忆念生”。3.言“于彼境，即智行相明记而转，无别念”者，理亦不然，“觉察”“明记”行相别故。于境觉察重审，名“智”；不忘失因明记，名“念”。故有说言：“于所受境，令心不忘、明记，为‘念’。”若执“如是‘明记’行相即智行相，无别‘念’”者，“受”等亦应无别有体……即为非理……若“‘念’唯缘过去境”者，如何失念知现他心？或复如何缘涅槃智，灭等行转，而名“失念”？又缘未来死生智等，如何失念成力、明、通？如斯等类，为过兹甚，故诸心品皆与念俱。[①]

众贤是将“念”心所的作用理解为了“对现在所缘境的记忆”，而非仅仅是“对过去境的回忆”，而认为念是大地法的一个重要原因是其认为，我们的一切心识活动事

---

① ［古印度］众贤，（唐）玄奘译：《阿毗达磨顺正理论》卷 10，T1562，p389b12–c8。

实上都被记忆了，只是或清晰或模糊，有些甚至难以再回忆，而成为事实上的“无意识”（unconsciousness），但毕竟还是被“记住”，因此一切心都有“念”的作用。

而《成唯识论》将“念”心所定位为别境心所，认为只有对清晰对象的认知才有“念”，并且倾向于将其定位在对“曾习境”作用，而不是所有对象的作用，故名“别境”，但其并非否认“我们有不清晰的回忆，乃至难以再回忆起的东西”这一基本事态，而是将其定位在“前心、心所，或想势力”上[①]。这样一种以心识本身或想心所解释回忆问题的方式，早见于世亲的《俱舍论》[②]，但差别在于，《成唯识论》已成立了“阿赖耶识”，故而《述记》对此段文字的解释，事实上是将第一种解释“前心、心所”还原到了阿赖耶识：

1. 心等取境，已熏功能在本识中，足为后时有忆念因，何须今念顺生后念？

2. 或想取像胜故，为因生后时念，足得，何待今念后念方生？[③]

易言之，窥基的解释中，唯识之所以不以“念”为遍行，实际上是将有部所认为的作为大地法的“念”的作用分隔，将“明记”保留给了作为别境心所的“念”，而将“不清晰的境”乃至记忆的原因，都放到“本识”——阿赖耶识中，具体来说是心识的相分熏而在阿赖耶识中熏成的种子。这样，阿赖耶识概念，也就切实有了一种心理分析（psychoanalysis）意义上的“无意识”（unconsciousness）——切实被保留但一般情况下绝无法被主动意识到的东西——的意味。

上述对“念”的分析，给予了本文解释思路两方面的启发：第一，如果像窥基那样，将寻求心、决定心分别关联于作为别境心所的“欲”“胜解”，我们可以发现，《伦记》-C的“同时无间”的思路，实际上转化为了同时有欲、胜解心所的心识，这或许就是此思路提出的最初原因，而有部将欲、胜解、念、定、慧都看做大地法，这种观点不妨说也是一种事实上的“同时五心”。第二，对于以《成唯识论》为核心的汉传唯识学来说，以识转变、阿赖耶识为核心解释心识的流变以及构造，进一步分析阿赖耶识、种子、现行识之流变，或许才更为切实。

结语：“意识”问题与作为哲学的唯识学

本文没有能给出一个在传统唯识学体系中毫无矛盾的解释框架，而引起矛盾的根源在于“同时不能有两个相同的识”与“五俱意识、独头意识、寻求意识都是第六意识”

① 参见护法等造，（唐）玄奘译：《成唯识论》卷5，T1585，p28b18–25。

② 参见《阿毗达磨俱舍论》卷30，T1558，p156c26–p157b6。普光的《俱舍论记》关于此段的解释，或许是深受《大毗婆沙论》卷11–12的影响，笔者拟另撰专文论述。

③ （唐）窥基：《成唯识论述记》卷6，T1830，p430a29–b3。

这两个基本设定的冲突。同时，本文开头列举出的“回忆”问题，如果纳入时间意识的分析，问题则更为明显：回忆经验，似乎不能先被分析为“每一现在刹那回忆每一个过去的刹那”、再将这种“刹那—刹那”模式的回忆意识连接起来，而是我们似乎总是可以直接回忆“一段连续的经历”。如果用“刹那—刹那”模式分析纯粹意识的流变，比如《瑜伽师地论》讲到的“率尔意识”问题，那么矛盾则是无法避免的。因此，笔者认为，唯识学分析中，所谓“第六意识”本身应该得到更细致的分析，正如文中已经提到，汉传唯识学后来已经开始区分“独头意识”“梦中意识”“定中意识”等不同的意识类型。事实上，如果回顾唯识学自己对“八识”说的追述，即“小乘只有六识，但第六意识外还有细识”，就会发现这本身就是对含混的“第六意识”的扩展。此外，传统唯识学的讨论，或集中于所谓“同时因果”与“异时因果”之争，这一讨论又或受到日本学者影响而狭隘地集中于关于“转变”一词的解释，进而忽视了更为宏观的“心识流动”这一基本事态。笔者认为，在厘清唯识学不同的思想传统的基本问题的基础上（如异时无心与同时聚集的不同传统），从繁复的唯识学理论所要解决的基本问题（如意识构造、时间意识等）出发，结合各种注疏传统，特别是吸收东亚汉语唯识学注疏中的丰富解释，最终对相关问题进行较为清晰的刻画，或许是不同于文献学式的（philological）研究的另一种哲学式的（philosophical）唯识学研究方式。

参考文献

Keng, C. (2018), “How Do We Understand the Meaning of a Sentence Under the Yogācāra Model of the Mind? On Disputes among East Asian Yogācāra Thinkers of the Seventh Century”, in Journal of Indian Philosophy, 46(3).

［德］埃德蒙德·胡塞尔，肖德生译，《关于时间意识的贝尔瑙手稿（1917–1918）》，北京：商务印书馆，2016 年。

姚治华，许伟、余振邦译，《自证：意识的反身性》，上海：东方出版中心，2021。

［日］山口一郎（2004），《文化を生きる身体：間文化現象学試論》，东京：知泉书馆。

张晓亮，《从唯识学“五心论”看记忆所缘境问题》，收于释光泉编：《唯识研究》（第 6 辑），北京：商务印书馆，2019 年。

蔡瑞霖，《世亲“识转变”与胡塞尔“建构性”的对比研究——关于唯识学时间意识的现象学考察》，收于《国际佛学研究中心》“创刊号”，1991 年。

Bhattacharya, Vidhushekhara ed., (1957), *The Yogācārabhūmi of Ācārya Asaṅga*, Calcutta: University of Calcutta.

从遍计所执性的形成试析唯识学视角中的认知歪曲

——以《摄大乘论》为中心

廖乐根[①]

【摘要】认知歪曲——这个概念来自心理学，是指所有不符合事实的错误认识。佛教唯识学认为，认知歪曲的产生，与遍计所执性的形成密切相关。本文主要依据唯识学重要论典——《摄大乘论》的相关内容，围绕遍计所执性的形成这一核心问题展开论述，对唯识学视角中的认知歪曲做了一个粗浅的分析。本文认为，认知歪曲是具有遍计作用的意识，在认识活动的过程中产生的一种误解和错觉，就是将本来是因缘所生的依他起性之法，执著为离心识之外的真实独立存在的外境，从而导致了遍计所执性的产生。产生这一错误认知的原因，一方面是意识本身具有二元分别的先天认知模式，另一方面是意识将名言形成的概念与依他起性之事相加以固化与执著的结果。深入探讨唯识学中的认知歪曲，不但有利于更好地理解唯识学的认知理论，同时，对于佛教与心理学、哲学、语言学、逻辑学等学科的沟通与交流也有着重要意义。

【关键词】认知歪曲；唯识学；遍计所执性；《摄大乘论》

一、引言

认知歪曲（cognitive distortion），这个概念来自现代心理学，是认知疗法的创始人阿伦·贝克（Aaron Beck）提出的一个重要概念。贝克认为，认知歪曲是一种思维的错误，它造成了人类处理信息过程的困难，最终导致了心理障碍。主要表现为那些不符合事实并给人带来痛苦与烦恼的自动化想法，也称为“功能障碍性思维”。[②]简言之，认知歪曲是指认知中存在错误的、不合理的、片面的或偏执的成分。其主要类型和表现有：

---

① 作者单位：苏州戒幢佛学研究所。

② 参见李梦潮：《认知歪曲及其对治》一文，https://zhuanlan.zhihu.com/p/22353654。

随意推理、断章取义、过分概括化、扩大与贬低、乱贴标签、极端化思考等。[①]

众所周知，佛教非常强调正见的重要性，而正见与认知的关系非常密切。在佛教各个学派中，对认知问题的探讨最为系统和深入的大概是唯识学了。唯识学的根本思想就是“唯识无境”，唯识学认为，一切存在都是心识的显现，并没有离开心识之外真实独立存在的实有外境。可以说，这是对凡夫习以为常或自以为是的认知的彻底否定。

唯识学中虽然没有“认知歪曲”这个概念，但在作为“一种不符合事实的错误认知”的意义上来说，唯识学与心理学对认知歪曲有其共通之处。当然，唯识学对认知歪曲的理解并不等同于心理学，而是有着明显的佛教特色。唯识学对认知歪曲的探讨，并不只是为了获得一般意义上的心理健康，其真正目的是要让众生最终从轮回的迷惑中走向生命的彻底觉醒。要探讨唯识学视角中的认知歪曲，首先就需要了解与此关系最为密切的唯识学概念——遍计所执性。

二、遍计所执性的概念辨析

（一）遍计所执性的基本内涵

遍计所执性，也称为“遍计所执相”，有时略作“遍计所执”或“所执性”。遍计所执性，是唯识学的重要概念——唯识三性（遍计所执性、依他起性、圆成实性）之一，要全面准确理解遍计所执性，通常要结合唯识三性来分析，尤其是要搞清楚遍计所执性与依他起性的关系。何为遍计所执性？简单的说，遍计所执性，就是在因缘所生的依他起性之法上，产生的一种误解和错觉，也就是将缘起性[②]的存在执著为真实独立的存在，包括实在的“我”（主体）与实在的“法”（客体），而这种所谓真实独立的存在，在本质上或客观上是根本不存在的，它只是存在于凡夫的妄想和执著之中。

遍计所执性在不同的经典和论典中的基本内涵虽然大体一致，但具体表述却有所不同。我们来看看《摄大乘论》对遍计所执性的定义：

> 此中何者遍计所执相？谓于无义唯有识中似义显现。[③]

这里的“遍计所执相”就是“遍计所执性”。此文句言简意深，此处的“义”是指凡夫认为真实存在的外境。其实，这个定义已经包含了唯识学的核心思想——唯识无境，即一切法都是心识的变现，并没有离开心识之外真实存在的外境（实我与实法）。

---

① 参见百度百科“认知歪曲”词条。

② 此处的“缘起性”是指唯识学意义上的缘起，即阿赖耶识缘起。

③ 《摄大乘论本》卷2，CBETA，T31，no. 1594，p. 138，a12-13。

但问题是，虽然客观上没有真实存在的外境，但在凡夫的认识中却认为真实存在，这就是“似义显现”，即是在凡夫心识前有似乎真实存在的外境显现，这个“似义显现”的存在就是遍计所执性。由此可见，遍计所执性，是无中生有的，它本来没有，却被执著认为实有，这种所谓的“实有”，其实是我们对缘起的依他起性之法增益或投射的结果。

（二）遍计所执性的存在论特征

透过遍计所执性的基本内涵，可以很清楚地了解其存在性特征，也就是遍计所执性的有无性质——“理无情有”。所谓“理”，就是客观事实与真理实相；所谓“情”，是指凡夫的错误认识产生的迷情。对遍计所执性存在论特征的分析，应该从“理”和“情”这两个方面来考察。

首先，由于遍计所执性是对依他起性之法的增益，它本身是根本不存在的，因此是“无相之法”。[①] 我们很容易将遍计执著本身与遍计执著的结果混为一谈，遍计所执性是心识遍计执著的结果，或者说是执著所成，也就是将因缘所生的存在执著为真实独立的存在，这种执著而成的所谓真实独立的存在，在客观上是根本不存在的。这一点一定要清楚的，此即“理无”之义。

另一方面，也必须明确的是，虽然遍计所执性在客观上或事实上完全不存在，但在凡夫实际的认识中又是真实存在的。为什么会这样呢？根本原因就是我们的认识出了问题，凡夫认识的特点就是虚妄分别与颠倒错乱，这样的认识无法见到事物的真相。由于迷惑与颠倒，因此就会产生错误的执著——执著认为心识之外有真实独立存在的外境，这种存在显然只是凡夫的错觉与妄想，此即是“情有”。

为了更好的理解遍计所执性的存在论特征——理无情有，唯识学中有一个非常经典的比喻——绳子与蛇，就像是在一个昏暗的房间里，我们会不由自主的将地上的一根绳子误认为是一条蛇。在这个比喻中，执著认为有“蛇”就是遍计所执性，因为事实上蛇是根本不存在的。需要强调的是，蛇虽然在客观事实上完全不存在，但在这个特定时空的人，却坚定执著认为他看到了蛇。

（三）遍计所执性的认识论特性

既然遍计所执性本来不存在，它只是在依他起性上生起的“似义显现”之相，那么，为什么在凡夫的认识中又真实存在呢？原因就在于意识的虚妄分别上，这就涉及遍计所执性的认识论特性了。关于这个问题，《摄大乘论》是这样解说的：

---

① 《解深密经》卷2“一切法相品4”：“如实了知遍计所执相，即能如实了知一切无相之法。”（CBETA, T16, no. 676, p. 693, b26–27。）

> 无量行相意识遍计，颠倒生相，故名遍计所执。自相实无，唯有遍计所执可得，是故说名遍计所执。[①]

所谓“行相”，是指意识在所缘境上产生的各种认识活动与作用。因为意识的活动范围非常广，对一切认识对象都能产生遍计，也就是普遍的计度与分别，并进一步生起执著，结果就产生了各种颠倒之相。这种颠倒之相，在客观上完全不存在，只是一种执著性或一厢情愿的存在。

具体来说，意识生起活动，要有所缘之境相，这所缘的境相其实是由意识自身在依他起性事相上变现出来的，也就是说，意识正是依托自己所变现的内在的境相（影像）作为所缘而生起的。当此能缘的意识生起的当下，又进一步对自己所缘的境相产生遍计，而这种遍计是颠倒和错乱的，也就是将心识变现的影像执著为实有的外在的境相。对此，印顺法师是这样解释的：

意识无量行相的遍计是颠倒的，是非义取义的乱识。但非义取义，不是全出于意识的构思。无始妄熏习力，意识生起的时候，自然的现起乱象——义，这乱相就是遍计所执性。它是意识分别所取的所分别，所以是乱识颠倒生起的所缘相。[②]

论典进一步告诉我们：这个似义显现的乱象，它的自相其实是根本没有自体的，它仅仅只是那能遍计的虚妄分别心所执著的而已。也就是说，它只是依虚妄分别的乱识作为它的自性，离开虚妄分别心，根本不存在。

三、遍计所执性产生的两大要素及其相互关系

为了深入理解遍计所执性的内涵及其存在论与认识论特性，需要对遍计所执性产生的两大要素做进一步分析与说明。这两大要素就是能遍计与所遍计，也就是说，遍计所执性的生起离不开能遍计与所遍计，是两者相互作用的结果。关于这个问题，《摄大乘论》明确指出：

> 当知意识是能遍计，有分别故。所以者何？由此意识用自名言熏习为种子，及用一切识名言熏习为种子，是故意识无边行相分别而转，普于一切分别计度，故名遍计。又依他起自性，名所遍计。又若由此相，令依他起自性成所遍计，此中是名遍计所执自性。[③]

---

① 《摄大乘论本》卷2，CBETA, T31, no. 1594, p. 139, b3–5。

② 印顺：《摄大乘论讲记》，第235—236页，福建莆田广化寺印。

③ 《摄大乘论本》卷2：CBETA, T31, no. 1594, p. 139, b12–18。

（一）能遍计

所谓遍计，就是周遍计度，即对一切所认识的对象进行计度、推度、分别等各种思维活动。能遍计的就是意识，因为，意识的分别作用非常强大。意识具足三种分别，不仅有自性分别，还有随念分别和计度分别。所谓自性分别，即是直接认识对境之直觉作用；计度分别，是与意识相应的慧心所为体之判断推理作用；随念分别，是以与意识相应之念心所为体的追想记忆作用。

意识的分别计度作用之所以如此广大，是因为意识的分别，既能熏习成它自己的能分别的名言种子，即意识的见识种子（能分别），还能用其他一切识的名言熏习作为种子，即意识的相识种子（所分别）。意识现起时，能生起无量无边的活动，对一切境界都能分别计度。

（二）所遍计

所遍计，是能遍计意识的所缘境，也就是依他起性，包括了因缘所生的一切法。也就是说，意识所遍计的境界，就是由种子及各种助缘所生的一切法。《摄大乘论》将依他起性所摄的一切法都含摄在十一种识中。[①]

（三）能遍计、所遍计与遍计所执性

很显然，能遍计与所遍计本身，都是依他起自性。但是，当能遍计的意识以种种行相去计度分别所遍计的依他起法时，这时的依他起性之法就不再是单纯的依他性了，而是变成了遍计所执性。换句话说，一旦所遍计的依他起性之法成为能遍计的认识对象，此时，所遍计的依他起性就成为遍计所执性。其中的关键因素，就是能遍计的意识的颠倒分别与执著。

由此可见，遍计所执性是在能遍计与所遍计的相互交涉中产生的，它在客观上根本不存在，只是存在于虚妄分别心的遍计执著中。能遍计的意识，由于颠倒分别与执著，使得作为依他起性的所遍计，经过意识的认识化，就成为遍计所执性。

因此，虽然在理论上，我们可以理解作为所遍计本身的依他起性与执著所成的遍计所执性是不同的，前者是因缘所生的有体之法，后者则是执著所成的本无之法，但是在凡夫的错误认知和虚妄执著中，所遍计的依他起性与执著所成的遍计所执性实际上是分不开的。换句话说，在凡夫的虚妄分别心中，一定会将唯识性的依他起性之法（所遍计）执著为离开心识之外真实独立存在的遍计所执性。印顺法师对此作了更深入的分析与说

---

① 十一种识，是指：身识，身者识，受者识，彼所受识，彼能受识，世识，数识，处识，言说识，自他差别识，善趣恶趣死生识。

明：

> 依他起为性的所遍计，就是在乱识生时，从熏习力自然现起的相识。它虽然唯识为自性的，但在有漏的虚妄分别心中，并不能了解。不但乱识见它是实有的义，这似现为义的本身也现起一种似实有的相；这倒相使乱识不能不颠倒，非经闻熏思修，不能理解它非义似义，也就是不能认识它唯识为性。所以它虽是名言熏习所生唯识为性的，如在能遍计心上出现的时候，它就是遍计所执性。[①]

四、遍计所执性的形成过程

既然遍计所执性是能遍计的意识对于所遍计的依他起性之法遍计执著的结果，那么，意识的遍计又是如何产生和形成呢？其实，对能遍计度的意识是如何计度的分析，也就是对遍计所执性形成过程的说明，因为遍计所执性是意识遍计所遍计的必然结果，是所遍计的认识化的产物。对于意识遍计的过程，《摄大乘论》有一段很精彩的论述：

> 复次，云何遍计能遍计度？缘何境界？取何相貌？由何执著？由何起语？由何言说？何所增益？缘名为境，于依他起自性中取彼相貌，由见执著，由寻起语，由见闻等四种言说而起言说，于无义中增益为有。由此遍计能遍计度。

这段文字很简洁，但内涵非常丰富而深刻，要准确理解并不容易。首先论典提出一个总的问题：能遍计的意识如何产生遍计的？然后细化为了六个问题，并一一解答。通过意识遍计过程的分析说明，就可以更清楚的了解遍计所执性是如何形成的，其中就涉及认识的形成与认知歪曲的问题。

（一）缘名为境——意识以名言作为所缘境

名，即是名言，也就是文字符号，名言是对一切法的假名安立，属于能诠之法。缘名为境，是说意识是以名言作为所缘之境。这个名言本身也是属于依他起性，是由过去的名言熏习而成的名言种子遇缘之后而产生的，“就是唯识为自性的似义意言”[②]。

为什么意识要以名言作为所缘境呢？王恩洋解释说：“缘名为境者，遍计所执正以名为所缘相故，设离于名即不能起种种分别。”[③] 意思是说，能遍计的意识之所以能

① 印顺：《摄大乘论讲记》，福建莆田广化寺印，第241—242页。
② 印顺法师：《摄大乘论讲记》，福建莆田广化寺印，第243页。
③ 韩清净科，王恩洋疏：《摄大乘论科疏》，台湾高雄弥勒讲堂，2008年，第152页。

够产生遍计分别，正是因为以名言作为所缘，如果离开了名言，意识就无法生起种种分别。其实，这就说明，遍计所执性要依名言才能生起，因此遍计所执性也称为名言自性。

（二）取彼相貌——意识所取之相

“于依他起自性中取彼相貌”，是说意识在将名言作为所缘境之后，就会执取与名言相应之相貌，即名言所指称的事相。这个“相貌”即是名言之所诠，或名言所安立之处。这个“取相”的功能，主要是与第六意识相应的想心所的作用。

那么，这个所取之相性质如何呢？王恩洋解释说：“于依他起自性中取彼相貌者，谓于依他起自性中取彼遍计所执相貌。取彼彼境事相貌，施设彼彼名故。”[①] 意识所取之相，本来是名言诠表的依他起性之事相，但是意识无法缘取刹那变化的现量之境，它只能用名言作为工具来认识对象，因此它所取之相只能是名言相，其实就是由名言产生的概念，我们就是用这个名言概念去认识依他起性之事相的。因此，这个所取之相其实是遍计所执性之相，“就是似义显现的义相。”[②] 这个遍计所执相，是过去意识的遍计执著所熏习的名言种子生起的现行之相。

（三）由见执著——由妄见产生执著

“由见执著”之“见”，是指“妄见”，即虚妄的、错误的颠倒之见，妄见产生执著，也可以说，妄见本身就是执著。缘名取相之后，意识会进一步产生妄见，对所取之相生起坚固的执著。执著什么呢？执著认为心外有真实独立存在的与名言相应的事相，也就是把心识变现的因缘所生的依他起法，坚定地执著为实有。

那么，妄见到底是如何产生执著的呢？主要的原因就是，意识将名言与名言所指的依他起之事相完全等同起来，捆绑在一起。说得具体一点就是：由于意识的颠倒妄见，就会执著某事一定是此名，或者此名一定是指某事，或者某事中一定具有这个名的自性，而此名之自性一定在某种事相之中。[③]

（四）由寻起语——语言的心理动因

自己有了执著，想要将它传达给他人，这就需要语言。是什么心理作用让我们产生语言呢？“由寻起语”，是说与意识相应的“寻”和“伺”这两种心理作用是语言生起之因。寻与伺都是意识对诸法之名与义的关系产生的思维活动，寻是比较粗略的推求，

---

① 韩清净科，王恩洋疏：《摄大乘论科疏》，台湾高雄弥勒讲堂，2008 年，第 152 页。

② 印顺：《摄大乘论讲记》，福建莆田广化寺印，第 243 页。

③ 参见韩清净科，王恩洋疏《摄大乘论科疏》，第 152 页：“由见执著者，谓由见故执著彼事实是此名，或如是名实是彼事，或彼彼事中实有如是名之自性，如是名自性实在彼彼境事中。”

伺是细致而深入的伺察。

（五）见闻觉知——语言表述的途径

内心产生了语言的动力，还需要将其内容实际表达出来，这个语言表达的途径是什么呢？或者说，我们是根据什么来言说的呢？一切言说的依据不外乎四个方面——见、闻、觉、知，此即六识的作用——眼识之作用为见，耳识之作用为闻，鼻、舌、身三识之作用为觉，第六意识之作用为知。因此，言说也就有四种途径：依见言说、依闻言说、依觉言说、依知言说。

（六）增益——意识遍计执著的结果

一旦经过言说，又会让人随名起想，因此就将本来是心识所显现而没有实体的对象，误认为实有，这就是“于无义中增益为有”。所谓“增益”，就是本来没有却认为是实有，这就是意识遍计执著所成的结果——无中生有。

“由此遍计能遍计度”，这是对意识遍计过程的一个总结。经过前面的六个阶段——缘名、取境、妄见执著，再经过寻伺及见闻觉知的表达，到最后无中生有的增益，意识的能遍计度的作用就已经完成了。也可以说，经过这个遍计过程，遍计所执性已经形成了。与此同时，这个意识的遍计所执又会熏成种子在阿赖耶识中，成为未来遍计所执性生起之因，这是一个不断重复和强化的过程。需要说明的是，这六个阶段只是为了便于说明而一一展开分析的，但实际上，意识的遍计过程和遍计所执性的形成是在极短的时间内完成的。

五、唯识学视角中的认知歪曲及其改变

通过以上对意识的遍计及遍计所执性的形成过程的分析，可以看出唯识学中的认知歪曲有其鲜明的佛教唯识学特色，最突出的表现，就是在认识的过程中，凡夫将本来是心识变现的对象，执著为是心识之外真实独立存在的实体，也就是将依他起性执著为遍计所性。唯识学认为，这是一种不符合实际与真相的错误认识，也是产生烦恼和痛苦的重要原因。其实，凡夫执著认为实有的一切，客观上根本就不存在，完全是虚妄分别心的捏造和投射而已，就像是在梦中执著心识显现的梦境为真实的存在一般。

（一）认知歪曲的根本原因

《摄大乘论》明确指出，心识生起时一定会呈现两个面向：能认识的功能与所认识的对境，前者为“见识”，后者为“相识”，而且两者是相互依存，密不可分的。

也就是说，当心识活动时，由于无始以来虚妄熏习的力量，自然就显现出见、相二分。但凡夫认识不到这一点，不知道相分本身就是心识的一部分，是心识的投影，而误认为是与见识对立的实有外境，因此就在这个见、相二分上产生能取和所取的执著，即我执和法执，从而产生了本来无有但认为真实存在的遍计所执性。由此可见，心识的这种根深蒂固的二元对立的认知模式，正是认知歪曲产生的根本原因。当然，具有这种分别执著作用的主要还是意识。对此，《成唯识论》有清晰的说明：

> 或复内识转似外境，我法分别熏习力故，诸识生时变似我法，此我法相虽在内识而由分别似外境现。诸有情类无始时来，缘此执为实我实法，如患梦者患梦力故心似种种外境相现，缘此执为实有外境。①

（二）认知歪曲的基本过程

认知歪曲的基本过程大体可以分为三个阶段。当然，这只是从理论上或逻辑上的分析来说。实际上这三个阶段是极为短暂的，是在瞬间就会发生的。

首先，意识通过缘名取相，就形成了对所要认识对象的概念。显然，这个概念是用名言来表述的，离开名言就没有所谓概念，因此我们经常将名言和概念连起来讲。但是，名言并不等同于概念，名言是概念成立的基础和条件。

其次，我们再通过这个名言性的概念去认识或把握依他起性的事相，从而达到认识对象的目的。这种概念性的认识方式，是一种抽象的理性认识，从世间的认识来看，它本身没有问题，而且是必需的。但是，这种认识本身有一种缺陷，因为这是用共相去把握自相，而共相只能抽象或相似地认识自相，无法完全客观而真实的认识自相。而且，这种概念性的认识必然会导致下面所说的实体化的执著。

最后，在用概念去认识对象的过程中，由于意识的虚妄遍计与分别，凡夫就会自然或不由自主地认为这个概念所认识的对象是一个离开心识之外实体化的存在，并产生坚固的执著，这样就在依他起性上产生了遍计所执性。从认识论角度看，这其实是意识产生的一个认知判断，只不过这个判断是错误的，是意识的虚妄分别对认识对象的扭曲，至此，唯识学意义上的认知歪曲已经形成。

总之，意识的遍计主要是通过名与义（名言与依他起之事相）的关系来实现的。意识在认识对象时，并不能直接认识对象本身，而是通过名言所形成的概念来分别所认识的对象，但这种认识是僵化和执著的。一方面，我们固执地认为名言一定是指称某个特定的认识对象，也就是将名言和对象完全等同起来，但事实并非而此。因为，名言其

① 《成唯识论》卷 1：CBETA, T31, no. 1585, p. 1, b2–7。

实是人为加在对象上的，它们之间只是一种约定俗成的关系，而且现实中经常会有一名多义或一义多名的情况。另一方面，通过名言概念来认识对象，只能认识对象的共相，无法真正认识对象本身（自相）。因为，名言只是抽象的概念，而对象本身是因缘所生的刹那生灭之法，名言概念与实际现象之间永远无法对等。更严重的问题是，一旦概念形成，我们就不由自主地将概念实体化，也就是对概念所指的认识对象产生真实存在的执著，即我执与法执，这种执著是非常顽固而强大的，既有与生俱来的，也有后天习得的。

（三）认知歪曲的改变与转化

通过以上的分析，我们可以清楚的得知：意识的遍计、分别与执著，导致了认知歪曲的产生，即使是正确的理性也无法直接认识对象本身。那么，我们如何改变歪曲的认知呢？怎样才能达到对真理实相的如实了知呢？基本原则有两点：一方面，要以正确的认知取代错误的认知，也就是要具备正确的理性；另一方面，还要进一步认识到理性本身的局限性与缺陷性，理性并不是万能的，仅靠纯粹的理性是无法通达究竟真理的，只有最终超越二元分别的理性思维，才能究竟解决深层的认知歪曲问题。落实在实际修学上，首先要广学多闻，并深入思维，确立正知正见，准确理解唯识无境的思想理论。当然，仅仅停留在理论上是远远不够的，为了从根本上解决认知歪曲问题，唯识学中提供了一个重要的修行方法，就是修“四寻思观”和“四如实智”。

四寻思观和四如实智，是属于唯识加行位的修行方法。所谓四寻思观就是指：名寻思观、义寻思观、自性寻思观、差别寻思观。“名”即是能诠之名言，“义”即是所诠之事相，“自性”是指名与义的体性，“差别”是指名与义的差别相。名、义、自性、差别，这四者其实包含了一切认知范畴。四如实智是指由修习四寻思观而获得的四种智慧——名寻思观所引生的如实智、义寻思观所引生的如实智、自性寻思观所引生的如实智、差别寻思观所引生的如实智。

这些修法的基本原理，简单来说就是：在禅观的基础上，通过对名、义以及名与义的自性与差别四个方面的深入分析与观察，真正认识到名、义、自性和差别四者，都只是意识的假名安立而已，只是意识的分别作用，根本没有真实独立的存在性。修习的过程大体分为两个阶段：首先，确认所取的外境只是心识的显现，并非实有；其次，由外境非实有，悟入到能取的心识也非实有。这样，“能所双亡”，最终就可以获得超越二元的无分别智，证悟真理与实相，超凡入圣。

《成唯识论述记》中的因明比量释读
——以破胜论法执为例

余翔[①]

【摘要】《成唯识论》针对胜论的六句义来破其存在心外实法的法执。《成唯识论述记》以论为纲要，分为五个部分，针对胜论的十句义，对《成唯识论》中所立的比量进行了全面细致的补充和完善。本文根据《成唯识论述记》的科判分为五个部分，通过对《成唯识论》和《成唯识论述记》中所立比量的一一对照和释读，考察窥基的因明思想。从中可以看出窥基《因明入正理论疏》中的理论观点在实例中的运用，例如在他比量中灵活使用简别来限制宗有法和因的范围以规避各种过失，在上下文语境中省略简别语，自他共比量的三支并未严格地皆依自他共，因异品和异喻概念的混用等。

【关键词】《成唯识论述记》；窥基；破胜论；法执；因明；他比量

破除小乘和外道的我执、法执，是《成唯识论》在建立自宗唯识体系之前的一项重要任务，《成唯识论述记》（以下简称《述记》）对此更是广加阐释和发挥，例如破胜论派的法执，《成唯识论》用了六百多个字，到了《述记》中，则展开为八千八百多字[②]。其中除了详细介绍胜论的理论观点之外，还补充和完善了《成唯识论》中所成立的比量，进行了各种简别，使得论中原本简略的上下文更加连贯和清晰，逻辑更加缜密，里面包含了丰富的因明学内容。与窥基的《因明入正理论疏》（以下简称《因明大疏》）着重阐述因明理论问题相比，《述记》中主要表现了因明法则在实例中的运用，体现了玄奘一系对陈那新因明的传承和创新。本文通过对《述记》破胜论法执中所成立的比量进行梳理和释读，考察窥基的因明思想。

---

① 作者单位：江苏省佛学院清凉学院。

② 这里是以《大正藏》为底本，统计的是《成唯识论述记》第一卷中系统破除胜论法执的部分，不包括其余零星破外道法执之处。

在破除对方的法执之前，《述记》首先介绍了胜论的历史由来和主要思想。胜论派的根本经典是《胜论经》，其主要观点是六句义，即将宇宙万物分为六个范畴：实、德、业、同、异、和合。但玄奘法师并未译出《胜论经》，而是译出了胜论派另一部晚出的经典《胜宗十句义论》（以下简称《十句义论》）。《十句义论》将一切法的范畴在原有的六句义之上，增加为十句义：实、德、业、同、异、和合、有能、无能、俱分、无说。即将六句义中的同、异，展开为同、异、俱分（同异），将六句义中似乎原属德句义的有能、无能分离出来，另外增加了六句义中所没有的无说句义。《述记》中所列举的六句义与《胜论经》稍有不同，分别为：实、德、业、有、同异、和合。[①] 据《述记》所说："然说六句既是本计，故《百论》等不破十句，此论亦尔。然兼破十句，于理亦无违。"[②]"此论"指的是《成唯识论》，因此《成唯识论》是针对六句义来破胜论法执，而《述记》是针对十句义[③]，对胜论思想的阐述也是以《十句义论》为基础。因此，《述记》对《成唯识论》中破胜论法执的这一段内容作了大量补充和扩展，可以说超出了注释的范畴，是在以论为纲的基础上，建立了一个更加细致、完整的批判构架。

《十句义论》的主要内容分为两部分，前一部分分别介绍十句义的定义，后一部分介绍十句义的分类和属性。《述记》对胜论派思想的阐释也是如此，分为两部分：第一部分介绍十句义的含义。这部分的内容和《十句义论》基本相同，简单说来，实句义是指实体，是构成宇宙万物的基础，共有地、水、火、风等九种。德句义为实句义之静态属性，有二十四种。业句义为实句义之动作，即动态属性，有五种。同句义也叫"有性""大有"等，是实、德、业共同具有的性质，特指事物之间最高的共同性，即存在性。异句义是实句义上具有的一种特殊性，是实句义之间最终的差异性。和合句义是能使事物和合的属性。有能句义是指一种可能性。无能句义是指一种非可能性。俱分句义也叫同异性，是实、德、业上一种亦同亦异之性质，一物既有与他物相同的性质，也有与他物不同的性质，其中最高的共同性就是"大有"，最低的差异性就是"异"，同异性则处于二者之间。无说句义是指非存在性，共有五种。胜论认为，十句义中无说句义是无体法，其余九句义都为实有。第二部分也是介绍十句义的分类和属性，但这一部分是按照破法执的需要来进行分类，根据《十句义论》的内容，将十句义按照主体一和多、常和无常、有质碍和无质碍、现量境和非现量境、生果和不生果五门进行辨析。与《十句义论》中的分类不同，这种区分是为了下文破法执的需要而进行归纳的，省略了许多

---

① 关于《胜论经》中的六句义和中土所传各类佛典中的六句义之比较，可参阅汤用彤先生的《印度哲学史略》。

② （唐）窥基撰：《成唯识论述记》卷第一，《大正藏》第 43 册，第 255 页。

③ 确切地说，《述记》破的是十句义中的九句义，因为十句义中的无说句义是无体法。这里为了叙述完整而笼统地说破十句义。

与此需要无关的内容。

按照《述记》的科判，可将破胜论法执的内容分为三段或五段，但在实际的论述中，是按照五段来进行的，因此本文也按照五段的科判来辨析。在每一部分中，都会先列出《成唯识论》所立的比量与《述记》所立的比量，再加以分析，从中可以看出《述记》对《成唯识论》所作的补充和简别。

一、总破诸句义

在第一部分中，《成唯识论》先将六句义总体分为恒常和无常两类来破。

（一）破恒常句义

在破恒常句义中，分别从能生果和不能生果两方面来破。《成唯识论》云："诸句义中，且常住者，若能生果，应是无常，有作用故，如所生果。若不生果，应非离识实有自性，如兔角等。"[①] 这段话中包含了两个比量：

1. 比量一

（1）《成唯识论》

宗：诸句义中，且常住者，若能生果，应是无常，

因：有作用故，

喻：如所生果。

（2）《述记》

宗：此等亦应体是无常，

因：许能生果故 / 许有生果之作用故，

喻：如所生果。

关于恒常能生果的句义，《述记》总结说："体是常住、能生果者，父母地、水、火、风及德中十种通常者，并有能句，常能生果"[②]，分别是地、水、火、风四种实句义的父母极微以及德句义中通恒常的十种，即色、味、触、一数、一别性、液性、润、重性、合，这九种德句义中恒常的部分，以及量中的圆性。但唯识宗并不同意这些范畴的法是恒常，并且有生果之作用，因此宗有法和因不极成。在陈那的《因明正理门论》及商羯罗主的《因明入正理论》中，对于真、似能立、能破的讨论，都限于共比量的范畴，即比量的宗有法、宗法、因、喻等要素都需要双方共许极成。但在后来的实际使用中，出现了自、他、

① （唐）玄奘译：《成唯识论》卷第一，《大正藏》第31册，第2页。

② （唐）窥基撰：《成唯识论述记》卷第一，《大正藏》第43册，第258页。

共三种比量以及简别的运用，尤其是玄奘大师将三种比量及简别方法运用自如，最著名的例子就是唯识比量。窥基法师得其真传，在《因明大疏》中对自他共三种比量及简别方法有较为详细的阐述，例如："凡因明法，所能立中，若有简别，便无过失。若自比量，以许言简，显自许之无他随一等过。若他比量，汝执等言简，无违宗等失。若共比量等，以胜义言简，无违世间自教等失。随其所应，各有标简。"[①] 也就是说，在一个依立论方观点成立的自比量，或依敌论方观点成立的他比量中，如果宗因喻中有所简别，就没有随一不成及自教相违等过失。一般来说，如果是依敌论方观点来成立的他比量，能起到破他的作用，如果是依立论方观点成立的自比量，能起到立自的作用，而共比量既能立自也能破他。由于这里是在破胜论法执，所以在《成唯识论》及《述记》的这一整段内容中，都是依胜论观点所立的他比量。因此《述记》在因上加了"许"字来简别。理论上来说，凡是不极成的要素，都应该加上简别语，但在实际运用中，由于有上下文的语境，往往简略为之。

2. 比量二

（1）《成唯识论》

宗：诸句义中，且常住者，若不生果，应非离识实有自性，

因：缺，

喻：如兔角等。

（2）《述记》

宗：此等实常不生果者，应非离识实有自性，

因：许是常住不生果故，

喻：如兔角等。

关于常住不生果的句义，《述记》说："诸常住者，谓大有、同异、和合、无能、俱分五全是常，空等五实常者，皆不能生果。除无说句，以为喻故，又体是无，非所破故。"[②] 其中"同异"的"同"字《金藏》无，并且后面的"俱分"就是同异性，所以这里应该是指异句义。因此常住不生果的句义分别是大有、异、和合、无能、俱分以及实句义中的空、时、方、我、意五种，以及无说句义中的已灭无、更互无、毕竟无的全部和不会无的一分。

《述记》中这个比量的宗有法与因相同，对此《成唯识论演秘》（以下简称《演秘》）解释说："量云此等实常不生果者，问：宗因既同，岂不有法成于有法，因无依耶？答：

① （唐）窥基撰：《因明入正理论疏》卷第二，《大正藏》第 44 册，第 115 页。

② （唐）窥基撰：《成唯识论述记》卷第一，《大正藏》第 43 册，第 258 页。

疏但指法，不能繁词，理实应牒常不生果一一法名以为宗也，思之可解。”[①] 也就是说，这个比量的宗有法实际上应该是如上所列的大有、异、和合等等句义，只是为了简略才说成“实常不生果者”，所以并没有以宗有法作为因的过失。这种以宗有法为因的过失，在陈那的《因明正理门论》中，称为“宗义一分为因”，即以宗的一分（宗有法）为因来证成宗，不在四种不成似因中，但窥基在《因明大疏》中将其归入所依不成[②]。

《成唯识论》中，这个比量的宗有法是“常住不生果者”，而《述记》加了一个“实”字，变成“此等实常不生果者”。这是因为《成唯识论》破的是六句义，不包括无说句义，无需简别。《述记》破的是十句义，在十句义中，兔角属于五种无说句义中的毕竟无，也是恒常不生果，这里要以兔角为同喻，按照《因明大疏》中对同法喻的解释，喻要除宗有法，兔角就不能包含在宗有法中。此外，胜论本来就认为无说句义是无体法、不离识，不是唯识宗要破除的对象，所以要在宗有法中除去，因此《述记》在宗有法上所加的“实”，表示实有之意，就能把无体法排除在外。

此外，宗有法中的“常”还简别了相符极成过，如《述记》所说：“然彼觉等既不离识，应犯相符，今言常住，即除觉等，觉等摄在异喻中故。”[③] 因为德句义中的觉、乐等心、心所法非离识实有，这里如果再破其离识实有自性，就犯了一分相符极成过。而宗有法中的“常”就排除了觉等无常法，觉等可以作为同品，据陈那九句因的第八句，同品只要有一部分有因就可以，不需要全部都有因。但是《述记》中出现的“异喻”这个词却让人费解，按照《因明正理门论》及《入论》的说法，异喻依应该是宗因双无，这里觉等却是宗有因无，显然不能作为异喻。对此，《演秘》的解释是：“即因异喻，准觉乐等，宗同因异，理门九句，当第八句同品分转，亦为正因。”[④] 因此这里的“异喻”实际上是指觉乐等作为宗同因异的因异品，也就是不具有因的宗同品。窥基在《因明大疏》中区分了宗同品和因同品，宗异品和因异品：“然论多说宗之异品名为异品，宗类异故。因之异品名为异法，宗法异故。何须二异？因之无处说宗异品，欲显其因随宗无故；宗之无处说因异品，显因无处宗必先无。”[⑤] 对于因同品、因异品的说法，现代因明学家评价不一，这里先略去不表。但此处将因异品称为“异喻”，或如智周所说的“因异喻”，如果不是在上下文的语境里仔细探究，就容易造成混乱，很难理解。

再来看因，《成唯识论》中的文字简略，并未列出因。《述记》中列出的因是“许

---

① （唐）智周撰：《成唯识论演秘》卷第一，《大正藏》第43册，第829页。

② 见《因明大疏》卷一：“若不尔者，依烟立火，依火立触，应成宗义一分为因，还以宗中一分有法而为因故，便为不可。故因乃有所依不成，无所依故。”（唐）窥基撰：《因明入正理论疏》卷第一，《大正藏》第44册，第103页。

③ （唐）窥基撰：《成唯识论述记》卷第一，《大正藏》第43册，第258页。

④ （唐）智周撰：《成唯识论演秘》卷第一，《大正藏》第43册，第830页。

⑤ （唐）窥基撰：《因明入正理论疏》卷第二，《大正藏》第44册，第106页。

是常住不生果故”，其中的“常住”可以简别不定过，《述记》说：“因不言常，有不定失。”[①]因为德句义中的合、离等句义，胜论认为是离识实有、无常、不生果，可看作宗的异品，但合、离等不生果，如果因中不加“常住”，异品就有因，违反了因三相中的异品遍无性，“常住”则简别了合、离等，避免了不定过。但《述记》又接着说：“或余句无常者，虽不生果，大乘不许有实体故，设许有体，亦非离识，故无不定。”[②]意思是说，其余的合、离等无常句义，虽然不生果，但我大乘唯识宗不同意其有实体，假设有实体，也不同意其离识，所以没有不定过。这种说法很值得商榷，因为《因明大疏》有云：“凡因明法，若自比量，宗因喻中皆须依自，他共亦尔。立依自他共，敌对亦须然，名善因明无疏谬矣。”[③]意思是说如果一个比量是自比量，那么宗因喻都必须依自，他比量和共比量也是如此。虽然在实际的运用中，可能会出现宗因喻有他有共的他比量，有自有共的自比量，但不能既有自又有他。这个比量很明显是一个依胜论观点而立的他比量，这里又说大乘不许，从而没有不定过，就会造成理论上的混乱。不过，这也只是一种补充性的说法，并非以此为准。

最后是喻“如兔角等”，《述记》说：“又兔角等，亦非离识，彼此共成。”[④]这个比量的宗有法和因都不极成，所以《述记》在因中加了简别词“许”，表明这是一个他比量，但喻却是双方极成的，因此这是一个有共有他的他比量，这种例子《述记》中还有很多，可见如上所引《因明大疏》中，窥基关于自他共三种比量皆须依自他共的纯粹性的规定，在实际运用中是非常灵活的。

（二）破无常句义

接下来是破无常的句义，分别从有质碍和无质碍两个方面来责难。《成唯识论》云：“诸无常者，若有质碍，便有方分，应可分析，如军林等非实有性。若无质碍，如心心所，应非离此有实自性。”[⑤]这段话也包含两个比量，第一个比量里有两个宗法，实际上也可以看作两个比量，为了方便写在一起。

1. 比量一

（1）《成唯识论》

宗：诸无常者，若有质碍，应可分析 / 非实有性。

---

① （唐）窥基撰：《成唯识论述记》卷第一，《大正藏》第 43 册，第 258 页。

② （唐）窥基撰：《成唯识论述记》卷第一，《大正藏》第 43 册，第 258 页。

③ （唐）窥基撰：《因明入正理论疏》卷第二，《大正藏》第 44 册，第 116 页。

④ （唐）窥基撰：《成唯识论述记》卷第一，《大正藏》第 43 册，第 258 页。

⑤ （唐）玄奘译：《成唯识论》卷第三，《大正藏》第 31 册，第 16 页。

因：有方分（故）。[①]

喻：如军林等。

（2）《述记》

宗：汝此四种无常有碍者应可分析 / 应非实有。

因：有方分故。

喻：如军林等。

关于无常有质碍的句义，《述记》说："实句中五，地、水、火、风、意皆有碍。意全、四本父母极微是常，非此中破，今破四子微等。"[②]胜论认为实句义当中的地、水、火、风、意，这五种都是有质碍之法，但地水火风的父母极微以及意性质是常，不是这里要破除的对象，所以这里只是破除地水火风的子微以上的物质，即由四大的父母极微积聚而成的物质。

除了上述列出的两个比量，《述记》认为，还可以用已经成立的宗作为因来成立第三个比量：汝此四种无常有碍者应非实有，可分析故，如军林等。

以上三个比量共有两个宗，但《述记》补充说："然以理观，唯此'非实'一句为宗，'方分''可折'是二别因，彼宗理许可分析故，如斧等断成多分故。"[③]也就是说，实际上只能以"汝此四种无常有碍者应非实有"为宗来成立比量，因为胜论本来就承认无常有质碍的句义可以分割，如果再以此为宗成立比量，就会有相符极成过。

2. 比量二

（1）《成唯识论》

宗：诸无常者，若无质碍，应非离此（心、心所）有实自性。

因：缺。

喻：如心、心所。

（2）《述记》

宗：汝宗此等无常无碍法，除觉等外，应不离心、心所有实自性。

因：无质碍故。

喻：如觉、乐等诸心、心所。

关于无常无质碍的句义，《述记》说："今破无常无质碍者，即德句十四全、十少分及五业全。除无说句中一全、一少分，谓未生无全、不会无少分，非离识故。"[④]

---

① 括号中的文字是本文作者所补充，下文同。

② （唐）窥基撰：《成唯识论述记》卷第一，《大正藏》第 43 册，第 258 页。

③ （唐）窥基撰：《成唯识论述记》卷第一，《大正藏》第 43 册，第 258 页。

④ （唐）窥基撰：《成唯识论述记》卷第一，《大正藏》第 43 册，第 258 页。

分别是德句义中的十四种无常的句义，即香、离、彼体、此体、觉、乐、苦、欲、瞋、勤勇、行、法、非法、声，及十种通常、无常的德句义中无常的那部分，即色、味、触、一数、一别性、液性、润、重性、合，及量中除圆性之外的部分，还有五种业句义。虽然无说句义中未生无的全部和不会无的一部分也是无常无质碍，但无实体，所以不是这里要破除的对象。

《述记》在宗有法中排除了觉、乐等心和心所，因为觉等不离识，否则就有一分相符极成过。对于实句义中的意，《述记》也作出了说明："彼说意实是有碍摄，亦非是心，形如芥子，我所须具，非谓心也。设若是心，其喻即有能立不成，无质碍因，此不转故，同品亦非定是有性。"[①] 胜论认为意并不是心，而是形如芥子一样的物质。如果意是心，那么因为其有质碍，不具有因，此喻就有能立不成的过失。同时，其作为同品也不能满足因三相中的同品定有性。但对方认为意不是心，则没有上述过失。

二、破实句义和德句义

这一部分是破除实句义和德句义，是从实句义、德句义分别属于不同范畴，却都能被同样的物质根认取的角度来进行破除。《成唯识论》云："又彼所执地水火风，应非有碍实句义摄，身根所触故，如坚湿暖动。即彼所执坚湿暖等，应非无碍德句义摄，身根所触故，如地水火风。地水火三对青色等，俱眼所见，准此应责。故知无实地水火风与坚湿等各别有性，亦非眼见实地水火。"[②] 这里面包含三个比量：

1. 比量一

（1）《成唯识论》

宗：彼所执地、水、火、风应非有碍实句义摄。

因：身根所触故。

喻：如坚、湿、暖、动。

（2）《述记》

宗：地、水、火、风非有质碍实句所摄。

因：身根取故。

喻：如坚湿等。

在胜论的观点中，地、水、火、风属于有质碍的实句义的范畴，坚、湿、暖、动等属于德句义中无质碍的触所摄，但都能被身根所取，所以唯识宗对此提出责难。

---

① （唐）窥基撰：《成唯识论述记》卷第一，《大正藏》第43册，第258页。

② （唐）玄奘译：《成唯识论》卷第一，《大正藏》第31册，第2–3页。

这个比量的宗法是“非有碍实句义摄”，其中如果不说“实句义”，只说“非有碍”的话，就有自教相违过，因为唯识自宗也认为地、水、火、风是有质碍的，但后面加了“实句义”，变成“非有碍实句义摄”，则避免了这样的过失。

此外，胜论认为有十一种德句义能被身根认取：触、数、量、别性、合、离、彼性、此性、液性、润、势用，以及十句义中的大有句义和同异句义（即同和俱分），因此这些法也能作为同喻。

2. 比量二

（1）《成唯识论》

宗：彼所执坚、湿、暖等，应非无碍德句义摄。

因：身根所触故。

喻：如地、水、火、风。

（2）《述记》：同《成唯识论》

这是以上一个比量反过来责难，以坚、湿、暖等为宗，地、水、火、风等为喻成立比量，形式和简别都如前所说，所以《述记》中略而不谈。

3. 比量三

（1）《成唯识论》

宗：地、水、火三（应非有质碍实地所摄）。

因：俱眼所见（故）。

喻：（如）青色等。

（2）《述记》

宗：汝所执地非有质碍实地所摄。

因：（眼所见故）。

喻：（如青色等）。[①]

胜论认为实句义中的地、水、火三者能被眼根所见，上文被身根所取的十一种德句义中除去触，加上色，也能被眼根所见，唯识宗据此提出责难。

这里因为是以前文的实句义和德句义都能被身根所取来类推成立比量，形式如前，所以宗因喻都有所简略，只是《述记》对宗进行了补充和简别：“然不可言地非地摄，违自宗故。应言：汝所执地非有质碍实地所摄，非如所执实有自性实句所摄，故不违宗。”[②]也就是说，宗不能说“地非地摄”，水火也是如此，如果这样说就有自教相违过，但加上了简别词“汝所执”，以及在宗法中加上“有质碍实”，就简别了这样的过失。

① 《述记》中的因、喻和《成唯识论》相同，故而省略未写，此处是本文作者根据文意补充。

② （唐）窥基撰：《成唯识论述记》卷第一，《大正藏》第43册，第258-259页。

此外，还需要区分地、水、火的极微及其所积聚而成的粗显物质。胜论认为地、水、火极微是不能被眼所见的，只有两个极微组成的子微以上的物质（不包括子微）才能被眼根认取。地、水、火极微是以坚为其性质，能被身根所取。因此《述记》中说："彼以假、实地等，俱名地等，故眼所见。"[①] 这里的假地就是指子微以上的地，实地是指地极微，实际上胜论自身没有立假地、实地，这是《述记》站在佛教立场给出的说法。

最后，这里还可以如比量一类推比量二一样，成立比量四：彼所执青色等应非无碍德句义摄，眼根所见故，如地等。只是因为文字太过繁琐，所以略去。

三、重破实句义等

（一）有质碍无质碍破

在这一部分中，《成唯识论》先是将六句义分为有质碍和无质碍两类，对于有质碍恒常者，以有质碍之因破其恒常的性质。对于无质碍者，以能被色根所取为因破其无质碍的性质。《成唯识论》云："又彼所执实句义中有碍常者，皆有碍故，如粗地等，应是无常。诸句义中色根所取无质碍法，应皆有碍，许色根取故，如地水火风。"[②] 这段话包含两个比量：

1. 比量一

（1）《成唯识论》

宗：彼所执实句义中有碍常者，应是无常。

因：皆有碍故。

喻：如粗地等。

（2）《述记》

宗：此等五法应是无常。

因：皆有碍故。

喻：如粗地等。

如上所说，十句义中有质碍又恒常的就是地、水、火、风的父母极微以及意这五种实句义。粗地就是指由地极微积聚而成的粗显物质，胜论也认为是无常，所以可作为同喻。因为《成唯识论》已经在宗中加了"彼所执"，所以《述记》没有再加简别语。

---

① （唐）窥基撰：《成唯识论述记》卷第一，《大正藏》第 43 册，第 258 页。

② （唐）玄奘译：《成唯识论》卷第一，《大正藏》第 31 册，第 3 页。

2. 比量二

（1）《成唯识论》

宗：诸句义中，色根所取无质碍法，应皆有碍。

因：许色根取故。

喻：如地、水、火、风。

（2）《述记》

宗：此无碍法应皆有碍。

因：许色根取故。

喻：如地等四。

在十句义中，除实句义之外的九句义都无质碍，实句义中的部分也无质碍，这些无质碍之法中能被色根所取的是德句义中的色、味、香、触、声五种以及数等，共十一种，还有业及大有、俱分三种，因为大有、俱分就是色等之性，所以都能被物质根所取。因上加了简别词“许”，表明这是胜论的观点，非极成。

（二）非有非实破

接下来又将诸句义分为非实和非有两类，分别以“非实”和“非有”为因来破。《成唯识论》云：“又彼所执非实德等，应非离识有别自性，非实摄故，如石女儿。非有实等应非离识有别自性，非有摄故，如空花等。”[①] 这里同样包含两个比量：

1. 比量一

（1）《成唯识论》

宗：又彼所执非实德等，应非离识有别自性。

因：非实摄故。

喻：如石女儿。

（2）《述记》

宗：非实及觉乐等余德等八有体句，应非离识有别自性。

因：汝许除心等非实句摄故。

喻：如石女儿。

十句义中，实句义为实体，是构成一切法的基础，但胜论又认为实句义之外，除无说句义，其余的法也是实有，因此这里《成唯识论》提出责难：既然德等句义非实句义，即非实体，那就应该非离识实有自性。因为《成唯识论》破的是六句义，六句义皆是有体法，所以宗有法只说非实的德等句义。而《述记》破的是十句义，其中还包括不离识

① （唐）玄奘译：《成唯识论》卷第一，《大正藏》第31册，第3页。

的无体法无说句义，因此《述记》在宗有法中加了“八有体句”来简别。此外，德句义中的觉、乐等属于心和心所法，《述记》也在宗有法中将其除去，以避免一分相符极成过。宗有法和因都非极成，应该加以简别，由于《成唯识论》已经对宗加以简别，因此《述记》中省略，只是在因上加了“汝许”。喻“石女儿”双方共许。

2. 比量二

（1）《成唯识论》

宗：非有实等，应非离识有别自性。

因：非有摄故。

喻：如空华等。

（2）《述记》

宗：非有性及觉、乐等外余实等句，应非离识有别自性。

因：许非有性之所摄故。

喻：如空花等。

“有”即大有性，在《十句义论》中单列为同句义，是指事物的存在性。《十句义论》云：“同句义云何？谓有性。何者为有性？谓与一切实德业句义和合，一切根所取，于实德业有诠智因，是谓有性。”[①] 胜论认为有性是实德业能被认识到的原因，但又在实德业之外另有主体。因此，《成唯识论》提出责难：既然有性之外的法非有性，那就应该非离识实有自性。同前一个比量一样，《述记》在宗有法中排除了觉、乐等心和心所，避免了一分相符极成过。并因上加了简别语“许”。

四、分别破除大有等句义

这一部分是分别破除大有性、同异性、和合句义。

（一）破大有性

首先是大有性，即有性，含义如前所说。《成唯识论》云：“彼所执有，应离实等无别自性，许非无故，如实德等。若离实等应非有性，许异实等故，如毕竟无等。如有非无，无别有性，如何实等有别有性？若离有法有别有性，应离无法有别无性，彼既不然，此云何尔？故彼有性唯妄计度。”[②] 这里包含四个比量：

① （唐）玄奘译：《十句义论》卷第一，《大正藏》第 54 册，第 1263 页。

② （唐）玄奘译：《成唯识论》卷第一，《大正藏》第 31 册，第 3 页。

1. 比量一

（1）《成唯识论》

宗：彼所执有，应离实等无别自性。

因：许非无故。

喻：如实、德等。

（2）《述记》

宗：彼宗所执大有性者，应离实等八句之外无别自性。

因：汝宗许是非无法故。

喻：如实、德等。

《成唯识论》先是针对有性异于实德业的观点提出责难：既然有性不属于实体、实体的属性及实体的运动等存在之法的范畴，那么它就应该是不存在之法。因为《述记》是破十句义，所以在宗法中加了“八句（除大有、无说之外的八句）”来简别不定过：“不言八句，有不定过。或但言离三句亦得，其异句等非两共成，无不定失。或遮决定相违，说‘八句’胜。”[①]这段话包括三层含义：首先，十句义中的同异性、有能、无能等也是离实等实有自性，如果宗中不说“离实等八句”，同异性等就能作为异品，同品异品都有因，就有共不定的过失，即对方可以成立这样的比量：大有性离实等三句之外实有自性，因为其并非不存在之法，如同异性一样。其次，文中又补充说，就算只说“离实德业三句”，也不会产生不定过，因为六句义中实德业之外的异句义等，十句义中其余的同异性等范畴，唯识自宗不许可，所以不能作为异品。如上文总破诸句义中所说，这个说法值得商榷，因为这个比量是依胜论观点所立的他比量，只要胜论许可，异句义等就可以作为异品，如果再说“异句等非两共成”，就会造成混乱。不过也如上文一样，这是在作出简别后一种补充性的说法。最后，《述记》认为为了避免相违决定过，还是说“离实等八句”更为优胜。因为如果不作出简别，对方就可以成立相违决定量，如《成唯识论义蕴》所说：“我有性离实等三有别自性，因云许实德性故，如同异性”[②]。或是如《演秘》所说：“所说有性离实等三有别自体，除无说外余六句中随一摄故，如异等句。”[③]

2. 比量二

（1）《成唯识论》

宗：若离实等，应非有性，

---

① （唐）窥基撰：《成唯识论述记》卷第一，《大正藏》第43册，第258页。

② （唐）道邑集：《成唯识论义蕴》卷第一，《卍续藏》第49册，第393页。

③ （唐）智周撰：《成唯识论演秘》卷第一，《大正藏》第43册，第830页。

因：许异实等故，

喻：如毕竟无等。

（2）《述记》

宗：若离实等八句之外应非有性，

因：汝许异实等故，

喻：如毕竟无等。

这里省略了宗有法“有性”。上一个比量成立了有性在实等八句有体法之外应该无自性，这里反复责难，如果离开实句义等有体法，那就应该非有性。《述记》在宗有法中加了“八句”，简别如上所说。

3. 比量三

（1）《成唯识论》：如有非无，无别有性，如何实等有别有性？

（2）《述记》

宗：汝有性应别有有性，

因：许非无故，

喻：如实、德等。

这是针对实德业的存在需要通过有性才能体现出来的观点提出责难：既然有性无需另有有性来表明其存在，为什么实句义等需要另有一个有性来使之具有存在性呢？反过来说：既然实句义等需要另有有性来使之存在，那么有性也应该另有一个有性来使之存在，如此下去，就有无穷的过失。《述记》据此列出了完整的比量。但这个比量中的因有不定过，因为十句义中的同异性等不具有有性，却并非不存在，也就是异品有因。《述记》提出两个方法来避免过失：“此中因有不定，同异亦许体非无，不许有有故。彼非极成，故无不定。又总取所难之中，此中简过，如前应知。”[①] 一是唯识自宗不承认同异性等为实有，不是双方共许，所以没有不定过。但如上所说，这是一个他比量，宗因喻皆依他，他许同异性等为实有，就可以作为异品有因的例子。二是将同异性等放入宗有法中，也作为所责难的对象。二者相比，还是后一个方法更好，将同异性等放入宗有法中进行鉴别，从而避免不定过。

4. 比量四

（1）《成唯识论》：若离有法，有别有性，应离无法，有别无性。

（2）《述记》

宗：汝第十句无法之外应别立性，

因：除大有、同异、和合等六句之外，有无二法互相违故，

① （唐）窥基撰：《成唯识论述记》卷第一，《大正藏》第43册，第259-260页。

喻：如实、德、业。

这是从存在之法外另立有性来类推不存在之法外也应该另立无性，《成唯识论》中的责难可以看作宗，缺因喻，《述记》列出了完整的比量。十句义中，不存在之法就是第十句无说句义，所以《述记》中的宗有法是“汝第十句无法之外”。因排除了有体法中除实德业之外的大有等六句义，因为胜论认为这六句义是有体法，但无有性，如果不加以简别，就是异品有因，有不定过。

（二）破同异性

接下来是破同异性，同异性在《胜论经》的六句义中与大有性同属于同句义所摄，在《十句义论》中与大有分开，单列为俱分句义。《胜论经》中的同句义，是指实德业的共同性，其中最高的共同性就是大有性，即存在性。除此之外，还有低一级的共同性，如实句义中的地水火风等都具有实性；再往下，实句义中的地极微及其所积聚而成的粗地都具有地性等。同时，实性又区别于德性，地性又区别于火性。这种实德业上既普遍又特殊的性质就是同异性。胜论认为同异性就是实德业性，但又在实德业之外另有主体。

针对这种实德业性异于实德业而实有的观点，《成唯识论》提出责难：“又彼所执实德业性，异实德业，理定不然。勿此亦非实德业性，异实等故，如德业等。又应实等非实等摄，异实等性故，如德业实等。地等诸性，对地等体，更相征诘，准此应知。如实性等无别实等性，实等亦应无别实性等。若离实等有实等性，应离非实等有非实等性。彼既不尔，此云何然？故同异性唯假施设。”[①] 这里面包含了五个比量：

1. 比量一

（1）《成唯识论》

宗：又彼所执实、德、业性亦非实、德、业性，

因：异实等故，

喻：如德、业等。

（2）《述记》

宗：汝所执实、德、业性应非实、德、业性，

因：异实、德、业故，

喻：如和合等。

这个比量中，《述记》所举的喻与《成唯识论》不同，因为是以实德业性三者为宗有法所立的总量，所以喻要加以区分，《述记》且以实德业之外的和合为喻。如果要以实、德、业三者为喻，可以将其中之一单独立宗，再以其余二者为喻，如《述记》所说：

① （唐）玄奘译：《成唯识论》卷第一，《大正藏》第31册，第3页。

“然今宗中实、德、业三，其举喻中，复以德、业等而为喻者，此中应别简云：汝之实性应非实性，异实句故，如德、业。汝德性应非德性，异德故，如实、业。业亦应然，准可知也，更互为喻。”[1]因此，《成唯识论》中的比量可看作是将三个比量写在了一起，喻对应的是以实性为有法之宗。

2. 比量二

（1）《成唯识论》

宗：又应实等，非实等摄，

因：异实等性故，

喻：如德、业、实等。

（2）《述记》

宗：实应非实，

因：异实性故，

喻：如德、业。

这里是反过来责难：既然实德业异于实德业性，应该非实德业。如上文所说，为了区分喻，《述记》是将实德业分开单独立量。《成唯识论》是将三个比量写在一起，喻的顺序与宗有法一一对应。

3. 比量三

（1）《成唯识论》：地等诸性，对地等体，更相征诘，准此应知。

（2）《述记》

宗：汝所计地应非实地，

因：异地等性故，

喻：如火等。

《成唯识论》以上文的实句义等类推，以实句义中地等的同异性相对于地等的主体来立量进行责难。《述记》中成立了完整的比量并进行了简别，宗不能直接说“地应非地”，否则有自教相违过，所以加上“汝所计”以及实句义的“实”来进行简别。

4. 比量四

（1）《成唯识论》：如实性等无别实等性，实等亦应无别实性等。

（2）《述记》

宗：实等之外应无同异性，

因：非唯一故，

喻：如同异性。

---

① （唐）窥基撰：《成唯识论述记》卷第一，《大正藏》第43册，第260页。

这里《成唯识论》以实的同异性之外无同异性来类推实等也应该无同异性。《述记》列出了完整的比量。因“非唯一故”是指每一实德业上都有其同异性，所以同异性的主体也非一，并且同异性的主体之间也有各自的相似性和特殊性。因此，既然同异性上没有另立同异性，实德业上也不应该另立同异性。

5. 比量五

（1）《成唯识论》：若离实等有实等性，应离非实等有非实等性。

（2）《述记》

宗：除实余九应别有一总性，

因：实非实中随一摄故，

喻：如实句。

这里是以实句义之外另有实性来类推非实句义之外应该另有非实性。《述记》中的宗有法是除实句义外九句义的总体，而非实句义之外的德句义、业句义，这是因为同异性就是实德业上的普遍性和特殊性，也就是说德性和业性本身就是非实性，如果再以单独的德性和业性为宗有法来责难其应该有非实性，就有相符极成过。所以这里是以实句义之外的九句义为一个总体，将其作为宗有法来立量，责难对方应该在九句义之上另立一个总的非实性。

（三）破和合句义

接下来是破和合句义。《成唯识论》云：“又彼所执和合句义定非实有，非有、实等诸法摄故，如毕竟无。彼许实等现量所得，以理推征，尚非实有，况彼自许和合句义非现量得，而可实有？设执和合是现量境，由前理故，亦非实有。”[①] 这里面包含两个比量：

1. 比量一

（1）《成唯识论》

宗：彼所执和合句义定非实有，

因：非有、实等诸法摄故，

喻：如毕竟无。

（2）《述记》

宗：如彼所执和合句义定非实有，

因：许非是有性及非实等八句诸法摄故，

喻：如毕竟无。

---

① （唐）玄奘译：《成唯识论》卷第一，《大正藏》第31册，第3页。

胜论认为和合句义是实德业之间相属不相离之因，如实句义上所具有的德句义，以及实句义之间的互相和合，都需要有和合句义。这里就是针对这种在和合之法外，另有实有和合性的观点提出责难。这个比量实际上包含两个因：“非有性摄故”和“非实性等八句摄故”，《述记》说：“体是一法，举‘非有’为因；体是多法，举‘非实’为首，故因中言‘非有、实等’。”[①] 在胜论的观点中，和合句义和大有性的主体都是一法，举“非有性”为因，因为其非有性，所以应该非实有。又举“非实句义等”为因，说明和合句义也不属于多法的范畴，如《成唯识论疏义演》所说：“举二因破和合句，意说一法及多法总不摄，如兔角，故因中总言非有、实等诸法摄等。”[②]

2. 比量二

（1）《成唯识论》

宗：设执和合是现量境，亦非实有，

因：由前理故，

喻：缺。

（2）《述记》

宗：和合性非实有，

因：实等十句随一摄故，

喻：如实、德等。

胜论认为和合句义非现量所得，因此《成唯识论》和《述记》都据此提出责难：对方自许可以通过现量认取的实句义等，以上述的道理来推证，尚非实有，更何况是对方自许不能通过现量所得的和合句义，就更无法证实其实有性。接着又以退为进，假设对方说和合句义可以通过现量认取，也可以成立比量来破其实有性。在前面所立的比量中，已经破除了各句义的实有性，从而可以作为因。这种将已成立的宗用来作因的例子在《述记》中还有很多。

五、总结破除各句义

以上破除了实句义等离识实有自性的观点之后，这里又立量破实等能被缘离识实有自体的现量所得，以及缘实句义等的现量不是缘离识实有自体的现量。《成唯识论》云：“然彼实等，非缘离识实有自体现量所得，许所知故，如龟毛等。又缘实智，非缘离识实句自体现量智摄，假合生故，如德智等。广说乃至缘和合智，非缘离识和合自体

---

① （唐）窥基撰：《成唯识论述记》卷第一，《大正藏》第 43 册，第 261 页。

② （唐）如理集：《成唯识论疏义演》卷第一，《卍新续藏》第 49 册，第 512 页。

现量智摄，假合生故，如实智等。故胜论者实等句义，亦是随情妄所施设。”[①] 这里面包含了三个比量：

1. 比量一

（1）《成唯识论》

宗：彼实等非缘离识实有自体现量所得，

因：许所知故，

喻：如龟毛等。

（2）《述记》

宗：彼计实等非是缘离识实有自体之现量所得，

因：汝许是所知故，

喻：如龟毛等。

这里否认胜论的实句义等能被缘离识实有自体的现量所认识，并不等于说实句义等都能被缘不离识实有自体的现量所认识，因为“实句义等”是总说，包含了除无说句义之外的九句义，胜论认为这九句义都有实体，但这九句义并不是都能被现量认识。

这个比量的宗中，在“离识实有自体”前加了“缘”，有两个作用：“复言缘者，恐滥持业释，言其‘离识实有自体’即是现量。……又若不言缘，即无所简，其觉、乐等亦入法中，即有一分相符之失，彼亦说为不离识、现量得故。”[②] 一是说明“离识实有自体”的不是现量，而是现量所缘的对象。如果不加“缘”，就恐怕与持业释相混淆，会让人以为“离识实有自体”的是现量。二是简别了觉乐等心和心所，如果不加“缘”，只说“实等非离识实有自体、现量所得”，那么宗有法“实等”中也包含了觉乐等心和心所，胜论和唯识自宗都认为心和心所不离识，能被现量认识[③]，就有一分相符极成过。

这里还包含了一个外人潜在的责难：既然宗有法中包含了非离识的觉乐等心和心所，而现量又有缘实等离识自体和缘觉乐等非离识自体的区别，那就应该作出简别，应该在宗法中加“唯”，使比量的宗变成：“然彼实等非唯缘离识实有自体现量所得”。但《述记》认为这样并不能简别过失，并将能缘的现量和所缘境进行分类来说明问题。为了更加直观地表达，这里用下图来表示：

① （唐）玄奘译：《成唯识论》卷第一，《大正藏》第 31 册，第 3 页。

② （唐）窥基撰：《成唯识论述记》卷第一，《大正藏》第 43 册，第 261 页。

③ 在护法的四分说中，心和心所的见分都能被自证分现量认识，自证分和证自证分之间也能互缘，也是现量认识。

表 1：

所缘（十句义中有实体的九句义）	能缘（现量）
1. 觉等心、心所法（胜论认为不离识）	1. 唯缘觉等心、心所法（即唯缘不离识实有自体的现量）
2. 除觉等之外实等非心、心所法（胜论认为离识）	2. 唯缘实等非心、心所法（即唯缘离识实有自体的现量）
	3. 通缘二者（通缘不离识实有自体和离识实有自体的现量）

虽然能缘的现量有缘离识实有自体和非离识实有自体的区别，但还有能通缘离识实有自体和非离识实有自体的第三种，因为胜论认为现量能缘离识实有自体和非离识实有自体和合之境，现量在缘此境时，所缘境是不相离的。如果说为了避免一分相符极成过和自教相违过，在宗法中加“唯”，宗变成：“然彼实等非唯缘离识实有自体现量所得”，对应上图就是：实等（所缘 1+2）不能被能缘 2 所认识。这样就简别了能缘 1，因为自宗和胜论都同意能缘 1 可以缘所缘 1。但是这样不能简别能缘 3，就会导致如下过失：所缘 1 和所缘 2 一起，能被能缘 3 中的缘离识实有自体的现量所认识；所缘 2 就和所缘 1 一起，能被能缘 3 中缘不离识实有自体的现量所认识。现在为了完全排除过失，就总说“实等（所缘 1+2）不能被缘离识实有自体的现量所认识”，这样就简别了所有缘离识实有自体的能缘，即能缘 1 和能缘 3 中缘离识实有自体的那部分现量。

2. 比量二

（1）《成唯识论》

宗：缘实智非缘离识实句自体现量智摄，

因：假合生故，

喻：如德智等。

（2）《述记》

宗：缘实之智非缘离识实句自体现量智摄，

因：假合生故，

喻：如德智等。

在上一个比量中破除了实句义是被缘离识实有自体的现量所认识的观点，这里接着破缘实句义之智是缘离识实句义的现量智。

文中比量之因是“假合生故”，关于这个“假合生”应该如何理解，《述记》中给出了两种解释：“彼计缘实智生之时假合生者，谓缘九实及大有及异，随所有德、同异等实性，发生此智。然德智等皆假合生，亦缘多法，假合生故，即非缘实现量智摄，缘实之智亦假合生，应非缘实现量之智。”① 一是认识对象有多种，如文中所说，缘实句义之智生起时，所缘的对象还包括实句义所具有的大有性、同异性、德句义等等，这时生起的智叫作“假合生”。但如果这样解释的话，就没有单独缘德句义之智，这个比量就没有同喻，那就违反了因三相中的同品定有性。不这样理解的话，缘大有句义及和合句义之智就不能叫作“假合生”，因为大有及和合的主体各自只有一法。

由此又有第二种解释：“由是理故，今更解先‘假合生’者，显藉多法，藉因托缘，智方生故。谓如意缘实时，藉我及合、德、法、非法、行等因缘，方生缘于实句。”② 即“假合生”是指缘实之智生起时，需要借助多种条件。这样虽然承认有单独缘德句义及大有句义等之智，但此智的生起需要假借诸多条件，就没有过失。虽然唯识自宗也认为现量智的生起需要因缘和合，借助多种条件，但并不认为现量智能缘心外实有的对象，所以没有不定过。

至此，《述记》在以上五个部分中，通过建立他比量的方式完成了对胜论法执的破除。从中可以看出窥基法师日后在《因明大疏》中的理论主张在实例中的运用，主要体现在以下几个方面：自他共三种比量（主要是他比量）的熟练运用，并且在他比量中灵活使用各种简别来限制和改变宗有法及因的范围，以规避过失。但也经常省略掉某一支的简别语，以及对于自他共比量的三支皆须依自他共的理论主张并不严格，常常出现有他有共的情况。此外还有因异品概念的使用，以及对于喻除宗有法的贯彻等等。

与此同时，在理论的实践中，也有一些矛盾之处，例如文中提到的将因异品称为“异喻”，以及在他比量中认为立论方不许便无不定过等等，就容易造成理论上的混乱。窥基的弟子们也注意到了这些矛盾之处，如《演秘》就辩解说：“疏主所造因明疏中，立自他因，甄简剖析，如其楚越，而辨此论，往往挥杂甘蒿犹参。今以愚度智，聊有二意：一试诸学者而悟不耶，即《俱舍论》有斯意矣。二余因明师于一因过不分九例，今随他语，复欲发生学者觉惠，故示纰缪。若言疏主实闇斯理，《因明疏》内何巨照然？故应不出前之二意。”③

---

① （唐）窥基撰：《成唯识论述记》卷第一，《大正藏》第43册，第261页。

② （唐）窥基撰：《成唯识论述记》卷第一，《大正藏》第43册，第261页。

③ （唐）智周撰：《成唯识论演秘》卷第一，《大正藏》第43册，第829页。

月称对陈那“现量离分别”定义的批判

——《净明句论》(PsP 1, § § 108－123) 译注初探[①]

汤铭钧[②]

【摘要】印度中观应成派的代表人物月称（Candrakīrti，约公元7世纪）在其《净明句论》第一章中，用了较大篇幅（PsP 1, § § 83－123），主要针对以陈那为代表的佛教量论学派开展了广泛的批评。其中，§ § 108－118文字批评了陈那“现量离分别”（pratyakṣaṃ kalpanāpoḍham, PS 1.3c）的定义。这部分批评的对象可认定为陈那《集量论》（PSV 1, 2,6－8+2,15－21）部分的文字。批评的要点可初步概括为：1. 陈那的现量定义过窄，无法涵盖瓶等粗显实在（§ 108）；2. 将pratyakṣa一词延展引用到瓶等粗显实在之上的存在论预设将导致自相悖反的结论（§ § 109－111）；3. 陈那所引典据不足以支持他给予pratyakṣa一词的词源学解释（§ 114, § 118）；4. 陈那对pratyakṣa的词源学解释不符合通过这个名称所要命名的那种认知活动的实际情形（§ § 112－113, § § 115－117）。在结论部分（§ § 119－123），月称又回到了陈那以前传统的四量（现量、比量、圣教量、譬喻量）的学说。

【关键词】月称；陈那；现量；中观；量论

引言

月称（Candrakīrti，约公元7世纪）在《净明句论》第一章中（Prasannapadā [= PsP] 1, §§83–123，据MacDonald校勘本 [PsP 1] 分节），插入了对以陈那为代表的佛教量论的批判性探讨。探讨的内容包含两大主题：（一）基于认知对象自相和共相二分的现量、

---

① 笔者曾在复旦大学2020年秋季学期的“宗教学古典语言（梵语）”研究生课程上，以《净明句论》(PsP 1, § § 83－123)及相关的藏文材料作为精读文本随译随讲。参与课程的同学主要有：吴皞、许云珩、包瑨和李海捷。教学相长，他们向我提出了不少值得深思的问题，谨此致谢！

② 作者单位：复旦大学哲学学院。

比量二分是否合理（§§89–107）；（二）“现量离分别”的定义是否合理（§§108–118）。至于 § § 83 - 87 的部分，已经 MacDonald 研究指出（MacDonald 2011），当系月称针对正理派量论的批评文字。§ 88 旨在概述龙树《根本中论颂》全书的结构。§ § 119 - 123 是月称这一部分讨论的结论。

本文旨在根据 MacDonald 校勘本，对月称关于上述问题（一）的讨论文字以及连带的 § § 119 - 123 部分，作一个初步的译注研究。[①] 总的来说，月称选取“现现别转”（*akṣam akṣaṃ prati vartate*，针对逐个感官而出现），作为批判陈那现量定义的切入点，自然与陈那本人的论述有关（PSV *ad* PS 1.4ab），但在更大程度上，则与月称当时的印度量论学者对陈那现量定义的诠释方式有关。这一诠释方式可在汉语因明文献中找到蛛丝马迹，也反映在《集量论》的注释者圣主觉（Jinendrabuddhi，约 8–9 世纪）对陈那本人论述的注释中。

笔者在完成这份译注后，一直没来得及穷尽地查阅学界关于这一主题现有的丰富研究。再则，笔者的梵、藏语水平有限，对中观思想尚缺乏通盘把握。故而，以下译注仅可被视为非常初步的试译、试注，尚祈学界同仁批评指正。[②]

译注

（一）现量定义的批判（§§108–111）

§108. 而且，由于没有包括诸如“瓶是 *pratyakṣa*（现见的）”等世间的言语实践（*laukikavyavahāra*），而且，由于[你]对非圣者的言语实践的承认，[③][你对 *pratyakṣa*（现

---

① MacDonald 校勘本（PsP 1）的 § § 108 - 123 对应 La Vall é e Poussin 校勘本（PsPL）的第 69,13 - 75,13 页。本稿译文采用了 TKK 2001 给出的科判。

② 此外尚需注意，本译注在很大程度上参考了 MacDonald 的英译和注释（MacDonald 2015:vol. II,264–295）。MacDonald 的英译力求在忠实的基础上，细致再现原文的思想脉络。其丰赡的注释不仅尽可能回顾了以往翻译的得失（这也是笔者欠缺再一次穷尽查阅前人研究动力的主要原因），而且旁征博引，为理解原文提供了丰富的参考材料。笔者的译文亦以 MacDonald 的译笔来自我要求。在注释部分，为了疏解文义，亦不得不引用 MacDonald 已经用过的材料。因而，本稿中，凡有引用 MacDonald 乃至其他学者已经用过的材料，皆于原始文献的出处以后，以“参见 /Cf.”方式一一注明，不敢掠美。未注明参考前人何项研究的原始文献引用，才出自笔者此次的连类比附。至于注释中阐述文义的文字，笔者尽量根据自己的理解（与 MacDonald 稍有不同）写成，故而标识“参见 /Cf.”之处不是很多。对原始文献的引用，亦根据阐明笔者本人的理解这一目的来组织。与此目的无关者尽量从略。据悉，王俊淇博士（中国人民大学）正从事《净明句论》第一章全文的译注研究。承王博士雅意，曾以他对这一章中量论批判文字（PsP 1, §§83–123）的译注见示，其中定有比拙稿更好的翻译和解读，然笔者未及参考。

③ 意谓，敌论（佛教量论学者，下同）也是在世间常识的意义上定义 *pratyakṣa* 的，没有立说层次的差异。参见 PsP 1, §105 中敌论的话：“要以那一方法（量论）来设定的，[仅仅]是此，[即]世间的普遍观点）。”

量、现见的）的］定义（*lakṣaṇa*）并不是全面的（*avyāpitā*）。因而，［你的］这一［定义］是不合理的。①

① 在本段中，立论（代表月称观点的一方，下同）指出：敌论对 *pratyakṣa* 的定义（*pratyakṣaṃ kalpanāpoḍham*，现量是脱离构想的，详下）不适用于 *ghaṭaḥ pratyakṣaḥ*（瓶是现见的）这样的世间习见的陈述，故而敌论的 *pratyakṣa* 定义过窄，不是一则全面的定义。立论的这一批评可从两方面来理解。

一方面，立论意在指出：敌论仅界定了作为现量认识的 *pratyakṣa*，而没有界定作为现量认识的对象的 *pratyakṣa*，这不符合世间人对 *pratyakṣa* 一词的实际用法。参见 MacDonald 2015: vol.II,265, n. 504（下引 *LṬ 及其改订、PSV 1, 2,7–8 和 PSṬ 1,37,6–8 皆参考该注）。*LṬ（Yonezawa 2004:125[fol. 2b7–3a1], 146）: *kiṃ ca pramāṇalakṣaṇam ayuktam avyāpitvāt / yato loke ghaṭaḥ pratyakṣa ucyate / tvayā tv* anāryavyavahāreṇa *jñānaṃ* / 今译：“而且，能量的定义是不合理的，因为是不全面的。因为，在世间，瓶被说为 *pratyakṣa*（现见的）。但是，[*pratyakṣa*] 被你根据［你所谓的］非圣者的言语实践，［说为］认识。”*pratyakṣa* 作形容词使用时，意为“现见的”，作实词，则指现量认识。

陈那的确是将 *pratyakṣa* 作为一种认识来定义的，见《集量论》（PSV 1,2,7–8）：*pratyakṣaṃ kalpanāpoḍhaṃ*（PS 1.3c）yasya <u>jñānasya</u> kalpanā nāsti, tat pratyakṣam. 今译：“现量是脱离构想（分别）的。（PS 1.3c）不具有分别的<u>认识</u>，就是现量。”（下划线系笔者所加，下同）参见 PSṬ 1, 37,6–8: *kalpanāpoḍhanirdeśāc ca jñānātmakaṃ tad iti gamyate / yato jñānasyaiva kalpanāsaṃsargo 'sti, atas tatpratiṣedhena tad eva pratīyate* / 今译：“而且，从脱离构想［这一］提示，可知：它（被定义项，即 *pratyakṣa*）本身是一种认识。因为，唯有认识具有与构想的联系，由此，通过否定它（分别），唯有此（无构想的认识）被承认［为 *pratyakṣa*]。”

不过，陈那也承认 *pratyakṣa* 可间接用于指称现量认识的对象。参见 PSV 1,22,13 15（cf. MacDonald 2015: vol. II,266–267, n.506）: *pratyakṣaśabdo hi triṣu vartate* pramāṇajñānaviṣayeṣu. tatra *pramāṇe mukhyo'*nyayor upacāritaḥ. tatra <u>viṣaye</u> <u>*pratyakṣa*meyatvāt pratyakṣopacāraḥ</u>. *jñāne'kṣaṃ prati vṛtteḥ pramāṇatulyatvāt pratyakṣopacāraḥ* // 今译：“因为，*pratyakṣa* 一词可指三物，［即］能量、认识和对象。其中，指向能量，是首要的［含义］，指向另外两者，是被假设性地言说的（*upacārita*）。其中，<u>由于［对象］是通过 *pratyakṣa* 来度量的，故而在对象之上，假设性地言说 *pratyakṣa*</u>。由于［认识］就在感官（*akṣa*）［的基础］上而活动［这一点］来说，与［现量这种］能量是类似的，故而在认识之上，［亦］假设性地言说 *pratyakṣa*。”参见 Hattori 1968: 68。

可见，被设定为陈那立场的敌论还是有可能接受 *pratyakṣa* 一词指称现量认识的对象这一用法的，正如在下一节（§109）中，敌论就承认：“作为瓶的质料的青等是 *pratyakṣa*（现见的），因为［它们］是通过 *pratyakṣa*（现量）［这种］能量来辨识的。”敌论既然承认 *pratyakṣa* 可用于指称现量认识的对象，为什么不能直接承认该词也可用于指称瓶呢（感谢吴皞同学向我提出这个问题）？这就涉及立论在本段中的批评的另一方面也是更深一层的含义，即敌论对 *pratyakṣa* 的定义本身就已经排除了对瓶的认识是一种现量。在敌论的现量定义下，瓶根本就不是现见的。在陈那的认识论中，对瓶等世俗层面的存在的认识，正为其现量定义（现量是脱离构想的，见本注上文）所排除而归在似现量之列。参见《集量论》（PSV 1,3,16–20）：*bhrāntisaṃvṛtisajjñānam anumānānumānikam* //（PS 1.7cd）// *smārtābhilāṣikaṃ ceti pratyakṣābhaṃ sataimiram* /（PS 1.8ab）*tatra bhrāntijñānaṃ mṛgatṛṣṇādiṣu toyādikalpanāpravṛttatvāt pratyakṣābhāsam, saṃvṛtisatsu arthāntarādhyāropāt tadrūpakalpanāpravṛttatvāt. anumānatatphalādijñānaṃ pūrvānubhūtakalpanayeti na pratyakṣam.* 今译：“错乱和对世俗层面的存在（世俗有）的认识，比量和比量所生者，及基于回忆和基于欲求的［认识］，是带有障蔽的、虚假的现量。（PS 1.7cd–8ab; cf. Chu2004:143–144）其中，错乱的认识，由于是通过对海市蜃楼（鹿爱）等［产生］水等的构想（分别）而出现的，所以是虚假的现量。［对世俗层面的存在的认识］由于是在世俗层面的存在之上，增益另一个事物以后，通过那［另一个事物］的构想而出现的[，所以是虚假的现量]。比量和它的结果等的认识，［是］通过对之前经验过的［事物］的构想［而出现的]，因而不是现量。”《正理门论》（NMu 7.5–6）：“但于此中了余境分，不名现量。由此即说忆念、比度、悕求、疑智、惑乱智等，于鹿爱等皆非现量，随先所受分别转故。如是一切世俗有中<u>瓶等</u>、数等、举等、有性、瓶性等智皆似现量，于实有中作余行相，假合余义分别转故。”及《入正理论》（NP 5）：*kalpanājñānam arthāntare pratyakṣābhāsam/ yaj jñānaṃ* <u>*ghaṭaḥ*</u> *paṭa iti vā vikalpayataḥ samutpadyate*

§109. 如果是［反驳道］：作为瓶的质料的青等是*pratyakṣa*（现见的），因为［它们］是通过*pratyakṣa*（现量）［这种］能量来辨识的。而且，由此，正如在原因之上假设性地言说（*upacāra*，假说）结果，“诸佛的出生是快乐的”①便被提及，同样，在结果之上假设性地言说原因，就算以现见的（*pratyakṣa*）青等为因由（*nimitta*）的瓶，也被命名为*pratyakṣa*（现见的）。②

［回应：］假设性地言说于这样一种对象之上是不合理的。因为，在世间，出生以

---

tad arthasvalaṣaṇāviṣayatvāt pratyakṣābhāsam // 古译：“有分别智于义异转名似现量。谓诸有智了瓶、衣等分别而生，由彼于义不以自相为境界故，名似现量。”

故而，即便敌论容许*pratyakṣa*可用来指称现量认识的对象，瓶也不在其列。也正因此，在下一节（§109）中，敌论要先承认*pratyakṣa*可用来指称现量认识的对象，如青等实法。再以瓶等实际上与这些现量认识的实法之间具有因果关系——后者是前者的原因（构成要素）——为依据，指出原来用于指称瓶的原因的*pratyakṣa*，也可转移应用到作为结果的瓶上。敌论采取这一迂回的策略来解释为什么他也能接受“瓶是*pratyakṣa*（现见的）”这样一类世间表述，而不是当下就把瓶是现量认识的对象因而是*pratyakṣa*（现见的）接受下来，正因为在敌论一方，无法接受瓶本身就是*pratyakṣa*（现见的）。

故而，立论的另一方面也是更深一层的含义就是：敌论的*pratyakṣa*定义从根本上就排斥“瓶是*pratyakṣa*（现见的）”这样一类世间公认的表述。敌论虽然主张自己的理论是为了解释世间常识，但却在其*pratyakṣa*定义中，将诸多世间公认的现见的事物排除在其考虑范围以外，这也就排除了相当一部分世间常识。就这方面来说，敌论的*pratyakṣa*定义也是不全面的。

至于立论一方，则无此理论负担，完全可以在世间常识的意义上承认瓶是*pratyakṣa*（现见的）。参见§111中立论的话：“固然，对知晓真实的人来说，瓶等和青等［都］不被承认为*pratyakṣa*（现见的）。但是，在世俗的层面，瓶等的确应被承认为pratyakṣa。”

① 参见《阿毗达磨俱舍论》卷1“分别界品第一”（$AKBh_{Ej}$ 1,10,9–10; cf. MacDonald 2015: vol. II, 266, n. 505）所引颂文：*buddhānāṃ sukha utpādaḥ sukhā dharmasya deśanā | sukhā saṃghasya sāmagrī samagrāṇāṃ tapaḥ sukham* // 古译：“诸佛出现乐，演说正法乐，僧众和合乐，同修勇进乐。”（$AKBh_{Ch}$ 2c28–29）典出《出曜经》卷27：“诸佛兴出乐，说法堪受乐，众僧和亦乐，和则常有安。”（CYJ 755c14–15）

② 由于无法直接承认瓶是现量认识的对象，敌论在这里走了一条相当迂回的道路，借助于“假说”（*upacāra, figurative/metaphorical expression*）来说明瓶为什么在世间被看作“现见的”（即现量认识的对象）。其实，在陈那的思想资源中，还可以有另一条道路来解释为什么世人将瓶说成是现见的，即从实在论的立场（阿毗达磨的哲学立场）来看，单个基础实在（如单个极微）不能引发感官认识，不能为感官所认识到，因而感官认识一定是以复合起来的众多基础实在为所缘的。但只要还没有将这些基础实在作为“一个”来把握，认识就仍处在感性的层面。世人所谓的瓶是感官认识的对象（可见的），从陈那的角度可以翻译为：总和起来的瓶的诸多构成要素（瓶之实 = 一团）是感官认识的对象，而非瓶这一表象本身（瓶之名 = 一个）是感官认识的对象。只要还没有以瓶的表象为中介来认识对应的那一事物，认识就仍处在感性的层面。

参见《集量论》（PSV 1,2,22–26）：*kathaṃ tarhi sañcitālambanāḥ pañca vijñānakāyāḥ, yadi tad ekato na vikalpayanti. yac cāyatanasvalakṣaṇaṃ praty ete svalakṣaṇaviṣayā na dravyasvalakṣaṇam iti. tatrānekārthajanyatvāt svārthe sāmānyagocaram*//（PS 1.4cd）//*anekadravyotpādyatvāt tat svāyatane sāmānyaviṣayam uktam, na tu bhinneṣv abhedakalpanāt* // 今译：“［反驳：］那么，如果［五识身］不将它（集聚的事物）构想为一个的话，怎么会‘五识身以积聚的［事物］为所缘’（cf. $AKBh_{Ej}$ 1,53,19–20; Chu 2006: 213）？而且，［阿毗达磨中］说：‘它们（五识身）以自相为对象，乃相对［色等］处的标准（处自相）而言，非相对［青等］实体的标准（事自相）而言。’（cf. $AKBh_{Ej}$ 1,11,3–4; Chu 2006:232–233）［回应：］这里，由于是众多事物（*artha*）所生，就自己的对象（*artha*）而言，以总相（*sāmānya*，whole）为活动领域（所行境）。因为是为众多实体所引生的，就自己的［外］处（［*bāhya-*］*āyatana*, cf. Chu 2006:213）而言，它（五识身）被说为以总相为对象，而不是因为［这种认识］将诸多殊异之物，构想为不存在区别。”

有别于快乐的方式被把握到。而且，由于[它]以数百种艰辛（*duṣkara*，难行）为原因——因为[它]以有为[法]的特征为本质（*svabhāva*，自性），[①] 故而，它（出生）完全不快乐。它，在被命名为“快乐”的时候，[与快乐]完全没有联系。[②] 因而，[将快乐]假设性地言说于这样一种对象之上是合理的。

但是，在“瓶是*pratyakṣa*（现见的）”这一情形中，绝不存在[这样一种]所谓的瓶，它[在青等以外]被单独把握到的[时候]是非现见的，[而]由于假设性的言说的缘故，它[又被称作]是*pratyakṣa*（现见的）。

§110. 如果[是说]：因为不存在有别于青等的瓶，故而[瓶]是*pratyakṣa*（现见的），[的确]属于假设性的言说（*aupacārika*，假、方便语）。

[对此，我们认为：]即便如此，假设性的言说[只会]更加不合理，因为被施以假设性的言说的（*upacaryamāṇa*）所依并不存在。因为，尖锐不会假设性地言说于驴的角上。[③]

§111. 况且，瓶是世间的言语实践的一个分支。假如在它（瓶）有别于青等便不存在的情况下，它是*pratyakṣa*（现见的）[这一点]就被设想为属于假设性的言说，如果是这样，那么，在青等也不以有别于地等的方式存在的情况下，青等是*pratyakṣa*（现见的）[这一点]为什么就不应被设想为也属于假设性的言说？[④]

如同[《四百论》（Catuḥśataka）]所说的那样：

> 犹如罐子不以有别于色等的方式存在，
> 同样，色不以有别于风等的方式存在。（CŚ 14.15）[⑤]

---

① Cf. MacDonald 2015: vol. II，268，n. 507.

② 参见 NV 301，7–8 *ad* NS 2.2.62（cf. Jacobi 1932: 2, n.10）：*atacchabdasya tacchabenābhidhānam upacāraḥ* / 今译：“假设性的言说，是用一个语词来言说不属于该语词的[事物]。”

③ 参见 *LṬ（Yonezawa 2004: 125 [fol. 3a1],146）：*āśrayasyeti ghaṭarūpasya* / 今译：“所依[并不存在]，即具有瓶的形式者[并不存在]。”参见 MacDonald 2015: vol. II，269，n.510。

④ 意谓：在事情实际上是怎样的思考方向上，不仅瓶等依色等而有，其为现见是假说，而且色等依四大（地、水、火、风）而有，其为现见也应是假说。世间常识层面的瓶等是现见的，不应通过为瓶等追加一定的存在论构造来解释，而只应就世俗之为世俗来给以承认。否则的话，追加的存在论构造必将导致常识 / 世俗的瓦解。参见 PsP 1，§ 105：“你却因为对世俗的[真理]与胜义的真理的区别的笨拙思维，将证明引入[世俗中的]某一处以后，便以不合方法的方式将它（世俗）毁灭。”参见 MacDonald 2015: vol.II,271,n.513。

⑤ 参见 CŚṬ 340,11–16 *ad* CŚ 14.15（cf. MacDonald 2015: vol. II,270–271, n.512）：*rūpādivyatirekeṇa yathā kumbho na siddhaḥ / evaṃ kumbhaprajñaptyupādānā api rūpādayo vāyvādimahābhūtacatuṣṭayavyatirekeṇa na yujyante / nirhetukatvaprasaṅgāt / yathā ca vāyvādivyatirekeṇa rūpagandhāder asambhavaḥ / evaṃ mahābhūtānām anyonyavyatirekeṇa siddhyabhāvāt rūpādisiddhy-abhāvam udbhāvayann āha //* 今译：“犹如罐子不以有别于色等的方式成立，作为罐子的名称[所依据]的质料的色等也是这样，不以有别于风等四大种（地、水、火、风）的方式而是合理的，因为，[否则]就导致[色等]是没有原因的了（即不以四大为因）。而且，因为，犹如色、香等不以有别于风等的方式而可能存在，诸大种[也是]这样，不以有别于彼此的方式而

因此，由于［你对 *pratyakṣa* 的］定义没有包括诸如此类的世间的言语实践，［你的］定义根本就不全面。固然，对知晓真实的人来说，瓶等和青等［都］不被承认为 *pratyakṣa*（现见的）。[①] 但是，在世俗的层面，瓶等的确应被承认为 *pratyakṣa*。[②]

（二）现量语义解释的批判（§§112–118）

1. 月称的语义解释（§112）

§112. 况且，由于 *pratyakṣa*［这个］词表达的是不在感官以外的（*aparokṣa*）事物，［故而］*pratyakṣa* 即面朝感官（*akṣa*）的事物。既然［从词源上说，*pratyakṣa* 即］感官所走向的这一处（*pratigatam akṣam asmin*[③]），则不在感官以外的瓶与青等作为 *pratyakṣa*，便是

是成立的，故而色等［最终还］是不成立的——为了显示［这一点］，［论主］言说了［此颂（CŚ 14.15）］。”又，本颂汉译作：“如离于色等，瓶体实为无；色体亦应然，离风等非有。”（CŚCh 185b19–21）与月称的上述解释相比，护法《大乘广百论释论》卷 8（GBLSL 233a21–b8）对本颂的解释未明确提到四大种脱离彼此相待关系便不存在，但提到：“［难：］若无大造，如何世间有火等物烧煮等用？又若一切皆无所有，诸所安立应不得成。［答：］我不言无诸法体用，但说汝论所立皆无，谓世所知色受等体、烧煮等用一切非无。若诸愚夫分别倒见所执体用，我说为无，非诸圣人见此为有、妄情所执都无有故。”

① 由此可联想到，龙树亦不承认在胜义谛的层面，存在现量认识。参见《回诤论》（VV-vṛtti *ad* VV 30）：*yady ahaṃ kañcid artham upalabheyaṃ pratyakṣānumānopamānāgamaiś ca hetubhiḥ pramāṇaiḥ / caturṇāṃ vā pramāṇānām / anyatamānyatamena / ata evaṃ pravartayeyaṃ vā nivartayeyaṃ vā 'rtham evāhaṃ kañcin nopalabhe tasmān na pravartayāmi na nivartayāmi //* 古译：“我若如是少有法物，则须现、比、阿含、譬喻如是四量，复有四量。我若如是取、转、回者，我则有过。我既不取少法转、回。”（VV-vṛttiCh 19a17–19）今译：“如果凭借现量、比量、譬喻量和教量，即凭借作为［认知之］原因（hetu）的诸量，或凭借四种量中的任何一种，我把握了某一对象，那么，我就会这样有所确立，或有所拒绝。［而事实上，］任一对象，我都没有把握到，由此，我就无所确立，我就无所拒绝。”这一主张的含义可能是：在胜义谛的层面，不存在现量这样一种独立的认知手段，或事实上不存在任何一种自身独立而且作为认知有效性的根据的认知手段，也不存在被这种手段框定的对象类型。

② 在藏译和有的写本中，本段之后尚有以下文字（见 MacDonald 2015: vol. I,269,n.1）：*yathoktaṃ śatake sarva eva ghaṭo'dṛṣṭo rūpe dṛṣṭe hi jāyate / brūyāt kas tattvavin nāma ghaṭaḥ pratyakṣa ity api // etenaiva vicāreṇa sugandhi madhuraṃ mṛdu / pratiṣedhayitavyāni sarvāṇy uttamabuddhineti //*（= CŚ 13.1–2）今译：“如同《［四］百论》（*śataka*）中所说的那样：‘正是在色被看见的时候，瓶是完全不被看见的。哪一名堪谓知晓真实者，还会说：瓶是现见的？（CŚ 13.1）正是通过这种分析，香的、甜的、软的，所有［这些］都将被具有最高觉悟者否定。（CŚ 13.2）’”但据 MacDonald（2015: vol. II,273,n.514）分析，这段文字当系写本中前人批注在后来的传抄中混入正文的情况，混入的年代当早于 11 世纪晚期（即藏译的年代）。又，*LṬ 所依的《净明句论》中，已经混入本段文字，参见 *LṬ 与本段文字有关的注释（Yonezawa 2004: 125 [fol. 3a1]，146）：*madhuram iti rasaḥ / mṛdv iti sparśaḥ /* 今译：“甜的，即味；软的，即触。”

③ 月称将 *pratyakṣa* 分析为 *prādi-bahuvrīhi*（带有动词前缀的多财释），即：*pratigatam akṣaṃ yasmin sa pratyakṣaḥ* “*pratyakṣa* 即感官所走向的那个地方”（参见 MacDonald 2015:vol.II,274,n.515）。经此解释，*pratyakṣa* 便指向感官所驱赴的对象，即现见之物。陈那则将 *pratyakṣa* 分析为 *prādi-tatpuruṣa*（带有动词前缀的依主释），即：*akṣam akṣaṃ prati vartata iti pratyakṣam* “它针对逐个感官而出现（现现别转、根根别转），即 *pratyakṣa*”（参见 §113 及 MacDonald 2015: vol.II,276–277,n.518）。经此分析，*pratyakṣa* 便指向以感官为依据而生起的认识，即现见、现量。

将 *pratyakṣa* 界定为现见之物，早有先例，参见 MacDonald（2015:vol.II,274–275,n.516）所援引的 Schmithausen 1972（本注下引文献亦据此）。即《遮罗迦本集》（CS 3.8.39,268b）：*pratyakṣaṃ nāma tad yad ātmanā cendriyaiś ca svayam*

成立的。[而] 对它（现见之物）进行辨识的认识，就像 [干草、谷壳中生起的火称为] 干草、谷壳火一样（*tṛṇatuṣāgnivat*[①]），由于是以 *pratyakṣa*（现见之物）为原因的，[故而也] 被命名为 *pratyakṣa*。

2. 对陈那的语义解释的批判（§ § 113－118）

§113. 但是，将 *pratyakṣa*[这个] 词在词源学上分析（*vy-ut-PAD* caus.）为“针对逐个感官而出现”（*akṣam akṣaṃ prati vartate*，现现别转[②]）的人，他的 [关于 *pratyakṣa* 的]

---

upalabhyate; tatrātmapratyakṣāḥ sukhaduḥkhecchādveṣādayaḥ, śabdādayas tv indriyapratyakṣāḥ || 今译：“所谓的 *pratyakṣa*，就是那通过自我和诸根被自己把握 [的事物]。其中，通过自我的 *pratyakṣa*（现见之物），即乐、苦、悕求和憎恨等，声等（感觉对象）则是通过 [诸] 根的 *pratyakṣa*（现见之物）。”《瑜伽师地论》卷 15“因明处”（HV3.262,104,23–25）：*anabhyūhitam anabhyūhyaṃ pratyakṣaṃ katamat. yo grahaṇamātraprasiddhopalabdhyāśrayo viṣayaḥ. yaś ca viṣayapratiṣṭhitopalabdhyāśrayo viṣayaḥ* // 古译：“非已思、应思现量者，复有二种：一、才取便成取所依境，二、建立境界取所依境。”（HV_{Ch} 357b12–13）今译：“什么是非已被推知、非将被推知的 *pratyakṣa*？即：被充分确立为单纯把握的认识所依据的对象和安住在对象之上的认识所依据的对象。”及同章（HV 3.26a1,107,16–17）：*rūpīndriyapratyakṣaṃ katamat. rūpiṇāṃ pañcānām indriyāṇāṃ yo gocaraviṣayaḥ* // 古译：“色根现量者，谓五色根所行境界。”（HV_{Ch} 357c21）今译：“什么是属于有形的 [诸] 根的 *pratyakṣa*？即作为有形的五根的活动领域的对象。”《大乘阿毗达磨集论》卷 7“论轨决择”（AS 105,8–9）：*pratyakṣaṃ svasatprakāśābhrānto 'rthaḥ* // 古译：“现量者，谓自、正、明了、无迷乱义。”（AS_{Ch} 693c8）今译：“*pratyakṣa* 即属于自己的、存在的、明显的、无错乱的事物。”及《大乘阿毗达磨杂集论》卷 16 的对应注释（ASBh 152,27–30）：*tatra svo'rthas tadyathā cakṣuṣo rūpam | sadgrahaṇaṃ ghaṭādidravyāṇāṃ loke pratyakṣasaṃmatānāṃ pratyakṣatvavyudāsārthaṃ prajñaptimātratvāt | prakāśagrahaṇam āvṛtatvādibhir anupalabdhikāraṇair anābhāsagataviṣayavyudāsārtham |abhrāntagrahaṇam alātacakramāyāmarīcikādivyudāsārtham iti* // 古译：“自正义言，显自正取义，如由眼正取色等。此言为简世间现所得瓶等事，共许为现量所得性。由彼是假故，非现量所得。明了言，为简由有障等不可得因故不现前境。无迷乱言，为简旋火为轮、幻、阳焰等。”（ASBhCh 772a5–10）今译：“在此 [*pratyakṣa* 定义] 中，属于自己的事物，例如，属于眼 [自己] 的色。存在的 [这个] 词，是为了排除瓶等在世间被公认为 *pratyakṣa* 的实体是 *pratyakṣa*[的情况]，因为 [瓶等] 仅仅是 [一个个] 名称。明显的 [这个] 词，是为了排除因为被遮挡等 [造成] 无所把握的诸种原因而处于不显现状态的对象。不错乱 [这个] 词，是为了排除旋火轮、幻、阳焰等。”

① 参见 *LṬ（Yonezawa 2004: 125 [fol. 3a1], 147; cf. MacDonald 2015: vol.II,275,n.517）: *yathā tuṣa eva dagdho'gnir ity ucyate* / 今译：“犹如称为‘火’的，只是被烧毁的谷壳。”参见 AKBh 1,7,1 *ad* AK 1.8ab': *tatropādānāni kleśāḥ | tatsaṃbhūtatvād upādānaskandhās tṛṇatuṣāgnivat* // 古译见《阿毗达磨俱舍论》卷 1“分别界品第一”（$AKBh_{Ch}$ 2a25–26）：“烦恼名取，蕴从取生故，名取蕴，如草穅火。”参见《俱舍论明义疏》（AKVy 1，22，14–18）：*upādānasaṃbhūtāḥ skandhā upādānaskandhāḥ. madhyapadalopāt. yathā tṛṇasaṃbhūto 'gnis tṛṇāgniḥ. tuṣasaṃbhūto'gnis tuṣāgnir iti. upādānānāṃ skandhā upādānaskandhā iti ṣaṣṭhīsamāsenaiva madhyapadalopam akṛtvā anye sādhayanti. evaṃ ca nidarśayanti. yathā tṛṇānām agnis tṛṇāgnir iti yuktaṃ* // 今译：“由于中间词脱落的缘故，诸取蕴（*upādānaskandha*），即取中—生起的—诸蕴。犹如干草中生起的火，即干草火，谷壳中生起的火，即‘谷壳火’。另一些人在不考虑中间词脱落的情况下，仅根据属格复合词主张：诸取蕴，即属于诸取的诸蕴。而且，他们这样来说明：犹如属于诸干草的火，即干草火——这是合理的。”联系月称紧随其后的话——“由于是以 *pratyakṣa*（现见之物）为原因的，[故而也] 被命名为 *pratyakṣa*”，可知月称引“干草、谷壳火”（*tṛṇatuṣāgni*）为例，意在说明：现量认识从现见之物（*pratyakṣa*）中生起，所以也称为 *pratyakṣa*。这与上引《俱舍论》的用意相同。相比之下，*LṬ 的解释便不太精确。MacDonald（2015: vol.II,275）正确翻译了这一举例，尽管她没有指出其典据所在。

② 参见《正理门论》（NMu 7.1）：“此中‘现量除分别’者，谓若有智于色等境，远离一切种类名言假立无异诸门分别，由不共缘现现别转，故名现量（= *yaj jñānam arthe rūpādau viśeṣaṇābhidhāyakābhedopacāreṇāvikalpakaṃ tad akṣam*

词源学并不合理，因为，认识不是以根（*indriya*）为对象，而是以对象为对象。[符合他的词源学解释的] 只（*tu*）应是 *prativiṣaya*（针对对象者），或 [所谓的]*pratyartha*（针对事物者）[而非 *pratyakṣa*（针对感官者）]。①

§114. 如果是 [反驳道]：犹如认知的活动，尽管依赖于 [感官和对象] 二者，[但] 因为，由于相应于所依（感官）的尖锐与迟钝 [的缘故]，诸认知根据它（所依）的状况变化（*vikāra*）而具有状况的变化，② [所以] 就仅仅根据所依来命名，[即]"视觉认知"（*cakṣurvijñāna*，眼识）；同样，认知，就算它针对逐个事物而出现（*artham arthaṃ prati vartate*），③ 即便如此，在以逐个感官为所依以后（*akṣam akṣam āśritya*）出现的 [它]，[仍] 由于根据所依来命名，[所以] 就应 [称作]*pratyakṣa*（针对感官者）。因为，司空见惯的 [做法] 是根据专属的原因（*asādhāraṇena kāraṇena*，不共缘）来命名，[犹如]"鼓声""麦芽"。④

---

akṣaṃ prati vartata iti pratyakṣam, cf. MacDonald 2015: vol.II,276,n.518）。" 今译："在此（k.15ab）中，'现量是脱离构想的'是说：凡是一个认识，不对于色等事物，通过 [为它们] 言说一个限定项，或 [将它们] 假设性地言说为无差别，从而进行构想，它就是由于以 [感官] 为专属的原因，因而 [被解释为]'针对逐个感官而出现'的 *pratyakṣa*（现量）。" PSṬ 1,37,4–5（亦见 MacDonald 前引注）: *pratigatam akṣaṃ pratyakṣaṃ prādisamāsaḥ* | 今译："走向了感官的，即 *pratyakṣa*（现量），[这是] 带有动词前缀的复合词。" 比较 *pratigatam akṣaṃ yasmin sa pratyakṣaḥ*，见前注。以及《入正理论》（NP4）：*tatra pratyakṣaṃ kalpanāpoḍhaṃ yaj jñānam arthe rūpādau nāmajātyādikalpanārahitaṃ tat | akṣam akṣaṃ prati vartata iti pratyakṣam* // 古译："此中现量谓无分别，若有正智于色等义离名种等所有分别，现现别转，故名现量。" 今译："在此（二量）中，现量是脱离构想的。凡是一个认识，对于色等事物，不具有名称、种类等等的概念构造，它就是 [被解释为]'针对逐个感官而出现'的 *pratyakṣa*（现量）。"（cf. Tachikawa 1971: 128）

① 本段提到 *prativiṣaya*（针对对象者），意在引出下一节（§114）中敌论的反驳。参加《集量论》（PSV 1，2，15–19 *ad* PS 1.4ab；cf. MacDonald 2015: vol. II，278–279，n.522）：*atha kasmād dvayādhīnāyām utpattau pratyakṣam ucyate na prativiṣayam. asādhāraṇahetutvād akṣais tad vyapadiśyate* /（PS 1.4ab）*na tu viṣayai* rūpādibhiḥ. *tathā hi viṣayā manovijñānānyas-antānikavijñānasādhāraṇāḥ. asādhāraṇena ca vyapadeśo dṛṣṭo* yathā *bherīśabdo yavāṅkura iti.* tasmād *upapannam etat pratyakṣaṃ kalpanāpoḍham*// 今译："那么，为什么在依赖于 [根和对象] 二者生起的情况下，它被称为 *pratyakṣa*（针对感官者），而非 *prativiṣaya*（针对对象者）？[回答道：] 它根据感官来命名，因为 [感官] 是 [它的] 专属的原因。（PS 1.4ab）但不根据色等对象 [来命名]。因为，对象共通于意的认知和另一个相续的认知。而且，根据专属的 [原因] 来命名，[这是] 司空见惯的 [做法]，犹如'鼓声''麦芽'。因此，脱离概念构造的，是 *pratyakṣa*，这就成立。" 其中恰提到 *prativiṣaya*，且其中陈那的观点亦与下节中敌论的观点相符。陈那的典据，参见下注。又《集量论》本段提到的"专属的 [原因]"，亦见于《正理门论》的现量定义（NMu 7.1：不共缘）。

② 参见 *LṬ（Yonezawa 2004:125[fol.3a1],147;cf.MacDonald 2015: vol. II,277,n.520）: *ubhayādhīnetīndriyaviṣayau | āśrayasyeti cakṣuṣaḥ || tadvikāreti cakṣurvikāraḥ* | 今译："依赖于二者，即根和对象。所依的，即视觉（眼）的。它的状况变化，即视觉的状况变化。"

③ 参见 *LṬ（Yonezawa 2004: 125[fol. 3a1],147）: *artham arthaṃ* prati *vartata iti | artha eva yadi nāma vartata ity arthaḥ* | 今译："针对逐个事物而出现，意为：如果的确只在事物之上出现。"

④ 与本段中敌论的话平行的《集量论》段落（PSV 1, 2,15–19 *ad* PS 1.4ab），见前注。陈那该段讨论的典据，见《阿毗达磨俱舍论》卷 2"分别界品第一"（$AKBh_{Ej}$ 1,54,17–55,6; cf. MacDonald 2015: vol. II,278–279, ns.521–522）：*kiṃ punaḥ kāraṇam ubhayādhīnāyāṃ vijñānotpattau cakṣurādaya evāśrayā ucyante na rūpādayaḥ | tadvikāravikāritvād āśrayāś cakṣurādayaḥ* /（AK 1.45ab）*dhātava ity adhikāraḥ | cakṣurādīnāṃ hi vikāreṇa tadvijñānānāṃ vikāro bhavaty anugrahopaghātapaṭumandatānuvidhānāt*

[对此，我们认为：]这与前者（即 *cakṣurvijñāna* 的情况）并不一样。因为，在那[前一情况]中，当认知根据对象来命名的时候，六种认知（*vijñānaṣaṭka*，六识）的区别（*bheda*）[①] 就无法通过诸如“形象认知”（*rūpavijñāna*，色识）等的[称呼]来明示，因为，意的认知（*manovijñāna*，意识）是与视觉等的认知共同针对一个对象而活动的。[②] 即当“认知”在对青等的六种认知的意义上被说出的时候，产生的只[会]是一个带有期待的念头（*pratyaya*）——究竟这一认知是有形的根所生的，还是属于意的（*mānasa*，精神性的）？但是，当根据所依来命名的时候，意的认知容或有针对视觉等的认知的对象而活动的情况，[而六种认知]相互之间的区别[仍然]会是成立的。

但是，在这（即 *pratyakṣa* 的情况）中，当怀着言说能量的定义的期待而得出唯有脱离构想的[认知]是 *pratyakṣa* 的时候，由于被考虑到的唯有它（即 *pratyakṣa*）与进行构想的（*vikalpaka*）[认知]的差异（*viśeṣa*），[③] 如果根据专属的原因来命名的话，任何必要性（*prayojana*）[也]看不出。[④]

| na tu rūpādīnāṃ vikāreṇa tadvikāraḥ | tasmāt sādhīyas tadadhīnatvāt ta evāśrayā na rūpādayaḥ || kiṃ punaḥ kāraṇaṃ rūpādayaś ca tair vijñāyante cakṣurvijñānaṃ cocyate yāvan manovijñānam | na punā rūpavijñānaṃ yāvad dharmavijñānam iti | yata ete cakṣurādaya āśrayā eṣām ato 'sādharaṇatvac ca vijñānaṃ tair nirucyate ||（AK 1.45cd）*|| katham asādhāraṇatvam | na hi cakṣur anyasya vijñānasyāśrayībhavitum utsahate | rūpaṃ tu manovijñānasyālambanībhavaty anyacakṣurvijñānasyāpīti | evaṃ yāvat kāyo veditavyaḥ | tasmād āśrayabhāvād asādhāraṇatvāc ca vijñānaṃ tair eva nirdiśyate na rūpādibhiḥ | yathā bherīśabdo yavāṅkura iti ||* 古译：“何因识起俱托二缘，得所依名在根非境？颂曰：随根变识异，故眼等名依。（AK 1.45ab）论曰：眼等即是眼等六界。由眼等根有转变故诸识转异，随根增损识明昧故，非色等变令识有异。以识随根不随境故，依名唯在眼等，非余。何缘色等正是所识，而名‘眼识’乃至‘意识’不名‘色识’乃至‘法识’？颂曰：彼及不共因，故随根说识。（AK 1.45cd）论曰：‘彼’谓前说眼等名依。根是依故随根说识。‘及不共’者，谓眼唯自眼识所依，色亦通为他身眼识及通自、他意识所取，乃至身触应知亦尔。由所依胜及不共因故，识得名随根非境，如名鼓声及麦芽等。”（$AKBh_{Ch}$ 12b18–c2）

① 参见 *LṬ（Yonezawa 2004: 125 [fol. 3a2], 147）: *bheda iti cakṣurvijñānam ity ukte manovijñānavyavacchedo bhavati ||* 今译：“区别，即在“视觉认知”被说出的时候，就排除了意的认知。”

② 参见《阿毗达磨俱舍论》卷 2“分别界品第一”（$AKBh_{Ej}$ 1，57，13–20；cf. MacDonald 2015: vol.II，280，n.523）：*aṣṭādaśānāṃ dhātūnāṃ ṣaṇṇāṃ ca vijñānānāṃ kaḥ kena vijñeyaḥ | āha | pañca bāhyā dvivijñeyāḥ |*（AK1.48a）*rūpaśabagandharasaspraṣṭavyadhātavo yathāsaṃkhyaṃ cakṣuḥśrotraghrāṇajihvākāyavijñānair anubhūtā manovijñānena vijñāyante | evam ete pratyekaṃ dvābhyāṃ vijñānābhyāṃ vijñeyā bhavanti | śeṣās trayodaśa dhātavaḥ pañcānāṃ vijñānakāyānām aviṣayatvād ekena manovijñānena vijñeyā ity ākhyātaṃ bhavati |* 古译：“十八界中谁，六识内几识所识？……颂曰：五外二所识。（AK 1.48a）……论曰：十八界中色等五界，如其次第，眼等五识各一所识，又总皆是意识所识。如是，五界各六识中二识所识。由此准知，余十三界，一切唯是意识所识，非五识身所缘境故。”（$AKBh_{Ch}$ 13a11–18）

③ “它……的差异”（*tadviśeṣasya*），作为所在从格短语的主语，应被解释为属格依主释（genitive-*tatpuruṣa*）。MacDonald（2015:vol.II，281，“that[sort of consciousness] … to be different”）则是理解为持业释（*karmadhāraya*）。参见 *LṬ（Yonezawa 2004:125 [fol.3a2],147; cf. MacDonald 2015: vol.II,281, n.528）: *vikalpakāt sakāśāt | tadviśeṣasya pratyakṣasya yo bhedas tasya* 今译：“[它]与表现为进行构想的[认知的差异]，属于它[……]差异的（*tadviśeṣasya*），即 *pratyakṣa* 所具有的那一区别，属于这一[区别]的[即属于它……差异的]。”

④ 参见 *LṬ（Yonezawa 2004:125[fol.3a2],147; cf. MacDonald 2015: vol.II,281–282,n.528）: *asādhāraṇakāraṇena akṣam akṣaṃ*

而且，既然能量的数目是依赖于所量而得出的，[①]而且，由于[现在]要设定的是[现、比]二种能量的自身形象（*svarūpa*），[而现、比二量的]自体的存在[又是]单纯通过对所量的面貌（*ākāra*）的模仿（*anukāritā*）而获得的，[所以，转而]根据根来命名就没有任何帮助。因而，仅仅根据对象来命名，在一切情况下都是合理的。[②]

---

prati vartate ity anena / pratigatam akṣam asminn iti vyutpattyāpi vikalpād bhedaḥ siddhaḥ / vikalpasyāspaṣṭatvāt / svalakṣaṇāpravṛtteḥ // 今译："根据专属的[原因]，即根据'针对逐个感官而出现'这一[词源学]。即便根据'感官所走向的这一处'[这一]词源学(月称所主张者)，与构想的区别[仍]是成立的，因为构想[对感官而言]是不明晰的，因为[它]不以自身特征（自相）的方式出现。"

① 《集量论》对能量数目的讨论，参见 MacDonald 2015: vol. II, 282, n. 529。

② 由本段中敌论的话可知，本段乃至 § § 114 - 116 这一整部分的批判，都是围绕《集量论》（PSV 1, 2,15–19 *ad* PS 1.4ab，见前注）段落展开。这也涉及该《集量论》段落的写作意图以及后人对这一意图的理解。就这一段落本身来看，陈那在论述了 *pratyakṣa* 立名的依据以后，便总结道：<u>tasmād</u> *upapannam etat pratyakṣaṃ kalpanāpoḍham*。笔者将这一结论性的话译为："因此，脱离概念构造的，是 *pratyakṣa*，这就成立。"这一译法是为了突显陈那本段的写作意图，在于通过讨论 *pratyakṣa* 的立名来论证其"离分别"定义所要定义的对象应当称作 *pratyakṣa*。简言之，即确定"现量离分别"这一定义的被定义项。

这一理解的依据是圣主觉（Jinendrabuddhi，约公元 8–9 世纪）对陈那本段论述的引导性说明（PSṬ 1, 39,11–14）：*atra yathā kathañcit pratyakṣaśabdaṃ vyutpādya so'vikalpe sarvatra samyagjñāne sañjñātvena paribhāṣyata ity ācāryamatam / paras tv atajjānānaḥ – akṣanimitto'yam asañjñāśabda iti matvā pṛṣṭavān / ācāryas tv abhyupagamya parihāram āha – asādhāraṇahetutvād iti //* 今译："在此，无论以何种方式在词源学上分析 *pratyakṣa* 一词，这个[词]都是作为指向一切没有构想的正确认识的概念（*sañjñā*，相）而被界定的——[这就是]阿阇梨[陈那]的想法。但是，别的[人]没有认识到这一点，便想到：[单单]基于 *akṣa*（感官）而构成的[*pratyakṣa*]这个词并不[构成无分别的正确认识的]概念，[所以]就提出了质疑。而阿阇梨在承认了[现量的确不单以感官为原因]以后，便言说了反驳：因为[感官]是[它的]专属的原因。（PS 1.4a）"

然而，藏译则取一更强的解读："<u>因此</u>，*pratyakṣa* 是脱离概念构造的，[这]就成立"（V: *de lta bas na mṅon sum rtog pa daṅ bral bar* [K: *ba*] *'thad pa yin no*,Hattori 1968:178–179,Daa-1）。这就变成了陈那关于 *pratyakṣa* 立名的讨论本身便构成对现量离分别的论证。尽管从陈那的这段讨论中，读不出足以论证现量离分别的逻辑力量，但圣主觉在注释陈那这一句时，仍说道（PSṬ 1，40，15–16）：*upapannam etad iti yuktam, yasmāt pratyakṣaṃ kalpanāpoḍhaṃ pratyakṣeṇaiva sidhyati / kim atrānyayā yuktyety abhiprāyaḥ /* 今译："这就成立，即是合理的。因为，脱离分别的现量仅仅依据现量就[能够]成立。意为：对这一点，为什么[还]要别的推理？"在这一解释之后（PSṬ 1，40，16–43，8），圣主觉便广泛采摭法称弟子天主慧（Devendrabuddhi，约 630–690）《释量论难语疏》（Pramāṇavārttikapañjikā）中的材料，就如何仅凭现量成立现量离分别及相关问题展开往复辩难。但这与陈那本段讨论的思路似已相去甚远。

无论如何，在《集量论》两次藏译的译家以及圣主觉看来，陈那本段关于 *pratyakṣa* 立名的讨论，实际上已经包含了对现量离分别的论证。这或许可以看作他们对陈那本段写作意图的理解。无独有偶，在以玄奘（602–664）为实际奠基人因而更接近月称年代的东亚因明传统中，现量离分别这一定义，也被视为早已内嵌在 *pratyakṣa* 这个名称中，为本词"现现别转"（*akṣam akṣaṃ prati vartate*）的词源学解释所支持。因明对"现现别转"的解释，可参见善珠（Zenju，723–797）《因明论疏明灯钞》（IRMS 422a7–12）："现行心识其体非一，名为'现现'。即此心体随缘现起，各附境体，亲明而取，离贯通缘，名为'别转'。且如眼识缘现见青，不知'此青'，是不现青相似共相（参见 PSV 1，2，20–21）。故云'离贯通缘'也。此与轨师第二解同也。"有关文轨（轨师，约 615 - 675）的第二解，见其《因明入正理论疏》（庄严疏，ZYS 3，21b7–22a1 及 IRMS 422a12–17）。这一解释意谓：在现量生起时，仅一种识参与活动，而不涉及其他种类的认识活动，因而不以共相为对象，自然也就不带有分别了。

从道理上来看，找到了被定义项的正确命名，并不意味着同时就找到了正确的定义。如果陈那本段话的讨论只是为了澄清现量定义的被定义项，那就不能从中直接推导出"离分别"这一定义来。即 *pratyakṣa* 一词"现现别转"的词源学说明，

§115. 如果［是说］：因为，在世间，*pratyakṣa*（针对感官者）一词在［它］所要表达的意义上是充分成立的，而*pratyartha*（针对事物者）则不是充分成立的，［所以，应］被依靠的就是仅仅根据所依的词源学。

［回答］道：是的，*pratyakṣa*这个词在世间充分成立。但是，这个［词］在世间是怎样的，它正是被我们以那样一种方式来言说。而［你，］以将这样或那样确立下来的世间的指称对象（如瓶）放在一边的方式，提出关于这个［词］的词源学的时候，便把充分成立的语词（如*pratyakṣa*）也放在了一边。而由此，［符合你的想法的词］便只应当是*pratyartha*。①

§116. 而且，以单个刹那的一根为所依的一个视觉认知不应当是*pratyakṣa*（现量），因为，要求遍及［于逐个根］的［这层］含义（*vīpsārthābhāvāt*）不存在（即不被满足）。②而且，在一个个［视觉认知］不是*pratyakṣa*的情况下，许多个［视觉认知］也不应当是［*pratyakṣa*］。

§117. 而且，由于［你］承认唯有脱离构想的认识是*pratyakṣa*，而世间的共通实践（*saṃvyavahāra*）并不以这种方式存在，而关于能量和所量的世间的共通实践（*vyavahāra*）是［你］所想要解释的，［所以，你关于］*pratyakṣa*［这种］能量的构想就显得完全没有意义。

并不蕴含“离分别”这一定义。尽管如此，但在后人（如因明传统、圣主觉乃至《集量论》的藏译者）看来，陈那本人“现现别转”的词源学说明很可能就是作为“离分别”这一定义的一种辩护来接受并给予诠释的。月称着眼于这一词源学说明来批判陈那的*pratyakṣa*定义，也很有可能是基于对陈那本段文字的类似理解方式。

感谢吴皞同学提醒我注意因明传统对“现现别转”的解释已蕴含了“离分别”这一定义，由此使笔者注意到古人对“现现别转”及相关的《集量论》（PSV 1，2，15–19）段落的理解的特殊之处。

① 本段最后一句藏译作：*de'i phyir mṅon sum źes bya ba de ltar mi 'gyur ro //*“由此，便不应当像这样称为*pratyakṣa*。”参见 MacDonald 2015: vol. II, 283, n. 534。

② 参见 CŚṬ$_{Ted}$ 13, 64,15–18（cf. MacDonald 2015: vol. II, 284, n. 535 and Tillemans 1990: vol. I，177, §10）：*'o na dbaṅ po'i rnam par śes pa skad cig ma gcig ji ltar mṅon sum ñid yin / de ni dbaṅ po daṅ dbaṅ po la brten nas 'jug pa ma yin te / thun moṅ ma yin pa'i phyir daṅ / dbaṅ po daṅ rnam par śes pa'i skad cig dag skyes ma thag tu 'jig pa ñid kyi phyir ro //* 今译：“那么，单个刹那的根的认知为何是*pratyakṣa*（现量）？它并不在以逐个根为所依以后（**akṣam akṣam āśritya*）出现，因为［它］是专属［于一根］的，而且，因为一刹那的根和［一刹那的］认知，都是在产生以后直接消灭的。”在月称看来，“现现别转”（*akṣam akṣaṃ prati vartate*）的词源学解释，便已内在要求了单个的现量认识能配布给逐个感官，即配布给一个感官的多个刹那或者多个刹那生灭的感官，而不能专属于一个感官的一刹那。但从诸法刹那灭的立场来看，这是不成立的，因为现量认识本身也仅占据一个刹那，才生即灭。它也不可能对应于多个感官，否则就不成其为现量。相比之下，月称的词源学解释*pratigatam akṣam asmin*（感官所走向的这一处）并不带有这样一种遍及于/配布给逐个感官或者逐个事物的内在要求，参见 MacDonald 2015: vol. II, 284–285, n. 535。

§118. 而且，因为，就“一个视觉认知健全的［人］，认知到［某个］青色之物，而不认知到‘青’”［这一］圣教[①]而言，由于言说*pratyakṣa*的定义［这一］目的并不是［它

---

① 陈那《集量论》（PSV 1, 2,20–21）曾引用这一典据，该典据见 AKBh 144,2－3，参见 MacDonald 2015: vol. II, 285–287, n. 536。MacDonald 该注还提到，月称此处将阿毗达磨也归在圣教（*āgama*）之列，当引起注意。

MacDonald 该注还提到这一典据更早的出处是《阿毗达磨识身足论》卷 6（SSZL 559b27–c18）：“有六识身，谓眼识，耳、鼻、舌、身、意识。眼识唯能了别青色，不能了别此是青色。意识亦能了别青色，乃至未能了别其名，不能了别此是青色；若能了别其名，尔时亦能了别青色，亦能了别此是青色。……耳识唯能了别声，不能了别此是声。意识亦能了别声，乃至未能了别其名，不能了别此是声；若能了别其名，尔时亦能了别声，亦能了别此是声。……意识亦能了别诸法，谓或执为我，或执我所，或执为断，或执为常……”在《俱舍论》中，这一典据出现的语境为（AKBh 143,23–144,4）：*cakṣuḥśrotraghrāṇajihvākāyasaṃsparśāḥ pañca pratighasaṃsparśa*（AK 3.30c）*ity ucyate* / *sapratighendriyāśrayatvāt* / *manaḥsaṃsparśaḥ ṣaṣṭhaḥ so 'dhivacanasparśa ity ucyate* / *kiṃ kāraṇam adhivacanam ucyate nāma* / *tat kilāsyādhikam ālambanam ato 'dhivacanasaṃsparśa iti* / *yathoktaṃ cakṣurvijñānena nīlaṃ vijānāti no tu nīlaṃ manovijñānena nīlaṃ vijānāti nīlam iti ca vijānātīti* / *eka āśrayaprabhāvito dvitīya ālambanaprabhāvitaḥ* // 今译：“视觉、听觉、嗅觉、味觉、身体的感觉（*saṃsparśa*，触），被说为五种经由阻碍的感触（*pañca pratighasaṃsparśaḥ*，五相应有对，AK 3.30c），因为［它们］是以具有阻碍的根为所依的。此第六者，［即］意的感触，被说为经由称呼的接触（*adhivacanasparśa*，增语触）。什么原因？所谓称呼（*adhivacana*，增语）即名称（*nāman*，名）。它的确就是此（意的感触）的增上的所缘。由此，［意的感觉就说为］‘经由称呼的感触’（*adhivacanasaṃsparśa*，增语触）。正所谓：通过视觉认知，［一个人］认知到［某个］青色之物，而不认知到‘青’；通过意的认知，［一个人］认知到［某个］青色之物，而且认知到‘青’。一者是得［名］于所依的［‘有阻碍的感触’］，其次是得［名］于所缘的［‘经由称呼的感触’］。”古译参见《阿毗达磨俱舍论》卷 10“分别世品第三”（$AKBh_{Ch}$ 52c5–10）：“眼等五触说名有对，以有对根为所依故。第六意触说名增语。所以然者，增语谓名，名是意触所缘长境故，偏就此名增语触。如说‘眼识但能了青，不了是青，意识了青，亦了是青’，故名为长。故有对触名从所依，增语触名就所缘立。”

此外，称友（Yaśomitra，约 5 世纪晚期）在其《俱舍论明义疏》中也曾援引这一典据，见 AKVy 64,22－23（cf. MacDonald 2015: vol. II, 286, n. 536）：*katham avikalpakā ity ucyanta iti. cakṣurvijñānasamaṃgī nīlaṃ vijānāti nohati*（*no tu* MS）*nīlam iti vacanāt.* 称友引文的语境是《俱舍论》（$AKBh_{Ej}$ 35,3–14 *ad* AK 1.33）：*yadi pañca vijñānakāyāḥ savitarkāḥ savicārāḥ katham avikalpakā ity ucyante* / *nirūpaṇānusmaraṇavikalpenāvikalpakāḥ* /（AK 1.33ab）*trividhaḥ kila vikalpaḥ* / *svabhāvābhinirūpaṇānusmaraṇavikalpaḥ* / *tad eṣāṃ svabhāvavikalpo 'sti* / *netarau* / *tasmād avikalpakā ity ucyante* / *yathaikapādako 'śvo 'pādaka iti* / *tatra svabhāvavikalpo vitarkaḥ* / *sa caitteṣu paścān nirdekṣyate* / *itarau punaḥ kiṃsvabhāvau* / *yathākramaṃ tau prajñā mānasī vyagrā smṛtiḥ sarvaiva mānasī* //（AK 1.33cd）// *manovijñānasaṃprayuktā prajñā mānasīty ucyate* / *asamāhitā vyagrety ucyate* / *sā hy abhinirūpaṇāvikalpaḥ* / *mānasy eva sarvā smṛtiḥ samāhitā cāsamāhitā cānusmaraṇavikalpaḥ* // 今译：“如果五识身带有推求（*savitarka*，有寻）和带有分析（*savicāra*，有伺），为什么它们被说为‘不进行构想’？［它们］不通过规定性的和追忆性的［二种］构想（*nirūpaṇānusmaraṇavikalpe*，计度、随念分别）来进行构想。（AK 1.33ab）的确，构想有三种：［即］对自性的、规定性的和追忆性的构想。就此而言，它们（五识身）具有对自性的构想，不具有另外两种［构想］。因此，它们被说为‘不进行构想’，犹如具有一只脚的马［就要直接被说为］‘没有脚的’。在这里，自性的构想即推求。而这（推求）将随后在诸心所中被展示。其次，另外两种［构想］具有什么自性？按照次序，此二即属于意的散乱的慧（*prajñā*）［和］属于意的全部所有回忆。（AK 1.33cd）与意的认知相联系的慧，被说为‘属于意的’。不集中的，被说为‘散乱的’。此［慧］正是规定性的构想。所有属于意的一切回忆，无论是集中还是不集中的，都是追忆性的构想。”古译见《阿毗达磨俱舍论》卷 2“分别界品第一”（$AKBh_{Ch}$ 8a27–b9）：“若五识身有寻有伺，如何得说无分别耶？颂曰：说五无分别，由计度随念，以意地散慧，意诸念为体。（AK 1.33）论曰：传说，分别略有三种：一自性分别、二计度分别、三随念分别。由五识身虽有自性而无余二，说无分别，如一足马名为无足。自性分别体唯是寻，后心所中自当辩释。余二分别如其次第。意地散慧诸念为体，散谓非定。意识相应散慧，名为计度分别。若定若散意识相应诸念，名为随念分别。如是已说有寻伺等。”

的] 主题（*prastuta*），[①] 而 [它只] 是要说明五种根的认知是蒙昧的（*jaḍa*[②]），[所以，] 唯有脱离构想的认知是 *pratyakṣa*（现量），亦非由圣教 [得到]。[③] 因而，[“脱离构想的认识是 *pratyakṣa*”] 这一 [定义] 并不合理。

结论（§§119 – 123）

§119. 因此，在世间的所有一切 [事物]，无论被给予特征之物（所相），还是特征（能相、相），或者自己的与共通的特征（自、共相），[④] 由于是亲眼（*sākṣāt*）被把握到的，

称友即在注释本段一开头的问题（“若五识身有寻有伺，如何得说无分别耶”）的场合引用了这一典据，作为五识身无分别说的经典依据。参见 MacDonald 2015: vol. II, 287, n. 537；Arnold 2005: 460, n. 175。

上引《识身足论》关于“眼识但能了青，不了是青”的讨论，以及《俱舍论》和《俱舍论明义疏》对这一典据的运用，都意在说明前五识与第六意识认识功能的不同，前五识在认识中扮演的角色相对被动，而第六意识的作用则更为主动积极。或许也正因此，月称便在本段下文主张这一典据“[只] 是要说明五种根的认知是蒙昧的”。

又，无论《净明句论》此处的 *cakṣurvijñānasamaṅgī nīlaṃ jānāti no tu nīlam iti cāgamasya*（而且，“一个视觉认知健全的 [人]，认知到 [某个] 青色之物，而不认知到‘青’”[这一] 圣教），《俱舍论》中的 *cakṣurvijñānena nīlaṃ vijānāti no tu nīlam*，还是《俱舍论明义疏》中的 *cakṣurvijñānasamaṃgī nīlaṃ vijānāti nohati*（*no tu* MS）*nīlam iti vacanāt*，都应在 *nīlam* 后再插入一个 *iti*，否则便应译为“认知到 [某个] 青色之物，而不认知到 [某个] 青色之物”这样一种自相矛盾的形式，参见 MacDonald（2015: vol. II，286，n.536）的讨论。

① 参见 *LṬ（Yonezawa 2004:125[fol.3a2–3],148;cf. MacDonald 2015: vol.II,287,n.537）: *aprastutatvād iti paramārthāpekṣayoktatvena vyavahārānaṅgatvāt | kalpanāpoḍham āgama evoktam ity āha cakṣur ity āha |* 今译：“由于并不是主题，即由于 [*pratyakṣa* 的定义根本就] 不是共通实践的一个分支，因为 [它] 是着眼于胜义而被言说的。[论敌] 说道：[现量是] 脱离构想的 [认识]，正是在圣教中说过的。[因而他] 说道：[一个] 视觉 [认知健全的人……]”这可能是考虑到真正意义上的现量，唯有出世间智。参见《方便心论》（FBXL 25b3–5）：“今此现见何者最实？答曰：五根所知有时虚伪，唯有智慧正观诸法名为最上。”亦参见前引《大乘阿毗达磨集论》的 *pratyakṣa* 定义和《大乘阿毗达磨杂集论》的对应注释（AS 105，8–9，ASBh 152，27–30）。不过，陈那本人所谓无分别的现量，仅仅是对人类日常认知的刻画。在其现量分类中，唯有瑜伽现量可对应于出世间智。见《集量论》（PSV 1，3，11）：*yogināṃ apy āgamavikalpāvyavakīrṇam arthamātradarśanaṃ pratyakṣam* // 今译：“诸瑜伽行者所具有的，不掺杂教义（*āgama*）的构想，对事物本身 [直接的] 看（*darśana*），也是一种现量。”

② 参见 *LṬ（Yonezawa 2004:125[fol. 3a3],148，cf. MacDonald 2015: vol.II，287，n.538）: *jaḍatveti | yathābhūtānavabodhāt* // 今译：“是蒙昧的，即由于没有如实地觉知。”

③ 圣主觉对《集量论》（PSV 1，2，20–21，见前注）段落的引导性说明，也将陈那援引“眼识但能了青，不了是青”这一典据的意图说成是要通过圣教（*āgama*）来论证其“现量离分别”的定义，见 PSṬ 1，43，9–10: *na kevalaṃ* pratyakṣeṇaiva *kalpanāpoḍhatvaṃ siddham, api tv āgamenāpīti darśayann āha – abhidharme 'pītyādi* // 今译：“[现量] 是脱离构想的，并不单单依据现量成立（参见 PSṬ 1，40，15–16，见前注），而且还依据圣教 [成立]。为了显示这一点，[论主] 说道：‘在阿毗达磨中也’等。”这里，圣主觉也和月称一样，将阿毗达磨归于圣教之列。

④ “无论被给予特征之物，还是特征，或者自己的与共通的特征”（*yadi lakṣyaṃ yadi vā lakṣaṇaṃ svasāmānyalakṣaṇaṃ vā*），在有的写本以及 PsP_L 75,2–3 中作 *yadi lakṣyaṃ yadi vā svalakṣaṇaṃ sāmānyalakṣaṇaṃ vā*（无论被给予特征之物，还是自己的特征，或者共通的特征），藏译与此相同（*gal te mtshan gźi 'am raṅ gi mtshan ñid dam spyi'i mtshan ñid*）。参见 *LṬ（Yonezawa 2004: 125 [fol. 3a3], 148）: *lakṣyam iti | prameyaṃ tac ca svalakṣaṇaṃ | sāmānyalakṣaṇam vā | tadviṣayeṇa |* 今译：“被给予特征之物，即所量，而且，它是自己的特征，或者共通的特征。与以它为对象的 [认识一起]。”根据 *LṬ 的解释，自

[所以全都]是不在感官以外的。由此，[在现见之物意义上的]pratyakṣa 就与以它为对象的认识一起被设定。那么，两个月亮等就眼无阴翳者的认识而言，并非 *pratyakṣa*（现见之物）。但是，就眼有阴翳者等等而言，则的确是 *pratyakṣa*（现见之物）。①

§120. 那么，以在感官以外的[事物]为对象的、从不偏离于所立以外的[推理]标志中生起的认识，即比量（*anumāna*）。②

§121. 亲眼知晓超越于根的事物的诸可信者（*āpta*）的言语，这就是圣教。

§122. 对未曾直接经验的事物，基于[它与另一物的]相似性（*sādṛśya*）的把握，即譬喻量（*upamāna*）。例如，[基于]"大额牛与牛相似"[的认识]。③

§123. 因此，世间对事物的把握，便以这种方式被设定为来自四种能量。④而且，它们（能量和所量）在相互依赖的意义上成立。⑤因此，就让世间的[事物]如[其]所

相和共相在本段中就被视为所相的两个子类，它们作为现见之物，构成了现量认识的对象。而且，这里的所相也被理解为认识论的所相（所量）。这种解释很可能也是为上述异文所误导而致。问题在于，这一解释隐没了本段所要突出的所相和能相这一对概念，这里的所相和能相并不局限于认识论的意义，而且自相和共相根据正确的解读，应被视为能相的两个子类。以上信息，均参见 MacDonald 2015: vol. II，287–288，n. 539。

① 月称此处对现见之物和现量认识的界定，仅就世俗层面而言。若在胜义的层面，则一并予以否定。参见 PsP 1, §87："这一直接经验由于是直接经验，故而虚妄，如同眼有阴翳者对两个月亮等的直接经验。"亦参见 MacDonald（2015: vol. II, 289, n.540）所引月称《四百论广释》（CŚṬ_{Ted} 13，67，10–17）。

② 参见《集量论》（PS 2，k.1a–b，cf. Katsura 1982: 92）：*svārthaṃ trirūpāl liṅgato 'rthadṛk* / 今译："为自[比量]是从一个具有三项表征的推理标志对于对象的观察。"

③ 参见 PSV *ad* PS 5.50d。

④ 参见 PsP 1, §83（敌论的话）："对于所量的把握是依赖于能量的。"关于这里提到的四种量，据 MacDonald 2015: vol. II,289–291，n.541 及 Franco 2010，除了正理派以外，佛教内部也有主张四种量的学说，如《方便心论》（公元 472 年译出，见 Lü 1980: 84）和 Spitzer 写本（约公元 3 世纪，参见 Franco 2004: vol. I,29）。参见《方便心论》（FBXL 25a26–27）："知因有四，一现见、二比知、三喻知、四随经书。此四知中，现见为上。"关于四量，《方便心论》有详细阐述。Spitzer 写本的部派归属可能是说一切有部。其中量论的部分相当残缺，仅有关于比量和譬喻量的前后相衔的部分文字留存下来。但在印度哲学中，若提到量，不可能不提到现量。若提到譬喻量，不可能不提到圣教量。故而可以推测该写本亦应主张四量。详见 Franco 2010。

⑤ 参见 PsP 1, § 104："正所谓：'这就是世俗'，阿阇梨们正是根据单纯相互依赖意义上的成立来设定成立。"此外，在本句之后，有的写本尚有插入（见 MacDonald 2015: vol. I, 275, n. 13）：*satsu pramāṇeṣu prameyārthāḥ satsu prameyeṣu pramāṇāni /no tu khalu svāṅgavikī*（read: *svābhāvikī*）*pramāṇaprameyayoḥ siddhir iti//* 今译："在诸能量存在的情况下，所量的诸事物[便存在]，在诸所量的[事物（有的写本确有此 *artheṣu*）]存在的情况下，诸能量[便存在]。但能量和所量二者绝不以带有自性的方式成立。"本句亦见于 PsPL 75，10–11。据 MacDonald（2015: vol. II, 292–294，n.543），本句最初可能是后人为澄清正文中"它们在相互依赖的意义上成立"的"它们"（*tāni*）指能量和所量二者而非单单指涉能量，故而写下的旁注。但在后来的传抄中，这一句话便混入了正文。本句在藏译本中也有翻译，故可知本句在藏译的年代（11 世纪晚期）以前便已混入正文。MacDonald（见上引注）还注意到，*LṬ 即将这里的"它们"（*tāni*）误解为单单指涉能量。从 *LṬ 的笔记来看，这一句并不在其所依的《净明句论》版本中。参见 *LṬ（Yonezawa 2004: 125 [fol. 3a3], 148）: *tānīti pramāṇāni* / 今译："它们，即诸能量。"

见的那样吧！且止傍论（*prasaṅga*）。[以下，] 我们将仅对主题进行解释。[①]

参考文献和缩略语

1. 一手文献

AK（Bh）　Abhidharmakośa（bhāṣya）（Vasubandhu）: *Abhidharmakośabhāṣya of Vasubandhu*, ed. P. Pradhan. Patna: K. P. Jayaswal Research Institute, 1967.

AK（Bh）$_{\text{Ch}}$　Abhidharmakośa（bhāṣya）, Chinese translation by Xuanzang: *A pi da mo ju she lun* 阿毘达磨俱舍论，T29, no. 1558.

AK（Bh）$_{\text{Ej}}$ 1　Abhidharmakośa（bhāṣya）, chapter 1 edition: *Abhidharmakośabhāṣya of Vasubandhu. Chapter I: Dhātunirdeśa*, ed. Yasunori Ejima. Tokyo: Sankibo Press, 1989.

AKVy　Abhidharmakośavyākhyā （Yaśomitra）: *Sphuṭārthā Abhidharmakośavyākhyā, The work of Yaśomitra*, ed. U. Wogihara.Tokyo: The Publishing Association of the Abhidharmakośavyākhyā, 1932–1936. Reprint, Tokyo: Sankibo Buddhist Book Store, 1990.

AS　Abhidharmasamuccaya （Asaṅga）: *Abhidharma Samuccaya of Asanga*, ed. Pralhad Pradhan. Visva–Bharati: Santiniketan Press, 1950.

AS$_{\text{Ch}}$　Abhidharmasamuccaya, Chinese translation: *Da cheng a pi da mo ji lun* 大乘阿毗达磨集论， T31, no. 1605.

ASBh　Abhidharmasamuccayabhāṣya: *Abhidharmasamuccaya-Bhāṣyam*, ed. Nathmal Tatia. Patna: K. P. Jayaswal Research Institute, 1976.

ASBh$_{\text{Ch}}$　Abhidharmasamuccayabhāṣya, Chinese translation: *Da cheng a pi da mo za ji lun* 大乘阿毘达磨杂集论，T31, no. 1606.

CŚ　Catuḥśataka （Āryadeva）: see CŚṬ.

CŚ$_{\text{Ch}}$　CŚ, chapters 9–16 Chinese translation: *Guang bai lun ben* 广百论本， T30, no. 1570.

CŚṬ　Catuḥśatakaṭīkā （Candrakīrti）: *Sanskrit Fragments and Tibetan Translation of Candrakīrti's Bodhisattvayogācāracatuḥśatakaṭīkā*, ed. Kōshin Suzuki. Tokyo: Sankibo Press, 1994.

① 据 MacDonald（2015: vol.I，276，n.1），在本句后，所有写本都还有一句：*laukika eva darśane sthitvā buddhānāṃ bhagavatāṃ dharmadeśanā//* 今译：“世尊佛陀正是站在世间的见解中来教授法。”本句亦见于 PsP$_{\text{L}}$ 75，12–13，但不见于藏译。在有的写本中，在 *dharmadeśanā* 之后另有若干文字。这些文字的一部分从 *LṬ 的笔记推想，亦当见于 *LṬ 当时所依的版本中，尽管位置稍有不同。由于这些文字与本段选文的思路相去益远且难于解读，便不再抄录，详见 MacDonald 2015: vol.II，294–295，n.544。此后，《净明句论》便开始了对《根本中论颂》（MMK 1.2）的注释。

$CŚṬ_{Ted}$	Catuḥśatakaṭīkā edition: see Tillemans 1990: vol. 2, 1–127.
CS	Carakasaṃhitā: *The Carakasaṃhitā by Agniveśa, Revised by Caraka and Dṛḍhabala, With the ĀyurvedaDīpikā Commentary of Cakrapāṇidatta*, ed. Vaidya Jādavji Trikamji Ācārya. 3rd edition, Bombay: Nirṇaya Sāgar Press, 1941.
CYJ	Chu yao jing 出曜经（*Udānavarga）: T4, no. 212.
FBXL	Fang bian xin lun 方便心论（*Upāyahṛdaya/Prayogasāra）: T32, no. 1632.
GBLSL	Da cheng guang bai lun shi lun 大乘广百论释论 （Hufa 护法 = Dharmapāla）: T30, no. 1571.
HV	The *Hetuvidyā* section in the Yogācārabhūmi: see Yaita 2005: 95–124.
HV_{Ch}	The *Hetuvidyā* section in the Yogācārabhūmi, Chinese translation: see *Yu jia shi di lun* 瑜伽师地论， T30, no. 1579, 356a11–360c21.
IRMS	Inmyō ronsho myōtō shō 因明论疏明灯抄 （Zenju 善珠）: T68, no. 2270.
*LṬ	*Lakṣaṇaṭīkā: see Yonezawa 2004.
MMK	Mūlamadhyamakakārikā （Nāgārjuna）: *Zhunglunsong: Fanzanghan hejiao, daodu, yizhu* 中论颂：梵藏汉合校・导读・译注， ed. Ye Shaoyong 叶少勇 . Shanghai: Zhongxi shuju 中西书局 .
NMu	Nyāyamukha （Dignāga）: see Katsura 1977–1987.
NP	Nyāyapraveśaka（Śaṅkarasvāmin）: see Tachikawa 1971: 140–144.
NP_{Ch}	Nyāyapraveśaka, Chinese translation: *Yin ming ru zheng li lun* 因明入正理论， T32, no. 1630.
NS	Nyāyasūtra （Gotama）: see NV.
NV	Nyāyavārttika （Uddyotakara）: *Nyāyabhāṣyavārttika of Bhāradvāja Uddyotakara*, ed. Anantalal Thakur. New Delhi: Indian Council of Philosophical Research, 1997.
PsP 1	Prasannapadā, chapter 1 （Candrakīrti）: see MacDonald 2015: vol. 1, 113–303.
PsP_L	Prasannapadā edition: see La Vallée Poussin 1970.
PSṬ 1	Pramāṇasamuccayaṭīkā, chapter 1 （Jinendrabuddhi）: *Jinendrabuddhis Viśālāmalavatī Pramāṇasamuccayaṭīkā, Chapter 1*, ed. Ernst Steinkellner, Helmut Krasser, Horst Lasic. 2 vols. （Part 1: Critical edition, Part 2: Diplomatic edition with a manuscript description by Anne MacDonald）. Beijing-Vienna: China Tibetology Publishing House & Austrian Academy of Sciences Press, 2005.
PS（V）	Pramāṇasamuccaya（vṛtti）（Dignāga）.
PS（V）1	Pramāṇasamuccaya（vṛtti）, chapter 1 （Dignāga）: *Dignāgas Pramāṇasamuccaya, Chapter 1. A Hypothetical Reconstruction of the Sanskrit Text with the Help of the*

Two Tibetan Translations on the Basis of the Hitherto Known Sanskrit Fragments and the Linguistic Materials Gained from Jinendrabuddhis Ṭīkā*, ed. Ernst Steinkellner. 2005. Online publication: www.oeaw.ac.at/ias/Mat/dignaga_PS_1.pdf.

PS（V） 5　Pramāṇasamuccaya（vṛtti）, chapter 5 （Dignāga）: see Pind 2015: part 1, 1–63.

SSZL　A pi da mo shi shen zu lun 阿毘达磨识身足论（*Abhidharmavijñānakāyapādaśāstra）: T26, no. 1539.

T　Taishō Shinshū Daizōkyō 大正新修大藏经. Tokyo: Taishō issaikyō kankōkai 大正一切経刊行会， 1924–1935.

VV（-vṛtti）　Vigrahavyāvartanī（vṛtti） （Nāgārjuna）: see Yonezawa 2008.

VV（-vṛtti）Ch　Vigrahavyāvartanī（vṛtti）, Chinese translation: *Hui zheng lun* 回诤论， T32, no. 1631.

ZYS　Yin ming ru zheng li lun shu 因明入正理论疏 （abbr. Zhuang yan shu 庄严疏）（Wengui/Mungwe 文轨）: Nanjing: Zhina neixue yuan 支那内学院， 1934.

2. 二手文献

Arnold 2005　Arnold, Dan. 2005. "Materials for a Mādhyamika Critique of Foundationalism: An Annotated Translation of *Prasannapadā* 55.11 to 75.13." *Journal of the International Association of Buddhist Studies* 28/2: 411–467.

Chu 2004　Chu, Junjie. 2004. "A Study of *Sataimira* in Dignāgas Definition of Pseudo-Perception （PS 1.7cd-8ab）." *Wiener Zeitschrift für die Kunde Südasiens und Archiv für Indische Philosophie* 48: 113–149.

Chu 2006　Chu, Junjie. 2006. "On Dignāgas Theory of the Object of Cognition as Presented in PS（V） 1." *Journal of the International Association of Buddhist Studies* 29/2: 211–253.

Franco 2004　Franco, Eli. 2004. *The Spitzer Manuscript. The Oldest Philosophical Manuscript in Sanskrit*. 2 vols. Wien: Verlag der Österreichischen Akademie der Wissenschaften.

Franco 2010　Franco, Eli. 2010. "The Discussion of *pramāṇa*s in the Spitzer Manuscript." In: *Logic in Earliest Classical India*, ed. Brendan S. Gillon. Delhi: Motilal Banarsidass, 121–138.

Hattori 1968　Hattori, Masaaki. 1968. *Dignāga, On Perception, Being the Pratyakṣapariccheda of Dignāgas Pramāṇasamuccaya from the Sanskrit Fragments and the Tibetan Versions*. Cambridge: Harvard University Press.

Jacobi 1932　Jacobi, Hermann. 1932. *Triṃśikāvijñapti des Vasubandhu, mit Bhāṣya des Ācārya*

Sthiramati. Stuttgart: Verlag von W. Kohlhammer.

Katsura 1977–1987 Katsura, Shōryū 桂绍隆. "*Inmyō-shōri-mon-ron kenkyū* 因明正理门论研究." *Hiroshima Daigaku Bungakubu Kiyō* 広島大学文学部紀要，（1）vol. 37, 1977, 106–126;（2）vol. 38, 1978, 110–130;（3）vol. 39, 1979, 63–82;（4）vol. 41, 1981, 62–82;（5）vol. 42, 1982, 82–99;（6）vol. 44, 1984, 43–74;（7）vol. 46, 1987, 46–85.

La Vallée Poussin 1970 La Vallée Poussin, Louis de. 1970. *Madhyamakavṛttiḥ. Mūlamadhyamakakārikās*（*Mādhyamikasūtras*）*de Nāgārjuna avec la Prasannapadā Commentaire de Candrakīrti*. St.-Pétersbourg: Académie Impériale des Sciences, 1903–1913. Reprint, Osnabrück: Biblio Verlag.

Lü 1980 Lü, Cheng 吕澂. 1980. *Xinbian hanwen dazangjing mulu* 新编汉文大藏经目录. Jinan: Qilu shushe 齐鲁书社.

MacDonald 2011 MacDonald, Anne. 2011. "Who is that Masked Man? Candrakīrtis Opponent in *Prasannapadā* I 55.11–58.13." *Journal of Indian Philosophy* 39: 677–694.

MacDonald 2015 MacDonald, Anne. 2015. *In Clear Words: The Prasannapadā, Chapter One*. 2 vols.（Vol. I: Introduction, Manuscript Description, Sanskrit Text, Vol. II: Annotated Translation, Tibetan Text）. Wien: Verlag der Österreichischen Akademie der Wissenschaften.

Pind 2015 Pind, Ole Holten. 2015. *Dignāga's Philosophy of Language. Pramāṇasamuccayavṛtti V on anyāpoha*, ed. Ernst Steinkellner. 2 vols.（Part 1: Text, Part 2: Translation and Annotation）. Wien: Verlag der Österreichischen Akademie der Wissenschaften.

Schmithausen 1972 Schmithausen, Lambert. 1972. "The Definition of Pratyakṣam in the Abhidharmasamuccayaḥ." *Wiener Zeitschrift für die Kunde Südasiens und Archiv für Indische Philosophie* 16: 153–163.

Tachikawa 1971 Tachikawa, Musashi. 1971. "A Sixth-Century Manual of Indian Logic: A Translation of the *Nyāyapraveśa*." *Journal of Indian Philosophy* 1: 111–145.

Tillemans 1990 Tillemans,Tom J.F. 1990. *Materials for the Study of Āryadeva, Dharmapāla and Candrakīrti. The Catuḥśataka of Āryadeva, Chapters XII and XIII, with the Commentaries of Dharmapāla and Candrakīrti: Introduction, Translation, Sanskrit, Tibetan and Chinese Texts, Notes*. 2 vols. Wien: Arbeitskreis für Tibetische und Buddhistische Studien, Universität Wien.

TKK 2001 Tōhōgakuin Kansaichiku Kyōshitsu 東方学院関西地区教室. 2001. *Chandorakīruti no Digunāga ninshikiron hihan: Chibetto wake "Purasan'napadā" wayaku sakuin* チ

ャンドラキールティのディグナーガ認識論批判：チベット訳『プラサンナパダー』和訳・索引 . Kyoto: Hōzōkan 法藏館 .

Yaita 2005 Yaita, Hideomi 矢板秀臣 . *Bukkyō chishikiron no genten kenkyū* 仏教知識論の原典研究 . Narita: Naritasan Shinshōji 成田山新勝寺， 2005.

Yonezawa 2004 Yonezawa, Yoshiyasu. 2004. "*Lakṣaṇaṭīkā*. Sanskrit Notes on the *Prasannapadā* (1)." *Journal of Naritasan Institute for Buddhist Studies* 27: 115–154.

Yonezawa 2008 Yonezawa, Yoshiyasu. 2008. "Vigrahavyāvartanī: Sanskrit Transliteration and Tibetan Translation." *Journal of Naritasan Institute of Buddhist Studies* 31: 209–333.

认知科学与认知哲学

生成的自我

——来自生成论和佛学的研究[①]

徐怡[②] 李恒威[③]

【摘要】当代认知科学的自我研究中，生成论吸收佛学中观派思想，以“关系—过程动力学”存在论重新诠释中道自我观：自我即非一种稳固不变的单一极点，也非全然的无或错觉，而是一种生命维持其组织形式完整性意义上的功能同一性。这种同一性是辩证的，因为生命系统的组织形式完整性不是静态的，而是在其自我保持和自我生产的过程中动态地实现的；自创生理论所刻画的（单细胞）操作闭合组织形式是其最简示例。本文探讨了这种“空的同一性”或“无我之我”的一般建构机制，即一种自指或递归的组织形式，或所谓的自我限定系统。

【关键词】自我；生成论；无我之我；操作闭合；自我限定

“自我”是人类理解自身或现实存在物（entities）之存在方式和本质的一个基本概念，曾是宗教和哲学长期讨论的主题，而随着心理学和认知科学的发展，自我问题也深深地扎进科学领域。

一、 自我观：实体论、错觉论、中道论，与生成论

一方面，在日常生活中我们每个人都有一种“存在一个自我”的强烈感觉；另一方面，在日常语言的使用中“我”这个代词似乎强烈地暗示存在一个代表每个人类个体之本质

---

① 基金项目：国家社会科学基金重大项目（18ZDA029）、国家社会科学规划基金项目（20BZX045）、浙江省哲学社会科学规划一般项目（18NDJC232YB）、教育部人文社会科学研究青年项目（19YJC730009）。

② 作者单位：浙江理工大学马克思主义学院。

③ 作者单位：浙江大学哲学学院。

的稳固不变的、不可分的、单纯的实体（substance）。结果，就形成了这样一种观念：在个体一生所经历的种种变化之外，还有一个贯穿于事物种种变化始终的、代表其真正本质和同一性的“东西”，即“自我”，它就好像是一个居于个体之内的、并观看发生在个体身上种种变化的“小矮人”（homunculus）。很显然，这种“实体论”的自我观在平常人的观念中几乎是根深蒂固的。

然而，当反思这种实体论自我时，有人又发现在人类个体的现实存在中并不存在这样一种代表个体同一性的“小矮人”。Hume 发展了一种否定的立场，认为没有任何经验证据可以证明在人类个体中存在这样一种稳固不变的、不可分的、单纯的本原。Hume 有过一段经典表述：“当我走进我所谓的亲密的我自己（myself）时，我总是迷失在冷或热、爱或恨、光亮或阴影、痛苦或快乐这类具体知觉上。无论何时，我都不能在脱离知觉的情况下把握我自己，并且除了知觉，我什么也观察不到。”（梯利，2014，p.346）自我或心智是“一束或一组不同的知觉，它们以不可想象的速度彼此相续，并处在永恒的流变和运动中。心智就像一个剧院，多个知觉在那里逐个露面，出现、重现、滑过，并在无限多的不同姿态和情境中混合。剧院中不存在同一时刻的单纯性，也没有不同（时刻）的同一性”（梯利，2014，p.346）。Hume 的观点代表着一种关于自我的“错觉论”（illusionism），这种观点与实体论的自我观针锋相对。正如 Hume 描述的那样，错觉论的自我观认为：除了一个个刹那流变的体验，并不用存在一个贯穿于其中的实体性自我，人们认为存在一个实体性自我不过是一种错觉而已。“心智不过是在某些关系下统一在一起的一团或一组不同的知觉，但被错误地设想为具有完美的单纯性和同一性。”（梯利，2014，p.346）于是，错觉论得出一个否定的结果——自我是一种错觉！（事实上，Hume 的本意是否定实体性自我，但实际上却被扩大为否定自我。）在自我的当代神经科学研究中，错觉论则表现为 Metzinger（2011）所提倡一种基于物理主义还原论的“神经虚无主义”（neuronihilism），这种观点认为自我只不过是一个脑制造出来的错觉。

我们认为，实体论或错觉论代表了自我观的两个对立的极端。然而，在关于自我本性的探索中，还存在另外一种观点，这是一个居于实体论与错觉论的两极之间的观点，即一种“中道”（Middle Way）的观点。中道论在佛学的历史上有过精微的论述，它最终表述为“无我之我”（selfless self）。中道论在当代认知科学中被生成论（enactivism）学派吸收，并融进对自我的当代科学研究中。

生成论是“第二年代认知科学”的一个主要思想派别，它反对表征主义的认知观，认为：认知不是心智对与之相对的世界的静态表征，而是生命在与环境动态交互耦合过程中的富有策略的具身行动（embodied action）；心智就是在自我与世界耦合的动力过程中一起涌现的（emergent）或生成的（enacted）。在《具身心智：认知科学和人类经验》

这部提出生成论的开创性著作中， Varela，Thompson & Rosch（1991）明确反对基础主义和本质主义，对佛学的“缘起性空”“无我”“中道”等思想表现出巨大的亲和性，提出了一种关于自我和世界的“关系－过程动力学存在论”（relation–process dynamic ontology）。“不存在一种作为万物根基的终极‘涌现基础’以充当基础性实体。所有尺度的现象都不是实体和本体，而是相对稳定的过程。但既然活动过程在不同复杂层面上都获得了稳定性，同时与其他层面的过程进行交互作用，因此所有的过程都是真实的，没有哪个过程有着存在论的首要性。”（Thompson, 2007, p.441）可以看出，关系－过程动力学存在论在世界的不同尺度的存在物上贯彻了佛学的“缘起性空”的思想（即佛学所谓的“人无我”“法无我”，以及俗谛上的缘起有）。

生成论强调生命是一个不断建构其组织形式完整性的过程，其同一性不是“实体同一性”（substantial identity），而是“功能同一性”（functional identity）。从本质主义或实体论看来，生命的功能同一性似乎蕴含着某种“悖论性”或“矛盾性”——既是缘起有又是胜义空。因此，“自治（autonomous）自我的建构以及对其存在模式的恰当解释，是生物学和认知研究非常核心的问题。我们需要获得更有力的解释，来理解这样一种自我是如何在作为一个没有定位坐标的‘虚点’同时又提供了一个可以使交互作用发生的同一性模式。”从生命本性出发，Varela（2011）等人表达了与佛学中道论相似的看法——将有机体理解为一种“无我之我”（selfless self）的多层次自治网络。

通过糅合当代的生成论与佛学的基本观念，我们力图从关系——过程动力学存在论的角度出发探讨“无我之我”的建构机制，并指出不同演化层级的自我建构都共有一种蕴含自指（self–reference）逻辑的“操作闭合”（operational closure）的组织形式。我们的思路是：首先，简要阐述佛学的缘起性空和“无我之我”的中道思想；接着，概要地介绍最小生命自我的“自创生”（autopoiesis）理论，该理论表明生命由操作闭合实现，生命就是这种操作闭合的组织形式完整性的不断建构；第三，探讨具有神经系统的有机体通过自我限定(self–specifying)过程建构神经水平的自我(简称为“神经自我”)，这种神经自我的建构延续了生命自我的操作闭合的自指或递归的逻辑，从而在神经层面延续了“无我之我”，并且随着自我丰富性的演进，更高层级的自我（诸如意识水平上的核心自我、反思水平上的自传体式自我）的建构在组织形式上同样具有自指或递归的特征，并且这些多层级的自指或递归的整合一起建构了一个人类水平上的内涵丰富的社会—文化自我。

二、佛学的“无我”思想

“无我”（anātman）是佛学的四法印之一，其中蕴含的空性思想经历了从小乘还原论到大乘中观派“缘起性空”等不同阶段的演化发展。“我”义通常被视为一种永恒不变的单元，而反对存在任何永恒不变的单元是所有佛学部派思想共同遵循的理义。有部及其之前的佛学，将“我”还原为更小单位的“法”，论证了人无我而保留法我。世亲《阿毗达摩俱舍论》则在此基础上加入了法无我的思想。世亲之学后经护法论师一脉，由玄奘大师传扬，立唯识宗于中土，以分析种种杂染法相而透达所依真如实性，以有说无。另有佛灭度后五百年，西印度龙树论师造《中论颂》示空宗要旨，启中观之门，以无说无。龙树造论无破不立，不仅人法无我，甚至连自性、如来、涅槃这样的概念也要空，其要旨之一在于在思维、言语层面“彻底否定了基于凡夫言说概念的可知世界”（叶少勇，2016）。龙树中观思想在月称、宗喀巴一脉的继承中发展为后世的中观。与汉地中观派思想一样，应成派在龙树思想的基础上，结合佛学二谛理论（真理分俗谛和胜义谛两层），演绎出中道的中观思想，即“缘起性空”——有为法无自性，或自性即是空，所以绝没有什么永恒不变的事物，不存在代表事物之本质的最终单元；但万法为因缘所生，在俗谛上是可以有的，而不是一无所有；但这种有在胜义谛上又不是真实的有，而是一种安立假名的假有。由此形成的一种俗谛上的自我观，即自我既不是一种实体，也不是彻底的无，它是众缘和合的动态过程。

中观应成派又将所依因缘主分为三种（Thompson，2015，p.330）：（1）“因果因缘”，一个现象依靠原因和条件而存在，不仅包括使其产生的原因，还包括使其停止的原因。（2）“相待因缘”，论述整体和部分的关系，整体有赖于它的部分，反之亦然；即西方哲学所谓的“整分论”（论述关于部分与部分，以及部分与整体之间的关系的理论）。另一方面，相待因缘所生之法为假，是为“差别界之现象互相对立，无自体自性，一切皆藉自他之相待而存立”[参见丁福保所编《佛学大辞典》（网页在线版）中对“相待假”词条的解释]以“自他相待”的“关系本体”反对实体论。（3）“名实因缘”，根据中观应成派思想，事物之所以能够作为单独的整体，靠的是我们将其概念化，并用一个概念来指称它。这一活动过程有赖于三个成分，一个是命名的基础（假名安立处），一个是命名的认知活动（分别心），以及一个用来命名的概念（假名）。我就是借用“我”这个概念来充满我执的分别心并将五蕴（假名安立处）指称为个人而产生的。

坚持“中道”的生成论吸收了来自佛教中观应成派的思想，认为自我既不是独立、永常的实体，也不是彻底的不存在，更不是可以还原为部分的物理聚合体；自我既不是实体论的“有”也不是错觉论的全然的“无”，而是一种在实现过程中蕴含功能同一性的“无我之我”：“自我并不是独立的事物或实体；它是一个过程。”（Thompson，2015，p.356）“自我是一种建构，或者是一种基于持续建构的过程，它不是一个错觉。一个自我是一个正在进行的过程，它生产了一个‘我’，并且这个‘我’并没有不同于这个过程本身，这就好像跳舞是一个产生舞蹈的过程一样，这里舞蹈也没有不同于跳舞。”（Thompson，2015，p. xxxix）生成论的这种自我观进一步吸收和阐发了佛学“相待假有”的反实体论思想和“缘起性空”的中观思想。

三、最小生命自我的自创生机制

为阐发其生命的本质，Varela 和 Maturana 在 20 世纪 70 年代提出了自创生理论。自创生理论认为，生命是一种特定类型的自治系统，即自我生产系统（self-producing system）。在复杂系统理论中，自治是指一种过程关系的组织类型。对于一个自治系统来说，（I）其构成过程必须是彼此递归依赖的；（II）这个系统是其存在领域中的一个功能统一体；（III）这个统一体确定了一个与环境的可能的交互作用域。以单细胞为例，它满足：（I）构成其系统的化学过程的循环有赖于自我生产的代谢网络，该代谢网络生产了构成该细胞的所有成分（包括构成该代谢网络本身的成分）；（II）细胞是一个功能统一体；（III）细胞确定了与环境特有的交互作用域。Varela 和 Maturana 将这种满足生命要求的自治系统命名为自创生系统。自创生包含了一种瓦雷拉所说的“逻辑自举”（logical bootstrap）或递归环——在这个环中，系统的诸成分的交互作用形成了该系统，并反过来被该系统约束。（见图 1）

自创生理论将生命系统的这种自我生产的构成所需要的组织类型称为“组织闭合”（organizational closure）或“操作闭合”：“‘组织闭合’是指一个将该系统限定为一个统一体的自指（循环和递归）关系网络；而‘操作闭合’是指这种系统的再入（reentrant）和循环的动力学。”（Thompson，2007，p.44）可以看出，组织闭合是一种特定的关系—过程的形式，而保持这种组织形式完整性的系统的确实现了一种同一性，但这种同一性不是实体同一性，而是一种功能同一性，它表明生命是一种维持组织闭合完整性的持续建构。

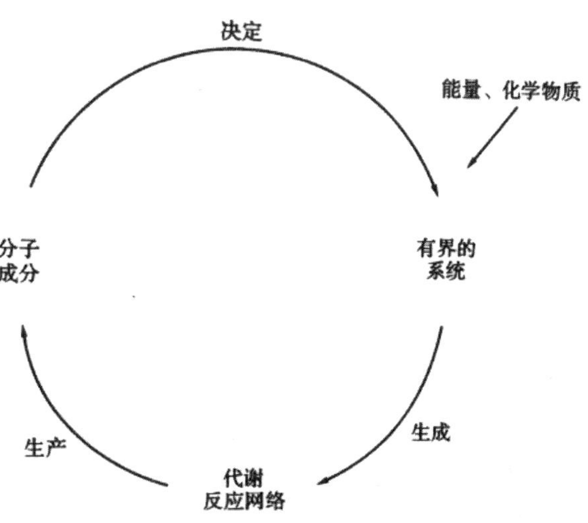

图 1. 生命自我生产的组织形式

（资料来源：埃文·汤普森：《生命中的心智：生物学、现象学和心智科学》，李恒威、李恒熙、徐燕译，杭州：浙江大学出版社，2013 年，第 39 页。）

就细胞而言，细胞膜是将细胞与环境区分开来的物理边界，从而在最小生命的意义上形成了自我与非我的区分。为了维持细胞的功能整体或功能同一性（换言之，保持“活着”），细胞必须向环境开放，必须与环境形成一种持续从其中摄入物质、能量和信息的独特的交互作用域。再者，环境也不只是生命活动的背景和不变者，它也会随着生命的展开被不同生命系统的特定代谢需求所改变。例如，“人类世”（The Anthropocene）这个概念就表现出人类生命代谢活动对环境改变的某种极端性。2000 年，为了强调今天的人类在地质和生态中的核心作用，诺贝尔化学奖得主保罗·克鲁岑（P. Crutzen）提出了“人类世”的概念。克鲁岑指出：自 18 世纪晚期的英国工业革命开始，人与自然的相互作用加剧，人类成为影响环境演化的重要力量，尤其“在过去的一个世纪，城市化的速度增加了 10 倍。更为可怕的是，几代人正把几百万年形成的化石燃料消耗殆尽。”“人类世”概括的正是从这一时期开始的地质变化，其特征是从南极冰层捕获的大气中二氧化碳和甲烷的全球性增高。克鲁岑认为：人类活动对地球系统造成的各种影响将在未来很长的一段时间内存在，未来甚至在 5 万年内人类仍然会是一个主要的地质推动力，因此，有必要从“人类世”这个全新的角度来研究地球系统，重视人类已经而且还会将继续对地球系统产生巨大的、不容忽视的影响。（参见 https://baike.sogou.com/v629676.htm?fromTitle= 人类世）因此，生命与环境的交互作用也正是促成它们各自诞生的过程，即汤普森所言的“动力共涌现”（dynamic co-emergence）。生成论认为，生命与环境之间的这个交互作用域既是功能域，也是认知域和意义域。

生命自创生系统所蕴含的自举或递归的逻辑表现为：在生命的自我生产过程中，不仅整体来自部分的操作闭合，部分也来自整体；整体由部分的关系所构成，部分又受到它们在整体中与其他部分之关系的约束；部分与整体共生，并彼此限定。因此，自创生的生命系统不能按还原论的进路来分析，也不能依靠严格的整分还原论（mereological reductionism）来理解。作为自创生的生命自我绝不是一种静态的单一体，而是一种源自操作闭合的关系—过程网络的因缘和合的整体。因此，我们说生命是一个“缘起”的过程，在究竟的意义上生命自我是“空性”的。

四、建构“无我之我”的一般原则

生命的自创生理论表明，生命自我的同一性不是单纯实体的同一性，而是功能同一性——它是生命在持续建构中由操作闭合实现的组织形式的完整性，换言之，“无我之我”的建构所基于的原则是自指或递归的逻辑。事实上，无论是像细胞这样有机体还是像人类这种具有神经系统的复杂有机体，作为“无我之我”，它们的建构都遵循这个原则——也被 Thompson 称为“自我限定原则”（self-specifying principle）：“自创生的活细胞是最小和最基本的自我限定系统。通过限定系统与非系统的边界，细胞从分子汤中脱颖而出。这种边界的限定是由细胞内部的化学变化造成的，与此同时边界本身又是这种化学变化成为可能的前提。细胞的边界与内部变化彼此限定，细胞就是以这种方式从化学背景中诞生的。如果有东西中断了这种自我限定过程，细胞成分就会逐渐分解到分子汤中，不复为一个与众不同的整体。”Thompson（2015，p.327）认为，自我限定原则是理解“无我之我”这种自我观的概念支架。自我限定系统，例如上面分析的细胞，就是一组彼此产生的化学过程，这些过程构成一个相对于环境的作为自我持存的整体，换言之，构成细胞的化学过程生成了一个自我/非我的区分，由此细胞有了一个相对于环境的独一无二的同一性或“自我”。

基于这个原则，我们可以从最简单的细胞生命的自我限定系统开始，逐级建立起不同层次自我（诸如免疫自我、无意识的神经自我、有意识的核心自我），直至人类水平的反思的社会—文化自我。但是生成论的如下观点对于所有层级的“无我之我”都是必要的：

> 概念：我相（I–making）——即一种在时间中持续、作为思想的思想者和行动的执行者的“我”的感觉。
>
> 主张：自我是一个“我构成”（I–ing）的过程——这个不间断的过程生成了一个“我”，而这个“我”又并非不同于这个不间断的过程本身。
>
> 理论工具：自我限定系统——即一组彼此限定的过程，它们由此构成了这个作为一个相对于更广环境的自我持存整体的系统。
>
> 实现：对在多重水平（生物的、心理的和社会的）上构成我相的这个自我限定系统的描述。（Thompson，2015，p.326）

显然，在生成论看来，“无我之我”（或生命的功能同一性）的建构不需要一个笛卡尔剧场中的小矮人或脑的中央处理器来保证。实际上，脑的自组织方式有点类似于“区块链式的确权”：在脑中“没有中央逻辑处理器，信息似乎也没有储存在精确的位置上。确切地说，脑的运作可以被看作是基于分布式的大规模相互联结，以至于神经元全体之间的实际联结因经验而改变。简言之，神经元全体展现给我们的是一种自组织能力，而这在符号操作范式中是找不到的。”（瓦雷拉，汤普森 & 罗施，2010，p.86）这种无根基的存在论也是联结主义的核心原则：“以简单要素为起点，以动态的方式彼此紧密地联结它们来建立认知系统，在这条进路中，每一个要素都只在其局部的环境中运作，所以也就没有运转系统的外部行动者。但是由于系统的网络构造，当所有参与的‘神经元’达到相互满意的状态时，将自发地涌现一种全局协作。因此，这种系统并不需要重要处理单元来指导整个运行。从局部规则到全局一致的转变就是控制论年代习惯被称之为自组织的这一观念的核心。如今人们更喜欢谈论涌现或者全局属性、网络动力学、

非线性网络、复杂系统，或者甚至协同学。”（瓦雷拉，汤普森 & 罗施，2010，p.86）

基于这种“无我之我”的自我观，认知神经科学的自我研究需要改变实体论的研究思路。在认知神经科学中，实体论的思路是通过对比“自我相关”与“非自我相关”任务，试图寻找自我的神经相关物，即找到表征自我的脑区或功能模块。然而，在生成论看来，自我的神经科学研究不再是寻找自我的神经相关物，而是转而探寻建构“无我之我”的自我限定的自组织动力学（Legrand，Ruby，2009）。随着神经系统的复杂性增加，我们需要在生命自我的基础上进一步探究不同层级的自我——诸如前反思的感觉运动自我、无意识的神经自我（唐孝威，2019）、有意识的心理自我以及充满社会文化意蕴的社会人格——的生物基础（李恒威，2019）。

五、感觉运动自我的自我限定

以身体的感觉运动整合为例，具有发达神经系统的生物在与环境的耦合互动过程中，其神经系统通过对比输出副本信号与再传入信号，就可以功能地区分自我与非我，从而实现了神经系统自我限定过程。感觉运动自我（sensorimotor self）的神经自我限定过程如下（Christoff，Cosmelli，Legrand& Thompson，2011）：在感知行动层面，通过将产生动作的运动指令与身体执行动作所产生的感觉刺激（来自运动动作的感觉反馈流，它既包括外部刺激，也包括内部刺激）进行系统性对比，从而区分个体自身（自我）运动动作所产生的刺激（内生感觉信号）与它的外部环境（非我）不断变化所产生的刺激（外生感觉信号），这一过程在神经学上被称为“感觉运动整合”过程。（图

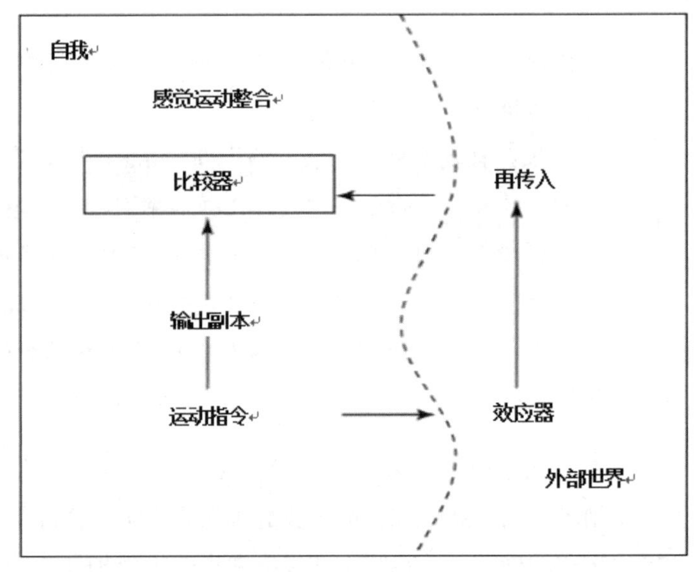

图 2. 感觉运动自我的自我限定过程。有机体通过这种自我限定以身体运动的方式内隐地区分出自我与非我（环境）。（资料来源：Christoff, K., Cosmelli, D., Legrand, D., Thompson, E. (2011). Specifying the self for cognitive neuroscience. *Trends in Cognitive Sciences*, 15(3), 104–112. 有改动 .39.）

2）感觉运动整合以循环的自我限定将内生感觉信号与外生感觉信号区分开，从而内隐地实现了自我 / 非我的功能区分。这种感觉运动循环的自我限定是个体自主性（agency）和拥有性（ownership）的基础；在此基础上，个体会产生一个作为知觉主体和行动主体的独一无二的感觉运动视角——你能够从内部感受你的身体，并将其视为你感知世界和与世界互动的中心，而体内平衡（homeostasis）调节则为个体建构了一个独特的以身体内感受为基础的情感视角。

当自我限定过程使得个体以独特的视角进行感知和行动，同时个体内隐地将自己体验为感知和行动的施行者（agent）和拥有者（owner）时，神经层面的“感觉运动自我”就诞生了。进一步，当神经系统在感觉运动自我的基础上为有机体赋予意识能力时，有机体将会有一种明确的自主感（a feeling of agency）和拥有感（a feeling of ownership），由此，“自我感”（the sense of self）——即有机体作为一个主体的感受——就在生物界诞生了。

结语

在回顾实体论、错觉论以及中道论的基础上，我们论述了生成论关于自我的基本观点。本质上，生成论基于生命的自我观是佛学中道论自我观的一个科学形态，这种形态的哲学基础是关系—过程动力学存在论。相对于佛学的“缘起性空”的基本思想，生成论的进一步发展在于，它讨论了“因缘和合”——即建构生命的功能同一性——的一般机制，即操作闭合。一方面，操作闭合是在一个不断建构的过程中实现的，因此是缘起的，是非实体性的（即空性的）；另一方面，在有机体的生命周期内，操作闭合始终是实在的，只是这种实在不是实体性实在而是过程性实在。这样，生成论就形成了一种理解自我的方式，这种方式与 Whitehead 的过程哲学所蕴含的观点是相近的，即自我是一个创造性过程，它就是那个存在于持续过程所建构的操作闭合的组织形式本身（怀特海，2013），正如现象学家和生成论者的 Jonas 所言：“有机体这种个体的存在就是他们自己的所作所为，他们这么做所争取来的生命，不是他们摆脱这种活动之后还能继续拥有的，这个活动本身就是由存在（生命）所产生的，他们这么做所争取来的存在是用来延续这种活动本身。”（Thompson，2007，p.155）可以说，“无我之我”这一生成论的自我观深刻地揭示了生命的过程性与功能同一性相统一的辩证法。

参考文献

埃文·汤普森：《生命中的心智：生物学、现象学和心智科学》，李恒威，李恒熙，徐燕译，杭州：

浙江大学出版社，2013 年。

弗兰克・梯利：《西方哲学史》（增补修订版），贾辰阳、解本远译，北京：光明日报出版社，2014 年。

怀特海：《过程与实在——宇宙论研究》（修订版），杨富斌译，北京：中国人民大学出版社，2013 年。

李恒威：《意识：从自我到自我感》，杭州：浙江大学出版社，2011 年。

李恒威：《意识：形而上学、第一人称方法和当代理论》，杭州：浙江大学出版社，2019 年。

唐孝威："无意识活动的数学公式"，《应用心理学》2019 年第 25(1) 期第 95–96 页。

瓦雷拉，汤普森 & 罗施：《具身心智：认知科学和人类经验》，李恒威、李恒熙、王球、于霞译，杭州：浙江大学出版社，2010 年。

叶少勇："龙树中观哲学中的自性"，《世界哲学》2016 年第 2 期第 150–159，161 页。

Christoff, K., Cosmelli, D., Legrand, D., Thompson, E. (2011). Specifying the self for cognitive neuroscience. *Trends in Cognitive Sciences*, 15(3), 104-112.

Legrand, D. and Ruby, P. (2009) What is self-specific? A theoretical investigation and critical review of neuroimaging results. *Psychol*. Rev. 116, 252–282.

Metzinger, T. (2011). The No-Self Alternative. In S. Gallagher, (Ed.), *The Oxford Handbook of the Self* (pp. 297–315). New York and Oxford: Oxford University Pres.

Thompson, E. (2007). *Mind in Life: Biology, Phenomenology, and the Sciences of Mind.* USA: Harvard University Press.

Thompson, E. (2015). *Waking, Dreaming, Being: Self and Consciousness in Neuroscience, Meditation, and Philosophy*. USA: Columbia University Press.

Varela, F., Thompson, E., & Rosch, E.(1991). *The Embodied Mind: Cognitive Science and Human Experience*. Mass.:MIT Press.

Varela, F. (2011). Organism: A meshwork of selfless selves. in A. Tauber (Ed.), *Organism and the Origins of Self*, (pp.79-107). Dordrecht: Kluwer Academic Publishers.

“我” = 觉知[①]

［美］ 亚瑟 · J. 德克曼（Arthur J. Deikman）[②]

内省揭示了主体性——“我”（I）——等同于觉知这个要点。这个“我”应当区别于自然人（physical person）的各个方面，并区别于来自其“自我”（self）的心智内容。对意识的大多数争论就是因为混淆了“我”（I）与“自我”（self）。事实上，我们的体验在根本上是二元的——不是心智与物质的二元——而是“我”与被观察物的二元。这种觉知与“我”的同一意味着我们通过成为觉知（awareness）而知道觉知，从而解决了观察者无限后退的难题。由此，无论我们关于觉知的存在论是什么，它也必将与“我”的存在论相同。

一、“我”

（一）我

我们似乎有很多个“我”。诸如“我想”的“我”，“我写了一封信”的“我”，“我是一个精神病学家”的“我”或者“我正在思考”的“我”。但是这里存在另一个更根本的“我”，它是各种欲望、活动和身体特征的基础。这个“我”就是我们存在的主体感。它不同于自我形象（self-image）、身体、激情、恐惧，这些社会范畴是当我们谈起自我时常常涉及的人的各个方面，但它们没有指出意识存在的核心，它们不是我们个体存在感的起源。

实验 1：停下来一会，然后向内看。尝试感觉你那最基础、最个人的“我”的最初起源，即你的主观体验核心。这个“我”在感受的根源是什么？试着

① 本文最初发表在 *Journal of Consciousness Studies* 3, No. 4, 1996, pp. 350 – 356. 在本手稿的准备过程中，我对来自大卫 · 加兰（David Galin）和埃莉诺 · 罗施（Eleanor Rosch）的见地卓越的评论不胜感激。

② 作者单位：加州大学旧金山分校（University of California San Francisco）。

去找到它。

当你内省时，你会发现无论你的心智内容是什么，这个最根本的“我”总是一个不一样的东西。每次当你试着去观察“我”时，它就跳到了你背后，停留在视线之外。起初你可能会说：“当我按你的建议内观时，我所发现的一切不过是各种各样的内容。”我会回答说：“是谁在看？不是你吗？如果‘我’是一种内容，那你能描述它吗？你能观察到它吗？”主体性的核心“我”区别于任何内容，因为它是观照者而非被观察者。“我”可以被体验到，但不能被“看到”，“我”是观察者、体验者，先于所有意识内容。

在当代心理学和哲学中，通常没有将“我”与自然人及其心智内容区分开来。自我（self）被视为一种建构（construct），而这个关键的二元性却被忽略了。正如苏珊·布莱克摩（Susan Blackmore）所指出的：

> 为了控制行为，我们必须建构身体意象（image），而我们的自我感（sense of self）是通过这个身体意象而发生的，我们的感觉和我们对自身能力的认识所带来的优势在于身体—脑—心智的能力。然后有了语言。语言将自我转变为一个事物，并赋予它属性和力量。（Blackmore，1994）

丹尼特（Dennett）的评论与此相似，他称之为“叙事引力中心”（Center of Narrative Gravity）的东西赋予了我们一个具有统一自我的虚假感觉：

> 根据我的理论，自我完全不是一个绝对精确的点（mathematical point），而是由无数归因和解释（包括自我归因和自我解释）规定的一个抽象物，这些归因和解释组成了这个作为叙事引力中心的生命体（living body）的自传。（Dennett，1991）

当我们使用内省去寻找我们主体性的开端时，我们发现，对“我”的探索将人格（personhood）的习惯方面抛诸脑后，让我们越来越接近觉知本身。如果我们将这个内省观察的过程推向极致，那么甚至核心主观自我的背景感也将消融于觉知中。因此，如果我们继续“现象学地”前进，那么我们会发现这个“我”就等同于觉知：“我”= 觉知。

（二）觉知

觉知既与我们所觉知到的一切——思想、情绪、意象、感觉、欲望和记忆——相分离，也与它们不同。觉知是心智内容在其中得以显现的场地（ground）；它们在其中出现，并再次消失。

我用“觉知”一词，意指这个所有体验的场地。任何描述它的企图最终都不过是对我们所觉知事物的描述。基于此，有些人认为觉知本身并不存在。但仔细的内省表明，觉知的对象——感觉、思想、记忆、意象和情绪——在不断地变化并彼此取代。相比之下，觉知始终独立于任何特定的心智内容。

实验 2：向前看。现在把眼睛闭上。丰富的视觉世界消失了，取而代之的是一种难以名状的、黑乎乎的场景，或许还带有一丝红色和黄色的痕迹。但是觉知始终如一。你会注意到，当你的思想来来去去，当你的记忆相续更替，当愿望出现而幻想发展、变化和消失时，觉知始终如一。现在试着去观察觉知。你无法做到。觉知不可能被当成一个观察的对象，因为只有借助它，你才可能观察。

正如我们的整体状态会变化一样，觉知在强度方面也会变化，但它通常是一个恒量。觉知本身不可能被观察，它不是一个对象或物体，不是一个事物。的确，它是无特征的，缺少形式、质地、颜色和空间维度。这些特征表明觉知与心智的内容相比有着不同的本性；它超越感觉、情绪、思想活动（ideation）和记忆。觉知处在一个不同的层次，它先于内容，要更加根本。觉知没有内在的内容，没有形式，没有表面特征——它不像我们体验到的任何东西，不像对象、感觉、情绪、思想或记忆。

因此，体验是二元的，不是心智与物质的二元论，而是觉知与觉知内容的二元论。换言之，体验由观察者和被观察者组成。我们的感觉、我们的意象、我们的思想——即这些我们参与并规定物理世界的心智活动——都是被观察者的一部分。相比之下，这个观察者——这个“我”——先于其他一切东西；没有它就没有存在的体验。如果觉知本身不存在，这里将没有“我”（I），而将只有“宾我”（me）、我的个性、我的社会和情绪身份——但没有“我”（I），没有照亮存在的中心。

二、觉知与内容的混淆

这个有限世界的真正中心是“我”（I），但它不属于那个有限的世界，与之根本不同。我这么说并不是在暗示一种唯我论的存在论。即使在我熟睡时，物理世界对我来说也是存在的。但所有把觉知贬低到一种次要的或者甚至是涌现状态的存在论都忽视了体验的基本二元性。如今，存在许多声音否认这种觉知和内容的二元存在论。比如，塞尔（John Searle）攻击心—身二元论，把意识（觉知）当作一种物质实体的涌现属性（emergent property）。他把意识与流动性联系起来，流动性来自由氢原子和氧原子化合而成的水分子的行为，而这些原子（氢原子和氧原子）本身并没有展现出流动性。“意识不是一种‘质料’”，而是脑的一种特征或属性（feature or property），正如流动性是水的一种特征（Searle, 1992）。[①] 但是可从分子吸引力的角度来理解的流动性是这个被观察到的世界的一部分，这一点在存在论上是类似的。但说主观的“涌现”自客观的，则完全是另一种不同的命题，关于这个命题，自然科学无从置喙。

科林·麦金（Colin McGinn）也坚持认为没有心智与物质的二元论——一切最终都将能够用物理术语解释——但是他断言，由于人类有限的智力能力，我们永远无法理解从一侧到另一侧所发生转变的关键过程。（Colin McGinn，1999）麦金认为观察者/被观察者二元性与其说是实在的还不如说是表面上的；存在一个从被观察者到观察者的物理转变。但思想（念头）与神经元之间的存在论鸿沟要小于观察者与被观察者之间的存在论鸿沟。而思想和神经元却因它们是我的观察对象、“我”的内容而联系在一起的，它们具有时间和地点等共同特征。[②] 无疑若对我的脑袋猛击一下，就可能让“我”消逝，但它与被观察对象的关系与我们所能考虑的任何其他事物的关系都完全不同。对物质主义来说，我们最多能说脑是“我”的一个必要条件。

三、关于“我”的混淆

大多数心理学文献都没有将觉知当成一种自成一格的现象，某种区别于意识的诸内容的现象。这些文献的作者也没有认识到了“我”与觉知是同一的。相反地，觉知这种现象常常与各种内容相混淆在一起。威廉·詹姆斯（William James）在他经典的《心理学原理》（*Principles of Psychology*）中就犯了这个错误。当他对“其他所有一切自我的核心自我”进行内省时，他最终将这种核心自我等同于“一种身体活动的感受……”——他得出的结论是，我们对这个“我”（即这个主观自我）的体验实际上就是我们对身体的体验：

> ……身体，以及在头脑中伴随着思想活动的中央调节。这些都是我们个人身份的真正核心，以及是它们实际存在，被当作一个坚实的、当下的事实，这使得我们说“如我存在般一样真切”。（James, 1950）

相反地，由于我的核心“我”——我存在的根基——是觉知本身，我会说我确信我存在。觉知就是“所有其他自我的自我”。身体感受可以被观察：“我”是观察者，而非被观察者。

从行为心理学开始，一直到我们全神贯注于人工智能、并行分布式处理和神经网络，

---

① 流动性可能不是涌现最好的例子；在非常低的温度下氢原子和氧原子都能展现流动性。

② 关于这点的有趣讨论，详见威廉·詹姆斯的文章《意识存在吗？》（James，1922）。

觉知这个主题本身很少受到关注。当这个主题被提出来，在纯粹觉知意义上的意识总是与各种各样的内容相混淆。

一小部分像戈登·布鲁巴斯（Gordon Globus）这样的当代心理学家，已经开始承认觉知自身这个在观察着的自我的特殊特征，但几乎所有人终结都将觉知混同于内容。例如，海因茨·科胡特（Heinz Kohut）将自我（self）看作是一个超常的概念而非仅仅是自我（ego）的一种功能，并以此为基础发展出了他的自我心理学。然而他确实没有注意到觉知是自我体验的原初资源，并且：“与对象的表征十分相似，自我是一种心智装置（mental apparatus）的内容。”（Kohut, 1971）

一些当代精神病学家，诸如戈登·布鲁巴斯（Gordon Globus，1980），已经开始认识到这个觉知的自我（即正在进行观察的自我）这一与众不同的特征，但几乎所有人最后都将觉知与内容混同在一起。例如，海因茨·科胡特（Heinz Kohut）提出他的自我心理学（Self Psychology），他认为自我是一个上位概念，而不仅仅是自我（the ego）的一个功能。可是他没有注意到觉知是自我经验的首要来源，并且得出结论认为：自我于是非常类似于客体的表征，是这个心智装置的内容。(Kohut，1971)

我们看到同样的问题也出现在哲学中。胡塞尔之后，几乎所有探索心智本质以及它与身体关系的现代西方哲学进路都没能认识到内省揭示了“我”等同于觉知。[①] 此外，大多数哲学家没有认识到觉知是自成一格的，与诸内容不同。欧文·弗兰那根（Owen Flanagan），一位写了大量关于意识文章的哲学家，与詹姆斯一样谈及“心智之‘我’的错觉”（the illusion of the mind’s I）（Flanagan，1992）。埃文斯（C.O. Evans）开始认识到了观察者与被观察者之间区别的重要性，提出了“主体性自我”，但是随后又退回到觉知是“非投射意识”（unprojected consciousness）（即背景内容的无定形体验）的立场(Evans，1970)。然而，这个背景是由一些我们能转移注意力于其上的要素组成的。这就是弗洛伊德所说的前意识（preconscious）。“我”/觉知本身没有组成要素，没有特征。这不是一盏照亮了一个要素而其他要素处于黑暗中的探照灯的问题，而是一个与光本身的本质有关的问题。

相比之下，一些基于内省冥想的东方哲学强调觉知与内容之间的区分。[②] 因此，印度数论派哲学将神我（puruṣa）（即这个进行观照的自我）与一切其他事物，与构成这个世界的所有体验（无论它们是思想、意象、感受、情绪或者梦）区别开来。帕檀伽利（Pantanjali）给出了这一观点的经典表达：

> 对那个能完全分辨出众生（satva）（涌现的世界中最微妙的方面）与神

① 罗伯特·福尔曼（Robert Forman）是个例外，见 Forman，1993。

② 关于这点的讨论和它与哲学难题的讨论详见 Forman(1990b) 和 Shear(1990)。

我（非涌现的纯粹观者）的人，他拥有对所有事物的主权和对所有事物的知识。（Chapple, 1990)

觉知被认为独立于内容而存在，而这个“纯粹意识”是每个人都有潜力接近的。20 世纪的瑜伽士克里希纳 • 梅农（Sri Krishna Menon）以更现代的方式阐述了立场：

> 认为意识绝不能离开它的对象而被体验到，这种看法是非常表面的。如果你问他：“你是一个有意识的存在吗？”这个问题，他将会自然地回答：“是的。”这个答案来自最深处。在这里，他甚至没隐默地提及任何作为那个意识对象的东西。(Menon, 1952)

在佛教经典文献中我们也能发现：

> 当所有较小的事物和观念都被超越和遗忘，只剩下一种无意象的完美状态，如来佛与真如融合为完美的一性……（Goddard, 1966）[①]

西方神秘主义也提到过这种无对象的意识体验。
埃克哈特大师（Meister Eckhart）这样讲道：

> 这里有寂静的“中间”，因为没有造物进入这里并且没有意象，也有没有灵魂在此进行活动或理解，所以她在这里觉知不到任何意象，不论这些意象是她自己的，还是任何其他生物的。（Forman，1990）

相似地，来自圣十字若望（Saint John of the Cross）：

> 那个内在的智慧如此简单、如此普遍又如此灵性，以至于它不能被受制于感觉的任何形式或意象所理解。（1953）

西方心理学未能将觉知与内容区分开来，并导致“我”与心智内容的混淆，这可能要归咎于文化上的局限：大多数西方科学家缺乏东方冥想学科的体验。[②]

东方神秘主义传统运用冥想练习来体验心理活动与进行观察的自我之间的区别。例如，著名的瑜伽行者，拉玛纳 • 马哈希（Ramana Maharshi），制定了“我是谁？”的练习来证明进行观察的自我不是对象；它不属于思想、感受或者行动的领域（Osborne,

---

① 这方面的论述详见 Daniel Goleman, ‘The Buddha on meditation and states of consciousness’, in Shapiro and Walsh (1984)。

② 现代西方心理疗法的关键活动是加强对正在进行观察的自我的体验，将它从心智内容中区分出来。的确，弗洛伊德关于自由联想的基本指导语与止观修行的指令具有惊人的相似度。（Deikman，1982）

1954）。“如果我失去了我的手臂，我仍然存在。所以，我不是我的手臂；如果我听不见，我仍然存在。所以，我不是我的听觉”。以此类推，当排除了个体的所有其他方面，直到最后，我也不是这个念头，这可能会导致对这个“我”的一个完全不同的体验。类似的，在佛教止观修行中，禅修者被教导仅仅去注意心中任何生起的东西，任它来去。这加强了念头和感受流与进行观察的那个东西之间的差别。①

将东西方心理学整合起来的尝试也同样会将“我”与“内容”混淆，即使是那些已经有过东方禅修训练的人。让我们思考《具身认知》（The Embodied Mind）中的以下段落，这部著作基于正念冥想的经验，并将西方心理科学与佛教心理学联系起来。

> ……在我们对自我的寻求中……我们找到了所有我们能够觉知的各个方面——对视觉、听觉、嗅觉、味觉、触觉的觉知，甚至是对我们自己思维过程的觉知。而唯一我们找不到的是自我（self or ego）的真实存在。但是请注意，我们确实发现了体验。事实上，我们进入了体验的风暴中心，我们辨别出那里根本没有自我（self），没有“我”（I）。(Varela et al.，1991)

但是当他们说“我们辨别出那里根本没有自我（self），没有‘我’（I）”时，“我们”指的是什么？是谁在看？谁在分辨？难道这不是那些作者的“我”吗？来自吠檀多传统的一个经典故事正好与此相关：

> 一群旅行者涉水过河。后来，为了确保每个人都安全通过，领队数了一下人数，但没有数他自己。每个成员都同样做了一遍，结果他们认为他们中有一个人失踪了。于是这一群旅行者花费了很长一段在河边苦恼地寻找，直到后来一个路人建议他们每个人把自己也数进去。结果，这群旅行者欣喜若狂地发现没有人失踪，于是他们继续上路了。与这些旅行者一样，西方心理学经常忽略了真正重要的东西。除非把自己也数进去，否则他们的旅程就会被延迟。

类似地，对意识（觉知）作为观点 (Nagel，1986) 或视角的讨论，在探索第一人称视角究竟是什么方面也不够深入。就我自己而言，我自己并不是亚瑟•德克曼，这个精神病学家、六英尺高、棕色头发。那个特定的人有特定的观点、信仰和技能，所有这些都是其名义身份下的一部分，但是所有这些都是由他的“我”观察到的，而这个“我”

---

① 在佛教中，禅修体验可能会被给予不同的解释。沃波尔•罗睺罗（Walpole Rahula）强调说，佛陀否认意识脱离物质而存在，因此拒绝永恒或不朽的自我（Self）或阿特曼（Atman）的观念 (Rahula，1959)。相比之下，铃木大拙（D.T. Suzuki）把自我（Self）定义为绝对主体性（Suzuki et al.，1960）。然而，吠檀多和佛教的著论都认同作为事物之自我的虚幻本质。

与那些成分是分开的。如果像 Herbert(1994)、Goswami(1993) 和 Chalmers(1995) 最近提出的那样，觉知是宇宙（universe）中的一个根本要素，那么“我”也是具有其所有存在论含义的根本要素。亚瑟·德克曼是一个处于时空一隅并且终有一死的人，但是他的“我”——那个照亮了其世界的光，那个其存在的本质——又如何呢？那些研究意识的人，那些认为有必要赋予意识不同于物质的存在论地位的人，往往不会将他们的结论延伸到“我”上。可是“我 = 觉知”这个等同会让意识研究变得如此困难。古文·古采德尔（Güven Güzeldere，1995）说道：

> 为什么会有如此明显的两极分化？为什么意识被那些主要在相同范式下工作的研究人员描述为一种过于熟悉而不需要进一步解释的现象，以及一个通常抗拒系统研究的现象？（Güzeldere，1995）

古采德尔所指的困难可以概括成这个问题：谁在观察这个观察者？每次我们退一步去观察是谁或什么在做观察，我们发现“我”和我们一起都跳了回来。

这就是由吉尔伯·赖尔（Gilbert Ryle）发现的“观察者的无限倒退”，它经常被当作反对观察的自我是真实存在的论据。但将“我”等同于觉知解决了这一无限倒退的难题：我们不是通过观察它而是通过成为它（by being it）来知道这个内部观察者的。本质上，我们是觉知，因此不需要想象、观察或感知它。通过成为那个被知的而知道，这在存在论上不同于知觉知识（perceptual knowledge）。这就是为什么人们可以内省而并没有看见觉知或“我”，结果却像旅行者得出结论一样：它不存在。但思想实验和内省冥想技术能够从所见之物中提取出这个正在看的人，由此恢复了缺失的中心。

一旦我们承认“我”与觉知的同一性，那么无论存在论命题看上去多么适合觉知，我们也会被迫延伸到核心的主观自我上。如果觉知是非定域的（non-local），那么这个本质的自我也如此。如果觉知是超越物质实在的，那么“我”也如此。如果觉知被宣告为不存在，那么“我”也如此。但无论一个人持有什么样的存在论偏好，只要承认“我”= 觉知，这就会对我们的理论和个人观点产生深远影响。

参考文献

Blackmore, Susan (1994). “Demolishing the self”, Journal of Consciousness Studies, 1 (2), pp. 280 – 2.

Chalmers, David J. (1995). “The puzzle of conscious experience”, Scientific American, December, pp. 80 – 6.

Chapple, Christopher (1990). “The unseen seer and the field: consciousness in Samkhya and Yoga”, n Forman (1990a).

Deikman, Arthur (1982). The Observing Self: Mysticism and Psychotherapy (Boston, MA: Beacon Press).

Dennett, Daniel (1991). Consciousness Explained (Boston, MA: Little, Brown & Co.).

Evans, C.O. (1970). The Subject of Consciousness (London: George Allen & Unwin Ltd.).

Flanagan, Owen (1992). Consciousness Reconsidered (Cambridge, MA and London: MIT Press).

Forman, Robert K.C. (ed. 1990a). The Problem of Pure Consciousness — Mysticism and Philosophy (New York: Oxford University Press).

Forman, Robert (1990b). “Eckhart, Gezuken, and the ground of the soul” , in Forman (1990a).

Forman, Robert (1993). “Mystical knowledge: knowledge by identity” , Journal of the American Academy of Religion, 61 (4), pp. 705 - 38.

Globus, Gordon (1980). “On ‘I’ ” the conceptual foundations of responsibility’ , American Journal of Psychiatry, 137, pp. 417 - 22.

Goddard, Dwight (ed. 1966). A Buddhist Bible (Boston, MA: Beacon Press).

Goswami, Amit (1993). The Self–Aware Universe: How Consciousness Creates the Material World (New York: Putnam).

Güzeldere, Güven (1995). “Problems of consciousness: a perspective on contemporary issues, current debates” ,

Journal of Consciousness Studies, 2 (2), pp. 112 - 43.

Herbert, Nick (1994). Elemental Mind: Human Consciousness and the New Physics(New York: Plume Penguin).

James, William (1922). Essays in Radical Empiricism(New York: Longmans, Green and Co.).

James, William (1950). The Principles of Psychology: Volume One(New York: Dover).

John of the Cross, St. (1953). The Complete Works of St. John of the Cross, Vol. 1 (Westminister: Newman Press).

Kohut, Heinz (1971). The Analysis of the Self (New York: International Universities Press).

McGinn, Colin (1991). The Problem of Consciousness: Essays Towards a Resolution (Oxford: Blackwell).

Menon, Sri Krishna (1952). Atma–Nirvriti (Trivandrum, S. India: Vedanta Publishers).

Nagel, Thomas (1986). The View from Nowhere (Oxford: Oxford University Press).

Osborne, Arthur (1954). Ramana Maharshi and the Path of Self–Knowledge (London: Rider).

Rahula, Walpola (1959). What the Buddha Taught (New York: Grove Press).

Searle, John (1992). The Rediscovery of the Mind (Cambridge, MA: MIT Press).

Shapiro, Deane H. and Walsh, Roger N. (ed. 1984). Meditation: Classical and Contemporary Perspectives (New York: Aldine).

Shear, Jonathan (1990). The Inner Dimension: Philosophy and the Experience of Consciousness (New York: Peter Lang).

Suzuki, D.T., Fromm, Erich, and De Martino, Richard (1960). Zen Buddhism and Psychoanalysis (New York: Grove Press).

Varela, Francisco J., Thompson, Evan, and Rosch, Eleanor (1991). The Embodied Mind: Cognitive Science and Human Experience(Cambridge, MA: MIT Press.

（李恒威、徐怡译）

如来藏思想的海外研究

《十门和诤论》“佛性有无门”：解释与特征

［韩］金泰洙[①]

【摘要】本研究考察了元晓（617–686）《十门和诤论》中对“佛性有无”的论述与解释。着眼于元晓如何讨论有性（有佛性的众生，gotrasattva）和无性（无佛性的众生，agotrasattva）之间的争论方式。故本文将从佛教逻辑和佛教诠释学的角度来考察这些话语的主要特点和有效性。在此指出，尽管主要使用归谬法（反证法）（prasaṅga），依据选择性否定的肯定与反向诘问，仍然可以发现透过谬误逻辑来说服对方接受相反的观点。此外，此文献显示了和诤的主要逻辑特征—通过否定推导出肯定的方法。元晓试图利用各种经证和理证（yukti），构建逻辑一致性，乃是基于佛说（buddhavacana）或法性（dharmatā）的表达。

简而言之，元晓透过护教的观点，大乘宣教的宗教诠释学，还有阐明相关话语中的谬误，对对立的论点进行了包容性的批评和整合。

【关键词】十门和诤论；元晓；有性（有佛性的众生，gotrasattva）；无性（无佛性的众生，agotrasattva）；和诤

一、介绍

元晓（617–686）是韩国佛教和东亚佛教史上最著名和最有影响力的僧人之一。他统一了两种不同的思想来源，并将相互矛盾的教义调和为一种包容的理解（后来被称为和诤）。在其大部分著作中，他试图展示相互冲突的想法实际上并不冲突，因为在问题内部冲突获得了和解。为此，从提出的问题的两个面向解决了相互冲突的观点。基于他将矛盾意见的意义回归为“初始问题”的特征话语，元晓通过“开”（展开、发散）和“合”（收敛）话语的相互穿插推导出解决方案（和诤）。在大多数情况下，它指向一个原始问题，即“一心”或“佛说”（buddhavacana）。

① 作者单位：韩国大真大学，大巡思想学术院。

关于他在和诤方面的代表作《十门和诤论》（以下简称《和诤论》），只剩下五个现存的残篇。这些文本片段是在海印寺的四个木制印刷版块上发现的（其中文本的第9、10、15和16块于1937年被发现，第31块于1943年被发现）。大多数学者都同意这些残余的内容由三篇论述组成：（一）第9、第10关于“空有”，（二）第15、第16关于“佛性有无”，（三）第31关于“对人执与法执”。然而，我们可以通过对本文的一些引用来假设整个文本的大致轮廓，这些引用和评述包含在其他来源文献中。例如“高仙寺誓幢和尚塔碑”，义天（1055–1101）所著《新编诸宗教藏总录·祭芬皇寺晓圣文》，均如（923–973）所著《释华严教分记圆通钞》，以及见登（约800年）所著《大乘起信论同异略集》等。

本次研究在“空有”和“佛性有无”两大残篇中，作者考察了“佛性有无门”（以下简称“有无门”）及其对元晓的解释。本节里佛性存在的论证代表了有性（有佛性的众生，gotrasattva）的立场，而佛性不存在则代表了无性（无性众生，agotrasattva）的见解。

通过《和诤论·有无门》，我们可以看出，元晓在佛说的基础上，从不同的角度会通了有性和无性的对立观点。如上所述，在发现的文献残片中，只有对有性论对无性论的批判被保留下来。总的来说，该内容是对应于无性论与有性论交叉批判中，有性论对无性论进行批判的第一部分。

二、有性、无性之诤

在《和诤论·有无门》残篇中，所介绍的部分遗失内容，似乎依次描述了无性和有性的每个立场。在开示的部分，有性论者以《大般涅槃经》为经典的证据（经证），指出他们的观点，并在介绍无性论的立场后，进行评价。

> 又，彼经言：“众生佛性不一不二。诸佛平等、犹如虚空，一切众生同共有之。”又，下文云：“一切众生同有佛性，皆同一乘一因一果同一甘露。一切当得常乐我净，是故一味。”依此经文，若立一分无佛性者，则违大乘平等法性、同体大悲如海一味。又，若立言定有无性，一切界差别可得故，如火性中无水性者。他亦立云，定皆有性。一味性平等可得故。如诸粗色聚悉有大种性。则有决定相违过失。又，若立云，定有无性，由法尔故者，他亦立云，定无无性，由法尔故，是亦决定相违过失。[①]

① 《十门和诤论》，《韩佛全》1，839上17-839中5。

关于本讨论，首先，概述每个立场的主要论点及其反驳。

（一）每个立场的论点和论据

1. 有性论的论点和论据：经论的要点

有性论的论据包括以下三点：

①又彼经言：“众生佛性不一不二，诸佛平等犹如虚空，一切众生同共有之。”[P1]

②依此经文，若立一分无佛性者，则违大乘平等法性，同体大悲如海一味。[P2]

③又若立言，“定有无性，由法尔故者，他亦立云，定无无性，由法尔故。”是亦决定相违过失。[P3]

综上所述，以《大般涅槃经》的观点，如果说有一部分众生没有佛性，这与大乘倡导的平等和大悲心相悖。如同海洋般，味道单一。如果主张有人没有佛性，因为它是法尔，而另一些人则主张每个人都有佛性，因为它是法尔，这是谬论。每一个有效的推理都会导致相互矛盾的结论。

在有性论的论辩中，确立了 P1，作为一个大前提和主要问题（论题）：“众生佛性不一不二，诸佛平等犹如虚空，一切众生同共有之。”依次论证“部分众生若无佛性，则偏离于大乘性平等、大悲心”。然而，这个（P1）论点的内容直接与无性论的内容相矛盾，即“有情的一部分没有佛性”（P2）的说法。因此，它揭示了矛盾的逻辑结果。尤其其中每个有效的推理都会导致矛盾的结论（决定相违，viruddha-avyabhicārin）。相违决定表示在某个问题上提出两个相互矛盾的命题和理由，或每个论师提出两个矛盾的命题和理由时，理由 1 与主张命题 2 矛盾，并且理由 2 与主张命题 1 矛盾的谬误。尽管在某个问题的各自理论中存在合理的理由（liṅga）和例子，但仍会推出矛盾的命题。例如，假设一位论师用这两个陈述来进行论证：

如立宗言，（1）“声是无常。所作性故。譬如瓶等。”有立，（2）“声常。所闻性故。譬如声性。”根据“此二皆是犹豫因。故俱名不定。”①

如上所述，（1）声音无常，因为它像瓶子一样被产生，并且（2）声音是恒久的，因为可以听到，两者合在一起，使理由变得可疑（saṃśaya-hetutvād），因为两者结合起来才成为可疑的理由（不定因，anaikantika-hetu），并且相违决定的典型结构。因

① 《因明入正理论》卷 1，《大正藏》32，No. 1630，11c-12a。

为这里“所作性故”（H1），这句话与后一个命题[声常（P2）]相矛盾。“所闻性故”（H2）这一陈述与前一个命题[声是无常（P1）]相矛盾。

在同样的情况下，这些谬误同样适用于类似的相反的命题。上述引文中的说法（1）“定有无性，由法尔故者”（P1），以及说法（2）“定无无性，由法尔”也属于不定因。换句话说，前一个命题“肯定有众生没有佛性，因为这就是事物本来的样子”与后一个命题“肯定没有人没有佛性，因为这就是事物本来的样子”是在同一个理由上建构的相反的主张。再者，这种对经典的解释也暗示了一种含义：以《大般涅槃经》的经据，即“一切众生有佛性”为主要论据，无性论的命题与经证相矛盾。

继而，针对有性论的各个论点，无性论者进行相应的批驳。

（二）无性论的驳斥与根据

无性论的主要论点如下：

> 执有无性论者通曰：经言众生悉有心者，泛举一切有性无性未得已得诸有情也。凡其有心当得菩提者，于中简取有性未得之有心也。①

无性论的要点可概括如下：无性论的话语通过广义地解释经文的意思来展示其逻辑含义。关于有性论的三点，无性论驳斥如下。

第一，对P1的反驳对应于前一个缺失部分的内容。

[①-1]对P1的反驳

> 设使一切有心皆当得者，已得菩提者，亦应当得耶？故知非谓一切有心皆当得也。②

如前所述，这意味着“假设所有有心的人都会得菩提，那些已经得菩提的人是否也新开悟”的意思。所以，无性论者认为这并不意味着所有有心的人都会得菩提。

第二，反对P1的反驳对应于无性论对不同意见的会通。

（Ⅰ-1）无性论的P-1：“若立言定有无性，一切界差别可得故，如火性中无水性者。”③

（Ⅰ-2）无性论的P-2：“定有无性、由法尔故者。”④

[②-1]对P2的反驳

① 《十门和诤论》，《韩佛全》1，839中5-8。

② 《十门和诤论》，《韩佛全》1，839中8-10。

③ 《十门和诤论》，《韩佛全》1，839上23-24。

④ 《十门和诤论》，《韩佛全》1，839中3。

而且，如果它说“所有人都平等地拥有它，就像虚空一样”，这是从佛性为理的角度，并不说明实际表现的佛性。再者，从“一因一果”到“一切众生得常、乐、我、净”，是从有限的整体来看，不是绝对的整体。同样，可以根据上下文理解各种段落。

第三，反对 P3 以“事物的本来面目”作为否定因的根据如下：

[③ –1] 对 P3 的反驳

（Ⅱ）有性论的 P–1：（Ⅱ –1）定皆有性。一味性平等可得故。如诸粗色聚悉有大种性。（Ⅱ –2）“定无无性，由法尔故。”→ 与（Ⅰ –1；Ⅰ –2）“定有无性”决定相违：每个有效推理导致矛盾结论的谬论 .

如前所述，在有性论的理论中，“事物本来的样子”被认为相违决定的基础。因为，有了这个想法（事情本来就是这样），一个相反的论点和理由是可能的。这是接近概念中隐含意义的相反方式，同时预设了对手的经典证据。

综上所述，无性论话语显示了一种 prasaṅga，如果我们遵循有性论的预设，它会导致错误的结论。法尔的理由（liṅga）是有性论和无性论共有的预设。然而，它是一种相违决定的结构，可以根据“法尔”的含义被相反地解释。一有性论批判的大意是“既然对立的命题和理据成立，它就面临着相违决定的谬误”。另一方面，在无性论中，它声称“只有当我们说有无性时，它才不会导致谬误，因为事情本来就是这样”。对此，有性论者辩护的要点是“自从事情就是这样，在我们对有性上的论证中，没有任何谬误，并且它符合经文”。此外，有性论学说反驳如下：“说无有性是法尔”，同时也说“众生将是有限的”导致了自语相违（svavacana–viruddha）。

根据元晓的解释，考虑到所有这些论点，由于这个论点的结构允许相反的论点，无论谁先争论，两个命题都是相互矛盾的。因为它可以在同一个道理下成立相反的命题，而只是改变了道理的内容（如“事物本来就是这样”，或者“因为它可以逃避众生有限性的错误”）。

接下来，检视元晓如何介绍无性论的和解论证。

（三）会通论证的前提：经证和理证

1. 无性论的会通和论据

在对立的论点会通之前，关于无性论的说法，元晓先从无性论的角度来提出了一个问题，他说：“如果我们确立了后论师的意义，这个理论如何被会通？”在这里，“通”是指“某个命题是否与经文符合”。也就是说，这意味着元晓将检核无性论证与经文的逻辑一致性。

元晓介绍的无性论的论点来自两个方面，即从经证和理证。

（1）从广义上解释经文的含义

[②–1] 对有性论 [P2] 的反驳 [无性论的会通]

首先，无性论以有性论在解释经典含义时的谬误为理由，反驳有性论的解释。

执有无性论者通曰，经言众生悉有心者，泛举一切有性无性，未得已得诸有情也。凡其有心当得菩提者，于中简取有性未得之有心也。”①

设使一有心皆当得者，已得菩提者，亦应当得耶？故知非谓一切有心皆当得也。又言犹如虚空一切同有者，是就理性，非说行性也。又说一因一果，乃至一切当得常乐我净者，是约少分一切，非说一切，如是诸文皆得善通。②

在此，无性论反对有性论对经文的狭隘解释，理由是逐句理解经文会导致矛盾。根据无性论的看法，“若凡有心者皆得菩提”的经文，则不能适用于“已得菩提者”，所以这证明非凡有心者皆应开悟，并进一步认为，《大般涅槃经》中的这句话应该从理性的角度来解释，而不是行性。所以，它只是少分的一切，而不是一切的一切。这样，就可以很好地理解经典的含义了。

接下来，无性论者从模拟的有效性的角度来批评有性论的观点。

（2）从模拟的有效性上解释经文的含义

[③–1] 对有性论（P3）的反驳: 反对 P3 的反驳（接近概念中隐含意义的相反方式，同时根据“法尔观念”，假设对手的经证。）

若立云，由法尔（⋆尔）故无无性者，则众生有尽，是为大过。如前所立，由法尔（⋆尔）故有无性者，则无是失。故知是似决定相违而实不成相违过失，如有立言，火非湿性，由法尔（⋆尔）故。又有立言，火是湿性，由法尔故。此似决定相违而实无此过失，以火性是热，实非湿故，无性有情道理亦尔（⋆尔）。③

又若立云：由法尔故无无性者，则众生有尽，是为大过。如前所立，由法尔故有无性者，则无是失。故知是似决定相违，而实不成相违过失。如有立言，火非湿性，由法尔故。又有立言，火是湿性，由法尔故。此似决定相违，而实无此过失，以火性是热，实非湿故。无性有情，道理亦尔。④

在这里，无性论通过澄清自己的逻辑来反驳有性论批评（即无性论的论点陷入决定相违），并得出结论认为即有性论所说的矛盾只是一个似决定相违。因为无性论的例

① 《十门和诤论》，《韩佛全》1，839 中 5-8。

② 《十门和诤论》，《韩佛全》1，839 中 10-14。

③ 《十门和诤论》，《韩佛全》1，839 中 14-22。

④ 《十门和诤论》，《韩佛全》1，839 中 14-22。

子是建立在与实火属性相矛盾的假例子上的。然后进行以下讨论。

（3）[①–1] 对有性论 [P1] 的反驳

以下是无性论在《显扬圣教论》中对“有情本无佛性”但后来发展出佛性这一论点的批评。

> （Ⅱ–1）问：“若立后师义，是说云何通？”如《显扬圣教论》云：“云何唯现在世，非般涅槃法？”不应理故，谓不应言于现在世，虽非般涅槃法，于余生中，复可转为般涅槃法。何以故？无般涅槃种性法故。又若于此生，先已积集顺解脱分善根，何故不名般涅槃法？若于此生都未积集，云何后生能般涅槃？是故定有非般涅槃种性有情。《瑜伽论》中亦同此说。”①

像这些引用的段落一样，无性论者提出了《显扬圣教论》（和《瑜伽师地论》）的经文段落作为证据。根据这种证据，无性论者否定般涅槃种性之法的存在，因为论证“即使现在不是，在以后也可能转成般涅槃法”是不可能的。对于他们的论点，无性论者提出以下两个问题。（Ⅰ–2–1）：“今生已经积善根，为何不说般涅槃？”（Ⅰ–2–2）：“今生未积善根，来生可般涅槃？”然后，无性论者得出非般涅槃之有情之存在作为他们的结论。第二个和第三个论点如下：

> （Ⅱ–2）又若一切皆当作佛，众生虽多，必有终尽。以无不成佛者故，是则诸佛利他功德亦尽。又若众生必有尽者，（寂）后成佛则无所化，所化无故，利他行阙。行阙成佛应道理。又若说一切尽当作佛，而言众生无永尽者，则为自语相违过失。以永无尽者，永不成佛故。又如一佛一会，能度百千万亿众生，令入涅槃，于众生界渐损，以不若有渐损。则有终尽。有损无尽，不应理故。若无损者，则无灭度。有灭无损，不应理故。如是进退，不可立无同类故，其义不成。②

在这两段，无性论者提出一切皆有佛性的主张导致的后果。按照他们的逻辑，如果每个人都成佛了，就会出现没有众生的情况。所以，不会有利他的功德，也不需要教导。所以，佛性的存在会导致无灭，而无灭就是不会成佛的结果。

以这种方式，无性论者还以“若一切成佛，会出现没有众生”之言，以及“没有功德与，教化必要”的说法，展示了有性论者的论点带来的相互矛盾的谬误。这里使用的论证方法是归谬法（prasaṅga），就是通过重叠论证和理由来跟随对手的论证时导致的矛盾。

---

① 《十门和诤论》，《韩佛全》1，839 中 22- 下 7。

② 《十门和诤论》，《韩佛全》1，839 下 7-18。

特此批评有性论论证的不完备性，因为它没有同类的例子。

总之，让我们总结和评估无性论的主要要点。

（4）无性论的主要论点

（Ⅰ）虽有性论批评无性论与经、理相矛盾，但无性论者并非否定经和理。它只是试图从不同的角度展示无性的存在。

（Ⅱ）关于众生有限的问题，双方都认为不符合对方的主张。

（Ⅲ）在有性论中，“法尔”是指“本来，一切有情众生都有佛性。”因此，“无性的存在是不可辩驳的”。

（Ⅳ）而且，（主张）“无性”导致“众生有限”，这是一个大谬论。

（Ⅴ）因此，“法尔就无无性”的命题，是不成立的。因为它不是一个有效的陈述，所以它不能成为决定相违（viruddha-avyabhicāri）的根据。

（Ⅵ）同样地，由法尔故“无无性的说法也是谬论。”而反之，若说“由法尔故”，则是无性，无谬。由于无性的存在，它可以避免“众生有限”的谬论。

（Ⅶ）再者，如果我们把“众生有限”看成“法尔”，则有性命题成立。然而，既然“众生有限”不是“法尔”，它也不会导致如有性论所批评的那样决定相违的错误。

（Ⅷ）基于与有性论共有的前提或理由（liṅga），无性论透过归谬法（prasaṅga）显示，如果我们遵循有性论的前提，它会导致错误的结论。

（Ⅸ）与有性论在同一个因之下建立相反的命题，而只是改变了因的内容（如“法尔”，或者“因为它可以逃避众生有限性的错误”）。

2. 有性论的会通论辩

（1）有性论的回答

关于无性论的以上讨论，有性论者通过会通的方式，继续反驳无性论的主张如下：

> 执皆有性论者通曰，彼新论文正破执，于先来无性，而后转成有性义者，如彼文言，谓不应言于现在世，虽非般涅槃法，于余生中可转为般涅槃法故。今所立宗本来有性，非谓先无而后转成，故不堕于彼论所破。又彼教意立无性者，为欲回转不求大乘之心，依无量时而作是说，由是密意故不相违。①

在有性论回应的这个起始段中，主要论点如下；

（Ⅰ）因为（众生）本来就有佛性，非谓先无而后转成有性，所以与经文的批判内容不符。

（Ⅱ）又彼教意立无性者，为欲回转不求大乘之心，依无量时而作是说。

① 《十门和诤论》，《韩佛全》1，839 下 18-840 上 2。

如上面引用的经文所显示的，《显扬圣教论》所批评的是“众生原本没有佛性，但后来发展出佛性”的论点。这是针对“前无性，后转有性”的批评。

关于这个脉络，为了反驳有性论的辩论，无性论提出了第一个问题：（Ⅰ-1）“如果所有有心的人都将得到菩提，这是否意味着已经得到菩提心的人要重新获得？”在这里，无性论的第一个质疑是“如果有心者皆能成佛，已成佛的存在也要再次经历此获得过程”的意思。通过这些质疑导致的不想要的结论，无性论者提出有性论主张内隐含的可能的矛盾。这里使用的辩论技巧是“通过反问进行责备”。

对这些问题，另一方面，有性论提出了一点作为第一个根据 [H1]：“由于众生本来就有佛性，非后转有性，所以不符合批判经典的内容。”此外，第二个理由 [H2] 被认为是“无性论所建立的经典内容”，例如《瑜伽师地论》就是说服不寻求大乘心之人的权宜之计。因此，有性论得出结论，认为它与经典的内容不相违。

（2）有性论的会通和再反论

针对上述的内容，有性论者提出以下辩论：

> 彼救难云：一切有心皆当得者，佛亦有心亦应更得者。是义不然，以彼经中自简别故。彼云：“众生亦尔悉皆有心，凡有心者当得菩提。”佛非众生，何得相滥？①

正如上段引文所表明的，为了反驳无性论的反问式责备 [（Ⅰ-1）如果所有有心的人都将得到菩提，这是否意味着已经得到菩提心的人要重新获得？]，有性论提出他们的回答。在这里，无性论的第一个质疑是，“如果有心者皆能成佛，已成佛的存在也要再次经历此获得过程”的意思。通过这些质疑导致的不想要的结论，无性论者提出有性论主张内隐含的可能的矛盾。[通过反问进行责备。] 为响应这种责备，有性论者纠正对方质疑中的错误假设如下：“佛与众生是不同，所以不可划为同一。”

关于这些响应，有性论的会通结构可以总结如下：

①佛与众生不同，不可划为同一

（Ⅰ）因为它在经中被区别开来。

（Ⅱ）众生同样都有心。有心者皆开悟，佛非众生，何必将二者混为一谈？

② 有性论的根据与论证方法

（Ⅰ）有性论的命题是“本有佛性”。因此，批评不适用。

（Ⅱ）虽然不是最后的涅槃，但在余生可以转变成一个涅槃。

（Ⅲ）出于这个理由，它不对应于《显扬论》的批评。

---

① 《十门和诤论》，《韩佛全》 1，840 上 2-6。

（Ⅳ）无性所建立的经典谈论，例如《瑜伽师地论》，是一个方便为了说服不寻求大乘心的人。[补充说明]

（Ⅴ）从这个隐含的意思来说，“它并不相违”。

3. 无性论的反驳

接着，对这种（Ⅰ）有性论的回应，无性论者通过（Ⅱ）第二个反问性责备（成佛必定会有终期，但是无性有情，本来具有，种子无尽）的方式来反驳。

> 又彼难云：“若皆作佛必有尽者，是难还着自无性宗。何者？”如汝宗说：“无性有情，本来具有。”法尔种子，穷未来际，种子无尽。①

通过这些反问性质疑，无性论者揭示了“虽然成佛必定会有终期，根据无性论自己的主张，换句话说，无性本来就有的主张去理解的话，因为无性是由原来就如此”的内容组成，所以未来是有限的，但无性本身是无限的。

再者，对这样的第二个响应，有性论者通过反问性质疑提出他们的论点如下：

> 我今问汝，随汝意答：如是种子，当言一切皆当果？当言亦有不生果者？若言亦有不生果者，不生果故则非种子。若言一切皆当生果者，是则种子虽多必有终尽，以无不生果者故。若言虽一切种子皆当生果，而种子无穷故无终尽，而无自语相违过者，则应信受一切众生皆当成佛。②

在这一段，有性论者透过种子生果的比喻再显示“一切众生皆当成佛”的主张。首先，有性论者质疑无性论者，种子是否会结果。如有果，据说无论有多少种子，都会被耗尽，因为根据有性论的前提，没有不结果子的种子。

但是，如果有性论者说“所有的种子都会有结果，但种子是无限的”，就没有尽头，那就是说它们不落入自语相违的过失。因此，有性论者告诫无性论者相信“一切有情都会成佛”。这是有性论对以时间性为基础的无性逻辑的反驳。这样一来，批判无性论的有性论的反问式会通，就和元晓从《无量寿经宗要》中的无性论批判方式一模一样的。在《无量寿经宗要》讨论平等性智时，无性论者批评有性论指出：

> 若如来众生皆有佛性，悉度一切有情，令得无上菩提者，是即众生虽多，必有终尽，其最后佛，无利他德，所化无故。即无成佛，功德阙故。无化有功，不应道理。阙功成佛，亦无是处。③

---

① 《十门和诤论》，《韩佛全》1，840 上 6-9。

② 《十门和诤论》，《韩佛全》1，840 上 9-17。

③ 《无量寿经宗要》，《韩佛全》1，561 中 21- 下 2。

从这个内容可以看出，无性论提出的问题如下：如果如来众生皆有佛性，人人成佛，这必至“必有终尽”的事情，而导致无教化，无功德以及无成佛的错误结果。

对于这些问题，元晓通过以下内容会通。

> 诸佛无始，虽实无始，而无一佛本不作凡，虽皆本作凡 而展转无始，以是准知众生无终，虽实无终，而无一人，后不作佛 虽悉后作佛，而展转无终，是故应信平等性智，无所不度，而非有限。①

根据元晓的论辩，即使每个人都成佛，在无始无终的大乘前提下，种子也是无穷，所以教化和功德也不会消失。之后，元晓告诫无性论者对大乘缺乏信心。 根据元晓的这些论法，我们可以推断，《和诤门》最后内容中发现的有性论对无性论的批判，也是元晓自己的立场。

以上《和诤论》的本文述有性论对无性论的会通性批判部分结束。然而，元晓和诤两学派的不同意见的其余部分可以在均如（923–973）《释华严教分记圆通钞》中引用的段落，或见登（约 8 世纪）《大乘起信论同异略集》引述的内容中可以看到。要了解元晓和诤的方式，可由下一章均如著述的相关内容，以及元晓和诤的特点中窥知。

三、元晓的和诤与其特色

见登在他的《大乘起信论同异略集》中引用了《十门和诤论》“和诤门”的内容如下：

> 和诤论云，问：一切众生皆有佛生耶，当言亦有无性有情耶。
>
> 答：又有说者，于有情界，定有无性，一切界差别故，无始法尔故，云云。
>
> 又有说者，一切众生，皆有佛性云云。
>
> 问：二师所说，何者为实云云。
>
> 答：又有说者，二师所说皆是实。何以故，皆依圣教而成立故，法门非一无障碍故。是义云何，真俗相望，有其二门，谓依持门及缘起门。
>
> 依持门者，犹如大虚持风轮等，缘起门者，犹如巨海起波浪等，就依持门，真俗非一，众生本来，法尔差别，故有众生，从无始来乐着生死，不可动拔。就此门内，于是众生，六处之中，求出世法，可生之性，永不可得。故依此门，建立无性有情也。
>
> 约缘起门，真妄无二，一切法同，一心为体，故诸众生，从无始来，无不即此法界流转。就此门内于诸众生，心神之中，求不可令，归自源者，永

① 《无量寿经宗要》，《韩佛全》1，561 下。

不可得。故依此门，建立一切皆有佛性。如是二门，本无相妨。[①]

根据见登的说法，透过不同观点的解释，元晓展示了一种和诤方式。借由上述，无性论可以理解，属于真俗不一的依持门，而有性论，属于真妄无二的缘起门。按照均如的《释华严教分记圆通钞》的相关内容，元晓的解释也可以理解为“无性论是从真俗格别的依持门来看的，而有性论是从真俗缘起或真俗圆融的角度来看的。因此，这两种立场并不矛盾”[②]。透过这种方式，在上面的引文中，元晓推导出结论，认为无性论的“五性各别说”和有性论的“一切众生实有佛性观”并“不相违”。因为这两种主张都是基于佛说，所以真俗非一的依持门和真妄无二的缘起门可视为一体两面。

另一方面，此观点论的和诤方式与《涅槃宗要》中的十分相似。在《涅槃宗要》，“佛性门”的“佛性和诤”内容中，元晓从佛说（buddhavanana）的共同标准来得出一个和诤。这也是将无性论和有性论，分配给依持门和缘起门的方式。元晓试图借此会通法性系和法相学派。如上，见登和均如引用元晓的观点式和诤内容，将“从因生起之门”与“作因受果之门”相结合。[③]

基于《和诤论》“有无门”的以上讨论，元晓的和诤或会通的特点总结如下：

1.《和诤论》“有无门”的残简内容以后的“和诤部分”的要点，可通过其他著作中引用《和诤论》的部分来粗估，对应于《和诤论》中讨论的相关部分。根据这些引文，元晓在其“和诤门”中展示了一种诠释学的和诤方式，以相对的视角综合两种对立的话语，同时基于终极范畴（观点），从而推导出共同的含义，例如，佛说，或一心。

2. 如此看来，这是跟《无量寿经》中的否定形式和诤逻辑不同，它在“通过否定展示肯定”的方法上显示出相似性，但它们在否定的细微方式上却显示出差异。总而言之，与基于归谬法（prasaṅga）的纯否定逻辑不同。《和诤论》中显示的论证，主要展开方法接近于“选择性否定的肯定”（affirmation through selective negation）。此外，元晓解释无性和有性的逻辑方式乃根据相交异类和同类的事例，包括归谬法（prasaṅga），相应（prasaṅga–jāti）和误难（过类，jāti）。在这个过程中，他随着谈论的展开，在对每一点进行总结后，采用了提出自己的和诤或会通形式。

3. 在此过程中的元晓已经充分了解了每个立场的逻辑，但他避免了严厉的批评，只是通过否定来反驳每个立场的谬误。并以通过选择性或部分否定来肯定每个命题。或者他只是从宗教诠释学的角度会通看似矛盾的观点，表述为“既然是从两个不同的角度

---

① 《大乘起信论同异略集》，《韩佛全》3，695 上。

② 《教分记圆通钞》卷 3，《韩佛全》4，324 中 - 下；최연식，〈원효의 화쟁사상의 논의방식과 사상사적 의미〉，《보조사상》제 25 집，2006，pp. 414-415。

③ 《大乘起信论同异略集》，《韩佛全》3，695 上。

表达，它不与圣典或正理（yukti）相矛盾。”同样，它将这篇著述描述为和诤的话语。

4. 在和诤前有性与无性论的矛盾话语之争时，隐含了一个解释学预设，即“那些基于经典的，或者是在一个学派内流传下来的，或者被解释为一个确定的意义（nītārtha，了义）并不违背圣典，即正确的正理或法性。”正如我们从见登和均如的引文中所假设的，和诤展示了一种法性观，承认每个逻辑框架的一致性，因为每个学派使用的每部经典，都有其脉络上的意图和背景。在这种情况下，会通法性和法相的诤论特征，也可以看作是根据基于经文（āgama）和正理（yukti）的观点来会通各种含义的方式。

5. “既具有具无”的逻辑，基于四句论法的第三句的肯定观点，接着是第四句的否定观点，从而使整个框架不倾向于有性或无性一个位置。

然后，从诸法实相或一心的角度，期望将佛说的含义揭示为不可说的真理。和诤的方式体现了意义论的特点，在第四句与第三句、否定与肯定、部分与整体相互开合的逻辑结构中，通过将否定转化为肯定，不断产生新意蕴。

四、结语：佛教思想史语境下的元晓和诤的特点和意义

基于以上讨论，元晓的和诤或会通的特点和意义总结如下。

1. 元晓不通过采用特定的文本或单一的教义问题来和诤，而是通过处理一系列佛教教义和哲学问题，例如空有之诤，佛性有无（有性与无性），或我执与法执之间的诤论来达到他的最终目的。

2. 关于论证方法，虽然主要使用了传统的归谬法（prasaṅga），但以说服反论者接受相反的观点，也使用了反问责备，选择性否定的肯定，谬误论法，等等。

3. 在和诤的脉络当中，基于佛说的各种经文和逻辑，佛说被理解为法性（dharmatā）和正理（yukti）。根据这些基准，通过否定推导出肯定的方法，元晓尝试建立逻辑一致性。

4. 从护教论的方便善巧（upāyakauśalya），或宗教诠释学的角度，综合对立观点的包容性特征，指出相关话语中的谬误。

5. 元晓的和诤方法似乎包括大乘广泛所使用的会通（anulomiki）观点，以及阿毘达磨（Abhidharma）与早期大乘传统，如果不偏离法性（dharmatā）或正理（yukti），则将不同的论点视为佛说。

6. 词是基于话语所代表的概念。因此，它可能伴随着将理解困在语言规定框架内的否定性。在这种情况下，元晓使用否定或悖论逻辑后，所使用的会通矛盾与肯定的方式，也可以理解为在概念化之前，以活生生的形式揭示未定义的含义和意图。相应地，这个道理，不是以“能诠”的形式，而是以“所诠义”的形式。换句话说，不是以手指（语言）本身，而是以月亮（含义和意图）作为方向点，可以用作和诤的证据或标志。

参考文献

《十门和诤论》，《韩佛全》1。

《大乘起信论同异略集》，《韩佛全》3。

《教分记圆通钞》卷 3，《韩佛全》4，324 中一下。

《无量寿经宗要》，《韩佛全》1。

《因明入正理论》卷 1，《大正藏》32，No.1630。

최연식，〈원효의 화쟁사상의 논의방식과 사상사적 의미〉，《보조사상》제 25 집，2006。

以见性本净，烦恼本来无

——D. S. 鲁埃格教授的《如来藏说与种性说》

韩穗[①]

【摘要】本文旨在介绍一部如来藏研究的经典之作，即鲁埃格教授以法文写就的《如来藏说与种性说》（*La théorie du Tathāgatagarbha et du Gotra*）。鲁埃格教授原书的风格是教义描述性质的，缺少对所引文献的哲学分析。在必要处，我们补充上了评议或按照当今的分析风格对文献做出了哲学诠释。《如来藏说与种性说》全书分为四个部分：第一部分的主题是种性，分别梳理唯识、中观、瑜伽行中观（大中观）的种性说。第二部分从种性说过渡到普觉与一乘问题，并且就唯识与中观在此问题上的分歧做了论述。第三部分正论如来藏，主要基于对《宝性论》的文本分析。在这一部分里，涉及对《宝性论》的他空见解释与自空见解释之争。第四部分论述与如来藏概念密切相关的心本明净思想。

【关键词】如来藏；种性；他空见；《宝性论》

自从20世纪80年代日本“批判佛教运动”提出如来藏说违背佛教基本教义无我和缘起故而并非佛教以来，东亚佛教重要的理论基础受到质疑。若欲直面这一问题，单纯指出，批判佛教运动的代表人物所使用的“佛教”一词仅是他们所理解的、出于修辞学原因而严重受限的“佛教”[②]，这是远远不足的。溯端竟委、明智辩给的工作乃为必需。本文旨在介绍一部如来藏研究的经典之作，即鲁埃格（David Seyfort Ruegg 1931–）教授以法文写就的《如来藏说与种性说》（*La théorie du Tathāgatagarbha et du Gotra*），希望以此为国内的如来藏问题讨论做出知识积累。

---

① 作者单位：杭州佛学院。

② Williams (2009), 124.

鲁埃格教授出生于纽约，问学于巴黎，执教于莱顿。《如来藏说与种性说》一书出版于 1969 年，其原型乃作者于巴黎索邦大学所完成的第二篇博士论文。此书为作者奠定了如来藏研究方面领军学者的地位。1991-1999 年作者担任国际佛教研究协会（IABS）主席。虽则如作者本人所言，此书很大程度上是教义描述性质的（doxographique）[①]，但作者的解释仍体现出谨严的文献学方法，并且就一些关键问题，作者给出了自己的立论和证明。此书最重要的价值在于，它对现存梵语、巴利语佛教文献中出现术语如来藏（tathāgatagarbha）和种性（gotra）的段落做了穷尽式调查，并且运用藏文原始文献至前所未有的程度[②]。

就哲学层面而言，有待解决的问题是：应按吠檀多不二论（advaita）解释如来藏说，还是按佛教人无我、法无我？因为如来藏说与中观、唯识相较位置独特，其语言和意象不同于中观、唯识，但近于吠檀多。一方面，某些佛教学者发展出的解释确乎类似吠檀多；另一方面，如来藏系经论也谈般若经的空性（śūnyatā）。关键问题是：如来藏系经论里的空性究竟是什么意思？作者认为，虽则与如来藏同义的如来性（tathāgatadhātu）是一元的本原，但佛教文献更多谈的是 advaya，而非直接的一元论。并且 advaya 在如来藏文献中指有垢真如与无垢真如之间不二，这并不同于吠檀多的一元论 advaita，即最终极的真实只是一，不包含任何繁多。

就文献选取层面而言，有两种可能，或则以经为基础、追溯学说的起源和发展，或则以论为基础，在其中教义以更为系统的方式得到阐述。作者排除第一条路径而择取第二条，因为就经而言，有许多文献学、历史学、教义上的难题尚未解决，并且相关诸经的梵文原本也已佚失，与此不同，相关论典则尚存有梵文原本。这意味着，作者所遵循的是藏地以论为重的传统，所分析的是梵文原典，而并未考察以经为重的汉译传统。涉及如来藏 / 如来性学说，作者研究的是《宝性论》及《释论》。涉及本性住种性（prakṛtisthagotra），作者则考察了《现观庄严论》和狮子贤的《现观庄严明》。围绕《宝性论》的文献学问题，作者提出两点判断。首先，《宝性论》是复合而成的（composite），并非同质的整体[③]；第二，《宝性论》的作者在印度和中国西藏传统里被认为是弥勒菩萨，在汉译传统里则被称为坚慧（sāramati），作者对这个分歧的解决是建议将坚慧视为弥勒的修饰语[④]。

就《宝性论》中如来藏说的阐释而言，佛教本有自己的阐释学原则，即通过区分

---

① Ruegg (1969), 10；15.

② May (1971), 149.

③ Ruegg (1969),11-13.

④ Ruegg (1969), 46.

了义和不了义建立总的框架，将异见作为不了义纳入总的体系。瑜伽行派基于《解深密经 · 无自性相品》“三时说法”的判教，视中观为不了义，视瑜伽行派为了义。与此不同，中观视瑜伽行派为不了义或“出于密意”（ābhiprāyika），而视中观为了义。[①]印藏传统将讲如来藏的经归入三转法轮，但并未将这些经与唯识所依之经混淆。关于《宝性论》的归属，在藏地有三种不同的见解：1. 布顿（1290–1364）将《宝性论》归入唯识，认为如来藏经典属不了义，而中观方为了义。2. 仁达瓦在晚年改认为《宝性论》教授的是中观教义。尔后，其弟子宗喀巴所建立的格鲁派尤其按照应承派中观解释《宝性论》。3. 觉囊派、宁玛派所代表的瑜伽行中观则将《宝性论》归入大中观，视之为基于了义经典。

在论典的归属划分方面，西方学者有自成一家的方案，它并不基于某个传统，而是基于对教义的分析。福奥瓦纳（Frauwallner）在《佛教哲学》（*Die Philosophie des Buddhismus*）（柏林：1956）一书中根据文本中教义的区别将弥勒菩萨教授的论典划分为三组；第一组包括《宝性论》，其视角是存在论的，至高的存在具有肯定的属性。第二组包括《现观庄严论》《大乘庄严经论》《辩中边论》。这几部论里含有《宝性论》里所未见的概念，如三相（trilakṣaṇa）、三自性（trisvabhāva）。第三组包括《摄大乘论》《大乘阿毗达磨集论》。在其中，无着菩萨阐述了自己的教义。这两部论体现了阿毗达磨的影响。

鲁埃格并不完全同意福奥瓦纳的方案，他给出了另一种划分。由于他此书的布局与此划分有关，故而在此转述其划分的详情。他分了六组文献：1.《瑜伽师地论》，它含有声闻乘的因素。2. 弥勒五论中，（1）《大乘庄严经论》《辩中边论》《辩法法性论》属于严格意义上的唯识；（2）《现观庄严论》预示了瑜伽行中观，即大中观；（3）《宝性论》属于中观。3.《宝性论释论》，无着菩萨所造，亦属中观。4.《七十论》

---

① 关于佛教阐释学，参见 Mathes (2008)。中观论者认为，佛不仅宣说了中观教义，而且将其视为最终正确的。佛宣讲早期不了义的经典，是出于如下密意：使一些人能够踏上佛教之路。月称论师《明句论》（207,3-208,2）援引《无尽意菩萨经》：“什么是不了义经的段落，什么是了义经的段落？被宣讲的经的段落，是为了人能够入道（mārgāvatārāya），这些段落被称作不了义。被宣讲的经的段落，是为了能够得到佛果（phalāvatārāya），这些段落被称为了义。它们被称为了义，是因为它们宣讲空性（śūnyatā）、无相（ānimitta）、无愿（apraṇihita）。”《入中论》（VI.94）这样说“密意”（abhiprāya）和“出于密意”(ābhiprāyika)：“因此整个世界无非是心。为了说明，这些经典段落是出于密意的 (ābhiprāyika)，我解释过：有的经典段落，在其中说到，外在于识的现象是不存在的，并且这只是心（citta），心被视作世界的林林总总（citra），这些经典段落的密意（abhiprāya）是：这些段落是不了义的，它们是为了使过于执著于色（rūpa）的人远离色而说的。”瑜伽行派则认为，中观的“一切法无自性”需按照唯识三自性说得到更进一步的阐明，所以是不了义的。世亲菩萨在《释轨论》中判中观为不了义：“必须研究，这些（般若经中的段落）是不了义的还是按字面义理解的。如果没有清晰说明了义，那么就不能知道，（这些般若经中的段落）不能按字面义理解。它们是出于密意的（ābhiprāyika）。为什么？因为它们是矛盾的。在般若经中多次宣讲，诸法空相……但也宣讲忏悔业障。”在《释轨论》第四章，他说明为什么“诸法皆空”说需要得到更进一步的解释。（1）这是为了愚人对遍计所执自性存在的执著被遣除。（2）这是为了无知者对依他起自性不存在的执著被遣除。

（Saptati），并非唯识论典。5.《大乘阿毗达磨集论》同样包含了声闻乘因素。6.《摄大乘论》，唯识的根本论典之一。

《如来藏说与种性说》全书分为四个部分：第一部分的主题是种性。种性（gotra）本是独立于如来藏说的，如来藏说出现在三转法轮时，而种性说已见于初转法轮和二转法轮。但种性也有与如来藏重叠之处，本性住种性（prakṛtisthagotra）是菩萨修行之基（pratipatter ādhāra），这与如来藏的功能相同，在基（ādhāra）、道（mārga）、果（phala）的框架中，如来藏即是基，佛为果。在此，本性住种性与如来藏表示的均是成佛的可能性与潜能。在《现观庄严论》里，本性住种性被等同于法界（dharmadhātu）。随后《现观庄严论》的注释者发展出一种学说，即：本性住种性存在于一切有情之中，使得众生皆得成佛。由于本性住种性像法界一样是普遍的、无分别的，所以无上正等正觉也是普遍的（普觉）。于是过渡到第二部分的主题：普觉与一乘。由于一切有情普遍皆可达到佛的觉悟，所以从终极的视角看，通往觉悟的乘是同一个（一乘，ekayāna），只是在表面看来分为三乘。在做了第一部分和第二部分的铺陈之后，第三部分正论如来藏。在这一部分里，作者详细分析了《宝性论》及《释论》，尤其考察了如来藏与空性之间的关系，并且就藏地的他空见之争做出了梳理与评判。全书第四部分讨论另一个与如来藏密切相关的概念，即自性清净心。这两个概念皆表示，心性本来清净，而烦恼只是外在的客尘、并非实有、亦无持存。汉地习惯称法是“心性本净”①和“自性清净心”②，这两个译词强调的是与烦恼染污相反清净的那一面。但鲁埃格使用的法文对译是 la luminosité naturelle de la pensée，侧重的是心性本来光明。这个词的翻译是值得讨论的。如若对照《宝性论》梵文本③，我们会发现，这个词的标准出处应是 80,17 Johnston and Chowdhury:prabhāsvarā-cittaprakṛti。这里的语境是在解释因位的本性清净（prakṛtiviśuddhi），其解释是：“本来解脱，然亦不离客尘，此即说为 prabhāsvarā-cittaprakṛti。”因位的本性清净相当于如来藏，是相对于果位的离垢清净（vaimalyaviśuddhi）而言的。这里的核心问题是“清净”。因此勒那摩提古译本此处译为“自性清净心”。但是，就词源而言，prabhāsvarā-cittaprakṛti 中的 prabhā 确实是“光明”的意思。故而谈锡永在新的译本中译为“心之本性光明”。也许，我们可以不

① 例如《异部宗轮论》卷一：“心性本净，客随烦恼之所杂染，说为不净。”见《大正藏》T49，n2031，15c27。

② 例如《宝性论·僧宝品第四》：“以能知于彼，自性清净心。见烦恼无实，故离诸烦恼。”（勒那摩提译）见《大正藏》T31，n. 1611，813c10-11。

③ 《宝性论》勒那摩提的古代汉译本约作于 511-515 年。其梵文本由 E. H. Johnston 和 T. Chowdhury 二教授于 1950 年校勘出版，其所依据的 Śāradā 字体的写本 A 出自 10 世纪，Nepali 字体的写本 B 出自 11 世纪。藏译本出自 11 世纪。是故在这些写本和译本中古代汉译本是最早的。《宝性论》的梵汉对勘，参见中村瑞隆（1988）。近年又有两个新的汉译本问世，其译者分别为谈锡永和黄宝生。此外，贾曹杰的《宝性论大疏》也已由江波翻译出版。

做非此即彼的取舍。清净和光明在《宝性论》中是一体两面的。例如 11, 1 Johnston and Chowdhury : vimala-jñānā-vabhāsa “清净无尘垢，大智慧光明”（勒那摩提译）这一句中，清净和光明同时出现。80, 9 Johnston and Chowdhury : prabhāsvara，勒译为“明净”。高崎直道教授在为鲁埃格此书所作的书评里即将第四部分译为“心の本性明净性”[①]。因此在下文我们使用“心本明净”对译 citta-prakṛti-prabhāsvaratā。

下面我们分别转述这四部分的内容。凡引前人译文之处，我们皆会注明；凡未标出其他译者之际，译文皆系出自我们自己。鲁埃格教授原书的风格是教义描述性质的，缺少对所引文献的哲学分析[②]。在必要处，我们会补充上评议或按照当今的分析风格对文献做出哲学诠释，凡属我们的论述，在文中皆以“我们”起首。

第一部分　大乘的种性说

这一部分下分三章，分别梳理唯识、中观、瑜伽行中观（大中观）的种性说。需参照作者先已给出的文献分组，方能理解这一部分为何如此布局。第一章描述唯识种性说的部分依次讨论：一、唯识所依之经《解深密经》和《楞伽经》中的种性说；二、《大乘庄严经论》中的种性说；三、《瑜伽师地论》菩萨地和声闻地中的种性说；等等。

一、《解深密经》区分了声闻乘种性、独觉乘种性和如来种性[③]，《楞伽经》则提到五种性：声闻乘种性、缘觉乘种性、如来乘种性、不定种性（aniyataikataragotra）和无种性（agotra）[④]。其中不定种性指一个人不固定属于前三种种性之一，而是闻说三种法时，可以随生信解而修学。虽则文中并未直接解释无种性，但下文说明了一阐提（icchantika），其中一种一阐提是由于善根悉断，所以不入涅槃，另一种是菩萨一阐提，知道一切法本来涅槃，不舍众生，故不入涅槃。鲁埃格认为五种性里的无种性即指此菩萨一阐提。

二、《大乘庄严经论》的种性说近于《解深密经》。在《释》4.7 中，种性被等同于发世俗菩提心（sāṃketikacittotpāda）之因（hetu）。种性品从八个方面进行论述。1. 证明种性存在（sattva）。众生的界（dhātu）有种种不同，众生的信（adhimukti）有种种不同——信不同的乘——众生的修行（pratipatti）不同，所得的果，即菩提，有上中下之别。众生在这四个方面的差别只有通过众生种性的差别方能得到解释。由此证知，存在着种性。2. 菩萨种性最胜（agratva）。由于以下四个原因（nimitta），菩萨种

① Takasaki Jikidō（高崎直道）（1972）。

② May (1971), 150.

③ （唐）玄奘译：《解深密经》卷二，《大正藏》T16, n.676, 695a14-16。

④ （唐）实叉难陀译：《大乘入楞伽经》卷二，《大正藏》T16, n.672, 597a29-b2。

性是最胜的：菩萨的善根极高（udagratva），菩萨拥有全部（sarvatva）善根，菩萨善根具有广大饶益（mahārthatva）、既利己也利他，菩萨的善根无尽（akṣaya）。3. 菩萨种性的界定（svabhāva 或 lakṣaṇa）①。菩萨种性分为：本性住（prakṛtistha），习所成（samudānīta），所依和能依。作为因，种性是存在的（hetubhāva）；作为果，种性不存在（phalābhāva）。由于种性生出（uttāraṇa）功德（guṇa），所以它得名种性（gotra）。4. 菩萨种性的外在特征（liṅga）有：大悲，大信，大忍，大行（全部履行由六度所构成的善）。5. 种性的品类（gotrabheda）有四：决定（niyata），不定（aniyata），不退（ahārya），退堕（hārya）。6. 损害（ādīnava）菩萨种性的有：重复烦恼，交往恶友，资具匮乏，依赖他人。7. 菩萨种性亦有四种利益：迟堕恶道，速出恶道，所受之苦轻微，成就受苦众生。8. 两个譬喻。（1）菩萨种性（gotra）犹如金藏（suvarṇagotra）②，无量善根以之为依止（āśraya），智慧以之为依止，对烦恼障所知障的净除以之为依止，神通以之为依止。（2）菩萨种性犹如宝藏，是大菩提之因，大智之因，大定之因，成就无边众生之因。

从种性品的论述，我们看到，与菩萨种性（gotra）概念同义的词有：因、藏、依止。它们表示的意思是最初的基础、根源。《大乘庄严经论》里与种性同义，表示基础、根源含义的词尚有界（dhātu）（11.8）和种子（bīja）（8.8）。

种性的另一个近义词是家族（kula）（5.4–5）。

三、《瑜伽师地论》菩萨地论述的是菩萨种性，声闻地讲的是一般而言的种性。菩萨地扩展了《大乘庄严经论》里的论述，详细阐发了菩萨种性是佛果之基（ādhāra，玄奘法师译为“持”），因（hetu），依止（niśraya）。它是菩萨的自乘种性（svagotra）或最初发心（prathamacittotpāda）。菩萨通过依止于（niśritya）种性方是菩萨，他能够（pratibala）达到无上正等菩提，故而种性是基础，支持他能达佛果。与《大乘庄严经论》所讲一致，菩萨种性分为本性住（prakṛtistha）和习所成（samudānīta）。本性 prakṛti，即法尔本来的意思。stha 汉译为“住”，其所表达的意思即“是”“存在”。本性住菩萨种性意为，无始以来它本来就是菩萨种性，或无始以来它本来就作为菩萨种性而存在。与此相对，如果是通过串习善根才获得（pratilabdha）菩萨种性，那么这就是习所成。

与种性同义、表示“基础”义的词仍有：种子、界、本性（prakṛti）。

在力种性品，谈到导致杂染和导向清净的十种因。这个分析穷尽了因所可能具有

① Lévi (1911), 28 说明此处的 lakṣaṇa 与下文的 liṅga 之间的区别。liṅga 指外在的特征（颇迦罗蜜多罗译为“相貌”）。lakṣaṇa 指本性固有的内在特征。

② Lévi (1911), 29 和 Ruegg (1969), 79 皆将 suvarṇagotra 中的 gotra 理解为法文的“mine”（藏 zàng）。此译法不同于藏文对译和颇迦罗蜜多罗的汉译，但更为合理。

的一切形式。最终，种性即净化之因。

第一部分第二章简述中观文献中的种性说。早期中观的论并未明确谈及等同于法性的如来藏或种性，而只说到菩萨在初地生于如来家。后期，基于《现观庄严论》，中观学派亦发展出种性说。首位阐述种性说的中观论者是圣解脱军。在《金鬘疏》中宗喀巴论述了中观学派的种性说。在 § 1.13，宗喀巴谈及《现观庄严论》将法界（dharmadhātu）等同于种性（gotra）。圣解脱军在为《二万五千颂般若》所做的注解里说，法性（dharmatā）即本性住种性。在 § 1.2，宗喀巴阐明了中观与唯识就种性说的一致与分歧：一致之处在于，二者均认为，净除烦恼障所知障之因等同于种性；能够被净除的垢（mala）是客尘（āgantuka）；二者的分歧在于，中观认为垢是空的，唯识则认为垢是心的和心所的依他起自性。这样，根据中观论者，当人了达心的本性，一切执著便皆被消除，一切对治（pratipakṣa）便皆生起；中观不认为心的本性是实。而唯识则认为明净之心的本性是由其自性而建立在根本真实中的，对治可以消除心垢。

第三章梳理《现观庄严论》（预示大中观）的种性说。作为解脱之本原，种性具有与智慧相关的一面，在《楞伽经》中种性即被关联于现观（abhisamaya）。

《现观庄严论》体现了种性说的演变。唯识的种性是无漏种子，属于有为法，而中观将之对立于《宝积经 · 摩诃迦叶会》的种性说，在其中，种性与涅槃一样是无为法，是恒常的（nitya），但无我。基于本性住种性和等同于法性的无为种性而建立的解脱理论在《现观庄严论》及其注释中得到发展。最早的注释有圣解脱军的《论释》（vṛtti）。圣解脱军是世亲或陈那的弟子，中观论师清辨的亲属。之后，8 世纪末有狮子贤所撰《现观庄严明》，在其中，他调和了《现观庄严论》与《八千般若》。狮子贤被视为瑜伽行中观自续派论者。在印度的注释里，只有圣解脱军的《论释》和狮子贤的《现观庄严明》尚存梵文原典。

印藏传统里具有中观倾向的《现观庄严论》注释者表明，通过将种性等同于无分别的、普遍的（sāmānyavartin）法界（或法性）可以得出，所有众生皆具有证得无上正等菩提之可能。这样解释的种性与如来藏便十分相似。但不同之处在于，如来藏是一系列大乘经典所特有的学说，而种性说则主要发展在论典里，并且印度论述种性说的权威避免将种性直接等同于如来藏。藏地的一些注释者则明确建立起《宝性论》的如来藏与《现观庄严论》的本性住种性之间的关联。

在注解 1.39 时，狮子贤提出一个疑难。由于菩萨以法界为自己的存在，本性住种性又名为法性；由于法界是普遍的，所以不再可能区分种性：既不能区分本性住种性与习所成，也不能区分三乘种性。对此，狮子贤给出了如下的解决方案。犹如，容纳物体的罐子（ādhāra）由同样的土、在同样的火里造就，但由于所持之物（ādheya）不同而有区别，同理，由于三乘所持（ādheya）之法不同，故说能持之基（ādhāra）种性亦不同。

第二部分 普觉与一乘

《现观庄严论》的注释者在讨论基、道、果的关系时提出，基即是法界；由于法界是唯一的、无分别的，所以作为基的种性便也是唯一的，由此得出，只有从道的层面、有为的视角看，种性才分为三乘，而从终极的视角看，种性只有一乘。

三种性说主要出现在唯识经典里，在同样的经典里也可见到与三种性密切相关的三乘说以及三乘与一乘的关系。《解深密经》中说，声闻、独觉、菩萨的清净道是同一的，其清净行是同一的，故而佛“密意说言唯有一乘”①；但在有情界（sattvadhātu）仍存在着种种有情种性。相反，根据《楞伽经》，一乘道指“离能取所取分别如实而住”②，与自证圣智行相（pratyātmāryajñānagatilakṣaṇa）一样皆仅为如来所证得，并非外道和声闻独觉境界。这样，“一乘”的意思在这里成为“唯一”为如来所得的“乘”。之所以安立（vyavasthā）三乘，是为了声闻、独觉也能够趋近解脱。当他们从三昧之沉醉（mada）出离，觉悟法无我，届时，他们便在无漏界中而得觉悟。

在对一乘说的解释方面，唯识论典大不同于中观。《大乘庄严经论》11.53 从七个方面解释一乘（ekayāna）。1. 法相同（dharmatulyatva）。因为声闻等众属于同一无分别的法界，所以说 yāna 是一。Yāna 在这里指他们所趋向的目标（yātavya）。2. 无我相同（nairātmyatulyatva）。声闻等众一样是无我的，故说 yāna 是一。Yāna 在此指做出趋向行为的主体（yātṛ）。3. 解脱相同（muktitulyatva）。声闻等众同样灭惑障，故说 yāna 是一。Yāna 在此是走出（yā）惑障的行为。4. 由于不定（anitya）属于声闻种性的人通过大乘得度（niryāṇa），故说 yāna 是一。Yāna 在此是得度的途径。5. 佛面对众生具有意愿（āśaya）③，希望一切众生同佛自己一样。声闻种性的人，在积聚了菩提资粮之后，获得了佛的意愿。由于佛和声闻这双方面的意愿同一，故说佛和声闻的 yāna 是一。6. 佛为教化之故，示现为声闻而般涅槃，这是佛的随宜现身（nirmāṇa）。由于随宜现身，故说 yāna 是一。7. 成佛即是究竟（paryanta），佛果（buddhatva）即是一乘。这样，佛以密意（abhiprāya）宣讲一乘，但仍存在着三乘。按照唯识的阐释学，“出于密意”的含义即“需要进一步解释”，故而等同于“不了义”。也就是说，按照唯识，一乘说是不了义。

然而中观与此相反，判一乘为了义，三乘为不了义。按照中观的阐释学，“出于密意”和不了义指所讲意在使人入道，了义则指能得佛果。在归于龙树菩萨名下的《无譬赞》

① （唐）玄奘译：《解深密经》卷二，《大正藏》T16, n676, 695a19-20。

② （唐）实叉难陀译：《大乘入楞伽经》卷三，《大正藏》T16, n672, 607a15-16。

③ Āśaya 这个词，颇迦罗蜜多罗译为“意”，Lévi (1911), 125 译为 tendance，Ruegg (1969), 186 译为 attitude□

（*Nirupamastava*）颂 21 中说道：“由于法界是无分别的，世尊，乘也并无分别，你宣讲三乘，是为了使众生入道。” 在智作慧（prajñākaramati）《入行细疏》9.41 中说，三乘的存在只依赖于世间语言（lokavyavahāra）。

第三部分　如来藏说

在这一部分作者鲁埃格详细分析了《宝性论》及《释论》。其中第一章概述了《宝性论》及《释论》的内容。全论由七个金刚句（Vajrapada）[①] 构成：

1. 佛（1.4–8）
2. 法（1.9–12）
3. 僧（1.13–18）
4. 如来性（或如来藏）（1.27–167）
5. 菩提（2.1–73）
6. 佛功德（3.1–39）
7. 佛事业（4.1–98）

前三个金刚句论述最上、清净、无为的三宝，点出本论之睛，《宝性论》的“宝”（ratna)。

第四个金刚句通过十个范畴（artha）和九个譬喻详述建立三宝之因，即《宝性论》的“性”（gotra），即被等同于有垢真如的如来藏。这十个范畴是：自性（svabhāva）、因（hetu）、果（phala）、用（karman）、相应（yoga）、行（vṛtti）、分位差别（avasthāprabheda）、遍一切处（sarvatraga）、不变异（avikāra）、无差别（asaṃbheda）。在譬喻中，以九个形象喻九种事以说明能障：

表 1：

比喻	事
萎莲花	贪
蜂	瞋
糠秕	痴
污秽	三毒猛烈现行
地	无明住地所摄烦恼
果	见所断烦恼
烂衣	修所断烦恼
贫女	不净地所摄烦恼
泥模	清净地所摄烦恼

① 这些之所以被称为金刚句（vajrapada），是因为：所证之义如同金刚，表述此义的词句如同足（pada），人们藉之随顺正道。

在这九个能障的形象覆盖之下是九个所障的形象比喻如来性：

表 2：

比喻	事
萎莲花中的佛形象	法性
蜂所围绕之蜜	无漏识法性
糠秕内的谷实	法身自性（dharmakāyasvabhāva）
污秽处的金	觉悟之宝（sambuddharatna）
地下的宝藏	意中的无垢宝藏（mano'ntargata-amalaratnakośa）
果的种子所含生芽之力	法界
烂衣所缠由宝所制之佛像	（自性清净）界
贫女所怀之转轮王	无垢界
泥模内的金铸像	遍智知寂静意

第五金刚句：菩提。这个金刚句论述菩提和无垢真如（nirmalā tathatā），即作为果位的佛体（buddhatva）[①]，其特点是，诸佛如来于无漏法界中远离一切诸垢而 āśrayaparivṛtti。āśrayaparivṛtti 在唯识典籍里译为“转依”，但《宝性论》勒那摩提译本此处译为“转杂秽身，得净妙身”。我们需要思考勒译的道理何在。思考的过程可能会揭示一些深层问题。勒译将 āśraya 译为“身”，这样不仅与同语境中的“法身”（dharmakāya）相呼应，而且这应当是体现了这个词最原初的意思[②]。按照莱维（Sylvain Lévi）的解释，āśrayaparāvṛtti 讲的是一种存在本身的转变：女人变为男人，人变为旁生，异生变为圣者，等等[③]。āśrayaparivṛtti 或 āśrayaparāvṛtti 在典型的唯识论典诸如《瑜伽师地论》《大乘庄严经论》（ix, 12）里通译为“转依”。在前一部论中涉及的是阿赖耶识的转依，在后一部论中未出现阿赖耶识概念，但有替代概念“虚妄分别”。但在《宝性论》里，阿赖耶识概念阙如。于是，我们可以问，《宝性论》此处的 āśrayaparivṛtti 是否与典型的唯识论典中的该概念并不完全相同。

菩提这一金刚句是以八个范畴（padārtha）得到阐发的：自性（svabhāva）、因（hetu）、果（phala）、用（karman）、相应（yoga）、行（vṛtti）、常（nitya）、不可思议（acintya）。

第六金刚句：佛功德。这一部分论述佛的六十四种功德：十力、四无畏、十八不共法、三十二相。

第七金刚句：佛事业。此为佛之教化事业，无功用，常不休息。

---

① 高崎直道在为谈锡永（2006）译本所作的序中，讨论了 buddhatva 的译法。他仍支持古译，以“佛性”（buddhadhātu）对应因位的如来藏，以“佛体”对译 buddhatva，表示果位的成佛。buddhatva 与 buddhatā 可互换，表示的皆是佛的状态。谈锡永想避免采用古译“佛体”，是为了避免以此引起的实体化解释倾向。不过，在同一语境中，我们亦读到“法身”（79, 12 Johnston and Chowdhury: dharmakāya）。既然不讳言“法身”，“佛体”可谓与之对仗。

② Schmithausen (2007), 2.9; 3.7.2.

③ De la Vallée Poussin (1924), 24, n. 1.

至此，鲁埃格《如来藏说与种性说》一书第三部分第一章内容介绍完毕。第二章考证《宝性论》里 garbha（藏）和 dhātu（界，或译为“性”）二词。tathāgatagarbha（如来藏）和 tathāgatadhātu（如来性）二词虽则常见于《释论》，但并未出现于论本偈。鲁埃格欲指出，dhātu 一词的使用是游移不定的。虽则 dhātu 和 tathāgatagarbha 常被作为等价词使用，但二词并不完全含义相同。garbha 的意思是胎儿。一切有情皆为胎儿状态的佛，故名 buddhagarbha（1.27-28）。另一个与 buddhagarbha 同义的词是 jinagarbha（1.95）。《宝性论》中 dhātu 一词较 garbha 更为常见。1.97-98 在如来藏九喻的语境中谈及 dhātu 住于一切有情之中，勒译为“如来藏”，谈译为“[如来] 性”，“最胜性”。1.156 说到 buddhadhātu（勒译“如来性”，谈译“佛性”）在一切有情中，这与般若教义“空”并不矛盾。在 1.40，buddhadhātu（勒、谈同译为“佛性”）被说成是厌离诸苦、希求涅槃之因，这与 1.41 的 gotra（勒译“佛性”，谈译“佛种性”）功能相同。在《宝性论》中，dhātu 除了与 buddha/tathāgata 组成复合词，还可与 sattva 组成 sattvadhātu。1.47 中的 sattvadhātu，勒译和谈译均未译出 dhātu（勒译“众生”，谈译“凡夫”）。1.48《释论》中的 sattvadhātu，勒译“众生”，谈译“有情界”。4.10 sattvadhātu，勒译“众生界”，谈译“有情界”。最后，dhātu 在《宝性论》中还有一个特殊用法，它位于果位，构成 amala dhātu（1.17），勒译“无漏法界”，谈译“无漏界”。藏译以 khams 译因位的 dhātu，以 dbyiṅs 译果位的 dhātu。

第三章讨论《释论》中的如来藏说。这里主要探讨了因位的如来藏和果位的法身之间不一不二的关系。因位的如来藏即有垢真如，相当于在缠位法身。（1.12《释论》勒译：“如来法身不离烦恼藏所缠，名如来藏”）。离一切烦恼藏所缠的法身，是名苦灭（duḥkhanirodha）。是故二者不完全同一。不二（advaya）的意思是不离（avinirbhāgatva）：二者不完全分离，不是没有任何关联。“不二”并不等于“同一”。我们认为，有垢真如与无垢真如之间不一不二的关系说明的是位于基与果中间的“修道”的必要性与可能性。如若因位与果位完全同一，那么便无修道的必要。如若二者之间没有任何关联，那么垢便始终是垢，转垢成净的修道便无可能。

第四章研究《释论》1.31 中提到的与如来性（tathāgatadhātu）相近的三个概念：法身、真如（tathatā）、如来种性（gotra）。其中法身对应如来藏九喻里的前三个比喻，真如对应第四个比喻，如来种性对应第五至第九个比喻。

第三部分“如来藏说”的亮点是空如来藏和不空如来藏问题，前者以否定形式描述如来藏，后者以肯定形式。由此产生的疑难是：应以何种方式在何等程度上解释肯定的描述形式，它是否导致对绝对的实体化理解，以及这种对绝对的理解方式属于纯正的佛教还是吠檀多。空如来藏和不空如来藏的提出是在阐明如来藏空性义（tathāgatagarbhaśūnyatārtha）的总的题目下，也就是说，如来藏的空义包含了否定和肯定两个互补的方面。偈颂原文是：

śūnya āgantukair dhātuḥ savinirbhāgalakṣaṇaiḥ

aśūnyo'nuttarair dharmair avinirbhāgalakṣaṇaiḥ（1.155）

这一偈颂的主语是 dhātu，勒译“如来藏”，谈译“法性”。从上文的考证我们可以看出，dhātu 在这里指因位的如来藏、佛性。偈颂的表语是 śūnya 和 aśūnya，āgantukair 是 śūnya 的补语（śūnya 这个形容词接工具格补语），savinirbhāgalakṣaṇaiḥ 是 āgantukair 的修饰语，anuttarair dharmair 是 aśūnya 的补语，avinirbhāgalakṣaṇaiḥ 是 anuttarair dharmair 的修饰语。译为现代汉语，此偈为：“如来藏是空于客尘的，客尘的特点是可分离；如来藏不空于无上佛法，无上佛法的特点是不可分离。”这样，以空于客尘纠正了错认空性为实有（bhāva）的理解，以不空于无上佛法纠正了错认空性为断灭（uccheda）的观点。这一偈颂的依据是《胜鬘经》，本偈中的 dharma 一词在《胜鬘经》中是 buddhadharma（是故勒译本偈为“佛法”），在《释论》中被解释为 śuddhadharma 清净法，对应于下文的 guṇa 佛的功德 / 属性。

由此偈颂，鲁埃格提出了三个至关重要的问题。一、如来藏与他空见问题。二、佛的功德 / 属性与绝对不可分离（avinirbhāgatva）。三、以肯定的方式描述绝对：四波罗蜜多（常乐我净）。

一、空性与他空

有关《宝性论》解释上的分歧，最著名的是觉囊派的他空（gžan stoṅ）见与格鲁派的自空（raṅ stoṅ）见之间的争论。鲁埃格梳理了从南传中部至大乘唯识、中观的文献，试求追溯他空见的历史渊源，以确定他空见是纯粹的藏地学说还是有更早的印度根源。这些更早的文献对空性有着各异的解释，鲁埃格欲探讨的是，《宝性论释论》1.155 与这些各异的解释之间有着怎样的关系，是可以按照其中的一种解释理解，抑或有别于所有这些解释。

所谓他空见是指，认为一切相对的其他东西是空的，而余下的绝对是有的。最早含有类似观点萌芽的文献是南传《中部 · 小空性经》（*Cūḷasuññata sutta*）。这对应于汉译《中阿含 · 双品小空经》。佛向阿难尊者讲述自己所住的空性（suññatā）。他作了一个譬喻。就像鹿子母堂空无象、牛、马，空无金银，空无男女聚集，但有不空，即唯有僧众；同样，比丘由于阿兰若想而制心一处（araññasaññaṃ paṭicca manasikaroti ekattaṃ），这里空无村庄想，空无人群想，但有不空（asuññata），即唯一的阿兰若想。凡是不在此处的，他皆认为是空的，但余下的（avasiṭṭha），他认为是有的（santa）。我们解释一下这里的一种表达方式。bhikkhusaṅghaṃ paṭicca ekattaṃ 和 araññasaññaṃ paṭicca manasikaroti ekattaṃ 中出现的“x paṭicca ekatta”这种表述形式在下文会重复出现。paṭicca 在这里起介词作用，接宾格 x，其含义是“由于”，Ñāṇamoli 比丘译为 dependent on[①]。而 ekatta 是在排除了所有其他东西之后所余下的唯一还在的。随着止观的深入，这个唯一还在的从阿兰若想进而成为地想，进而成为空无边处想，进而成为识无边处想，进而成为无所有处想，进而成为非想非非想处想，最后是无相心定（animittaṃ cetosamādhiṃ）。“x paṭicca ekatta”字面义是“由 x 所构成的唯一还在的”，但表示的意思可以说是“唯一还在的 x”。因此瞿昙僧伽提婆汉译《中阿含》将之译为“唯 x”（唯比丘众）或“一 x”（一地想，一无所有处想，等等）。

《中部·小空性经》的这种观念在《楞伽经》中得到映现。《楞伽经》卷二：

> 云何彼彼空？谓于此无彼，是名彼彼空。譬如鹿子母堂无象马牛羊等，我说彼堂空，非无比丘众。大慧，非谓堂无堂自性，非谓比丘无比丘自性，非谓余处无象马牛羊。大慧，一切诸法自共相，彼彼求不可得，是故说名彼彼空。是名七种空。大慧，此彼彼空，空中最麁，汝应远离。[②]

这里出现 itaretaraśūnyatā（彼彼空）这个概念，它的意思是，在 x 处无 y。所举譬喻同于《中部·小空性经》里的：在鹿子母堂处无象马牛。《楞伽经》中接下来的解释和评价均偏离了《小空性经》。其解释——x 处 y 空（彼彼空）并非意味 x 不存在，也不意味 y 不在 x 以外的地方存在——不见于《小空性经》。其评价——彼彼空在七种空中最粗——更是匪夷所思。我们不知道它为什么最粗。是因为在《小空性经》的语境里鹿子母堂空无象马牛，但唯有僧众，这只是最初的起点，之后要逐渐深入，将止观推进到唯有阿兰若想，直到唯有无相心定，在这个意义上最粗？还是因为我们已经离开了《小空性经》的语境，彼彼空在以下意义上最粗：它未能引导人上升和超越到最高的空性，而既未超越 x 的存在，也未超越 y 的存在？

在《大乘阿毗达磨集论》卷三是这样定义空性的：

> 何等空相？谓若于是处此非有，由此理正观为空；若于是处余是有，由此理如实知有，是名善入空性。如实知者不颠倒义，于何处谁非有于蕴界处常恒凝住。不变坏法我我所等非有，由此理彼皆是空。于何处谁余有，即此

---

① Ñāṇamoli (1995), 965 ff.

② （唐）实叉难陀译：《大正藏》T16, n.672, 599a8-15. 南条文雄版本 75 页：itaretaraśūnyatā punar mahāmate katamā yaduta yadyatra nāsti tattena śūnyamityucyate tadyathā mahāmate śṛgālamātuḥ prāsāde hastigavaiḍakādyā na santi aśūnyaṃ ca bhikṣubhir iti bhāṣitaṃ mayā sa ca taiḥ śūnya ityucyate na ca punar mahāmate prāsādaḥ prāsādabhāvato nāsti bhikṣavaś ca bhikṣubhāvato na santi na ca te 'nyatra hastigavaiḍakādyā bhāvānāvatiṣṭhante idaṃ mahāmate svasāmānyalakṣaṇaṃ sarvadharmāṇām itaretaraṃ tu na saṃvidyate tenocyata itaretaraśūnyateti eṣā mahāmate saptavidhā śūnyatā eṣā ca mahāmate itaretaraśūnyatā sarvajaghanyā sā ca tvayā parivarjayitavyā.

处无我性，此我无性无我有性，是谓空性。故薄伽梵密意说言：有如实知有，无如实知无。[①]

空是在 x 处无 y（*teṣu tasyābhāvaḥ*），正观（samanupaśyanā）就在于看到 x 处无 y。但在 x 处有别的东西 z 存在（*teṣu anyasya bhāvaḥ*），如实知（*yathābhūtajñāna）就在于认识到 x 处有 z。在蕴、界、处无有恒常（nitya）、凝住（dhruva）、不变坏、我、我所。这是在 x 处无 y。因此之故 x 是空的。在哪里什么其他东西是有的（anyasya bhāva）？在 x 处无我性（nairātmya）是有的。这就是应当如何理解空性。

Nairātmya 这个词玄奘法师译为“无我性”，我们可以将之理解为“无我这个真理”。也就是说，在蕴、界、处里无有恒常和我，就此而言蕴界处是空的，但在此之外，余下还在的，是佛法的真理“无我”。这是通过空去相对的，余下绝对真理层面的有。所以说，存在的真理，应如实承认它存在，蕴界处里不存在的恒常，应如实承认它无。这双方面的互补方为佛陀密意。这段文字让我们想到《俱舍论·随眠品》里如何定义邪见（mithyādṛṣti）：

于实有体苦等谛中，起见拨无名为邪见。一切妄见皆颠倒转，并应名邪？而但拨无名邪见者，以过甚故。如说臭酥恶执恶等。此唯损减，余增益故。[②]

认为真正存在的苦谛等不存在（apavāda，拨无），并且说这不存在（nāsti），这是邪见或妄见。一切错误的见地皆是妄见，但唯此获邪见之名，因为它是一切妄见之中最为错误的，正如最恶的气味名为恶。这是一种否定，而其他见地是肯定或错误的增益。

我们可以看到以上《大乘阿毗达磨集论》卷三的引文与《俱舍论·随眠品》这段文字的关联：苦谛等真理是存在的，不如实承认真理的存在便是邪见，否定所针对的东西不应是真理。

同样的观念反映在《瑜伽师地论·本地分·菩萨地·真实义品》：

云何名为恶取空者？谓有沙门或婆罗门，由彼故空亦不信受，于此而空亦不信受。如是名为恶取空者。何以故？由彼故空，彼实是无。于此而空，此实是有。由此道理可说为空。若说一切都无所有，何处何者何故名空？亦不应言，由此于此，即说为空。是故名为恶取空者。云何复名善取空者？谓由于此，彼无所有。即由彼故，正观为空。复由于此，余实是有。即由余故，如实知有。如是名为悟入空性如实无倒。谓于如前所说一切色等想事，所说

---

① （唐）玄奘译：《大正藏》T31, n.1605, 675a21-28。

② （唐）玄奘译：《大正藏》T29, n.1558, 100a14-17。

> 色等假说性法，都无所有。是故于此色等想事，由彼色等假说性法，说之为空。于此一切色等想事，何者为余？谓即色等假说所依。如是二种皆如实知：谓于此中实有唯事，于唯事中亦有唯假。不于实无起增益执，不于实有起损减执。不增不减，不取不舍。如实了知如实真如离言自性。如是名为善取空者。于空法性能以正慧妙善通达。[①]

空性如何是被错误理解的（durgṛhītā）？若有沙门或婆罗门不接受“x 空无 y”这一句里的 y（tad yena śūnyaṃ）[②]，也不接受“x 是空的”这一句里的 x（tad yac chūnyaṃ），那么就说这是被错误理解的空性。为什么呢？空性是由于以下原因而得以成立的：“x 空无 y”这一句里的 y 之不存在和“x 是空的”这一句里的 x 之存在（yena hi śūnyaṃ. tad asadbhāvāt. yac ca śūnyaṃ. tad sadbhāvāc chūnyatā yujyeta）。但如果一切皆不存在，那么什么东西空无何物、在哪里空呢（sarvābhāvāc ca kutra kiṃ kena śūnyaṃ bhaviṣyati）？当人正确地看到，x 空无 y，因为 y 不存在于 x 处，并且当人如实知道（yathābhūtaṃ prajānāti），余下的存在于此处的是在此存在的（yat punar atrāvaśiṣṭaṃ bhavati. tat sad ihāstīti），这便被称为如实无颠倒的了知空性。在色等想事里（rūp'ādisaṃjñake vastuni），色等假说法不存在（prajñaptivād'ātmako dharmo nāsti），因而色等想事空无色等假说。在色等想事里，什么是余下的（avaśiṣṭaṃ）、色等假说的基础（prajñaptivād'āśrayaḥ）？如实知这二者：实有的（vidyamāna）唯事

① （唐）玄奘译：《大正藏》T30, n.1579, 488c22-489a11. Bodhisattvabhūmi，ed. by Nalinaksha Dutt,32: kathaṃ punardurgṛhītā bhavati śūnyatā | yaḥ kaści] cchramaṇo vā brāhmaṇo vā tacca necchati yena śūnyam | tadapi necchati yat śūnyam | iyamevaṃrūpā durgṛhītā śūnyatetyucyate | taktasya hetoḥ | yena hi śūnyaṃ tadasadbhāvāt | yacca śūnyaṃ tatsadbhāvācchūnyatā yujyeta | sarvābhāvācca kutra kiṃ kena śūnyaṃ bhaviṣyati | na ca tena tasyaiva śūnyatā yujyate | tasmādevaṃ durgṛhītā śūnyatā bhavati | kathañca punaḥ sugṛhītā śūnyatā bhavati | yataśca yad yatra na bhavati tat tena śūnyamiti samanupaśyati | yatpunaratrāvaśiṣṭaṃ bhavati tatsadihāstīti yathābhūtaṃ prajānāti | iyamucyate śūnyatāvakrāntiryathābhūtā aviparītā | tadyathā rūpādisaṃjñake yathā nirdiṣṭe vastuni rūpamityevamādiprajñaptivādātmako dharmo nāsti| atastadrūpādisaṃjñakaṃ vastu tena rūpamityevamādiprajñaptivādātmanā śūnyam | kiṃ punastatra rūpādisaṃjñake vastunayavaśiṣṭam | yaduta tadeva rūpamityevamādiprajñaptivādāśrayaḥ | taccobhayaṃ yathābhūtaṃ prajānāti yaduta vastamātrañca vidyamānaṃ vastamātre ca prajñaptimātraṃ ca cāsadbhūtaṃ samāropayati | na bhūtamapavadate nādhikaṃ karoti na nyūnīkaroti notkṣipati na pratikṣipati | yathābhūtañca tathatāṃ nirabhilāpyasvabhāvatāṃ yathābhūtaṃ prajānāti | iyamucyate sugṛhītā śūnyatā samyak prajñayā supratividdheti |.

② Tad yena śūnyaṃ 这一句的翻译，我们需要解释一下。śūnya 这个形容词接工具格补语。例如，“房间空无人影”这一句里的“人影”便是“空”的补语，在梵文中用工具格表述。yena śūnyaṃ 这个从句的主语并未出现。这个从句的意思是“空无某某”。tad 指这个某某，如例句中的“人影”。我们译为“x 空无 y 这一句里的 y”，这样翻译补充出了主语 x。tad yena śūnyaṃ 和下文的 tad yac chūnyaṃ 这两句的两个 tad 所指并不相同。我们将前一句的 tad 译为 y，后一句的 tad 译为 x，并通过补充出前一句中并未出现的主语 x 建立了这两句之间的关联。实际上这两句确实是这样的关系：空性之所以成立，是由于“x 空无 y”里的 y 不存在和 x 存在。例如“房间空无人影”，人影不存在，但房间存在。

（vastumātraṃ）和唯事里的唯施设（prajñaptimātraṃ）[①]。不增益不真实存在的，也不否认真实存在的；不做增加也不做减少；不除去也不添加；真如是什么样的，就如实了知它，它是离言自性（nirabhilāpya-svabhāva）。这便是被正确理解的空性、被正慧（samyakprajñayā）所正确了知的空性。

我们看到，这一段前半部分提出总的原则：被正确理解的空性是看到"x 空无 y"这一句里 y 不存在、x 存在。后半部分将这个原则应用于确定胜义有。在后半部分区分了假说、想事、唯施设和唯事四个环节：

表 3：

世俗谛 →		胜义谛（世俗谛的基础）	
假说（prajñaptivāda）	想事（saṃjñaka vastu）	唯施设（prajñaptimātra）	唯事（vastumātra）
y　在	x　里	y'　在	x'　里

我们可以对以上引文作如下解释。其中，假说和想事属于世俗谛。假说是名言施设。"想事"的"事"是依托处、在依托处里方能够进行名言施设[②]，但这个"事"是"想事"，也就是说，它所处的层次仍在"想"的层面，仍在世俗谛，尚未达到离言自性的胜义谛高度。唯事属于胜义谛层面，是世俗谛的基础，是离言自性，真如。被正确理解的空性是：在"x 空无 y"这一句里，空掉 y，余下 x。当 x 是想事，y 是名言施设，通过空掉 y，余下 x 里 y 的基础 y'唯施设和 x 的基础 x'唯事。所谓的"唯"（mātra）表示的意思是：由否定 y 所余下的唯一还在的。让我们回想一下《中部·小空性经》里的 ekatta 这个词，它表示类似的意思。正如名言施设是在其依托处"事"里方得以进行的，唯施设是在实有的"唯事"里。唯事是超越了想事里的名言施设之后唯一还存在的事。最后余下唯事是真实存在的。如实地承认名言设施为无，最终余下的唯事为有，方是正确地理解了空性；不承认最终余下的唯事为有，是错误地理解了空性。

除了这些文献之外，觉囊派他空见的重要来源之一是《长释》（Bṛhaṭṭīka），这被归于世亲菩萨名下，但更可能是牙军（Daṃṣṭrāsena）的作品。这是对《十万颂般若经》《二万五千颂般若经》和《八千颂般若经》的注解。根据其解释，这些经里所提到的"眼等空无眼等"，其含义是，法性层面的眼等空无妄计（parikalpita）[③]的眼等，也空无"分

① 玄奘法师将该词译为"唯假"。我们译为"唯施设"。

② "事"（vastu）是"依托处"（adhiṣṭhāna）的意思，见舟桥一哉（1999），218。

③ Parikalpita 这个术语的含义经历了演变，在早期经论里并不同于晚期《成唯识论》里的"遍计所执"，参见 De

别”（vikalpita）的眼等，换言之，既空无能诠（abhidhāna）和所诠（abhidheya），也空无能执（grāhaka）和所执（grāhya）。《长释》的这个理论被藏地权威视为觉囊派他空见的雏形，因为觉囊派认为圆成实（parinișpanna）或法性是空的基础（stoṅ gži），空于相对层面的法。但是宗喀巴在《金鬘疏》里认为，不应将《长释》的这个理论与《楞伽经》里提到的“彼彼空”和觉囊派的他空等同起来，因为在《长释》里提到胜义和空性是自性空的。宗喀巴之后，其弟子贾曹杰继续按自性空解释《宝性论》及《释论》1.155的空性，反对他空的解释。

他空见与吠檀多有相似之处。例如《广林奥义书》5.1.1:

pūrṇam adaḥ pūrṇam idaṃ pūrṇāt pūrṇam udacyate

pūrṇasya pūrṇam ādāya pūrṇam evāvaśișyate

根据商羯罗的解释，adas 指至高的梵，并无属性，idam 指名色世界里显现的梵，具有属性。于是，这一句意为：“那个（无色的至高的梵）是满，这个（有色的梵）是满。满是从满里汲取得到的。当从满提取满，余下的便是满。”avaśișyate，余下至高的本原，超越了宇宙间的兴衰更替而恒常不变。这个词显然让人联想到上文所征引的佛教文献中出现的 avasiṭṭha 和 avaśiṣṭa。并且《瑜伽师地论 · 菩萨地 · 真实义品》里的“唯事”也并非没有吠檀多里的对应概念。然而，鲁埃格认为，涉及的佛教文献与吠檀多并不完全重合。《宝性论》及相关文献处在特定的佛教历史语境中，从智慧论（gnoséologique）角度和绝对观角度皆不同于吠檀多。于是问题转换为：在纯正的中观传统里，否定之后所余下的是否也可以具有肯定的、绝对的价值。

从逻辑和智（jñāna）两个方面来看，答案皆是肯定的。《明句论》的德文译者沙耶（St. Schayer）曾指出中观的否定辩证法与怀疑主义“悬置”（ἐποχή）概念之间的平行关系。舍尔巴茨基《佛教逻辑》中认为，中观所使用的逻辑方法是“剩余法”（pāriśeṣya），它破除敌方的命题之后剩余的结果，便是超越逻辑的真理。而耆那教徒功德宝（Guṇaratna）认为，中观的绝对是无待的（svastha?）智（jñāna）。

在以上所援引的佛教文献中对空性主要有三种解释。

1.《大乘阿毗达磨集论》里区分了 x 处无 y（蕴界处里无恒常、不变、我）和 x 处有 z（蕴界处里有无我性）。宗喀巴认为这是声闻的观点，而非大乘的观点。

2.《瑜伽师地论・菩萨地 · 真实义品》里被正确理解的空性是余下的存在（sat）。虽则在这里并未提及三自性，但假说、假说的所依和唯事让人联想到三自性。

3.《楞伽经》中说“彼彼空”是最粗的。令人困惑的问题是，《楞伽经》中提到的这个“彼彼空”是针对如来藏系经典的吗？据莲花戒讲，这个彼彼空仅在世俗谛范围内，

---

la Vallée Poussin (1928-1929), 516. Ruegg (1969), 326, n.1 说明 vikalpita 相当于依他起。

并非胜义。

鲁埃格问道，《宝性论释论》1.155 中的空性是应按照以上三种对空性的解释——声闻的解释，唯识的解释，他空的解释——中的一种理解，还是有别于所有这三者？初看之下，似乎可以解释为他空。但这样会导致极大的困难：《宝性论释论》不仅避免了断灭见，而且避免了认空性为实有（bhāva）。《宝性论》空掉相对后余下的绝对也不必按唯识理解，因为中观传统里也有空性的肯定的一面。最终，鲁埃格认为《宝性论释论》对空性的理解是中道的，避免了断灭见和常见两个极端，因而它是有别于以上三种理解的第四种。

二、佛的功德 / 属性与绝对不可分离

在《宝性论释论》1.155 说到如来藏之所以不空，是因为它与清净法不可分离。在其它段落提到法身与其功德 / 本质属性之间的结合。不可思议的绝对如何具有本质属性，这是一个值得讨论的问题。

首先需要解释的概念是 prabhāvita。这个词是 prabhū 的使动过去分词，prabhū 的意思是赋予某种特质。Prabhāvita，鲁埃格译为 constitué（由……所构成）。《宝性论》2.4-5 :

Buddhatvam avinirbhāgaśukladharmaprabhāvitam|

ādityākāśavaj jñānaprahāṇadvayalakṣaṇam||4||

gaṅgātīrarajo’tītair buddhadharmaiḥ prabhāsvaraiḥ|

sarvair akṛtakair yuktam avinirbhāgavṛtibhiḥ||5||

勒译：“佛身不舍离，清净真妙法，如虚空日月，智离染不二。过恒沙佛法，明净诸功德。”其中并未译出 prabhāvitam。从语法上分析，这两偈的主语是 Buddhatvam。Buddhatvam 指果位的佛，此处勒译为“佛身”，其他处或译为“佛体”，我们在上文脚注里说明过，“佛体”的译法可被视为与“法身”对仗。–prabhāvitam 这个过去分词是 Buddhatvam 的表语，表示主语佛体由何样的本质属性所构成。译为通顺的现代汉语，此句为：佛体 / 法身是由与之不可分离的（avinirbhāga）清净的（śukla）本质属性（dharma）所构成的（prabhāvitam）。下一句，按照贾曹杰《大疏》[①]，可以做如下理解：佛体具有智慧（jñāna）和断除（prahāṇa）这二种特征（dvayalakṣaṇam），智慧犹如太阳，断除犹如虚空。下一偈的表语是过去分词 yuktam，其他工具格皆为 yuktam 的补语。译为现代汉语，第二偈为：佛体与佛的过于恒河沙数的属性相结合，所有这些属性是明净的，与佛体不可分离的，并非被造作的（akṛtaka）。

---

① 江波（2015），565。

三、以肯定的方式描述绝对

佛的属性与空性不可分离，这一学说的发展为他空见奠定了基础。与此紧密相关的另一个问题是以肯定的方式描述绝对。首先，有一些肯定的修饰语被施于绝对。例如《宝性论》2.29：

acintyaṃ nityaṃ ca dhruvam atha śivaṃ śāśvatam atha
praśāntaṃ ca vyāpi vyapagatavikalpaṃ gaganavat
asaktaṃ sarvatrāparatighaparuṣasparśavigataṃ
na dṛśyaṃ na grāhyaṃ śubham api ca buddhatvam amalam

这一偈的主语是 buddhatvam 佛体，此佛体的修饰语有：不可思议（acintya），恒常（nitya），不变坏（dhruva），清凉（śiva）[①]，永恒（śāśvata），寂静（praśānta），周遍（vyāpi），像虚空一样离诸分别（vyapagatavikalpa gaganavat），无染着（asakta），无碍（aparatigha），遍一切处离粗劣的触（sarvatrāparuṣasparśavigata），不可见（na dṛśya），不可取着（na grāhya），善净（śubha），无垢（amala）。

其次，有四种功德波罗蜜多 / 彼岸的属性（guṇapāramitā）描述法身（《宝性论》1.36-38），也描述如来藏（《释论》1.153）。这四波罗蜜多实则是四种清净因的果，而四种清净因对治四种众生的四种障。其间的对应关系如下[②]：

表 4：

四种众生	四种障	清净因（对治）	如来法身中具有的四种功德波罗蜜多	四种障
一阐提（1.32-33） 求有	谤大乘法（1.32-33） 实无有净而心乐着取世间净（1.36）	信修行大乘（1.33） 信为子（1.34）	净（1.35-36） 广大如法界（1.36）	无明住地（1.36）
外道（1.32-33） 无求道方便	见身中有我（1.32-33） 于五阴中见有我（1.36）	修行般若波罗蜜（1.33） 般若为母（1.34）	我（1.35-36）	无漏业（1.36）

---

① 此处 śiva，勒那摩提和谈锡永皆译为“清凉”。这个词作形容词时，其基本含义是“善的，有益的”。Böhtlink, Sanskrit-Wörterbuch 里列出的其作名词时的含义有“解脱”（Erlösung）。我们猜测，勒那摩提之所以译为“清凉”，是因为这是与“解脱”相近的。

② 表格中的引文大致同于勒那摩提译本。Ruegg (1969), 368 给出的是梵文原文。

续表：

四种众生	四种障	清净因(对治)	如来法身中具有的四种功德波罗蜜多	四种障
声 闻（1.32-33） 远离求有 有求道方便	怖畏世间苦（1.32-33）	修行虚空藏首楞严等诸三昧（1.33） 禅胎（1.34）	乐（1.35-36） 究竟如虚空（1.36）	意生身（1.36）
缘 觉（1.32-33） 远离求有 有求道方便	舍离诸众生（1.32-33）	修行大悲（1.33） 大悲乳（1.34）	常（1.35-36） 尽未来际(1.36)	不可思议变易（1.36）

这四种功德波罗蜜多 / 彼岸的属性在《宝性论》1.37—38 里是这样被定义的：

sa hi prakṛtiśuddhatvādvāsanāpagamācchuciḥ
paramātmātmanairātmyaprapañcakṣayaśāntitaḥ
sukho manomayaskandhataddhetuvinivṛttitaḥ
nityaḥ saṁsāranirvāṇasamatāprativedhataḥ

由于本性清净，由于习气悉离，故而祂是净。由于寂静，故而祂是真我（paramātman）；寂静在于止息关于我和无我的戏论。由于意生阴和意生阴的因皆悉不转，故而祂是乐。由于证知轮回与涅槃平等，故而祂是常。

如来法身由这四种彼岸的属性所“构成”（prabhāvita），这一点是值得注意的，因为它以肯定的方式描述绝对，似乎导致对绝对的实体化理解。但是如何解释这一现象，这才是关键。反对他空见解释的论者认为，这四波罗蜜多仅仅是作为对治之果而被提出的。其中的真我（1.37 paramātman）并非一个实体，而恰恰是戏论的止息。因而这四波罗蜜多并不代表对诸行无常等四法印的放弃，相反，四法印在《宝性论》及《释论》里是得到承认的。

随后鲁埃格考察了《大乘庄严经论》里的相似观念。在《释论》6.2 中说，我见（ātmadṛṣṭi）只针对五取蕴。14.37-41 将这样的我见与菩萨所遵循的大我见（mahātmadṛṣṭi）相对立：

saṃskāramātraṃ jagadetya buddhyā nirātmakaṃ duḥkhivirūḍhimātraṃ |
vihāya yānarthamayātmadṛṣṭiḥ mahātmadṛṣṭiṃ śrayate mahārthāṃ || MSA_14.37 ||

vinātmadṛṣṭyā ya ihātmadṛṣṭirvināpi duḥkhena suduḥkhitaśca |
sarvārthakartā na ca kārakāṅkṣī yathātmanaḥ svātmahitāni kṛtvā || MSA_14.38 ||
yo muktacittaḥ parayā vimuktyā baddhaśca gāḍhāyatabandhanena |
duḥkhasya paryantamapaśyamānaḥ prayujyate caiva karoti caiva || MSA_14.39 ||
svaṃ duḥkhamudvoḍhumihāsamartho lokaḥ kutaḥ piṇḍitamanyaduḥkhaṃ |
janmaikamālokayate[gataṃ] tvacinto viparyayāttasya tu bodhisattvaḥ || MSA_14.40 ||
yatprema yā vatsalatā prayogaḥ satveṣvakhedaśca jinātmajānāṃ |
āścaryametatparamaṃ bhaveṣu na caiva satvātmasamānabhāvāt || MSA_14.41 ||

在觉悟到世界只是诸行、是无我的、只是苦之生长之后，在舍弃了无意义的我见之后，菩萨遵循具有巨大意义的大我见。

没有我见的菩萨在此具有了我见，没有苦的菩萨亦承受苦，为一切众生作利益的菩萨不求回报，就像他是在为自我作他自己的利益。

通过最上的解脱他是具有解脱心的，但他也被诸处的牢固束缚所缚。他不去观望苦之边际，而是精勤不懈，劳作不息。

世人尚不能够承受自己的苦，他能为他人承受的苦是何等之少！世人无发心，他只看到自己的生。然而菩萨与此相反。

佛子对众生的爱、舐犊情深、佛子的精勤不懈，是世人中的最上稀有！或毋宁说，不！因为对佛子而言众生和自我是平等的。

据此，菩萨的大我见在于认识到众生与自我平等；这种大我见具有巨大的意义，因为它促进菩萨去为众生的利益而精勤不懈。

在菩提品 9.23 亦有提到“大我”：

śūnyatāyāṃ viśuddhāyāṃ nairātmyānmārgalābhataḥ
buddhāḥ śuddhātmalābhitvāt gatā ātmamahātmatām

在清净的空性里，由于获得了无我之我，诸佛达到自我之大我，因为诸佛得到了清净的自我。《释论》这样解释：

Tatra cānāsrave dhāto buddhānāṃ paramātmā nirdiśyate | kiṃ kāraṇaṃ | agranairātmyātmakatvāt | agraṃ nairātmyaṃ viśuddhā tathatā sā ca buddhānāmātmā svabhāvārthena tasyāṃ viśuddhāyāmagraṃ nairātmyamātmānāṃ buddhā labhante śuddhaṃ | ataḥ śuddhātmalābhitvāt | buddhā ātmamāhātmyaṃ prāptā ityanenābhisaṃdhinā buddhānāmanāsrave dhāto paramātmā vyavasthāpyate.

> 此偈显示无漏界里诸佛的真我。什么原因呢？因为诸佛的自我是最高的无我。最高的无我是清净的真如，在自性的意义上，这是诸佛的自我。当真如是清净的，诸佛获得最高的无我：清净的自我。由于得到清净的自我，诸佛达到自我之广大。出于这个意思，诸佛的真我被安立在无漏界里。

成熟品里，在陈述过菩萨的九种自成熟（8.1-10）之后，8.11 论及成熟其他众生：

iti navavidhavastupācitātmā paraparipācanayogyatāmupetaḥ

śubha[dharma]mayasatatapravardhitātmā bhavati sadā jagato ‘grabandhubhūtaḥ

> 这样，菩萨的自我在九种事上成熟，能够成熟其他众生，在善法方面菩萨的自我持续增长，他永远是世间的最高亲人。

以上所引段落皆明言大我、真我、清净自我之重要性。菩萨即由于这样的大我见而成熟自己和其他众生。

不仅在如来藏系文献和唯识典籍里出现“我”（ātman），而且亦在般若经典里。在《七百颂般若》里提到我（ātman）和佛这两种名称（adhivacana）是等价的。“我”这种表述指的是无生。这与《宝性论释论》1.36 相呼应，在那里，真我波罗蜜多是修行般若所达到之果。

第四部分 心本明净

心本明净的观念可以上溯到《增支部》、大众部和分别说部。《楞伽经》中提到过与如来藏相等同的自性明净心（prakṛtiprabhāsvara citta）。布散（La Vallée Poussin）和拉摩特（E. Lamotte）指出过心本明净与如来藏思想密切相关。拉摩特建立起它与“瑜伽行唯心主义经论所描述的”如来藏的关联。但鲁埃格意在证明，如来藏思想并不完全与“瑜伽行的唯心论”相联系，它是一种独立的潮流。

《宝性论》在第四金刚句的“遍一切处”范畴（1.49）论及心本性无垢：

sarvatrānugataṁ yadvannirvikalpātmakaṁ nabhaḥ

cittaprakṛtivaimalyadhātuḥ sarvatragastathā

> “犹如没有概念分别的虚空是遍一切处的，同样，心之本性的无垢性也是遍一切处的。”

之后，依据《虚空藏经》《宝性论》解释了一方面烦恼和业依非如理作意（ayoniśomanaskāra，勒译“邪念”）而起，非如理作意复又依心之本性而立（pratiṣṭhita），另一方面心之本性不住于任何这些法。1.57：

ayoniśomanaskāraścittaśuddhipratiṣṭhitaḥ
sarvadharmeṣu cittasya prakṛtistvapratiṣṭhitā

非如理作意，依于清净心而立，但心之本性，不住于任何法里。

1.59-60：
ayoniśomanaskāro vijñeyo vāyudhātuvat|
tadamūlāpratiṣṭhānā prakṛtirvyomadhātuvat||59||
cittaprakṛtimālīnāyoniśo manasaḥ kṛtiḥ|
ayoniśomanaskāraprabhave kleśakarmaṇī||60||

要知道，非如理作意如同风这种元素，本性如同虚空这种元素、无基础无所住。依于心之本性起非如理作意，在有非如理作意的条件下，烦恼和业便生起。

我们根据 1.52-64 的论本偈和释论将这里的几个概念之间的重要关系整理如下：

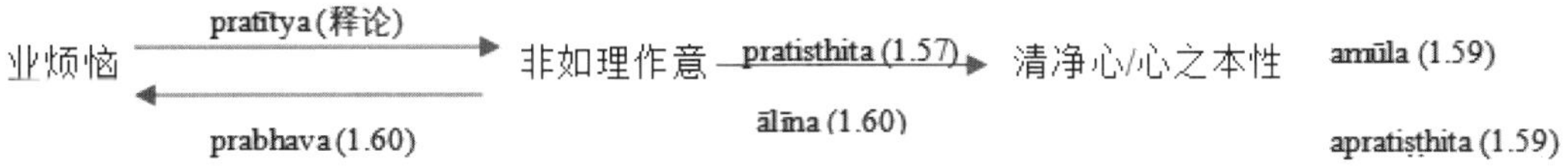

业烦恼 —pratītya(释论)→ 非如理作意 —pratisthita (1.57)→ 清净心/心之本性 amūla (1.59)
←prabhava (1.60)— ālīna (1.60) apratiṣṭhita (1.59)

图 1

我们可以看到，业和烦恼升起的条件是非如理作意。《释论》（Johnston-Chowdhury 44，1）以 pratītya（缘）这个词表示业和烦恼对非如理作意的依赖关系。偈颂 1.60 ayoniśomanaskāraprabhave kleśakarmaṇī，我们可以将地点格 prabhave 理解为表示条件：在有非如理作意的条件下，烦恼和业升起。我们要指出的是，非如理作意对清净心 / 心之本性的关系并不是以 pratītya（缘）表示的，而是以 pratiṣṭhita (1.57) 和 ālīna (1.60)。虽然 pratītya、 pratiṣṭhita 和 ālīna 三个词在勒译中皆可译为“依”[①]，但这三个词还是有区别的。从 1.59 amūlāpratiṣṭhānā 我们可以看出，pratiṣṭhita 和 mūla 表示的意思相近。说非如理作意 pratiṣṭhita 在清净心中（1.57 勒译“不善思惟行，住清净心中”），这几乎是说，非如理作意以清净心为它的 mūla（根本，基础）。换言之，清净心是一切的 mūla（根本，基础），在此根本、基础里（pratiṣṭhita+ 地点格[②]或 ālīna 表示“隐藏在……里”[③]）才可能有其他。清净心不再以其他任何东西为祂的根本（1.59 amūla），因为

① Johnston-Chowdhury 44, 1 pratītya，勒译为“依”。Johnston-Chowdhury 44, 3 pratiṣṭhitasya，勒译为“依”。偈颂 1.60 ālīna，勒译为“依”。

② Johnston-Chowdhury 44, 10.

③ 见 Böhtlink, Sanskrit-Wörterbuch, lī 词条。

祂就是最终的根本（Johnston-Chowdhury 45,9 : amūlamūla）。这和非如理作意导致业烦恼并不一样。清净心并不导致非如理作意，而是作为一切的最终根本超越了因和缘(1.62 : na hetuḥ pratyayo ）。

贪欲等染污生于虚妄分别（abhūtaparikalpa），因此只是客尘（āgantuka）（1.63）。自性清净心并不系缚在这些烦恼染污上（1.129 asambaddhaṃ），祂不住于任何有为法。

参考书目

梵文校勘本

Abhidharmasamuccaya. Ed. by V. V. Gokhale. In: Journal of the Bombay Branch, Royal Asiatic Society 23 (1947), 13-38.

Abhisamayālaṃkāra. Ed. by Th. Stcherbatsky and E. Obermiller. Leningrad 1929.

Abhisamayālaṃkārālokā Prajñāpāramitāvyākhyā. Ed. by U. Wogihara. Tokyo 1932-1935.

Bodhisattvabhūmi. Ed. by Nalinaksha Dutt. Patna 1966.

Laṅkāvatāra-sūtra. Ed. by Nanjio Bunyiu. Kyoto 1956.

Madhyānta-Vibhāga-Bhāṣya. Ed. by Nathmal Tatia and Anantalal Thakur. 1967.

Mahāyāna-Sūtrālaṃkāra. Ed. by Sylvain Lévi. Tome I Texte. Paris 1907.

Ratnagotravibhāga Mahāyānottaratantraśāstra. Ed. by E. H. Johnston and T. Chowdhury. Patna 1950.

译本与研究

De La Vallée Poussin, Louis (1924), L'Abhidharmakośa de Vasubandhu, traduit et annoté. Quatrième chapitre. Paris.

———(1925), L'Abhidharmakośa de Vasubandhu, traduit et annoté. Cinquième et sixième chapitres. Paris.

———(1928-1929), Vijñaptimātratāsiddhi : la siddhi de Hiuan-Tsang, traduit et annoté. Paris.

Engle, Artemus (2016), The Bodhisattva Path to Unsurpassed Enlightenment. A Complete Translation of the Bodhisattvabhūmi. Boulder.

Funahashi Issai 舟桥一哉（1999），业的研究，余万居译，台北：法尔出版社。

黄宝生（2017）（译），梵汉对勘究竟一乘宝性论，北京：中国社会科学出版社。

江波（2015）（译），宝性论大疏，嘉曹·达玛仁钦着，北京：中国社会科学出版社。

Lévi, Sylvain (édité et traduit) (1911), Mahāyāna-Sūtrālaṃkāra. Exposé de la Doctrine du Grand Véhicule selon le Système Yogācāra. Tome II. Paris.

Mathes, Klaus-Dieter (2018), Madhyamaka- und Yogācāra-Hermeneutik: Ein komparativer Ansatz, in:

Hōrin. Vergleichende Studien zur japanischen Kultur, 19, 45-77.

May, Jacque (1971), La théorie du Tathāgatagarbha et du Gotra (Book Review), T'oung Pao, 1971, 147-157.

Nakamura Zuiryu 中村瑞隆（1988），梵汉对照究竟一乘宝性论研究，译丛编委会译，台北：华宇出版社。

Ñāṇamoli, Bhikkhu (1995), The Middle Length Discourses of the Buddha. A New Translation of the Majjhima Nikāya. Edited and revised by Bhikkhu Bodhi. Boston.

Ruegg, David Seyfort (1969), La théorie du Tathāgatagarbha et du Gotra : Études sur la Sotériologie et la Gnoséologie du Bouddhisme, Paris.

Schmithausen, Lambert (2007), Ālayavijñāna: On the Origin and Early Development of a Central Concept of Yogācāra Philosophy, Tokyo.

Takasaki Jikidō 高崎直道（1972），Review on D. S. Ruegg's Work: La Théorie du Tathagatagarbha et du Gotra. In : Indogaku Bukkyōgaku kenkyū, 03/1972, 卷 20, 期 2.

谈锡永（2006），《宝性论》梵本新译，台北。

Williams, Paul (2009), Mahāyāna Buddhism: The Doctrinal Foundations, 2nd Edition, London and New York.

朱竞旻（2015），圣解脱军《现观庄严论释》中的“种姓”理论，《人文宗教研究》第六辑，2015 年第 2 册，148–174。

经典文献翻译

宝藏寂《三乘建立论》译稿

释法光[①]

《三乘建立论》译稿略序：

此论作者辛帝巴（宝藏寂）大师是印度 10-11 世纪的“超戒寺”重要守门之唯识论师，也是八十大成就者之一。其所著作的众多论典中，《三乘建立论》是以最精简的方式，铺陈了唯识的三乘之基（二谛）、道（现观）、果内涵，亦阐述了显及密中，缘证相同的空正见（站唯识角度所认知的释迦牟尼佛《解深密经》等中及龙树菩萨《中论》等中所阐述的“二取空”），然差异处是在于能缘证此“二取空”的心识是粗或极细微。

透由此论的精要阐释，读者更能简要窥探唯识宗见的堂奥，也能瞥见释迦世尊完整圆满教法中，针对不同根器者所铺陈的法要。

༄༅། །རྒྱ་གར་སྐད་དུ། ཏྲི་ཡཱ་ན་བྱ་བ་སྠཱཾ་ན་ན་མ། བོད་སྐད་དུ། ཐེག་པ་གསུམ་རྣམ་པར་གཞག་པ་ཞེས་བྱ་བ།

印度语：谛力雅纳维雅哇斯塔昂娜那马

藏语谓：三乘建立

སངས་རྒྱས་དང་། བྱང་ཆུབ་སེམས་དཔའ་ཐམས་ཅད་ལ་ཕྱག་འཚལ་ལོ། །

顶礼于一切佛及菩萨！

གང་གིས་ཐེག་གསུམ་ཉིད་བཞོན་སྦྱིན་པའི་ཕྱག་ནི་རབ་བརྐྱང་ནས། །རང་གི་ཤ་དང་ཁྲག་དག་ཆགས་བྲལ་འགྲོ་ལ་རྣམ་འབྱེད་པ། །ཐེག་གསུམ་གསུང་པོ་ཤཱཀྱའི་དབང་པོ་ཉིད་ལ་ཕྱག་འཚལ་ནས། །བླ་མའི་བཀའ་དང་གཞུང་མང་མཐོང་ཕྱིར་ཐེག་གསུམ་རྣམ་གཞག་བྱ། །

何者（谁能）骑乘三乘布施之手善伸展，自之肉及血等离欲施于诸众生，顶礼于三乘宣说者释迦自在后，现见众上师语及教故建立三乘。

ཐེག་པ་རྣམས་ནི་གསུམ་ཉིད་དུ་རྣམ་པར་གཞག་པར་མཐོང་སྟེ། ཉན་ཐོས་དང་ལྡན་པའི་ཐེག་པ་དང་། རང་སངས་རྒྱས་ཀྱི་ཐེག་པ་དང་། ཟབ་ཅིང་རྒྱ་ཆེ་བ་

① 译者单位：台中慈善寺佛学院。

དང་ལྡན་པའི་ཐེག་པའོ། །དེ་ལ་ཉན་ཐོས་དང་ལྡན་པའི་ཐེག་པ་ནི་རྣམ་པ་གཉིས་ཏེ། བྱེ་བྲག་སྨྲ་བ་དང་། མདོ་སྡེ་པའོ། །ཡང་བྱེ་བྲག་ཏུ་སྨྲ་བ་ནི། ཁ་ཆེའི་དང་། ཡུལ་དབུས་ཀྱི་ཞེས་བྱའོ། །ད་ནི་རང་གི་གྲུབ་པའི་མཐའ་ཅུང་ཟད་བརྗོད་དེ། དབང་པོ་དང་དོན་ལས་འབྱུང་བའི་བློ་རྣམ་པ་མེད་ཅིང་། དབང་པོ་དོན་མ་ལུས་པ་ནི་གོང་བུ་དང་མཐུན་པར་གནས་པའི་རྡུལ་ཕྲ་རབ་ཆ་ཤས་མེད་པའི་ངོ་བོར་རྟོག་ཅིང་འདུས་བྱས་ཐམས་ཅད་མི་རྟག་ལ་བདག་མེད་པར་འདོད་པ་སྟེ། ནམ་མཁའ་དང་འགོག་པ་དག་དང་། དེ་བཞིན་ཉིད་རྣམས་རྟག་པར་འདོད་པས་རྣམ་པར་སྤྱོད་པའོ། །འདི་དག་ནི་འབྲས་བུ་མེ་ཤི་བ་ལྟར་བསྟན་དུ་མེད་པ་དང་། དེའི་སྔོན་དུ་སོང་བའི་ཕུང་པོ་ལྷག་མ་དང་བཅས་པ་ཞེས་བྱ་བ་དང་གཉིས་སུ་གྲུབ་པར་བྱེད་པ་སྟེ། དེ་དག་གྲུབ་པ་གཅིག་དང་སྒྲུབ་པ་ལ་གནས་པ་བདུན་གྱི་སྐྱེས་བུ་འཕགས་པའི་ཁོངས་སུ་གཏོགས་པ་ཟུང་བཞི་དང་། གང་ཟག་བརྒྱད་ཅེས་བསྒྲགས་པ་འདི་ལྟ་འདི་ལྟར་རྒྱུན་དུ་ཞུགས་པར་ཞུགས་པ་དང་། རྒྱུན་དུ་ཞུགས་པ་དང་། ལན་ཅིག་ཕྱིར་འོང་བའི་ཕྱིར་ཞུགས་པ་དང་། ལན་ཅིག་ཕྱིར་འོང་བ་དང་། ཕྱིར་མི་འོང་བའི་ཕྱིར་ཞུགས་པ་དང་། ཕྱིར་མི་འོང་བ་དང་། དགྲ་བཅོམ་པའི་ཕྱིར་ཞུགས་པ་དང་། དགྲ་བཅོམ་པ་སྟེ་གོ་རིམས་བཞིན་ནོ། །

诸乘者，现见建立为三：具声闻之乘，及独觉之乘，及具甚深且广大之乘也。彼中，具声闻之乘者，二行相：说别相者，及经部者也。又说别相者，谓克什米尔及中境者[①]也。今此略说自之宗义，承许由根及义而生之觉无相，且无余根义者，相顺于合体而住之极微尘，分别为无支分之体性，且一切有为为无常且无我，承许虚空及诸灭及诸真如为常而行持也。此等者，谓“如同果火熄灭般无所显示及彼之前而有之蕴有余”，成立为二。彼等一成立，及宣扬谓“住于正行七士夫，属于圣者四双及八补特伽罗”，如是入预流（预流向）及预流；为一来而入及一来；为不来而入及不来；为灭敌而入及灭敌，如其次第也。

ཡུལ་དབུས་ཀྱི་བྱེ་བྲག་ཏུ་སྨྲ་བ་རྣམས་ཀྱང་གནས་འདི་རྣམས་མཉམ་པ་སྟེ། ཕྲ་མོ་དག་ནི་དེ་དག་ཉིད་འཛིན་པའི་ཆོས་མངོན་པ་རྒྱ་ཆེར་བལྟའོ། །མདོ་སྡེ་པ་རྣམས་ནི་བློ་རྣམ་པ་དང་བཅས་པ་ཉིད་དུ་སྐྱེ་བར་རྟོག་ཅིང་བློའི་རྣམ་པ་རྣམས་ཀྱང་དེ་དང་འདྲ་བ་གཞན་གྱི་རྣམ་པ་ལས་སྐྱེ་ལ། དེ་ཡང་རྡུལ་ཕྲ་རབ་ཁ་དོག་དང་རྗེས་སུ་མཐུན་པར་གནས་པའི་བདག་ཉིད་དུ་འདོད་དོ། །ཡང་འདི་དག་ནི་དུས་གསུམ་དག་འདི་ཁས་མི་ལེན་ཅིང་འདུས་མ་བྱས་རྣམས་ཀྱང་མོ་གཤམ་གྱི་བུ་དང་འདྲ་བར་འདོད་པ་སྟེ། འབྲས་བུ་དང་དེ་ལ་འདོད་པ་དང་གནས་པ་སྔ་མ་བཞིན་ཏེ། འོན་ཀྱང་མདོ་སྡེ་པ་རྣམས་ནི་རང་སངས་རྒྱས་སུ་འགྱུར་བའི་སྐལ་བ་ཅན་ནོ། །འདི་ནི་ཉན་ཐོས་ཀྱི་ཐེག་པ་རྣམ་པར་གཞག་པའོ།།

诸中境之说别相者，此诸处亦相等，诸细微者，广泛而见显取彼等之对法也。诸经部者，分别觉生为具相性，且诸觉之相亦与彼相似，从他之相而生。彼复，承许极微尘为与颜色随顺安住之体性也。又此等者，不承许三时等，且许诸无为亦与石女儿相似。果及于彼中许，及安住如前。然诸经部者，是能成为独觉之福分者也。此者，建立声闻乘也。

ཞུགས་པ་དང་དེ་ལ་གནས་པ་དང་། དེ་དག་ཉིད་དབང་པོའི་ཁྱད་པར་གྱིས་བསེ་རུ་ལྟར་རྒྱུ་བ་དང་ཚོགས་དང་། སྤྱོད་པ་དང་གཞིར་རང་སངས་རྒྱས་ནི་རྣམ་པ་གཉིས་ལས་བཞིར་འགྱུར་བའོ། །འདི་དག་གི་ཁོང་དུ་ཆུད་པ་ནི་མཐུན་པར་རྟེན་ཅིང་འབྲེལ་པར་འབྱུང་བ་ཡན་ལག་བཅུ་གཉིས་ལས་འཁོར་བར་འབྱུང་བ་དང་། དེ་འགགས་པས་མྱ་ངན་ལས་འདས་པར་འགྲོ་བར་རྟོགས་པའོ། །འདིར་འདི་དག་གི་བར་ཆད་མེད་པའི་ལམ་ཉི་ཚེ་བཤད་པ་ལྟར་ཡིན་གྱི། འབྲས་བུ་ཐོབ་པ་ལ་ཕན་པའི་སྡོམ་པའི་ཚུལ་ཁྲིམས་ལ་སོགས་པ་ནི་ཉན་ཐོས་རྣམས་དང་མཐུན་པར་དེ་ལ་འབྱུང་ཞིང་། འབྲས་བུའི་བདག་ཉིད་ཀྱང་ཞི་བ་ཉིད་ཉན་ཐོས་རྣམས་དང་མཉམ་པས་གནས་པའོ། །འདི་དག་ལ་ངེས་པར་ཚུལ་ཁྲིམས་ཀྱི་སྡོམ་པ་ལ་གནས་པ་འབྱུང་བ་དང་། རྟེན་ཅིང་འབྲེལ་པར་འབྱུང་བ་རྟོགས་པར་འགྱུར་བའི་རྐྱེན་འབྱུང་བ་ནི་

① 克什米尔及中境之说别相部，为一切有部中之利根。

ཚོང་དཔོན་བདེན་པར་སྨྲ་བ་བཞིན་ནོ། བསྐལ་པ་བརྒྱའི་བར་དུ་དེ་དང་འབྲེལ་པའི་ལས་དེ་དག་གིས་བསགས་པའི་ཕྱིར་རོ། །རྟེན་ཅིང་འབྲེལ་པར་འབྱུང་བ་རྣམས་ཇི་ལྟར་བསྒོམ་པ་ནི་འདིར་མ་སྨྲས་ཏེ། གཞུང་མངས་པ་ལ་མི་དགའ་བ་དང་། མདོ་སྡེ་རྣམས་ལས་གསལ་བར་སྣང་བས་སོ། །འདི་ནི་རང་སངས་རྒྱས་ཀྱི་ཐེག་པ་རྣམ་པར་གཞག་པའོ།།

入及安住于彼，及彼等由根器之差别，如犀牛般行走，及资粮及行持，及于基中，独觉者由二相成为四也。彼等之通达者，相顺证悟从缘起十二支分生于轮回，及遮灭彼故往趣涅槃也。此中，是如宣说此等单一无间道，于利益于得果之律仪戒等者，与诸声闻相顺，于彼生，且果之我性亦寂灭，与诸声闻相等而住也。于此等决定有住于律仪戒，及有将能证悟缘起之缘者，如同商人说实话般，乃至百劫与彼相属之业由彼等累积故也。如何修持诸缘起者，此中不说。于多教典不喜，及诸经中明晰显现故也。此者，建立独觉乘也。

ཟབ་ཅིང་རྒྱ་ཆེ་བ་དང་ལྡན་པའི་ཐེག་པ་ནི་རྣམ་པ་གཉིས་ཏེ། ཟབ་པ་འབའ་ཞིག་དང་ལྡན་པ་དང་། ཟབ་པ་དང་། རྒྱ་ཆེ་བ་གཉིས་ག་དང་ལྡན་པའོ། །འདི་དག་ཉིད་ལ་ཐེག་པ་ཆེན་པོ་ཞེས་བརྗོད་ཅིང་། དབྱེ་བ་རྣམ་པ་གཉིས་ཉིད་ལ་སློབ་དཔོན་སྔ་མས་ཕ་རོལ་ཏུ་ཕྱིན་པའི་ཚུལ་དང་། གསང་སྔགས་ཀྱི་ཚུལ་གྱི་ཐེག་པ་ཆེན་པོ་ཞེས་ཀྱང་གཞག་པའོ། །

具甚深且广大之乘者，二行相：具唯甚深[1]，及具甚深及广大二者也。于此等诠说谓“大乘”，且于二行相分类，昔阿奢梨亦安立谓“到彼岸之轨理，及密咒之轨理之大乘”也。

གལ་ཏེ་གཅིག་ལ་ནི་ཟབ་པ་ཉི་ཚེ་ལྡན་ཞིང་། དེ་བཞིན་དུ་གཅིག་ལ་ནི་ཟབ་པ་དང་རྒྱ་ཆེ་བ་གཉིས་ག་དང་ལྡན་ན། དེའི་ཚེ་ཐེག་པ་དག་ནི་བཞིར་འགྱུར་བ་མ་ཡིན་ནམ། ཇི་ལྟར་ན་ཐེག་པ་གསུམ་དུ་རྣམ་པར་གཞག་ཅེ་ན། འདི་ལ་ཉེས་པ་མེད་དེ། བདེན་པ་གཉིས་ལ་གནས་པས་བདག་དང་གཞན་གྱི་དོན་ཕུན་སུམ་ཚོགས་པ་བསྒྲུབ་པ་ལ་དབྱེ་བ་མེད་པས་སོ། །དེ་ལྟ་ན་ཅིའི་ཕྱིར་ཟབ་པ་འབའ་ཞིག་དང་ལྡན་པ་དང་། ཟབ་ཅིང་རྒྱ་ཆེ་བ་གཉིས་ག་དང་ལྡན་པའི་ཁྱད་པར་འབྱུང་། གཞན་དུ་ན་འདི་དག་གི་བདེན་པ་གཉིས་ཉིད་ལ་ཁྱད་པར་ཡོད་པར་བརྗོད་དགོས་སོ། །འདི་ནི་ལེགས་པར་སྨྲས་པ་སྟེ། དོན་དམ་པའི་བདེན་པ་ཉིད་ལ་ནི་ནམ་ཡང་དབྱེ་བ་འགའ་ཞིག་ཀྱང་འབྱུང་བ་མེད་ལ། ཀུན་རྫོབ་ཉིད་ཀྱིས་ཟབ་པ་དང་རྒྱ་ཆེ་བར་འགྱུར་བའོ། །

设若于一者，具单一甚深，且同样地，于一者，具甚深及广大二者，彼时诸乘者岂非成四，如何建立为三乘耶？于此无过，安住于二谛，故于成办圆满自及他义，无差别故也。如是，为何有具唯一甚深及甚深且广大二者之差别，否则，此等之二谛需诠述有差别也。此者，善为宣说。于胜义谛性者，永远亦无有些许区分，由世俗性而成甚深及广大也。

ཅིའི་ཕྱིར་ཀུན་རྫོབ་ཀྱི་བདེན་པ་ལ་ཁྱད་པར་ཡོད་ཀྱི། དོན་དམ་པའི་བདེན་པ་ལ་དེ་མི་དམིགས། ཀུན་རྫོབ་ཙམ་གྱིས་རྒྱ་ཆེ་བར་ཡང་ཇི་ལྟར་འགྱུར། འདི་ན་དོན་དམ་པའི་བདེན་པ་དབུ་མ་པ་རྣམས་ཀྱིས་རྣམ་པར་གཞག་པ་ནི་ཡོད་པ་དང་མེད་པ་དང་། ཡོད་པ་དང་མེད་པ་གཉིས་ག་དང་། ཡོད་པ་དང་མེད་པ་གཉིས་ག་མ་ཡིན་པ་ཞེས་བྱ་བའི་མཐའ་རྣམ་པ་བཞི་ལས་ངེས་པར་གྲོལ་བ། སྤྲོས་པའི་མཚན་མ་ནུབ་པ་དག་གི་ལས་འདས་པ་ཉིད་ཡིན་ནོ། །ཚུལ་འདི་ལས་གཞན་པའི་དོན་དམ་པའི་

① 主要具甚深。

བདེན་པ་རྣམ་པར་འཇོག་ན་དེའི་ཚེ་ངེས་པར་ཡོད་པ་ལ་སོགས་པའི་མཐའ་རྣམ་པ་བཞིར་འཇུག་པར་འགྱུར་ཏེ། གང་མཐའ་རྣམ་པ་བཞི་ཡང་མ་ཡིན་ལ་དབུ་མ་དག་གིས་རྣམ་པར་གཞག་པའི་བདེན་པ་ཡང་མ་ཡིན་པ་དེ་ནི་ནམ་ཡང་བརྙེས་པར་མི་འགྱུར་རོ། །

何以故，于世俗谛有差别，而于胜义谛不见彼；由唯世俗亦如何成广大，此中胜义谛诸中观师所建立者，决定远离所谓“有及无及有无二者及非有无二者”之四边行相①。远离泯灭戏论相等之业也。若安立除此轨理外之胜义谛，彼时决定应成趣入有等四边行相。彼诸凡亦非四边行相、亦非诸中观者所安立之谛实者，永远不得也。

གལ་ཏེ་མཐའ་རྣམ་པ་བཞི་ལས་འགའ་ཞིག་དོན་དམ་པའི་བདེན་པར་ཡོངས་སུ་རྟོགས་ན་དེའི་ཚེ་རྣལ་འབྱོར་སྤྱོད་པ་པ་ཁོ་ན་བས་འབད་པ་ཆུང་ངུས་རྣམ་པར་བཟློག་པར་ནུས་སོ། །དེའི་ཕྱིར་དོན་དམ་པའི་བདེན་པ་བཅོམ་ལྡན་འདས་དང་ཀླུ་སྒྲུབ་ལ་སོགས་པས་རྣམ་པར་གཞག་པ་ལས་ཁྱད་པར་ཕྱུར་པའི་དོན་དམ་པའི་བདེན་པ་གཉིས་པ་ནི་མེད་དོ། །

设若全然分别，四边行相中某些为胜义谛，彼时唯瑜伽行者以少励力堪能遮除也。彼故，胜义谛②无超胜于薄伽梵及龙树等所安立之第二胜义谛也。

ཀུན་རྫོབ་ཙམ་གྱིས་ཇི་ལྟར་རྒྱ་ཆེ་བར་འགྱུར་ཞེས་གང་སྨྲས་པ་ནི་འདིར། དམིགས་པ་རྣམ་པར་དག་པ་དང་། །གྲོགས་ཀྱི་མཐུ་དང་སྤྱོད་པ་ཡིས། །བློ་ལྡན་རྣམས་ཀྱི་ཐེག་པ་ནི། །ཆེན་པོའི་ཆེན་པོ་ཉིད་དུ་བསྒྲགས། །འདིའི་དོན་ནི་ཇི་ལྟར་སྣང་བའི་དམིགས་པ་རྣམས་རྣམ་པར་དག་པའི་ལྷའི་བདག་ཉིད་དུ་མངོན་པར་རྟོགས་པས། དམིགས་པ་རྒྱ་ཆེ་བ་དང་། དུས་གསུམ་དུ་རྒྱལ་བ་རྣམས་ཀྱིས་བརྟེན་པའི་དམ་ཚིག་རྣམས་ཡིད་བཞིན་དུ་བཟུང་བས་ཁྱད་པར་དུ་བྱུང་བའི་བྱིན་གྱི་རླབས་སྐྱེ་བར་འགྱུར་བ་གྲོགས་ཞེས་བྱ་བ་རྒྱ་ཆེ་བ་དང་། ཇི་ལྟར་སངས་རྒྱས་དང་ས་བཅུའི་དབང་ཕྱུག་རྣམས་འགྲོ་བའི་དོན་སྤྱོད་པ་དང་། ཞིང་ཡོངས་སུ་དག་པར་བྱིན་གྱིས་རློབ་པ་ལྟར་རྗེས་སུ་སྐྱེས་པའི་སྤྱོད་པ་རྒྱ་ཆེ་བ་སྟེ། འདི་དག་དབུ་མ་པ་རྣམས་ལས་ཁྱད་པར་དུ་ཕྱུར་པས་དེ་དག་ལ་རྒྱ་ཆེ་བ་ཉིད་མེད་པ་ཁོ་ནའོ། །དེ་བས་ཀུན་རྫོབ་ཁོ་ནས་རྣམ་པར་གཞག་པའི་བྱེ་བྲག་གོ། །

凡宣说谓“由唯世俗如何成广大”者，此中，“所缘相清净，由伴力及行；诸具慧乘者，宣谓大之大”。此之含义者，现证诸如是显现之所缘，为清净之天之我性，故所缘广大及三时中诸佛所依止之诸誓言，如意而持而将生殊胜之加持，谓“伴”广大；如同佛及诸十地自在如是行持趣者③之利益，及加持国土全然清净般，随生之行持广大；此等较诸中观者超胜，故于彼等唯无广大也。彼故，由唯世俗建立之差别也。

---

① 四边行相：有边、无边、是有无二者边，非是有无二者边。譬如以般若经而言，佛陀先说“是以世间名言，而非以胜义”之简别，而后宣说“无色、受等”及“无四边”，故胜义中无色、受等；胜义中无四边（即是胜义中〝无是自性有边〞；胜义中〝无名言无边〞；胜义中〝无是自性有及名言无二者边〞；胜义中〝无非是自性有及名言无二者边〞）。

二边者，即是常或有边（亦名增益边）。断或无边（亦名损减边）。

论开头所说“无生、无灭、无来、无去”等八边，于有为缘起上破八边。

以，二边包含四边及八边，譬如人法无我之二无我（二空）包含四空、十六空、二十空等般。

② 薄伽梵及龙树所安立之胜义谛，以辛帝巴大师持唯识见而言，指向“二取空”；以应成而言，指向般若空宗之“自性空”，故显密二者之胜义谛无二无别，指向上述二者任一所摄之空性。

③ འགྲོ་བ་ 译为“趣者”，སྐྱེ་རྒུའམ་དགུ་ 译为“众生”。如是“众生”范围大于“趣者”，“中有者”是“众生”然非“趣者”，因非六道有情任一所摄，因非生有、本有等任一所摄。目犍莲尊者所著《施设论》云：“四有摄五趣者，五趣者不摄四有，若问何不摄耶？中有也。”（藏版《གདགས་པའི་བསྟན་བཅོས་ལས་》སྲིད་པ་བཞིས་འགྲོ་བ་ལྔ་བསྡུས་ཀྱི། འགྲོ་བ་ལྔས་སྲིད་པ་བཞི་མ་བསྡུས་ཏེ། གང་མ་བསྡུས་ཤེ་ན། སྲིད་པ་བར་མའོ།།）

རྒྱ་ཆེ་བ་རྣམ་པ་དེ་དག་གིས་ནི་ཐེག་པ་རྣམས་སངས་རྒྱས་དང་མཉམ་པར་བཀོད་པ་མ་ཡིན་ནམ། དེ་ལྟ་ན་ནི་དོན་དམ་པའི་བདེན་པ་ཁོ་ན་དང་ཅིག་ཤོས་བྱེ་བར་མི་འགྱུར་ཏེ། ཐམས་ཅད་འབྲས་བུ་ལ་གནས་པ་ཡིན་པའི་ཕྱིར་རོ་ཞེ་ན། བདེན་མོད་ཀྱི་འོན་ཀྱང་གང་འདིར་དོན་དམ་པའི་བདེན་པ་ལྷུན་གྱིས་གྲུབ་པ་ལ་སོགས་པས་མི་འཇུག་པ་ལྟར་ནི་འདིའི་ཀུན་རྫོབ་མ་ཡིན་ཏེ། ཇི་སྲིད་དོན་དམ་པ་རྟོགས་པ་དེ་སྲིད་རྩོལ་བ་དང་བཅས་ཤིང་ལྷག་པར་སྤྱོད་པས་སོ། །

若问：由彼等广大行相者，诸乘岂非安立与佛相等耶？若是，则唯胜义谛与另一者不能区分，因一切住于果故也。

（答：）虽属实，然诸凡此中，如胜义谛不为任运而成等所趣入般，非此之世俗。乃至证悟胜义，具勤力且特别行持故也。

དེ་ལྟར་ན་ནི་དབུ་མ་པ་རྣམས་ཀྱང་ཡིན་པས་འདི་ལ་ཟབ་ཅིང་རྒྱ་ཆེ་བ་དང་ལྡན་པར་ཇི་ལྟར་བརྗོད་ཅེ་ན་མ་ཡིན་ཏེ། དབུ་མ་པ་རྣམས་ནི་རྒྱ་ཆེ་བ་དང་བྲལ་བས། བསྐལ་པ་གྲངས་མེད་པ་གསུམ་གྱི་འབྲས་བུ་ལ་འཇུག་ཅིང་། རྣལ་འབྱོར་སྤྱོད་པ་པ་རྣམས་ཀྱང་ངོ་། །དེ་བཞིན་དུ་ཉན་ཐོས་དང་རང་སངས་རྒྱས་རྣམས་ཀྱང་བསྐལ་པ་གྲངས་མེད་པ་བཞིས་རང་གི་འབྲས་བུ་དམ་པ་ལེན་ལ། ཐེག་པའི་མཆོག་ལ་ཞོན་པ་རྣམས་ནི་དུས་ཙུང་ཟད་ཀྱིས་མི་གནས་པའི་མྱ་ངན་ལས་འདས་པ་ཐོབ་སྟེ། དེ་བས་ན་ཁྱད་པར་ཆེན་པོ་དང་བཅས་པའོ། །དེ་ལྟ་ཡིན་དུ་ཟིན་ཀྱང་འདི་ན་དོན་དམ་པའི་བདེན་པ་དང་དབྱེར་མེད་དེ། དོན་དམ་པའི་བདེན་པ་ཡོངས་སུ་གྲུབ་པ་བྱང་ཆུབ་སེམས་དཔའ་བྱམས་པས་ཐོགས་པ་མི་མངའ་བའི་སྤྱོད་པས་བཙུན་མོའི་འཁོར་དུ་རྣམ་པར་རྩེ་བ་ལ་སོགས་པ་སྤྱོད་པས་འགྲོ་བ་སྨིན་པར་འགྱུར་ཞིང་བདག་ཉིད་ཀུན་དུ་འཆིང་བ་མི་འབྱུང་བ་ལྟར་ཐེག་པ་འདི་ལ་གནས་པ་རྣམས་ཀྱང་ཐབས་དང་ཤེས་རབ་སྙོམས་པར་འཇུག་པ་ལ་སོགས་པ་སྨད་པ་རྣམ་པ་དུ་མ་སྤྱད་པས་ཚོགས་ཡོངས་སུ་རྫོགས་པར་འགྱུར་རོ། །

若问：如是者，诸中观者亦是。故于此，如何诠述具甚深且广大。

（答：）非是，诸中观者远离广大，故趣入三无量劫之果，且诸瑜伽行者亦是也。同样地，诸声闻及独觉，亦由四无量劫，而取殊胜自果。诸骑乘于胜乘者，由些许时而得无住涅槃，彼故，具大差别也。纵已如是，此中与胜义谛无差别。胜义谛圆成实，菩萨慈氏等以无碍之行持于皇后眷属由嬉戏等行令趣者成熟，且自不生遍束缚般，诸于此乘安住者，亦由方便及智慧等入[①]等众多谴责行相之行持，而令资粮全然圆满也。

འདི་ནི་ཐབས་ཀྱི་རྣམ་པར་འཕྲུལ་པ་རྨད་དུ་བྱུང་བ་ཉིད་དེ། སྐྱེ་བོ་གང་དག་ལྷག་པར་ཆགས་པ་དང་ལྡན་པ་དང་། དེ་བཞིན་ལྷག་པར་ང་རྒྱལ་དང་ལྡན་པའི་བར་རྣམས་ཉན་ཐོས་དང་། རང་སངས་རྒྱས་ཀྱི་ཐེག་པ་ལ་སོགས་པ་ལ་སྦྱངས་པ་ཐར་པའི་སྐལ་བ་ཅན་མ་ཡིན་པ་རྣམས་ལ་འདོད་ཆགས་དང་བཅས་པའི་སྤྱོད་པ་ལ་སོགས་པ་བསྟན་པས་སེམས་ཡོངས་སུ་དགའ་བར་བྱས་ཏེ། རིམ་གྱིས་ཚོགས་ཡོངས་སུ་བསགས་ནས་སེམས་ཀྱི་རྒྱུད་གསེར་བསྲེགས་པ་ལྟར་གྱུར་པ་ན་འདོད་ཆགས་དང་བྲལ་བའི་སྤྱོད་པ་རྫོགས་པའི་རིམ་པ་ཀུན་ནས་སྤྲོས་པ་དང་བྲལ་བ་ཉིད་རྟོགས་པར་འགྱུར་ཏེ། དེ་བས་ན་ཐེག་པའི་མཆོག་འདི་ཉིད་སྐྱེ་བོ་མ་ལུས་པ་བཞོན་པར་བྱ་བ་དམ་པ་རྣམས་ཡིད་འཕྲོག་པའོ། །

此者，是殊胜方便之幻化。于诸凡士夫具特别贪欲及同样的诸乃至具特别我慢，诸非已熟悉声闻及独觉乘等解脱善缘者，显示具贪欲之行持等，令心全然欢喜。依次全然累积资粮后，心续成为如同已烧熔之金般，而将证得离欲行圆满次第，全离戏论。彼故，此胜乘无余士夫所骑乘，诸胜士夺意也。

---

① 等入（སྙོམ་འཇུག）者，善之三摩地也。《俱舍论》云："等入善专一"（藏版《མཛོད་ལས》"སྙོམ་འཇུག་དགེ་བ་རྩེ་གཅིག་པ།།"）。

དེའི་ཕྱིར་ཟླ་གསང་ཐིག་ལེ་ལ་སོགས་པ་རྣལ་འབྱོར་གྱི་རྒྱུད་རྣམས་ལས། མི་བཟའ་བ་ནི་ཅུང་ཟད་མེད། །མི་བྱ་བ་ནི་ཅུང་ཟད་མེད། །ཐམས་ཅད་ཐབས་ཤེས་སེམས་ཀྱིས་ནི། །དོགས་མེད་བསྒྱུར་བས་ལོངས་སྤྱོད་བྱ། །ཞེས་བྱ་བ་ལ་སོགས་པ་རྒྱ་ཆེར་གསུངས་པ་ནི་དོན་གྱི་དབང་རྣམ་པ་གཉིས་ལ་བརྟེན་པ་སྟེ། སྐྱེ་བོ་གང་དག་ཐེག་པ་གཞན་ལས་སྤངས་པ་རྣམས་ཆད་པ་སྟོང་པས་མེ་འབར་བའི་ཁྱིམ་ནས་འབྱུང་བ་ལྟར་དྲེགས་པ་དྲང་བ་ཙམ་གྱི་ཆེད་དུ་གསུངས་ལ། ཡང་གང་དག་ཡུན་རིང་པོར་རྫོགས་པའི་རིམ་པ་བསྒོམས་པས་འདོད་ཆགས་ལ་སོགས་པས་མི་འཕྲོགས་པ་འདམ་གྱི་པདྨ་ལྟ་བུ་རྣམས་ཁོ་ན་ལ་བརྟེན་ཏེ་གསུངས་པའོ། །གཞན་དུ་འདོད་ཆགས་ལ་སོགས་པ་ཐ་མལ་པས་འཆིང་བར་མི་འགྱུར་ན། སྐྱེ་བོ་ཐམས་ཅད་ཐར་པའི་གནས་སུ་ཕྱིན་པར་འགྱུར་ལ། དམ་ཚིག་ལས་ཉམས་པ་ཡང་འགའ་ཡང་མི་འབྱུང་བར་འགྱུར་ཏེ། དེ་ཉིད་ཀྱིས་ངན་སོང་ཡང་རྣམ་པར་ཆད་པར་ཐལ་བར་འགྱུར་རོ། །དེའི་ཕྱིར་གང་དག་སྟོང་པ་ཉིད་ལ་སེམས་མངོན་པར་དད་པ་དེ་དག་གིས་ཀྱང་འདོད་ཆགས་ལ་སོགས་པའི་འབྲས་བུ་ངེས་པར་ཉམས་སུ་མྱོང་བར་བྱ་དགོས་ཏེ། ལྷའི་རྣལ་འབྱོར་ཡང་། ཡང་དག་པ་ཇི་ལྟ་བ་བཞིན་མཐོང་བའི་བར་ཆད་བྱེད་པ་ན་འདོད་ཆགས་ལ་སོགས་པ་རྣམས་ལྟ་སྨོས་ཅི་དགོས། དེའི་ཕྱིར་རྡོ་རྗེའི་དཀྱིལ་འཁོར་གྱི་རྒྱན་ཞེས་བྱ་བ་རྣལ་འབྱོར་ཆེན་པོའི་རྒྱུད་ལས་རྣམ་པ་མང་པོར་ཀུན་རྫོབ་ཀྱི་བདེན་པ་རྣམ་པར་བཞག་ནས་ཡང་གསུངས་པ། དངོས་མེད་ཉིད་ཀྱི་ཕྱོགས་ལ་ཡང་། །ལས་ཀྱི་འབྲས་བུ་ལ་སོགས་པ། །རྨི་ལམ་བཞིན་དུ་ཉམས་མྱོང་བ། །འདི་ནི་མངོན་སུམ་དག་ཏུ་འབྱུང་། །ཞེས་བྱ་བ་ལ་སོགས་པས་རྒྱ་ཆེན་དོན་དམ་པའི་བདེན་པ་མངོན་དུ་མ་གྱུར་གྱི་བར་དུ་ཀུན་རྫོབ་བདེན་པ་ལ་གུས་པས་གནས་པར་གསུངས་སོ། །

彼故，《秘月明点》等诸瑜伽续中云：“非食些许无，非作些许无，皆由方便慧，心无疑受用”等，广泛宣说者，依二行相义力，诸凡士夫他乘中诸断[①]断空[②]，故如从火宅而出般，为仅导引傲慢而宣说。又仅诸长时已然修持圆满次第，故不为贪等所夺，依于仅如淤泥之莲花般等而宣说也。另外，若不被贪等凡庸所束缚，则一切士夫能往趣解脱处。又衰损誓言些许亦不成，由彼亦应成恶趣中断。彼故，诸凡彼等于空性心现前信，亦决定需领纳贪等之果。本尊瑜伽亦对如实现见清净作障碍，遑论贪等。彼故，《金刚坛城庄严大瑜伽续》中，亦以多行相安立世俗谛而宣说。如云“亦于无事方，业之果相等，如梦而领纳，此于现前生”等广泛宣说，乃至未现前胜义谛，敬重安住于世俗谛也。

འདི་ནི་ཀུན་རྫོབ་ཉིད་དུ་ཡང་མ་དག་པ་མེད་པར་སྨྲ་བ་འགའ་ཞིག་བྱུང་ན་ནི་མངོན་སུམ་དུ་རིགས་པ་སྦྱིན་ཞིང་བདེན་པ་གཉིས་ལ་གནས་པའི། ཐེག་པ་རབ་ཀྱི་མཆོག་འདི་ནི། །ཚུལ་ལ་གནས་ན་ཐོབ་པར་འགྱུར། །ཞེས་བྱ་བ་ལ་སོགས་པ་རྒྱུད་རྣམས་ཚིག་མེད་པར་འགྱུར་ཏེ། དེའི་ཚེ་དོན་དམ་པའི་བདེན་པ་ཁོ་ན་ལ་གནས་པའི་ཕྱིར་རོ། །གཞན་ཡང་ཇི་ལྟར་དུག་སྔགས་ཀྱིས་རིམས་མི་འཕེལ་བ་ཞེས་བྱ་བ་ཐོས་པ་ཙམ་དང་། གཟུང་བ་དང་དེ་ཤེས་པ་ལ་དུག་མི་གནོད་པར་ཤེས་པ་ཙམ་གྱིས་ནི་དུག་ཆེན་པོ་རྣམས་ཞི་བར་ནུས་པ་མ་ཡིན་གྱི་ཡོངས་སུ་བསྒྲུབས་པའི་སྐྱེས་བུས་ཞི་བར་བྱེད་དོ། །དེ་བཞིན་དུ་དེ་ཁོ་ནའི་རྣམ་པར་དག་པ་ཐོས་པ་དང་། དེར་འགྱུར་བའི་ལམ་སྟོན་པ་གཟུང་བ་དང་། རྣམ་པར་དག་པ་དང་ལྡན་པ་རྣམས་འཆིང་བར་མི་འགྱུར། ཤེས་པ་ཙམ་གྱིས་འདོད་ཆགས་ལ་སོགས་པས་མི་གནོད་པར་འགྱུར་བ་ནི་མ་ཡིན་ནོ་ཞེས་བྱ་བའོ། །ཤིན་ཏུ་སྤྲོས་པས་ཆོག་གོ། །

此者，若有某类宣说“于世俗亦无不清净”，则现前中予理[③]，且安住于二谛之“此极胜乘者，若住理将得”等，诸续词应成无，因彼时安住于唯胜义谛故也。又复，犹如仅听闻所谓“由毒咒，疫不增盛”及由仅了知唯所取及于彼了知毒不损害者，不堪能息

① 诸断者，断功德也。

② 断空者，空掉“断灭”，义即远离断灭之义。

③ 予理者，出理路之义。

灭诸大毒，而全然成办之士夫能息灭也。同样地宣说，听闻真实之清净及取显示成彼之道，及不能束缚诸具清净者，由仅了知，非不能为贪等所损害也。极赘述，故足也。

རང་གི་བརྗོད་པར་བྱ་བ་ངེས་པར་གཟུང་སྟེ། རྣལ་འབྱོར་སྤྱོད་པ་དང་། དབུ་མ་པའི་དབྱེ་བས་ཟབ་པ་ཙམ་དང་ལྡན་པའི་ཐེག་པ་ནི་རྣམ་པ་གཉིས་ཡིན་ལ། རྣལ་འབྱོར་སྤྱོད་པ་རྣམས་ཀྱང་། ཤེས་པ་རྣམ་པ་དང་བཅས་པ་དང་། རྣམ་པ་མེད་པའི་བྱེ་བྲག་གིས་རྣམ་པ་གཉིས་སོ། །དེ་བཞིན་དུ་དབུ་མ་པ་ཡང་ཀུན་རྫོབ་ཤེས་པའི་རྣམ་པར་སྨྲ་བ་དང་། དེ་བག་ཆགས་སུ་སྨྲ་བའི་བྱེ་བྲག་གིས་རྣམ་པ་གཉིས་སོ། །ད་ནི་དེ་དག་གི་འདོད་པའི་རང་བཞིན་བརྗོད་དེ། ཤེས་པ་རྣམ་པ་དང་བཅས་པ་རྣམས་ནི་སེམས་རང་རིག་པ་སྐད་ཅིག་མའི་བདག་ཉིད་མི་རྟག་པ་རྒྱུན་མ་ཆད་པར་འབྱུང་བ་འདི་ཉིད་ཀྱི[1]ཕྱི་རོལ་ལྟ་བུར་རྣམ་པར་གནས་པའི་དོན་ཉམས་སུ་མྱོང་བ་ཡིན་གྱིས་འདི་ན་བདག་དང་སྐྱེས་བུ་ལ་སོགས་པའི་འཛིན་པ་པོ་གཞན་ནི་འགའ་ཡང་མེད་ལ། ཕྱི་རོལ་ན་དུམ་བུར་གྱུར་པ་ལྟར་གནས་པའི་དོན་རྣམས་ནི་རང་གི་རྣམ་པར་ཤེས་པ་ཉིད་ཀྱི་རྣམ་པ་དེ་ལྟར་ནམ་མཁའ་ལ་བརྟེན་ནས་སྣང་བ་འབྱུང་གི། གཞན་དབང་ཕྱུག་གིས་བྱུང་བ་ལ་སོགས་པའི་དོན་གཟུང་བར་བྱ་བ་ནི་འགའ་ཡང་མེད་པའོ། །

决定取自之所诠，由瑜伽行者及中观者之区分，具唯甚深之乘者，是二行相；诸瑜伽行者亦由知具相及不具相之差别有二行相也。同样地，中观者亦由宣说世俗知之相及宣说彼为习气之差别，二行相也。今此，诠述彼等所许之自性。诸知具相者，心自了，刹那之体性无常，续流不断而生，由此领纳如同外境而安住之义。此中，自及余士夫等之执持者，些许亦无。于外境诸如同段块般安住之义者，是自识之行相，如是依于虚空而生显相。余由自在而生等之所取义者，些许亦无也。

ཐམས་ཅད་རང་གི་རྣམ་པར་ཤེས་པའི་བདག་ཉིད་ཁོ་ན་བས་གང་ལ་ཡང་རྗེས་སུ་ཆགས་པ་དང་ཁོང་ཁྲོ་བ་ལ་སོགས་པའི་སྐབས་མི་འབྱེད་པར་ཚོགས་ཡོངས་སུ་རྫོགས་པར་བྱས་ནས། སེམས་དེ་ཉིད་རྣམ་པར་དག་པའི་ཡེ་ཤེས་ཐ་མལ་པའི་མངོན་པར་ཞེན་པ་དང་བྲལ་བའི་བདག་ཉིད་སྐད་ཅིག་མ་རྗེས་སུ་འབྲེལ་པར་འབྱུང་བར་གནས་གྱུར་པ་ནི་འབྲས་བུ་སངས་རྒྱས་ཞེས་རྟོག་པའོ། །ཤེས་པ་རྣམ་པ་མེད་པར་སྨྲ་བ་རྣམས་ནི་སེམས་རང་རིག་པ་རྒྱུན་འབྲེལ་པར་འཇུག་པ་སྐད་ཅིག་མའི་བདག་ཉིད་རྣམ་པ་དང་བྲལ་བ་འགའ་ཡང་རིག་པར་མི་བྱེད་པ་དེ་དག་གཅིག་དང་ཐ་དད་ལས་གྲོལ་བའི་བག་ཆགས་རྣམས་རབ་ཏུ་དག་ཅིང་། རྣམ་པ་ཐམས་ཅད་དང་བྲལ་བ་རང་རིག་པའི་བདག་ཉིད་ཀྱི་བེམས་པོ་མ་ཡིན་པའི་ཡེ་ཤེས་སུ་གནས་ཡོངས་སུ་གྱུར་པ་འདི་ནི་འབྲས་བུ་ཡང་དག་པར་རྫོགས་པའི་སངས་རྒྱས་སུ་རྣམ་པར་དཔྱོད་པར་བྱེད་དོ། །

一切唯由自识之我性，于何亦不令随贪及嗔等有暇，而全然圆满资粮后，彼心转依为清净本知，随行相属于远离凡庸之现前耽着之我性刹那性者，分别谓“佛果”也。诸宣说知无相者，心自了续流相属而趣入刹那之我性、离相些许亦不了，彼等极清净远离一及异之习气等，且离一切相，此由自了之我性全然转依为非物质之本知者，抉择为果清净圆满之佛也。

དབུ་མ་པ་ཀུན་རྫོབ་ཤེས་པའི་རྣམ་པར་སྨྲ་བ་རྣམས་ནི་དོན་དམ་པའི་རིགས་པའི་ཚོགས་ཀྱིས་སེམས་དང་ཡེ་ཤེས་དག་ཡོད་པ་མ་ཡིན་པར་སྨྲ་ལ། ཀུན་རྫོབ་ཏུ་འདི་ལྟར་རྣམ་པར་གཞག་པ་ཐམས་ཅད་སེམས་དང་ཡིད་ཀྱི་རྣམ་པ་ཡུལ་དུ་གནས་པ་ཁོ་ནར་རྟོག་གོ། །དེ་བཞིན་དུ་ཀུན་རྫོབ་བག་ཆགས་སུ་སྨྲ་བ་རྣམས་ཀྱི་འདོད་པ་ནི་དོན་དམ་པའི་བདེན་པ་སྔ་མ་ལྟ་བུ་ལས་ཀུན་རྫོབ་ཏུ་རྣམ་པར་གཞག་པ་རྣམས་ནི་བག་ཆགས་རྣམས་ཁོ་ན་ཡིན་གྱི། སེམས་ནི་རྣམ་པ་དང་། འགྲོ་བའི་བདག

① 此处藏文 ཀྱི 按前后文应是 ཀྱིས。

ཉིད་དུ་སྣང་བ་མ་ཡིན་ནོ་ཞེས་པར་རོ། །འདི་གཉི་གས་རྟེན་ཅིང་འབྲེལ་པར་འབྱུང་བའི་བདག་ཉིད་འདོད་པ་དང་། སེམས་དང་རང་རིག་པ་འགོག །རིགས་པ་བསྒྲུབ་པ་ནི་མཐུན་ནོ། །ཁ་ཅིག་ན་རེ་འདི་གཉིས་ཀྱིས་ལྟ་བ་གཞན་སེལ་བ་ན་རིམ་བཞིན་དུ། ཡོད་དང་མེད་དང་ཡོད་མེད་དང་། །ཡོད་མེད་གཉི་ག་མིན་པ་སྟེ། །ཞེས་པ་དང་། རྟག་དང་མི་རྟག་རྟག་མི་རྟག །རྟག་དང་མི་རྟག་གཉི་ག་མིན། །ཞེས་པས་མུ་རིམས་བཞིན་དུ་མུ་བཞི་རྣམ་པར་རྟོག་པ་མི་འདྲའོ་ཞེས་ཟེར་རོ། །ཟབ་ཅིང་རྒྱ་ཆེ་བ་དང་ལྡན་པའི་ཐེག་པ་ནི་བྱ་བ་དང་། སྤྱོད་པ་དང་། རྣལ་འབྱོར་དང་། རྣལ་འབྱོར་ཆེན་པོ་དང་། རྣལ་འབྱོར་བླ་ན་མེད་པ་ཞེས་བྱ་བས་རྣམ་པ་ལྔར་འགྱུར་རོ། །འདིར་འདི་དག་གི་རང་གི་ངོ་བོ་ནི་རྣམ་པར་གསལ་བར་བླ་མ་རྣམས་ཁོ་ན་ལས་ཤེས་པར་ནུས་ཀྱི། གཞུང་གི་ཚིག་རྣམ་པར་སྦྱར་བས་མ་ཡིན་པ་དང་། རགས་པ་རྣམས་ནི་དེ་ཁོ་ན[1]་ལ་འཇུག་པ་ལ་སོགས་པའི་གཞུང་རྣམས་སུ་ཡང་རྣམ་པར་གཏན་ལ་ཕབ་པས། འདིར་བདག་གིས་གསལ་བར་དབྱེ་བར་མི་བྱ་བར་གཞག་གོ། །འདི་ནི་ཟབ་ཅིང་རྒྱ་ཆེ་བའི་ཐེག་པའི་རྣམ་པར་གཞག་པའོ། །

诸中观者宣说世俗知行相者，由胜义之理聚而宣说心及本知等非有，世俗中如是一切安立心及意之行相，分别为仅安住于境也。同样地，诸宣说为世俗习气之主张者，诸由如前胜义谛而安立为世俗者，是仅诸习气，心者，非显现为行相及趣者之我性也。此二者承许缘起之我性，及遮破心及自了、理路成立者相同也。某类说：此二，若去除他见，依次第般云："有及无有无，非有无二者"及"常及无常常无常，非常及无常二者"，故依其次第，分别四句不相同也。具甚深及广大之乘者，事及行及瑜伽及大瑜伽及无上瑜伽，故成五行相也。此中此等之自体性者，从唯诸上师堪能明晰了知，非由结合教典词句，及诸粗分者，于诸趣入真实等教典中，亦抉择，故于此吾不作明晰区分而置也。此者，甚深且广大乘之建立也。

གལ་ཏེ་ཐེག་པ་གསུམ་ཁོ་ན་ཡིན་ན་ཐེག་པ་གཅིག་ཏུ་རྣམ་པར་བཤད་པ་དེ་ཇི་ལྟར་འགྱུར། འདི་ནི་ངེས་པ་མེད་དེ་འབྲས་བུ་ལ་དང་། རྒྱུ་ལ་བརྟེན་པའི་ཕྱིར་ཏེ། ཐེག་པ་ཐམས་ཅད་ངེས་པར་ཉེ་བ་དང་རིང་བ་རྫོགས་པའི་སངས་རྒྱས་སུ་འགྱུར་བས་འབྲས་བུ་ལ་བརྟེན་པ་བཤད་པ་སྟེ། དེ་བས་ན་མཚན་ཡང་དག་པར་བརྗོད་པ་ལས། ཐེག་པ་གསུམ་གྱིས་ངེས་འབྱུང་ལ། །ཐེག་པ་གཅིག་གི་འབྲས་བུར་གནས། །ཞེས་གསུངས་པ་ཉིད་ཐེག་པ་ཐམས་ཅད་འབྲས་བུ་ཡང་དག་པར་རྫོགས་པའི་སངས་རྒྱས་སུ་འགྱུར་བར་དགོངས་ལ། བཅོམ་ལྡན་འདས་འཇམ་དཔལ་ཡང་གདུལ་བྱའི་དབང་ལས་ཐེག་པ་གསུམ་ཆར་ལ་ཞོན་ཅིང་། ཆོས་ཀྱི་སྐུ་ལས་ཀྱང་མ་གཡོས་པའོ་ཞེས་བསྟོད་པ་བརྗོད་པའོ། །རྒྱུb་ལས་ཀྱང་ཐེག་པ་ཐམས་ཅད་ནི་བདག་དང་གཞན་ལ་སྤོང་ཞིང་། འབྲས་བུ་སངས་རྒྱས་ཉིད་སྐྱེད་པ་དང་། ཆོས་ཀྱི་དབྱིངས་ལ་ཐ་དད་པ་མེད་པ་ན་སྟེ། དོན་འདི་ལ་དགོངས་ནས། ཐེག་པ་གཅིག་ཅིང་ཚུལ་ཡང་གཅིག་ཡིན་ཏེ་ཞེས་བྱ་བ་ལ་སོགས་པ་རྒྱ་ཆེར་གསུངས་སོ། །

设若是唯三乘，宣说为一乘，如何得成？此者，不决定，彼依于果及因故，一切乘决定近及远得成圆满佛，故依于果而宣说。彼故，《宣说真实名经》云"于以三乘而出离，安住于一乘之果"是密意于一切乘，将成果清净圆满佛。说赞云："婆伽梵文殊亦由所化之增上而骑于三乘且亦法身中不动也"。又续中一切乘者，断于自及他，且能生佛果，及法界中无异，密意于此义，广大宣说所谓"一乘，且轨理亦一"等也。

གལ་ཏེ་འགའ་ཞིག་ཐེག་པ་བསམ་གྱིས་མི་ཁྱབ་པར་བསྒྲུབ་པ་བཅོམ་ལྡན་འདས་ཀྱི་བཀའ་ལང་ཀར་གཤེགས་པ་ལ་སོགས་པའི་མདོ་ལས་ཤེས་སོ་ཞེ་ན། འདིར། ཇི་སྲིད་སེམས་ནི་འཇུག་གི་བར། །ཐེག་པ་དག་ལ་ཐུག་པ་མེད་ཅིང་བྱ་བ་འདི་ནི་ཐེག་པ་གསུམ་རྣམ་པར་གཞག་པ་ལོན་པའི་ཐེག་པ་པ་རྣམས་ཉིད་ཁ་ཅིག་

① དེ་ཁོ་ན་（真实），即是实相。

② རྒྱུ་ 应为 རྒྱུད་，即为续之义。

རྟེན་ཅིང་འབྲེལ་པར་འབྱུང་བ་མངོན་དུ་བྱེད་པ་དང་། ལ་ལ་མི་སྡུག་པ་སྒོམ་པ་དང་། ལ་ལ་ཟད་པར་གྱི་སྐྱེ་མཆེད་སྒོམ་པའི་བར་གྱིས་ཞུགས་པ་བསམ་གྱིས་མི་ཁྱབ་པ་ལ་གཟིགས་པ་ཡིན་གྱི་རྣམ་པར་གཞག་པ་གསུམ་གྱིས་བསྡུས་པའི་ཐེག་པ་གཞན་ནི་མི་འབྱུང་སྟེ། དེ་དག་ལས་གཞན་པའི་ལྟ་བ་ནི་ངེས་པར་ཕྱི་རོལ་མུ་སྟེགས་པར་འགྱུར་བའི་ཕྱིར་རོ། །

设若，问“某类成立不可思议乘，由婆伽梵之经《楞伽》等经而知也”此中，乃至心趣入，于诸乘无穷，且此作业者，是现见由乃至骑乘三乘建立之诸乘者，某些现证缘起及某些修持不净，及某些修持遍处而入不可思议，不会有为三建立所摄之他乘。除彼等外之见解者，决定应成外道故也。

དེ་ལྟར་ཐེག་པ་གསུམ་རྣམས་གསལ་བཀོད་པས། །འགྲོ་རྣམས་གུས་བཅས་ཐེག་གསུམ་མྱུར་ཞོན་ནས། །སྲིད་མཚོ་ལས་རྒལ་བདེ་བ་ཆེན་པོའི་བདག །སྟུག་པོ་བཀོད་པ་ཉིད་དུ་འགྱུར་བར་ཤོག །

如是明晰安立诸三乘， 诸众具敬速疾骑三乘；越渡三有大海大乐我，祈愿能成密严安立性。

ཐེག་པ་གསུམ་རྣམ་པར་གཞག་པ་ཞེས་བྱ་བ་སློབ་དཔོན་མཁས་པ་ཆེན་པོ་རིན་ཆེན་འབྱུང་གནས་ཞི་བའི་ཞལ་སྔ་ནས་མཛད་པ་རྫོགས་སོ།། །།རྒྱ་གར་གྱི་མཁན་པོ་ཀྲྀཥྞ་པ་དང་། ཞུ་ཆེན་གྱི་ལོ་ཙཱ་བ་དགེ་སློང་ཆོས་ཀྱི་ཤེས་རབ་ཀྱིས་བསྒྱུར་ཅིང་ཞུས་ཏེ་གཏན་ལ་ཕབ་པའོ། །

三乘建立阿奢梨大智者宝生源寂之前颜而著作圆满也。印度住持格利纳巴及大校译之译师比丘法智慧所译且校正抉择也。